KB124976

한 권으로 끝내는

일본어 필수한자
1800

한 권으로 끝내는

일본어 필수한자 1800

新 일본어능력시험
N1·N2
쉽게 끝내기

JC교육연구소 지음
강봉수 옮김

중앙에듀북스

'N1·N2의 한자 어떻게 외우지?'

고민되는 일본어 수험생들에게 희소식을 알려드립니다. 시중에 나와 있는 많은 책들 중에 이 책을 손에 든 당신은 '행운의 주인공'이 아닐 수 없습니다.

이 책에서 쓰인 예문들은 일본의 초, 중, 고교, 그리고 사회에서 일반 상식으로 알아두어야 할 한자들을 데이터베이스하여 만든 좋은 내용들로 구성되어 있습니다. N1과 N2를 준비하는 수험생들에게도 블로그나 카페에서 많은 인지도를 가지고 있는 주식회사 JC교육 연구소의 〈오늘의 한자〉의 내용들을 책으로 만든 것이기에 더욱 값어치가 있다고 할 수 있습니다.

〈오늘의 한자〉의 구성된 내용을 살펴보면 다음과 같습니다.

N1 : 구 상용한자(1945자) 중 〈오늘의 한자〉의 사용률 88%

N1 : 신 상용한자(2136자) 중 〈오늘의 한자〉의 사용률 80%

N2 : 교육한자(1006자) 중 〈오늘의 한자〉의 사용률 90%

이 내용으로 알 수 있는 것은 가장 기초적이고, 인명·지명의 어려운 부분을 제외하면 거의 망라하여 예문을 통해 제시된 것을 알 수 있습니다. 때문에 사용 빈도가 높고 중요한 한자들을 예문으로 만들어 생활 속의 일본어 한자를 익힐 수 있도록 배려하였습니다.

이 책의 주요 특징을 정리해보면 다음과 같습니다.

1. 하루 20문장, 1년 분량의 예문(MP3)을 성우 목소리를 통해 생생하게 섀도잉하면서 어려운 한자를 자신의 것으로 만들 수 있습니다.

2. 일본 초, 중, 고교, 그리고 사회에서 일반 상식으로 알아두어야 할 사용 빈도가 높은 예문들로 구성되어 있어, N1과 N2를 공부하는 수험생들에게 적합합니다.

3. 〈오늘의 한자〉에 수록된 하루 분량은 20문장입니다. 예문(MP3)을 섀도잉하면서 어렵기만 했던 뉴스, 신문 어휘에 날개를 달아 봅시다.

4. 필수한자 1712자에 대해 후리가나와 해석본을 전부 첨가하여 누구나 손쉽게 N1과 N2를 마스터할 수 있게 배려하였습니다.

N1과 N2를 준비하는 수험생들에게 한말씀 드리면, '목적의식을 가지고 즐기면서 하세요'라는 겁니다.

중급부터는 뉴스, 신문 어휘와의 싸움입니다. '계속은 힘'이 됩니다. 하루 20문장을 공부하는 데 소요되는 30분의 꾸준함이 1년 뒤의 여러분을 'N1과 N2 문자어휘' 부문에서 최고 강자로 만들어 드릴 것을 의심치 않습니다.

목적의식을 가지고 딱 1년만 투자해 보세요. 예문을 섀도잉하고 복습하는 과정 속에서 체험하지 못한 많은 것들을 알게 되리라고 생각합니다.

이 책으로 N1 · N2의 한자에 날개를 다는 그날까지 여러분을 응원합니다. 파이팅!

강봉수

[[괄호] 안에 밑줄어를 한자로 써어보고 읽는 법을 히라가나로 쓰세요.

	본문 내용	대괄호 한자로 쓰기	읽는 법 쓰기
01	国語 (ジテン)で言葉を調べる。	国語辞典	こくごじてん
02	投書が[新聞]に (ノ)る。	新聞に載る	しんぶんにのる
03	[オサナ]い頃の思い出。	幼い頃	おさないころ
04	門下から[人材]が (ハイシュツ)る。	人材が排出	じんざいがはいしゅつ
05	父は変わった [(クセ)]がある。	癖	くせ
06	すばらしい先生に (メグ)り合った。	巡り合った	めぐりあった
07	これは[絶好]の (キカイ)だ。	絶好の機会	ぜっこうのきかい
08	馬の背に [(ユ)]られる。	揺られる	ゆられる
09	火に追われて [(ウオウサオウ)]する。	右往左往	うおうさおう
10	将来のために [(タクワ)]えて)おく。	蓄えて	たくわえて
11	初心者が [オチイ]る誤り。	陥る	おちいる
12	その事件は [(センメイ)]に覚えている。	鮮明に	せんめいに
13	彼の絵画は [(ボンヨウ)]作品ばかりだ。	凡庸な	ぼんような
14	龍の (シンロ)を北にとる。	龍の針路	りゅうのしんろ
15	具体的[事例]を (マイキョ)する。	事例を枚挙	じれいをまいきょ
16	[既得 (ケンエキ)]が侵される。	既得権益	きとくけんえき
17	文献から [(ルイスイ)]する。	類推	るいすい
18	台風が [(テイタイ)]する。	停滞	ていたい
19	惜しみない [(サンジ)]を贈る)。	賛辞を贈る	さんじをおくる
20	[日本]が [(ヒジュン)]した国際条約。	日本が批准	にほんがひじゅん

◆ 유추(類推) : 같은 종류의 것 또는 비슷한 것에 기초하여 다른 사물을 미루어 추측하는 것
♣ 비준(批准) : (법률)(일종)조약 체결권자의 조약 체결권자가 최종적으로 확인 · 동의. 우리나라에서는 대통령이 국회의 동의를 얻어 행함

3

で言葉を調べる。
　ことば　しら

4

が (ハイシュツ)

5

[(ボンヨウ) な]作品
　　　さくひ

6

기득 권익이 침해되다.

7 ◆ 유추(類推) : 같은 종류의 것 또는 비슷한 것에 기초하여 다른 사물을 미루어
♣ 비준(批准) : (법률)조약을 헌법상의 조약 체결권자가 최종적으로 확인 · 동의

1. 이 책은 N1과 N2의 문자어휘에 특화된 책입니다.

예문이 하루에 20개씩, 1년 분량이 표기되어 있습니다.

2. 하루에 20개씩 MP3를 들으면서 본인의 이해 정도를 체크합니다.

3. 밑에 붙어 있는 후리가나를 보지 않고 문장만을 읽어 봅니다.

4. 읽기 힘든 단어가 있으면 후리가나를 보고 참고합니다.

5. ( )(소괄호) 안의 가타카나의 한자의 의미를 생각하며 '대괄호 한자로 쓰기'란에 적어보고, 이해의 정도를 확인해 봅니다.

파란색 부분이 이 책의 중심 어휘입니다. 파란색을 전후하여 검정색으로 표기되어 있으며 [ ](대괄호)로 묶어 놓았습니다. 이 [대괄호] 부분을 '대괄호 한자로 쓰기'란에 적으면서 자신의 실력을 점검해 보세요.

여기서는 '단어'의 의미가 확실한 것은 단어로 표기하였으며, 단어보다 '문장'으로 외우는 것이 좋은 것은 '문장'으로 표기하여 이해를 도왔습니다.

6. 해석을 참고하여 자신의 부족한 점을 체크합니다.

7. Tip으로 준비된 예문 속에 나오는 단어들은 어려운 표현들입니다. 이해를 돕기 위해 그 단어가 가지는 본래의 의미를 표기해 두었으므로 참고해 주세요.

8. 마지막으로 MP3를 들으며 섀도잉하면서 본인의 이해정도를 다시 체크하며 집중 공략합니다.

어학의 아름다움은 리딩에서 나온다고 생각합니다. 성우가 녹음한 MP3를 들으며 읽고 또 읽으면서 의미를 파악해 보는 훈련을 합시다. '시작이 반입니다.' 하겠다고 마음먹은 지금 이 순간이 여러분을 변화시킬 절호의 기회라고 생각합니다. 여러분이 이 책으로 훨훨 날아가는 그날까지 여러분의 노력을 응원합니다. 힘내세요! 파이팅!

차 례

PART
01

[   ](대괄호) 안의 일본어를 한자로 적어보고, 읽는 법을 히라가나로 쓰세요.

본문 내용	대괄호 한자로 쓰기	읽는 법 쓰기
01 [国語 (ジテン)] で言葉を調べる。 국어사전으로 단어를 찾아보다.	国語辞典	こくごじてん
02 投書が[新聞に (ノ)] る]。 투서가 신문에 실리다.	新聞に載る	しんぶんにのる
03 [(オサナ) い頃]の思い出。 어린 시절의 추억.	幼い頃	おさないころ
04 門下から[人材が (ハイシュツ)] する。 문하생에서 인재가 배출되다.	人材が排出	じんざいが はいしゅつ
05 父には変わった [(クセ)] がある。 아버지에게는 색다른 버릇이 있다.	癖	くせ
06 すばらしい先生に [(メグ) り合った]。 훌륭한 선생님을 우연히 만났다.	巡り合った	めぐりあった
07 これは[絶好の (キカイ)] だ。 이것은 절호의 기회이다.	絶好の機会	ぜっこうのきかい
08 馬の背に [(ユ) られる]。 말 등에 흔들리다.	揺られる	ゆられる
09 火に追われて [(ウオウサオウ)] する。 화재에 쫓겨 우왕좌왕하다.	右往左往	うおうさおう
10 将来のために [(タクワ) えて]おく。 장래를 위해 저축해 두다.	蓄えて	たくわえて
11 初心者が [(オチイ) る]誤り。 초보자가 빠지는 실수.	陥る	おちいる
12 その事件は [(センメイ) に]覚えている。 그 사건은 선명하게 기억하고 있다.	鮮明に	せんめいに
13 彼の絵画は [(ボンヨウ) な]作品ばかりだ。 그의 회화는 평범한 작품뿐이다.	凡庸な	ぼんような
14 [船の (シンロ)] を北にとる。 배의 항로를 북쪽으로 잡다.	船の針路	ふねのしんろ
15 具体的[事例を (マイキョ)] する。 구체적인 사례를 하나하나 들다.	事例を枚挙	じれいをまいきょ
16 [既得 (ケンエキ)] が侵される。 기득 권익이 침해되다.	既得権益	きとくけんえき
17 文献から [(ルイスイ)] する。 문헌에서 유추*하다.	類推	るいすい
18 台風が [(テイタイ)] する。 태풍이 정체하다.	停滞	ていたい
19 惜しみない [(サンジ) を贈る]。 아낌없는 찬사를 보내다.	賛辞を贈る	さんじをおくる
20 [日本が (ヒジュン)] した国際条約。 일본이 비준*한 국제 조약.	日本が批准	にほんがひじゅん

◆ 유추(類推) : 같은 종류의 것 또는 비슷한 것에 기초하여 다른 사물을 미루어 추측하는 일
♣ 비준(批准) : (법률)조약을 헌법상의 조약 체결권자가 최종적으로 확인 · 동의하는 절차. 우리나라에서는 대통령이 국회의 동의를 얻어 행함

[ ](대괄호) 안의 일본어를 한자로 적어보고, 읽는 법을 히라가나로 쓰세요.

본문 내용	대괄호 한자로 쓰기	읽는 법 쓰기
01 昔の車より [(カクダン) に]性能がよくなった。 옛날 차보다 현격하게 성능이 좋아졌다.	格段に	
02 このチームは前より [(キドウセイ) を増した]。 이 팀은 이전보다 기동성을 더했다.	機動性を増した	
03 時代の流れを [(テキカク) につかむ]。 시대의 흐름을 적확*하게 파악하다.	的確につかむ	
04 母校が甲子園 [(ケッショウ) 戦]まで勝ち進んだ。 모교가 이겨서 고시엔 결승전까지 올라갔다.	決勝戦	
05 この暑さはとても [(ジンジョウ)] ではない。 이 더위는 도저히 심상치가 않다.	尋常	
06 [お (マツ) り騒ぎ]をして怒られた。 야단법석을 떨어 혼났다.	お祭り騒ぎ	
07 [(サンカ) チーム]は五十カ国にも及んだ。 참가팀은 50개국에 달했다.	参加チーム	
08 [(ネッキョウ) 的な]ファンたちに支えられた。 열광적인 팬들에게 지탱되었다.	熱狂的な	
09 ひいきの選手に [(セイエン) を送った]。 특히 좋아하는 선수에게 성원을 보냈다.	声援を送った	
10 五線譜に [(オンプ)] を書き込んだ。 악보에 음표를 기입했다.	音符	
11 みな勝利の [(ヨイン) に浸って]いる。 모두 승리의 여운*에 잠겨 있다.	余韻に浸って	
12 オリンピックが [(カイサイ)] された。 올림픽이 개최되었다.	開催	
13 師匠の言葉に [(カンメイ) を受けた]。 스승의 말에 감명을 받았다.	感銘を受けた	
14 更なる [(キュウチ)] に追い込まれた。 더욱더 궁지에 몰렸다.	窮地	
15 ひどいジレンマに [(オチイ) った]。 심한 딜레마에 빠졌다.	陥った	
16 両国間に [(マサツ) が生じた]。 양국 간에 마찰이 생겼다.	摩擦が生じた	
17 真実を [(オオ) い隠して]いる。 진실을 은폐하고 있다.	覆い隠して	
18 このバスは[市内を (ジュンカン)] している。 이 버스는 시내를 순환하고 있다.	市内を循環	
19 株価が [(ノキ) 並み]下がっている。 주가가 일제히 내려가고 있다.	軒並み	
20 中小企業への[融資を (シブ) る]。 중소기업에 대한 융자를 꺼리다.	融資を渋る	

◆ 적확(的確) : 정확하게 맞아 조금도 틀리지 아니함
◆ 여운(余韻) : 1.아직 가시지 않고 남아 있는 운치 2.떠난 사람이 남겨 놓은 좋은 영향

[   ](대괄호) 안의 일본어를 한자로 적어보고, 읽는 법을 히라가나로 쓰세요.

본문 내용	대괄호 한자로 쓰기	읽는 법 쓰기
01 偉大な [(ギョウセキ) を残した]。 위대한 업적을 남겼다.	業績を残した	
02 問題は [(ヨウイ) に]解決しないだろう。 문제는 쉽게 해결되지 않을 것이다.	容易に	
03 [(ユウガ) な]振る舞いに目を奪われる。 우아한 행동에 시선을 빼앗기다.	優雅な	
04 合唱の [(シキ) 者]に選ばれた。 합창 지휘자로 선정되었다.	指揮者	
05 彼女のピアノの [(エンソウ)] はすばらしい。 그녀의 피아노 연주는 훌륭하다.	演奏	
06 [(ハナ) やいだ声]が聞こえてくる。 밝고 흥겨운 소리가 들려온다.	華やいだ声	
07 会場はなごやかな [(フンイキ)] であった。 회장은 부드러운 분위기였다.	雰囲気	
08 匿名の情報 [(テイキョウ) 者]。 익명의 정보 제공자.	提供者	
09 もう [(リッパ) な]大人だ。 이제 훌륭한 어른이다.	立派な	
10 [(カロ) やかな]足取り。 가벼운 발걸음.	軽やかな	
11 友好関係を [(ソコ) なう]。 우호 관계를 해치다.	損なう	
12 合理的な [(コンキョ) を失う]。 합리적인 근거를 잃다.	根拠を失う	
13 目の前で[自動車が (ショウトツ)] する。 눈앞에서 자동차가 충돌하다.	自動車が衝突	
14 [青春の (カンキ)] を歌う。 청춘의 환희를 노래 부르다.	青春の歓喜	
15 [(イダイ) な]業績を誇る。 위대한 업적을 자랑하다.	偉大な	
16 雑誌に[論文を (キコウ)] する。 잡지에 논문을 기고* 하다.	論文を寄稿	
17 [(チツジョ) 正しく]行動する。 질서 정연하게 행동하다.	秩序正しく	
18 郷土史の[本を (アラワ) す]。 향토사에 관한 책을 저술하다.	本を著す	
19 彼は [(ヘイサ) 的な]性格だ。 그는 폐쇄* 적인 성격이다.	閉鎖的な	
20 友達を [(ウナガ) して]急ぐ。 친구들을 재촉하여 서두르다.	促して	

◆ 기고(寄稿) : 신문, 잡지 따위에 싣기 위하여 원고를 써서 보냄

♣ 폐쇄(閉鎖) : 1.문 따위를 닫아걸거나 막아 버림 2.기관이나 시설을 없애거나 기능을 정지함 3.외부와의 문화적·정신적인 교류를 끊거나 막음

[ ](대괄호) 안의 일본어를 한자로 적어보고, 읽는 법을 히라가나로 쓰세요.

본문 내용	대괄호 한자로 쓰기	읽는 법 쓰기
01 [(ボウダイ) な資料]に目を通す。 방대한 자료를 훑어보다. <small>しりょう め とお</small>	膨大な資料	
02 [(トウケイ) をとって]傾向を調べる。 통계를 내서 경향을 조사하다. <small>けいこう しら</small>	統計をとって	
03 [(ショウガクキン)] をもらって大学へ行く。 장학금을 받고 대학교에 가다. <small>だいがく い</small>	奨学金	
04 [(シンケン) に]問題に取り組む。 진지하게 문제에 몰두하다. <small>もんだい と く</small>	真剣に	
05 [この (サイ)] 難しい話は抜きにしよう。 이번 기회에 어려운 이야기는 빼고 하자. <small>むずか はなし ぬ</small>	この際	
06 政治への[(カンシン) が低い]。 정치에 대한 관심이 낮다. <small>せいじ ひく</small>	関心が低い	
07 人に道を [(タズ) ねる]。 남에게 길을 묻다. <small>ひと みち</small>	尋ねる	
08 まだ[状況を (ハアク)] していない。 아직 상황을 파악하고 있지 않다. <small>じょうきょう</small>	状況を把握	
09 その問題は [(ケントウ) 中]だ。 그 문제는 검토 중이다. <small>もんだい ちゅう</small>	検討中	
10 [(クノウ) に満ちた]表情。 고뇌에 찬 표정. <small>み ひょうじょう</small>	苦悩に満ちた	
11 [(カスミ) のかかった]山々を眺める。 안개가 낀 산들을 바라보다. <small>やまやま なが</small>	霞のかかった	
12 徹夜の [(セッショウ) が続く]。 철야의 절충*이 계속되다. <small>てつや つづ</small>	折衝が続く	
13 [(ソウゼイ)] 三千名の兵士。 전군 3천 명의 병사. <small>さんぜんめい へいし</small>	総勢	
14 [(ムダ) 遣い]を叱られる。 낭비를 해서 꾸지람을 듣다. <small>づか しか</small>	無駄遣い	
15 不要な[書類を (ハイキ)] する。 필요 없는 서류를 폐기*하다. <small>ふよう しょるい</small>	書類を廃棄	
16 他言しないことを [(ゼンテイ)] に打ち明ける。 다른 사람에게 말하지 않는 것을 전제로 털어놓다. <small>たごん う あ</small>	前提	
17 [発想の (テンカン)] が必要となる。 발상의 전환이 필요해지다. <small>はっそう ひつよう</small>	発想の転換	
18 輸入[制限を (テッパイ)] する。 수입 제한을 철폐*하다. <small>ゆにゅうせいげん</small>	制限を撤廃	
19 [(センタクシ)] のある問題を解く。 선택지가 있는 문제를 풀다. <small>もんだい と</small>	選択肢	
20 [物事の (ゼヒ)] をわきまえる。 매사의 옳고 그름을 분별하다. <small>ものごと</small>	物事の是非	

◆ 절충(折衝) : 이해관계가 서로 다른 상대와 교섭하거나 담판함   ✦ 폐기(廃棄) : 1.못 쓰게 된 것을 버림 2.조약, 법령, 약속 따위를 무효로 함
✳ 철폐(撤廃) : 전에 있던 제도나 규칙 따위를 걷어치워서 없앰

[   ](대괄호) 안의 일본어를 한자로 적어보고, 읽는 법을 히라가나로 쓰세요.

본문 내용	대괄호 한자로 쓰기	읽는 법 쓰기
01 彼は [(ケンキャク)] を誇っている。 그는 건각*을 자랑하고 있다. かれ／ほこ	健脚	
02 [(コウリョウ)] とした枯れ野原。 황량한 초목이 시들어 버린 들. か／の はら	荒涼	
03 鳥が [(ム) れをなして]飛ぶ。 새가 무리를 지어 날다. とり	群れをなして	
04 不安の念に [(カ) り立てられる]。 불안한 생각에 사로잡히다. ふあん ねん／た	駆り立てられる	
05 目に余る [(コウイ)] に対して注意する。 눈꼴사나운 행위에 대해 주의하다. め あま／たい ちゅうい	行為	
06 [(ト) ぎ澄まされた]感覚を持つ。 예민해진 감각을 가지다. す／かんかく も	研ぎ澄まされた	
07 土地の [(カンシュウ) に従う]。 고장의 관습에 따르다. と ち／したが	慣習に従う	
08 学費を[自分で (カセ) ぐ]。 학비를 스스로 벌다. がく ひ じ ぶん	自分で稼ぐ	
09 聖地を [(ジュンレイ)] する。 성지를 순례하다. せい ち	巡礼	
10 大きな[痛手を (オ) う]。 큰 타격을 입다. おお／いた で	痛手を負う	
11 首相官邸での [(カクリョウ) 会議]。 수상 관저에서의 각료회의. しゅしょうかんてい／かい ぎ	閣僚会議	
12 当時の出来事を [(ジュッカイ)] する。 당시의 사건을 술회*하다. とう じ で き ごと	述懐	
13 [(ジュウオウ) 無尽な]活躍だった。 종횡무진*한 활약이었다. む じん かつやく	縦横無尽な	
14 事件は複雑な [(ヨウソウ) を呈する]。 사건은 복잡한 양상을 나타내다. じ けん ふくざつ／てい	様相を呈する	
15 [(ギンミ)] してそろえた食器。 음미하여 갖춘 식기. しょっ き	吟味	
16 苦境を乗り越えるために [(フントウ)] する。 역경을 극복하기 위해 분투하다. く きょう の こ	奮闘	
17 彼のその後の [(ドウコウ)] を知りたい。 그의 그 후의 동향을 알고 싶다. かれ ご／し	動向	
18 緑化 [(スイシン) を図る]。 녹화 추진을 도모하다. りょっ か／はか	推進を図る	
19 [(ムク) いられる]ことの少ない仕事。 보답 받는 일이 적은 일. すく し ごと	報いられる	
20 何度も [(シュラ) 場]をくぐってきた男。 몇 번이나 수라장*을 헤쳐 온 사내. なん ど／ば／おとこ	修羅場	

◆ 건각(健脚) : 튼튼하여 잘 걷거나 잘 뛰는 다리　　♣ 술회(述懐) : 마음속에 품고 있는 여러 가지 생각을 말함
※ 종횡무진(縱橫無盡) : 자유자재로 행동하여 거침이 없는 상태　　♣ 수라장(修羅場) : 싸움이나 그 밖의 다른 일로 큰 혼란에 빠진 곳

[ ](대괄호)안의 일본어를 한자로 적어보고, 읽는 법을 히라가나로 쓰세요.

본문 내용	대괄호 한자로 쓰기	읽는 법 쓰기
01 苦い [(ケイケン) を生かす]。 쓰라린 경험을 살리다. _{にが} _い	経験を生かす	
02 [栄養 (ホウフ) な]食品を選んで食べる。 영양이 풍부한 식품을 골라 먹다. _{えいよう} _{しょくひん} _{えら} _た	栄養豊富な	
03 申し出を [(テイチョウ) に]お断りする。 제의를 정중하게 거절하다. _{もう} _で _{ことわ}	丁重に	
04 好奇心を [(シゲキ)] される。 호기심을 자극받다. _{こう き しん}	刺激	
05 心臓病と [(タタカ) う]。 심장병과 싸우다. _{しんぞうびょう}	闘う	
06 自分の[感情を (オサ) える]。 자신의 감정을 억누르다. _{じ ぶん} _{かんじょう}	感情を抑える	
07 別れの [(サカズキ) をかわす]。 이별의 술잔을 주고받다. _{わか}	杯をかわす	
08 急な発熱により [(オカン) がした]。 갑작스런 발열에 의해 오한이 났다. _{きゅう} _{はつねつ}	悪寒がした	
09 台風が九州を [(オソ) った]。 태풍이 규슈를 덮쳤다. _{たいふう} _{きゅうしゅう}	襲った	
10 会う[機会を (シッ) する]。 만날 기회를 잃다. _あ _{き かい}	機会を失する	
11 [(シセイ)] の人々の生活。 서민들의 생활. _{ひとびと} _{せいかつ}	市井	
12 珍しい外国の [(シヘイ)] を収集している。 희귀한 외국 지폐를 수집하고 있다. _{めずら} _{がいこく} _{しゅうしゅう}	紙幣	
13 [(カダン) の花]に水をやる。 화단의 꽃에 물을 주다. _{はな} _{みず}	花壇の花	
14 ショックを受け [(キョダツカン) を抱く]。 충격을 받아 허탈감을 느끼다. _う _{いだ}	虚脱感を抱く	
15 [市内を (ジュンカン)] するバスに乗る。 시내를 순환하는 버스를 타다. _{し ない} _の	市内を循環	
16 [(カクベツ) の事]もなく会談は終わった。 각별한 일도 없이 회담은 끝났다. _{こと} _{かいだん} _お	格別の事	
17 相手の[立場を (ハイリョ)] する。 상대의 입장을 배려하다. _{あいて} _{たち ば}	立場を配慮	
18 国が [(スイタイ) の一途]をたどる。 나라가 쇠퇴*일로를 걷다. _{くに} _{いっと}	衰退の一途	
19 台風が [(モウイ) を振るう]。 태풍이 맹위*를 떨치다. _{たいふう} _ふ	猛威を振るう	
20 [春の (コドウ)] が聞こえる。 봄 고동이 들린다. _{はる} _き	春の鼓動	

◆ 쇠퇴(衰退) : 기세나 상태가 쇠하여 전보다 못하여 감   ◆ 맹위(猛威) : 사나운 위세

[   ](대괄호) 안의 일본어를 한자로 적어보고, 읽는 법을 히라가나로 쓰세요.

본문 내용	대괄호 한자로 쓰기	읽는 법 쓰기
01 社会生活を [(イトナ) む]。 사회생활을 영위하다. 　しゃかいせいかつ	営む	
02 [滅私 (ホウコウ)] が叫ばれた時代。 멸사봉공*을 부르짖던 시대. 　めっし　　　　　　さけ　　　じだい	滅私奉公	
03 [橋の (ランカン)] にもたれかかる。 다리의 난간에 기대다. 　はし	橋の欄干	
04 [(ロウカ)] を音を立てて歩く。 복도를 소리를 내며 걷다. 　　　　おと　た　　ある	廊下	
05 転んで [(ス) り傷を負う]。 굴러 찰과상을 입다. 　ころ　　　　　きず　お	擦り傷を負う	
06 聴衆を [(ネントウ) に置いて]講演する。 청중을 염두에 두고 강연하다. 　ちょうしゅう　　　　　お　　　こうえん	念頭に置いて	
07 [(ソザイ) を生かした]建築。 소재를 살린 건축. 　　　　い　　　けんちく	素材を生かした	
08 宿題がまだ [(ス) まない]。 숙제가 아직 끝나지 않았다. 　しゅくだい	済まない	
09 この事業に全[財産を (ツイ) やした]。 이 사업에 전 재산을 탕진했다. 　　じぎょう　ぜん　ざいさん	財産を費やした	
10 壁に[絵を (カ) ける]。 벽에 그림을 걸다. 　かべ　え	絵を掛ける	
11 バラ色の結婚生活を [(ムソウ)] する。 장미빛 결혼 생활을 꿈꾸다. 　　いろ　けっこんせいかつ	夢想	
12 [紆余 (キョクセツ)] を経て結論が出る。 우여곡절*을 거쳐 결론이 나다. 　うよ　　　　　　へ　けつろん　で	紆余曲折	
13 国際[社会に (コウケン)] する。 국제 사회에 공헌하다. 　こくさい　しゃかい	社会に貢献	
14 [円 (シャッカン)] の供与条件の改善。 엔 차관의 공여* 조건의 개선. 　えん　　　　　　きょうよじょうけん　かいぜん	円借款	
15 火山から[溶岩が (フンシュツ)] する。 화산에서 용암이 분출하다. 　かざん　　　ようがん	溶岩が噴出	
16 個人消費が経済[成長に (キヨ)] した。 개인 소비가 경제 성장에 기여했다. 　こじんしょうひ　けいざい　せいちょう	成長に寄与	
17 [(ダトウ) 性]を裏付ける。 타당성을 뒷받침하다. 　　　　せい　うらづ	妥当性	
18 相手に [(キョウイ) を与える]話し方。 상대에게 위협을 주는 대화법. 　あいて　　　　　　　あた　　　はな　かた	脅威を与える	
19 没落した[家を (オコ) す]。 몰락한 집을 일으키다. 　ぼつらく　いえ	家を興す	
20 個々の[事情を (フ) まえて]方針をたてる。 각각의 사정을 감안하여 방침을 세우다. 　ここ　　じじょう　　　　　　ほうしん	事情を踏まえて	

◆ 멸사봉공(滅私奉公) : 사욕을 버리고 공익을 위하여 힘씀　　　　✦ 우여곡절(紆余曲折) : 뒤얽혀 복잡하여진 사정
❋ 공여(供与) : 어떤 물건이나 이익 따위를 상대편에게 돌아가도록 함

[   ](대괄호) 안의 일본어를 한자로 적어보고, 읽는 법을 히라가나로 쓰세요.

본문 내용	대괄호 한자로 쓰기	읽는 법 쓰기
01 [(ハイケイ)] に森を描く。배경에 숲을 그리다. もり か	背景	
02 [(ゴウカ) な]ホテルに泊まる。호화로운 호텔에 숙박하다. と	豪華な	
03 茶柱が立つと [(エンギ) がよい]。첫줄기가 서면 재수가 좋다. ちゃばしら た	縁起がよい	
04 多方面から [(ブンセキ) を深める]。다방면에서 분석을 깊게 하다. た ほうめん ふか	分析を深める	
05 [一時の (ショウドウ)] に駆られる。일시적인 충동에 휩싸이다. いち じ か	一時の衝動	
06 政治家と [(シンコウ)] がある。정치가와 친분이 있다. せい じ か	親交	
07 物事を[正しく (カイシャク)] する。사물을 바르게 해석하다. ものごと ただ	正しく解釈	
08 [(カッキテキ) な]発明をする。획기적인 발명을 하다. はつめい	画期的な	
09 親から[受け (ツ) いだ]仕事。부모로부터 이어받은 일. おや う しごと	受け継いだ	
10 身の不幸を [(ナゲ) く]。자신의 불행을 한탄하다. み ふこう	嘆く	
11 会談は [(スウジ)] にも及ぶ。회담은 수차에 걸쳐 이루어지다. かいだん およ	数次	
12 [戦争で (ショウド)] と化した街。전쟁으로 초토화된 거리. せんそう か まち	戦争で焦土	
13 歴史に学ぶ [(ジョウシャヒッスイ)] の理。역사에서 배우는 성자필쇠*의 이치. れき し まな り	盛者必衰	
14 [(タソガレ)] の町を歩く。황혼의 거리를 걷다. まち ある	黄昏	
15 期待に[胸が (オド) る]。기대에 가슴이 설레다. き たい むね	胸が躍る	
16 [(ダイショウ) として]治療費を支払う。보상으로 치료비를 지불하다. ちりょうひ し はら	代償として	
17 この作品は [(ヒルイ)] なき傑作だ。이 작품은 유례없는 걸작이다. さくひん けっさく	比類	
18 [(ソンリツ) の基盤]が脅かされる。존립의 기반이 위협받다. き ばん おびや	存立の基盤	
19 [有識者の (タッケン)] に耳を傾ける。유식자의 뛰어난 식견에 귀를 기울이다. ゆうしきしゃ みみ かたむ	有識者の卓見*	
20 [離婚 (チョウテイ)] を申し立てる。이혼 조정을 제의하다. り こん もう た	離婚調停	

◆ 성자필쇠(盛者必衰) : 융성하는 것은 결국 쇠퇴해짐   ◆ 卓見(たっけん) : 뛰어난 의견(식견)

[   ](대괄호) 안의 일본어를 한자로 적어보고, 읽는 법을 히라가나로 쓰세요.

본문 내용	대괄호 한자로 쓰기	읽는 법 쓰기
01 [目を (オオ) う]ばかりの状況。 눈을 가리기만 하는 상황.	目を覆う	
02 専門家によって[大いに (ケイハツ)] された。 전문가에 의해 크게 계발*(계몽)되었다.	大いに啓発	
03 横丁の [(ロジ) を抜ける]。 골목(길)을 벗어나다.	路地を抜ける	
04 テレビを通じて [(センデン)] する。 TV를 통해 선전하다.	宣伝	
05 対戦[相手を (アナド) る]。 대전 상대를 깔보다.	相手を侮る	
06 歴史の都だけに[不思議な (イツワ)] が多い。 역사의 수도인 만큼 신기한 일화가 많다.	不思議な逸話	
07 ネクタイを [(ユル) めて]楽にする。 넥타이를 느슨이 하여 편하게 하다.	緩めて	
08 アユ漁が [(カイキン)] された。 은어 잡이가 해금되었다.	解禁	
09 10年後の[人口を (スイケイ)] する。 10년 후의 인구를 추산하다.	人口を推計	
10 都会での[生活に (ナ) れる]。 도회에서의 생활에 익숙해지다.	生活に慣れる	
11 渡り [(ロウカ)] を歩く。 두 건물을 잇는 복도를 걷다.	廊下	
12 [(イヒョウ) をついた]発言。 의표를 찌른 발언.	意表をついた	
13 国旗を [(カカ) げる]。 국기를 게양하다.	掲げる	
14 [利潤を (ツイキュウ)] する。 이윤을 추구하다.	利潤を追求	
15 プライバシーを [(ヨウゴ)] する。 프라이버시(사생활)를 옹호하다.	擁護	
16 彼の歩く [(カッコウ)] がおもしろい。 그의 걷는 모습이 재미있다.	格好	
17 深く [(ジカイ)] しなければならないこと。 깊게 자계* 해야 하는 것.	自戒	
18 会員には[種々の (オンテン)] がある。 회원에게는 여러 가지 은전*(특전)이 있다.	種々の恩典	
19 財界との [(ユチャク) を断ち切る]。 재계와의 유착을 근절하다.	癒着を断ち切る	
20 [(キュウキョク) の判断]だった。 궁극·의 판단이었다.	究極の判断	

◆ 계발(啓発) : 슬기나 재능, 사상 따위를 일깨워 줌
✻ 자계(自戒) : 스스로 경계함
✱ 궁극(究極) : 어떤 과정의 마지막이나 끝

♣ 추계(推計) : 일부를 가지고 전체를 미루어 계산함. 추산
♣ 은전(恩典) : 예전에, 나라에서 은혜를 베풀어 내리던 특전

[   ](대괄호) 안의 일본어를 한자로 적어보고, 읽는 법을 히라가나로 쓰세요.

본문 내용	대괄호 한자로 쓰기	읽는 법 쓰기
01 [(ユウユウ)] と時間が流れるインド。유유히 시간이 흘러가는 인도. じかん　なが	悠々	
02 [手を (タズサ) えて]出発する。손을 잡고 출발하다. て　　　　　　しゅっぱつ	手を携えて	
03 一晩中 [(ケイカイ) に当たる]。밤새 경계에 임하다. ひとばんじゅう　　　あ	警戒に当たる	
04 [(コウソク) 時間]が長い仕事。구속 시간이 긴 일. じかん　なが　しごと	拘束時間	
05 当事者の[責任を (ツイキュウ)] する。당사자의 책임을 추궁하다. とうじしゃ　せきにん	責任を追及	
06 [(ボウトウ)] から会議は荒れた。벽두부터 회의가 소란해졌다. かいぎ　あ	冒頭	
07 事件の[犯行を (モクゲキ)] する。사건의 범행을 목격하다. じけん　はんこう	犯行を目撃	
08 (ソン)] を覚悟で売りに出す。손해를 각오하고 내놓다. かくご　う　だ	損	
09 思わぬ[困難に (ソウグウ)] する。뜻밖의 곤란에 처하다. おも　こんなん	困難に遭遇	
10 市民の[安全を (オビヤ) かす]。시민의 안전을 위협하다. しみん　あんぜん	安全を脅かす	
11 酸性雨が [(コウジョウ) 的に]降っている。산성비가 항상* 내리고 있다. さんせいう　　　てき　ふ	恒常的に	
12 かねてからの[計画を (ジッシ)] する。이전부터의 계획을 실시하다. けいかく	計画を実施	
13 問題の解決は [(ヨウイ)] ではない。문제 해결은 쉽지 않다. もんだい　かいけつ	容易	
14 そんな [(ユウチョウ) に]構えていられない。그렇게 마음을 느긋하게 かま　　　　　　　　　갖고 있을 수 없다.	悠長に	
15 政党内の激しい [(ハバツ) 争い]。정당내의 격렬한 파벌 다툼. せいとうない　はげ　　　　　あらそ	派閥争い	
16 確実に[任務を (スイコウ)] する。확실히 임무를 수행하다. かくじつ　にんむ	任務を遂行	
17 [実力を (ハッキ)] する。실력을 발휘하다. じつりょく	実力を発揮	
18 成績の [(ジョレツ) をつける]。성적의 서열을 매기다. せいせき	序列をつける	
19 [親の (ケンイ)] を保ち続ける。부모의 권위를 계속 유지하다. おや　　　　　　たも　つづ	親の権威	
20 業績不振で [(インセキ) 辞任]する。실적 부진으로 책임을 스스로 지고 사임하다. ぎょうせきふしん　　　　じにん	引責*辞任	

◆ 항상(恒常) : 언제나 변함없이　　　　　　　　　　　　　　✦ 인책(引責) : 잘못된 일의 책임을 스스로 짐

[　　　](대괄호) 안의 일본어를 한자로 적어보고, 읽는 법을 히라가나로 쓰세요.

본문 내용	대괄호 한자로 쓰기	읽는 법 쓰기
01　読書 [(カンソウ) 文]を書く。 독서 감상문을 쓰다. 　　どくしょ　　　　　　　ぶん　か	感想文	
02　[(ナンミン)] キャンプを訪問する。 난민 캠프를 방문하다. 　　　　　　　　　　　　　ほうもん	難民	
03　[被害者の (キュウサイ)] に乗り出す。 피해자 구제에 착수하다. 　　ひがいしゃ　　　　　　　　の　だ	被害者の救済	
04　実に [(フシギ) な]話だ。 참으로 이상한 이야기이다. 　　じつ　　　　　　　はなし	不思議な	
05　将来は [(マンガカ)] になりたい。 장래에는 만화가가 되고 싶다. 　　しょうらい	漫画家	
06　他人の[作品を (ヒヒョウ)] する。 타인의 작품을 비평하다. 　　たにん　さくひん	作品を批評	
07　憧れの [(ショクギョウ) に就く]。 동경하는 직업에 종사하다. 　　あこが	職業に就く	
08　外国人に日本[文化を (ショウカイ)] する。 외국인에게 일본 문화를 소개하다. 　　がいこくじん　　にほんぶんか	文化を紹介	
09　[(コキョウ) の景色]が思い出される。 고향의 경치가 생각난다. 　　　　　　　けしき　おも　だ	故郷の景色	
10　今朝[手紙が (トド) いた]。 오늘 아침 편지가 도착했다. 　　けさ　てがみ	手紙が届いた	
11　[(リンカク)] が浮かび上がる。 윤곽이 드러나다. 　　　　　　　う　あ	輪郭	
12　関連諸法案を含む [(ホウカツ) 案]。 관련 여러 법안을 포함한 포괄*안. 　　かんれんしょほうあん　ふく　　　　　あん	包括案	
13　大学と企業が [(レンケイ)] する。 대학교와 기업이 제휴하다. 　　だいがく　きぎょう	連携	
14　[長年の (ケンアン)] がやっと解決した。 오랫동안의 현안을 겨우 해결했다. 　　ながねん　　　　　　　　かいけつ	長年の懸案	
15　[(ジュウナン) な考え方]が重要である。 유연한 사고방식이 중요하다. 　　　　　　　かんが　かた　じゅうよう	柔軟な考え方	
16　彼は[社会 (キハン)] に従っていない。 그는 사회 규범에 따르지 않는다. 　　かれ　しゃかい　　　　したが	社会規範	
17　新聞に[記事を (ケイサイ)] する。 신문에 기사를 게재하다. 　　しんぶん　きじ	記事を掲載	
18　税金を正しく [(ノウフ)] する。 세금을 올바르게 납부하다. 　　ぜいきん　ただ	納付	
19　不法入国者が [(テキハツ)] された。 불법 입국자가 적발되었다. 　　ふほうにゅうこくしゃ	摘発	
20　思想の [(コンカン) をなす]部分。 사상의 근간*을 이루는 부분. 　　しそう　　　　　　　　ぶぶん	根幹をなす	

◆ 포괄(包括) : 일정한 대상이나 현상 따위를 어떤 범위나 한계 안에 모두 끌어 넣음
♣ 근간(根幹) : 사물의 바탕이나 중심이 되는 중요한 것

[   ](대괄호) 안의 일본어를 한자로 적어보고, 읽는 법을 히라가나로 쓰세요.

본문 내용	대괄호 한자로 쓰기	읽는 법 쓰기
01 [前後の (ブンミャク)] から意味を判断する。 전후의 문맥에서 의미를 판단하다. _{ぜんご} _{いみ} _{はんだん}	前後の文脈	
02 [(キュウキョク) の選択]に迫られる。 궁극의 선택을 강요당하다. _{せんたく} _{せま}	究極の選択	
03 [会議で (ギロン)] を戦わせる。 회의에서 논쟁을 벌이다. _{かいぎ} _{たたか}	会議で議論	
04 [(ソヨウチョウ)] はかつての税目の総称だ。 조용조*는 이전의 _{ぜいもく} _{そうしょう} 세금 종목의 총칭이다.	租庸調	
05 [(タク) みな]手つきで作品を仕上げる。 능숙한 손놀림으로 작품을 완성하다. _て _{さくひん} _{しあ}	巧みな	
06 住民税を [(チョウシュウ)] する。 주민세를 징수하다. _{じゅうみんぜい}	徴収	
07 母は [(オオザッパ) な]性格だ。 어머니는 데면데면한 성격이다. _{はは} _{せいかく}	大雑把な	
08 後継者を [(ヨウセイ)] する。 후계자를 양성하다. _{こうけいしゃ}	養成	
09 ひとしきり泣くと [(ダマ) って]寝た。 한바탕 울자 잠자코 잤다. _な _ね	黙って	
10 [(ノウゼイ)] は国民の義務だ。 납세는 국민의 의무이다. _{こくみん} _{ぎむ}	納税	
11 駐車違反の [(イッセイ) 取り締まり]を行った。 주차 위반의 일제 단속을 실시했다. _{ちゅうしゃいはん} _と _し _{おこな}	一斉取り締まり	
12 パソコンの普及には [(カクセイ) の感]がある。 컴퓨터의 보급에는 _{ふきゅう} _{かん} 격세지감이 있다.	隔世の感	
13 [(カクイツテキ) な]教育。 획일적인 교육. _{きょういく}	画一的な	
14 大差で勝ち [(ユウエツカン) に浸る]。 큰 차이로 이겨 우월감에 빠지다. _{たいさ} _か _{ひた}	優越感に浸る	
15 修正案の [(シュシ) を説明]する。 수정안의 취지를 설명하다. _{しゅうせいあん} _{せつめい}	趣旨を説明	
16 現在の[体重を (イジ)] する。 현재의 체중을 유지하다. _{げんざい} _{たいじゅう}	体重を維持	
17 [(シンケン) な態度]で試合に臨む。 진지한 태도로 시합에 임하다. _{たいど} _{しあい} _{のぞ}	真剣な態度	
18 [(アンイ) な発想]はよくない。 안이한 발상은 좋지 않다. _{はっそう}	安易な発想	
19 薬で[痛みを (ヨクセイ)] する。 약으로 통증을 억제하다. _{くすり} _{いた}	痛みを抑制	
20 彼の[名誉は (シッツイ)] した。 그의 명예는 실추*됐다. _{かれ} _{めいよ}	名誉は失墜	

◆ 조용조(租庸調) : 율령제 시대의 기본적인 세제   ◆ 실추(失墜) : 명예나 위신 따위를 떨어뜨리거나 잃음

[   ](대괄호) 안의 일본어를 한자로 적어보고, 읽는 법을 히라가나로 쓰세요.

본문 내용	대괄호 한자로 쓰기	읽는 법 쓰기
01 新たな [(リロン) を確立]した。 새로운 이론을 확립했다. あら　　　　　　かくりつ	理論を確立	
02 史実に [(モト) づいた]小説。 역사적인 사실에 입각한 소설. し じつ　　　　　　　しょうせつ	基づいた	
03 年々 [(カクダン) の進歩]をとげる。 해마다 현격한 진보를 이루다. ねんねん　　　　　　しん ぽ	格段の進歩	
04 [冷暖房 (ソウチ)] を取り付ける。 냉난방 장치를 설치하다. れいだんぼう　　　　　と　つ	冷暖房装置	
05 [(イリョウ) 保険]に加入する。 의료 보험에 가입하다. ほ けん　か にゅう	医療保険	
06 運動会で [(カツヤク)] する。 운동회에서 활약하다. うんどうかい	活躍	
07 コレラ[菌を (ケンシュツ)] する。 콜레라균을 검출하다. きん	菌を検出	
08 主人公は [(グチョク) な男]だ。 주인공은 우직*한 사내이다. しゅじんこう　　　　　　おとこ	愚直な男	
09 新しい機械を [(ス) え付ける]。 새로운 기계를 설치하다. あたら　き かい　　　　　つ	据え付ける	
10 [発電機を (カドウ)] させる。 발전기를 가동시키다. はつでん き	発電機を稼働	
11 勝利のために大きな[犠牲を (ハラ) った]。 승리를 위해 큰 희생을 치렀다. しょうり　　　　　おお　　　ぎ せい	犠牲を払った	
12 大[地震の (ヨチョウ)] がある。 대지진의 징조가 있다. だい じ しん	地震の予兆	
13 そんなことは[百も (ショウチ) だ]。 그런 것은 충분히 알고 있다. ひゃく	百も承知だ	
14 この件はもう少し [(ケントウ)] します。 이 건은 좀 더 검토하겠습니다. けん　　すこ	検討	
15 子どもの[自主性を (ソンチョウ)] する。 아이의 자주성을 존중하다. こ　　　　じ しゅせい	自主性を尊重	
16 [暴力を (ハイジョ)] する。 폭력을 배제하다. ぼうりょく	暴力を排除	
17 [建物を (ジョウト)] することが決まった。 건물을 양도*하는 것이 정해졌다. たてもの　　　　　　　　　き	建物を譲渡	
18 思い切った [(ソチ) をとる]。 과감한 조치를 취하다. おも　き	措置をとる	
19 雨のため [(ジバン) がゆるむ]。 비로 인해 지반이 흔들리다. あめ	地盤がゆるむ	
20 [旧態 (イゼン)] たる制度。 구태의연한 제도. きゅうたい　　　　　せい ど	旧態依然	

◆ 우직(愚直) : 어리석고 고지식함　　　　　　　　　◆ 양도(譲渡) : 재산이나 물건을 남에게 넘겨줌

22

[   ](대괄호) 안의 일본어를 한자로 적어보고, 읽는 법을 히라가나로 쓰세요.

본문 내용	대괄호 한자로 쓰기	읽는 법 쓰기
01 選挙に出たが [(ラクセン)] した。 선거에 출마했지만 낙선했다. せんきょ で	落選	
02 ここの塾は生徒を [(ボシュウ) 中]だ。 여기 학원은 학생을 모집 중이다. じゅく せいと ちゅう	募集中	
03 [(コウレイ)] により抽選会を行う。 항례*에 의해 추첨회를 실시하다. ちゅうせんかい おこな	恒例	
04 雨が上がって [(ニジ) が現れた]。 비가 그치고 무지개가 나타났다. あめ あ あらわ	虹が現れた	
05 何か [(イヘン) が起きて]いるらしい。 뭔가 이변이 일어나고 있는 것 같다. なに お	異変が起きて	
06 一人前の大人として [(ミト) める]。 제몫을 하는 어른으로서 인정하다. いちにんまえ おとな	認める	
07 黙って [(ブツダン)] に手を合わせた。 잠자코 불단에 합장했다. だま て あ	仏壇	
08 壁を [(セ)] にして立つ。 벽을 등지고 서다. かべ	背	
09 [(ケツイ)] を新たにする。 결의를 새롭게 하다. あら	決意	
10 彼の顔が見えないのは [(サビ) しい]。 그의 얼굴이 보이지 않는 쓸쓸하다. かれ かお み	寂しい	
11 [(マンセイ) の病気]を患っている。 만성병을 앓고 있다. びょうき わずら	慢性の病気	
12 会議は [(ボウトウ)] から険悪な雰囲気だった。 회의는 벽두부터 かいぎ けんあく ふんいき 협악한 분위기였다.	冒頭	
13 美術[全集を (カンコウ)] する。 미술 전집을 간행하다. びじゅつぜんしゅう	全集を刊行	
14 彼女は [(センサイ) な]神経の持ち主だ。 그녀는 섬세한 신경의 소유자이다. かのじょ しんけい も ぬし	繊細な	
15 不確かな情報に [(カイギ) 心を抱く]。 불확실한 정보에 회의*심을 품다. ふたしか じょうほう しん いだ	懐疑心を抱く	
16 [(ケンメイ) の救出]により命は助かった。 결사적인 구출에 의해 목숨은 건졌다. きゅうしゅつ いのち たす	懸命の救出	
17 彼は [(トウトツ) に]目の前に現れた。 그는 당돌하게 눈앞에 나타났다. かれ め まえ あらわ	唐突に	
18 言うこととやることが [(ウラハラ)] だ。 말하는 것과 행동하는 것이 정반대다. い	裏腹だ	
19 [(クウキョ) な生活]に嫌気が差す。 공허*한 생활에 싫증이 나다. せいかつ いやけ さ	空虚な生活	
20 各界の [(チョメイ) な]人たち。 각계의 저명한 인사들. かっかい ひと	著名な	

◆ 항례(恒例) : 하기로 정해져 있는 의식이나 행사　　　　　◆ 회의(懐疑) : 의심을 품음
◈ 공허(空虚) : 1.아무것도 없이 텅 빔 2.실속이 없이 헛됨

[   ](대괄호) 안의 일본어를 한자로 적어보고, 읽는 법을 히라가나로 쓰세요.

본문 내용	대괄호 한자로 쓰기	읽는 법 쓰기
01 抜本的 [(タイサク)] が取られる。 발본*적인 대책이 취해지다. 　ばっぽんてき　　　　　　と	対策	
02 緊急の[措置を (コウ) じる]。 긴급 조치를 강구하다. 　きんきゅう　そち	措置を講じる	
03 歴史上の [(イダイ) な人物]。 역사상 위대한 인물. 　れきしじょう　　　　じんぶつ	偉大な人物	
04 経済情勢について [(コウサツ)] する。 경제 정세에 대해 고찰하다. 　けいざいじょうせい	考察	
05 彼は [(ソヤ) な人]だと言われる。 그는 거칠고 버릇없는 사람이라고 한다. 　かれ　　　　　ひと　　　い	粗野な人	
06 手が [(イク) つ]あっても足りない。 손이 여러 개 있어도 부족하다. 　て　　　　　　　　　た	幾つ	
07 彼の [(スス) め]に従って出席した。 그의 추천에 따라 출석했다. 　かれ　　　　　したが　しゅっせき	勧め	
08 [(フユカイ) な]うわさが立っている。 불쾌한 소문이 나 있다. 　　　　　　　　　　た	不愉快な	
09 最近[失礼な (ヤカラ)] が多い。 최근 무례한 무리들이 많다. 　さいきん　しつれい　　　　おお	失礼な輩	
10 釣り[糸を (タ) れる]。 낚싯줄을 드리우다. 　つ　いと	糸を垂れる	
11 世界[記録を (コウシン)] する。 세계기록을 갱신하다. 　せかい　きろく	記録を更新	
12 太陽は [(スデ) に]かなり高い。 태양은 이미 꽤 높다. 　たいよう　　　　　　たか	既に	
13 悪の温床を [(イッソウ)] する。 악의 온상을 일소*하다. 　あく　おんしょう	一掃	
14 [友人を (サソ) って]遊びに行く。 친구를 꼬드겨 놀러 가다. 　ゆうじん　　　　あそ　い	友人を誘って	
15 [(セイセン)] された材料のみを使用する。 정선된 재료만을 사용하다. 　　　　　　　ざいりょう　　しよう	精選	
16 故郷はすっかり [(ヘンヨウ)] してしまった。 고향은 완전히 변모하고 말았다. 　こきょう	変容	
17 海外[市場から (テッタイ)] する。 해외 시장에서 철수하다. 　かいがい　しじょう	市場から撤退	
18 [経済 (カクサ)] が拡大する。 경제 격차가 확대되다. 　けいざい　　　　かくだい	経済格差	
19 [用意 (シュウトウ) な]計画を立てる。 용의주도한 계획을 세우다. 　ようい　　　　　けいかく　た	用意周到な	
20 明治[神宮に (サンパイ)] する。 메이지 신궁에 참배하다. 　めいじ　じんぐう	神宮に参拝	

✦ 발본(抜本) : 좋지 않은 일의 근본 원인이 되는 요소를 완전히 없애 버림　　✦ 일소(一掃) : 모조리 쓸어버림

[   ](대괄호) 안의 일본어를 한자로 적어보고, 읽는 법을 히라가나로 쓰세요.

본문 내용	대괄호 한자로 쓰기	읽는 법 쓰기
01 趣味は[お (カシ)] 作りだ。 취미는 과자 만들기다. しゅみ　　　　　　づく	お菓子	
02 彼はいつも [(ジョウダン)] ばかり言っている。 그는 언제나 농담만 말하고 있다. かれ　　　　　　　　　　　　　い	冗談	
03 野球の[試合を (カンセン)] する。 야구 시합을 관전하다. やきゅう　しあい	試合を観戦	
04 温泉で [(シフク)] のひとときを味わう。 온천에서 최고로 행복한 한때를 맛보다. おんせん　　　　　　　　　　　　あじ	至福	
05 大臣の [(シツム) 室]を訪問する。 대신의 집무실을 방문하다. だいじん　　　　　しつ　ほうもん	執務室	
06 敵の術中に [(オチイ) る]。 적의 계략에 빠지다. てき　じゅっちゅう	陥る	
07 [(クッキョウ)] で背も高い若者。 매우 힘세고 키도 큰 젊은이. せ　たか　わかもの	屈強	
08 国立[公園の (カンリ)] をする。 국립 공원의 관리를 하다. こくりつ　こうえん	公園の管理	
09 大型台風が[本州を (チョクゲキ)] する。 대형 태풍이 혼슈를 직격*하다. おおがたたいふう　ほんしゅう	本州を直撃	
10 [洪水の (キケン)] がある。 홍수의 위험이 있다. こうずい	洪水の危険	
11 年とともに[体力が (オトロ) える]。 나이와 함께 체력이 쇠약해지다. とし　　　　　たいりょく	体力が衰える	
12 [(ボウハテイ)] で釣りをする。 방파제에서 낚시를 하다. つ	防波堤	
13 弾薬を [(ホキュウ)] する。 탄약을 보급하다. だんやく	補給	
14 工事中の [(ジャリ) 道]を通る。 공사 중인 자갈길을 지나가다. こうじちゅう　　　　みち　とお	砂利道	
15 公務執行 [(ボウガイ)] で逮捕する。 공무 집행 방해로 체포하다. こうむしっこう　　　　　たいほ	妨害	
16 証拠物件を [(オウシュウ)] する。 증거물을 압수*하다. しょうこぶっけん	押収	
17 アルバイトで [(ホウシュウ) を得る]。 아르바이트로 보수를 얻다. え	報酬を得る	
18 災害地の[実情を (チョウサ)] する。 재해지의 실정을 조사하다. さいがいち　じつじょう	実情を調査	
19 被害者から[事情を (チョウシュ)] する。 피해자로부터 사정을 청취하다. ひがいしゃ　じじょう	事情を聴取	
20 損害を [(バイショウ)] する。 손해를 배상하다. そんがい	賠償	

◆ 직격(直撃) : 곧바로 침　　　　　　　　　　　　　　　　◆ 압수(押収) : 물건 따위를 강제로 빼앗음

[　　　](대괄호) 안의 일본어를 한자로 적어보고, 읽는 법을 히라가나로 쓰세요.

본문 내용	대괄호 한자로 쓰기	읽는 법 쓰기
01 戦で[城が (エンジョウ)] する。 전쟁으로 성이 불타다. いくさ　しろ	城が炎上	
02 車が激しく[行き (カ) う]道路。 차가 격렬하게 오가는 도로. くるま　はげ　ゆ　　　どうろ	行き交う	
03 [成績の (ラクサ)] が大きすぎる。 성적의 낙차가 너무 크다. せいせき　　　　　　おお	成績の落差	
04 急に聞かれて [(トマド) う]。 갑자기 질문을 받아 당황하다. きゅう　き	戸惑う	
05 [(ニセモノ)] をつかませられる。 가짜를 속아서 사다.	偽物	
06 友人の[事業を (シエン)] する。 친구의 사업을 지원하다. ゆうじん　じぎょう	事業を支援	
07 [救援 (ブッシ)] を補給する。 구호물자를 보급하다. きゅうえん　　　　　　ほきゅう	救援物資	
08 日本一の腕前だと [(ジフ)] する。 일본 제일의 솜씨라고 자부한다. にほんいち　うでまえ	自負	
09 ボランティアで [(ヒサイ) 地]を訪れる。 자원봉사로 재해지를 방문하다. ち　　おとず	被災地	
10 毎朝[乾布 (マサツ)] をする。 매일 아침 마른 수건으로 문지르다. まいあさ　かんぷ	乾布摩擦	
11 多重の [(サイム) を負う]。 다중 채무를 지다. たじゅう　　　　　　お	債務を負う	
12 問題が [(タキ) にわたる]。 문제가 여러 방면에 걸치다. もんだい	多岐にわたる	
13 収入から必要[経費を (コウジョ)] する。 수입에서 필요경비를 공제*하다. しゅうにゅう　ひつよう　けいひ	経費を控除	
14 [(ソゼイ)] を徴収する。 조세를 징수하다. ちょうしゅう	租税	
15 [(シンコク) な]悩みを抱える。 심각한 고민을 가지고 있다. なや　かか	深刻な	
16 木の枝が[風で (ユ) れる]。 나무 가지가 바람에 흔들리다. き　えだ　かぜ	風で揺れる	
17 [(タイシン) 性]に優れた家屋。 내진성에 뛰어난 가옥. せい　すぐ　かおく	耐震性	
18 床上まで [(シンスイ)] する。 마루 위까지 침수하다. ゆかうえ	浸水	
19 [緊急 (ヒナン) 所]を設置する。 긴급 피난소를 설치하다. きんきゅう　　　　じょ　せっち	緊急避難所	
20 橋の傷んだ部分を [(ホキョウ)] する。 다리의 상한 부분을 보강*하다. はし　いた　ぶぶん	補強	

◆ 공제(控除) : 받을 몫에서 일정한 금액이나 수량을 뺌　　　◆ 보강(補強) : 보태거나 채워서 본디보다 더 튼튼하게 함

[   ](대괄호) 안의 일본어를 한자로 적어보고, 읽는 법을 히라가나로 쓰세요.

본문 내용	대괄호 한자로 쓰기	읽는 법 쓰기
01 声から察すると [(ネンパイ)] の人らしい。 목소리로 살피건대 こえ さっ ひと 나이가 지긋한 사람인 것 같다.	年配	
02 長年 [(シタ) しまれて]きた路面電車。 오랜 세월 사랑받아온 노면전차. ながねん ろ めんでんしゃ	親しまれて	
03 彼は [(ワダイ)] の豊富な人だ。 그는 화제가 풍부한 사람이다. かれ ほう ふ ひと	話題	
04 あのチームは[長年の (シュクテキ)] だ。 저 팀은 오랜 숙적이다. ながねん	長年の宿敵	
05 社員一万人を [(ヨウ) する]大会社。 사원 만 명을 거느린 큰 회사. しゃいんいちまんにん だいがいしゃ	擁する	
06 [堤防を (キズ) いて]洪水から守る。 제방을 쌓아 홍수로부터 지키다. ていぼう こうずい まも	堤防を築いて	
07 [(キキ) 的な]状態に陥る。 위기적인 상태에 빠지다. てき じょうたい おちい	危機的な	
08 企業が [(ケイエイ) 不振]に陥る。 기업이 경영 부진에 빠지다. きぎょう ふ しん おちい	経営不振	
09 [(フキョウ) のあおり]を受けて倒産する。 불황의 충격을 받아 도산하다. う とうさん	不況のあおり	
10 雨のため遠足が[翌日に (ノ) びた]。 비로 인해 소풍이 다음날로 연기되었다. あめ えんそく よくじつ	翌日に延びた	
11 とうとう [(メイウン) が尽きた]。 결국 운명이 다했다. つ	命運が尽きた	
12 [(キンミツ) に]連絡をとりあう。 긴밀히 연락을 서로 취하다. れんらく	緊密に	
13 地震で壁に [(キレツ) が生じる]。 지진으로 벽에 균열이 생기다. じ しん かべ しょう	亀裂が生じる	
14 彼は財務省の [(カンリョウ)] だ。 그는 재무성 관료이다. かれ ざい む しょう	官僚	
15 敵を [(チョウハツ)] して攻撃させる。 적을 도발하여 공격시키다. てき こうげき	挑発	
16 [(フタイテン) の覚悟]を決める。 불퇴전*의 각오를 정하다. かく ご き	不退転の覚悟	
17 結核に [(オカ) されて]いる。 결핵에 걸려 있다. けっかく	冒されて	
18 小包を[ひもで (シバ) る]。 소포를 끈으로 묶다. こ づつみ	ひもで縛る	
19 前後から [(コオウ)] して攻め寄せる。 앞뒤에서 호응하여 쳐들어가다. ぜん ご せ よ	呼応	
20 人々が互いに [(ギシンアンキ)] となる。 사람들이 서로 의심암귀*가 되다. ひとびと たが	疑心暗鬼	

◆ 불퇴전(不退転) : 굳게 믿어 마음을 굽히지 않음

♣ 의심암귀(疑心暗鬼) : 한번 의심하게 되면 공연한 것을 상상하여 더욱 의심이 들고 두려워짐

[ ](대괄호) 안의 일본어를 한자로 적어보고, 읽는 법을 히라가나로 쓰세요.

본문 내용	대괄호 한자로 쓰기	읽는 법 쓰기
01 [色の (チガ) う]二枚の折り紙。 색이 다른 두 장의 색종이. _{いろ にまい お がみ}	色の違う	
02 真偽を [(タシ) かめる]。 진위를 확인하다. _{しん ぎ}	確かめる	
03 [台風に (ソナ) えて]懐中電灯を買う。 태풍에 대비하여 회중전등을 사다. _{たいふう かいちゅうでんとう か}	台風に備えて	
04 [(ネッタイ) 雨林]にすむ生物。 열대우림에 사는 생물. _{うりん せいぶつ}	熱帯雨林	
05 肩が [(コマ) かく]震える。 어깨가 세심하게 흔들리다. _{かた ふる}	細かく	
06 友人の家にしばらく [(タイザイ)] する。 친구 집에 잠시 머물다. _{ゆうじん いえ}	滞在	
07 [(オダ) やかな気候]の国に住む。 온화한 기후의 나라에 살다. _{き こう くに す}	穏やかな気候	
08 [(カンダン) の差]が激しい地域。 춥고 따뜻함의 차이가 심한 지역. _{さ はげ ちいき}	寒暖の差	
09 [(ヤワ) らかな]頬に触れる。 부드러운 볼에 닿다. _{ほお ふ}	柔らかな	
10 [(シンセツ) な]若者と出会う。 친절한 젊은이와 만나다. _{わかもの であ}	親切な	
11 航海には [(ラシンバン)] が必要だ。 항해에는 나침판이 필요하다. _{こうかい ひつよう}	羅針盤	
12 外国人の [(コヨウ) を支援]する。 외국인의 고용을 지원하다. _{がいこくじん しえん}	雇用を支援	
13 天皇は[国民の (ショウチョウ)] である。 천황은 국민의 상징이다. _{てんのう こくみん}	国民の象徴	
14 [経費 (サクゲン)] を心がける。 경비 삭감에 유의하다. _{けい ひ こころ}	経費削減	
15 [(キソ) 的な]学力を固める。 기초적인 학력을 굳히다. _{てき がくりょく かた}	基礎的な	
16 重要な[任務を (カ) された]。 중요한 임무를 부여 받았다. _{じゅうよう にんむ}	任務を課された	
17 新入生の [(カンゲイ) 会]を開く。 신입생 환영회를 열다. _{しんにゅうせい かい ひら}	歓迎会	
18 [(ユル) やかな]坂を登る。 완만한 언덕을 오르다. _{さか のぼ}	緩やかな	
19 [(ソッチョク) な]意見が聞きたい。 솔직한 의견을 듣고 싶다. _{いけん き}	率直な	
20 奔走*してくれた[人々を (イロウ)] する。 바쁘게 뛰어다니며 노력해 준 _{ほんそう ひとびと} 사람들을 위로하다.	人々を慰労	

◆ 분주(奔走) : 몹시 바쁘게 뛰어다님

[   ](대괄호) 안의 일본어를 한자로 적어보고, 읽는 법을 히라가나로 쓰세요.

본문 내용	대괄호 한자로 쓰기	읽는 법 쓰기
01 [(レンタイ)] して債務を負う。 연대하여 채무를 지다. さいむ お	連帯	
02 [利益を (ホショウ)] する。 이익을 보증하다. りえき	利益を保証	
03 [(ジョウシキ)] では考えられない奇行。 상식으로는 생각할 수 없는 기이한 행동. かんが きこう	常識	
04 街頭で [(ショメイ) 運動]を行う。 길거리에서 서명 운동을 실시하다. がいとう うんどう おこな	署名運動	
05 家賃が三か月間 [(トドコオ) る]。 방세가 3개월간 밀리다. やちん さん げつかん	滞る	
06 何度も[バットを (フ) る]。 몇 번이나 방망이를 휘두르다. なんど	バットを振る	
07 木の葉が [(マ) い上がる]。 나뭇잎이 날아오르다. こ は	舞い上がる	
08 昔からの取引 [(カンコウ) を見直す]。 옛날부터의 거래 관행을 재점검하다. むかし とりひき みなお	慣行を見直す	
09 選挙の結果が[株価に (エイキョウ)] する。 선거 결과가 주가에 영향을 주다. せんきょ けっか かぶか	株価に影響	
10 チームの[優勝に (コウケン)] した。 팀 우승에 공헌했다. ゆうしょう	優勝に貢献	
11 突然砂嵐に [(オソ) われる]。 갑자기 모래 폭풍이 덮치다. とつぜんすなあらし	襲われる	
12 こちらの [(フテギワ)] をお詫びします。 이쪽의 실수를 사과합니다. わ	不手際	
13 [(コウセイ) 物質]を投与する。 항생 물질을 투여하다. ぶっしつ とうよ	抗生物質	
14 [害虫 (タイジ)] の薬を散布する。 해충 퇴치 약을 살포*하다. がいちゅう くすり さんぷ	害虫退治	
15 しっかりと [(ネンチャク)] している。 제대로 점착*되어 있다.	粘着	
16 何よりも[基本が (カンジン)] だ。 무엇보다도 기본이 중요하다. なに きほん	基本が肝心だ	
17 [(ザンテイ) 政権]が発足する。 잠정 정권이 발족하다. せいけん ほっそく	暫定政権	
18 [群雄 (カッキョ)] の戦国時代。 군웅할거*의 전국시대. ぐんゆう せんごくじだい	群雄割拠	
19 [地雷 (ジョキョ)] 援助活動を始める。 지뢰 제거 원조 활동을 시작하다. じらい えんじょかつどう はじ	地雷除去	
20 火に[油を (ソソ) ぐ]ようなものだ。 불에 기름을 붓는 격이다. ひ あぶら	油を注ぐ	

◆ 撒布(さんぷ) : 살포, 상용한자외임　　　　　　　　　　　　　　✦ 점착(粘着) : 끈끈하게 착 달라붙음
✳ 군웅할거(群雄割拠) : 여러 영웅이 각기 한 지방씩 차지하고 위세를 부림

[   ](대괄호) 안의 일본어를 한자로 적어보고, 읽는 법을 히라가나로 쓰세요.

본문 내용	대괄호 한자로 쓰기	읽는 법 쓰기
01 笑い声が[部屋中に (ヒビ) く]。웃는 소리가 방 전체에 울리다. わら ごえ へ や じゅう	部屋中に響く	
02 彼は[悪人の (テンケイ)] だ。그는 나쁜 사람의 전형*이다. かれ あくにん	悪人の典型	
03 彼女は [(フジ) の病]に冒されている。그녀는 불치의 병에 걸려 있다. かのじょ やまい おか	不治の病	
04 歯の [(チリョウ) 中]である。이를 치료하는 중이다. は ちゅう	治療中	
05 友人に[悩みを (ウッタ) える]。친구에게 고민을 하소연하다. ゆうじん なや	悩みを訴える	
06 不穏な空気が [(タダヨ) って]いる。불온한 분위기가 감돌고 있다. ふ おん くう き	漂って	
07 それは [(コンポン) 的な]問題だ。그것은 근본적인 문제이다. てき もんだい	根本的な	
08 あまりの [(キョウフ)] で動けなかった。심한 공포로 무서워서 움직이지 못했다. うご	恐怖*	
09 改革の [(キウン) が熟する]。개혁의 기운이 무르익다. かいかく じゅく	機運が熟する	
10 間違ったダイエットによる [(ヘイガイ)]。잘못된 다이어트에 의한 폐해. まちが	弊害	
11 内容が他の本に [(コクジ)] している。내용이 다른 책과 아주 비슷하다. ないよう ほか ほん	酷似	
12 [紙幣の (ギゾウ)] は犯罪である。지폐의 위조는 범죄이다. し へい はんざい	紙幣の偽造	
13 後頭部に [(ショウゲキ) を感じた]。후두부에 충격을 느꼈다. こうとう ぶ かん	衝撃を感じた	
14 万引きの[現行犯で (タイホ)] された。물건을 훔친 현행범으로 체포되었다. まん び げんこうはん	現行犯で逮捕	
15 [教科書が (カイテイ)] された。교과서가 개정되었다. きょう か しょ	教科書が改訂	
16 政策の [(ヨウコウ) 案]をまとめる。정책의 요강*안을 정리하다. せいさく あん	要綱案	
17 [(ジンソク) な]対処が被害を防いだ。신속한 대처가 피해를 막았다. たいしょ ひ がい ふせ	迅速な	
18 クラスの活動を [(ギュウジ) る]。반 활동을 좌지우지하다. かつどう	牛耳る	
19 [損害 (バイショウ)] を請求する。손해 배상을 청구하다. そんがい せいきゅう	損害賠償	
20 敵の[弱点が (ロテイ)] した。적의 약점이 드러났다. てき じゃくてん	弱点が露呈	

◆ 전형(典型) : 1.기준이 되는 형 2.같은 부류의 특징을 가장 잘 나타내고 있는 본보기
◆ 공포(恐怖) : 두렵고 무서움
※ 요강(要綱) : 1.근본이 되는 중요한 강령 2.기본이 되는 줄거리나 골자

[   ](대괄호) 안의 일본어를 한자로 적어보고, 읽는 법을 히라가나로 쓰세요.

본문 내용	대괄호 한자로 쓰기	읽는 법 쓰기
01 医者は患者に[病名を (センコク)] した。 의사는 환자에게 병명을 선고했다. いしゃ　かんじゃ　びょうめい	病名を宣告	
02 事の意外さに [(オドロ) く]。 뜻밖의 일에 놀라다. こと　いがい	驚く	
03 [知人を (タヨ) って]上京する。 지인을 의지하여 상경하다. ちじん　じょうきょう	知人を頼って	
04 親友の[死を (イタ) む]。 친구의 죽음을 애도하다. しんゆう　し	死を悼む	
05 [人物 (ビョウシャ)] に優れた小説。 인물 묘사에 뛰어난 소설. じんぶつ　すぐ　しょうせつ	人物描写	
06 シートベルトを [(シ) める]。 안전벨트를 매다.	締める	
07 先祖代々の[墓地に (マイソウ)] する。 선조 대대의 묘지에 매장하다. せんぞだいだい　ぼち	墓地に埋葬	
08 遠い [(シンセキ)] より近くの他人。 멀리 있는 친척보다 가까운 이웃이 낫대(이웃사촌). とお　ちか　たにん	親戚	
09 [人生を (タッカン)] する。 인생을 달관*하다. じんせい	人生を達観	
10 [(ミレン) がましい]男と笑われる。 미련이 있는 듯한 남자라고 조소당하다. おとこ　わら	未練がましい	
11 [(カンイ) 宿泊所]に泊まる。 간이 숙박소에 숙박하다. しゅくはくじょ　と	簡易宿泊所	
12 彼にはとても [(タチ) 打ち]できない。 그에겐 도저히 대적할 수 없다. かれ　う	太刀打ち	
13 父は [(ゲンカク) な]人だった。 아버지는 엄격한 사람이었다. ちち　ひと	厳格な	
14 世界的な [(キボ)] の戦争。 세계적인 규모의 전쟁. せかいてき　せんそう	規模	
15 [疲れが (チクセキ)] されていく。 피로가 쌓여가다. つか	疲れが蓄積	
16 妹はとても [(ヨウリョウ) が悪い]。 여동생은 매우 요령이 나쁘다. いもうと　わる	要領が悪い	
17 [党の (ケンカイ)] をまとめる。 당의 견해를 정리하다. とう	党の見解	
18 距離と方位から [(ケイイ) 度]を計算する。 거리와 방위로부터 경위도를 계산하다. きょり　ほうい　ど　けいさん	経緯度	
19 [(ケイトウ) を立てて]話す。 계통*을 세워 이야기하다. た　はな	系統を立てて	
20 突然の訪問に [(トマド) う]。 갑작스런 방문에 당황하다. とつぜん　ほうもん	戸惑う	

◆ 달관(達観) : 사소한 사물이나 일에 얽매이지 않고 세속을 벗어난 활달한 식견이나 인생관에 이름
♣ 계통(系統) : 일의 체계나 순서

[   ](대괄호) 안의 일본어를 한자로 적어보고, 읽는 법을 히라가나로 쓰세요.

본문 내용	대괄호 한자로 쓰기	읽는 법 쓰기
01 面影を[心に (ウ) かべる]。 모습을 마음속에 떠올리다. おもかげ こころ	心に浮かべる	
02 戦災[都市を (フッコウ)] する。 전쟁으로 인한 재해 도시를 부흥*시키다. せんさい とし	都市を復興	
03 食糧不足による [(キガ) の 問題]。 식량 부족에 의한 기아 문제. しょくりょうぶそく もんだい	飢餓の問題	
04 [(ザンテイ) 的に]委員長を務める。 잠정*적으로 위원장을 역임하다. てき いいんちょう つと	暫定的に	
05 次の世代を [(ニナ) う]。 다음 세대를 짊어지다. つぎ せだい	担う	
06 [事故の (コウイショウ)] を治療する。 사고의 후유증을 치료하다. じこ ちりょう	事故の後遺症	
07 敵との [(ワカイ) が 成立] した。 적과의 화해가 성립했다. てき せいりつ	和解が成立	
08 [(キョウチョウ)] する部分に色をつける。 강조하는 부분에 색칠을 하다. ぶぶん いろ	強調	
09 母にそっくりな [(クチョウ)] だ。 어머니와 말투가 닮다. はは	口調	
10 長年の[歴史を (ホコ) る]町。 오랜 역사를 자랑하는 마을. ながねん れきし まち	歴史を誇る	
11 [(ダキョウ) が 成立]する。 타협이 이루어지다. せいりつ	妥協が成立	
12 一晩 [(ヤッカイ) になる]。 하루 밤 신세를 지다. ひとばん	厄介になる	
13 [害虫を (ボクメツ)] する。 해충을 박멸*하다. がいちゅう	害虫を撲滅	
14 現金を [(ウバ) って]逃げる。 현금을 빼앗아 도주하다. げんきん に	奪って	
15 社会的[機運を (ジョウセイ)] する。 사회적 기운을 조성하다. しゃかいてき きうん	機運を醸成	
16 子どもの [(ギャクタイ) を防止]する。 아이의 학대를 방지하다. こ ぼうし	虐待を防止	
17 [無期 (チョウエキ)] に処せられた。 무기 징역에 처해졌다. むき しょ	無期懲役	
18 [(キビン) な動作]が目立った。 기민한 동작이 눈에 띄었다. どうさ めだ	機敏な動作	
19 [常軌を (イッ) した]振る舞いをする。 상궤*를 벗어난 행동을 하다. じょうき ふ ま	常軌を逸した	
20 本土から [(カクゼツ)] している島。 본토에서 멀리 떨어져 있는 섬. ほんど しま	隔絶	

◆ 부흥(復興) : 쇠퇴하였던 것이 다시 일어남　　　　　　　　♠ 잠정(暫定) : 임시로 정함
◉ 박멸(撲滅) : 모조리 잡아 없앰　　　　　　　　　　　　　♣ 상궤(常軌) : 항상 따라야 할 바른 길

[   ](대괄호) 안의 일본어를 한자로 적어보고, 읽는 법을 히라가나로 쓰세요.

본문 내용	대괄호 한자로 쓰기	읽는 법 쓰기
01 その様子は [(ソウゾウ)] に難くない。 그 모습은 상상하기 어렵지 않다.	想像	
02 おせちを[重箱に (ツ) める]。 명절 때 먹는 조림 요리를 찬합에 담다.	重箱に詰める	
03 受賞をたいへん [(メイヨ)] に思う。 수상을 대단히 명예롭게 생각하다.	名誉	
04 [制作 (カテイ)] を公表する。 제작 과정을 공표하다.	制作過程	
05 [感 (キワ) まって]泣き出す。 너무 감격하여 울기 시작하다.	感極まって	
06 トラックに [(ビンジョウ)] する。 트럭을 얻어 타다.	便乗*	
07 [(アンゼン) たる]思いに沈む。 암담한 생각에 잠기다.	暗然*たる	
08 [人を (イツワ) って]金を出させる。 남을 속여 돈을 내게 하다.	人を偽って	
09 [条約を (ハイキ)] する。 조약을 폐기하다.	条約を廃棄	
10 北海道は [(ラクノウ) が盛んだ]。 홋카이도는 낙농이 번성하다.	酪農が盛んだ	
11 家族の[心情を (ハアク)] する。 가족의 심정을 파악하다.	心情を把握	
12 [(ジュウ) を構えて]的を狙う。 총을 겨누어 목표를 노리다.	銃を構えて	
13 陰謀がすぐに [(ロケン)] する。 음모가 곧 드러나다.	露見	
14 これが[騒動の (ホッタン)] だった。 이것이 소동의 발단이었다.	騒動の発端	
15 選挙[制度を (サッシン)] する。 선거 제도를 쇄신*하다.	制度を刷新	
16 [景気が (テイメイ)] する。 경기가 침체하다.	景気が低迷	
17 色が [(シキベツ)] できるロボット。 색을 식별할 수 있는 로봇.	識別	
18 [結婚 (サギ) 師]にひっかかる。 결혼 사기꾼에게 걸리다.	結婚詐欺師	
19 サービスが [(テッテイ)] している。 서비스가 철저하다.	徹底	
20 犯罪者に[実刑を (カ) す]。 범죄자에게 실형을 구형하다.	実刑を科す	

◆ 편승(便乗) : 남이 타고 가는 차편을 얻어 탐   ♣ 암연(暗然) : 슬퍼서 마음이 침울함. 암담함
※ 쇄신(刷新) : 나쁜 폐단이나 묵은 것을 버리고 새롭게 함

[   ](대괄호) 안의 일본어를 한자로 적어보고, 읽는 법을 히라가나로 쓰세요.

본문 내용	대괄호 한자로 쓰기	읽는 법 쓰기
01 政治の[表 (ブタイ)] に立つ。 정치의 공식 무대에 서다. せいじ おもて た	表舞台	
02 [(デントウ) 芸能]を後世に伝える。 전통 예능을 후세에 전하다. げいのう こうせい つた	伝統芸能	
03 [(ウキヨエ)] は菱川師宣によって大成された。 풍속화는 히시카와 모로노부에 ひしかわもろのぶ たいせい 의해 대성*되었다.	浮世絵	
04 祖母と [(カブキ)] を観に行く。 조모와 가부키를 보러 가다. そぼ み い	歌舞伎	
05 各クラスの[意見を (シュウヤク)] する。 각반의 의견을 집약*하다. かく いけん	意見を集約	
06 計画案に [(イロン) を唱える]。 계획안에 이론을 제기하다. けいかくあん とな	異論を唱える	
07 [(キビ) しい]表情。 엄한 표정. ひょうじょう	厳しい	
08 [(コキャク)] を大事にする店。 고객을 소중히 하는 가게. だい じ みせ	顧客	
09 彼の発言には [(ウラ)] がある。 그의 발언에는 이면이 있다. かれ はつげん	裏	
10 一大 [(ヒヤク) を遂げる]。 일대 비약*을 이루다. いちだい と	飛躍を遂げる	
11 [固定 (シサン) 税]を支払う。 고정 자산세를 지불하다. こてい ぜい しはら	固定資産税	
12 優勝杯を [(カクトク)] する。 우승배를 획득하다. ゆうしょうはい	獲得	
13 [負担の (ケイゲン)] をはかる。 부담의 경감을 도모하다. ふたん	負担の軽減	
14 民事 [(ソショウ)] を起こす。 민사 소송을 일으키다. みんじ お	訴訟を起こす	
15 [(カンレイ)] となっている方法に従う。 관례로 되어 있는 방법에 따르다 ほうほう したが	慣例	
16 父はよく [(ドナ) る人]であった。 아버지는 자주 화를 내는 사람이었다. ちち ひと	怒鳴る人	
17 天井から[水が (モ) れる]。 천정에서 물이 샌다 てんじょう みず	水が漏れる	
18 相手の [(キゲン) が良い]ときに話そう。 상대의 기분이 좋을 때에 이야기 하자. あいて よ はな	機嫌が良い	
19 紙[風船が (フク) らむ]。 종이풍선이 부풀어 오르다. かみ ふうせん	風船が膨らむ	
20 [一歩 (シリゾ) いて]考える。 한걸음 물러나 생각하다. いっぽ かんが	一歩退いて	

◆ 대성(大成) : 크게 이룸　　　　　　　　　　　　　　　　　　　♣ 집약(集約) : 한데 모아서 요약함
⊛ 비약(飛躍) : 1.지위나 수준이 갑자기 빠른 속도로 높아지거나 향상됨 2.논리나 사고방식 따위가 그 차례나 단계를 따르지 아니하고 뛰어 넘음

[   ](대괄호) 안의 일본어를 한자로 적어보고, 읽는 법을 히라가나로 쓰세요.

본문 내용	대괄호 한자로 쓰기	읽는 법 쓰기
01 それが [(シロウト)] の浅はかさだ。 그것이 아마추어의 어리석음이다. _{あさ}	素人	
02 [(キゲン) を切って]金を貸した。 기한을 정해 놓고 돈을 빌려주었다. _{き　　かね か}	期限を切って	
03 [(ギシンアンキ)] をかき立てる。 의심암귀*를 불러일으키다. _た	疑心暗鬼	
04 密輸[事件を (テキハツ)] する。 밀수 사건을 적발하다. _{みつゆ じけん}	事件を摘発	
05 [(ユウワク)] に駆られる。 유혹에 사로잡히다. _か	誘惑	
06 [(ソウサ) 範囲]を決める。 수사 범위를 정하다. _{はんい き}	捜査範囲	
07 [(イキオ) い]あまって川に落ちる。 무서운 기세로 강에 떨어지다. _{かわ お}	勢い	
08 海へ [(ツ) り]に出かける。 바다에 낚시하러 외출하다. _{うみ で}	釣り	
09 刑事が [(アヤ) しい]と思った男。 형사가 수상하다고 생각했던 남자. _{けいじ おも おとこ}	怪しい	
10 廊下で [(ツカ) まえて]立ち話をする。 복도에서 붙잡아 선채로 이야기를 하다. _{ろうか た ばなし}	捕まえて	
11 道路や[公園を (セイソウ)] する。 도로나 공원을 청소하다. _{どうろ こうえん}	公園を清掃	
12 冬に向けて[手袋を (ア) む]。 겨울을 위해 장갑을 짜다. _{ふゆ む てぶくろ}	手袋を編む	
13 内閣は総辞職を [(ヨギ) なくされた]。 내각은 부득이하게 총사직을 하게 되었다. _{ないかく そうじしょく}	余儀なくされた	
14 必要な[資材を (カクホ)] する。 필요한 자재를 확보하다. _{ひつよう しざい}	資材を確保	
15 重大な [(セキム) を負う]。 중대한 책무를 지다. _{じゅうだい お}	責務を負う	
16 戦争の [(ギセイ) 者]を供養する。 전쟁의 희생자를 공양하다. _{せんそう しゃ くよう}	犠牲者	
17 他国の[紛争に (カイニュウ)] する。 타국의 분쟁에 개입하다. _{たこく ふんそう}	紛争に介入	
18 いよいよ[話の (カクシン)] に近づいた。 드디어 이야기의 핵심에 접근했다. _{はなし ちか}	話の核心	
19 とても [(イギ) 深い]仕事をした。 매우 뜻 깊은 일을 했다. _{ぶか しごと}	意義深い	
20 市長[候補に (ヨウリツ)] する。 시장 후보로 옹립*하다. _{しちょうこうほ}	候補に擁立	

◆ 의심암귀(疑心暗鬼) : 한번 의심하게 되면 공연한 것을 상상하여 더욱 의심이 들고 두려워짐
◆ 옹립(擁立) : 임금으로 받들어 모심

[　　　](대괄호) 안의 일본어를 한자로 적어보고, 읽는 법을 히라가나로 쓰세요.

본문 내용	대괄호 한자로 쓰기	읽는 법 쓰기
01　英語の [(キソ) を勉強]する。 영어의 기초를 공부하다. えいご　　　　　　べんきょう	基礎を勉強	
02　WHOは[国際保健 (キコウ)] の略称だ。 WHO는 국제 보건 기구의 약칭이다. こくさい ほ けん　　　　　　りゃくしょう	国際保健機構	
03　目的地に [(トウタツ)] する。 목적지에 도달하다. もくてきち	到達	
04　[失敗の (ヨウイン)] を考える。 실패의 요인을 생각하다. しっぱい　　　　　　　かんが	失敗の要因	
05　四万人を [(コ) える]大観客。 4만 명을 넘는 대 관객. よんまんにん　　　　　だいかんきゃく	超える	
06　[(イデン) 子]の研究が発展する。 유전자의 연구가 발전하다. し　けんきゅう　はってん	遺伝子	
07　[(キョウリュウ)] は中生代に栄えた。 공룡은 중생대에 번영했다. ちゅうせいだい　さか	恐竜	
08　[(ゴカイ)] の無いように詳しく説明する。 오해가 없도록 자세히 설명하다. な　　　くわ　せつめい	誤解	
09　[(カゼ) を引いて]学校を休んだ。 감기에 걸려 학교를 쉬었다. ひ　がっこう　やす	風邪を引いて	
10　ブレーキがなかなか [(キ) かない]。 브레이크가 좀처럼 듣지 않는다.	効かない	
11　[(クキョウ)] に立ち向かう勇気。 곤경에 맞서는 용기. た　む　ゆうき	苦境	
12　ローマ [(コウガイ) の別荘]。 로마 교외의 별장. べっそう	郊外の別荘	
13　[(アンカン)] とした日々を過ごす。 한가로운 나날을 보내다. ひ び　す	安閑*	
14　[水玉 (モヨウ)] の傘を差す。 물방울 모양의 우산을 쓰다. みずたま　　　かさ さ	水玉模様	
15　[省庁 (サイヘン)] に伴う変更. 성청 재편*에 따른 변경. しょうちょう　　　ともな　へんこう	省庁再編	
16　[(サンピ) 両論]が渦巻く。 찬반양론이 소용돌이치다. りょうろん　うずま	賛否両論	
17　[身柄を (コウソク)] された。 신병을 구속당했다. み がら	身柄を拘束	
18　航路の[安全を (ホショウ)] する。 항로의 안전을 보장하다. こう ろ　あんぜん	安全を保障	
19　観測値を [(ホセイ)] する。 관측치를 보정*하다. かんそくち	補正	
20　新しい[条例が (シコウ)] される。 새 조례가 시행되다. あたら　じょうれい	条例が施行	

◆ 안한(安閑) : 한가로움. 태평스러움　　　　　　♣ 재편(再編) : 다시 편성함
❀ 보정(補正) : 보충하여 바르게 고침

36

[   ](대괄호) 안의 일본어를 한자로 적어보고, 읽는 법을 히라가나로 쓰세요.

본문 내용	대괄호 한자로 쓰기	읽는 법 쓰기
01 [(フジョウリ) な判定]に異議を唱える。 부조리*한 판정에 이의를 제기하다. はんてい いぎ とな	不条理な判定	
02 彼は新劇[運動の (キシュ)] となった。 그는 신극운동의 기수가 되었다. かれ しんげき うんどう	運動の旗手	
03 吉田兼好の [(ズイヒツ) を読む]。 요시다 겐코의 수필을 읽다. よし だ けんこう よ	随筆を読む	
04 [(ジゴク)] で仏に会ったようだ。 지옥에서 부처를 만난 것 같다. ほとけ あ	地獄	
05 犯罪者は [(ケイバツ)] を科される。 범죄자는 형벌에 처해진다. はんざいしゃ か	刑罰	
06 彼の[説得も (トロウ)] だった。 그의 설득도 헛수고였다. かれ せっとく	説得も徒労	
07 [(ソシキ) ぐるみ]での犯行だった。 조직적인 범행이었다. はんこう	組織ぐるみ	
08 コンサートを [(シュサイ)] する。 콘서트를 주최하다.	主催	
09 ハンカチで [(ナミダ) をふく]。 손수건으로 눈물을 닦다.	涙をふく	
10 [(ヨユウ) をもって]計画を立てる。 여유를 가지고 계획을 세우다. けいかく た	余裕をもって	
11 [(カイジョ) 犬]をトレーニングする。 시중드는 개를 트레이닝하다. けん	介助*犬	
12 [(カッキテキ) な]アイデアを出す。 획기적인 아이디어를 내다. だ	画期的な	
13 気温の変化に [(ビンカン) な肌]。 기온의 변화에 민감한 피부. き おん へん か はだ	敏感な肌	
14 [(ワク)] にコンクリートを流す。 틀에 콘크리트를 붓다. なが	枠	
15 [矢 (ツ) ぎ早に]質問を浴びせる。 잇달아 질문을 퍼붓다. や ばや しつもん あ	矢継ぎ早に	
16 [柿が (シブ) くて]食べられない。 감이 떫어서 먹을 수 없다. かき た	柿が渋くて	
17 この二つの機器は [(ゴカン) 性]がない。 이 두 기기는 호환성*이 없다. ふた き き せい	互換性	
18 友人を駅に [(ムカ) える]。 역에서 친구를 맞다. ゆうじん えき	迎える	
19 誤りがないかどうか [(ケンショウ)] する。 잘못이 없는지 어떤지 검증하다. あやま	検証	
20 危機感が [(ネントウ)] にある。 위기감이 염두*에 있다. き き かん	念頭	

◆ 부조리(不条理) : 1.이치에 맞지 아니하거나 도리에 어긋남 2.부정행위를 완곡하게 말함
♠ 개조(介助) : 도움. 시중듦
※ 호환성(互換性) : 기능이나 적합성을 유지하면서 장치나 기기의 부분품 따위의 구성 요소를 다른 기계의 요소와 서로 바꾸어 쓸 수 있는 성질
♠ 염두(念頭) : 마음 속

[   ](대괄호) 안의 일본어를 한자로 적어보고, 읽는 법을 히라가나로 쓰세요.

본문 내용	대괄호 한자로 쓰기	읽는 법 쓰기
01 新聞の[読者 (ラン)] に投稿する。 신문 독자란에 투고하다. しんぶん　どくしゃ　　　　　とうこう	読者欄	
02 夕焼けが山肌を真っ赤に [(ソ) めた]。 저녁놀이 산의 표면을 새빨갛게 물들였다. ゆうや　　やまはだ　ま　か	染めた	
03 [(ダイタン) な発想]に驚かされる。 대담한 발상에 놀라게 되다. はっそう　おどろ	大胆な発想	
04 彼の[気持ちを (ダイベン)] する。 그의 마음을 대변하다. かれ　きも	気持ちを代弁	
05 ごみを [(ショウキャク) 炉]に入れる。 쓰레기를 소각로에 넣다. ろ　い	焼却炉	
06 このままでは [(シュウシュウ)] がつかない。 이 상태로는 수습되지 않는다.	収拾	
07 君のために [(メイワク)] している。 자네 때문에 폐를 입고 있다. きみ	迷惑	
08 寄付を [(キョウヨウ)] する。 기부를 강요하다. きふ	強要	
09 この試合は [(ゼヒ)] 勝ちたい。 이 시합은 꼭 이기고 싶다. しあい　　　　　か	是非	
10 人の教えを [(ケンキョ) に]聞く。 남의 가르침을 겸허하게 듣다. ひと　おし　　　　　　　き	謙虚に	
11 敵の移動中を [(シュウゲキ)] する。 적의 이동 중을 습격하다. てき　いどうちゅう	襲撃	
12 社会への [(キゾク) 意識]。 사회에 대한 귀속의식. しゃかい　　　　　いしき	帰属意識	
13 [(ドウギ) 的な]責任を問う。 도의적인 책임을 묻다. てき　せきにん　と	道義的な	
14 市の[発展を (ソガイ)] する。 시의 발전을 저해*하다. し　はってん	発展を阻害	
15 一個師団が [(チュウトン)] する。 1개 사단이 주둔하다. いっこしだん	駐屯	
16 [大統領 (ホサ)] の役目を担う。 대통령 보좌 역할을 떠맡다. だいとうりょう　　　　　やくめ　にな	大統領補佐	
17 魚を取る [(アミ) をくぐる]。 고기를 잡는 망을 빠져나가다. さかな　と	網をくぐる	
18 窓にカーテンを [(カ) ける]。 창문에 커튼을 치다. まど	掛ける	
19 [(エンエン) と]繰り返される話。 장장 되풀이되는 이야기. く　かえ　　　はなし	延々と	
20 個人の[秘密を (バクロ)] される。 개인의 비밀을 폭로*당하다. こじん　ひみつ	秘密を暴露	

◆ 저해(阻害) : 막아서 못하도록 해침　　　　　　　　　　◆ 폭로(暴露) : 알려지지 않았거나 감춰져 있던 사실을 드러냄

[   ](대괄호) 안의 일본어를 한자로 적어보고, 읽는 법을 히라가나로 쓰세요.

본문 내용	대괄호 한자로 쓰기	읽는 법 쓰기
01 遠くから [(カネ) の音]が聞こえる。 멀리서 종소리가 들린다. とお　　　　　　おと　き	鐘の音	
02 森の奥で[泉が (ワ)く]。 깊은 숲 속에서 샘이 솟아나다. もり おく　いずみ	泉が湧く	
03 五百円 [(シヘイ)] は使われていない。 5백원 지폐는 사용되고 있지 않다. ごひゃくえん　　　　つか	紙幣	
04 [物資の (リュウツウ)] をよくする。 물자의 유통을 좋게 하다. ぶっし	物資の流通	
05 楽しみは[ここに (ツ) きる]。 이게 제일 즐거움이다. たの	ここに尽きる	
06 国内最後の [(タンコウ)] を閉山した。 국내 최고의 탄광을 폐산*했다. こくないさいご　　　　　　へいざん	炭鉱	
07 [(ガッショウ) 造り]の建築。 갓쇼즈쿠리*의 건축. づく　けんちく	合掌造り	
08 [(イサン) を相続]する。 유산을 상속하다. そうぞく	遺産を相続	
09 封筒を[光に (ス) かして]見る。 봉투를 빛에 비쳐 보다. ふうとう ひかり　　　　み	光に透かして	
10 [(バクダイ) な]費用をかけて城を築く。 막대한 비용을 들여 성을 쌓다. ひよう　　　しろ きず	莫大な	
11 [世界に (ホコ) る]技術を持つ。 세계에 자랑할 만한 기술을 가지다. せかい　　　　ぎじゅつ も	世界に誇る	
12 雑草が [(ノホウズ) に]広がる。 잡초가 한없이 펼쳐지다. ざっそう　　　　　　ひろ	野放図に	
13 ブラウスを [(サイダン)] する。 블라우스를 재단하다.	裁断	
14 不況のあおりを受けて [(カイコ)] された。 불황의 여파로 해고당했다. ふきょう　　　　う	解雇	
15 [(コモン)] の指導を受ける。 고문의 지도를 받다. しどう う	顧問	
16 主人公には [(イツワ)] が多い。 주인공에는 일화가 많다. しゅじんこう　　　　おお	逸話	
17 [味噌が (ジュクセイ)] する。 된장이 숙성하다. みそ	味噌が熟成	
18 おタバコは御 [(エンリョ)] ください。 담배는 사양해 주세요. ご	遠慮	
19 [(ムボウ) 運転]で事故を起こす。 무모*한 운전으로 사고를 일으키다. うんてん じこ お	無謀運転	
20 [(フヘン) 的な]真理を見出す。 보편*적인 진리를 찾아내다. てき しんり みいだ	普遍的な	

◆ 폐산(閉山) : 광산을 폐쇄함
◆ 갓쇼즈쿠리(合掌造り) : 민가의 건축 양식의 하나
◈ 무모(無謀) : 앞뒤를 잘 헤아려 깊이 생각하는 신중성이나 꾀가 없음
◆ 보편(普遍) : 모든 것에 공통되거나 들어맞음

せつぶん[節分]
입춘 전날에 볶은 콩을 뿌려 잡귀를 쫓는 풍습이 있음.

PART
02

[   ](대괄호) 안의 일본어를 한자로 적어보고, 읽는 법을 히라가나로 쓰세요.

본문 내용	대괄호 한자로 쓰기	읽는 법 쓰기
01 彼の答えはいつも [(メイカイ) だ]。 그의 대답은 언제나 명쾌하다. かれ　こた	明快だ	
02 [戦争の (キョウイ)] にさらされる。 전쟁의 위협에 놓여지다. せんそう	戦争の脅威	
03 広く [(イッパン) に公開]する。 널리 일반에게 공개하다. ひろ　　　　こうかい	一般に公開	
04 一人前を目指し[腕を (ミガ) く]。 제 몫을 하기 위해 실력을 연마하다. いちにんまえ　め ざ　うで	腕を磨く	
05 [(ミンシュシュギ)] は政治の基本だ。 민주주의는 정치의 기본이다. せい じ　き ほん	民主主義	
06 攻撃の[格好の (ヒョウテキ)] になる。 공격의 알맞은 표적이 되다. こうげき　かっこう	格好の標的	
07 この状況では[総辞職は (ヒッシ)] だ。 이 상황에서는 총사직은 필사적이다. じょうきょう　そう じ しょく	総辞職は必至	
08 まだ[疑う (ヨチ)] がある。 아직 의심할 여지가 있다. うたが	疑う余地	
09 [(セイギ) 感]の強い若者。 정의감이 강한 젊은이. かん　つよ　わかもの	正義感	
10 隣りの国と [(ドウメイ) を結ぶ]。 이웃 나라와 동맹을 맺다. とな　くに　　　　むす	同盟を結ぶ	
11 [(キョウコウ) な]手段を取る。 강경한 수단을 취하다. しゅだん　と	強硬な	
12 自由な[活動が (ヨクアツ)] される。 자유로운 활동이 억압받다. じ ゆう　かつどう	活動が抑圧	
13 反乱を [(クワダ) てる]。 반란을 꾀하다. はんらん	企てる	
14 [施設の (ササツ)] が行われる。 시설의 사찰*이 실시되다. し せつ　　　　おこな	施設の査察	
15 [(イカク) 射撃]で様子をみる。 위협사격으로 상황을 보다. しゃげき　ようす	威嚇射撃	
16 悪の組織を [(ネダ) やし]にする。 악의 조직을 근절하다. あく　そしき	根絶やし	
17 その教えを [(シンポウ)] する。 그의 가르침을 신봉하다. おし	信奉	
18 今年の活動の [(ソウカツ) を行う]。 올해 활동의 총괄을 실시하다. ことし　かつどう　　　　おこな	総括を行う	
19 不祥事の責任者を [(コウテツ)] する。 불상사의 책임자를 경질*하다. ふ しょうじ　せきにんしゃ	更迭	
20 [政権 (ダッシュ)] をめぐる攻防。 정권 탈취*를 둘러싼 공방. せいけん　　　　こうぼう	政権奪取	

◆ 사찰(査察) : 조사하여 살핌　　　　　　◆ 경질(更迭) : 어떤 직위에 있는 사람을 다른 사람으로 바꿈
◉ 탈취(奪取) : 빼앗아 가짐

[ ](대괄호) 안의 일본어를 한자로 적어보고, 읽는 법을 히라가나로 쓰세요.

본문 내용	대괄호 한자로 쓰기	읽는 법 쓰기
01 まさに [(イッシュン)] の出来事であった。 실로 한순간의 사건이었다.	一瞬	
02 帰り道の [(トチュウ)] で寄り道する。 돌아가는 도중에 다른 곳에 들르다.	途中	
03 子どもを [(ダ) きかかえる]。 아이를 껴안다.	抱きかかえる	
04 その [(ハイユウ)] は演技がうまい。 그 배우는 연기를 잘한다.	俳優	
05 昔からの [(デントウ) を受け継ぐ]。 옛날부터의 전통을 계승하다.	伝統を受け継ぐ	
06 [大雨の (エイキョウ)] で電車が遅れた。 호우의 영향으로 전차가 지연되었다.	大雨の影響	
07 改めて現実の[厳しさを (ジッカン)] する。 새삼 현실의 냉엄함을 실감하다.	厳しさを実感	
08 [(カントク) の指示]に従う。 감독의 지시에 따르다.	監督の指示	
09 友人と一晩中 [(カタ) りあう]。 친구와 밤새 서로 이야기하다.	語りあう	
10 [(セイシン) を集中し]競技に備える。 정신을 집중하여 경기에 대비하다.	精神を集中し	
11 権利を [(ホウキ)] する。 권리를 포기하다.	放棄	
12 救急車の[出動 (ヨウセイ)]。 구급차의 출동 요청.	出動要請	
13 商品の [(カジョウ) 包装]をやめる。 상품의 과잉 포장을 그만두다.	過剰包装	
14 [(セイサツヨダツ)] を握る大物人物。 생살여탈*을 쥔 거물.	生殺与奪	
15 業界再編の [(キウン) が高まる]。 업계 재편의 기운이 고조되다.	機運が高まる	
16 [高い (シキケン)] の持ち主。 높은 식견의 소유자.	高い識見	
17 ごまかしても失敗の感は [(イナ) めない]。 속여도 실패의 느낌은 부정할 수 없다.	否めない	
18 悪い偏見や[風潮を (ダハ)] する。 나쁜 편견이나 풍조를 타파*하다.	風潮を打破	
19 [(タヅナ) を緩める]とすぐに失敗する。 고삐를 늦추면 곧 실패한다.	手綱を緩める	
20 人生の [(キロ) に立つ]。 인생의 기로*에 서다.	岐路に立つ	

◆ 생살여탈(生殺与奪) : 어떤 사람이나 사물을 마음대로 쥐고 흔듦　　　　　✦ 타파(打破) : 부정적인 규정, 관습, 제도 따위를 깨뜨려 버림

❋ 기로(岐路) : 갈림길

[   ](대괄호) 안의 일본어를 한자로 적어보고, 읽는 법을 히라가나로 쓰세요.

본문 내용	대괄호 한자로 쓰기	읽는 법 쓰기
01 新聞に [(トウショ)] する。 신문에 투서* 하다. しんぶん	投書	
02 堂々としていて [(カンロク) がある]。 당당한 모습이 관록*이 있다. どうどう	貫禄がある	
03 決して [(ハンロン) を許さない]態度。 결코 반론을 용납하지 않는 태도. けっ　　　　　　　ゆる　　　　　　たいど	反論を許さない	
04 よく切れる [(スルド) い包丁]。 잘 드는 날카로운 부엌칼. き　　　　　　　　ほうちょう	鋭い包丁	
05 自分とは [(ムエン) な世界]。 자신과는 관계가 없는 세계. じぶん　　　　　　　せかい	無縁な世界	
06 和食に [(ツケモノ)] は欠かせない。 일식에 채소 절임은 빠놓을 수 없다. わしょく　　　　　　　か	漬物	
07 天皇は[日本の (ショウチョウ)] だ。 천황은 일본의 상징이다. てんのう　　にほん	日本の象徴	
08 環境問題が [(シンコク) に]なる。 환경 문제가 심각해지다. かんきょうもんだい	深刻に	
09 [飢餓と (ヒンコン)] は解決するべきだ。 기아와 빈곤은 해결해야 한다. きが　　　　　　　　かいけつ	飢餓と貧困	
10 [(クウフク) に耐えて]頑張る。 공복에 견디며 분발하다. た　　がんば	空腹に耐えて	
11 人によって [(ケンカイ) が分かれる]。 사람에 따라 견해가 나눠진다. ひと　　　　　　　　わ	見解が分かれる	
12 [生活 (ヒツジュヒン)] を買う。 생활필수품을 사다. せいかつ　　　　　　か	生活必需品	
13 [社会 (フクシ)] の充実。 사회 복지의 충실. しゃかい　　　　じゅうじつ	社会福祉	
14 洪水の [(ヒサイ) 者]を救済する。 홍수 이재민을 구제하다. こうずい　　　　しゃ　きゅうさい	被災者	
15 その話は [(ケイチョウ) に値する]。 그 이야기는 경청할 만하다. はなし　　　　　　　あたい	傾聴に値する	
16 [(バンコン) 化]が進み出生率が下がる。 늦게 결혼하는 현상이 진행되어 か　　す　しゅっせいりつ　さ　　출생률이 내려가다.	晩婚化	
17 無駄な[出費を (ヒカ) える]。 쓸데없는 지출 비용을 줄이다. むだ　しゅっぴ	出費を控える	
18 子育て [(シエン) 策]を講ずる。 자녀 양육 지원책을 강구하다. こそだ　　　　　さく　こう	支援策	
19 教育機関の [(カクジュウ)]。 교육 기관의 확충. きょういくきかん	拡充	
20 [年金の (ザイゲン)] を確保する。 연금의 재원을 확보하다. ねんきん　　　　　かくほ	年金の財源	

◆ 투서(投書) : 드러나지 않은 사실의 내막이나 남의 잘못을 적어서 어떤 기관이나 대상에게 몰래 보내는 일

♣ 관록(貫禄) : 어떤 일에 대한 상당한 경력으로 생긴 위엄이나 권위

[   ](대괄호) 안의 일본어를 한자로 적어보고, 읽는 법을 히라가나로 쓰세요.

본문 내용	대괄호 한자로 쓰기	읽는 법 쓰기
01 豆まきは [(セツブン)] に行う。 콩 뿌리기는 절분에 실시한다. _{まめ} _{おこな}	節分	
02 時の流れを示している [(コヨミ)]。 시기의 흐름을 나타내고 있는 달력. _{とき} _{なが} _{しめ}	暦	
03 [(シンペン)] を警戒する。 신변을 경계하다. _{けいかい}	身辺	
04 規制を [(ユル) める]。 규제를 완화하다. _{き せい}	緩める	
05 開花の [(タヨ) りが届く]。 개화 소식이 전해지다. _{かい か} _{とど}	便りが届く	
06 [(ニュウドウグモ)] が現れる。 소나기구름이 나타나다. _{あらわ}	入道雲	
07 [(ソクダン) せずに]ゆっくり考えよう。 바로 결단을 내리지 말고 천천히 생각하자. _{かんが}	即断せずに	
08 [(キショウ) 庁]の天気予報。 기상청의 일기 예보. _{ちょう} _{てん き よ ほう}	気象庁	
09 会場内は [(ネッキ) に包まれた]。 회장 안은 열기에 휩싸였다. _{かいじょうない} _{つつ}	熱気に包まれた	
10 方針を百八十度 [(テンカン)] する。 방침을 180도 전환하다. _{ほうしん ひゃくはちじゅう ど}	転換	
11 [(ノウム)] で先が見えない。 짙은 안개로 앞이 보이지 않는다. _{さき み}	濃霧	
12 細かい所も [(ケイシ) せず]調べる。 세세한 곳도 소홀히 하지 않고 조사하다. _{こま ところ} _{しら}	軽視*せず	
13 朝起きると [(シモ) が降りて]いた。 아침에 일어나자 서리가 내려 있었다. _{あさ お} _お	霜が降りて	
14 きわめて [(セッパク)] した状況だ。 매우 절박한 상황이다. _{じょうきょう}	切迫	
15 情報の [(シュウチ) を図る]。 정보의 주지*를 도모하다. _{じょうほう} _{はか}	周知を図る	
16 事の重大さを [(ニンシキ)] する。 일의 중대함을 인식하다. _{こと じゅうだい}	認識	
17 [条約を (テイケツ)] する。 조약을 체결하다. _{じょうやく}	条約を締結	
18 夫婦に [(ヘダ) たり]ができる。 부부간에 거리감이 생기다. _{ふう ふ}	隔たり	
19 [(シサ) に富む]話を聞く。 시사가 풍부한 이야기를 듣다. _{と はなし き}	示唆に富む	
20 世界の [(シュノウ) が集まる]。 세계의 수뇌가 모이다. _{せ かい} _{あつ}	首脳が集まる	

◆ 경시(軽視) : 대수롭지 않게 여김　　　　　　　　　✦ 주지(周知) : (여러 사람이)두루 앎

본문 내용	대괄호 한자로 쓰기	읽는 법 쓰기
01 詳しくは店員に[お (タズ) ね]ください。 자세한 것은 점원에게 질문해 주세요. <small>くわ　　　てんいん</small>	お尋ね	
02 [(イッショ) に]学校へ行く。 함께 학교에 가다. <small>がっこう い</small>	一緒に	
03 まず [(ガイヨウ) を理解]する。 우선 개요를 이해하다. <small>りかい</small>	概要を理解	
04 父と [(ショウギ) を指す]。 아버지와 장기를 두다. <small>ちち　　　　　　さ</small>	将棋を指す	
05 交番まで [(マイゴ)] を送り届ける。 파출소까지 미아를 데려다 주다. <small>こうばん　　　　　　　おく　とど</small>	迷子	
06 新聞で [(ホウドウ)] されているとおりだ。 신문에서 보도되고 있는 대로다. <small>しんぶん</small>	報道	
07 新しい [(シュショウ) が就任]する。 새로운 수상이 취임하다. <small>あたら　　　　　　　　　　　しゅうにん</small>	首相が就任	
08 [危険を (サ) けて]生きる。 위험을 피해서 살아가다. <small>きけん　　　い</small>	危険を避けて	
09 政府の [(シセイ) 方針]を示す。 정부의 시정 방침을 제시하다. <small>せいふ　　　　　　ほうしん　しめ</small>	施政方針	
10 何事も [(キホン) が重要]だ。 매사에 기본이 중요하다. <small>なにごと　　　　　　じゅうよう</small>	基本が重要	
11 過去の [(ツグナ) い]をする。 과거의 죄 값을 치르다. <small>かこ</small>	償い	
12 地域[格差を (ゼセイ)] する。 지역 격차를 시정하다. <small>ちいき かくさ</small>	格差を是正	
13 [(ユウグウ) 措置]を講じる。 우대 조치를 강구하다. <small>そち　こう</small>	優遇措置	
14 [(メンゼイ) 店]で安く買い物をする。 면세점에서 싸게 쇼핑을 하다. <small>てん　やす か もの</small>	免税店	
15 [諸条件を (コウリョ)] して判断する。 여러 조건을 고려하여 판단하다. <small>しょじょうけん　　　　　　　はんだん</small>	諸条件を考慮	
16 放置自転車を [(テッキョ)] する。 방치 자전거를 철거하다. <small>ほうち じてんしゃ</small>	撤去	
17 日本の[景気を (フヨウ)] させる。 일본의 경기를 부양시키다. <small>にほん　けいき</small>	景気を浮揚	
18 蛙がぴょんと [(ハ) ねる]。 개구리가 깡충 뛰다. <small>かえる</small>	跳ねる	
19 [(ユウリョ)] すべき緊急事態。 우려할 만한 긴급사태. <small>きんきゅうじたい</small>	憂慮	
20 川に行く手を [(ハバ) まれる]。 앞길을 강이 가로막다. <small>かわ　　ゆて</small>	阻まれる	

[ ](대괄호) 안의 일본어를 한자로 적어보고, 읽는 법을 히라가나로 쓰세요.

본문 내용	대괄호 한자로 쓰기	읽는 법 쓰기
01 休日に大きな [(モヨオ) し]がある。 휴일에 큰 행사가 있다.	催し	
02 その考えは [(リカイ) しがたい]。 그 생각은 이해하기 어렵다.	理解しがたい	
03 野球[大会で (ユウショウ)] する。 야구 대회에서 우승하다.	大会で優勝	
04 [(ゲキテキ) な]生涯を終える。 극적인 생애를 마치다.	劇的な	
05 [先制 (コウゲキ)] を仕掛ける。 선제공격을 취하다.	先制攻撃	
06 突然の来訪に [(コンワク)] する。 갑작스런 내방에 곤혹스럽다.	困惑	
07 [(ジャアク) な]心を捨てなさい。 사악한 마음을 버리세요.	邪悪な	
08 弱者の[人権を (ヨウゴ)] する。 약자의 인권을 옹호*하다.	人権を擁護	
09 全ての[事柄を [(レッキョ)] する。 모든 사항을 열거하다.	事柄を列挙	
10 その場の [(フンイキ)] に飲まれる。 그 장소의 분위기에 압도되다.	雰囲気	
11 [人工 (エイセイ)] を打ち上げる。 인공위성을 발사하다.	人工衛星	
12 [(ハイスイ) の陣]を敷く。 배수의 진을 치다.	背水の陣	
13 [湖に (ノゾ) む]大きな家。 호수에 면한 큰 집.	湖に臨む	
14 手に汗を [(ニギ) る]展開。 손에 땀을 쥐는 전개.	握る	
15 その考えに [(イロン) を唱える]。 그의 생각에 이론을 제기하다.	異論を唱える	
16 他社と[資本 (テイケイ)] を行う。 타사와 자본 제휴를 하다.	資本提携	
17 大雨で[堤防が (ホウカイ)] する。 큰비로 제방이 붕괴하다.	堤防が崩壊	
18 [(ショクタク) 従業員]を雇う。 촉탁*직원을 고용하다.	嘱託従業員	
19 [(キョウハク)] されて金を出す。 협박당해 돈을 내다.	脅迫	
20 法律や[規則を (ジュンシュ)] する。 법률이나 규제를 준수하다.	規則を遵守	

◆ 옹호(擁護) : 두둔하고 편들어 지킴

♣ 촉탁(嘱託) : 정식 직원이 아니나, 업무를 위탁함

[   ](대괄호) 안의 일본어를 한자로 적어보고, 읽는 법을 히라가나로 쓰세요.

본문 내용	대괄호 한자로 쓰기	읽는 법 쓰기
01 自分の将来を [(ケネン)] する。 자신의 장래를 걱정하다. じ ぶん　しょうらい	懸念	
02 学校の [(ショクイン)] 室。 학교의 직원실. がっこう　　　　しつ	職員室	
03 [(スイソク)] だけでは決定できない。 추측만으로는 결정할 수 없다. けってい	推測	
04 [(フショウジ)] が発覚する。 불상사가 발각되다. はっかく	不祥事	
05 悪い慣習を [(ダハ)] する。 나쁜 습관을 타파하다. わる　しゅうかん	打破	
06 かつて[植民地を (センリョウ)] していた。 일찍이 식민지를 점령했다. しょくみんち	植民地を占領	
07 自分の[気持ちを (ヨクアツ)] する。 자신의 마음을 억압*하다. じ ぶん　き も	気持ちを抑圧	
08 厳しい[練習に (タ) える]。 힘겨운 연습을 견디다. きび　れんしゅう	練習に耐える	
09 [進路を (アヤマ) り]苦悩する。 진로를 그르쳐 고뇌하다. しん ろ　　　　く のう	進路を誤り	
10 他人の[意見を (ソンチョウ)] する。 남의 의견을 존중하다. た にん　い けん	意見を尊重	
11 部下の [(サイリョウ) を広げる]。 부하의 재량*을 넓히다. ぶ か　　　　　　ひろ	裁量を広げる	
12 上司の [(リフジン) な]仕打ち。 상사의 불합리한 처사. じょうし　　　　　し う	理不尽な	
13 [(コンダン) 会]で保護者が集まる。 간담회에 보호자가 모이다. かい　ほ ご しゃ　あつ	懇談会	
14 学期末に [(ツウシンボ)] が渡される。 학기말에 성적표를 받다. がっ き まつ　　　　　　わた	通信簿	
15 古い制度を [(ハイシ)] する。 낡은 제도를 폐지하다. ふる　せい ど	廃止	
16 [条例の (タイコウ)] が決まる。 조례의 개요가 정해지다. じょうれい　　　　　き	条例の大綱	
17 その本に大いに [(ケイハツ)] された。 그 책에 크게 계몽되었다. ほん　おお	啓発*	
18 [時代の (チョウリュウ)] に乗り遅れる。 시대의 조류에 뒤지다. じ だい　　　　　　の　おく	時代の潮流	
19 [(カンカツ) 外]の事には対処できない。 관할 외의 일에는 대처할 수 없다. がい　こと　たいしょ	管轄外	
20 心配が [(キュウ) に終わる]。 걱정이 기우*로 끝나다. しんぱい　　　　　お	杞憂に終わる	

◆ 억압(抑圧) : 자기의 뜻대로 자유로이 행동하지 못하도록 억지로 억누름
◆ 재량(裁量) : 자기의 생각과 판단에 따라 일을 처리함
⊛ 계발(啓発) : 슬기나 재능, 사상 따위를 일깨워 줌
♠ 기우(杞憂) : 앞일에 대해 쓸데없는 걱정을 함

[   ](대괄호) 안의 일본어를 한자로 적어보고, 읽는 법을 히라가나로 쓰세요.

본문 내용	대괄호 한자로 쓰기	읽는 법 쓰기
01 日米間の [(ボウエキ) 摩擦]問題。 미일간의 무역 마찰 문제. 　にちべいかん　　　　　　まさつ もんだい	貿易摩擦	
02 憧れの[先輩を (シタ) う]。 동경하는 선배를 사모하다. 　あこが　　せんぱい	先輩を慕う	
03 作品に [(タマシイ) を込める]。 작품에 영혼을 담다. 　さくひん　　　　　　　こ	魂を込める	
04 [神に (イノ) り]をささげる。 신에게 기원을 드리다. 　かみ	神に祈り	
05 プレゼントに[カードを (ソ) える]。 선물에 카드를 곁들이다.	カードを添える	
06 [(ドウリョウ)] と一緒に食事をする。 동료와 함께 식사를 하다. 　　　　　　いっしょ しょくじ	同僚	
07 交通事故は [(ヒゲキ) を生む]。 교통사고는 비극을 낳는다. 　こうつう じ こ　　　　　　う	悲劇を生む	
08 [会員 (メイボ)] を作成する。 회원 명부를 작성하다. 　かいいん　　　　さくせい	会員名簿	
09 [(ヒレツ) な行為]を非難する。 비열한 행위를 비난하다. 　　　　　　こうい　ひ なん	卑劣な行為	
10 災害で [(ギセイ) 者]が出た。 재해로 희생자가 나왔다. 　さいがい　　　　しゃ　で	犠牲者	
11 五輪の [(ショウチ) 運動]が行われる。 올림픽의 초치*운동이 이루어지다. 　ごりん　　　　　　うんどう　おこな	招致運動	
12 サッカーの[勝利に (ネッキョウ)] する。 축구 승리에 열광하다. 　　　　　　しょうり	勝利に熱狂	
13 災害[犠牲者を (ツイトウ)] する。 재해 희생자를 추도하다. 　さいがい ぎ せいしゃ	犠牲者を追悼	
14 [手紙の (モンゴン)] を考える。 편지의 문구를 생각하다. 　て がみ　　　　　　　かんが	手紙の文言	
15 [釣りの (ダイゴミ)] を味わう。 낚시의 참다운 맛(묘미)을 즐기다. 　つ　　　　　　　あじ	釣りの醍醐味	
16 [(ヘンキョウ) な]見方は良くない。 편협한 견해는 좋지 않다. 　　　　　　　み かた よ	偏狭な	
17 反対運動の [(ショメイ) を集める]。 반대 운동의 서명을 모으다. 　はんたいうんどう　　　　　あつ	署名を集める	
18 [(タマムシイロ) の発言]をする。 애매한 발언을 하다. 　　　　　　　　はつげん	玉虫色*の発言	
19 [(ケンメイ) な]判断を下す。 현명한 판단을 내리다. 　　　　　　はんだん　くだ	賢明な	
20 鋭い [(シテキ) を受ける]。 날카로운 지적을 받다. 　すると　　　　　　　う	指摘を受ける	

◆ 초치(招致) : 불러서 안으로 들임
◆ 玉虫色(たまむしいろ) : 비단벌레의 날개처럼 광선의 방향에 따라 녹색이나 자줏빛으로 보이는 빛깔

[ ](대괄호) 안의 일본어를 한자로 적어보고, 읽는 법을 히라가나로 쓰세요.

본문 내용	대괄호 한자로 쓰기	읽는 법 쓰기
01 [(シンテンチ)] で一からやり直す。 신천지에서 처음부터 다시 하다. なお	新天地	
02 野菜を[切り (キザ) む]。 야채를 잘게 썰다. やさい き	切り刻む	
03 [(ケワ) しい]山道を登る。 험한 산길을 오르다. やまみち のぼ	険しい	
04 [(ウ) えと渇き]に苦しむ。 기아와 갈증에 고통스러워하다. かわ くる	飢えと渇き	
05 異教徒を[激しく (ハクガイ)] する。 이교도를 심하게 박해하다. いきょうと はげ	激しく迫害	
06 新しく[土地を (カイコン)] する。 새롭게 토지를 개간하다. あたら とち	土地を開墾	
07 衛星の [(キドウ) が変わる]。 위성 궤도가 바뀌다. えいせい か	軌道が変わる	
08 プロ野球がいよいよ [(カイマク)] する。 프로 야구가 마침내 개막하다. やきゅう	開幕	
09 [(イッカクセンキン)] を夢見る。 일확천금*을 꿈꾸다. ゆめみ	一攫千金	
10 敵の一族を [(ホロ) ぼす]。 적의 일족을 멸망시키다. てき いちぞく	滅ぼす	
11 ストライキも [(ジ) さない]。 파업도 불사하다.	辞さない	
12 円とドルの [(カワセ) 相場]。 엔과 달러의 환시세. えん そうば	為替相場	
13 恋しさが一層 [(ツノ) る]。 그리움이 한층 더해지다. いっそう	募る	
14 [(チクサン) 業]を営んでいる。 축산업을 영위하고 있다. ぎょう いとな	畜産業	
15 [社会を (ヘンカク)] する時が来た。 사회를 변혁할 시기가 왔다. しゃかい とき き	社会を変革	
16 [台風が (テイタイ) し]被害が拡大する。 태풍이 정체하여 피해가 확대되다. たいふう ひがい かくだい	台風が停滞し	
17 血液は[体内を (ジュンカン)] する。 혈액은 체내를 순환한다. けつえき たいない	体内を循環	
18 将来の [(テンボウ) が開ける]。 장래의 전망이 열리다. しょうらい ひら	展望が開ける	
19 外部からの[侵入を (ソシ)] する。 외부로부터의 침입을 저지하다. がいぶ しんにゅう	侵入を阻止	
20 中身のない [(クウソ) な議論]。 내용이 없는 공허한 논의. なかみ ぎろん	空疎な議論	

◆ 일확천금(一攫千金) : 단번에 천금을 움켜쥔다는 뜻

[   ](대괄호) 안의 일본어를 한자로 적어보고, 읽는 법을 히라가나로 쓰세요.

본문 내용	대괄호 한자로 쓰기	읽는 법 쓰기
01　これは [(ゴクヒ) 事項]です。 이것은 극비* 사항입니다. じこう	極秘事項	
02　興奮が [(サイコウチョウ)] に達する。 흥분이 최고조에 달하다. こうふん　　　　　　　　　　たっ	最高潮	
03　選手たちを [(カンセイ) で迎える]。 선수들을 환호성으로 맞이하다. せんしゅ　　　　　　　　むか	歓声で迎える	
04　[(キオク) に残る]出来事。 기억에 남는 사건. のこ　で きごと	記憶に残る	
05　大会[十 (レンパ) を達成する]。 대회 10연패를 달성하다. たいかいじゅう　　　　たっせい	十連覇	
06　[(アットウテキ)な]強さで優勝する。 압도적인 강함으로 우승하다. つよ　　ゆうしょう	圧倒的な	
07　故郷に錦を [(カザ) る]。 금의환향하다. こきょう にしき	飾る	
08　[(キセキ)] の逆転勝利を収める。 기적의 역전 승리를 거두다. ぎゃくてんしょうり　おさ	奇跡	
09　彼とは [(インネン)] のライバルだ。 그와는 운명(숙명)의 라이벌이다. かれ	因縁	
10　目標達成は [(ビミョウ) な]情勢だ。 목표 달성은 미묘한 정세이다. もくひょうたっせい　　　　　じょうせい	微妙な	
11　様々な問題で [(クノウ)] する。 다양한 문제로 고뇌하다. さまざま もんだい	苦悩	
12　人生[最大の (キュウチ)] に立たされる。 인생 최대의 궁지에 몰리다. じんせい さいだい　　　　　　た	最大の窮地	
13　会社の [(イシン) をかけた]プロジェクト。 회사의 위신을 건 프로젝트. かいしゃ	威信をかけた	
14　[(ホウヨウ) 力]のある人物。 포용력이 있는 인물. りょく　　　じんぶつ	包容力	
15　核兵器の [(コンゼツ) を目指す]。 핵무기의 근절*을 목표로 하다. かくへいき　　　　　　めざ	根絶を目指す	
16　彼は [(ソウゼツ) な]死を遂げる。 그는 장렬한 죽음을 마치다. かれ　　　　　　し と	壮絶な	
17　ついに [(シュドウ) 権]を握る。 마침내 주도권을 쥐다. けん にぎ	主導権	
18　[(キトク) 権益]を必死に守る。 기득* 권익*을 필사적으로 지키다. けんえき ひっし まも	既得権益	
19　[資産と (フサイ) と]を比較する。 자산과 부채를 비교하다. しさん　　　　　　ひかく	資産と負債と	
20　デジタル機器を [(クシ)] する。 디지털 기기를 구사하다. きき	駆使	

◆ 극비(極秘) : 극비밀. 절대 알려져서는 안 되는 중요한 일

♣ 근절(根絶) : 다시 살아날 수 없도록 아주 뿌리째 없애 버림

◆ 기득(既得) : 이미 얻어서 차지함

♣ 권익(権益) : 권리와 그에 따르는 이익

[   ](대괄호) 안의 일본어를 한자로 적어보고, 읽는 법을 히라가나로 쓰세요.

본문 내용	대괄호 한자로 쓰기	읽는 법 쓰기
01 [自由 (ホンポウ) な]生き方。 자유분방한 삶.	自由奔放な	
02 [(シンギ) のほど]は定かでない。 진위 여부는 정확하지 않다.	真偽のほど	
03 [(リコン) 届]を提出する。 이혼 신청서를 제출하다.	離婚届	
04 世界[各地を (ヘンレキ)] する。 세계 각지를 편력*하다.	各地を遍歴	
05 国事行為の事務を担当する [(クナイチョウ)]。 국사 행위*에 관한 사무를 담당하는 궁내청.	宮内庁	
06 友人をパーティーに [(ショウタイ)] する。 친구를 파티에 초대하다.	招待	
07 カラスは[意外と (リコウ) だ]。 까마귀는 의외로 영리하다.	意外と利口だ	
08 今日は[家庭 (ホウモン)] の日だ。 오늘은 가정 방문의 날이다.	家庭訪問	
09 芸能人と [(アクシュ)] する。 연예인과 악수하다.	握手	
10 [攻撃の (タイショウ)] から外れた。 공격의 대상에서 제외되었다.	攻撃の対象	
11 [(セイキ) の方法]で手続きをする。 정규 방법으로 수속을 하다.	正規の方法	
12 寄付で[会費を (マカナ) う]。 기부로 회비를 조달하다.	会費を賄う	
13 売れた[商品を (ホジュウ)] する。 팔린 상품을 보충하다.	商品を補充	
14 今後の経済[動向を (チュウシ)] する。 금후의 경제 동향을 주시하다.	動向を注視	
15 [(オントウ) な]意見を述べる。 온당한 의견을 말하다.	穏当な	
16 景気[回復の (キザ) し]が見えてきた。 경기 회복의 조짐이 보였다.	回復の兆し	
17 電気信号を [(ゾウフク)] する。 전기 신호를 증폭*하다.	増幅	
18 何もいわず [(モクニン)] する。 아무것도 말하지 않고 묵인하다.	黙認	
19 企業の [(ザイム) 状態]が悪化する。 기업의 재무 상태가 악화하다.	財務状態	
20 ついに敵の術中に [(オチイ) る]。 마침내 적의 계략에 빠지다.	陥る	

◆ 편력(遍歴) : 널리 각지를 돌아다님
♣ 국사행위(国事行為) : (일본 헌법에 정해진) 천황이 하여야 하는 국사에 관한 일정한 행위
◉ 증폭하다(増幅する) : 1.사물의 범위가 늘어나 커지다 2.〈물리〉 라디오 따위에서 전압, 전류의 진폭이 늘어 감도가 좋아지다

[   ](대괄호) 안의 일본어를 한자로 적어보고, 읽는 법을 히라가나로 쓰세요.

본문 내용	대괄호 한자로 쓰기	읽는 법 쓰기
01 まだ [(オサナ) い]子供だ。 아직 어린 아이다.	幼い	
02 嫌いなことを [(ケイエン) し続ける]。 싫어하는 것을 계속 경원* 하다.	敬遠し続ける	
03 その事に関しては [(シロウト)] だ。 그 일에 관해서는 아마추어다.	素人	
04 外交問題を [(ロンピョウ)] する。 외교 문제를 논평하다.	論評	
05 とりあえず [(ソクセキ) 料理]で済ます。 우선 즉석 요리로 때우다.	即席料理	
06 道路の [(ミゾ) にはまる]。 도로의 도랑에 빠지다.	溝にはまる	
07 ある男の[一生を (エガ) いた]作品。 어느 사내의 일생을 그린 작품.	一生を描いた	
08 [(ミリョク) 的な]人に出会う。 매력적인 사람을 만나다.	魅力的な	
09 物語が [(カキョウ)] に入ってきた。 이야기가 가경에 들어갔다.	佳境	
10 [興味や (カンシン)]を成績評価に入れる。 흥미나 관심을 성적 평가에 넣다.	興味や関心	
11 [(アンモク)] の了解のもと事が進む。 암묵의 양해 하에 일이 진행되다.	暗黙	
12 ない[知恵を (シボ) り]アイデアを出す。 없는 지혜를 짜내 아이디어를 내다.	知恵を絞り	
13 病院に行き [(チリョウ) を受ける]。 병원에 가서 치료를 받다.	治療を受ける	
14 地震の [(チョウコウ) が現れる]。 지진의 징후가 나타나다.	兆候が現れる	
15 不用意な[発言を (ツツシ) む]。 부주의한 발언을 삼가다.	発言を慎む	
16 父の [(キトク) の知らせ]を聞き駆けつける。 아버지가 위독하다는 소식을 듣고 부랴부랴 가다.	危篤の知らせ	
17 [仏前の (イエイ)]に手を合わせた。 불전의 초상화에 합장했다.	仏前の遺影*	
18 敵に [(サト) られずに]近づく。 적이 알아차리지 못하게 다가가다.	悟られずに	
19 今は[亡き母を (ツイボ)] する。 지금은 돌아가신 어머니를 추모하다.	亡き母を追慕	
20 功績をたたえ [(ヒョウショウ)] する。 공적을 기려 표창하다.	表彰	

◆ 경원(敬遠) : 1.공경하되 가까이하지는 않음 2.겉으로는 공경하는 체하면서 실제로는 꺼리어 멀리함
◆ 위영(遺影) : 고인의 사진이나 초상화

[   ](대괄호) 안의 일본어를 한자로 적어보고, 읽는 법을 히라가나로 쓰세요.

본문 내용	대괄호 한자로 쓰기	읽는 법 쓰기
01 動物が [(テンテキ)] から身を隠す。 동물이 천적으로부터 몸을 숨기다. どうぶつ　み　かく	天敵	
02 全てが[水の (アワ)] と帰す。 모든 것이 물거품으로 돌아가다. すべ　みず　き	水の泡	
03 働く [(イヨク) がない]のは問題だ。 일할 의욕이 없는 것은 문제다. はたら　もんだい	意欲がない	
04 通勤時に [(シュウカン) 誌]を読む。 통근할 때에 주간지를 읽는다. つうきんじ　し　よ	週刊誌	
05 新しい[機械を (ドウニュウ)] する。 새로운 기계를 도입하다. あたら　きかい	機械を導入	
06 この事件の [(チョウホンニン)] は彼女だ。 이 사건의 장본인은 그녀다. じけん　かのじょ	張本人	
07 [全 (シンケイ)] を集中している。 전 신경을 집중하고 있다. ぜん　しゅうちゅう	全神経	
08 過去に何度も[大 (ジシン)] が来た。 과거에 몇 번이나 대지진이 왔다. かこ　なんど　だい　き	大地震	
09 売れっ子の [(マンガ) 家]を目指す。 인기 만화가를 목표로 하다. う　こ　か　めざ	漫画家	
10 パーティーが [(セイカイ)] に終わる。 파티가 성대한 모임으로 끝나다. お	盛会	
11 人口増加で [(ショクリョウ) 問題]が浮上する。 인구 증가로 식량 문제가 부상하다. じんこうぞうか　もんだい　ふじょう	食糧問題	
12 [法廷で (ジンモン)] が行われる。 법정에서 심문이 이루어지다. ほうてい　おこな	法廷で尋問	
13 被災地に[自衛隊を (ハケン)] する。 재해지에 자위대를 파견하다. ひさいち　じえいたい	自衛隊を派遣	
14 必要な物を [(ケイコウ)] し出かける。 필요한 것을 휴대하여 외출하다. ひつよう　もの　で	携行	
15 上司に[判断を (アオ)] ぐ。 상사에게 판단을 청하다. じょうし　はんだん	判断を仰ぐ	
16 国の [(ザイセイ) 状況]は厳しい。 국가의 재정 상황은 힘겹다. くに　じょうきょう　きび	財政状況	
17 [(バッポン) 的な]改革が必要不可欠だ。 발본적인 개혁이 필수 불가결하다. てき　かいかく　ひつようふかけつ	抜本的な	
18 途上国支援の[資金を (キョシュツ)] する。 도상국 지원 자금을 거출*(갹출)하다. とじょうこくしえん　しきん	資金を拠出	
19 [(ドヒョウ)] 際で踏ん張りを見せる。 씨름판 경계선에서 버팀을 보여주다. ぎわ　ふ　ば　み	土俵	
20 情報[公開 (セイキュウ)] をする。 정보 공개 청구를 하다. じょうほう　こうかい	公開請求	

◆ 거출(拠出) : 같은 목적을 위하여 여러 사람이 돈을 나누어 냄. 갹출

[   ](대괄호) 안의 일본어를 한자로 적어보고, 읽는 법을 히라가나로 쓰세요.

본문 내용	대괄호 한자로 쓰기	읽는 법 쓰기
01 事件を [(ケイキ) に]法律が改正される。 사건을 계기로 법률이 개정되다.	契機に	
02 [物々 (コウカン)] でわらしべ長者になる。 물물 교환으로 짚대 부자가 되다.	物々交換	
03 [先祖の (クヨウ)] を毎年行う。 선조 공양을 매년 행하다.	先祖の供養	
04 修学旅行の [(インソツ) を務める]。 수학여행의 인솔을 역임하다.	引率を務める	
05 不採算[事業から (テッタイ)] する。 채산성이 없는 사업에서 철수하다.	事業から撤退	
06 世界的な [(キボ) で広がる]。 세계적인 규모로 확대되다.	規模	
07 プロボクサーの [(キョウレツ) な]パンチ。 프로 복서의 강렬한 펀치.	強烈な	
08 [(イゾク) の悲しみ]は消えない。 유족의 슬픔은 사라지지 않는다.	遺族の悲しみ	
09 薬品を[水で (ウス) める]。 약품을 물로 희석하다.	水で薄める	
10 一年前から[消息を (タ) つ]。 1년 전부터 소식을 끊다.	消息を絶つ	
11 とても [(エラ) い]指導者。 매우 훌륭한 지도자.	偉い	
12 周りから [(ユウリ)] してしまう。 주위에서 동떨어지고 말다.	遊離*	
13 戦後日本は[急速に (フッコウ)] した。 전후 일본은 급속도로 부흥했다.	急速に復興	
14 立つ鳥跡を [(ニゴ) さず]。 떠날 때에는 뒤처리를 깨끗이 하라.	濁さず	
15 やるべきことが多く [(ボウサツ)] される。 해야 할 일이 많아 매우 분주해지다.	忙殺	
16 両者には [(カクゼン) とした]違いがある。 양자에게는 확연한 차이가 있다.	画然とした	
17 一部の人に [(ベンギ) をはかる]。 일부의 사람에게 편의를 도모하다.	便宜をはかる	
18 [(キドウ) 力]を生かした野球。 기동력을 살린 야구.	機動力	
19 [(シンチョウ) な]対応が要求される。 신중한 대응이 요구되다.	慎重な	
20 孫に[財産を (ゾウヨ)] する。 손자에게 재산을 증여하다.	財産を贈与	

◆ 유리(遊離) : 동떨어짐

[   ](대괄호) 안의 일본어를 한자로 적어보고, 읽는 법을 히라가나로 쓰세요.

본문 내용	대괄호 한자로 쓰기	읽는 법 쓰기
01　個々の [(カチ) 観]을 尊重する。 개개인의 가치관을 존중하다. こ こ　　　　　　かん　そんちょう	価値観	
02　服を脱ぎ [(ハダカ)]になる。 옷을 벗어 알몸이 되다. ふく ぬ	裸	
03　外見だけでなく[中身も (トモナ) う]。 외견뿐만 아니라 내면도 수반한다. がいけん　　　　　なか み	中身も伴う	
04　部下に対して [(イバ) る]。 부하에게 으스댄다. ぶ か　たい	威張る	
05　[地球 (カンキョウ)] の悪化が危ぶまれる。 지구 환경의 악화가 위태로워지다. ち きゅう　　　　　　　あっ か　あや	地球環境	
06　[(センモン) 家]が集まり対策を練る。 전문가가 모여 대책을 세우다. か　あつ　たいさく ね	専門家	
07　重要な [(キミツ) をもらす]。 중요 기밀을 누설하다. じゅうよう	機密をもらす	
08　趣味は[切手の (シュウシュウ)] です。 취미는 우표 수집입니다. しゅ み　　きって	切手の収集	
09　徹夜をして[試験に (ノゾ) む]。 철야를 해서 시험에 임하다. てつ や　　　　し けん	試験に臨む	
10　[(ヒニク) たっぷり]のあいさつ。 잔뜩 비꼬아서 하는 인사.	皮肉たっぷり	
11　互いに [(イシ) の疎通]をはかる。 서로 의사소통을 도모하다. たが　　　　　　そ つう	意思の疎通	
12　[(ジュウナン) に]対処する。 유연하게 대처하다. たいしょ	柔軟に	
13　[仕事を (ナマ) けて]ばかりいる。 일을 게으름만 피운다. し ごと	仕事を怠けて	
14　故郷を [(ソウキ)] させる風景。 고향을 상기시키는 풍경. こ きょう　　　　　　ふうけい	想起	
15　[貿易 (フキンコウ)] が生じる。 무역 불균형이 생기다. ぼうえき　　　　　　しょう	貿易不均衡	
16　世界中から [(キガ) をなくす]。 전 세계로부터 기아* 를 없애다. せ かいじゅう	飢餓をなくす	
17　古い建物を [(ハカイ)] する。 오래된 건물을 파괴하다. ふる　たてもの	破壊	
18　近年 [(サバク) 化]が著しく進んでいる。 최근 몇 년 사막화가 현저하게 きんねん　　　　か　いちじる　すす　　　　　진행되고 있다.	砂漠化	
19　蚊を [(バイカイ)] して移る病気。 모기를 매개* 로 하여 옮기는 병. か　　　　　　　　　うつ びょうき	媒介	
20　泥棒に入られないよう [(ケイカイ)] する。 도둑이 들지 못하도록 경계하다. どろぼう　　はい	警戒	

◆ 기아(飢餓) : 굶주림　　　　　　　　　　　　　　　　♣ 매개(媒介) : 둘 사이에서 양편의 관계를 맺어 줌

[   ](대괄호) 안의 일본어를 한자로 적어보고, 읽는 법을 히라가나로 쓰세요.

본문 내용	대괄호 한자로 쓰기	읽는 법 쓰기
01 長い [(チンモク) を破り]話し始める。 긴 침묵을 깨고 이야기하기 시작하다.	沈黙を破り	
02 天候にかかわらず [(ジッシ)] します。 날씨에 관계없이 실시합니다.	実施	
03 [(コウギ) の電話]が殺到した。 항의 전화가 쇄도했다.	抗議の電話	
04 敵の[様子を (カンシ)] した。 적의 움직임을 감시했다.	様子を監視	
05 この[滝の (ラクサ)] は日本一だ。 이 폭포의 낙차는 일본 제일이다.	滝の落差	
06 専門的な[知識が (トボ) しい]。 전문적인 지식이 부족하다.	知識が乏しい	
07 [(フシギ) な]体験をした。 신기한 체험을 했다.	不思議な	
08 全身に [(ショウゲキ) が走った]。 전신에 충격이 미쳤다.	衝撃が走った	
09 [世界の (グンシュク)] が進まない。 세계의 군축이 진행되지 않는다.	世界の軍縮	
10 文化の[違いを (ツウカン)] する。 문화의 차이를 통감*하다.	違いを痛感	
11 各地で [(コウエン) 会]を開く。 각지에서 강연회를 열다.	講演会	
12 借金が [(サイゲン) なく]増えていく。 빚이 한없이 늘어가다.	際限なく	
13 つい [(ダセイ)] で続けてしまう。 그만 타성으로 계속해 버리다.	惰性	
14 他人に[土地を (イジョウ)] する。 타인에게 토지를 이양*하다.	土地を移譲	
15 冬になると[路面が (トウケツ)] する。 겨울이 되면 노면이 얼어붙는다.	路面が凍結	
16 [城の (ガイカク)] を修理する。 성의 외곽을 수리하다.	城の外郭	
17 信号が[黄色の (テンメツ)] に変わる。 신호가 노란색 점멸*로 바뀌다.	黄色の点滅	
18 勇敢な[行動を (ショウサン)] する。 용감한 행동을 칭찬하다.	行動を称賛	
19 彼女は [(シリョ) 深い]人物だ。 그녀는 사려 깊은 인물이다.	思慮深い	
20 社会と学校と家庭の [(レンケイ)]。 사회와 학교와 가정의 제휴.	連携	

◆ 통감(痛感) : 마음에 사무치게 느낌　　　　　　　◆ 이양(移譲) : 남에게 넘겨줌
◉ 점멸(点滅) : 등불이 켜졌다 꺼졌다 함

[   ](대괄호) 안의 일본어를 한자로 적어보고, 읽는 법을 히라가나로 쓰세요.

본문 내용	대괄호 한자로 쓰기	읽는 법 쓰기
01 政治[団体に (ケンキン)] する。 정치 단체에 헌금하다.	団体に献金	
02 政財界の [(ユチャク) を暴く]。 정재계의 유착*을 폭로하다.	癒着を暴く	
03 システムを [(カンサ)] する。 시스템을 감사하다.	監査	
04 会社の新しい [(トリシマリ) 役]。 회사의 새로운 임원.	取締役	
05 [(サイバン)] で決着をつける。 재판에서 결말을 내다.	裁判	
06 カツ丼*で [(エンギ) をかつぐ]。 커틀릿 덮밥으로 길흉을 따지다.	縁起をかつぐ	
07 土地の[売買 (ケイヤク)] をする。 토지의 매매 계약을 하다.	売買契約	
08 児童[福祉 (シセツ)] を建設する。 아동 복지 시설을 건설하다.	福祉施設	
09 アルバイトを [(ボシュウ)] する。 아르바이트를 모집하다.	募集	
10 知り合いの[会社に (シュッシ)] する。 아는 사람의 회사에 출자하다.	会社に出資	
11 テロの危険性に [(ケイショウ) を鳴らす]。 테러의 위험성에 경종을 울리다.	警鐘を鳴らす	
12 スランプから [(ダッキャク)] する。 슬럼프에서 벗어나다.	脱却	
13 ついに[病気を (コクフク)] する。 마침내 병을 극복하다.	病気を克服	
14 [野菜が (フハイ) し]悪臭を放つ。 야채가 부패하여 악취를 풍기다.	野菜が腐敗し	
15 [経済 (セイサイ)] を加える。 경제 제재를 가하다.	経済制裁	
16 各国の[条約 (ヒジュン)] 状況。 각국의 조약 비준 상황.	条約批准	
17 一応 [(ダイタイ) 案]も検討しておく。 우선 대체안도 검토해두다.	代替案	
18 グループから [(リダツ)] する。 그룹에서 이탈* 하다.	離脱	
19 日本の車は [(ネンピ) が良い]。 일본의 차는 연비가 좋다.	燃費が良い	
20 二酸化炭素を [(ハイシュツ)] する。 이산화탄소를 배출하다.	排出	

◆ 유착(癒着) : 사물들이 서로 깊은 관계를 가지고 결합하여 있음. '엉겨 붙기'로 순화

♣ 카츠돈(カツ丼) : (일본 요리에서) 밥 위에 돈가스와 계란 등을 얹은 덮밥　　● 이탈(離脱) : 어떤 범위나 대열 따위에서 떨어져 나오거나 떨어져 나감

[   ](대괄호) 안의 일본어를 한자로 적어보고, 읽는 법을 히라가나로 쓰세요.

본문 내용	대괄호 한자로 쓰기	읽는 법 쓰기
01 レース前に[薬物 (ケンサ)] をする。 레이스 전에 약물 검사를 하다.	薬物検査	
02 [茶碗 (ム) し]をつくる。 계란찜을 만들다.	茶碗蒸し	
03 [外交 (コウショウ)] が難航する。 외교 교섭이 난항을 겪다.	外交交渉	
04 競って[国威を (ハツヨウ)] する。 다투어 국위를 선양하다.	国威を発揚*	
05 優勝[賞金を (カクトク)] する。 우승 상금을 획득하다.	賞金を獲得	
06 [(カクダン) に]性能が良くなった。 현격하게 성능이 좋아졌다.	格段に	
07 甘い物に[アリが (ムラ) がる]。 단 것에 개미가 무리를 짓다.	アリが群がる	
08 犯罪 [(ヒガイ) 者]が団結する。 범죄 피해자가 단결하다.	被害者	
09 大勢の [(カンキャク) を集める]。 많은 관객을 모으다.	観客を集める	
10 [価格 (キョウソウ)] に負けて撤退する。 가격 경쟁에 져서 철수하다.	価格競争	
11 [自分の (サイリョウ)] で仕事をする。 자신의 재량으로 일을 하다.	自分の裁量	
12 傷害罪で [(キソ)] される。 상해죄로 기소*되다.	起訴	
13 手術前に [(マスイ) をかける]。 수술 전에 마취하다.	麻酔をかける	
14 刑に[執行 (ユウヨ)] がつく。 형에 집행 유예가 붙다.	執行猶予	
15 蛇ににらまれ [(コウチョク)] した蛙。 뱀이 노려봐 경직된 개구리.	硬直	
16 世の中に [(イキドオ) りを感じる]。 세상에 분노를 느끼다.	憤りを感じる	
17 [(カクリョウ) の意見]を聞く。 각료의 의견을 듣다.	閣僚の意見	
18 恋人の[死を (ナゲ) く]。 애인의 죽음을 한탄하다.	死を嘆く	
19 [(ロコツ) な]嫌がらせを受ける。 노골적인 괴롭힘을 당하다.	露骨な	
20 [各地で (フンソウ)] が絶えない。 각지에서 분쟁이 끊이지 않는다.	各地で紛争	

◆ 발양(発揚) : 선양. 마음, 기운, 재주 따위를 떨쳐 일으킴   ✦ 기소(起訴) : 검사가 특정한 형사 사건에 대하여 법원에 심판을 요구하는 일

[   ](대괄호) 안의 일본어를 한자로 적어보고, 읽는 법을 히라가나로 쓰세요.

본문 내용	대괄호 한자로 쓰기	읽는 법 쓰기
01 [(ショカ)] から本を取り出す。 서가에서 책장을 꺼내다.	書架	
02 酒は [(イッテキ)] も飲めない。 술은 한 방울도 마시지 못 마신다.	一滴	
03 [(ナミダ) ぐましい]努力。 눈물겨운 노력.	涙ぐましい	
04 犯人と顔が [(コクジ)] している。 범인과 얼굴이 많이 닮다.	酷似	
05 [連立 (セイケン)] を樹立する。 연립 정권을 수립하다.	連立政権	
06 ついに [(トッパ) 口]を見つけた。 마침내 돌파구를 찾았다.	突破口	
07 優勝を [(ダンゲン)] する選手たち。 우승을 단언하는 선수들.	断言	
08 受験に向け[勉強に (ハゲ) む]。 수험을 향해 공부에 힘쓰다.	勉強に励む	
09 [(カンタン) な問題]から解き始める。 간단한 문제부터 풀기 시작하다.	簡単な問題	
10 [(カク) れた]逸材を登用する。 숨은 인재를 등용하다.	隠れた	
11 世界を [(セッケン)] する。 세계를 석권* 하다.	席巻	
12 [(カンゼンチョウアク)] の映画を見る。 권선징악의 영화를 보다.	勧善懲悪	
13 その作品に [(カンメイ) をうける]。 그 작품에 감명을 받다.	感銘をうける	
14 [生命の (ヤクドウ)] を感じる。 생명의 약동* 을 느끼다.	生命の躍動	
15 仲間の[入賞に (シゲキ)] される。 동료의 입상에 자극받다.	入賞に刺激	
16 犬の鳴き声が [(セイジャク) を破る]。 개의 우는소리가 정적을 깨다.	静寂を破る	
17 [人生の (ヒアイ)] を感じる。 인생의 비애를 느끼다.	人生の悲哀	
18 花の香りがほのかに [(タダヨ) う]。 꽃의 향기가 그윽하게 감돌다.	漂う	
19 恩人に [(シャイ) を表する]。 은인에게 감사의 뜻을 표하다.	謝意を表する	
20 弁当に[おかずを (ツ) める]。 도시락에 반찬을 담다.	おかずを詰める	

◆ 석권(席巻) : 돗자리를 만드는 뜻으로, 빠른 기세로 영토를 휩쓸거나 세력 범위를 넓힘
◆ 약동(躍動) : 생기 있고 활발하게 움직임

60

[   ](대괄호) 안의 일본어를 한자로 적어보고, 읽는 법을 히라가나로 쓰세요.

본문 내용	대괄호 한자로 쓰기	읽는 법 쓰기
01 大勢の前で [(エンゼツ)] する。 많은 사람 앞에서 연설하다. おおぜい まえ	演説	
02 徳川家康が [江戸 (バクフ)] をつくる。 도쿠가와 이에야스가 에도막부를 만들다. とくがわいえやす えど	江戸幕府	
03 茶道や華道における [(リュウギ)]。 다도나 꽃꽂이에 있어서의 법식. さどう かどう	流儀	
04 [世界の (ヨウジン)] が一堂に会す。 세계의 요인이 한자리에 모이다. せかい いちどう かい	世界の要人	
05 胸中 [(オダ) やかでない]。 마음 속이 편치 않다. きょうちゅう	穏やかでない	
06 江戸後期の [(ロウジュウ)] 水野忠邦。 에도 후기의 로쥬*미즈노 다다쿠니. えどこうき みずのただくに	老中	
07 [父の (ガンメイ) さ]にあきれる。 아버지의 완고하고 사리에 어두움에 질리다. ちち	父の頑迷*さ	
08 これは捨てるに [(シノ) びない]。 이것은 차마 버릴 수 없다. す	忍びない	
09 国会で政治[献金に (ゲンキュウ)] した。 국회에서 정치 헌금에 대해 언급했다. こっかい せいじ けんきん	献金に言及	
10 壁のペンキを [(ヌ) り直す]。 벽의 페인트를 다시 칠하다. かべ なお	塗り直す	
11 [(キンキュウ) 事態]が発生する。 긴급사태가 발생하다. じたい はっせい	緊急事態	
12 今 [(カンバツ)] が必要な森林が多い。 지금 솎아베기가 필요한 삼림이 많다. いま ひつよう しんりん おお	間伐*	
13 体力が著しく [(オトロ) える]。 체력이 현저히 쇠약해지다. たいりょく いちじる	衰える	
14 地域 [(シンコウ) 政策]を打ち出す。 지역 진흥*정책을 내세우다. ちいき せいさく う だ	振興政策	
15 財政の[立直しが (キュウム)] だ。 재정의 바로잡기가 급선무다. ざいせい たてなお	立直しが急務	
16 [世界 (キョウコウ)] では株価が急落した。 세계 공황에서는 주가가 급락했다. せかい かぶか きゅうらく	世界恐慌	
17 世界から [(コリツ)] してしまう。 세계에서 고립되어 버리다. せかい	孤立	
18 [(オンケン) 派]と過激派の対立。 온건파와 과격파의 대립. は かげきは たいりつ	穏健派	
19 連立政権の [(イチヨク) を担う]。 연립 정권의 일익*을 담당하다. れんりつせいけん にな	一翼を担う	
20 [(ドジョウ) を改良し]豊作となる。 토양을 개량하여 풍작이 되다. かいりょう ほうさく	土壌を改良し	

◆ 로쥬(老中) : 에도막부의 장군 직속으로 정무를 담당하던 최고 책임자   ◆ 頑迷(がんめい) : 완고하여 사리에 어두움
※ 간벌(間伐) : 나무들이 적당한 간격을 유지하여 잘 자라도록 불필요한 나무를 솎아 베어 냄. 솎아베기
진흥(振興) : 떨치어 일어남   * 일익(一翼) : 1.중요한 구실을 하는 한 부분 2.조그마한 도움

[　　　](대괄호) 안의 일본어를 한자로 적어보고, 읽는 법을 히라가나로 쓰세요.

본문 내용	대괄호 한자로 쓰기	읽는 법 쓰기
01 会議の [(シツギ) の時間]。 회의의 질의 시간.	質疑の時間	
02 重労働から [(カイホウ)] される。 중노동에서 해방되다.	解放	
03 [(ドクゼツ)] コメンテーター。 독설 해설자.	毒舌	
04 導体は[電気 (テイコウ)] が低い。 도체*는 전기 저항이 낮다.	電気抵抗	
05 夏に[水 (ア) び]をする。 여름에 물을 끼얹다.	水浴び	
06 一瞬の [(ハヤワザ) を見逃す]。 한순간의 재빠른 솜씨를 놓치다.	早業を見逃す	
07 [一生 (ケンメイ) に]生き抜く。 열심히 살아나가다.	一生懸命に	
08 この店の [(セキニン) 者]を呼ぶ。 이 가게의 책임자를 부르다.	責任者	
09 [事故の (イチイン)] に挙げられる。 사고의 한 원인으로 들 수 있다.	事故の一因	
10 仕事が [(イソガ) しすぎる]。 일이 너무 바쁘다.	忙しすぎる	
11 [(ドクサイ) 者]が支配する国家。 독재자가 지배하는 국가.	独裁者	
12 従来の[方針を (ケンジ)] する。 종래의 방침을 고수하다.	方針を堅持*	
13 生物における[食物 (レンサ)]。 생물에 있어서의 식물 연쇄(먹이 사슬).	食物連鎖	
14 来年から[法律が (ハッコウ)] する。 내년부터 법률이 발효되다.	法律が発効	
15 世界[平和を (セツボウ)] してやまない。 세계 평화를 갈망하여 마지않다.	平和を切望	
16 伝統を軽んじる [(フウチョウ)]。 전통을 경시하는 풍조.	風潮	
17 一方の[意見を (モクサツ)] する。 한쪽의 의견을 묵살하다.	意見を黙殺	
18 自分の[子供を (イッカツ)] する。 자신의 아이를 한 번 큰소리로 꾸짖다.	子供を一喝*	
19 [緊急 (ヒナン)] 場所に指定される。 긴급 피난 장소로 지정되다.	緊急避難	
20 [孤軍 (フントウ)] したが結局失敗する。 고군분투*했지만 결국 실패하다.	孤軍奮闘	

◆ 도체(導体) : 열 또는 전기의 전도율이 비교적 큰 물체를 통틀어 이르는 말. 열에는 금속, 전기에는 금속이나 전해 용액 따위가 이에 속함
♣ 견지(堅持) : 어떤 견해나 입장 따위를 굳게 지니거나 지킴. 고수함　　　● 일갈(一喝) : 한 번 큰 소리로 꾸짖음
♠ 고군분투(孤軍奮闘) : 남의 도움을 받지 아니하고 힘에 벅찬 일을 잘해 나가는 것

[   ](대괄호) 안의 일본어를 한자로 적어보고, 읽는 법을 히라가나로 쓰세요.

본문 내용	대괄호 한자로 쓰기	읽는 법 쓰기
01 負けて [(クヤ) しい思い]をする。 져서 분한 생각이 든다. ま　　　　　　　おも	悔しい思い	
02 [(ナゲ) いて]もしようがない。 한탄해도 하는 수 없다.	嘆いて	
03 火山が[火を (フ) く]。 화산이 불을 뿜다. か ざん　　　 ひ	火を噴く	
04 [(タテ) と横]と高さを測る。 세로와 가로와 높이를 재다. 　　　　 よこ　　 たか　 はか	縦と横	
05 強敵に苦戦を [(シ) いられる]。 강적에게 고전을 면치 못하다. きょうてき　 く せん	強いられる	
06 日本経済の [(シシン) を示す]。 일본 경제의 지침을 제시하다. に ほんけいざい　　　　　　 しめ	指針を示す	
07 [(テイアン)] を受け入れる。 제안을 수용하다. 　　　　　　 う い	提案	
08 贈答品を [(ホウソウ)] してもらう。 증답품을 포장해 받다. ぞうとうひん	包装	
09 高齢者への [(ハイリョ)] を忘れない。 고령자에 대한 배려를 잊지 않다. こうれいしゃ　　　　　　　　 わす	配慮	
10 [世界 (ヒョウジュン)] の規格を作る。 세계 표준의 규격을 만들다. せ かい　　　　　　　　 き かく　 つく	世界標準	
11 [病気の (シンダン)] を行う。 병의 진단을 실시하다. びょう き　　　　　　　 おこな	病気の診断	
12 決勝進出を [(ハバ) まれた]。 결승 진출을 저지당했다. けっしょうしんしゅつ	阻まれた	
13 ワインの [(カイキン) 日]がせまる。 와인 해금일이 다가오다. 　　　　　　　　 び	解禁日	
14 情報漏洩が [(ケネン)] される。 정보 누설이 걱정된다. じょうほうろうえい	懸念	
15 毎日 [(ケイジ) 板]をチェックする。 매일 게시판을 체크하다. まいにち　　　　 ばん	掲示板	
16 来客を [(ネンゴ) ろに]もてなす。 방문한 손님을 정성스레 대접하다. らいきゃく	懇ろに	
17 りんごの[実が (セイジュク)] する。 사과 열매가 성숙하다. 　　　　　 み	実が成熟	
18 風景を [(センメイ) に]覚えている。 풍경을 선명히 기억하고 있다. ふうけい　　　　　　　 おぼ	鮮明に	
19 試験後 [(キンチョウ) がほぐれる]。 시험 후 긴장이 풀리다. し けん ご	緊張がほぐれる	
20 米ドルは [(キジク) 通貨]だ。 미 달러는 기축*통화이다. べい　　　　　　　　 つう か	基軸通貨	

◆ 기축(基軸) : 어떤 사상이나 조직 따위의 토대나 중심이 되는 곳

[   ](대괄호) 안의 일본어를 한자로 적어보고, 읽는 법을 히라가나로 쓰세요.

본문 내용	대괄호 한자로 쓰기	읽는 법 쓰기
01 窓から景色を [(ナガ)] める。 창문에서 경치를 바라보다. まど　けしき	眺める	
02 肉体に[魂が (ヤド) る]。 육체에 영혼이 깃들다. にくたい　たましい	魂が宿る	
03 委員長を[懸命に (ホサ)] する。 위원장을 열심히 보좌하다. いいんちょう　けんめい	懸命に補佐	
04 日本各地の [(ミンヨウ) を聞く]。 일본 각지의 민요를 듣다. にほんかくち　き	民謡を聞く	
05 新築ビルを [(ヒロウ)] した。 신축 빌딩을 공개했다. しんちく	披露	
06 先生の [(キゲン)] を気にする。 선생님의 심기를 걱정하다. せんせい　き	機嫌	
07 あなたに [(キョウミ)] はない。 당신에게 흥미(관심)는 없다.	興味	
08 著作権の[重要性を (ト) く]。 저작권의 중요성을 설명하다. ちょさくけん　じゅうようせい	重要性を説く	
09 原文と[比較 (タイショウ)] する。 원문과 비교 대조하다. げんぶん　ひかく	比較対照	
10 [秋の (シュウカク)] を楽しみに待つ。 가을의 수확을 즐거움으로 삼으며 기다리다. あき　たの　ま	秋の収穫	
11 テロ組織を [(ソウトウ)] する。 테러 조직을 소탕*하다. そしき	掃討	
12 道路を [(フウサ)] し退路を断つ。 도로를 봉쇄하여 퇴로를 차단하다. どうろ　たいろ　た	封鎖	
13 地域の [(ジョウセイ) を調べる]。 지역의 정세를 조사하다. ちいき　しら	情勢を調べる	
14 若者の [(カゲキ) な服装]に驚く。 젊은이의 과격한 복장에 놀라다. わかもの　ふくそう　おどろ	過激な服装	
15 法律違反者を [(ショバツ)] する。 법률 위반자를 처벌하다. ほうりついはんしゃ	処罰	
16 [(ホコ) を収め]話し合おう。 싸움을 그만두고 서로 대화하자. おさ　はな　あ	矛を収め	
17 友人を [(シンライ)] する。 친구를 신뢰하다. ゆうじん	信頼	
18 危く事故を [(マヌカ) れる]。 위태롭게 사고를 모면하다. あやう　じこ	免れる	
19 受賞を [(ハゲ) み]にする。 수상을 자극으로 삼다. じゅしょう	励み	
20 長く使うと [(アイチャク) がわく]。 오랫동안 사용하면 애착이 간다. なが　つか	愛着がわく	

◆ 소탕(掃討) : 휩쓸어 죄다 없애 버림

[   ](대괄호) 안의 일본어를 한자로 적어보고, 읽는 법을 히라가나로 쓰세요.

본문 내용	대괄호 한자로 쓰기	읽는 법 쓰기
01 [(ナットク) が行く]説明を求める。 납득이 가는 설명을 요구하다.	納得が行く	
02 ついに [(ガマン) の限界]に達する。 마침내 인내의 한계에 달하다.	我慢の限界	
03 人が [(ヒンパン) に]出入りする。 사람이 빈번하게 출입하다.	頻繁に	
04 流行に [(ビンカン) な]若者たち。 유행에 민감한 젊은이들.	敏感な	
05 [お祭り (サワ) ぎ]となる。 축제 분위기가 되다.	お祭り騒ぎ	
06 自分の好みに [(カタヨ) る]。 자신의 취향에 치우치다.	偏る	
07 [(ロコツ) に]圧力をかける。 노골적으로 압력을 가하다.	露骨に	
08 情報[格差を (ゼセイ)] する。 정보 격차를 시정하다.	格差を是正	
09 参加[希望者を (ツノ) る]。 참가 희망자를 모집하다.	希望者を募る	
10 今や基本的人権は [(トウゼン) の権利]だ。 바야흐로 기본적 인권은 당연한 권리다.	当然の権利	
11 [論文の (ガイヨウ)] を英訳する。 논문의 개요를 영어로 번역하다.	論文の概要	
12 使わない[施設を (ヘイサ)] する。 사용하지 않는 시설을 폐쇄하다.	施設を閉鎖	
13 商業地に [(リンセツ)] する住宅街。 상업지에 인접한 주택가.	隣接	
14 今日は潮の [(カンマン) の差]が大きい。 오늘은 조수 간만의 차가 크다.	干満の差	
15 [湖を (カンタク) し]農地にする。 호수를 간척*하여 농지로 삼다.	湖を干拓し	
16 [政官財の (ユチャク)] が問題だ。 정관재의 유착이 문제다.	政官財の癒着	
17 決して [(カンカ)] できない悪事。 결코 간과할 수 없는 악행.	看過	
18 [信用を (シッツイ)] する。 신용을 실추*하다.	信用を失墜	
19 [遺跡の (ハックツ)] で化石が見つかる。 유적 발굴에서 화석이 발견되다.	遺跡の発掘	
20 賞味[期限を (キサイ)] する。 유통 기한을 기재하다.	期限を記載	

◆ 간척(干拓) : 육지에 면한 바다나 호수의 일부를 둑으로 막고, 그 안의 물을 빼내어 육지로 만드는 일

◆ 실추(失墜) : 명예나 위신 따위를 떨어뜨리거나 잃음

[   ](대괄호) 안의 일본어를 한자로 적어보고, 읽는 법을 히라가나로 쓰세요.

본문 내용	대괄호 한자로 쓰기	읽는 법 쓰기
01 同じ事の繰り返しに [(ア) きる]。 같은 일의 반복에 싫증이 나다.	飽きる	
02 [マッチを (ス) って]火をつける。 성냥을 켜서 불을 붙이다.	マッチを擦って	
03 手先が [(キョウ) な]のが自慢だ。 손재주가 뛰어난 것이 자랑이다.	器用な	
04 顕微鏡で[細胞を (カンサツ)] する。 현미경으로 세포를 관찰하다.	細胞を観察	
05 他人の非ばかり [(セ) める]。 남의 잘못만 꾸짖다.	責める	
06 自転車の[部品が (コワ) れた]。 자전거 부품이 고장났다.	部品が壊れた	
07 詳しい[説明を (ハブ) く]。 상세한 설명을 생략하다.	説明を省く	
08 違法建造物を [(テッキョ)] する。 위법 건조물을 철거하다.	撤去	
09 [初の (ココロ) み]に成功する。 첫 시도에 성공하다.	初の試み	
10 [(センデン)] につられて買ってしまう。 선전에 현혹되어 사 버리다.	宣伝	
11 産業の [(クウドウ) 化]が問題となる。 산업의 공동화* 가 문제가 되다.	空洞化	
12 高齢者の [(カイゴ)] をする。 고령자의 병간호를 하다.	介護	
13 老後に備え [(チョチク)] する。 노후에 대비해 저축하다.	貯蓄	
14 ここ数日が [(トウゲ)] となる。 최근 며칠이 고비이다.	峠	
15 世界[各地を (メグ) り]旅する。 세계 각지를 둘러보며 여행하다.	各地を巡り	
16 [けんかの (ホッタン)] はささいなこと。 싸움의 발단* 은 사소한 것.	けんかの発端	
17 [打開策を (モサク)] する。 타개책을 모색하다.	打開策を模索	
18 [(ヒダイ) 化]した組織を縮小する。 비대해진 조직을 축소하다.	肥大化	
19 諸悪の [(コンゲン) を断つ]。 온갖 악의 근원을 끊다.	根源を断つ	
20 先人の[偉業を (ライサン)] する。 선인의 위업을 예찬하다.	偉業を礼賛	

◆ 공동화현상(空洞化現象) : 1.(경제)해외의 생산 활동 비중이 높아지면서 국내 생산 활동의 규모가 축소되는 일 2.(사회)속이 텅 비게 되는 현상. 흔히 도심의 상주 인구가 감소하는 현상을 말함
✤ 발단(発端) : 어떤 일의 계기가 됨

[   ](대괄호) 안의 일본어를 한자로 적어보고, 읽는 법을 히라가나로 쓰세요.

본문 내용	대괄호 한자로 쓰기	읽는 법 쓰기
01 ここでの [(タイザイ) 期間]は短い。 여기에서의 체재 기간은 짧다. きかん みじか	滞在期間	
02 放映する前に[ビデオを (ヘンシュウ)] する。 방영하기 전에 비디오를 편집하다. ほうえい まえ	ビデオを編集	
03 [日本人の (カツヤク)] に励まされる。 일본인의 활약에 격려 받다. にほんじん はげ	日本人の活躍	
04 水がぽたぽたと [(タ) れる]。 물이 뚝뚝 떨어지다. みず	垂れる	
05 委員会 [(カイサイ)] の準備。 위원회 개최 준비. いいんかい じゅんび	開催	
06 [(ヘイガイ)] を取り除く。 폐해*를 없애다. と のぞ	弊害	
07 [(ユカイ) な]一時をすごす。 유쾌한 한때를 보내다. ひととき	愉快な	
08 雪の上をさっそうと [(スベ) る]。 눈 위를 시원스럽게 미끄러지다. ゆき うえ	滑る	
09 年末に[大 (ソウジ)] をする。 연말에 대청소를 하다. ねんまつ おお	大掃除	
10 [(ジミ) だ]が重要な役割。 수수하지만 중요한 역할. じゅうよう やくわり	地味だ	
11 新産業で [(コヨウ) を生み出す]。 새로운 산업으로 고용을 창출하다. しんさんぎょう う だ	雇用を生み出す	
12 価値観が合わず [(リコン)] する。 가치관이 맞지 않아 이혼하다. かちかん あ	離婚	
13 [(キンコウ) を破り]突出*する。 균형을 깨고 갑자기 쑥 나오다. やぶ とっしゅつ	均衡を破り	
14 [テスト (ハンイ)] が指定される。 테스트 범위가 지정되다. してい	テスト範囲	
15 話の [(コシ) を折る]。 남의 이야기를 중도에 가로막다. はなし お	腰を折る	
16 法案が[衆議院で (シンギ)] される。 법안이 중의원에서 심의되다. ほうあん しゅうぎいん	衆議院で審議	
17 企業は [(リジュン) を追求]する。 기업은 이윤을 추구하다. ぎぎょう ついきゅう	利潤を追求	
18 [(ジュヨウ)] にあわせた生産。 수요에 맞춘 생산. せいさん	需要	
19 [(コキャク) のニーズ]を探る。 고객의 수요를 살피다. さぐ	顧客のニーズ	
20 新しく[研究所を (ソウセツ)] する。 새롭게 연구소를 창설하다. あたら けんきゅうじょ	研究所を創設	

◆ 폐해(弊害) : 폐단으로 생기는 해

♣ 돌출(突出) : 예기치 못하게 갑자기 쑥 나오거나 불거짐

[   ](대괄호) 안의 일본어를 한자로 적어보고, 읽는 법을 히라가나로 쓰세요.

본문 내용	대괄호 한자로 쓰기	읽는 법 쓰기
01 事故で[記憶 (ソウシツ)] となる。 사고로 기억 상실이 되다. じこ きおく	記憶喪失	
02 [(トホウ) もない]夢を持つ。 얼토당토않은 꿈(이상)을 가지다. ゆめ も	途方もない	
03 [(ゲンジョウ) 維持]でも大変なことだ。 현상 유지라도 힘든 일이다. い じ たいへん	現状維持	
04 嫌なことを [(キョヒ)] する。 싫은 일을 거부하다. いや	拒否	
05 アメリカとソ連の [(レイセン)]。 미국과 소련의 냉전. れん	冷戦	
06 不注意に [(キイン)] する事故。 부주의에 기인한 사고. ふ ちゅう い じ こ	起因	
07 睡魔に [(オソ) われる]。 몹시 졸리다. すい ま	襲われる	
08 [(ネッキョウ) 的な]ファンが集まる。 열광적인 팬이 모이다. てき あつ	熱狂的な	
09 来春いよいよ [(シュウショク)] だ。 내년 봄 드디어 취직이다. らいしゅん	就職	
10 他人に変装し [(オドロ) かせる]。 다른 사람으로 변장하여 놀라게 하다. た にん へんそう	驚かせる	
11 [船が (チンボツ)] しそうになる。 배가 침몰할 것 같다. ふね	船が沈没	
12 財務大臣の [(シモン) 機関]。 재무대신(장관)의 자문*기관. ざい む だいじん き かん	諮問機関	
13 日本の [(ザイセイ) 状況]は厳しい。 일본의 재정 상황은 힘겹다. に ほん じょうきょう きび	財政状況	
14 不況の[長期化が (ケネン)] される。 불황의 장기화가 걱정되다. ふ きょう ちょう き か	長期化が懸念	
15 裁判所に [(ウッタ) える]。 재판소에 고소하다. さいばんしょ	訴える	
16 借金の[返済*が (トドコオ) る]。 빚을 갚는 것이 밀리다. しゃっきん へんさい	返済が滞る	
17 洪水の[被害は (ジンダイ) だ]。 홍수의 피해는 막대하다. こうずい ひ がい	被害は甚大だ	
18 数多の[困難を (へ) て]出世する。 숱한 곤란을 거쳐 출세하다. すう た こんなん しゅっせ	困難を経て	
19 苦手科目を [(コクフク)] する。 잘 못하는 과목을 극복하다. にが て か もく	克服	
20 建設[計画を (スイシン)] する。 건설 계획을 추진하다. けんせつ けいかく	計画を推進	

◆ 자문(諮問) : 어떤 일을 좀 더 효율적이고 바르게 처리하려고 그 방면의 전문가나, 전문가들로 이루어진 기구에 의견을 물음
♣ 반제(返済) : 꾸어 쓴 돈이나 빌려 쓴 물건을 갚음

[   ](대괄호) 안의 일본어를 한자로 적어보고, 읽는 법을 히라가나로 쓰세요.

본문 내용	대괄호 한자로 쓰기	읽는 법 쓰기
01 大量生産[大量 (ショウヒ)] が終わる。 대량 생산 대량 소비가 끝나다.	大量消費	
02 [(ガイトウ)] でアンケートをとる。 길거리에서 앙케트를 하다.	街頭	
03 [事件の (ソウサ)] が行き詰まる。 사건의 수사가 정체 상태에 빠지다.	事件の捜査	
04 [詐欺 (ヨウギ)] で捕まる。 사기 용의로 체포되다.	詐欺容疑	
05 記念[写真を (サツエイ)] する。 기념 사진을 촬영하다.	写真を撮影	
06 [(セイコウ) に]作られた工芸品。 정교하게 만들어진 공예품.	精巧に	
07 [(チセツ) な文章]しか書けない。 치졸*한 문장밖에 쓰지 못한다.	稚拙な文章	
08 [(コジ) 成語]を勉強する。 고사성어를 공부하다.	故事成語	
09 犯罪を見たら[警察に (ツウホウ)] する。 범죄를 보면 경찰에 통보한다.	警察に通報	
10 イベントが[功を (ソウ) する]。 이벤트가 성공하다.	功を奏する	
11 [家庭を (カエリ) みる]余裕がない。 가정을 돌아볼 여유가 없다.	家庭を顧みる	
12 [偉人の (ショウガイ)] が伝記になる。 위인의 생애가 전기가 되다.	偉人の生涯	
13 [行動 (キハン)] を定める。 행동 규범을 정하다.	行動規範	
14 明治や大正の [(シイカ)] が好きだ。 메이지나 다이쇼의 시가를 좋아하다.	詩歌	
15 [歌を (アンショウ)] できるようにする。 노래를 암송할 수 있게 하다.	歌を暗唱	
16 [給食の (コンダテ)] をたてる。 급식 식단표를 짜다.	給食の献立	
17 忘れ物を [(アワ) てて]取りに行く。 분실물을 서둘러 찾으러 가다.	慌てて	
18 有能な [(フトコロ) 刀]を持つ。 유능한 심복을 두다.	懐刀	
19 今や[城の (アト)] さえ残っていない。 이제는 성의 흔적조차 남아 있지 않다.	城の跡	
20 銀行から [(ユウシ) を受ける]。 은행에서 융자를 받다.	融資を受ける	

◆ 치졸(稚拙) : 유치하고 졸렬함

[   ](대괄호) 안의 일본어를 한자로 적어보고, 읽는 법을 히라가나로 쓰세요.

본문 내용	대괄호 한자로 쓰기	읽는 법 쓰기
01 新居に[友達を (マネ) く]。새로운 집에 친구를 초대하다. しんきょ　ともだち	友達を招く	
02 大臣が [(コウテツ)] される。대신이 경질*되다. だいじん	更迭	
03 頭の中が [(コンラン)] している。머리가 복잡하다. あたま　なか	混乱	
04 責任の所在を [(メイカク) にする]。책임 소재를 명확히 하다. せきにん　しょざい	明確にする	
05 [(シャクゼン) と]しない話だ。석연치 않은 이야기다. はなし	釈然と	
06 ひどい仕打ちに [(フンガイ)] する。심한 처사에 분개하다. しう	憤慨	
07 公平に[両者を (サバ) く]。공평하게 양자를 판가름하다. こうへい　りょうしゃ	両者を裁く	
08 武力で[敵を (イカク)] する。무력으로 적을 위협하다. ぶりょく　てき	敵を威嚇	
09 [(キュウライ) の悪習]を廃止する。종래의 악습을 폐지하다. あくしゅう　はいし	旧来の悪習	
10 肩に積もった[雪を (ハラ) う]。어깨에 쌓인 눈을 치우다. かた　つ　ゆき	雪を払う	
11 計画を遂行するのは [(シナン) な]ことだ。계획을 수행하는 것은 けいかく　すいこう　매우 어려운 일이다.	至難な	
12 半導体事業から [(テッタイ)] する。반도체 사업에서 철수하다. はんどうたい じぎょう	撤退	
13 案内状に[地図を (テンプ)] する。안내장에 지도를 첨부하다. あんないじょう　ちず	地図を添付	
14 君の[処分を (テッカイ)] する。자네의 처분을 철회하다. きみ　しょぶん	処分を撤回	
15 [(フンキュウ)] した事態を解決する。분규*사태를 해결하다. じたい　かいけつ	紛糾	
16 [(カンジン) な]ことを忘れていた。매우 중요한 것을 잊고 있었다. わす	肝心な	
17 問題の [(キュウメイ) を急ぐ]。문제의 규명을 서두르다. もんだい　いそ	究明を急ぐ	
18 人間関係で [(マサツ) が生じる]。인간관계에서 마찰이 생기다. にんげんかんけい　しょう	摩擦が生じる	
19 彼はこの町を [(ギュウジ) って]いる。그는 이 마을을 좌지우지하고 있다. かれ　まち	牛耳って	
20 機械化により起こった [(ヘイガイ)]。기계화로 인해 일어난 폐해*. きかいか　お	弊害	

◆ 경질(更迭) : 어떤 직위에 있는 사람을 다른 사람으로 바꿈　　　♣ 분규(紛糾) : (사태, 논의 등이)뒤얽힘
※ 폐해(弊害) : 폐단으로 생기는 해

70

[   ](대괄호) 안의 일본어를 한자로 적어보고, 읽는 법을 히라가나로 쓰세요.

본문 내용	대괄호 한자로 쓰기	읽는 법 쓰기
01 [神社の (ケイダイ)] を散歩する。 신사의 경내를 산책하다. じんじゃ　　　　　さんぽ	神社の境内	
02 祭礼で [(ロテン) が出る]。 제례*에서 노점이 나온다. さいれい　　　　で	露店が出る	
03 寿司を二人前 [(チュウモン)] する。 초밥을 2인분 주문하다. すし　ににんまえ	注文	
04 彼は [(シンチョウ) さ]に欠ける。 그는 신중함이 부족하다. かれ　　　　　　　　か	慎重さ	
05 ナイフでえんぴつを [(ケズ) る]。 칼로 연필을 깎다.	削る	
06 これだけできれば [(ジョウトウ) だ]。 이정도 할 수 있으면 훌륭하다.	上等だ	
07 旅先で [(ミヤゲ) 品]を買い込む。 여행지에서 기념품을 많이 사들이다. たびさき　　　　ひん　か　こ	土産品	
08 まだ [(キオク)] に新しい出来事。 아직 기억에 새로운 사건. あたら　で　きごと	記憶	
09 [(リョウシン)] を海外旅行へ招待する。 양친을 해외여행에 초대하다. かいがいりょこう　しょうたい	両親	
10 [父が (アイヨウ)] した万年筆。 부모가 애용한 만년필. ちち　　　　　　　　まんねんひつ	父が愛用	
11 エンジンを [(テンケン)] する。 엔진을 점검하다.	点検	
12 一刻も [(ユウヨ)] すべき時ではない。 한시라도 꾸물거릴 때가 아니다. いっこく　　　　　　　とき	猶予*	
13 彼なら [(トウゼン)] そうするだろう。 그라면 당연히 그렇게 할 것이다. かれ	当然	
14 地下鉄が郊外まで [(ノ) びる]。 지하철이 교외까지 연장되다. ちかてつ　こうがい	延びる	
15 軍国主義への [(ケイシャ)] を深める。 군국주의에 대한 쏠리는 마음이 깊어지다. ぐんこくしゅぎ　　　　　　ふか	傾斜	
16 [(キンパク)] した情勢が続く。 긴박한 정세가 계속되다. じょうせい　つづ	緊迫	
17 [絶滅*の (キキ)] に瀕する動物。 멸종 위기에 처한 동물. ぜつめつ　　　ひん　どうぶつ	絶滅の危機	
18 トラブルを [(カイヒ)] する方法。 트러블(분쟁)을 회피하는 방법. ほうほう	回避	
19 大[改革を (ダンコウ)] する。 대개혁을 단행하다. だい かいかく	改革を断行	
20 将来の[日本の (シンロ)] を考える。 장래의 일본의 나아갈 길을 생각하다. しょうらい　にほん　　　かんが	日本の針路	

◆ 제례(祭礼) : 제사의 의식

♣ 유예(猶予) : 1.망설여 일을 결행하지 아니함 2.일을 결행하는 데 날짜나 시간을 미룸

※ 절멸(絶滅) : 아주 없어짐

ひなまつり[雛祭り]

3월 3일의 히나마츠리에서는 여자아이의 건강한 성장과 행복을 기원하며 히나 인형을 장식한다.

PART

03

[   ](대괄호) 안의 일본어를 한자로 적어보고, 읽는 법을 히라가나로 쓰세요.

본문 내용	대괄호 한자로 쓰기	읽는 법 쓰기
01 最近記憶力の [(オトロ) えを感じる]。 최근 기억력이 쇠퇴해지는 것을 느낀다.	衰えを感じる	
02 ピアノを [(ク) り返し練習する]。 피아노를 반복하여 연습하다.	繰り返し	
03 どうも家の[外が (サワ) がしい]。 아무래도 집 밖이 소란스럽다.	外が騒がしい	
04 最近[食欲 (フシン)] に陥っている。 최근 식욕부진에 빠져 있다.	食欲不振	
05 [(アクジュンカン) を断って]やり直す。 악순환을 끊고 다시 시작하다.	悪循環を断って	
06 処方された [(ゲネツザイ) を飲む]。 처방된 해열제를 마시다.	解熱剤を飲む	
07 彼女の作品は [(コウヒョウ) を博した]。 그녀의 작품은 호평을 받았다.	好評を博した	
08 消費者の [(ジュヨウ) に応じる]。 소비자의 수요에 응하다.	需要に応じる	
09 政治に対する[関心を (カンキ)] する。 정치에 대한 관심을 환기하다.	関心を喚起	
10 その計画に [(イロン) を唱える]。 그 계획에 이론을 제기하다.	異論を唱える	
11 塩分を [(カジョウ) に]摂取する。 염분을 과잉 섭취하다.	過剰に	
12 今後の[政策 (シシン)] が示される。 향후의 정책지침이 제시되다.	政策指針	
13 [(ジッセキ)] を買われて栄転する。 실적을 높이 사서 영전*하다.	実績	
14 [(オウボウ) な]やり方に反感を抱く。 횡포*(난폭)한 방식에 반감을 품다.	横暴な	
15 [(シッペイ) 予防]のための指導を受ける。 질병 예방을 위한 지도를 받다.	疾病予防	
16 財産を元の持ち主に [(ヘンカン)] する。 재산을 원래 소유자에게 반환하다.	返還	
17 国連機関からの [(カンコク) を無視]する。 유엔기관으로부터의 권고를 무시하다.	勧告を無視	
18 災害を [(キョウクン) として]生かす。 재해를 교훈으로서 살리다.	教訓として	
19 条例の[廃止を (セイガン)] する。 조례 폐지를 청원*하다.	廃止を請願	
20 [(リンジ) ニュース]が放送された。 임시 뉴스가 방송되었다.	臨時ニュース	

◆ 영전(栄転) : 전보다 더 좋은 자리나 직위로 옮김　　　◆ 횡포(横暴) : 제멋대로 굴며 몹시 난폭함
◉ 청원(請願) : 일이 이루어지도록 청하고 원함

[   ](대괄호) 안의 일본어를 한자로 적어보고, 읽는 법을 히라가나로 쓰세요.

본문 내용	대괄호 한자로 쓰기	읽는 법 쓰기
01 ふるさとが [(ナツ) かしく]思い出される。 고향이 정겹게 생각나다.	懐かしく	
02 [(カンガイ)] もひとしおだ。 감개도 각별하다.	感慨	
03 [(センタク) 機]はすっかり普及した。 세탁기는 완전히 보급되었다.	洗濯機	
04 久しぶりに[部屋を (ソウジ)] する。 오랜만에 방을 청소하다.	部屋を掃除	
05 五年に一度の [(セイミツ) 検査]を受ける。 5년에 1번 정밀검사를 받는다.	精密検査	
06 金銭に対する [(カンカク) が麻痺]している。 금전에 대한 감각이 마비되다.	感覚が麻痺	
07 彼女の[無実を (カクシン)] する。 그녀의 무고함을 확신하다.	無実を確信	
08 悪条件を [(コクフク)] する。 악조건을 극복하다.	克服	
09 [(サイフ)] のひもが堅い。 돈을 헛되이 쓰지 않는다.	財布	
10 お元気そうで [(ケッコウ)] ですね。 건강해 보여서 다행이군요.	結構	
11 [空気が (カンソウ)] している。 공기가 건조하다.	空気が乾燥	
12 [(ヒサン) な光景]を目の当たりにする。 비참한 광경을 눈앞에서 보다.	悲惨な光景	
13 [(テンプ) 書類]を窓口で交付する。 첨부서류를 창구에서 교부하다.	添付書類	
14 やっと [(カクトク) した権利]を手放す。 겨우 획득한 권리를 남에게 넘겨주다.	獲得した権利	
15 [理事会の (ショウニン)] した事項を確認する。 이사회가 승인한 사항을 확인하다.	理事会の承認	
16 未知の[病原体に (カンセン)] する。 미지의 병원체에 감염되다.	病原体に感染	
17 [現状を (イジ)] することに努める。 현상을 유지하는데 힘쓰다.	現状を維持	
18 内戦で[国が (ヒヘイ)] する。 내전으로 나라가 피폐되다.	国が疲弊	
19 一家の生計を支えるために [(クトウ)] する。 일가의 생계를 지탱하기 위해 고전하다.	苦闘◆	
20 両国の [(キンミツ) な関係]を保つ。 양국의 긴밀한 관계를 유지하다.	緊密な関係	

◆ 고투(苦闘) : 고전. 몹시 어렵고 힘들게 싸우거나 일함

[   ](대괄호) 안의 일본어를 한자로 적어보고, 읽는 법을 히라가나로 쓰세요.

본문 내용	대괄호 한자로 쓰기	읽는 법 쓰기
01 会場はかなりの [(コンザツ) だ]。 회장은 상당히 혼잡하다. かいじょう	混雑だ	
02 [別の (ワダイ)] に切り替える。 다른 화제로 바꾸다. べつ　　　　　き　か	別の話題	
03 幼いころから [(シュギョウ)] を積み始めた。 어릴 때부터 수행을 쌓기 시작했다. おさな　　　　　　　　　　つ　はじ	修行	
04 [(ザツネン) を払って]集中する。 잡념을 뿌리치고 집중하다. はら　　しゅうちゅう	雑念を払って	
05 [(ニュウワ) な]表情になる。 온화한 표정이 되다. ひょうじょう	柔和な	
06 姉は [(コウキョウ) 楽団]に所属している。 누나는 교향악단에 소속되어 있다. あね　　　　　　　　がくだん　しょぞく	交響楽団	
07 山が [(コウヨウ) の時期]を迎える。 산이 단풍 시기를 맞이하다. やま　　　　　　　じき　むか	紅葉の時期	
08 君と [(モンドウ)] している暇はない。 자네와 다툴 시간은 없네. きみ　　　　　　　　　　ひま	問答*	
09 横山大観の [(スイボクガ) を好む]。 요코야마 다이칸의 수묵화를 즐기다. よこやまたいかん　　　　　　この	水墨画を好む	
10 軍縮の[必要性を (キョウチョウ)] する。 군축의 필요성을 강조하다. ぐんしゅく　ひつようせい	必要性を強調	
11 雑誌を [(ヘンシュウ)] する。 잡지를 편집하다. ざっし	編集	
12 [(ボキ)] の検定試験を受ける。 부기 검정 시험을 치다. けんていしけん　う	簿記	
13 人口が[都市に (カタヨ)] る]。 인구가 도시에 편중되다. じんこう　　とし	都市に偏る	
14 駅前に[自転車が (ホウチ)] される。 역 앞에 자전거가 방치되다. えきまえ　じてんしゃ	自転車が放置	
15 [(キンロウ) 意欲]がそがれる。 근로 의욕이 꺾이다. いよく	勤労意欲	
16 [(コウソ)] により最終決着は持ち越される。 항소에 의해 최종 결말은 미뤄지다. さいしゅうけっちゃく　も　こ	控訴	
17 冷たい [(ショグウ) を受ける]。 냉대를 받다(푸대접을 받다). つめ	処遇を受ける	
18 本校には約千名が [(ザイセキ)] している。 본교에는 약 천명이 재적하고 있다. ほんこう　やくせんめい	在籍	
19 [(ショクム)] を忠実に遂行する。 직무를 충실히 수행하다. ちゅうじつ　すいこう	職務	
20 どのような [(シュシ)] の集まりなのか。 어떠한 취지의 모임일까? あつ	趣旨	

◆ 문답(問答) : 1.물음과 대답 2.논쟁, 말다툼

[　　　](대괄호) 안의 일본어를 한자로 적어보고, 읽는 법을 히라가나로 쓰세요.

본문 내용	대괄호 한자로 쓰기	읽는 법 쓰기
01 立て札で [(ケイコク)] する。 팻말로 경고하다. 　　た　　ふだ	警告	
02 [時計の (ハリ)] が正午をさす。 시계 바늘이 정오를 가리킨다. 　　とけい　　　　　　しょうご	時計の針	
03 処刑を待つ [(シュウジン)] の物語。 처형을 기다리는 죄수의 이야기. 　　しょけい　ま　　　　　　　　ものがたり	囚人の物語	
04 大地震[発生を (ソウテイ)] した防災訓練。 대지진 발생을 상정한 방재 훈련. 　　だいじしん　はっせい　　　　　　　ぼうさいくんれん	発生を想定	
05 貴重な [(ケイケン)] をする。 귀중한 경험을 하다. 　　きちょう	経験	
06 名前も [(ツ) げずに] 立ち去った。 이름도 알리지 않고 떠났다. 　　なまえ　　　　　　　　たさ	告げずに	
07 寒暖の[差が (ハゲ) しい]。 추위와 따뜻함의 차이가 심하다. 　　かんだん　さ	差が激しい	
08 残虐な事件に [(イキドオ) りを覚える]。 잔학한 사건에 분노를 느끼다. 　　ざんぎゃく　じけん　　　　　　　　　おぼ	憤りを覚える	
09 [(ヨユウ) のある]態度を示す。 여유 있는 태도를 보이다. 　　　　　　　　たいど　しめ	余裕のある	
10 英語と日本語では[語順が (チガ) う]。 영어와 일본어는 어순이 다르다. 　　えいご　にほんご　　ごじゅん	語順が違う	
11 [(トウテイ)] 成功しないだろう。 도저히 성공하지 못할 것이다. 　　　　　　せいこう	到底	
12 [特別 (ソチ)] が打ち切られる。 특별 조치가 중단되다. 　　とくべつ　　　　う　き	特別措置	
13 [(イゼン) として]素行があらたまらない。 여전히 소행이 고쳐지지 않는다. 　　　　　　　　　そこう	依然として	
14 応募[作品を (シンサ)] する。 응모 작품을 심사하다. 　　おうぼ　さくひん	作品を審査	
15 俳句の季題を [(シュシャ) 決定]する。 하이쿠에서 계제 *(계절어)를 취사 *결정하다. 　　はいく　きだい　　　　　　　けってい	取捨決定	
16 着陸しようとして [(シッソク)] した。 착륙하려다 실속했다. 　　ちゃくりく	失速*	
17 市街地が [(ボウチョウ)] していく。 시가지가 팽창해 가다. 　　しがいち	膨張	
18 危険は [(カクゴ) の上]だ。 위험은 각오한 바이다. 　　きけん　　　　　うえ	覚悟の上	
19 [(ダキョウ) 案]を提示する。 타협안을 제시하다. 　　　　　　あん　ていじ	妥協案	
20 マッターホルン[登頂に (イド) む]。 마터호른 *등정에 도전하다. 　　　　　　　　　とうちょう	登頂に挑む	

◆ 계제(季題) : 연가나 하이쿠 등에서 계절감을 나타내기 위해 넣도록 정해진 말　　◆ 취사(取捨) : 쓸 것은 쓰고 버릴 것은 버림
◆ 失速(しっそく) : 비행기 주익(主翼)의 양력(揚力)이 급격히 떨어짐　　　　　　◆ 마터호른(マッターホルン) : 스위스·이탈리아의 국경에 있는 고봉

[   ](대괄호) 안의 일본어를 한자로 적어보고, 읽는 법을 히라가나로 쓰세요.

본문 내용	대괄호 한자로 쓰기	읽는 법 쓰기
01 申込書の[氏名 (ラン)]。 신청서의 성명란. もうしこみしょ　しめい	氏名欄	
02 言おうとする [(シュシ)] がよく分からない。 말하려고 하는 취지를 잘 모르겠다. い　　　　　　　　　　　　わ	趣旨	
03 芸能人の [(ニガオエ) を描く]。 예능인의 초상화를 그리다. げいのうじん　　　　　　えが	似顔絵を描く	
04 [暴力を (ハイジョ) し]平和な街を築く。 폭력을 배제하여 평화로운 거리를 구축하다. ぼうりょく　　　　　　へいわ　まち　きず	暴力を排除し	
05 なだらかな[山の (リンカク)] を望む。 완만한 산의 윤곽을 바라보다. やま　　　　　　　　　　のぞ	山の輪郭	
06 その場での [(ソクトウ)] を避けた。 그 자리에서의 즉답*을 피했다. ば　　　　　　　　　　さ	即答を避けた	
07 約二千件の[情報が (テイキョウ)] された。 약 2천 건의 정보가 제공되었다. やく に せんけん　じょうほう	情報が提供	
08 [(ユウリョク) な]手がかりを得た。 유력한 단서를 얻었다. て　え	有力な	
09 あわてて [(ガイケン)] をつくろう。 서둘러 외관을 꾸미다.	外見	
10 親に [(クロウ) をかける]。 부모님에게 고생을 시키다. おや	苦労をかける	
11 犯人の足どりを追って [(ソウサ)] する。 범인의 행적을 쫓아 수사하다. はんにん　あし　　お	捜査	
12 [(シモン)] が検出される。 지문이 검출되다. けんしゅつ	指紋	
13 ナイフで [(オド) される]。 칼로 위협받다.	脅される	
14 西欧芸術の[単なる (モホウ)] にすぎない。 서구 예술의 단순한 모방에 せいおうげいじゅつ　たん　　　　　　　　　지나지 않는다.	単なる模倣	
15 容疑者を [(ケンキョ)] する。 용의자를 검거하다. ようぎしゃ	検挙	
16 [(ソッコウ) 性]の高い薬。 즉효성* 이 높은 약. せい　たか　くすり	即効性	
17 あの人はとても [(ダサン) 的だ]。 저 사람은 매우 타산적이다. ひと　　　　　　　　　　てき	打算的だ	
18 [(キショウ) 野生動物]を選定する。 희소* 야생 동물을 선정하다. やせいどうぶつ　せんてい	希少 野生動物	
19 [健康に (リュウイ)] して生活する。 건강에 유의하여 생활하다. けんこう　　　　　　せいかつ	健康に留意	
20 いい人なのに気の弱いのが [(オ) しい]。 좋은 사람인데 마음이 약한 것이 아쉽다. ひと　　　き　よわ	惜しい	

◆ 즉답(即答) : 그 자리에서 곧 대답함　　　　　　　　　♣ 즉효성(即効性) : 즉시 효력을 나타내는 성질
◉ 희소(希少) : 매우 드물고 적음

[　　　](대괄호) 안의 일본어를 한자로 적어보고, 읽는 법을 히라가나로 쓰세요.

본문 내용	대괄호 한자로 쓰기	읽는 법 쓰기
01 哲学者というと[カントを (レンソウ)] する。 철학자라고 하면 칸트를 연상한다. てつがくしゃ	カントを連想	
02 死後に学説の [(ヒョウカ) が高まった]。 사후에 학설의 평가가 높아졌다. し ご　がくせつ　　　　　　　　　　たか	評価が高まった	
03 [(チョウサ) 団]を派遣する。 조사단을 파견하다. 　　　　　だん　 はけん	調査団	
04 仕事の進行[状況を (ホウコク)] する。 일의 진행 상황을 보고하다. しごと　しんこうじょうきょう	状況を報告	
05 [(ジショウ)] 音楽家だと名乗る。 자칭 음악가라고 말하다. 　　　　　　おんがくか　　なの	自称	
06 [(ジモト) の意見]を尊重する。 그 고장의 의견을 존중하다. 　　　　　い けん　 そんちょう	地元の意見	
07 報告書の数字は [(ゲンミツ) さ]に欠ける。 보고서의 숫자는 엄밀함이 결여되다. ほうこくしょ　すうじ　　　　　　　　　　　 か	厳密さ	
08 温和で [(ジュウジュン) な]猫を飼っている。 온화하고 순종하는 고양이를 おん わ　　　　　　　　　　　 ねこ　 か 기르고 있다.	従順な	
09 [(ムヨウ) な]心配をかける。 쓸데없는 걱정을 끼치다. 　　　　　 しんぱい	無用な	
10 [思う (ゾンブン)] 休暇を楽しむ。 마음껏 휴가를 즐기다. おも　　　　　 きゅうか　 たの	思う存分	
11 産業振興のための[総合的 (シサク)]。 산업 진흥을 위한 종합적 시책. さんぎょうしんこう　　　　 そうごうてき	総合的施策	
12 法律を[公正に (シッコウ)] する。 법률을 공정하게 집행하다. ほうりつ　こうせい	公正に執行	
13 [社会の (アクヘイ)] を一掃する。 사회의 악폐*를 일소*하다. しゃかい　　　　　　　　 いっそう	社会の悪弊	
14 経済発展に [(ハクシャ) を掛ける]。 경제 발전에 박차를 가하다. けいざいはってん　　　　　　　 か	拍車を掛ける	
15 [(ナイジュ) 拡大]による景気回復。 내수*확대에 따른 경기 회복. 　　　　　 かくだい　　　 けい き かいふく	内需拡大	
16 平和と安全に対する [(キョウイ)]。 평화와 안전에 대한 위협. へい わ　あんぜん　たい	脅威	
17 [(ギワク)] につつまれる。 의혹에 휩싸이다.	疑惑	
18 [金銭の (ジュジュ)] はなかった。 금전 수수는 없었다. きんせん	金銭の授受	
19 [身の (ケッパク)] を明らかにする。 자신의 결백을 명확히 하다. み　　　　　　　 あき	身の潔白	
20 [仲間と (ケッタク)] して不正をはたらく。 친구와 결탁*하여 부정한 짓을 하다. なかま　　　　　　　　 ふ せい	仲間と結託	

◆ 악폐(悪弊) : 나쁜 폐단　　　　　　　　　　　　　　　♣ 일소(一掃) : 한꺼번에 싹 제거함
※ 내수(内需) : 국내에서의 수요
♠ 결탁(結託) : 주로 나쁜 일을 꾸미려고 서로 한통속이 됨. '짬', '서로 짬'으로 순화

[   ](대괄호) 안의 일본어를 한자로 적어보고, 읽는 법을 히라가나로 쓰세요.

본문 내용	대괄호 한자로 쓰기	읽는 법 쓰기
01 問題が [(フクザツ) に]からみ合う。 문제가 복잡하게 서로 얽히다. もんだい　　　　　　あ	複雑に	
02 社長の [(オウボウ) な]振る舞い。 사장의 몹시 난폭한 행동. しゃちょう　　　　　ふ ま	横暴*な	
03 [(エイセイ) 中立国]スイス。 영세중립국 스위스. ちゅうりつこく	永世中立国	
04 [(ヒミツ)] は厳守します。 비밀은 엄수합니다. げんしゅ	秘密	
05 第一人者の[地位を (ホジ)] する。 제1인자의 지위를 유지하다. だいいちにんしゃ　ち い	地位を保持*	
06 [(ゲンジュウ) な]警戒体制をしく。 엄중한 경계 체제*를 펴다. けいかいたいせい	厳重な	
07 [細胞 (ブンレツ) の]様子を観察する。 세포 분열 상태를 관찰하다. さいぼう　　　　　ようす　かんさつ	細胞分裂	
08 有珠山の[活動 (ジョウキョウ)]。 우스산의 활동 상황. う す ざん　かつどう	活動状況	
09 日本語の[起源を (サグ) る]。 일본어의 기원을 찾다. に ほん ご　きげん	起源を探る	
10 みんなが反対するなら [(ゼヒ) も無い]。 모두가 반대한다면 별 수 없다. はんたい　　　　　　　な	是非も無い	
11 好ましい [(エイキョウ) を与える]。 바람직한 영향을 주다. この　　　　　　　　あた	影響を与える	
12 どうも[成績が (テイメイ)] している。 아무리 생각해 보아도 성적이 부진하다. せいせき	成績が低迷	
13 商売が [(フシン) に陥る]。 장사가 부진에 빠지다. しょうばい　　　　　おちい	不振に陥る	
14 [(キョウコウ) な]態度を示す。 강경한 태도를 나타내다. たい ど　しめ	強硬な	
15 福祉の [(オンケイ) に浴する]。 복지의 은혜를 입다. ふく し　　　　　よく	恩恵に浴する	
16 [(キゼン) として]対処する。 의연*히 대처하다. たいしょ	毅然として	
17 国会に [(チンジョウ)] する。 국회에 진정하다. こっかい	陳情	
18 外国の[要人と (セッショク)] する。 외국 요인과 접촉하다. がいこく　ようじん	要人と接触	
19 厳しい [(カンシ) のもとに]おかれる。 엄격한 감시 하에 놓이다. きび	監視のもとに	
20 終身雇用の [(カンコウ) を見直す]。 종신 고용의 관행을 재검토하다. しゅうしん こ よう　　　　　み なお	慣行を見直す	

◆ 횡포(橫暴) : 제멋대로 굴며 몹시 난폭함 　　　　　◆ 보지(保持) : 보유, 유지
◈ 체제(體制) : 조직적으로 행할 경우에 사용됨 　　　◆ 의연(毅然) : 의지가 굳세어서 끄떡없음

[   ](대괄호) 안의 일본어를 한자로 적어보고, 읽는 법을 히라가나로 쓰세요.

본문 내용	대괄호 한자로 쓰기	읽는 법 쓰기
01 [(ユウワク)] に打ち勝つ。 유혹을 극복하다. 　　　　　 う か	誘惑	
02 [今の (ジセイ)] には合わない。 지금 시대에는 맞지 않다. 　 いま　　　　 あ	今の時世	
03 [(コダイ) 広告]に気をつける。 과대광고에 주의하다. 　　　　 こうこく き	誇大広告	
04 不正が [(ハッカク)] する。 부정이 발각되다. 　 ふ せい	発覚	
05 [潜在する[能力を (カイハツ)] する。 잠재하는 능력을 개발하다. 　 せんざい　 のうりょく	能力を開発	
06 [交通 (イハン)] で罰金を払う。 교통 위반으로 벌금을 지불하다. 　 こうつう　　　　 ばっきん はら	交通違反	
07 [社会の (テイリュウ)] にある動き。 사회의 저류*에 있는 움직임. 　 しゃかい　　　　　　 うご	社会の底流	
08 [好況と (フキョウ)] は繰り返す。 호황과 불황은 반복된다. 　 こうきょう　　　　 く かえ	好況と不況	
09 [膨張と (シュウシュク)] を繰り返す。 팽창과 수축을 되풀이한다. 　 ぼうちょう　　　　　 く かえ	膨張と収縮	
10 核物質が [(レンサ) 反応]を示す。 핵물질이 연쇄 반응을 보이다. 　 かくぶっしつ　　　 はんのう しめ	連鎖反応	
11 善後策を [(ケントウ)] する。 선후책*을 검토하다. 　 ぜん ご さく	検討	
12 [(ホウシュウ) に見合った]仕事をする。 보수에 걸맞는 일을 하다. 　　　　　　 み あ　 し ごと	報酬に見合った	
13 [(リンショウ) 検査]の結果がでる。 임상 검사 결과가 나오다. 　　　　　 けん さ けっ か	臨床検査	
14 [(ヒゲキ)] に巻き込まれる。 비극에 휘말리다. 　　　　 ま こ	悲劇	
15 コンクールの [(ジッシ) 要綱]。 콩쿠르(경연회) 실시요강. 　　　　　　　　　 ようこう	実施要綱	
16 定年になるまで [(キンム)] した。 정년이 될 때까지 근무했다. 　 ていねん	勤務	
17 難解な[文章を (カイシャク)] する。 난해*한 문장을 해석하다. 　 なんかい　 ぶんしょう	文章を解釈	
18 生活に [(コンキュウ)] する。 생활이 매우 곤란하다. 　 せいかつ	困窮	
19 一瞬にして[城を (ホウイ)] した。 순식간에 성을 포위했다. 　 いっしゅん　 しろ	城を包囲	
20 ただ[事態を (ボウカン)] するばかりだ。 단지 사태를 방관*할 뿐이다. 　　　 じ たい	事態を傍観	

◆ 저류(底流) : 겉으로는 드러나지 아니하고 깊은 곳에서 일고 있는 움직임　　　◆ 선후책(善後策) : 먼저 할 것과 나중 할 것을 연관하여 꾸미는 계책
◈ 난해(難解) : 1.뜻을 이해하기 어려움 2.풀거나 해결하기 어려움　　　　　　　◆ 방관(傍観) : 어떤 일에 직접 나서서 관여하지 않고 곁에서 보기만 함

[   ](대괄호) 안의 일본어를 한자로 적어보고, 읽는 법을 히라가나로 쓰세요.

본문 내용	대괄호 한자로 쓰기	읽는 법 쓰기
01 [(ショウハイ)] は時の運。 승패는 그때의 운이다. (강자가 반드시 이기는 것은 아니다.) とき うん	勝敗	
02 成績を [(ハンテイ)] する。 성적을 판정하다. せいせき	判定	
03 [(ホウチ)] された問題が山積する。 방치된 문제가 산적하다. もんだい さんせき	放置	
04 審議を [一時 (チュウダン)] する。 심의를 잠시 중단하다. しんぎ いちじ	一時中断	
05 敵軍の [背後を (コウゲキ)] する。 적군의 배후*를 공격하다. てきぐん はいご	背後を攻撃	
06 チームの [戦力を (ゾウキョウ)] する。 팀의 전력을 증강하다. せんりょく	戦力を増強	
07 交渉はやっと [(ケッチャク)] した。 교섭은 겨우 결말이 났다. こうしょう	決着	
08 チャンピオンに [(チョウセン)] する。 챔피언에게 도전하다.	挑戦	
09 爆発事故による [(シショウ) 者]。 폭발 사고로 인한 사상자. ばくはつじこ しゃ	死傷者	
10 地球温暖化対策に関する [(ケンカイ)]。 지구 온난화 대책에 관한 견해. ちきゅうおんだんかたいさく かん	見解	
11 [将来を (ヒカン)] して落ち込む。 장래를 비관하여 침울해하다. しょうらい お こ	将来を悲観	
12 討論会は [景気 (イッペントウ)] の論議だ。 토론회는 경기 일변도의 논의이다. とうろんかい けいき ろんぎ	景気一辺倒	
13 [独特の (フンイキ)] につつまれる。 독특한 분위기에 휩싸이다. どくとく	独特の雰囲気	
14 高血圧に塩辛いものは [(キンモツ)] だ。 고혈압에 짠 것은 금물이다. こうけつあつ しおから	禁物	
15 必要な [資料を (モウラ)] する。 필요한 자료를 망라*하다. ひつよう しりょう	資料を網羅	
16 見返りに [(シャレイ) 金] を支払う。 답례로 사례금을 지불하다. みかえ きん しはら	謝礼金	
17 [首相の (ソッキン)] として活躍する。 수상의 측근으로서 활약하다. しゅしょう かつやく	首相の側近	
18 [問題の (ハイケイ)] にひそむ事実。 문제의 배경에 잠재하는 사실. もんだい じじつ	問題の背景	
19 両派で [(ロンセン) を展開] する。 두 파로 논쟁을 전개하다. りょうは てんかい	論戦を展開	
20 [不祥事の (オンショウ)] に斬り込む。 불상사의 온상*을 매섭게 추궁하다. ふしょうじ き こ	不祥事の温床	

◆ 배후(背後) : 어떤 일의 드러나지 않은 이면 　　　　　　　　◆ 망라(網羅) : 널리 받아들여 모두 포함하다
◈ 온상(温床) : 어떤 현상이나 사상, 세력 따위가 자라나는 바탕

[   ](대괄호) 안의 일본어를 한자로 적어보고, 읽는 법을 히라가나로 쓰세요.

본문 내용	대괄호 한자로 쓰기	읽는 법 쓰기
01 二人の仲を [(ムザン) に]引き裂く。 두 사람 사이를 무참하게 갈라놓다. ふたり なか ひさ	無残に	
02 [(ケッキョク)] リコールは成立しなかった。 결국 리콜은 성립되지 않았다. せいりつ	結局	
03 敵の主力[部隊を (ゲキハ)] する。 적의 주력 부대를 격파하다. てき しゅりょく ぶたい	部隊を撃破	
04 問題に取り組む [(シセイ) が大事だ]。 문제에 임하는 자세가 중요하다. もんだい と く だいじ	姿勢が大事だ	
05 [バブル (ホウカイ)] 後の日本経済。 거품 붕괴 후의 일본경제. ご にほんけいざい	バブル崩壊	
06 テーマをめぐって [(ギロン) が過熱]する。 테마를 둘러싸고 논의가 과열되다. かねつ	議論が過熱	
07 古い小学校の [(アトチ) を利用]する。 낡은 초등학교의 터를 이용하다. ふる しょうがっこう りよう	跡地を利用	
08 戦略上の[要地を (ダッカイ)] する。 전략상의 요지를 탈환하다. せんりゃくじょう ようち	要地を奪回	
09 [(イセイ) のよい意見。 위세가 좋은 의견. い けん	威勢	
10 [(キジョウ) の空論]に過ぎない。 탁상공론* 에 지나지 않는다. くうろん す	机上の空論	
11 惜しくも [(センコウ) に漏れる]。 유감스럽게도 전형에 떨어지다. お も	選考に漏れる	
12 昔ながらの [(カンバン) が並ぶ]。 옛날 그대로의 간판이 늘어서다. むかし なら	看板が並ぶ	
13 [(カンゲイ) の意]を表する。 환영의 뜻을 표하다. い ひょう	歓迎の意	
14 [(コウレイ) 者]の社会参加を進める。 고령자의 사회 참가를 진행시키다. しゃ しゃかいさんか すす	高齢者	
15 困難な[事態に (タイショ)] する。 곤란한 사태에 대처하다. こんなん じたい	事態に対処	
16 汚職を [(コンゼツ)] する。 오직* 을 근절하다. おしょく	根絶	
17 砂漠地帯の [(キビ) しい]環境。 사막 지대의 혹독한 환경. さばくちたい かんきょう	厳しい	
18 政治家の [(シセイ) が問題]だ。 정치가의 자세가 문제이다. せいじか もんだい	姿勢が問題	
19 一年間の[活動を (ソウカツ)] する。 1년간의 활동을 총괄하다. いちねんかん かつどう	活動を総括	
20 [事件の (ケイイ)] を聞く。 사건의 경위를 듣다. じけん き	事件の経緯	

◆ 탁상공론(机上の空論) : 현실성이 없는 허황한 이론이나 논의
◆ 오직(汚職) : 공권력 또는 공직상의 직권을 불법·부당하게 이용해 개인적인 이익을 추구하는 공무원 부패

[   ](대괄호) 안의 일본어를 한자로 적어보고, 읽는 법을 히라가나로 쓰세요.

본문 내용	대괄호 한자로 쓰기	읽는 법 쓰기
01 [(コッケイ) な]事を言って笑わせる。 익살스런 말을 해서 웃기다.	滑稽な	
02 未来の[生活を (クウソウ)] する。 미래의 생활을 공상하다.	生活を空想	
03 [(セイゼツ) な戦闘]が展開された。 처절한 전투가 전개되었다.	凄絶な戦闘	
04 ほほえましい [(コウケイ)]。 흐뭇한 광경.	光景	
05 事実との [(ソウイ) に気付く]。 사실과 다름을 알아차리다.	相違に気付く	
06 自分の[手柄を (ジマン)] する。 자신의 공적을 자랑하다.	手柄を自慢	
07 [(エンゲキ) を観て]感動した。 연극을 보고 감동했다.	演劇を観て	
08 [(スルド) い]感受性の持ち主。 예민한 감수성의 소유자.	鋭い	
09 あの人は [(フトコロ) が深い]。 저 사람은 포용력이 있다.	懐が深い	
10 自分の気持ちが [(スナオ) に言えない]。 자신의 마음을 솔직하게 말할 수 없다.	素直に言えない	
11 [(コウハイ)] した大地。 황폐*해진 대지.	荒廃	
12 事件の [(シュボウ) 者]を逮捕する。 사건의 주모자*를 체포하다.	首謀者	
13 革命で国家[体制が (ホウカイ)] した。 혁명으로 국가 체제가 붕괴했다.	体制が崩壊	
14 協議会は[来月 (ホッソク)] する。 협의회는 다음 달 발족한다.	来月発足	
15 [(ユウカイ) 犯]は厳罰に処する。 유괴범은 엄벌에 처하다.	誘拐犯	
16 [弁解の (ヨチ)] がない。 변명의 여지가 없다.	弁解の余地	
17 原油[価格が (コウトウ)] する。 원유 가격이 급등하다.	価格が高騰	
18 皆から[会費を (チョウシュウ)] した。 모두로부터 회비를 징수했다.	会費を徴収	
19 [変化の (カテイ)] にある。 변화 과정에 있다.	変化の過程	
20 [施設の (ガイヨウ)] についての説明がある。 시설의 개요에 대한 설명이 있다.	施設の概要	

◆ 황폐(荒廃) : 1.집·토지·삼림 따위가 거칠어져 못 쓰게 됨 2.정신이나 생활 따위가 거칠어지고 메말라 감
◆ 주모자(首謀者) : 우두머리가 되어 어떤 일이나 음모 따위를 꾸미는 사람

[   ](대괄호) 안의 일본어를 한자로 적어보고, 읽는 법을 히라가나로 쓰세요.

본문 내용	대괄호 한자로 쓰기	읽는 법 쓰기
01 泉鏡花*の [(ギキョク) を読む]。 이즈미 교카의 희곡을 읽다. いずみきょうか よ	戯曲を読む	
02 兄の所有物を[無断で (シャクヨウ)] する。 형의 소유물을 무단으로 차용* 하다. あに しょうぶつ むだん	無断で借用	
03 [市民の (ゼンイ)] によって運営される。 시민의 선의로 운영되다. しみん うんえい	市民の善意	
04 君までが疑っているとは [(シンガイ)] だ。 자네까지 의심하고 있다니 뜻밖이다. きみ うたが	心外	
05 [(ケンキョ) な]気持ちを大切にする。 겸허한 마음을 소중히 하다. きも たいせつ	謙虚な	
06 [内閣の (セイサク)] を評価する。 내각의 정책을 평가하다. ないかく ひょうか	内閣の政策	
07 [(ダイトウリョウ)] の権限は強い。 대통령의 권한은 강하다. けんげん つよ	大統領	
08 [(シンソウ) を究明]する。 진상을 규명하다. きゅうめい	真相を究明	
09 不用意な [(ゲンドウ) を慎む]。 부주의한 언동을 삼가다. ふようい つつし	言動を慎む	
10 物資の[援助を (ヨウセイ)] する。 물자의 원조를 요청하다. ぶっし えんじょ	援助を要請	
11 勝負を焦ってミスを重ね [(ジメツ)] した。 승부를 서두르다 실수를 거듭하여 자멸* 했다. しょうぶ あせ かさ	自滅	
12 いよいよ [(ショウネンバ) を迎える]。 마침내 중대한 국면을 맞이하다. むか	正念場を迎える	
13 [業務を (スイコウ)] するための知識。 업무를 수행하기 위한 지식. ぎょうむ ちしき	業務を遂行	
14 ドアを[手で (オサ) える]。 문을 손으로 누르다. て	手で抑える	
15 [(ユクエ)] がわからなくなる。 행방을 모르게 되다.	行方	
16 いろいろな [(ヨウト) に使える]製品。 여러 용도에 사용할 수 있는 제품. つか せいひん	用途に使える	
17 [(チメイ) 的な]ミスを犯す。 치명적인 잘못을 저지르다. てき おか	致命的な	
18 [優勝に (コウケン)] することができた。 우승에 공헌할 수 있었다. ゆうしょう	優勝に貢献	
19 犯罪組織が [(アンヤク)] する。 범죄 조직이 암약하다. はんざい そしき	暗躍	
20 内閣改造で[大臣が (コウテツ)] される。 내각 개조로 대신* 이 경질* 되다. ないかくかいぞう だいじん	大臣が更送	

◆ 泉 鏡花(いずみ きょうか・1873년11월4일~1939년 9월7일) : 메이지후기에서 쇼와초기에 걸쳐 활약한 소설가, 희곡이나 하이쿠도 직접 다루었다. 본명, 교타로. 가나자와시 시모신마치 태생. 위키페디아 참조
◆ 차용(借用) : 돈이나 물건 따위를 빌려서 씀
◆ 대신(大臣) : 군주 국가에서 '장관'(長官)을 이르는 말
✴ 자멸(自滅) : 스스로 자신을 망치거나 멸망함
✴ 경질(更迭) : 어떤 직위에 있는 사람을 다른 사람으로 바꿈

[   ](대괄호) 안의 일본어를 한자로 적어보고, 읽는 법을 히라가나로 쓰세요.

본문 내용	대괄호 한자로 쓰기	읽는 법 쓰기
01 病気の[原因を (カイメイ)] する。 병의 원인을 해명하다. びょうき　げんいん	原因を解明	
02 刑に服して[罪を (ツグナ) う]。 복역하고 죄 값을 치르다. けい　ふく　つみ	罪を償う	
03 二年以下の [(チョウエキ)]。 2년 이하의 징역. に ねん い か	懲役	
04 [(ジタイ)] は日増しに悪化する。 사태는 날로 악화되다. ひま　あっか	事態	
05 真相を [(コクハク)] する。 진상을 고백하다. しんそう	告白	
06 [(キチョウ) 品]は自分で管理してください。 귀중품은 스스로 관리해 주세요. ひん　じ ぶん　かんり	貴重品	
07 [部屋の (カベ)] に絵を掛ける。 방벽에 그림을 걸다. へ や　え か	部屋の壁	
08 工場を [(ヘイサ)] する。 공장을 폐쇄하다. こうじょう	閉鎖	
09 まちおこしの[委員会を (ソシキ)] する。 마을재건 위원회를 조직하다. い いんかい	委員会を組織	
10 病状が [(コウテン)] する。 병세가 호전*되다. びょうじょう	好転	
11 家族の [(アンピ) を尋ねる]。 가족의 안부를 묻다. か ぞく　たず	安否を尋ねる	
12 [(コウショウ)] が決裂する。 교섭이 결렬되다. けつれつ	交渉	
13 将来の [(ホウシン) を立てる]。 장래의 방침을 세우다. しょうらい　た	方針を立てる	
14 [(イカン) の意]を表する。 유감의 뜻을 표하다. い ひょう	遺憾の意	
15 自分なりに [(セイイ) を尽くす]。 자기 나름대로 성의를 다하다. じ ぶん　つ	誠意を尽くす	
16 先生宅を [(ホウモン)] する。 선생님 댁을 방문하다. せんせいたく	訪問	
17 多額の [(シト) 不明金]。 고액의 용도가 불명확한 돈. た がく　ふ めいきん	使途不明金	
18 進退[問題に (ゲンキュウ)] する。 거취 문제를 언급하다. しんたい もんだい	問題に言及	
19 代金の [(ケッサイ) 方法]。 대금의 결제 방법. だいきん　ほうほう	決済方法	
20 その話はどうも [(クサ) い]。 그 이야기는 어쩐지 수상하다. はなし	臭い	

◆ 호전(好転) : 1.일의 형세가 좋은 쪽으로 바뀜 2.병의 증세가 나아짐

[   ](대괄호) 안의 일본어를 한자로 적어보고, 읽는 법을 히라가나로 쓰세요.

본문 내용	대괄호 한자로 쓰기	읽는 법 쓰기
01 [中心 (シガイ) 地]の空洞化が進む。 중심 시가지의 공동화가 진행되다. ちゅうしん　ち　くうどうか　すす	中心市街地	
02 緊迫した[場面に (ソウグウ)] する。 긴박한 장면을 뜻하지 않게 만나다. きんぱく　ばめん	場面に遭遇	
03 [昔の (ドウリョウ)] に手紙を出す。 옛날 동료에게 편지를 보내다. むかし　てがみ　だ	昔の同僚	
04 強風で [(カンバン)] が落ちそうだ。 강풍으로 간판이 떨어질 것 같다. きょうふう　お	看板	
05 県が環境影響評価 [(ジョウレイ) を公布]した。 현이 환경 영향 평가 조례를 けん　かんきょうえいきょうひょうか　こうふ　공표했다.	条例を公布	
06 [中学生を (タイショウ)] とした英会話教室。 중학생을 대상으로 한 영어 회화 교실. ちゅうがくせい　えいかいわきょうしつ	中学生を対象	
07 町で見かけた [(メズラ) しい品物]。 마을에서 본 희귀한 물건. まち　み　しなもの	珍しい品物	
08 アメリカへ [(コクサイ) 電話]をかける。 미국에 국제 전화를 걸다. でんわ	国際電話	
09 最近すっかり [(スガタ)] を見せない。 최근 완전히 모습을 보이지 않는다. さいきん　み	姿	
10 [生死の (サカイ)] をさまよう。 생사의 갈림길을 헤매다. せいし	生死の境	
11 一歩も [(ユズ) る]べきでない。 한 발짝도 양보하지 않는 것이 좋다. いっぽ	譲る	
12 夏季 [(キュウカ) をとる]。 하계(여름철) 휴가를 얻다. かき	休暇をとる	
13 [(タヨウ) な]生き方を知る。 다양한 생활방식을 알다. い　かた　し	多様な	
14 学力が [(スイジュン)] に達しない。 학력이 수준에 도달하지 못하다. がくりょく　たっ	水準	
15 てんぷらを [(ア) げる]。 튀김을 튀기다.	揚げる	
16 [(キッキン) の課題]に取り組む。 중요한 과제에 몰두하다. かだい　とく	喫緊の課題	
17 省庁 [(サイヘン) 後]の組織図。 성청 재편 후의 조직도. しょうちょう　ご　そしきず	再編後	
18 子供に [(カンショウ)] し過ぎる]。 아이에게 너무 간섭하다. こども　す	干渉し過ぎる	
19 いつのまにか[借金が (フク) らむ]。 어느덧 빚이 늘어나다. しゃっきん	借金が膨らむ	
20 大事な試合が[明日に (ヒカ) えて]いる。 중요한 시합을 내일로 앞두고 있다. だいじ　しあい　あした	明日に控えて	

◆ 끽긴(喫緊) : 긴요. 긴박하고 매우 중요함

[　　　](대괄호) 안의 일본어를 한자로 적어보고, 읽는 법을 히라가나로 쓰세요.

본문 내용	대괄호 한자로 쓰기	읽는 법 쓰기
01 [(イチリツ) に]千円値上げする。 일률적으로 천 엔 인상하다. せんえん ね あ	一律に	
02 茶の湯の [(ココロエ)] がある。 다도에 대한 소양이 있다. ちゃ ゆ	心得	
03 経済援助の [(カクジュウ) を図る]。 경제 원조의 확충*을 도모하다. けいざいえんじょ	拡充を図る	
04 あらゆる [(ケイタイ)] の人種差別を撤廃する。 모든 형태의 인종 차별을 じんしゅ さ べつ てっぱい 철폐하다.	形態	
05 一人だけ [(コリツ)] した状態になる。 한 사람만 고립된 상태가 되다. ひとり じょうたい	孤立	
06 [(ケンコウ)] に気をつける。 건강에 유의하다. き	健康	
07 [(レキシ)] は繰り返す。 역사는 되풀이된다. く かえ	歴史	
08 古い文化が見直され [(フッケン)] する。 오랜 문화를 재검토하여 복권하다. ふる ぶんか みなお	復権	
09 [一 (セイキ)] に一度の大事件。 1세기에 한 번의 대사건. いっ いちど だいじけん	一世紀	
10 郵便物を [(クバ) って]歩く。 우편물을 배부하며 걷다. ゆうびんぶつ ある	配って	
11 歩行者の[通行を (ボウガイ)] する。 보행자의 통행을 방해하다. ほこうしゃ つうこう	通行を妨害	
12 街の [(チアン) を守る]。 거리의 치안을 지키다. まち まも	治安を守る	
13 反政府運動を [(ダンアツ)] する。 반정부 운동을 탄압하다. はんせいふ うんどう	弾圧	
14 国民的英雄が [(バンセツ) を汚す]行為だ。 국민적 영웅이 만년을 こくみんてきえいゆう けが こうい 더럽히는 행위이다.	晩節*を汚す	
15 建物を [(センキョ)] する。 건물을 점거하다. たてもの	占拠	
16 多くの[希望者を (ツノ) る]。 많은 희망자를 모집하다. おお きぼうしゃ	希望者を募る	
17 [(ギャクジョウ)] して切りつける。 이성을 잃고 칼부림하다. き	逆上	
18 五か国語を[自由に (アヤツ) る]。 5개 국어를 자유롭게 구사하다. ご こくご じゆう	自由に操る	
19 優秀な[人材を (トウヨウ)] する。 우수한 인재를 등용하다. ゆうしゅう じんざい	人材を登用	
20 若くて[経験に (トボ) しい]。 젊어서 경험이 부족하다. わか けいけん	経験に乏しい	

◆ 확충(拡充) : 늘리고 넓혀 충실하게 함. '넓혀 보충함'으로 순화　　◆ 만절(晩節) : 1.인생의 끝 무렵. 만년 2.오래도록 지키는 절개 3.말년

[   ](대괄호) 안의 일본어를 한자로 적어보고, 읽는 법을 히라가나로 쓰세요.

본문 내용	대괄호 한자로 쓰기	읽는 법 쓰기
01 [(ハデ) に]動きまわる。 화려하게 돌아다니다. うご	派手に	
02 [(エガオ)] で挨拶する。 웃는 얼굴로 인사하다. あいさつ	笑顔	
03 ロープの [(イッタン) をにぎる]。 로프의 한쪽 끝을 쥐다.	一端をにぎる	
04 通説を [(コンテイ)] から覆す。 통설을 근본부터 뒤엎다. つうせつ　　　　　　くつがえ	根底	
05 強烈な [(コセイ) をもった]作品。 강렬한 개성을 가진 작품. きょうれつ　　　　　　　　さくひん	個性をもった	
06 明治時代に [(ソウギョウ)] した店。 메이지 시대에 창업한 가게. めい じ じ だい　　　　　　　　みせ	創業	
07 [(ジチ) 体]の委員長になる。 자치 단체의 위원장이 되다. たい　　いいんちょう	自治体	
08 人類愛を身をもって [(タイゲン)] した人。 인류애를 몸소 구현한 사람. じんるいあい　み	体現	
09 無人島に [(ジョウリク)] する。 무인도에 상륙하다. む じんとう	上陸	
10 実業界で [(セイコウ)] する。 실업계에서 성공하다. じつぎょうかい	成功	
11 アジアの [(シンコウ) 工業国]。 아시아의 신흥 공업국. こうぎょうこく	新興工業国	
12 東京に [(ホンキョ) を置く]。 도쿄에 본거지를 두다. とうきょう　　　　　　お	本拠を置く	
13 街角に [(テンポ) を構える]。 길모퉁이에 점포를 차리다. まちかど　　　　　　かま	店舗を構える	
14 全世界に大きな [(ショウゲキ) を与える]。 전 세계에 큰 충격을 주다. ぜん せ かい　おお　　　　　　　　　あた	衝撃を与える	
15 [京都の (シニセ)] に立ち寄る。 교토의 전통이 오래된 점포에 들르다. きょう と　　　　　　た よ	京都の老舗*	
16 [(メンミツ) な]計画を練る。 면밀한 계획을 짜다. けいかく ね	綿密な	
17 彼の[立場を (ヨウゴ)] する。 그의 입장을 옹호*하다. かれ たちば	立場を擁護	
18 秘密を [(バクロ)] する。 비밀을 폭로하다. ひ みつ	暴露	
19 社会福祉に [(コウセキ)] があった。 사회 복지에 공적이 있었다. しゃかいふく し	功績	
20 [(ロコツ) な]態度を取る。 노골적인 태도를 취하다. たいど と	露骨な	

◆ 노포(老舗) : 대대로 이어 온, 전통 · 격식 · 신용이 있는 오래된 점포　　　♣ 옹호(擁護) : 두둔하고 편들어 지킴

[   ](대괄호)안의 일본어를 한자로 적어보고, 읽는 법을 히라가나로 쓰세요.

본문 내용	대괄호 한자로 쓰기	읽는 법 쓰기
01 [(トシン)] の高層ビル群。 도심의 고층 빌딩 군	都心	
02 日本の国花は [(サクラ)] だ。 일본의 국화는 벚꽃이다.	桜	
03 公園の[花が (マンカイ)] だ。 공원의 꽃이 만발이다.	花が満開	
04 血液が体内を [(メグ) る]。 혈액이 체내를 순환하다.	巡る	
05 血わき肉 [(オド) る]活劇。 피 끓고 힘이 넘치는 활극.	躍る	
06 惨たんたる [(コウケイ)] にがく然* とした。 참담한 광경에 깜짝 놀랐다.	光景	
07 結果は [(キタイ) 外れ]だった。 결과는 기대에 어긋났다.	期待外れ	
08 リアリズムの [(シュホウ)] を取り入れる。 리얼리즘의 수법을 도입하다.	手法	
09 建物の [(ガイカン) 図]をかく。 건물의 외관도를 그리다.	外観図	
10 [同窓会の (カンジ)] になった。 동창회의 간사가 되었다.	同窓会の幹事	
11 事態を [(ラッカン)] する。 사태를 낙관하다.	楽観	
12 生命は等価値という [(ゼンテイ) に立つ]。 생명은 등가* 치라고 하는 전제에 선다.	前提に立つ	
13 [(ミリョク) 的な]人物に出会った。 매력적인 인물을 만났다.	魅力的な	
14 運動の前の [(ジュウナン) 体操]。 운동 전의 유연체조.	柔軟体操	
15 [(セッキョク) 的に]発言する。 적극적으로 발언하다.	積極的に	
16 [(シンチョウ) に]審議する。 신중하게 심의하다.	慎重に	
17 既成事実を [(ツイニン)] する。 기성사실을 추후에 인정하다.	追認*	
18 強い [(ケネン) を抱く]結果となる。 강한 우려를 안은 결과가 되다.	懸念を抱く	
19 東西[文明の (セッテン)]。 동서 문명의 접점.	文明の接点	
20 [社会 (キバン)] を整備する。 사회 기반을 정비하다.	社会基盤	

◆ 악연(愕然) : 깜짝 놀라는 모양   ✤ 등가(等価) : 같은 값이나 가치
✱ 추인(追認) : 지나간 사실을 소급하여 추후에 인정함

[　　　](대괄호) 안의 일본어를 한자로 적어보고, 읽는 법을 히라가나로 쓰세요.

본문 내용	대괄호 한자로 쓰기	읽는 법 쓰기
01 [(スイリ)] を働かせる。 추리를 해보다. はたら	推理	
02 被疑者は [(モクヒ)] を続けた。 피의자는 침묵으로 일관했다. ひ ぎ しゃ　　　　　　つづ	黙秘	
03 [(フタゴ)] が生まれる。 쌍둥이가 태어나다. う	双子	
04 [(ミモト)] を引き受ける。 신원을 보증하다. ひ	身元	
05 あなたを [(ショウカイ)] した人はどなたですか。 당신을 소개한 사람은 ひと 어느 분이십니까?	紹介	
06 引き出しを [(セイリ)] する。 서랍을 정리하다. ひ　だ	整理	
07 その風習は私には [(キミョウ) に]うつった。 그 풍습은 내게는 기묘하게 보였다. ふうしゅう わたし	奇妙に	
08 [(キンセン)] の貸し借りをする。 금전을 대차*하다. か　か	金銭	
09 複雑な [(ヨウソウ) を呈する]。 복잡한 양상*을 띠다. ふくざつ　　　　てい	様相を呈する	
10 [(カガミ)] のような湖面。 거울같은 호수면. こ めん	鏡	
11 評価が [(テキセイ) さ]を欠く。 평가가 적정함이 결여되다. ひょうか　　　　　　か	適正さ	
12 ヘリの [(ソウジュウ) 技術]を学ぶ。 헬리콥터 조종기술을 배우다. ぎ じゅつ まな	操縦技術	
13 世界の[安定を (ソコ) なう]。 세계의 안정을 해치다. せ かい あんてい	安定を損なう	
14 生活費を[自分で (カセ) ぐ]。 생활비를 스스로 벌다. せいかつ ひ じ ぶん	自分で稼ぐ	
15 勉強を中途で [(ホウ) って]しまった。 공부를 도중에 포기해 버렸다. べんきょう ちゅうと	放って	
16 遭難者を [(ソウサク)] する。 조난자를 수색하다. そうなんしゃ	捜索	
17 事態は [(セッパク)] している。 사태는 긴박하다. じ たい	切迫	
18 金銭[問題が (カラ) む]。 금전 문제가 얽히다. きんせん もんだい	問題が絡む	
19 あまりにも [(コク) な条件]だ。 너무나도 가혹한 조건이다. じょうけん	酷な条件	
20 [(コンキョ) の無い]噂が広まる。 근거가 없는 소문이 퍼지다. な うわさ ひろ	根拠の無い	

◆ 대차(貸し借り) : 꾸어 주거나 꾸어 옴　　　　　　♣ 양상(様相) : 사물이나 현상의 모양이나 상태

[   ](대괄호) 안의 일본어를 한자로 적어보고, 읽는 법을 히라가나로 쓰세요.

본문 내용	대괄호 한자로 쓰기	읽는 법 쓰기
01 [(エンガワ)] でひなたぼっこをする。 툇마루에서 햇볕을 쬐다.	縁側	
02 [(ムネン) の涙]を流す。 원통해서 눈물을 흘리다. <small>なみだ なが</small>	無念の涙	
03 旅行の[日程を (ソウダン)] する。 여행 일정을 상담하다. <small>りょこう にってい</small>	日程を相談	
04 自らの[行為を (ハンセイ)] する。 스스로의 행위를 반성하다. <small>みずか こうい</small>	行為を反省	
05 他人の [(メイワク) になる]。 남의 폐가 되다. <small>た にん</small>	迷惑になる	
06 ようやく [(ケツロン) を出す]。 간신히 결론을 내다. <small>だ</small>	結論を出す	
07 [(ツウコン)] の逆転負け。 통한* 의 역전패. <small>ぎゃくてん ま</small>	痛恨	
08 [(コキョウ)] へ久しく帰っていない。 고향에 오랫동안 돌아가지 않다. <small>ひさ かえ</small>	故郷	
09 不幸な [(キョウグウ)] に育つ。 불행한 환경에서 자라다. <small>ふ こう そだ</small>	境遇	
10 どちらか一方を [(センタク)] する。 어느 쪽인가 한쪽을 선택하다. <small>いっぽう</small>	選択	
11 [言葉を (ツ) くして]説得する。 진심어린 말로 설득하다. <small>こと ば せっとく</small>	言葉を尽くして	
12 [(タノ) み]を聞き入れる。 부탁을 들어주다. <small>き い</small>	頼み	
13 刀の切れ味が [(ニブ) る]。 칼날이 무디어지다. <small>かたな き あじ</small>	鈍る	
14 景気回復の [(キバク) 剤]と期待される。 경기 회복의 기폭제* 로 기대되다. <small>けい き かいふく ざい き たい</small>	起爆剤	
15 自然の[恵みを (キョウジュ)] する。 자연의 혜택을 누리다. <small>し ぜん めぐ</small>	恵みを享受	
16 工事[現場を (カントク)] する。 공사 현장을 감독하다. <small>こう じ げん ば</small>	現場を監督	
17 友人として [(チュウコク)] する。 친구로서 충고하다. <small>ゆうじん</small>	忠告	
18 金を [(ソマツ) に]する。 돈을 소홀히 하다. <small>かね</small>	粗末に	
19 桜は日本の花の [(ショウチョウ)] である。 벚꽃은 일본 꽃의 상징이다. <small>さくら にほん はな</small>	象徴	
20 長年国王に [(ツカ) える]。 오랜 세월 국왕을 모시다. <small>ながねんこくおう</small>	仕える	

◆ 통한(痛恨) : 몹시 분하거나 억울하여 한스럽게 여김　　　　◆ 기폭제(起爆剤) : 큰일이 일어나는 계기가 된 일

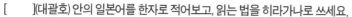

[　　](대괄호) 안의 일본어를 한자로 적어보고, 읽는 법을 히라가나로 쓰세요.

본문 내용	대괄호 한자로 쓰기	읽는 법 쓰기
01 [(カッコウ) のいい]ことを言う。 번드레한 말을 하다.	格好のいい	
02 [春の (ヨウコウ)] が降り注ぐ。 봄 햇살이 내리쬐다.	春の陽光	
03 話し声が [(モ) れてくる]。 말소리가 새어 나오다.	漏れてくる	
04 [(センレツ) な]印象を受ける。 선명하고 강렬한 인상을 받다.	鮮烈な	
05 [(ジンツウ) の痛み]に耐える。 진통의 아픔을 견디다.	陣痛の痛み	
06 雑誌に[広告を (ケイサイ)] する。 잡지에 광고를 게재하다.	広告を掲載	
07 希少動物の [(ハンショク) に成功]する。 희소*동물의 번식에 성공하다.	繁殖に成功	
08 台風の[勢力が (オトロ) えた]。 태풍의 세력이 약해졌다.	勢力が衰えた	
09 [(トウショ) の予想]が外れる。 당초의 예상이 빗나가다.	当初の予想	
10 登山に向けて [(ネブクロ) を用意]する。 등산을 위해 침낭을 준비하다.	寝袋を用意	
11 大気中の [(チッソ) 酸化物]。 대기 중의 질소산화물.	窒素酸化物	
12 細かい[砂の (リュウシ)]。 세세한 모래 입자.	砂の粒子	
13 福祉に [(シュガン) を置いた]予算編成。 복지에 주안을 둔 예산편성.	主眼を置いた	
14 川の[水を (ジョウカ)] する。 강물을 정화하다.	水を浄化	
15 彼の[意見に (ドウチョウ)] する。 그의 의견에 동조하다.	意見に同調	
16 愛情を示すことが [(カンジン) だ]。 애정을 보이는 것이 중요하다.	肝心だ	
17 [(カイテキ) な]生活を送る。 쾌적한 생활을 보내다.	快適な	
18 [(ヤッカイ) な]仕事を引き受ける。 성가신 일을 떠맡다.	厄介な	
19 [(セッソク) を避け]よく検討する。 졸속*을 피해 자세히 검토하다.	拙速を避け	
20 [(カンキョウ)] に左右される。 환경에 좌우되다.	環境	

◆ 희소(希少) : 매우 드물고 적음　　　　　　　　　　♣ 졸속(拙速) : 어설프고 빠름

[   ](대괄호) 안의 일본어를 한자로 적어보고, 읽는 법을 히라가나로 쓰세요.

본문 내용	대괄호 한자로 쓰기	읽는 법 쓰기
01 家の中が [(シンカン)] としている。 집 안이 쥐 죽은 듯이 고요하다. いえ なか	森閑	
02 ラストシーンが [(アッカン)] だった。 라스트신이 압권이었다.	圧巻	
03 窓の外の [(アマオト)] に聞き入る。 창밖의 빗소리에 귀를 기울이다. まど そと き い	雨音	
04 [地元 (メイブツ)] の夏祭り。 그 고장 명물의 여름축제. じ もと なつまつ	地元名物	
05 [集中 (ゴウウ)] に見舞われる。 집중 호우를 당하다. しゅうちゅう み ま	集中豪雨	
06 [(ドシャ) 災害]警戒区域に指定される。 토사 재해 경계 구역(지역)으로 지정되다. さいがい けいかい く いき し てい	土砂災害	
07 [交通 (ジュウタイ)] に巻き込まれる。 교통 정체에 휩싸이다. こうつう ま こ	交通渋滞	
08 河川整備の限界を越えた [(コウズイ)]。 하천 정비의 한계를 넘은 홍수. か せんせい び げんかい こ	洪水	
09 我が子のように [(イツク) しむ]。 자기 자식처럼 귀여워하다. わ こ	慈しむ	
10 [(ケンメイ) な]努力が報われた。 필사적인 노력이 보답을 받았다. どりょく むく	懸命な	
11 突然のことに [(トマド) い]を覚える。 갑작스런 일에 당황하다. とつぜん おぼ	戸惑い	
12 被害者の [(イタイ) が発見]される。 피해자의 시체가 발견되다. ひ がいしゃ はっけん	遺体が発見	
13 [(ハクシン) の演技]に圧倒される。 박진감 넘치는 연기에 압도되다. えん ぎ あっとう	迫真の演技	
14 [(ヨダン) を許さない]情勢。 예측을 불허하는 정세. ゆる じょうせい	予断◆を許さない	
15 御期待には [(ソ) えません]。 기대에는 부응할 수 없습니다. ご きたい	添えません	
16 [(カコク) な]労働条件を耐える。 과혹한 노동 조건을 견디다. ろうどうじょうけん た	過酷な	
17 挙手によって [(サイケツ)] する。 거수◆로 채결하다. きょしゅ	採決	
18 [(タナ) の上]に手が届かない。 선반 위에 손이 닿지 않는다. うえ て とど	棚の上	
19 [(チツジョ) 立てて]考える。 조리 있게 생각하다. だ かんが	秩序立てて	
20 原子力発電に [(サンピ) が分かれる]。 원자력 발전에 찬성 여부가 갈리다. げん し りょくはつでん わ	賛否が分かれる	

◆ 예단(予断) : 예측, 미리 판단함   ◆ 거수(挙手) : 손을 듦

[   ](대괄호) 안의 일본어를 한자로 적어보고, 읽는 법을 히라가나로 쓰세요.

본문 내용	대괄호 한자로 쓰기	읽는 법 쓰기
01 [(ソザイ)] を厳選する。 소재를 엄선하다. げんせん	素材	
02 ぬれたシャツをストーブで [(カワ) かす]。 젖은 셔츠를 스토브로 말리다.	乾かす	
03 遠く離れた[家に (トツ) ぐ]。 멀리 떨어진 집에 시집가다. とお はな いえ	家に嫁ぐ	
04 写真コンテストに [(オウボ) する]。 사진 콘테스트에 응모하다. しゃしん	応募	
05 歩道が [(ラクヨウ) で埋めつくされる]。 인도가 낙엽으로 다 메워지다. ほ どう う	落葉	
06 人命救助で [(ヒョウショウ) される]。 인명구조로 표창을 받다. じんめいきゅうじょ	表彰	
07 日本の伝統的 [(コウゲイ) 品]。 일본의 전통적 공예품. に ほん でんとうてき ひん	工芸品	
08 博覧会に[製品を (シュッテン) する]。 박람회에 제품을 출전하다. はくらんかい せいひん	製品を出展	
09 [(マゴ) は子よりもかわいいという]。 손자는 자식보다도 귀엽다고 한다. こ	孫	
10 [(テンネン) の塩]は健康によいという。 천연 소금은 건강에 좋다고 한다. しお けんこう	天然の塩	
11 事故は [(グウハツ) 的な]ものだ。 사고는 우발적인 것이다. じ こ てき	偶発的な	
12 この[地方の (サンブツ)]。 이 지방의 산물. ち ほう	地方の産物	
13 動かぬ [(ショウコ) を入手]した。 확실한 증거를 입수했다. うご にゅうしゅ	証拠を入手	
14 地元に [(セイリョク) を持つ]国会議員。 자기 고장에 세력을 가진 국회의원. じ もと も こっかい ぎ いん	勢力を持つ	
15 地下に [(センプク) する]。 지하에 잠복*하다. ち か	潜伏	
16 話し合いの [(キウン) が高まる]。 대화의 기운이 고조되다. はな あ たか	機運が高まる	
17 軍事技術を [(ミンセイ) 分野]に活用する。 군사 기술을 민생 분야에 활용하다. ぐん じ ぎ じゅつ ぶん や かつよう	民生分野	
18 形勢が [(ギャクテン) する]。 형세가 역전하다. けいせい	逆転	
19 外資を [(ドウニュウ) した]。 외국 자본을 도입했다. がい し	導入	
20 汚水を [(ハイシュツ) する]。 오수를 배출하다. お すい	排出	

◆ 잠복(潜伏) : 드러나지 않게 숨음. '숨어 있음'으로 순화

[   ](대괄호) 안의 일본어를 한자로 적어보고, 읽는 법을 히라가나로 쓰세요.

본문 내용	대괄호 한자로 쓰기	읽는 법 쓰기
01 [(ショウブ)] は時の運である。 승패는 그때의 운이다. (강자가 반드시 이기는 것은 아니다.)	勝負	
02 攻撃一転 [(シュセイ) に回る]。 공격이 일변하여 수세로 돌아가다.	守勢に回る	
03 政策[批判に (ハンロン)] する。 정책 비판에 반론하다.	批判に反論	
04 その事実は [(カンカ)] すべきでない。 그 사실은 간과할 일이 아니다.	看過	
05 議員の [(ヒショ) 室]に通される。 의원의 비서실로 안내 되다.	秘書室	
06 土地の [(メイギ) を変更]する。 토지의 명의를 변경하다.	名義を変更	
07 [(ギワク) を晴らす]。 의혹을 풀다.	疑惑を晴らす	
08 [(テッテイ)] した平和主義者。 철저한 평화주의자.	徹底	
09 己の [(ヒリキ) を恥じる]。 자기의 역량 부족을 부끄럽게 여기다.	非力を恥じる	
10 [(シテキ)] を謙虚に受け止める。 지적을 겸허히 받아들이다.	指摘	
11 スポーツ[大会が (カイマク)] する。 스포츠 대회가 개막하다.	大会が開幕	
12 総選挙の [(ゼンショウ) 戦]となる補欠選挙。 총선거의 전초전이 될 보궐 선거.	前哨戦	
13 異様な [(ネッキ)] に包まれる。 이상한 열기에 휩싸이다.	熱気	
14 [全体を (ホウカツ)] して述べる。 전체를 포괄하여 말하다.	全体を包括	
15 [(キョウキン) を開いた]対話。 흉금*을 터놓은 대화.	胸襟を開いた	
16 医師と患者との [(レンケイ) を保つ]。 의사와 환자와의 제휴*를 유지하다.	連携を保つ	
17 [(セッショウ) の結果]合意に至った。 절충의 결과 합의에 이르렀다.	折衝の結果	
18 国会で政治[献金を (ツイキュウ)] した。 국회에서 정치 헌금을 추궁했다.	献金を追及	
19 [(サギ) 容疑]で書類送検される。 사기 혐의로 서류 송청*되다.	詐欺容疑	
20 食品の安全性に [(ギネン) を抱く]。 식품의 안전성에 의심을 품다.	疑念を抱く	

◆ 흉금(胸襟) : 마음속 깊이 품은 생각　　　　　　　　　　　　　★ 제휴(連携) : 행동을 함께하기 위하여 서로 붙들어 도와줌
❋ 서류 송청(書類送検) : 형사 사건을 맡은 사법 경찰관이 피의자 없이 조서와 증거 물품만을 검사에게 넘기는 일

[   ](대괄호) 안의 일본어를 한자로 적어보고, 읽는 법을 히라가나로 쓰세요.

본문 내용	대괄호 한자로 쓰기	읽는 법 쓰기
01 実務を [(シュウトク)] する。 실무를 습득하다.	習得	
02 [(アオ) 向けに]寝かせる。 반듯이 누이다.	仰向けに	
03 [亀の (コウラ)] をつついてみる。 거북이의 등딱지를 찔러보다.	亀の甲羅	
04 一日の行動を [(コクメイ) に記す]。 하루의 행동을 자세하게 기록하다.	克明*に記す	
05 生きることは [(ヨウイ)] ではない。 살아가는 것은 쉬운 일이 아니다.	容易	
06 早朝の[会議に (チコク)] する。 새벽 회의에 지각하다.	会議に遅刻	
07 水彩で[風景を (エガ) く]。 수채로 풍경을 그리다.	風景を描く	
08 [(キセキ) 的に]助かった。 기적적으로 살아났다.	奇跡的に	
09 つまずいて[地面に (コロ) ぶ]。 발이 걸려 지면에 구르다.	地面に転ぶ	
10 [合格の (アカツキ)] にはお祝いしよう。 합격하는 날에는 축하하자.	合格の暁	
11 [(ジンソク)] で正確な対応。 신속하고 정확한 대응.	迅速	
12 会社の[人事 (イドウ)]。 회사의 인사이동.	人事異動	
13 総力を [(ケッシュウ)] する。 총력을 결집하다.	結集	
14 気の合った [(ドウシ)] で集まる。 마음이 맞는 사이끼리 모이다.	同士	
15 [(イッシュン)] 思い出せなかった。 한순간 생각이 나지 않았다.	一瞬	
16 [(ショウソク)] が途絶える。 소식이 두절되다.	消息	
17 政界の[腐敗を (シサ)] する事件。 정계의 부패를 시사하는 사건.	腐敗を示唆	
18 予備費を [(リュウヨウ)] する。 예비비를 유용*하다.	流用	
19 [(イト)] した半分もできない。 의도한 절반도 하지 못하다.	意図	
20 景気[低迷を (ダカイ)] する。 경기 침체를 타개*하다.	低迷を打開	

◆ 극명(克明) : 1.자세하고 꼼꼼함 2.성실하고 정직함
♣ 유용(流用) : (법률) 세출 예산에 정한 부(部), 관(款), 항(項), 목(目), 절(節)의 구분 가운데 목과 절의 경비에 관하여 각각 상호 간에 다른 데로 돌려쓰는 일
▣ 타개(打開) : 매우 어렵거나 막힌 일을 잘 처리하여 해결의 길을 엶

[   ](대괄호) 안의 일본어를 한자로 적어보고, 읽는 법을 히라가나로 쓰세요.

본문 내용	대괄호 한자로 쓰기	읽는 법 쓰기
01 ブラジルに [(イジュウ)] する。브라질에 이주하다.	移住	
02 てこの [(ゲンリ) を応用]する。지레의 원리를 응용하다.	原理を応用	
03 中国との [(ボウエキ)] には長い歴史がある。중국과의 무역에는 오랜 역사가 있다.	貿易	
04 姉妹で [(ヘヤ) を共有]する。자매끼리 방을 공유하다.	部屋を共有	
05 机の上が [(ランザツ) だ]。책상 위가 난잡*하다.	乱雑だ	
06 [(キョリ) をおいて]付き合う。거리를 두고 사귀다.	距離をおいて	
07 古代史を [(センモン)] に研究する。고대사를 전문으로 연구하다.	専門	
08 [(コウテイ) 的な]返事があった。긍정적인 대답이 있었다.	肯定的な	
09 [苦労の (アト)] が見える。고생의 흔적이 보인다.	苦労の跡	
10 [退路を (フウ) じる]作戦にでる。퇴로를 봉쇄하는 작전으로 나가다.	退路を封じる	
11 戦争は [(ゾウオ)] すべきものだ。전쟁은 증오해야 한다.	憎悪	
12 あのチームとは [(シュクテキ) 関係]にある。그 팀과는 숙적 관계에 있다.	宿敵関係	
13 [(ドロヌマ) の戦争]に突入した。전쟁의 수렁*에 돌입했다.	泥沼の戦争	
14 [両 (ジンエイ)] によるし烈な争い。양진영에 의한 치열한 싸움.	両陣営	
15 [(コンメイ)] する世界情勢。혼미한 세계정세.	混迷	
16 新天地に [(カツロ) を求める]。신천지에 활로를 찾다.	活路を求める	
17 職人としての[腕を (ミガ) く]。장인으로서의 기술을 연마하다.	腕を磨く	
18 弊害を [(コンゼツ)] する。폐해를 근절하다.	根絶	
19 薬の効用と [(ヘイガイ)]。약의 효용과 폐해*.	弊害	
20 ネットワークを [(コウチク)] する。네트워크를 구축하다.	構築	

◆ 난잡(乱雑) : 1.행동이 막되고 문란하다 2.사물의 배치나 사람의 차림새 따위가 어수선하고 너저분하다

♣ 수렁(泥沼) : 헤어나기 힘든 곤욕　　　　　　　　　　● 폐해(弊害) : 폐단으로 생기는 해

98

[   ](대괄호) 안의 일본어를 한자로 적어보고, 읽는 법을 히라가나로 쓰세요.

본문 내용	대괄호 한자로 쓰기	읽는 법 쓰기
01 卒業生が各地に [(チ) っていく]。 졸업생이 각지에 흩어지다. 　　そつぎょうせい　かくち	散っていく	
02 [(エンカイ) 場]の案内図を配る。 연회장의 안내도를 배부하다. 　　　　　じょう　あんないず　くば	宴会場	
03 [(ウキヨ) 絵]*の展覧会を観に行った。 풍속화의 전람회를 관람하러 갔다. 　　　　　え　てんらんかい　み　い	浮世絵	
04 散る桜を見て [(カンショウ) 的に]なる。 지는 벚꽃을 보고 감상적이 되다. 　　ち　さくら　み　　　　　　　　てき	感傷的に	
05 [(ムジョウ) な]世の中を実感する。 무상한 세상을 실감하다. 　　　　　　　よ　なか　じっかん	無常な	
06 シェークスピアの [(エンゲキ) を鑑賞]する。 셰익스피어의 연극을 감상하다. 　　　　　　　　　　　　　　かんしょう	演劇を鑑賞	
07 大手企業の [(ケイレツ) に属する]。 대기업의 계열에 속하다. 　　おおて きぎょう　　　　　　ぞく	系列に属する	
08 [(カクゴ)] して旅立った。 각오하고 여행을 떠났다. 　　　　　　　たびだ	覚悟	
09 義理が廃れば[この世は (ヤミ)] だ。 의리를 잃으면 이 세상은 어둠이다. 　　ぎり　すた　　　　　よ	この世は闇	
10 旧友と話に[花が (サ) く]。 옛 친구와 이야기에 꽃이 피다. 　　きゅうゆう　はなし　はな	花が咲く	
11 [企業 (シュウエキ)] が改善する。 기업수익이 개선되다. 　　きぎょう　　　　　　　かいぜん	企業収益	
12 利益を[消費者に (カンゲン)] する。 이익을 소비자에게 환원하다. 　　りえき　しょうひしゃ	消費者に還元	
13 家宝の刀剣を [(カンテイ)] する。 가보인 도검을 감정하다. 　　かほう　とうけん	鑑定	
14 木々の緑が[湖面に (ハンエイ)] する。 나무들의 녹음이 호수면에 비치다. 　　きぎ　みどり　こめん	湖面に反映	
15 価格よりも [(リベン) 性]を重視する。 가격보다도 편의성을 중시하다. 　　かかく　　　　　　　せい　じゅうし	利便性	
16 特定[非 (エイリ)] 活動法人。 특정 비영리 활동 법인. 　　とくてい　ひ　　　　かつどうほうじん	非営利	
17 過度な商戦*を [(ジシュク)] する。 과도한 상업상의 경쟁을 자숙하다. 　　かど　しょうせん	自粛	
18 [(イサギヨ) く]責任をとる。 떳떳하게 책임을 지다. 　　　　　　　せきにん	潔く	
19 運の良さも[成功の (イチイン)] だ。 운이 좋은 것도 성공의 한 요인이다. 　　うん　よ　せいこう	成功の一因	
20 [人を (ヤト) う]ことにした。 사람을 고용하기로 했다. 　　ひと	人を雇う	

◆ 우키요에(浮世絵) : 에도시대에 성행한 풍속화　　　　　　　　◆ 상전(商戦) : 상업상의 경쟁

[ ](대괄호) 안의 일본어를 한자로 적어보고, 읽는 법을 히라가나로 쓰세요.

본문 내용	대괄호 한자로 쓰기	읽는 법 쓰기
01 息子に [(カジョウ) な]期待を持つ。 아들에게 지나친 기대를 갖다.	過剰な	
02 [(サイバン) の手続き]を簡素化する。 재판 수속을 간소화하다.	裁判の手続き	
03 莫大な [(バイショウ) 金]を払う。 막대한 배상금을 지불하다.	賠償金	
04 [(セキニン) をとって]辞職する。 책임을 지고 사직하다.	責任をとって	
05 費用は[五億円と (スイテイ)] される。 비용은 5억 엔으로 추정된다.	五億円と推定	
06 彼の [(ドクトク) な口調]が印象に残る。 그의 독특한 어조가 인상에 남는다.	独特な口調	
07 [母を (タズ) ねて]旅を続ける。 어머니를 찾아 여행을 계속하다.	母を尋ねて	
08 第二審で[逆転 (ハイソ)] となる。 제2심에서 역전 패소*하다.	逆転敗訴	
09 因果[関係を (リッショウ)] する。 인과 관계를 입증*하다.	関係を立証	
10 風が [(ユル) やかに]吹く。 바람이 소르르 불다.	緩やかに	
11 会社を [(ソウセツ)] する。 회사를 창설하다.	創設	
12 組織[全体を (トウセイ)] する。 조직전체를 통제하다.	全体を統制	
13 ズボンが [(キュウクツ)] になる。 바지가 꼭 끼다.	窮屈に	
14 [環境に (ハイリョ)] した自動車を選ぶ。 환경에 배려한 자동차를 고르다.	環境に配慮	
15 [(ヒョウジュン) 体重]を計算する。 표준 체중을 계산하다.	標準体重	
16 [(シホウ) 試験]に合格する。 사법 시험에 합격하다.	司法試験	
17 企業の [(カンブ) が集まる]。 기업의 간부가 모이다.	幹部が集まる	
18 [(イッカン)] した態度をとる。 일관된 태도를 취하다.	一貫	
19 新しい交通[体系を (コウソウ)] する。 새로운 교통 체계를 구상하다.	体系を構想	
20 戦争の [(カクダイ)] を防ぐ]。 전쟁의 확대를 막다.	拡大を防ぐ	

◆ 패소(敗訴) : 소송에서 짐　　　　　　　　　　◆ 입증(立証) : 어떤 증거 따위를 내세워 증명함

[   ](대괄호) 안의 일본어를 한자로 적어보고, 읽는 법을 히라가나로 쓰세요.

본문 내용	대괄호 한자로 쓰기	읽는 법 쓰기
01 [(サバク) 化]に対する政府の取り組み。 사막화에 대한 정부의 대처. か　たい　　せいふ　　と　く	砂漠化	
02 少数だが[反対者も (ソンザイ)] する。 소수이지만 반대자도 존재한다. しょうすう　　はんたいしゃ	反対者も存在	
03 野球部に [(ゾク) して]いる。 야구부에 속해 있다. や きゅうぶ	属して	
04 治療[方法を (ケントウ)] する。 치료방법을 검토하다. ち りょうほうほう	方法を検討	
05 住宅[ローンを (ヘンサイ)] する。 주택 대부금을 갚다. じゅうたく	ローンを返済	
06 [(カクジツ) な]根拠を握る。 확실한 근거를 쥐다. こんきょ　にぎ	確実な	
07 [金の (コウミャク)] を掘り当てた。 금광맥을 찾아냈다. きん　　　　　　　　ほ　あ	金の鉱脈	
08 [事の (ハズ) み]でつい引き受けてしまった。 일의 기세에 눌려 こと　　ひ う　　　　　　　　　　　　　　그만 떠맡고 말았다.	事の弾み	
09 一国を [(ドクサイ)] する。 한 나라를 독재하다. いっこく	独裁	
10 [政府の (ヨウジン)] と交渉する。 정부 요인*과 교섭하다 せいふ　　　　　　　こうしょう	政府の要人	
11 彼は [(ツウセツ) に]孤独を感じた。 그는 뼈아프게 고독을 느꼈다. かれ　　　　　　こ どく　かん	痛切に	
12 民主主義の [(コンカン) にかかわる]問題。 민주주의의 근간에 관련된 문제. みんしゅしゅぎ　　　　　　　　　もんだい	根幹にかかわる	
13 [(シュウトウ) に]練られたアイディア。 주도면밀하게 다듬어진 아이디어. ね	周到に	
14 [(テンケイ) 的な]詐欺の例。 전형*적인 사기의 예. てき さ ぎ れい	典型的な	
15 被告人は[死刑を (センコク)] された。 피고인은 사형을 선고받았다. ひこくにん　しけい	死刑を宣告	
16 食糧の[供給が (トドコオ) る]。 식량의 공급이 정체되다. しょくりょう　きょうきゅう	供給が滞る	
17 明日はアユ釣りの [(カイキン) 日]だ。 내일은 은어 낚시의 해금*일이다. あした　　　　　づ　　　　　　　　び	解禁日	
18 [不正を (テキハツ)] する。 부정을 적발하다. ふせい	不正を摘発	
19 あることないこと [(センデン)] する。 있는 일 없는 일 다 선전하다.	宣伝	
20 [(コウミョウ) な手段を用いる。 교묘한 수단을 사용하다. しゅだん　もち	巧妙な手段	

◆ 요인(要人) : 중요한 자리에 있는 사람

♣ 전형(典型) : 1.기준이 되는 형 2.같은 부류의 특징을 가장 잘 나타내고 있는 본보기

◉ 해금(解禁) : 금지하던 것을 품

[　　](대괄호) 안의 일본어를 한자로 적어보고, 읽는 법을 히라가나로 쓰세요.

본문 내용	대괄호 한자로 쓰기	읽는 법 쓰기
01 [(カイゴ) の涙]が止まらない。회오*(회개)의 눈물이 멈추지 않는다. なみだ と	悔悟の涙	
02 [(カイシャク)] が分かれるところだ。해석이 갈리는 부분이다. わ	解釈	
03 不動産を [(キョウバイ) にかける]。부동산을 경매에 붙이다. ふ どうさん	競売にかける	
04 御 [(イライ) の件は承知しました。의뢰하신 건은 잘 알겠습니다. ご けん しょう ち	依頼	
05 強硬論を [(シュチョウ)] する。강경론을 주장하다. きょうこうろん	主張	
06 多くの [(ギセイ) 者]をだした事故。많은 희생자를 낸 사고. おお しゃ じ こ	犠牲者	
07 汗が [(シタタ) り落ちる]。땀이 뚝뚝 떨어지다. あせ お	滴り落ちる	
08 ガラスの [(チョウコク) 作品]。유리 조각 작품. さくひん	彫刻作品	
09 人生の意義について [(ナヤ) む]。인생의 의의에 대해 고민하다. じんせい い ぎ	悩む	
10 このときとばかり [(カイサイ) を叫ぶ]。이 때라는 듯이 쾌재를 부르다. さけ	快哉を叫ぶ	
11 公共心が [(キハク) な]人々。공공심이 희박한 사람들. こうきょうしん ひとびと	希薄な	
12 地盤が [(チンカ)] する。지반이 침하하다. じ ばん	沈下	
13 連載[小説が (カンケツ)] する。연재소설이 완결되다. れんさいしょうせつ	小説が完結	
14 政治家に [(ミッチャク) して取材]する。정치가에게 밀착하여 취재하다. せい じ か しゅざい	密着して取材	
15 [首相の (キョシュウ)] が注目される。수상의 거취*가 주목받다. しゅしょう ちゅうもく	首相の去就	
16 支払い停止の [(コウベン) を巡る]トラブル。지불정지의 항변*을 둘러싼 문제. し はら てい し めぐ	抗弁を巡る	
17 三食とも下宿で [(マカナ) って]くれる。세끼 모두 하숙에서 제공해 준다. さんしょく げ しゅく	賄って	
18 マフィア化した[犯罪 (ソシキ)]。마피아화된 범죄 조직. はんざい	犯罪組織	
19 [(シッソ) な]暮らしを送る。검소한 생활을 하다. く おく	質素な	
20 三時間あれば [(オウフク)] できる。세 시간 있으면 왕복할 수 있다. さん じ かん	往復	

◆ 회오(悔悟) : 도리를 깨달아 앎. 회개
◆ 거취(去就) : 1.사람이 어디로 가거나 다니거나 하는 움직임 2.어떤 사건이나 문제에 대하여 밝히는 태도
◉ 항변(抗弁) : 대항하여 변론함

[   ](대괄호) 안의 일본어를 한자로 적어보고, 읽는 법을 히라가나로 쓰세요.

본문 내용	대괄호 한자로 쓰기	읽는 법 쓰기
01 学長の[教育 (リネン)] に共感する。 학장의 교육이념에 공감하다. がくちょう きょういく きょうかん	教育理念	
02 [下手な (シバイ)] をするな。 서투른 연극을 하지 마. へた	下手な芝居	
03 ある [(ネンレイ) 層]の犯罪とその特徴。 어느 연령층의 범죄와 그 특징. そう はんざい とくちょう	年齢層	
04 まだ技能が [(ミジュク) だ]。 아직 기능이 미숙하다. ぎのう	未熟だ	
05 [(ユメ)] は果てしなく広がる。 꿈은 끝없이 펼쳐지다. は ひろ	夢	
06 自分の立場をよく [(ジカク)] している。 자신의 입장을 잘 자각하고 있다. じぶん たちば	自覚	
07 人生に [(タイクツ)] する。 인생에 싫증이 나다. じんせい	退屈	
08 [(ツミ) を憎んで]人を憎まず。 죄를 미워하되 사람을 미워하지 마라. にく ひと にく	罪を憎んで	
09 [(セマ) い]道路は事故が多い。 좁은 도로는 사고가 많다. どうろ じこ おお	狭い	
10 [(トウシ) のわく]相手だ。 투지가 샘솟는 상대다. あいて	闘志のわく	
11 状況は悪化の [(イット) をたどる]。 상황은 악화 일로를 걷다. じょうきょう あっか	一途をたどる	
12 研究に対する [(ジョセイ) 金]。 연구에 대한 조성금. けんきゅう たい きん	助成金	
13 男女間の[賃金 (カクサ)] 問題。 남녀 간의 임금 격차 문제. だんじょかん ちんぎん もんだい	賃金格差	
14 不平等を [(ゼセイ)] する。 불평등을 시정하다. ふびょうどう	是正	
15 [(アラシ) の前]の静けさ。 폭풍전의 정적. まえ しず	嵐の前	
16 大統領の [(シツム) 室]。 대통령의 집무실. だいとうりょう しつ	執務室	
17 その計画はあまりに [(ムボウ) だ]。 그 계획은 너무나 무모하다*. けいかく	無謀だ	
18 世界一周を [(クワダ) てる]。 세계 일주를 시도하다. せかいいっしゅう	企てる	
19 [罰金を (チョウシュウ)] された。 벌금이 징수되었다. ばっきん	罰金を徴収	
20 [(ホウフク) 措置]を決定する。 보복 조치를 결정하다. そち けってい	報復措置	

◆ 무모하다(無謀だ) : 앞뒤를 잘 헤아려 깊이 생각하는 신중성이나 꾀가 없다

お花見[はなみ]

매년 3월 말부터 4월 초에 걸쳐 가족이나 친구, 회사 동료들이 벚꽃나무 아래에 앉아,
술과 도시락을 먹으면서 노래 부르며 즐거운 한 때를 보내는 습관 등이 있다.

PART 04

[   ](대괄호) 안의 일본어를 한자로 적어보고, 읽는 법을 히라가나로 쓰세요.

본문 내용	대괄호 한자로 쓰기	읽는 법 쓰기
01 世界一の [(フゴウ) となる]。 세계 제일의 부자가 되다.	富豪* となる	
02 ジェット機を [(ソウジュウ)] する。 제트기를 조종하다.	操縦	
03 便宜を [(ハカ) って]もらう。 편의를 제공해 받다.	図って	
04 これが [(エン)] で結ばれる。 이것이 인연으로 맺어지다.	縁	
05 この村に[語り (ツ) がれて]きた民話。 이 마을에 구전되어 온 민화.	語り継がれて	
06 [友人の (サイゴ)] に立ち会う。 친구의 임종을 지켜보다.	友人の最期	
07 貴族階級が [(ボツラク)] する。 귀족계급이 몰락하다.	没落	
08 とても言葉では [(ケイヨウ)] しきれない。 도저히 말로서는 다 형용할 수 없다.	形容	
09 [故人を (ツイトウ)] する会。 고인을 추도*하는 모임.	故人を追悼	
10 御健闘をお [(イノ) り]します。 건투를 빕니다.	祈り	
11 たいまつを高く [(カカ) げる]。 횃불을 높이 내걸다.	掲げる	
12 君の[出る (マク)] ではない。 자네가 나설 차례가 아니다.	出る幕	
13 環境保護に対する [(ケイハツ) 活動]。 환경 보호에 대한 계발 활동.	啓発活動	
14 各クラスの[人数を (ハアク)] する。 각 반의 인원수를 파악하다.	人数を把握	
15 将来への [(テンボウ) がない]。 장래에 대한 전망이 없다.	展望がない	
16 失意の[友を (ハゲ) ます]。 실의에 빠진 친구를 격려하다.	友を励ます	
17 [全体的に (チンタイ)] した雰囲気だ。 전체적으로 침체된 분위기다.	全体的に沈滞	
18 燃焼させるには[酸素が (イ) る]。 연소시키기 위해서는 산소가 필요하다.	酸素が要る	
19 市役所に [(キンム)] する。 시청에 근무하다.	勤務	
20 [(コモン) 弁護士]を雇う。 고문*변호사를 고용하다.	顧問弁護士	

◆ 부호(富豪) : 재산이 넉넉하고 세력이 있는 사람. '부자'로 순화   ✿ 추도(追悼) : 죽은 사람을 생각하여 슬퍼함
✹ 고문(顧問) : 어떤 분야에 대하여 전문적인 지식과 풍부한 경험을 가지고 자문에 응하여 의견을 제시하고 조언을 하는 직책

[   ](대괄호) 안의 일본어를 한자로 적어보고, 읽는 법을 히라가나로 쓰세요.

본문 내용	대괄호 한자로 쓰기	읽는 법 쓰기
01 [水面を (スベ) る]ように進む。 수면을 미끄러지듯이 나아가다. すいめん / すす	水面を滑る	
02 [(アットウ) 的な]差をつけて勝った。 압도적인 차이로 승리했다. てき / さ / か	圧倒的な	
03 [(レッセイ) を一挙に]はねかえす。 열세를 단숨에 만회하다. いっきょ	劣勢を一挙に	
04 [(キセイ) 概念]を打ち破る。 기성*개념을 깨다. がいねん / う / やぶ	既成概念	
05 反対の[意思を (ヒョウメイ)] する。 반대 의사를 표명하다. はんたい / いし	意思を表明	
06 故郷に強い [(アイチャク) を抱く]。 고향에 강한 애착을 품다. こきょう / つよ / いだ	愛着を抱く	
07 収益は[主催者に (キゾク)] する。 수익은 주최자에게 귀속한다. しゅうえき / しゅさいしゃ	主催者に帰属	
08 部屋の壁に [(キレツ) が走る]。 방벽에 균열이 일어나다. へや / かべ / はし	亀裂が走る	
09 背広の[型が (クズ) れる]。 양복이 구겨지다. せびろ / かた	型が崩れる	
10 [成功の (キザ) し]が見える。 성공의 조짐이 보인다. せいこう / み	成功の兆し	
11 怪我をして [(タンカ)] で運ばれた。 상처를 입어 들것으로 운반되었다. けが / はこ	担架	
12 [(カイメツ) 的な]打撃を受ける。 괴멸적인 타격을 입다. てき / だげき / う	壊滅的な	
13 患者を [(カクリ)] する。 환자를 격리하다. かんじゃ	隔離	
14 第一人者の名を [(ハズカシ) める]。 제1인자의 이름을 더럽히다. だいいちにんしゃ / な	辱める	
15 前線から [(テッタイ)] する。 전선에서 철수하다. ぜんせん	撤退	
16 ゴール前で[激しく (セ) る]。 골 앞에서 격렬하게 싸우다. まえ / はげ	激しく競る	
17 彼を[議長に (スイセン)] する。 그를 의장으로 추천하다. かれ / ぎちょう	議長に推薦	
18 使者に[手紙を (タク) す]。 사자*에게 편지를 맡기다. ししゃ / てがみ	手紙を託す	
19 [政局の (カチュウ)] に立つ人。 정국의 와중*에 선 사람. せいきょく / た / ひと	政局の渦中	
20 [(ツウレツ) な一撃]を受けた。 통렬한 일격을 받았다. いちげき / う	痛烈な一撃	

◆ 기성(既成) : 이미 이루어짐　　　　　　　　　　　　　　　🕭 사자(使者) : 심부름하는 사람

🕮 와중(渦中) : 1.흐르는 물이 소용돌이치는 가운데 2.일이나 사건 따위가 시끄럽고 복잡하게 벌어지는 가운데

[　　　](대괄호) 안의 일본어를 한자로 적어보고, 읽는 법을 히라가나로 쓰세요.

본문 내용	대괄호 한자로 쓰기	읽는 법 쓰기
01 目的のためには [(シュダン) を選ばない]。 목적을 위해서는 수단을 가리지 않는다. _{もくてき　　　　　　　　　　　　えら}	手段を選ばない	
02 俳句欄に [(トウコウ)] する。 하이쿠란에 투고하다. _{はいくらん}	投稿	
03 [(ユウレイ)] は本当に存在するのか。 유령은 정말로 존재할까? _{ほんとう　そんざい}	幽霊	
04 彼はいつも [(ムソウ)] しているように見える。 그는 언제나 공상하고 _{かれ　　　　　　　　　　　　　　　　み} 있는 것처럼 보인다.	夢想	
05 彼らと [(ドウルイ)] には見られたくない。 그들과 같은 부류로는 보이고 싶지 않다. _{かれ　　　　　　　　　　み}	同類	
06 [(マクラ)] が合わなくて眠れない。 베개가 맞지 않아서 잠을 이룰 수 없다. _{あ　　　　　ねむ}	枕	
07 彼らは一卵性 [(ソウセイジ)] だ。 그들은 일란성 쌍둥이다. _{かれ　　いちらんせい}	双生児	
08 [私の (ジロン)] が受け入れられた。 내 지론*이 수용되었다. _{わたし　　　　　　　う　い}	私の持論	
09 [(タガ) いの立場]を尊重する。 서로의 입장을 존중하다. _{たちば　そんちょう}	互いの立場	
10 [(エソラゴト)] を並べる。 허황된 이야기를 늘어놓다. _{なら}	絵空事	
11 [(イチガイ) に]そうとは言えない。 일괄적으로 그렇다고는 할 수 없다. _い	一概に	
12 [(リフジン) な]仕打ちを受ける。 불합리한 처사를 당하다. _{しう}	理不尽な	
13 [彼の (オウボウ) さ]は目にあまる。 그의 횡포는 묵과할 수 없다. _{かれ　　　　　　　め}	彼の横暴さ	
14 彼女はいつも[自信 (カジョウ)] だ。 그녀는 언제나 자신과잉이다. _{かのじょ　　　じしん}	自信過剰	
15 今後の[方針を (トウギ)] する。 향후의 방침을 토의하다. _{こんご　ほうしん}	方針を討議	
16 傷口が [(ユチャク)] する。 상처가 유착*하다. _{きずぐち}	癒着	
17 一身に[期待を (ニナ) う]。 한 몸에 기대를 짊어지다. _{いっしん　きたい}	期待を担う	
18 プレス機を[工場に (ス) える]。 프레스기를 공장에 설치하다. _{き　こうじょう}	工場に据える	
19 有害広告を [(ハイジョ)] する。 유해광고를 배제하다. _{ゆうがいこうこく}	排除	
20 問題箇所を [(テッテイ) 的に]調べる。 문제가 있는 곳을 철저히 조사하다. _{もんだいかしょ　　　てき　しら}	徹底的に	

◆ 지론(持論) : 늘 가지고 있거나 전부터 주장하여 온 생각이나 이론　　　　◆ 유착(癒着) : (비유적으로)바람직하지 않은 상태로 결합됨. 들러붙다.

[   ](대괄호) 안의 일본어를 한자로 적어보고, 읽는 법을 히라가나로 쓰세요.

본문 내용	대괄호 한자로 쓰기	읽는 법 쓰기
01　真っ赤になって [(オコ) る]。 새빨개져 화내다. 　　ま　か	怒る	
02　調査[結果を (ホウコク)] する。 조사 결과를 보고하다. 　　ちょうさ けっか	結果を報告	
03　[(ゾク) 世間]を離れ山にこもる。 속세를 떠나 산에 틀어박히다. 　　　　せけん　はな やま	俗世間	
04　教会で[結婚式を (ア) げる]。 교회에서 결혼식을 올리다. 　　きょうかい けっこんしき	結婚式を挙げる	
05　[(リクツ)] ではわかっている。 이치로는 알고 있다.	理屈	
06　政党の [(シジ) 層]を調べる。 정당의 지지층을 조사하다. 　　せいとう　　　そう　しら	支持層	
07　自分の将来を[見 (ス) える]。 자신의 장래를 확인하다. 　　じ ぶん しょうらい　み	見据える	
08　[第一 (インショウ)] を大切にする。 첫인상을 소중히 하다. 　　だいいち　　　　　たいせつ	第一印象	
09　[消費税の (リツ)] を変更する。 소비세율을 변경하다. 　　しょうひ ぜい　　　へんこう	消費税の率	
10　証人の[証言を (ウタガ) う]。 증인의 증언을 의심하다. 　　しょうにん しょうげん	証言を疑う	
11　情報の[無断 (ケイサイ)] を禁じる。 정보의 무단 게재를 금지하다. 　　じょうほう む だん　　　　きん	無断掲載	
12　一心不乱*に[仏像を (ホ) る]。 오로지 불상만을 조각하다. 　　いっしん ふ らん　ぶつぞう	仏像を彫る	
13　[(ドタンバ)] まで追い詰められる。 막다른 곳까지 몰리다. 　　　　　　　お つ	土壇場	
14　[何かの (オモワク)] がありそうだ。 뭔가 의도가 있을 것 같다. 　　なに	何かの思惑	
15　[(キシカイセイ)] の策を講じる。 기사회생*대책을 강구하다. 　　　　　　　　さく こう	起死回生	
16　愛蔵の書を [(ゾウヨ)] する。 애장하는 책을 증여하다. 　　あいぞう しょ	贈与	
17　医療費 [(コウジョ) を受ける]。 의료비 공제를 받다. 　　い りょう ひ	控除を受ける	
18　刑事事件を[専門に (アツカ) う]。 형사 사건을 전문으로 담당하다. 　　けい じ じ けん せんもん	専門に扱う	
19　新事業に [(トウシ)] する。 신사업에 투자하다. 　　しん じ ぎょう	投資	
20　[(ルイセキ) する赤字]を食い止める。 누적된 적자를 막다. 　　　　　　　あか じ　く と	累積する赤字	

◆ 일심불란 (一心不乱) : 한 가지 일에만 골몰함　　　　　　　　◆ 기사회생(起死回生) : 거의 죽을 뻔하다가 도로 살아남

[   ](대괄호) 안의 일본어를 한자로 적어보고, 읽는 법을 히라가나로 쓰세요.

본문 내용	대괄호 한자로 쓰기	읽는 법 쓰기
01 [(シンコク) 化]する水質汚染。 심각해지는 수질 오염.	深刻化	
02 [国際 (ジョウセイ)] に興味を持つ。 국제 정세에 흥미를 갖다.	国際情勢	
03 実験結果から [(スイサツ)] する。 실험 결과에서 짐작하다.	推察	
04 やむなく [(キョウコウ) 手段]をとる。 부득이 하게 강경 수단을 취하다.	強硬手段	
05 酸性雨の [(エイキョウ) を受ける]。 산성비의 영향을 받다.	影響を受ける	
06 南極 [(カンソク) 隊]に加わった。 남극 관측대에 합류했다.	観測隊	
07 [(ヒレツ)] きわまりない妨害を受ける。 비열하기 짝이 없는 방해를 받다.	卑劣	
08 [課長 (ホサ)] に任命される。 과장 보좌에 임명되다.	課長補佐	
09 追っ手から [(ノガ) れる]。 추격자로부터 도망치다.	逃れる	
10 [(ツナ) 引き]の大会に出場する。 줄다리기 대회에 출전하다.	綱引き	
11 [(ハンカガイ)] の商業活動を支援する。 번화가의 상업 활동을 지원하다.	繁華街	
12 [道路 (ヒョウシキ)] に注意する。 도로 표지에 주의하다.	道路標識	
13 駿河湾に [(ノゾ) む]漁村。 스루가만에 면한 어촌.	臨む	
14 解約の件は [(ショウチ)] できない。 해약 건은 승낙할 수 없다.	承知	
15 地震のため[家屋が (ソンカイ)] する。 지진으로 인해 가옥이 파괴되다.	家屋が損壊*	
16 このボールはよく [(ハズ) む]。 이 볼은 잘 튄다.	弾む	
17 彼は大変 [(ヨウリョウ) のいい]人間だ。 그는 대단히 요령이 좋은 사람이다.	要領のいい	
18 [(フモウ) な議論]が繰り返される。 아무 성과도 없는 논의가 반복되다.	不毛* な議論	
19 [新聞社 (シュサイ)] の行事に参加する。 신문사 주최의 행사에 참가하다.	新聞社主催	
20 かばんに[本を (ツ) め込む]。 가방에 책을 채워 넣다.	本を詰め込む	

◆ 손괴(損壊) : 어떤 물건을 망가뜨림. 파괴   ♣ 不毛(ふもう) : (비유적으로) 아무런 성과도 올리지 못함

[   ](대괄호) 안의 일본어를 한자로 적어보고, 읽는 법을 히라가나로 쓰세요.

본문 내용	대괄호 한자로 쓰기	읽는 법 쓰기
01 [矢印に (シタガ) って]角を曲がる。 화살표에 따라 (길)모퉁이를 돌다. やじるし　　　　　　かど ま	矢印に従って	
02 音が四方の[壁に (ハンキョウ)] する。 소리가 사방의 벽에 울린다. おと しほう かべ	壁に反響	
03 事件への [(ゲンキュウ) を避ける]。 사건에 대한 언급을 피하다. じけん　　　　　　　　　さ	言及を避ける	
04 [東京 (キンコウ)] の住宅地に住む。 도쿄 근교 주택지에 살다. とうきょう　　　　じゅうたくち す	東京近郊	
05 社長は大変 [(キンベン) な人]だ。 사장은 대단히 근면한 사람이다. しゃちょう たいへん　　　　　　ひと	勤勉な人	
06 シェークスピアの [(ヒゲキ) を読む]。 셰익스피어의 비극을 읽다. よ	悲劇を読む	
07 [気分 (テンカン)] にコーヒーを飲む。 기분 전환으로 커피를 마시다. きぶん　　　　　　　　　　　　の	気分転換	
08 新入生を [(カンゲイ)] する。 신입생을 환영하다. しんにゅうせい	歓迎	
09 [局面の (ダカイ)] をはかる。 국면의 타개를 도모하다. きょくめん	局面の打開	
10 電車の[つり革を (ニギ) る]。 전차의 손잡이를 쥐다. でんしゃ　　　　かわ	つり革を握る	
11 [(ソッキン)] には良い人材が必要だ。 측근에는 좋은 인재가 필요하다. よ じんざい ひつよう	側近	
12 剣術を [(シナン)] する。 검술을 가르치다. けんじゅつ	指南*	
13 [(メイロウ) 活発な]子どもだった。 유쾌하고 활발한 아이였다. かっぱつ こ	明朗活発な	
14 多大の[恩恵を (コウム) る]。 매우 큰 은혜를 입다. ただい おんけい	恩恵を被る	
15 二つの話の [(セイゴウ) 性をとる]。 두 이야기의 정합성*을 취하다. ふた はなし せい	整合性をとる	
16 先週[配置 (テンカン)] された。 지난주 배치 전환되었다. せんしゅうはいち	配置転換	
17 地下室に [(カンキン)] する。 지하실에 감금하다. ちかしつ	監禁	
18 [(クツジョク) 的な]負けを喫する。 굴욕적인 패배를 당하다. てき ま きっ	屈辱的な	
19 [(センドウ)] されて暴徒と化した大衆。 선동되어 폭도로 변한 대중. ぼうと か たいしゅう	扇動	
20 私語は [(ツツシ) む]べきだ。 사담은 삼가 해야 한다. しご	慎む	

◆ 지남(指南) : 무예 등을 가르침

◆ 정합성(整合性) : 공리적인 논리 체계에서 우선 필요로 하는 요건으로, 공리계에 논리적 모순이 없는 것. 무모순성

[   ](대괄호) 안의 일본어를 한자로 적어보고, 읽는 법을 히라가나로 쓰세요.

본문 내용	대괄호 한자로 쓰기	읽는 법 쓰기
01 芳名録に [(キチョウ)] する。 방명록에 기장*하다.	記帳	
02 不安が [(ツノ) る]。 불안이 점점 심해지다.	募る	
03 要点を [(テキカク) に]示す。 요점을 적확*하게 제시하다.	的確に	
04 災害の [(ジンソク) な]報道。 재해의 신속한 보도.	迅速な	
05 [(ホコ) り高き]生き方に共感する。 긍지 높은 삶의 방식에 공감하다.	誇り高き	
06 [(センタン) 医療]の開発チーム。 첨단 의료의 개발팀.	先端医療	
07 [(キンユウ) 商品]を宣伝する。 금융상품을 선전하다.	金融商品	
08 [(シロウト) 考え]で修理してみる。 아마추어 생각으로 수리해 보다.	素人考え	
09 新たな[条件を (テイジ)] する。 새로운 조건을 제시하다.	条件を提示	
10 [(ソボク) な]疑問を抱く。 소박한 의문을 품다.	素朴な	
11 [(ケッカン) 住宅]に住む。 결함 주택에 살다.	欠陥住宅	
12 事故の[原因を (キュウメイ)] する。 사고의 원인을 구명*하다.	原因を究明	
13 犯人は[市内に (ヒソ) んで]いるはずだ。 범인은 시내에 숨어있을 것이다.	市内に潜んで	
14 政府の[要職に (ツ) く]。 정부의 요직에 취임하다.	要職に就く	
15 サーカスの [(ツナ) 渡り]。 서커스의 줄타기.	綱渡り	
16 支払いを [(セイキュウ)] する。 지불을 청구하다.	請求	
17 [大 (シッタイ)] を演じた。 큰 실수를 저질렀다.	大失態	
18 [(ヒサン) な話]はあまり聞きたくない。 비참한 이야기는 별로 듣고 싶지 않다.	悲惨な話	
19 空軍の [(セントウ) 機]が飛ぶ。 공군 전투기가 날다.	戦闘機	
20 理事会を [(ショウシュウ)] する。 이사회를 소집하다.	招集	

◆ 기장(記帳) : 장부에 기입함
♣ 적확(的確) : 정확하게 맞아 조금도 틀리지 아니함
◉ 구명(究明) : 사물의 본질, 원인 따위를 깊이 연구하여 밝힘

[   ](대괄호) 안의 일본어를 한자로 적어보고, 읽는 법을 히라가나로 쓰세요.

본문 내용	대괄호 한자로 쓰기	읽는 법 쓰기
01 火事とけんかは[江戸の (ハナ)]。 화재와 싸움은 에도의 정수.	江戸の華	
02 [(アザ) やかな]腕前を披露する。 훌륭한 솜씨를 선보이다.	鮮やかな	
03 隅田川の [(カハン) を歩く]。 스미다강의 강변을 걷다.	河畔を歩く	
04 似ているものを [(レンソウ)] する。 유사한 것을 연상하다.	連想	
05 誕生日に[花束を (オク) る]。 생일에 꽃다발을 선물하다.	花束を贈る	
06 [(ガイロジュ) が色づく]季節。 가로수가 물드는 계절.	街路樹が色づく	
07 [(コウヨウ) の秋)を楽しむ。 가을 단풍을 즐기다.	紅葉の秋	
08 [(セイソ) で]上品な着物。 청초하고 고상한 일본 옷.	清楚で	
09 少女の [(カレン) な姿]を見る。 소녀의 가련한 모습을 보다.	可憐な姿	
10 [秋の (オモムキ)] が深くなる。 가을의 정취가 깊어지다.	秋の趣	
11 人間の欲望には [(サイゲン) がない]。 인간의 욕망에는 한이 없다.	際限がない	
12 [(カクリ) 病棟]を訪れる。 격리병동을 방문하다.	隔離病棟	
13 [独断と (ヘンケン)] により決定する。 독단과 편견에 의해 결정하다.	独断と偏見	
14 発言力を [(ジョチョウ)] する。 발언력을 조장하다.	助長	
15 留置所に [(コウチ)] する。 유치장에 가두다.	拘置*	
16 賃金[問題を (テイキ)] する。 임금 문제를 제기하다.	問題を提起	
17 行政[文書の (カイジ)] を請求する。 행정 문서의 개시를 청구하다.	文書の開示	
18 資源の [(ムダ) をなくす]。 자원의 낭비를 없애다.	無駄をなくす	
19 最新の [(ケンサク) エンジン]をチェックする。 최신 검색 엔진을 체크하다.	検索エンジン	
20 虫歯を [(チリョウ)] する。 충치를 치료하다.	治療	

◆ 구치(拘置) : (법률)형(刑)을 집행하려고 피의자나 범죄자 따위를 일정한 곳에 가둠. '가둠'으로 순화

[   ](대괄호) 안의 일본어를 한자로 적어보고, 읽는 법을 히라가나로 쓰세요.

본문 내용	대괄호 한자로 쓰기	읽는 법 쓰기
01 [(アラシ)] の中船を出す。 폭풍우 속에 배가 출항한다. なかふね だ	嵐	
02 [(キンパク) 状態]の中で作業した。 긴박한 상태 속에서 작업다. じょうたい なか さぎょう	緊迫状態	
03 [印刷の (アヤマ) り]を発見した。 잘못된 인쇄를 발견했다. いんさつ はっけん	印刷の誤り	
04 [相手の (リョウシキ)] を問う。 상대의 양식을 묻다. あいて と	相手の良識	
05 保険に加入するよう [(カンユウ)] する。 보험에 가입하도록 권유하다. ほけん かにゅう	勧誘	
06 彼は [(ジョウシキ) に欠けて]いる。 그는 상식이 결여되어 있다. かれ か	常識に欠けて	
07 [(ベン) が立つ]人が苦手だ。 언변이 좋은 사람은 대하기가 벅차다. た ひと にがて	弁が立つ	
08 新内閣が [(ホッソク)] した。 신내각이 출범했다. しんないかく	発足	
09 制服姿が [(ウイウイ) しい]。 제복 차림이 청순하다. せいふくすがた	初々しい	
10 [有為 (テンペン)] の世の中。 유위전변*의 세상. うい よ なか	有為転変	
11 [(セイキュウ) に]結論を出す。 성급하게 결론을 내다. けつろん だ	性急に	
12 市場は [(カッキョウ) を呈する]。 시장은 활기를 띠다. しじょう てい	活況を呈する	
13 [(カタヨ) った]食事は病気の元だ。 치우친 식사는 병의 원인이다. しょくじ びょうき もと	偏った	
14 [(サンパツ) 的に]衝突が起こる。 산발적으로 충돌이 일어나다. てき しょうとつ お	散発的に	
15 突然敵に [(シュウゲキ)] された。 갑자기 적에게 습격당했다. とつぜんてき	襲撃	
16 最善の[道を (モサク)] する。 최선의 길을 모색하다. さいぜん みち	道を模索	
17 [(ゲキテキ) な]結末を迎える。 극적인 결말을 맞이하다. けつまつ むか	劇的な	
18 [明治 (イシン)] で活躍した人々。 메이지 유신에서 활약한 사람들. めいじ かつやく ひとびと	明治維新	
19 政治家が [(シュウワイ) 容疑]で逮捕される。 정치가가 뇌물수수 혐의로 체포되다. せいじか ようぎ たいほ	収賄容疑	
20 外国の[演奏家を (ショウチ)] する。 외국의 연주가를 초청하다. がいこく えんそうか	演奏家を招致*	

◆ 유위전변(有為転変) : 만물이 변하기 쉽고 덧없음   ♣ 초치(招致) : 청해서 오게 함

114

[   ](대괄호) 안의 일본어를 한자로 적어보고, 읽는 법을 히라가나로 쓰세요.

본문 내용	대괄호 한자로 쓰기	읽는 법 쓰기
01 [(ジショク)] に追い込まれる。 사직에 내몰리다. 　　　　　お　　こ	辞職	
02 会への[参加を (ウナガ) した]。 모임에 대한 참가를 재촉했다. 　かい　　　　さん か	参加を促した	
03 早とちり*するのが[玉に (キズ)] だ。 지레 짐작하는 것이 옥에 티다. 　はや　　　　　　　たま	玉に傷	
04 興奮して [(ケツアツ) が上がる]。 흥분하여 혈압이 올라가다. 　こうふん　　　　　　　　あ	血圧が上がる	
05 捕まえたら [(ハナ) さない]。 붙잡으면 놓지 않는다. 　つか	放さない	
06 家の [(ウラ) 口]から出る。 집의 뒷문으로 나가다. 　いえ　　　　ぐち　　で	裏口	
07 大きな [(イタデ) を受ける]。 큰 타격을 입다. 　おお　　　　　　　う	痛手を受ける	
08 趣味で[短歌を (ヨ) んで]いる。 취미로 단가를 읊고 있다. 　しゅみ　たんか	短歌を詠んで	
09 永遠の愛を[神に (チカ) う]。 영원한 사랑을 신에게 맹세하다. 　えいえん　あい　かみ	神に誓う	
10 座ぶとんを [(スス) める]。 방석을 권하다. 　ざ	勧める	
11 [(ゾウキ) 移植]手術が行われる。 장기 이식 수술을 실시하다. 　　　　　いしょくしゅじゅつ　おこな	臓器移植	
12 [乗り物 (ヨ) い]して気分が悪い。 멀미해서 기분이 나쁘다. 　の もの　　　　　き ぶん　わる	乗り物酔い	
13 道端の[花を (ツ) む]少女。 길가의 꽃을 따는 소녀. 　みちばた　はな　　　　しょうじょ	花を摘む	
14 似たような [(ジレイ) があった]。 유사한 사례가 있었다. 　に	事例	
15 論旨の [(ムジュン) をつく]。 논지*의 모순을 찌르다. 　ろんし	矛盾をつく	
16 [前後の (ミャクラク)] がない話。 전후의 맥락이 없는 이야기. 　ぜんご　　　　　　　　はなし	前後の脈絡	
17 やっと [(カツロ) を見出せた]。 겨우 활로를 찾아낼 수 있었다. 　　　　　　　　みいだ	活路を見出せた	
18 外国建築を [(モホウ) した]設計。 외국 건축을 모방한 설계. 　がいこくけんちく　　　　　せっけい	模倣	
19 商品の[販売を (イタク)] する。 상품의 판매를 위탁*하다. 　しょうひん　はんばい	販売を委託	
20 説明は [(ビサイ) な点]にまでわたる。 설명은 미세한 점까지 이르다. 　せつめい　　　　　てん	微細な点	

◆ 早(はや)とちり : 지레짐작하여 실수함　　　　　　　　　　　　♣ 논지(論旨) : 논하는 말이나 글의 취지
※ 위탁(委託) : 1.남에게 사물이나 사람의 책임을 맡김 2.(법률)법률 행위나 사무의 처리를 다른 사람에게 맡겨 부탁하는 일

[   ](대괄호) 안의 일본어를 한자로 적어보고, 읽는 법을 히라가나로 쓰세요.

본문 내용	대괄호 한자로 쓰기	읽는 법 쓰기
01 [(ヒテイ)] と肯定。 부정과 긍정. こうてい	否定	
02 神が[天地を (ソウゾウ)] する。 신이 천지를 창조하다. かみ てんち	天地を創造	
03 [(サル)] に芸を覚えさせる。 원숭이에게 재주를 익히게 하다. げい おぼ	猿	
04 他人の [(レイショウ) を買う]。 타인의 냉소를 사다. たにん か	冷笑を買う	
05 絵画コンクールの [(シンサ) 員]をする。 회화 콩쿠르 심사원을 하다. かいが いん	審査員	
06 [三角 (ジョウギ)] とコンパス。 삼각자와 컴퍼스. さんかく	三角定規	
07 [製品の (キカク)] を統一する。 제품의 규격을 통일하다. せいひん とういつ	製品の規格	
08 概要を [(オオザッパ) に]理解する。 개요를 대충 이해하다. がいよう りかい	大雑把に	
09 [(ケイケン) を積み]一人前になる。 경험을 쌓고 제 몫을 하게 되다. つ いちにんまえ	経験を積み	
10 大学で [(コウギ) を受ける]。 대학에서 강의를 받다. だいがく う	講義を受ける	
11 水道[料金を (チョウシュウ)] する。 수도요금을 징수하다. すいどうりょうきん	料金を徴収	
12 [法律の (ジョウコウ)] を見直す。 법률의 조항을 재검토하다. ほうりつ みなお	法律の条項	
13 議員に[政治 (ケンキン)] する。 의원에게 정치 헌금하다. ぎいん せいじ	政治献金	
14 ひいきの[チームを (オウエン)] する。 특히 좋아하는 팀을 응원하다.	チームを応援	
15 [(ゼヒ)] 来てください。 꼭 와 주세요. き	是非	
16 条約の [(テイヤク) 国]をリストにする。 조약의 체약국을 리스트로 삼다. じょうやく こく	締約国	
17 [核兵器の (ハイゼツ)] を目指す。 핵무기의 폐기를 지향하다. かくへいき めざ	核兵器の廃絶*	
18 議会が[条約の (ヒジュン)] を承認する。 의회가 조약의 비준을 승인하다. ぎかい じょうやく しょうにん	条約の批准	
19 法的な [(コウソク) 力]はない。 법적인 구속력은 없다. ほうてき りょく	拘束力	
20 植物の[生育を (ウナガ) す]。 식물의 생육을 촉진시키다. しょくぶつ せいいく	生育を促す	

◆ 폐절(廃絶) : 폐하여 없앰

[   ](대괄호) 안의 일본어를 한자로 적어보고, 읽는 법을 히라가나로 쓰세요.

본문 내용	대괄호 한자로 쓰기	읽는 법 쓰기
01 日が[(ク) れる]。 날이 저물다.	暮れる	
02 ここからの [(ナガ) め]は素晴らしい。 여기서부터의 조망은 멋지다.	眺め	
03 [エッフェル (トウ)] を見学する。 에펠탑을 견학하다.	エッフェル塔	
04 自然が作った [(ケイカン) を守る]。 자연이 만든 경관을 지키다.	景観を守る	
05 携帯電話は [(キュウゲキ) に普及]した。 휴대폰은 급격히 보급되었다.	急激に普及	
06 [(テンボウ) 台]から周囲を見渡す。 전망대에서 주위를 둘러보다.	展望台	
07 [明治 (ジングウ)] へ初詣に行く。 메이지 신궁* 에 첫 참배하러 가다.	明治神宮	
08 山脈では[山が (ツラ) なる]。 산맥에서는 산이 이어져 있다.	山が連なる	
09 [(イガイ) に]知られていない事実。 의외로 알려져 있지 않은 사실.	意外に	
10 数々の[タイトルを (カクトク)] する。 수많은 타이틀을 획득하다.	タイトルを獲得	
11 [(カンバン)] に偽りがない店。 간판에 거짓이 없는 가게.	看板	
12 新しい法案が [(カクギ) 決定]される。 새로운 법안이 각의* 에서 결정되다.	閣議決定	
13 独自の[説を (トナ) える]。 독자적인 설을 주창하다.	説を唱える	
14 [(メズラ) しい]料理を食べる。 희귀한 요리를 먹다.	珍しい	
15 簡易裁判所の少額 [(ソショウ) 制度]。 간이재판소의 소액 소송 제도.	訴訟制度	
16 [売買の (チュウカイ)] を行う。 매매의 중개를 실시하다.	売買の仲介	
17 多くの [(ギセイ) を払って]の勝利。 많은 희생을 치른 승리.	犠牲を払って	
18 [裁判所に (チョウテイ) を]申し立てる。 재판소에 조정을 제의하다.	裁判所に調停を	
19 通信を [(サマタ) げる]ノイズ。 통신을 방해하는 소음.	妨げる	
20 疑念を [(イダ) かざる]を得ない。 의심을 품지 않을 수 없다.	抱かざる	

◆ 신궁(神宮) : 일제 강점기에, 일본의 죽은 왕이나 왕족의 시조를 모시던 제단
♣ 각의(閣議) : 내각 회의(내각이 그 직무를 수행하기 위하여 개최하는 회의)

[   ](대괄호) 안의 일본어를 한자로 적어보고, 읽는 법을 히라가나로 쓰세요.

본문 내용	대괄호 한자로 쓰기	읽는 법 쓰기
01　かつての[特権 (カイキュウ)] の暮らし。 이전의 특권 계급 생활.	特権階級	
02　朝起きて [(カミガタ) を整える]。 아침에 일어나 머리모양을 가다듬다.	髪形を整える	
03　[舞台 (イショウ)] に着替える。 무대 의상으로 갈아입다.	舞台衣装	
04　トランジスタの [(ゾウフク) 作用]。 트랜지스터의 증폭작용.	増幅作用	
05　不良少年に [(インネン)] をつけられる。 불량소년에게 트집을 잡히다.	因縁	
06　[(アイマイ) な表現で]ごまかす。 애매한 표현으로 속이다.	曖昧な表現で	
07　[両 (キョクタン) な]意見が出る。 양극단적인 의견이 나오다.	両極端な	
08　首相が [(ダンワ) を発表]する。 수상이 담화를 발표하다.	談話を発表	
09　[各 (チイキ)] の代表が集まる。 각 지역의 대표가 모이다.	各地域	
10　[(チュウダン)] されていた工事を再開する。 중단되었던 공사를 재개하다.	中断	
11　[児童 (ギャクタイ)] が問題となる。 아동 학대가 문제가 되다.	児童虐待	
12　火災を急いで [(チンアツ)] する。 화재를 서둘러 진압하다.	鎮圧	
13　戦争時に行われた [(バンコウ)]。 전쟁시에 행해진 만행.	蛮行	
14　[地域で (カンカツ)] を分けている。 지역에서 관할을 나누고 있다.	地域で管轄	
15　裁判官[弾劾の (ソツイ)] をする。 재판관 탄핵*소추*를 하다.	弾劾の訴追	
16　的の中心を [(ネラ) う]。 과녁의 중심을 겨누다.	狙う	
17　放置自転車を [(イッソウ)] する。 방치된 자전거를 일소*하다.	一掃	
18　祖母が[危篤に (オチイ) る]。 조모가 중태에 빠지다.	危篤に陥る	
19　管理人が [(ジョウチュウ)] する。 관리인이 상주하다.	常駐	
20　[川の (フチ)] に何かがある。 강가에 무언가가 있다.	川の淵	

◆ 탄핵(弾劾) : 보통의 파면 절차에 의한 파면이 곤란하거나 검찰 기관에 의한 소추가 사실상 곤란한 대통령·국무 위원·법관 등을 국회에서 소추하여 해임하거나 처벌하는 일
♣ 소추(訴追) : 고급 공무원이 직무를 집행할 때 헌법이나 법률을 위배하였을 경우 국가가 탄핵을 결의하는 일
◉ 일소(一掃) : 죄다 없애버림

[   ](대괄호) 안의 일본어를 한자로 적어보고, 읽는 법을 히라가나로 쓰세요.

본문 내용	대괄호 한자로 쓰기	읽는 법 쓰기
01 研究の [(コウソウ) を練り直す]。 연구 구상을 다시 짜다. けんきゅう　　　　　　　ね　なお	構想を練り直す	
02 記録が [(ニンテイ)] される。 기록이 인정되다. きろく	認定	
03 中が [(クウドウ)] になっている。 안이 동굴로 되어 있다. なか	空洞	
04 [(コウケイシャ)] がいない産業。 후계자가 없는 산업. さんぎょう	後継者	
05 [大学 (キョウジュ)] から指導を受ける。 대학 교수로부터 지도를 받다. だいがく　　　　　　　しどう　う	大学教授	
06 [模型を (セイサク)] するのが好き。 모형을 제작하는 것을 좋아함. もけい　　　　　　　　　す	模型を製作	
07 緑に囲まれ [(カンキョウ) が良い]。 신록에 둘러싸여 환경이 좋다. みどり かこ　　　　　　　　　よ	環境が良い	
08 プールの [(カンシ) 員]をする。 수영장의 감시원을 하다. いん	監視員	
09 金属 [(タンチ) 機]を使用する。 금속 탐지기를 사용하다. きんぞく　　　　き しよう	探知機	
10 明日までに [(クメン)] する。 내일까지 변통하다. あした	工面	
11 [議案の (サイタク)] でもめる。 의안의 채택으로 옥신각신하다. ぎあん	議案の採択	
12 [テーブルを (ヘダ) て]向かい合う。 테이블을 사이에 두고 마주 하다. む あ	テーブルを隔て	
13 外国人を [(ユウグウ)] する。 외국인을 우대하다. がいこくじん	優遇	
14 刻々と変わる [(カワセ) レート]。 시시각각 변하는 환율. こっこく か	為替レート	
15 [犯罪の (オンショウ)] に切り込む。 범죄의 온상에 치고 들어가다. はんざい　　　　　　　　き こ	犯罪の温床	
16 現金 [(スイトウ) 帳]を作成する。 현금 출납장을 작성하다. げんきん　　　　ちょう さくせい	出納帳	
17 [(シンシ) 的な]振る舞いを見せる。 신사적인 행동을 보이다. てき ふ ま み	紳士的な	
18 圧力低下で [(フク) れる]。 압력저하로 부풀다. あつりょくていか	膨れる	
19 [暗 (ヤミ)] の中を歩く。 어둠 속을 걷다. くら　　　なか ある	暗闇	
20 親と教師の [(コンダン) 会を開く]。 부모와 교사의 간담회*를 열다. おや きょうし　　　　　　かい ひら	懇談会を開く	

◆ 간담회(懇談会) : 정답게 서로 이야기를 나누는 모임. '대화 모임', '정담회'로 순화

[   ](대괄호) 안의 일본어를 한자로 적어보고, 읽는 법을 히라가나로 쓰세요.

본문 내용	대괄호 한자로 쓰기	읽는 법 쓰기
01 悔しいが相手の[要求を (ジュダク)] する。 분하지만 상대의 요구를 수락하다.	要求を受諾	
02 外国の元首に [(ショカン) を送った]。 외국 원수에게 편지를 보냈다.	書簡を送った	
03 引き続き [(ツイセキ) 調査]を行う。 계속 추적 조사를 실시하다.	追跡調査	
04 反対意見を言って [(ロコツ) に]嫌な顔をされた。 반대 의견을 말해 노골적으로 싫어 했다.	露骨に	
05 土地の[取引を (チュウカイ)] する。 토지 거래를 중개하다.	取引を仲介	
06 彼はいつも [(アンサツ) の恐怖]に怯えている。 그는 언제나 암살 공포에 떨고 있다.	暗殺の恐怖	
07 上空を [(バクゲキ) 機]が飛んでいる。 상공을 폭격기가 날고 있다.	爆撃機	
08 [(ショウテン) を絞って]話をしてください。 초점을 좁혀 이야기를 해 주세요.	焦点を絞って	
09 彼は[海賊の (トウリョウ)] だ。 그는 해적의 우두머리이다.	海賊の頭領	
10 博覧会の候補地に [(ナノ) りをあげた]地区。 박람회 후보지에 입후보한 지구.	名乗りをあげた	
11 相手の[動きを (テイサツ)] する。 상대의 움직임을 정찰하다.	動きを偵察	
12 犯人 [(イントク) 容疑]で逮捕する。 범인 은닉* 혐의로 체포하다.	隠匿容疑	
13 [問題点を (リュウホ)] して答弁する。 문제점을 유보하여 답변하다.	問題点を留保	
14 彼らにとっては [(シンセイ) な場所]だ。 그들에게 있어서는 신성한 장소다.	神聖な場所	
15 武道の修行で [(ダンジキ) をした]。 무도 수행 때문에 단식을 했다.	断食をした	
16 [言論 (ダンアツ)] を受けていた。 언론 탄압을 받았다.	言論弾圧	
17 [(インシツ) な]いじめを受ける。 음습한 왕따(집단따돌림)를 당하다.	陰湿な	
18 [社会の (コウハイ)] は目に余る。 사회의 황폐는 묵과할 수 없다.	社会の荒廃	
19 画期的な[システムを (コウチク)] した。 획기적인 시스템을 구축했다.	システムを構築	
20 古い書籍の [(カイテイ) 版]を買う。 오래된 서적의 개정판을 사다.	改訂版	

◆ 은닉(隱匿) : 남의 물건이나 범죄인을 감춤

120

[   ](대괄호) 안의 일본어를 한자로 적어보고, 읽는 법을 히라가나로 쓰세요.

본문 내용	대괄호 한자로 쓰기	읽는 법 쓰기
01 [父親の (セナカ)] をみて育つ。 아버지의 등을 보고 자라다. ちちおや　　　　　　　　　　そだ	父親の背中	
02 資本主義と [(キョウサン) 主義]。 자본주의와 공산주의. しほんしゅぎ　　　　　　　　　しゅぎ	共産主義	
03 [生活 (シュウカン) 病]になる。 생활 습관병에 걸리다. せいかつ　　　　　　　びょう	生活習慣病	
04 通夜に [(コウデン) を持参]する。 쓰야(通夜)*에 부의를 지참하다. つや　　　　　　　　　じさん	香典を持参	
05 [左右を (カクニン)] してから進む。 좌우를 확인한 뒤 나아가다. さゆう　　　　　　　　　　　すす	左右を確認	
06 [雑誌の (キサイ)] が事実と異なる。 잡지의 기재(한 내용)가 사실과 다르다. ざっし　　　　　　じじつ　こと	雑誌の記載	
07 木の葉を[森に (カク) す]。 나무 잎을 숲에 숨기다. こ は　　もり	森に隠す	
08 [料金の (ウチワケ)] をみる。 요금의 내역을 보다. りょうきん	料金の内訳	
09 [(キンセン) トラブル]が発生する。 금전 트러블이 발생하다. はっせい	金銭トラブル	
10 他との [(チガ) い]を明確にする。 다른 곳과의 차이를 명확히 하다. ほか　　　　　　めいかく	違い	
11 毎日 [(ケイシャ)] から卵をとる。 매일 닭장에서 계란을 수확한다. まいにち　　　　　　たまご	鶏舎	
12 その言葉が [(トウソウ) 心]に火をつけた。 그 말이 투쟁심에 불을 붙였다. ことば　　　　　　しん ひ	闘争心	
13 論理が [(ヒヤク)] している。 논리가 비약하고 있다. ろんり	飛躍	
14 [(シリョ) に欠ける]発言。 사려가 결여된 발언. か　　　はつげん	思慮に欠ける	
15 同じ事の [(ク) り返し]。 같은 일의 반복. おな こと　　　かえ	繰り返し	
16 [課長 (ホサ)] に昇格する。 과장 보좌로 승격하다. かちょう　　　　しょうかく	課長補佐	
17 [卒業生 (メイボ)] を作成する。 졸업생 명부를 작성하다. そつぎょうせい　　　さくせい	卒業生名簿	
18 許しがたい [(ボウキョ)] だ。 용서할 수 없는 폭거*이다. ゆる	暴挙	
19 会社の[信用が (シッツイ)] した。 회사의 신용이 실추*되었다. かいしゃ　しんよう	信用が失墜	
20 [(リョウシキ) ある]大人の発言。 양식 있는 어른의 발언. おとな　はつげん	良識ある	

◆ 쓰야(通夜) : (죽은 사람의 유해를 지키며) 하룻밤을 샘, 밤샘　　　◆ 폭거(暴擧) : 난폭한 행동
◈ 실추(失墜) : 명예나 위신 따위가 떨어지거나 잃게 되다

[　　](대괄호) 안의 일본어를 한자로 적어보고, 읽는 법을 히라가나로 쓰세요.

본문 내용	대괄호 한자로 쓰기	읽는 법 쓰기
01 開会を [(センゲン)] する。 개회를 선언하다. かいかい	宣言	
02 立てこもる犯人を[銃で (ウ) つ]。 농성하는 범인을 총으로 쏘다. た　　　　はんにん　じゅう	銃で撃つ	
03 立体図形の [(テンカイ) 図]を書く。 입체 도형의 전개도를 그리다. りったいずけい　　　　ず　か	展開図	
04 最後まで [(イシ) を貫く]。 마지막까지 의지를 관철하다. さいご　　　　つらぬ	意志を貫く	
05 事の[善悪を (ハンダン)] する。 일의 선악을 판단하다. こと　ぜんあく	善悪を判断	
06 [親友を (シンライ)] している。 친구를 신뢰하고 있다. しんゆう	親友を信頼	
07 クレームに [(タイショ)] する。 클레임에 대처하다.	対処	
08 日本経済に [(ウレ) いを抱く]。 일본 경제를 우려하다. にほんけいざい　　　いだ	憂いを抱く	
09 [(マネ) かれざる]˚客。 초대받지 않은 손님. きゃく	招かれざる	
10 部屋で[音楽を (キ) く]。 방에서 음악을 듣다. へや　おんがく	音楽を聴く	
11 ムツゴロウは [(ヒガタ) に生息]する。 짱뚱어는 갯벌에 서식한다. せいそく	干潟に生息	
12 来客を [(カンゲイ)] する。 방문객을 환영하다. らいきゃく	歓迎	
13 初心を [(ツラヌ) き通す]。 초심을 관철시키다. しょしん　　　　とお	貫き通す	
14 寒さで[路面が (トウケツ)] する。 추위로 노면(길바닥)이 얼어붙다. さむ　ろめん	路面が凍結	
15 [戦後 (ホショウ)] をきちんと行う。 전후 보상을 제대로 실시하다. せんご　　　　おこな	戦後補償	
16 レンズの [(ショウテン) が合わない]。 렌즈의 초점이 맞지 않는다. あ	焦点が合わない	
17 [既成 (ガイネン)] を打ち破る。 기성 개념을 깨다. きせい　　　　う　やぶ	既成概念	
18 違反者には[重い (バッソク)] がある。 위반자에게는 무거운 벌칙이 있다. いはんしゃ　　おも	重い罰則	
19 国民の三大 [(ギム) を果たす]。 국민의 3대 의무를 다하다. こくみん　さんだい　　は	義務を果たす	
20 懇切 [(テイネイ) な]指導を受ける。 극진하고 정중한 지도를 받다. こんせつ　　　　しどう　う	丁寧な	

◆ ざる : [연체사] ~하지 않다

122

[ ](대괄호) 안의 일본어를 한자로 적어보고, 읽는 법을 히라가나로 쓰세요.

본문 내용	대괄호 한자로 쓰기	읽는 법 쓰기
01 [(カンガイ) 深い]言葉をもらう。 감개무량한 말을 듣다. ふか ことば	感慨深い	
02 計算が [(フクザツ) な]ため間違えた。 계산이 복잡하기 때문에 틀렸다. けいさん まちが	複雑な	
03 歌舞伎を [(ゲキジョウ) で観る]。 가부키를 극장에서 보다. か ぶ き み	劇場で観る	
04 プロジェクトを [(シキ)] する。 프로젝트를 지휘하다.	指揮	
05 吹奏楽団の [(エンソウ) 会]。 취주악단의 연주회. すいそうがくだん かい	演奏会	
06 空襲で [(ハイキョ) となった]。 공습으로 폐허*가 되었다. くうしゅう	廃墟となった	
07 気持ちが [(ユ) らぐ]。 마음이 흔들리다. き も	揺らぐ	
08 合宿は [(カコク) さ]を極めた。 합숙은 과혹하기 이를 데 없었다. がっしゅく きわ	過酷さ	
09 [(キョウコウ)] スケジュールを組む。 강행 스케줄을 짜다. く	強行	
10 [(カンビ) な]夢を抱く。 단꿈을 품다. ゆめ いだ	甘美な ·	
11 諸民族の [(ユウワ) を図る]。 여러 민족의 융화*를 도모하다. しょみんぞく はか	融和を図る	
12 財産の[一部を (イジョウ)] する。 재산의 일부를 이양하다. ざいさん いち ぶ	一部を移譲	
13 壊れた[屋根を (ホシュウ)] する。 부서진 지붕을 보수하다. こわ や ね	屋根を補修	
14 [住民の (ヨウセイ)] に行政が応える。 주민의 요청에 행정이 응답하다. じゅうみん ぎょうせい こた	住民の要請	
15 [観客の (セイエン)] に励まされる。 관객의 성원에 격려 받다. かんきゃく はげ	観客の声援	
16 [交渉が (アンショウ)] に乗り上げる。 교섭이 암초에 걸리다. こうしょう の あ	交渉が暗礁	
17 日本人の [(キョウシュウ) を誘う]。 일본인의 향수를 자아내다. に ほんじん さそ	郷愁を誘う	
18 文明から [(カクゼツ)] した秘境。 문명에서 동떨어진 비경. ぶんめい ひきょう	隔絶*	
19 教わったことを [(ジッセン)] する。 배운 것을 실천하다. おそ	実践	
20 異文化に対して [(カンヨウ) な精神]。 이문화에 대해 너그러운 정신. い ぶん か たい せいしん	寛容な精神	

◆ 폐허(廃墟) : 건물이나 성 따위가 파괴되어 황폐하게 된 터　　　♣ 융화(融和) : 서로 어울려 갈등이 없이 화목하게 됨

◈ 격절(隔絶) : 동떨어짐

[   ](대괄호)안의 일본어를 한자로 적어보고, 읽는 법을 히라가나로 쓰세요.

본문 내용	대괄호 한자로 쓰기	읽는 법 쓰기
01 [(コンナン)] を極める作業。 매우 곤란한 작업. きわ さぎょう	困難	
02 突如隣国へ [(シンコウ)] する。 갑자기 이웃 나라에 침공하다. とつじょりんごく	侵攻	
03 仕事に [(セイリョク) 的に]取り組む。 일에 정력적으로 몰두하다. しごと てき と	精力的に	
04 [(ゾウオ) の念]を抱く。 증오하는 마음을 품다. ねん いだ	憎悪の念	
05 [議論の (オウシュウ)] が続く。 논의의 응수* 가 계속되다. ぎろん つづ	議論の応酬	
06 長年の [(シュクテキ) を倒す] 오랜 숙적* 을 쓰러트리다. ながねん たお	宿敵を倒す	
07 疲れて動きが [(ニブ) ってくる]。 피곤하여 움직임이 둔해지다. つか うご	鈍ってくる	
08 構造改革を目標に [(カカ) げる]。 구조 개혁을 목표로 내걸다. こうぞうかいかく もくひょう	掲げる	
09 何事も [(ラッカン) 的に]考える。 만사를 낙관적으로 생각하다. なにごと てき かんが	楽観的に	
10 常に [(チョウセン) 者]であり続ける。 항상 도전자이고 싶다. つね しゃ つづ	挑戦者	
11 交通 [(ユウドウ) 員]の指示に従う。 교통 유도원의 지시를 따르다. こうつう いん しじ したが	誘導員	
12 新しい[理論を (テイショウ)] する。 새로운 이론을 제창하다. あたら りろん	理論を提唱	
13 年金が [(キュウフ)] される。 연금이 급부* 되다. ねんきん	給付	
14 [人事を (ツ) くして]天命を待つ。 진인사대천명. 사람이 할 수 있는 일을 じんじ てんめい ま 다 하고서 천명을 기다리다.	人事を尽くして	
15 経済の[悪化を (ソシ)] する。 경제 악화를 저지하다. けいざい あっか	悪化を阻止	
16 一切の [(ダキョウ) を許さない]。 일절 타협을 용납하지 않는다. いっさい ゆる	妥協を許さない	
17 [生死の (セトギワ)] に立つ。 생사의 갈림길에 서다. せいし た	生死の瀬戸際	
18 あまりの [(サンジョウ) に絶句]*する。 지나친 참상에 말이 막히다. ぜっく	惨状に絶句	
19 [問題を (カンカ)] した責任は重い。 문제를 간과한 책임은 무겁다. もんだい せきにん おも	問題を看過	
20 適切な [(ソチ) をとる]。 적절한 조치를 취하다. てきせつ	措置をとる	

◆ 응수(応酬) : 상대편이 한 말이나 행동을 받아서 마주 응함   ♣ 숙적(宿敵) : 오래전부터의 원수
❋ 급부(給付) : (단체나 공공기관 등이) 금품을 지급함   ♣ 절구(絶句) : 도중에서 말이 막힘

[   ](대괄호) 안의 일본어를 한자로 적어보고, 읽는 법을 히라가나로 쓰세요.

본문 내용	대괄호 한자로 쓰기	읽는 법 쓰기
01　子供のころを [(ナツ) かしむ]。 어린 시절을 그리워하다. 　　こども	懐かしむ	
02　[(コウキシン)] が旺盛な年頃。 호기심이 왕성한 연령. 　　おうせい　としごろ	好奇心	
03　[(ソウゾウ) の域]を出ない話。 상상의 범위를 벗어나지 않는 이야기. 　　いき　で　はなし	想像の域	
04　[(コウフン)] して寝付けない。 흥분하여 잠을 이루지 못하다. 　　ね	興奮	
05　国交正常化の [(タンショ) となる]。 국교 정상화의 단서가 되다. 　　こっこうせいじょうか	端緒となる	
06　きのこを [(ズカン) で探す]。 버섯을 도감*에서 찾다. 　　さが	図鑑で探す	
07　この程度のことは[(ナ) れっこ]だ。 이 정도의 일은 이골이 나 있다. 　　ていど	慣れっこ	
08　書類を [(ブンルイ)] する。 서류를 분류하다. 　　しょるい	分類	
09　まだ [(コ) りずに]悪事を重ねる。 아직 질리지 않고 나쁜 일을 되풀이하다. 　　あくじ　かさ	懲りずに	
10　[(ドウシン)] に返り遊び回る。 동심으로 돌아가 놀러 다니다. 　　かえ　あそ　まわ	童心	
11　最新のデータに [(コウシン)] する。 최신 데이터로 갱신하다. 　　さいしん	更新	
12　内戦や [(ヒンコン) で苦しむ]子供たち。 내전과 빈곤으로 고통 받는 아이들. 　　ないせん　　くる　こども	貧困で苦しむ	
13　[怪我を (コクフク) し]復帰する。 상처를 극복하고 복귀하다. 　　けが　　ふっき	怪我を克服し	
14　失敗は [(レンタイ) 責任]となる。 실패는 연대책임이 된다. 　　しっぱい　せきにん	連帯責任	
15　発展途上国を [(シエン)] する。 개발 도상국을 지원하다. 　　はってんとじょうこく	支援	
16　最低限の[生活を (ホショウ)] する。 최저한의 생활을 보장하다. 　　さいていげん　せいかつ	生活を保障	
17　長い [(クトウ) の日々]を送る。 긴 고전의 나날을 보내다. 　　なが　　ひび　おく	苦闘*の日々	
18　現行犯で [(タイホ)] する。 현행범으로 체포하다. 　　げんこうはん	逮捕	
19　音楽を聴いて [(オド) り出した]。 음악을 듣고 춤추기 시작했다. 　　おんがく　き　　だ	躍り出した	
20　先行き[不 (トウメイ) な]状況。 장래가 불투명한 상황. 　　さきゆ　ふ　　じょうきょう	不透明な	

◆ 도감(図鑑) : 그림이나 사진을 모아 실물 대신 볼 수 있도록 엮은 책　　　◆ 고투(苦闘) : 몹시 어렵고 힘들게 싸우거나 일함. 고전

[   ](대괄호)안의 일본어를 한자로 적어보고, 읽는 법을 히라가나로 쓰세요.

본문 내용	대괄호 한자로 쓰기	읽는 법 쓰기
01 めきめきと [(トウカク) を現す]。 현저히 두각을 드러내다. <small>あらわ</small>	頭角を現す	
02 病気が [(ハッショウ)] する。 병이 발병하다. <small>びょう き</small>	発症	
03 自分の [(ニンム) を果たす]。 자신의 임무를 다하다. <small>じ ぶん は</small>	任務を果たす	
04 [(ジョウキ) を超えた]気迫に驚く。 상궤*를 초월한 기백에 놀라다. <small>こ き はく おどろ</small>	常軌を超えた	
05 絶好の[機会を (イッ) する]。 절호의 기회를 놓치다. <small>ぜっこう き かい</small>	機会を逸する	
06 外国で[日本人が (フントウ)] する。 외국에서 일본인이 분투하다. <small>がいこく に ほんじん</small>	日本人が奮闘	
07 幸福な [(ショウガイ) を終える]。 행복한 생애를 마치다. <small>こうふく お</small>	生涯を終える	
08 [被害 (モウソウ)] を膨らませる。 피해망상을 부풀리다. <small>ひ がい ふく</small>	被害妄想	
09 [(タンジュン) な]仕掛けにはまる。 단순한 장치에 빠지다. <small>し か</small>	単純な	
10 新たな [(キョウチ) に達する]。 새로운 경지에 달하다. <small>あら たっ</small>	境地に達する	
11 [(ムショウ) の援助]を求める。 무상 원조를 요구하다. <small>えんじょ もと</small>	無償の援助	
12 遅刻した[生徒を (イマシ) める]。 지각한 학생을 경계하다. <small>ちこく せい と</small>	生徒を戒める	
13 少しの間に[血液が (ギョウコ) する]。 잠시 동안에 혈액이 응고하다. <small>すこ あいだ けつえき</small>	血液が凝固する	
14 メーターを [(カンシ)] する。 미터(자동식 계량기)를 감시하다.	監視	
15 [(カソ) に悩む]農村。 과소에 고민하는 농촌. <small>なや のうそん</small>	過疎に悩む	
16 [決定に (イギ) を]申し立てる。 결정에 이의를 제기하다. <small>けってい もう た</small>	決定に異議を	
17 [プロへの (カベ)] はとても厚い。 프로에의 벽은 매우 두텁다. <small>あつ</small>	プロへの壁	
18 [(コキャク) 満足度]を高める。 고객 만족도를 높이다. <small>まんぞく ど たか</small>	顧客満足度	
19 会社の [(ソウム) 部]に籍をおく。 회사 총무부에 적(籍)*을 두다. <small>かいしゃ ぶ せき</small>	総務部	
20 ルール[違反を (モクニン)] する。 룰 위반을 묵인하다. <small>い はん</small>	違反を黙認	

◆ 상궤(常軌) : 항상 따라야 할 바른 길. 상도(常道)　　　　　♣ 적(籍) : 신분, 자격

126

[   ](대괄호) 안의 일본어를 한자로 적어보고, 읽는 법을 히라가나로 쓰세요.

본문 내용	대괄호 한자로 쓰기	읽는 법 쓰기
01 海外で[金品を (ヌス) まれる]。 해외에서 금품을 도둑맞다. かいがい　きんぴん	金品を盗まれる	
02 [(ケイサツ) 官]が職務質問する。 경찰관이 직무*질문하다. かん　しょく む しつもん	警察官	
03 埋蔵金を求めて [(ホ) る]。 매장금을 찾아 파다. まいぞうきん　もと	掘る	
04 [買い物 (ブクロ)] を持参する。 장바구니를 지참하다. か　もの　じさん	買い物袋	
05 お茶の[葉を (ツ) む]時期だ。 찻잎을 딸 시기이다. ちゃ　は　じき	葉を摘む	
06 そのときが[人気の (ゼッチョウ)] だった。 그때가 인기의 절정이었다. にんき	人気の絶頂	
07 大雨で[崖が (ホウカイ)] する。 호우로 벼랑이 붕괴하다. おおあめ　がけ	崖が崩壊	
08 乾いた [(イルイ) を取り込む]。 마른 옷을 거두어들이다. かわ　と こ	衣類を取り込む	
09 [(ズイヒツ) 集]を出版する。 수필집을 출판하다. しゅう　しゅっぱん	随筆集	
10 長い [(フキョウ) が続いて]いる。 긴 불황이 계속되고 있다. なが　つづ	不況が続いて	
11 [心の (ヘイオン)] を取り戻す。 마음의 평온을 되찾다. こころ　と もど	心の平穏	
12 その言葉を[肝に (メイ) じる]。 그 말을 명심하다. ことば　きも	肝に銘じる	
13 [(ユル) いカーブ]で事故が起きた。 완만한 커브에서 사고가 일어났다. じこ お	緩いカーブ	
14 ロケットの [(キドウ) を修正]する。 로켓의 궤도를 수정하다. しゅうせい	軌道を修正	
15 [(センザイ) 能力]を引き出す。 잠재 능력을 끌어내다. のうりょく　ひ だ	潜在能力	
16 最後に [(キュウヨ) の策]を使う。 마지막에 궁여지책*을 사용하다. さいご　さく　つか	窮余の策	
17 やっと [(ケンアン) の事項]が解決する。 겨우 현안* 사항을 해결하다. じこう　かいけつ	懸案の事項	
18 研究に[一生を (ササ) げる]。 연구에 일생을 바치다. けんきゅう　いっしょう	一生を捧げる	
19 失恋した友人を [(ナグサ) める]。 실연한 친구를 위로하다. しつれん　ゆうじん	慰める	
20 物事の[本質を (ドウサツ)] する。 사물의 본질을 통찰하다. ものごと　ほんしつ	本質を洞察	

◆ 직무(職務) : 직책이나 직업상에서 책임을 지고 담당하여 맡은 사무. '맡은 일'로 순화
♣ 궁여지책(窮余の策) : 궁한 나머지 생각다 못하여 짜낸 계책
※ 현안(懸案) : 이전부터 의논하여 오면서도 아직 해결되지 않은 채 남아 있는 문제나 의안. '걸린 문제'로 순화

[   ](대괄호) 안의 일본어를 한자로 적어보고, 읽는 법을 히라가나로 쓰세요.

본문 내용	대괄호 한자로 쓰기	읽는 법 쓰기
01 [話の (ショウテン)] を一つに絞る。 이야기의 초점을 하나로 좁히다.	話の焦点	
02 輸入品の [(ハイセキ) 運動]が起こる。 수입품의 배척운동이 일어나다.	排斥運動	
03 若者の [(ハンザイ) が凶悪]になる。 젊은이의 범죄가 흉악해지다.	犯罪が凶悪	
04 障害者の [(コヨウ) を促進]する。 장애인의 고용을 촉진하다.	雇用を促進	
05 [死の (キョウフ)] が頭をよぎった。 죽음의 공포가 머리를 스쳐 지나갔다.	死の恐怖	
06 [単純 (メイカイ) な]ルール。 단순 명쾌한 룰.	単純明快な	
07 [(キケン) な作業]に従事する。 위험한 작업에 종사하다.	危険な作業	
08 [(ショミン)] には手の届かない品。 서민에게는 살 수 없는 물건.	庶民	
09 その点を [(キョウチョウ)] しておきたい。 그 점을 강조해 두고 싶다.	強調	
10 [音声 (ニンシキ)] 技術が発展する。 음성 인식 기술이 발전하다.	音声認識	
11 磁力で[時計が (クル) う]。 자기력 때문에 시계가 고장 나다.	時計が狂う	
12 [(キセイ) 事実]としてしまう。 기성사실로서 해 버리다.	既成事実	
13 市場で [(シンセン) な]魚介類を買う。 시장에서 신선한 어패류*를 사다.	新鮮な	
14 彼女の [(タンラク) 的思考]にあきれる。 그녀의 단락*적인 사고에 질리다.	短絡的思考	
15 技は教わるのではなく [(ヌス) む]。 기술은 배우는 것이 아니라 훔친다.	盗む	
16 [抵抗を (ハイ) して]強行する。 저항을 물리치고 강행하다.	抵抗を排して	
17 発展が [(イチジル) しい]地域。 발전이 현저한 지역.	著しい	
18 [(キョウボウ)] して詐欺をはたらく。 공모하여 사기를 치다.	共謀	
19 表面上は[平静を (ヨソオ) う]。 표면상은 평정을 가장하다.	平静を装う	
20 その品を [(キョウバイ) にかける]。 그 물건을 경매에 부치다.	競売にかける	

◆ 어패류(魚介類) : 어류와 조개류
♣ 단락(短絡) : 욕구 불만이나 갈등에 빠졌을 때, 상황을 합리적으로 해결하려 하지 않고 충동적, 직관적으로 행동하는 것

[   ](대괄호) 안의 일본어를 한자로 적어보고, 읽는 법을 히라가나로 쓰세요.

본문 내용	대괄호 한자로 쓰기	읽는 법 쓰기
01 [救急 (イリョウ)] の質が問われる。 구급 의료의 질이 문제시되다. きゅうきゅう　　しつ　と	救急医療	
02 近況を[友人に (ホウコク)] する。 근황을 친구에게 보고하다. きんきょう　ゆうじん	友人に報告	
03 [病院に (カンジャ)] が運ばれてくる。 병원에 환자가 실려 오다. びょういん　　　はこ	病院に患者	
04 彼の[訴えは (セツジツ)] だった。 그의 호소는 절실했다. かれ　うった	訴えは切実	
05 [(ショウゲキ) の真実]が発覚する。 충격의 진실이 발각되다. しんじつ　はっかく	衝撃の真実	
06 [犯罪の (テキハツ)] に乗り出した。 범죄 적발에 착수했다. はんざい　　　　の　だ	犯罪の摘発	
07 家庭内 [(ボウリョク) が露呈]する。 가정 내 폭력이 드러나다. か ていない　　　　　　ろ てい	暴力が露呈	
08 魚を [(アミ) で焼く]。 생선을 석쇠로 굽다. さかな　　　　や	網で焼く	
09 迷惑な[サルを (ホカク)] する。 폐를 끼치는 원숭이를 포획하다. めいわく	サルを捕獲	
10 事故を[未然に (サッチ)] する。 사고를 미연에 알아차리다. じ こ　みぜん	未然に察知*	
11 患者に [(チンセイ) 剤]を投与する。 환자에게 진정제를 투여하다. かんじゃ　　　　ざい　とうよ	鎮静剤	
12 [命の (ソンゲン)] について考える。 생명의 존엄에 대해 생각하다. いのち　　　　　　　かんが	命の尊厳	
13 確認作業を [(オコタ) って]しまう。 확인 작업을 게을리 해 버리다. かくにん さぎょう	怠って	
14 苦情に [(セイジツ) に]対応する。 불평에 성실하게 대응하다. く じょう　　　　　たいおう	誠実に	
15 勉学に [(シンケン) に]取り組む。 면학에 진지하게 몰두하다. べんがく　　　　　と　く	真剣に	
16 [(ハチ) 植え]の植物を買う。 화분에 심은 식물을 사다. う　しょくぶつ か	鉢植え	
17 外部 [(ユウシキ) 者]を委員に任命する。 외부 유식자를 위원으로 임명하다. がいぶ　　　　しゃ　いいん にんめい	有識者	
18 幅跳びで最高[飛 (キョリ) を出す]。 넓이 뛰기에서 최고 비거리*를 내다. はばと　さいこう ひ　　　　だ	飛距離を出す	
19 [主要 (カクリョウ)] を留任する。 주요 각료를 유임하다. しゅよう　　　　　りゅうにん	主要閣僚	
20 [(ハバツ) 争い]に巻き込まれる。 파벌 싸움에 휘말리다 あらそ　ま こ	派閥争い	

◆ 察知(さっち) : 살펴서 앎. 헤아려서 앎　　　　　　　　　◆ 비거리(飛距離) : 공중을 난 거리. 공이 날아간 거리

[   ](대괄호) 안의 일본어를 한자로 적어보고, 읽는 법을 히라가나로 쓰세요.

본문 내용	대괄호 한자로 쓰기	읽는 법 쓰기
01 子供が[野原を (カ) け回る]。아이들이 들판을 뛰어다니다. こども のはら まわ	野原を駆け回る	
02 真相を知る [(カチュウ)] の人物。진상을 아는 와중*의 인물. しんそう し じんぶつ	渦中	
03 彼は [(ビンワン)] カメラマンだ。그는 수완이 좋은 카메라맨이다. かれ	敏腕	
04 問題の [(カクシン) にせまる]。문제의 핵심에 다가서다. もんだい	核心にせまる	
05 [(メイワク) 行為]を取り締まる。민폐 행위를 단속하다. こうい と し	迷惑行為	
06 [(ハクリョク)] のある映像。박력있는 영상. えいぞう	迫力	
07 [(テキセツ) な]表現に直す。적절한 표현으로 고치다. ひょうげん なお	適切な	
08 結果ではなく [(カテイ) をみる]。결과가 아니라 과정을 보다. けっか	過程をみる	
09 [(ジカイ) の念]を込めて言う。자계*하는 심정으로 말하다. ねん こ い	自戒の念	
10 [(タイショウ)] を限定する。대상을 한정하다. げんてい	対象	
11 [値段の (コウショウ)] でもめる。가격 교섭으로 옥신각신하다. ねだん	値段の交渉	
12 [幼虫が (ダッピ)] を繰り返す。유충이 탈피를 반복하다. ようちゅう く かえ	幼虫が脱皮	
13 [優勝 (コウホ)] が初戦で敗れる。우승 후보가 첫 시합에서 지다. ゆうしょう しょせん やぶ	優勝候補	
14 著作権が [(シンガイ)] される。저작권이 침해되다. ちょさくけん	侵害	
15 不正に得た[金を (ボッシュウ)] される。부정하게 얻은 돈을 몰수당하다. ふせい え かね	金を没収	
16 マナーの悪さに [(フンゲキ)] する。매너의 나쁨에 격노하다. わる	憤激*	
17 地道に [(タクワ) えを増やす]。착실하게 저축을 늘리다. じみち ふ	蓄えを増やす	
18 [(インシツ) な]いじめをやめさせる。음습한 왕따(집단따돌림)를 그만두게 하다.	陰湿な	
19 前年優勝者は[予選を (メンジョ)] する。작년 우승자는 예선을 면제한다. ぜんねんゆうしょうしゃ よせん	予選を免除	
20 犯罪[被害者を (キュウサイ)] する。범죄 피해자를 구제하다. はんざい ひがいしゃ	被害者を救済	

◆ 와중(渦中) : 1.흐르는 물이 소용돌이치는 가운데 2.일이나 사건 따위가 시끄럽고 복잡하게 벌어지는 가운데

♣ 자계(自戒) : 잘못을 저지르지 않도록 스스로 경계함   ◉ 분격(憤激) : 심하게 분노함, 격노

[   ](대괄호) 안의 일본어를 한자로 적어보고, 읽는 법을 히라가나로 쓰세요.

본문 내용	대괄호 한자로 쓰기	읽는 법 쓰기
01 アンケートの[氏名 (ラン)]。 앙케이트의 성명란. しめい	氏名欄	
02 優勝候補が負ける [(ハラン) があった]。 우승후보가 지는 파란이 있었다. ゆうしょうこうほ ま	波乱があった	
03 友達を[旅行に (サソ) う]。 친구들을 여행에 권하다. ともだち りょこう	旅行に誘う	
04 [(ウス) く]淡い色で描かれている。 엷고 연한 색으로 그려져 있다. あわ いろ えが	薄く	
05 強敵を[相手に (フンセン)] する。 강적을 상대로 분전하다. きょうてき あいて	相手に奮戦	
06 酒を飲み [(ヨ) っぱらう]。 술을 마시고 취하다. さけ の	酔っぱらう	
07 [合併に (トモナ) い]従業員を削減する。 합병에 따라 종업원을 삭감하다. がっぺい じゅうぎょういん さくげん	合併に伴い	
08 [(セイケン) 交代]がうわさされる。 정권 교체가 입에 오르내리다. こうたい	政権交代	
09 国会で[法案が (シンギ)] される。 국회에서 법안이 심의되다. こっかい ほうあん	法案が審議	
10 神社に [(サンパイ)] する。 신사에 참배하다. じんじゃ	参拝	
11 [(クヤ) しさ]をバネに頑張る。 분함을 계기로 노력하다. がんば	悔しさ	
12 [業界の (カンコウ)] にとらわれる。 업계의 관행에 사로잡히다. ぎょうかい	業界の慣行	
13 言論の[自由を (ダンアツ)] する。 언론의 자유를 탄압하다. げんろん じゆう	自由を弾圧	
14 [(リンリ) 的に]許されない行為。 윤리적으로 용납되지 않는 행위. てき ゆる こうい	倫理的に	
15 お風呂に入る時が [(シフク) の時]だ。 목욕할 때가 가장 행복하다. ふろ はい とき とき	至福の時	
16 双方が [(ダキョウ) 点]を探る。 쌍방이 타협점을 모색하다. そうほう てん さぐ	妥協点	
17 銀行の次に [(ユウビン) 局]に行く。 은행 다음에 우체국에 가다. ぎんこう つぎ きょく	郵便局	
18 十年ぶりの [(カイキョ)] を成し遂げる。 10년 만의 쾌거를 이루다. じゅうねん な と	快挙	
19 人口の [(コウレイ) 化]が進む。 인구의 고령화가 진행되다. じんこう か すす	高齢化	
20 控えの[選手の (フントウ)] が目立つ。 대기 선수의 분투*가 눈에 띄다. ひか せんしゅ めだ	選手の奮闘	

◆ 분투(奮闘): 있는 힘을 다하여 싸우거나 노력함

[   ](대괄호) 안의 일본어를 한자로 적어보고, 읽는 법을 히라가나로 쓰세요.

본문 내용	대괄호 한자로 쓰기	읽는 법 쓰기
01 今が[人生の (テンキ)] かもしれない。 지금이 인생의 전기*일 지도 모른다. いま　じんせい	人生の転機	
02 重罪を犯し [(ショケイ)] された。 중죄를 저질러 처형되었다. じゅうざい　おか	処刑	
03 戦争中に[集団 (ソカイ)] が行われた。 전쟁 중에 집단 소개*가 이루어졌다. せんそうちゅう　しゅうだん　おこな	集団疎開	
04 [子供の (カンビョウ)] を寝ずに続ける。 아이의 간병을 자지 않고 계속하다. こども　ね　つづ	子供の看病	
05 [(モク) して]語らず。 입을 다물고 말하지 않다. かた	黙して	
06 人相をはっきりと [(キオク)] している。 인상을 똑똑히 기억하고 있다. にんそう	記憶	
07 [(センレツ) な]デビューを飾る。 선명하고 강렬한 데뷔를 장식하다. かざ	鮮烈な	
08 新製品の [(ミリョク) を紹介]する。 신제품의 매력을 소개하다. しんせいひん　しょうかい	魅力を紹介	
09 勉学に[励む (カタワ) ら]体も鍛える。 면학에 힘쓰는 한편 몸도 단련하다. べんがく　はげ　からだ　きた	励む傍ら	
10 タイムカプセルを [(ウ) める]。 타임캡슐을 메우다.	埋める	
11 全員の [(ヨウボウ) を聞く]。 전원의 요망을 듣다. ぜんいん　き	要望を聞く	
12 商品の[定価を (ス) え置く]。 상품의 정가를 그대로 두다. しょうひん　ていか　お	定価を据え置く	
13 長時間並ぶのを [(カクゴ)] する。 장시간 줄서는 것을 각오하다. ちょうじかんなら	覚悟	
14 年に一度の [(モヨオ) し]が開かれる。 한 해에 한번 행사가 개최되다. ねん　いちど　ひら	催し	
15 相手の[弱みを (ニギ) る]。 상대의 약점을 쥐다. あいて　よわ	弱みを握る	
16 自然に [(トウタ)] され強者が残る。 자연 도태되어 강자가 남다. しぜん　きょうしゃ　のこ	淘汰	
17 数社で[市場を (カセン)] する。 여러 회사에서 시장을 과점*하다. すうしゃ　しじょう	市場を寡占	
18 農作物の[生育を (ソガイ)] する物質。 농작물의 생육을 저해하는 물질. のうさくぶつ　せいいく　ぶっしつ	生育を阻害	
19 警官が[犯人を (ゴソウ)] する。 경관이 범인을 호송하다. けいかん　はんにん	犯人を護送	
20 部屋がとても [(セマ) い]。 방이 매우 좁다. へや	狭い	

◆ 전기(転機) : 전환점이 되는 기회나 시기
♣ 소개(疎開) : 공습이나 화재 따위에 대비하여 한곳에 집중되어 있는 주민이나 시설물을 분산함
🌐 과점(寡占) : 몇몇 기업이 어떤 상품 시장의 대부분을 지배하는 상태

[ ](대괄호) 안의 일본어를 한자로 적어보고, 읽는 법을 히라가나로 쓰세요.

본문 내용	대괄호 한자로 쓰기	읽는 법 쓰기
01 [会計 (カンサ)] を実施する。 회계 감사를 실시하다. かいけい　　　　　じっし	会計監査	
02 ローカル線を [(ハイシ)] する。 로컬선을 폐지하다. せん	廃止	
03 代表 [(トリシマリ) 役]に就任する。 대표 이사에 취임하다. だいひょう　　　　　やく　しゅうにん	取締役	
04 [職業 (センタク)] の自由がある。 직업 선택의 자유가 있다. しょくぎょう　　　　じ ゆう	職業選択	
05• 背に [(ハラ)] はかえられぬ。 배를 등과 바꿀 수는 없다. せ	腹	
06 組織の [(ソンゾク) が決定]される。 조직의 존속이 결정되다. そしき　　　　　　　けってい	存続が決定	
07 システムが [(キノウ)] しない。 시스템이 기능하지 않는다.	機能	
08 最初の一歩が [(カンジン) だ]。 첫걸음이 중요하다. さいしょ いっぽ	肝心だ	
09 酒を飲んで[大 (シッタイ)] を演じる。 술을 마시고 큰 실수를 저지르다. さけ の だい えん	大失態•	
10 山で [(ナダレ)] に飲み込まれる。 산에서 눈사태에 휩쓸리다. やま の こ	雪崩	
11 地震で[家屋が (ホウカイ)] した。 지진으로 가옥이 붕괴했다. じしん かおく	家屋が崩壊	
12 負傷して[戦線 (リダツ)] する。 부상을 입고 전선 이탈하다. ふしょう ぜんせん	戦線離脱	
13 [(キョウコウ) な姿勢]を崩さない。 강경한 자세를 고수하다. し せい くず	強硬な姿勢	
14 行動力と [(キガイ)] のある人物。 행동력과 기개가 있는 인물. こうどうりょく じんぶつ	気概	
15 [(ホリョ)] を敵軍から救出する。 포로를 적군으로부터 구출하다. てきぐん きゅうしゅつ	捕虜	
16 色鮮やかな [(チョウ) が舞う]。 산뜻한 색 나비가 춤을 춘다. いろあざ ま	蝶が舞う	
17 料金所で[(ジュウタイ) が発生]する。 요금소에서 정체가 발생하다. りょうきんじょ はっせい	渋滞が発生	
18 [(シンジュ)] のネックレスを買う。 진주 목걸이를 사다. か	真珠	
19 [前例に (ナラ) って]進める。 전례에 따라 진행시키다. ぜんれい すす	前例に倣って	
20 注意力が [(サンマン)] となる。 주의력이 산만해지다. ちゅういりょく	散漫	

◆ 배를 등과 바꿀 수는 없다. : 당면한 중대사를 위해서는 다른 일이 희생되어도 할 수 없음의 비유
◆ 실태(失態) : (면목을 잃을 정도의) 볼썽사나운 모양. 실수

[   ](대괄호) 안의 일본어를 한자로 적어보고, 읽는 법을 히라가나로 쓰세요.

본문 내용	대괄호 한자로 쓰기	읽는 법 쓰기
01 環境に [(テキオウ)] していく生物。 환경에 적응해 가는 생물.	適応	
02 ついに [(ホンショウ) を現した]怪物。 마침내 본성을 드러낸 괴물.	本性を現した	
03 [夢や (キボウ)] を持つ事は大事だ。 꿈과 희망을 가지는 것은 중요하다.	夢や希望	
04 [ゲーム (カンカク)] で事件を起こす。 게임 감각으로 사건을 일으키다.	ゲーム感覚	
05 [(クッキョウ)] の兵士たちを集める。 매우 힘센 병사들을 모으다.	屈強*	
06 けんかの [(チュウサイ) に入る]。 싸움의 중재에 들어가다.	仲裁に入る	
07 紛争地帯に埋められた [(ジライ)]。 분쟁지대에 매설된 지뢰.	地雷	
08 [拳銃と (タマ)] が見つかる。 권총과 총알이 발견되다.	拳銃と弾	
09 テレビで人気の [(セイギ) の味方]。 텔레비전에서 인기가 있는 정의의 아군.	正義の味方	
10 表面を磨くと [(カガヤ) き出す]。 표면을 닦으면 빛나기 시작한다.	輝き出す	
11 映画の [(コウギョウ) 収入]が増加する。 영화 흥행수입이 증가하다.	興行収入	
12 [都市の (ヘンセン)] を調べる。 도시의 변천*을 조사하다.	都市の変遷	
13 景気 [(シゲキ) 策]を打ち出す。 경기 자극책을 내놓다.	刺激策	
14 [(ケイシャ) がきつい]坂道。 경사가 급한 언덕길.	傾斜がきつい	
15 [常識を (クツガエ) す]結果に驚く。 상식을 뒤엎는 결과에 놀라다.	常識を覆す	
16 結婚 [(ヒロウ) 宴]に出席する。 결혼피로연에 참석하다.	披露宴	
17 選挙前に[党首が (ユウゼイ)] する。 선거전에 당수가 유세하다.	党首が遊説	
18 隊長の[命令に (ソム) く]。 대장의 명령을 위반하다.	命令に背く	
19 [死者を (トムラ) う]儀式。 죽은 사람의 명복을 비는 의식.	死者を弔う	
20 組織が [(ブンレツ)] する。 조직이 분열되다.	分裂	

◆ 굴강(屈強) : 매우 힘이 세고 다부짐   ◆ 변천(変遷) : 세월이 흐름에 따라 바뀌고 변함

[　　　](대괄호) 안의 일본어를 한자로 적어보고, 읽는 법을 히라가나로 쓰세요.

본문 내용	대괄호 한자로 쓰기	읽는 법 쓰기
01　[長年 (シンボウ)] した甲斐がある。 오랫동안 참은 보람이 있다. ながねん　　　　　　　　　かい	長年辛抱	
02　貨幣の [(カチ) が下がる]。 화폐의 가치가 내려가다. か へい　　　　　さ	価値が下がる	
03　あなたの [(ツゴウ)] に合わせます。 당신의 사정에 맞추겠습니다. 　　　　　　　　　　　　あ	都合	
04　家に [(オオゼイ)] で駆けつける。 집에 많은 사람이 부라부라 오다. いえ　　　　　　　　　　か	大勢	
05　[(コジ)] にたとえて言う。 고사에 비유해서 말하다. 　　　　　　　　　　い	故事	
06　物事の [(ソン) 得]を考える。 매사의 손실과 이득을 생각하다. ものごと　　　　とく　かんが	損得	
07　[(ナイユウ) 外患]こもごも至る。 내우외환이 번갈아 닥치다. 　　　　　　がいかん　　　　　いた	内憂外患	
08　[(カンテイ)] で閣議が開かれる。 관저에서 각의*가 열리다. 　　　　　　　かく ぎ　ひら	官邸	
09　[金融 (キキ)] が心配される。 금융 위기가 걱정되다. きんゆう　　　　　しんぱい	金融危機	
10　いざというときに [(ソナ) える]。 만일의 경우에 대비하다.	備える	
11　静かな [(コハン) の宿]に泊まる。 조용한 호반*의 숙소에 숙박하다. しず　　　　　　　やど　と	湖畔の宿	
12　辺り一面を[雪が (オオ) う]。 부근 일면을 눈이 뒤덮다. あた いちめん　　ゆき	雪が覆う	
13　貴重な自然が残る [(シツゲン)]。 귀중한 자연이 남는 습원. き ちょう　し ぜん　のこ	湿原	
14　秋には [(コウヨウ)] が見られる。 가을에는 낙엽을 볼 수 있다. あき　　　　　　　　　み	紅葉	
15　歴史と[伝統を (ホコ) る]。 역사와 전통을 자랑하다. れき し　でんとう	伝統を誇る	
16　軍隊が依然として [(チュウリュウ)] する。 군대가 여전히 주류하다. ぐんたい　い ぜん	駐留	
17　すっかり[意気 (ショウチン)] する。 완전히 의기소침하다. い き	意気消沈	
18　誠に [(イカン)] である。 정말로 유감이다. まこと	遺憾	
19　入社時に [(セイヤク) 書]に署名する。 입사시에 서약서에 서명하다. にゅうしゃ じ　　　　　　しょ　しょめい	誓約書	
20　[雨 (モ) り]に悩まされる。 비가 새서 고민되다. あま　　　　なや	雨漏り	

◆ 각의(閣議) : 내각회의의 약칭　　　　　◆ 호반(湖畔) : 호숫가

こいのぼり[鯉幟]
단오의 명절에 사내아이의 출세나 건강을 빌며 세우는 밖에 장식하는 잉어 깃발

PART
05

[　　](대괄호) 안의 일본어를 한자로 적어보고, 읽는 법을 히라가나로 쓰세요.

본문 내용	대괄호 한자로 쓰기	읽는 법 쓰기
01 空と海とが [(セッ) する]。 하늘과 바다가 접하다. そら うみ	接する	
02 荷台の上で箱が [(オド) って]いる。 짐칸 위에서 상자가 몹시 흔들리고 있다. に だい うえ はこ	躍って	
03 [(ナイカク) 総理大臣]に任命される。 내각총리대신으로 임명되다. そう り だいじん にんめい	内閣総理大臣	
04 政治家の [(オショク) 事件]が多発した。 정치가의 오직*사건이 다발했다. せい じ か じ けん た はつ	汚職事件	
05 あの人は [(ベッカク) の扱い]を受けている。 저 사람은 특별한 취급을 받고 있다. ひと あつか う	別格*の扱い	
06 [(キンセイ) のとれた]体つき。 균형 잡힌 몸매. からだ	均整のとれた	
07 それは [(トウゼン) の結果]だった。 그것은 당연한 결과였다. けっ か	当然の結果	
08 舞台の上で [(カレイ) に舞う]。 무대 위에서 화려하게 춤추다. ぶ たい うえ ま	華麗に舞う	
09 [(ジュンスイ) な気持ち]で忠告する。 순수한 마음으로 충고하다. き も ちゅうこく	純粋な気持ち	
10 [(イダイ) な業績]を残した科学者。 위대한 업적을 남긴 과학자. ぎょうせき のこ か がくしゃ	偉大な業績	
11 連合国と [(スウジク) 国]。 연합국과 추축국*. れんごうこく こく	枢軸国	
12 [(イクエ) にも]山々が連なっていた。 겹겹이 산들이 이어져 있었다. やまやま つら	幾重にも	
13 [その点に (リュウイ)] して研究しなさい。 그 점에 유의하여 연구하세요. てん けんきゅう	その点に留意	
14 文化[社会学の (シザ)] から考える。 문화 사회학의 관점에서 생각하다. ぶん か しゃかいがく かんが	社会学の視座	
15 舟は波間を [(タダヨ) った]。 배는 파도 사이를 떠다녔다. ふね なみ ま	漂った	
16 [他の (ツイズイ)] を許さない。 타의 추종을 불허하다. た ゆる	他の追随	
17 国会の[証人 (カンモン)] に応じる。 국회 증인 환문*에 응하다. こっかい しょうにん おう	証人喚問	
18 彼の [(カクゴ) は本物]だろうか。 그의 각오는 진짜일까? かれ ほんもの	覚悟は本物	
19 現実感のない [(クウソ) な理論]。 현실감이 없는 공소*이론. げんじつかん り ろん	空疎な理論	
20 容疑者を [(キソ)] する。 용의자를 기소하다. ようぎしゃ	起訴	

◆ 오직(汚職) : 관리 등이 직권이나 지위를 이용하여 부정을 행하는 것　　◆ 별격(別格) : 보통 것과 다른 특별한 형체나 격식
◉ 추축국(枢軸国) : 제2차 세계 대전 중 일본·독일·이탈리아의 3국 동맹측에 속했던 나라들
◆ 환문(喚問) : (법원이나 공공 기관 등에서) 사람을 불러들여 필요한 사항을 물음　　◆ 공소(空疎) : 내용이 없음

[   ](대괄호) 안의 일본어를 한자로 적어보고, 읽는 법을 히라가나로 쓰세요.

본문 내용	대괄호 한자로 쓰기	읽는 법 쓰기
01 青少年の [(ホゴ) を目的]とする。 청소년의 보호를 목적으로 하다. せいしょうねん　もくてき	保護を目的	
02 [(イチラン) 表]を作成する。 일람표를 작성하다. ひょう　さくせい	一覧表	
03 [(コウゲキ)] は最大の防御だ。 공격은 최대의 방어이다. さいだい　ぼうぎょ	攻撃	
04 身代金目当てに [(ユウカイ)] する。 몸값을 노리고 유괴하다. みのしろきんめ あ	誘拐	
05 彼は[医者の (タマゴ)] だ。 그는 올챙이(병아리) 의사다. かれ　いしゃ	医者の卵	
06 [賊の (シンニュウ)] を防ぐ。 도둑의 침입을 방지하다. ぞく　ふせ	賊の侵入	
07 武器の [(サッショウ) 能力]。 무기의 살상능력. ぶき　のうりょく	殺傷能力	
08 もうあの[約束は (ジコウ)] だ。 이미 그 약속은 시효*다. やくそく	約束は時効	
09 駅まで [(ムカ) えに行く]。 역까지 마중하러 가다. えき　い	迎えに行く	
10 [圧力に (クッ) して]辞任した。 압력에 굴복해 사임했다. あつりょく　じにん	圧力に屈して	
11 [私鉄 (エンセン)] で土地を探す。 민영철도 연선에서 토지를 찾다. してつ　とち　さが	私鉄沿線	
12 風邪で[食欲 (フシン)] だ。 감기로 식욕 부진이다. かぜ　しょくよく	食欲不振	
13 [(ヨカ) を有効に]活用する。 여가를 유효하게 활용하다. ゆうこう　かつよう	余暇を有効に	
14 [(サル)] も木から落ちる。 원숭이도 나무에서 떨어지다. き　お	猿	
15 子どもたちの [(カンセイ) が響く]。 아이들의 환성이 울려 퍼지다. こ　ひび	歓声が響く	
16 [北 (カイキ) 線]を越えた。 북회귀*선을 넘었다. きた　せん　こ	北回帰線	
17 [(ケンキョ) さ]を失わない。 겸허함을 잃지 않는다. うしな	謙虚さ	
18 [(アヤマ) ち]を素直に認める。 실수를 순수하게 인정하다. すなお　みと	過ち	
19 代々[呉服屋を (イトナ) む]。 대대로 포목점을 경영하다. だいだい　ごふくや	呉服屋を営む	
20 [ベレー (ボウ)] をかぶった画家。 베레모를 쓴 화가. がか	ベレー帽	

◆ 시효(時効) : (법률) 어떤 사실 상태가 일정한 기간 동안 계속되는 일　　♣ 회귀(回帰) : 일주하여 제자리로 돌아옴

[   ](대괄호) 안의 일본어를 한자로 적어보고, 읽는 법을 히라가나로 쓰세요.

본문 내용	대괄호 한자로 쓰기	읽는 법 쓰기
01 適当なところで [(ダキョウ)] する。 적당한 곳에서 타협하다. <small>てきとう</small>	妥協	
02 [高原を (ツラヌ) く]道路。 고원을 관통하는 도로. <small>こうげん</small>　<small>どうろ</small>	高原を貫く	
03 [(ムカシバナシ)] に花が咲く。 옛날이야기에 시간가는 줄 모른다. <small>はな　さ</small>	昔話	
04 日本国[憲法を (ハップ)] する。 일본국 헌법을 발포하다. <small>にほんこく けんぽう</small>	憲法を発布	
05 個人の [(ドクダン) で行った]。 개인의 독단으로 행했다. <small>こじん　おこな</small>	独断で行った	
06 彼女の言葉を[善意に (カイシャク)] する。 그녀의 말을 선의로 해석하다. <small>かのじょ ことば ぜんい</small>	善意に解釈	
07 人目を [(サ) ける]。 남의 눈을 피하다. <small>ひとめ</small>	避ける	
08 転んで [(シリモチ) をついた]。 넘어져 엉덩방아를 찧었다. <small>ころ</small>	尻餅をついた	
09 [(ケツゼン) たる]態度をとる。 결연한 태도를 취하다. <small>たいど</small>	決然たる	
10 株価が大きく [(クズ) れた]。 주가가 크게 무너졌다. <small>かぶか　おお</small>	崩れた	
11 立論の [(コンキョ) を明示]する。 입론*의 근거를 명시하다. <small>りつろん　めいじ</small>	根拠を明示	
12 戦争が大きな [(サンカ) をもたらす]。 전쟁이 커다란 참화*를 초래하다. <small>せんそう　おお</small>	惨禍をもたらす	
13 津軽 [(カイキョウ) を横断]する。 쓰가루 해협을 횡단하다. <small>つがる　おうだん</small>	海峡を横断	
14 事態の [(チンセイ) 化を図る]。 사태의 진정* 화를 도모하다. <small>じたい　かはか</small>	沈静化を図る	
15 [責任感が (ケツジョ)] している。 책임감이 결여되어 있다. <small>せきにんかん</small>	責任感が欠如	
16 [床に]カーペットを [(シ) く]。 마루에 카펫을 깔다. <small>ゆか</small>	床に敷く	
17 心中[大いに (キト)] するところがある。 마음속에 크게 기도하는 바가 있다. <small>しんちゅうおお</small>	大いに企図	
18 人の[出入りが (ヒンパン) な]家。 사람의 출입이 빈번한 집. <small>ひと　でい　いえ</small>	出入りが頻繁な	
19 この問題について [(サンピ) を問う]。 이 문제에 대해 찬성 여부를 묻다. <small>もんだい　と</small>	賛否を問う	
20 初志を [(カンテツ)] する。 초지를 관철하다. <small>しょし</small>	貫徹	

◆ 입론(立論) : 의론의 줄거리를 세움　　　　　♣ 참화(惨禍) : 비참하고 끔찍한 재난이나 변고
⊛ 침정(沈静) : 침착하고 조용함. 잠잠함

[   ](대괄호) 안의 일본어를 한자로 적어보고, 읽는 법을 히라가나로 쓰세요.

본문 내용	대괄호 한자로 쓰기	읽는 법 쓰기
01 [(アワ)い恋心]を抱く。 아련한 연정을 품다.	淡い恋心	
02 [(イクエ)にも]重なった模様。 겹겹이 겹친 모양.	幾重にも	
03 [(カキネ)]を取り払う。 울타리를 걷어치우다.	垣根	
04 川の[流れに (ソ)った]道。 강의 흐름에 따른 길.	流れに沿った	
05 [小説の (ボウトウ)]を暗記する。 소설의 첫머리를 암기하다.	小説の冒頭	
06 [(ボウキョウ)の念]を抱く。 고향을 그리는 마음을 품다.	望郷の念	
07 [(シジツ)]に基づいたドラマ。 역사적 사실에 입각한 드라마.	史実	
08 公益を[私益に (ユウセン)]させる。 공익*을 사익*에 우선시키다.	私益に優先	
09 ビルの屋上から[市街を (イチボウ)]する。 빌딩의 옥상에서 시가지를 일망*하다.	市街を一望	
10 [賛否を (メグ)って]議論が白熱する。 찬성여부를 둘러싸고 논의가 몹시 뜨거워지다.	賛否を巡って	
11 被告人の [(ケッパク)を主張]する。 피고인의 결백을 주장하다.	潔白を主張	
12 代金を [(ジュリョウ)]する。 대금을 수령하다.	受領	
13 現在の[心境を (ジュッカイ)]する。 현재의 심경을 술회*하다.	心境を述懐	
14 公務員の [(フハイ)行為]を取り締まる。 공무원의 부패행위를 단속하다.	腐敗行為	
15 川に進路を [(ハバ)まれる]。 강이 진로를 방해하다.	阻まれる	
16 展覧会場から[作品を (ハンシュツ)]する。 전시회장에서 작품을 반출하다.	作品を搬出	
17 目を覆うような [(ザンギャク)行為]。 차마 눈뜨고 볼 수 없는 잔학한 행위.	残虐行為	
18 地震の[被害から (マヌガ)れる]。 지진 피해로부터 벗어나다.	被害から免れる	
19 彼は[その道の (ケンイ)]だ。 그는 그 방면의 권위자이다.	その道の権威	
20 [(ゾウオ)の念]が募る。 증오심이 점점 심해지다.	憎悪の念	

◆ 공익(公益) : 사회 전체의 이익 ♠ 사익(私益) : 개인의 이익
◉ 일망(一望) : 한눈에 바라봄 ♣ 술회(述懐) : 속에 품은 생각이나 감개·추억 따위를 말함. 또는 그 말

[   ](대괄호) 안의 일본어를 한자로 적어보고, 읽는 법을 히라가나로 쓰세요.

본문 내용	대괄호 한자로 쓰기	읽는 법 쓰기
01 貸した本がやっと [(モド) って]きた。 빌려준 책이 겨우 돌아왔다. か　　　ほん	戻って	
02 [(ドウ) の長い]犬を飼っている。 몸통이 긴 개를 기르고 있다. なが　いぬ　か	胴の長い	
03 他店と[売り上げを (キョウソウ)] する。 다른 가게와 매상을 경쟁하다. たてん　う　あ	売り上げを競争	
04 本の[貸し出しを (テイシ)] する。 책 대출을 정지하다. ほん　か　だ	貸し出しを停止	
05 米の収穫高を [(ヨソク)] する。 쌀의 수확량을 예측하다. こめ　しゅうかくだか	予測	
06 言葉では表せない [(ジョウケイ)] だ。 말로는 표현할 수 없는 정경이다. ことば　あらわ	情景	
07 [確かな (カンショク)] が得られた。 확실한 감촉을 얻을 수 있었다. たし　え	確かな感触	
08 [新聞に (ケイサイ)] された記事。 신문에 게재된 기사. しんぶん　きじ	新聞に掲載	
09 [(ヨウジ) 教育]に関する本を読む。 유아 교육에 관한 책을 읽다. きょういく　かん　ほん　よ	幼児教育	
10 商店街の[一角を (シ) める]銀行。 상점가의 일각을 차지하는 은행. しょうてんがい　いっかく　ぎんこう	一角を占める	
11 脚に[釣糸が (カラ) んで]飛べない鳥。 다리에 낚시줄이 휘감기어 날지 못하는 새. あし　つりいと　と　とり	釣糸が絡んで	
12 街灯の [(アワ) い光]を見つめる。 가로등의 희미한 빛을 바라보다. がいとう　ひかり　み	淡い光	
13 あの人は [(ジフ) 心が強い]。 저 사람은 자부심이 강하다. ひと　しん　つよ	自負心が強い	
14 古い[体制を (ダハ)] する。 낡은 체제를 타파하다. ふる　たいせい	体制を打破	
15 [意思の (ソツウ)] をはかる。 의사소통을 도모하다. いし	意思の疎通	
16 二色のインクで[版画を (ス) る]。 이색 잉크로 판화를 인쇄하다. にしょく　はんが	版画を刷る	
17 体力で [(アットウ)] する。 체력에서 압도하다. たいりょく	圧倒	
18 判断の[基準が (ユ) れる]。 판단의 기준이 흔들리다. はんだん　きじゅん	基準が揺れる	
19 国の[経済を (ニナ) う]。 나라의 경제를 책임지다. くに　けいざい	経済を担う	
20 冬期の単独[登頂を (ココロ) みる]。 동기* 단독 등정을 시도하다. とうき　たんどく　とうちょう	登頂を試みる	

◆ 동기(冬期) : 겨울의 시기

[   ](대괄호) 안의 일본어를 한자로 적어보고, 읽는 법을 히라가나로 쓰세요.

본문 내용	대괄호 한자로 쓰기	읽는 법 쓰기
01 [(ヘンシュウ) 部]に配属された。 편집부에 배속되었다. ぶ　はいぞく	編集部	
02 生きる[希望を (ウバ) う]。 살아갈 희망을 빼앗다. い　きぼう	希望を奪う	
03 あまりの [(リフジン) な要求]に憤慨した。 너무나 무리한 요구에 분개했다. ようきゅう　ふんがい	理不尽* な要求	
04 [世論の (シンパン)] を受ける。 여론의 심판을 받다. せろん	世論の審判	
05 [(セイジツ) な人柄]に好感を持つ。 성실한 인품에 호감을 가지다. ひとがら　こうかん　も	誠実な人柄	
06 地震により大きな [(ソンガイ) を被った]。 지진으로 큰 손실을 입었다. じしん　おお　こうむ	損害を被った	
07 [言い (ノガ) れ]ばかりしている。 발뺌만하고 있다. い	言い逃れ	
08 指名手配犯が [(タイホ)] された。 지명 수배범이 체포되었다. しめいてはいはん	逮捕	
09 [(コウセイ)] して社会復帰する。 갱생*하여 사회로 복귀하다. しゃかいふっき	更生	
10 全力を尽くしたので [(ク) いはない]。 전력을 다했기에 후회는 없다. ぜんりょく　つ	悔いはない	
11 かたまりを[細かく (クダ) く]。 덩어리를 잘게 부수다. こま	細かく砕く	
12 雑巾を[固く (シボ) る]。 걸레를 꽉 짜다. ぞうきん　かた	固く絞る	
13 活字を [(チュウゾウ)] する。 활자를 주조하다. かつじ	鋳造	
14 業界では [(チュウケン) の会社]。 업계에서는 중견 회사. ぎょうかい　かいしゃ	中堅の会社	
15 [(イッチョウイッセキ)] には完成しない。 일조일석*에는 완성되지 않는다. かんせい	一朝一夕	
16 新しい[気運が (タイドウ)] する。 새로운 기운이 태동하다. あたら　きうん	気運が胎動	
17 道を [(タズ) ねる]。 길을 묻다. みち	尋ねる	
18 英語で[点数を (カセ) いだ]。 영어로 점수를 땄다. えいご　てんすう	点数を稼いだ	
19 伝統産業の[糸 (ツム) ぎ]。 전통 산업의 실잣기. でんとうさんぎょう　いと	糸紡ぎ	
20 社会全体の[相互 (フジョ)]。 사회 전체의 상호 부조*. しゃかいぜんたい　そうご	相互扶助	

◆ 理不尽(りふじん) : 도리에 맞지 않음. 불합리함. 억지를 부림
◆ 갱생(更生) : 마음이나 생활 태도를 바로잡아 본디의 옳은 생활로 되돌아가거나 발전된 생활로 나아감
◈ 일조일석(一朝一夕) : 하루아침과 하루 저녁이란 뜻으로, 짧은 시일을 이르는 말
◆ 부조(扶助) : 남을 거들어서 도와주는 일

[   ](대괄호) 안의 일본어를 한자로 적어보고, 읽는 법을 히라가나로 쓰세요.

본문 내용	대괄호 한자로 쓰기	읽는 법 쓰기
01 多くの [(キョクセツ) と困難]を乗り越える。 많은 곡절과 곤란을 극복하다.	曲折と困難	
02 皆が驚きの [(マナザ) し]を向ける]。 모두가 놀란 시선을 보내다.	眼差しを向ける	
03 むごたらしい [(バンコウ) を非難]する。 잔혹한 만행을 비난하다.	蛮行を非難	
04 それは[ほんの (イッシュン)] の出来事だった。 그것은 아주 한순간의 사건이었다.	ほんの一瞬	
05 [(コウカイ) 先に立たず]という諺がある。 후회막급이라는 속담이 있다.	後悔先に立たず	
06 長文から [(バッスイ) して紹介]する。 장문에서 발췌해서 소개하다.	抜粋して紹介	
07 幼少時に [(コジイン)] に預けられた。 유년기에 고아원에 맡겨졌다.	孤児院	
08 数々の[経験を (ヘ) て]成長した。 수많은 경험을 거쳐 성장했다.	経験を経て	
09 親戚を駅まで [(ムカ) え]に行った。 친척을 역까지 마중하러 갔다.	迎え	
10 戦争の [(ムザン) な傷痕]が生々しい。 전쟁의 무참한 상처 자국이 생생하다.	無残な傷痕	
11 [幕府の (ジュウチン)] として仕えた。 막부의 중진으로 모셨다.	幕府の重鎮	
12 候補が [(セ) り合う]激しい選挙戦。 후보가 경합하는 격렬한 선거전.	競り合う	
13 [改善の (シセイ)] が感じられない。 개선*의 자세를 느낄 수 없다.	改善の姿勢	
14 うかつな約束で [(ジバク) 状態]だ。 멍청한 약속으로 스스로 자신을 옭아맨 상태이다.	自縛*状態	
15 期待に胸を [(フク) らませる]。 기대에 가슴이 부풀어 오르다.	膨らませる	
16 身内を優先する [(エンコ) 主義]。 집안을 우선시하는 연고주의.	縁故主義	
17 工業団地に[企業を (ユウチ)] する。 공업단지에 기업을 유치하다.	企業を誘致	
18 [(ムボウ) な考え]を改めさせる。 무모한 생각을 고치게 하다.	無謀な考え	
19 [傷口を (シケツ)] する包帯がない。 상처를 지혈할 붕대가 없다.	傷口を止血	
20 [(ゲンシュウ)] でも増益なら良い。 수입이 줄어들어도 이익이 늘어나면 좋다.	減収	

◆ 개선(改善) : 잘못된 것이나 부족한 것, 나쁜 것 따위를 고쳐 더 좋게 만듦　　♣ 자박(自縛) : 스스로 자신을 옭아 묶음

[　　　](대괄호) 안의 일본어를 한자로 적어보고, 읽는 법을 히라가나로 쓰세요.

본문 내용	대괄호 한자로 쓰기	읽는 법 쓰기
01 [(タイショウ) 的な性格]の兄弟。 대조적인 성격의 형제. てき　せいかく　きょうだい	対照的な性格	
02 [(シンチョウ) さを欠いた]軽々しい発言。 신중함이 결여된 경솔한 발언. か　かるがる　はつげん	慎重さを欠いた	
03 政治[活動を (ヨクアツ)] する。 정치 활동을 억압하다. せいじ　かつどう	活動を抑圧	
04 動かぬ[証拠を (ニギ) って]いる。 확실한 증거를 쥐고 있다. うご　しょうこ	証拠を握って	
05 それが [(キュウキョク) の目的]だ。 그것이 궁극적인 목적이다. もくてき	究極の目的	
06 [家業を (キラ) って]家を出る。 가업*을 싫어하여 집을 나가다. かぎょう　いえ　で	家業を嫌って	
07 今回の提案は [(ヨウニン) しがたい]。 이번의 제안은 용인하기 어렵다. こんかい　ていあん	容認しがたい	
08 友人の[勉強を (ジャマ)] する。 친구의 공부를 방해하다. ゆうじん　べんきょう	勉強を邪魔	
09 [(シ) いて言えば]こちらがよい。 굳이 말하면 이쪽이 좋다. い	強いて言えば	
10 自宅に [(ナンキン)] する。 자택에 연금하다. じたく	軟禁	
11 外国人 [(ハイセキ) 運動]が起きる。 외국인 배척 운동이 일어나다. がいこくじん　うんどう　お	排斥運動	
12 経験者は [(ユウグウ)] される。 경험자는 우대받는다. けいけんしゃ	優遇	
13 鳥が [(イッセイ) に]飛び立った。 새가 일제히 날아갔다. とり　と　た	一斉に	
14 疑問が [(ヒョウカイ)] する。 의문이 풀리다. ぎもん	氷解*	
15 水質や [(ドジョウ) の汚染]を調べる。 수질이나 토양의 오염을 조사하다. すいしつ　おせん　しら	土壌の汚染	
16 情報化は[国際的な (チョウリュウ)] だ。 정보화는 국제적인 조류이다. じょうほうか　こくさいてき	国際的な潮流	
17 社会[不安を (ジョウセイ)] する。 사회 불안을 조성하다. しゃかい　ふあん	不安を醸成	
18 押し売りが[玄関に (イスワ) る]。 강매 상인이 현관에 눌러 앉다. お　う　げんかん	玄関に居座る	
19 景気を [(フヨウ)] させる。 경기를 부양시키다. けいき	浮揚	
20 カルシウムが [(ケツボウ)] する。 칼슘이 결핍* 되다.	欠乏	

◆ 가업(家業) : 대대로 물려받는 집안의 생업　　◆ 빙해(氷解) : (의심·오해 등이) 풀림
◆ 결핍(欠乏) : 있어야 할 것이 없어지거나 모자람

[   ](대괄호) 안의 일본어를 한자로 적어보고, 읽는 법을 히라가나로 쓰세요.

본문 내용	대괄호 한자로 쓰기	읽는 법 쓰기
01 横綱を[相手に (ゼンセン)] する。 요코즈나를 상대로 선전*하다. _{よこづな あいて}	相手に善戦	
02 農業に適した [(ドジョウ) に改良]する。 농업에 적합한 토양으로 개량하다. _{のうぎょう てき かいりょう}	土壌に改良	
03 [(ハイガイ) 主義]に反対する。 배외주의*에 반대하다. _{しゅぎ はんたい}	排外主義	
04 [国王 (ヘイカ)] のおでまし。 국왕 폐하의 납심. _{こくおう}	国王陛下	
05 長い鼻が[象の (トクチョウ)] だ。 긴 코가 코끼리의 특징이다. _{なが はな ぞう}	象の特徴	
06 感情が [(コウヨウ)] する。 감정이 고양*되다. _{かんじょう}	高揚	
07 総選挙の [(ガイトウ) 演説]。 총선거의 가두연설. _{そうせんきょ えんぜつ}	街頭演説	
08 [(トウソツ) 力]のある将軍。 통솔력이 있는 장군. _{りょく しょうぐん}	統率力	
09 [言葉 (タク) み]に人をだます。 교묘한 말로 사람을 속이다. _{ことば ひと}	言葉巧み	
10 [(グンシュウ) 心理]が働く。 군집 심리가 작용하다. _{しんり はたら}	群集心理	
11 彼は野球部に [(ゾク) して]いる。 그는 야구부에 속해 있다. _{かれ やきゅうぶ}	属して	
12 地区[大会で (セキハイ)] した。 지구 대회에서 아깝게 졌다. _{ちく たいかい}	大会で惜敗*	
13 要望には [(ソクジ) 対応]する。 요망에는 즉시 대응하다. _{ようぼう たいおう}	即時対応	
14 戦後 [(ザイバツ) は解体]された。 전후 재벌은 해체되었다. _{せんご かいたい}	財閥は解体	
15 選手を[勝利に (ミチビ) いた]監督。 선수를 승리로 이끈 감독. _{せんしゅ しょうり かんとく}	勝利に導いた	
16 彼は[文学界の (ケンイ)] だ。 그는 문학계의 권위자이다. _{かれ ぶんがくかい}	文学界の権威	
17 [河川の (ジョウカ)] を目指す。 하천의 정화를 목표로 하다. _{かせん めざ}	河川の浄化	
18 各自に[判断を (ユダ) ねる]。 각자에게 판단을 맡기다. _{かくじ はんだん}	判断を委ねる	
19 相続権を [(ホウキ)] する。 상속권을 포기하다. _{そうぞくけん}	放棄	
20 [(イサギヨ) い態度]が好印象だ。 떳떳한 태도가 호감이 간다. _{たいど こういんしょう}	潔い態度	

◆ 선전(善戦) : 있는 힘을 다하여 잘 싸움
◆ 배외주의(排外主義) : 외국 사람이나 외국의 문화, 물건, 사상 따위를 배척하는 주의
◉ 고양(高揚) : (정신·기분 등을) 드높임   ♠ 석패(惜敗) : 경기나 경쟁에서 약간의 점수 차이로 아깝게 짐

[   ](대괄호) 안의 일본어를 한자로 적어보고, 읽는 법을 히라가나로 쓰세요.

본문 내용	대괄호 한자로 쓰기	읽는 법 쓰기
01 [親善 (シセツ)] を派遣する。 친선 사절을 파견하다. しんぜん　　　　　はけん	親善使節	
02 時間に [(ヨユウ)] がある。 시간에 여유가 있다. じかん	余裕	
03 海外に日本 [(リョウジ) 館]を置く。 해외에 일본 영사관을 두다. かいがい　にほん　　　　　かん　お	領事館	
04 正規の[手続きを (フ) む]。 정규 절차를 밟다. せいき　てつづ	手続きを踏む	
05 世間*に [(ツウコウ)] している説。 사회에 통용되고 있는 설. せけん　　　　　　　　　　　　　せつ	通行*	
06 法案は[再検討の (ヨチ)] がある。 법안은 재검토의 여지가 있다. ほうあん　さいけんとう	再検討の余地	
07 世界記録として [(ニンテイ)] する。 세계 기록으로서 인정하다. せかいきろく	認定	
08 権力を傘に着て [(イバ) って]いる。 권력을 믿고 뻐기고 있다. けんりょく　かさ　き	威張って	
09 二度と [(シキイ)] をまたがせない。 두 번 다시 문지방을 넘게 하지 않는다. にど	敷居	
10 [(メイヨ)] を傷つけられる。 명예가 손상되다. きず	名誉	
11 [(ショウサイ) に渡って]調査する。 상세하게 조사하다. わた　　ちょうさ	詳細に渡って	
12 全体の[状況を (ハアク)] する。 전체 상황을 파악하다. ぜんたい　じょうきょう	状況を把握	
13 [水戸を (ケイユ)] して仙台へ行く。 미토를 경유하여 센다이에 가다. みと　　　　　　　　せんだい　い	水戸を経由	
14 病原菌の [(センプク) 期間]。 병원균의 잠복 기간. びょうげんきん　　　　　きかん	潜伏期間	
15 異教徒を [(ハクガイ)] する。 이교도를 박해하다. いきょうと	迫害	
16 本国に[強制 (ソウカン)] する。 본국에 강제 송환하다. ほんごく　きょうせい	強制送還	
17 食料と水を [(ホキュウ)] する。 식료와 물을 보급하다. しょくりょう　みず	補給	
18 [(セッパク)] した状況にある。 절박한 상황에 있다. じょうきょう	切迫	
19 そんな話は [(グ) の骨頂]だ。 그런 이야기는 어리석기 그지없다. はなし　　　　　　こっちょう	愚の骨頂	
20 さまざまな[利害が (カラ) みあう]。 여러 가지 이해*가 서로 얽히다. りがい	利害が絡みあう	

◆ 세간(世間) : 1.세간 2.세상, 사회 3.교제나 활동의 범위　　　♣ 통행(通行) : 1.통행 2.내왕 3.통용
◉ 이해(利害) : 이익과 손해를 아울러 이르는 말

[   ](대괄호) 안의 일본어를 한자로 적어보고, 읽는 법을 히라가나로 쓰세요.

	본문 내용	대괄호 한자로 쓰기	읽는 법 쓰기
01	象牙に [(チョウコク)] する。 상아에 조각하다. ぞう げ	彫刻	
02	[(ソザイ) の持ち味]を生かす。 소재의 장점을 살리다. も あじ い	素材の持ち味	
03	仏像の[自由な (シタイ)]。 불상의 자유스런 자태. ぶつぞう じ ゆう	自由な姿態	
04	生命の [(フシギ) さ]に驚く。 생명의 불가사의함에 놀라다. せいめい おどろ	不思議さ	
05	この道は京都を経て[大阪に (イタ) る]。 이 길은 교토를 거쳐 오사카에 이른다. みち きょうと へ おおさか	大阪に至る	
06	強迫観念に [(オソ) われる]。 강박 관념에 사로잡히다. きょうはくかんねん	襲われる	
07	イタリア中部の [(キュウリョウ) 地帯]。 이탈리아 중부의 구릉 지대. ちゅう ぶ ち たい	丘陵地帯	
08	高熱で [(ゲンカク) が起きる]。 고열로 환각이 일어나다. こうねつ お	幻覚が起きる	
09	その[光景が (ノウリ) に]焼きついている。 그 광경이 뇌리에 각인되어 있다. こうけい や	光景が脳裏に	
10	祖父の[七回 (キ)] を迎える。 조부의 7주기를 맞이하다. そ ふ ななかい むか	七回忌	
11	当方に [(カシツ)] はない。 우리 쪽에 과실은 없다. とうほう	過失	
12	霧が山あいに [(タイリュウ)] する。 안개가 산골짜기에 머물다. きり やま	滞留	
13	新築工事を [(ウ) け負う]。 신축 공사를 도급 맡다. しんちくこう じ お	請け負う	
14	[職務 (タイマン)] だと注意される。 직무태만이라고 주의를 받다. しょく む ちゅう い	職務怠慢	
15	旅行の [(メンミツ) な計画]をたてる。 여행의 면밀*한 계획을 세우다. りょこう けいかく	綿密な計画	
16	安全性を [(コウリョ) に入れて]計画する。 안전성을 고려하여 계획하다. あんぜんせい い けいかく	考慮に入れて	
17	[(キンチョウ) の糸]が張りつめる。 긴장의 끈이 팽팽하다. いと は	緊張の糸	
18	[相手の (キョ)] に付け入る。 상대의 허점을 이용하다. あいて つ い	相手の虚	
19	[(グウハツ) 的な]事故が起こる。 우발적인 사고가 일어나다. てき じ こ お	偶発的な	
20	他の要因を [(ハイジョ)] する。 다른 요인을 배제하다. ほか よういん	排除	

◆ 면밀(綿密) : 자세하고 빈틈이 없음

[   ](대괄호) 안의 일본어를 한자로 적어보고, 읽는 법을 히라가나로 쓰세요.

본문 내용	대괄호 한자로 쓰기	읽는 법 쓰기
01 まず[食料の (カクホ)] が第一だ。 우선 식료 확보가 가장 중요하다.	食料の確保	
02 伝染病の[予防 (セッシュ)] を受ける。 전염병의 예방 접종을 받다.	予防接種	
03 将来に備え[石油を (ビチク)] する。 장래에 대비해 석유를 비축하다.	石油を備蓄	
04 毒蛇にかまれて [(ケッセイ) を必要]とする。 독사에게 물려 혈청을 필요로 하다.	血清を必要	
05 [犯罪の (ボクメツ)] を目指す。 범죄의 박멸*을 목표로 하다.	犯罪の撲滅	
06 [(ショウガイ) 物競争]に出場する。 장애물 경주에 출전하다.	障害物競争	
07 [薬の (フクサヨウ)] が出る。 약의 부작용이 나다.	薬の副作用	
08 [(トッキョ)] を出願する。 특허를 출원하다.	特許	
09 医学の[発展に (キヨ)] する。 의학 발전에 기여하다.	発展に寄与	
10 [需要と (キョウキュウ)] とのバランス。 수요와 공급과의 균형.	需要と供給	
11 [所得 (コウジョ)] を受ける。 소득 공제를 받다.	所得控除	
12 外国人の [(シュウロウ) ビザ]。 외국인의 취업 비자.	就労ビザ	
13 [(サンセイ) か反対]をはっきり言いなさい。 찬성인지 반대를 확실히 말하세요.	賛成か反対	
14 [(タイグウ)] を改善する。 대우를 개선하다.	待遇	
15 祖父母を [(カイゴ)] する。 조부모를 간호하다.	介護	
16 [(ザセツ) 感]を味わう。 좌절감을 맛보다.	挫折感	
17 [(ナットク) が行く]まで続ける。 납득이 갈 때까지 계속하다.	納得が行く	
18 [思いの (イッタン)] を述べる。 생각의 일부분을 말하다.	思いの一端	
19 [麻薬 (コンゼツ)] 運動を推進する。 마약 근절 운동을 추진하다.	麻薬根絶	
20 クイズの[賞金を (カクトク)] する。 퀴즈 상금을 획득하다.	賞金を獲得	

◆ 박멸(撲滅) : 모조리 잡아 없앰

[   ](대괄호)안의 일본어를 한자로 적어보고, 읽는 법을 히라가나로 쓰세요.

본문 내용	대괄호 한자로 쓰기	읽는 법 쓰기
01 溶けた鉄を [(イガタ)] に流し込む。 용해된 철을 주형에 붓다.	鋳型	
02 心に残る[詩の (イッセツ)] がある。 마음에 남는 시의 한 구절이 있다.	詩の一節	
03 [学校の (センパイ)] に憧れる。 학교 선배를 동경하다.	学校の先輩	
04 [共通の (シュミ)] を持つ友人。 공통된 취미를 가진 친구.	共通の趣味	
05 明るい未来を[思い (エガ) く]。 밝은 미래를 상상하다.	思い描く	
06 前任者から仕事を[引き (ツ) ぐ]。 전임자로부터 일을 넘겨받다.	引き継ぐ	
07 [(ビミョウ) な]色彩のバランス。 미묘한 색채의 균형.	微妙な	
08 他人の [(リョウイキ) を侵す]。 타인의 영역을 침범하다.	領域を侵す	
09 戸を [(ハゲ) しく]たたく。 문을 격렬하게 두드리다.	激しく	
10 外国史の[本を (アラワ) す]。 외국사의 책을 저술하다.	本を著す	
11 [(キンシュク) 経済]政策をとる。 긴축 경제 정책을 취하다.	緊縮経済	
12 外国の[会社と (テイケイ)] する。 외국 회사와 제휴하다.	会社と提携	
13 会社の[会計を (カンサ)] する。 회사의 회계를 감사하다.	会計を監査	
14 [(タキ) にわたる]研究をまとめる。 다방면에 걸친 연구를 정리하다.	多岐にわたる	
15 生活が [(ハタン)] する。 생활이 파탄하다.	破綻	
16 農薬が [(ザンリュウ)] している。 농약이 잔류하고 있다.	残留	
17 やかんの[湯を (ワ) かす]。 주전자 물을 끓이다.	湯を沸かす	
18 つまらない事で一生を [(ボウ) に振る]。 사소한 일로 일생을 헛되게 보내다.	棒に振る	
19 [自らの (ホシン)] ばかり考える。 자신의 보신*만을 생각하다.	自らの保身	
20 [政府の (タイセイ)] が固まる。 정부의 태세가 확고해지다.	政府の態勢	

◆ 보신(保身) : 자신의 지위 · 명예 · 안전 등을 지킴

[　　](대괄호) 안의 일본어를 한자로 적어보고, 읽는 법을 히라가나로 쓰세요.

	본문 내용	대괄호 한자로 쓰기	읽는 법 쓰기
01	[(ダンゾク) 的に]揺れが続く。 단속*적으로 흔들림이 계속되다.	断続的に	
02	大都会の [(カタスミ) に生きる]。 대도시의 한구석에 살다.	片隅に生きる	
03	[(キバツ) で]柔軟なアイデア。 기발하고 유연한 아이디어.	奇抜で	
04	水質[浄化 (ソウチ)] を開発した。 수질 정화 장치를 개발했다.	浄化装置	
05	[多数の (カンキャク)] を集める。 다수의 관객을 모으다.	多数の観客	
06	[(リッパ) なビル]が建設された。 멋진 빌딩이 건설되었다.	立派なビル	
07	[武者 (シュギョウ)] の旅に出る。 무사 수행의 여행에 나서다.	武者修行	
08	[(ヨセイ)] を楽しく送る。 여생을 즐겁게 보내다.	余生	
09	定年で [(タイショク)] する。 정년으로 퇴직하다.	退職	
10	[(ハイユウ) を目指して]練習に励む。 배우를 목표로 열심히 연습하다.	俳優を目指して	
11	福祉の[充実を (セツボウ)] してやまない。 복지의 충실을 간절히 바라 마지않다.	充実を切望	
12	科学技術の[発展と (ヘイガイ)]。 과학 기술의 발전과 폐해.	発展と弊害	
13	[眺望を (サマタ) げる]ものは何もない。 조망을 방해하는 것은 아무것도 없다.	眺望を妨げる	
14	[(キショウ) 価値]の人形。 희소가치*의 인형.	希少価値	
15	不法建築物を [(テッキョ)] する。 불법 건축물을 철거하다.	撤去	
16	[公共 (シセツ)] を利用する。 공공시설을 이용하다.	公共施設	
17	経営内容を [(タンテキ) に表す]数字。 경영 내용을 단적으로 나타내는 숫자.	端的に表す	
18	工場を [(ユウチ)] する。 공장을 유치하다.	誘致	
19	新しい[制度を (ソウセツ)] する。 새로운 제도를 창설하다.	制度を創設	
20	今後の方針を [(モサク) 中]です。 앞으로의 방침을 모색중입니다.	模索中	

◆ 단속(断続) : 끊겼다 이어졌다 함　　　　　　　　　✤ 희소가치(希少価値) : 드물기 때문에 인정되는 가치

[   ](대괄호) 안의 일본어를 한자로 적어보고, 읽는 법을 히라가나로 쓰세요.

본문 내용	대괄호 한자로 쓰기	읽는 법 쓰기
01 [お (カシ)] を欲しがる子ども。 과자를 갖고 싶어 하는 아이.	お菓子	
02 新しい [(シヘイ) が発行]される。 새로운 지폐가 발행되다.	紙幣が発行	
03 地図にも [(ノ) って]いない道。 지도에도 실려 있지 않는 길.	載って	
04 成績が [(カンキョウ) に左右]される。 성적이 환경에 좌우되다.	環境に左右	
05 新体制へ [(イコウ)] する。 신체제로 이행하다.	移行	
06 [(ジバ) 産業]の発展を支援する。 그 고장 산업의 발전을 지원하다.	地場産業	
07 外国製品を [(ユニュウ)] する。 외국 제품을 수입하다.	輸入	
08 他国の [(ショクリョウ) 事情]を知る。 타국의 식량 사정을 알다.	食糧事情	
09 [(シヒョウ)] とする数字。 지표로 삼는 숫자.	指標	
10 薬物 [(イゾン) 症]を乗り越える。 약물 의존증을 극복하다.	依存症	
11 丁寧に[お (ジギ)] をする。 정중하게 인사를 하다.	お辞儀	
12 数学の公式を[頭に (ツ) め込む]。 수학 공식을 머리에 주입하다.	頭に詰め込む	
13 遠く[空を (アオ) ぐ]。 멀리 하늘을 우러러보다.	空を仰ぐ	
14 家に立ち寄った [(ケイセキ)] がある。 집에 들른 흔적이 있다.	形跡	
15 [(ガデンインスイ)] の行為と非難される。 아전인수*의 행위라고 비난받다.	我田引水	
16 そんなつもりは [(モウトウ) ない]。 그럴 생각은 조금도 없다.	毛頭ない	
17 外来者に対して [(モンピ) を閉ざす]。 외래자에 대해 대문을 닫다.	門扉を閉ざす	
18 [(イゼン) として]状況は変わらない。 여전히 상황은 변함이 없다.	依然として	
19 関連諸法案を含む [(ホウカツ) 案]。 관련 여러 법안을 포함한 포괄안.	包括案	
20 [本筋から (イツダツ)] した発言。 본 줄거리에서 벗어난 발언.	本筋から逸脱	

◆ 아전인수(我田引水) : (제 논에 물대기라는 뜻으로) 자기에게 이롭게 말하거나 행동하거나 하는 일

[   ](대괄호) 안의 일본어를 한자로 적어보고, 읽는 법을 히라가나로 쓰세요.

본문 내용	대괄호 한자로 쓰기	읽는 법 쓰기
01 二十世紀は [(エイゾウ) の世紀]だった。 21세기는 영상의 세기였다.	映像の世紀	
02 容疑者を [(レンコウ)] する。 용의자를 연행하다.	連行	
03 [(ソウテン)] のはっきりしない議論。 쟁점이 분명치 않은 논의.	争点	
04 [(ゼンプク) の信頼]を寄せる医者。 전폭적인 신뢰를 보내는 의사.	全幅の信頼	
05 することが [(ゴテ)] になる。 하는 일이 선수를 빼앗기다.	後手	
06 [お (ジギ)] の角度が決まっている。 인사하는 각도가 정해져 있다.	お辞儀	
07 [(カンシャ) の念]に満たされる。 감사하는 마음으로 채워지다.	感謝の念	
08 [(キョドウ) 不審]の男を捕らえる。 거동*이 수상한 남자를 체포하다.	挙動不審	
09 何やら [(アヤ) しげな]話だ。 뭔가 수상한 이야기이다.	怪しげな	
10 [身辺 (ケイゴ)] をつける。 신변 경호를 붙이다.	身辺警護	
11 は虫類を [(キョクタン) に]嫌う。 파충류를 극단적으로 싫어하다.	極端に	
12 日本[文化の (ミリョク)] にとりつかれる。 일본 문화의 매력에 사로잡히다.	文化の魅力	
13 [(ショウガク) 金]をもらって大学へ通う。 장학금을 받고 대학에 다니다.	奨学金	
14 これからの政治に対する [(テイゲン)]。 앞으로의 정치에 대한 제언.	提言	
15 エネルギーは現代[社会の (コンカン)] だ。 에너지는 현대 사회의 근간*이다.	社会の根幹	
16 [国際 (スイジュン)] の技術を学ぶ。 국제 수준의 기술을 배우다.	国際水準	
17 地区[代表を (センバツ)] する。 지구 대표를 선발하다.	代表を選抜	
18 [辞職 (カンコク)] に従う。 사직 권고에 따르다.	辞職勧告	
19 [(シホウ) 当局]の判断を求める。 사법 당국의 판단을 요구하다.	司法当局	
20 誤りを [(シテキ)] される。 잘못을 지적받다.	指摘	

◆ 거동(挙動): 몸을 움직임
◈ 근간(根幹): 1.뿌리와 줄기를 아울러 이르는 말 2.사물의 바탕이나 중심이 되는 중요한 것

[　　](대괄호) 안의 일본어를 한자로 적어보고, 읽는 법을 히라가나로 쓰세요.

본문 내용	대괄호 한자로 쓰기	읽는 법 쓰기
01 真相究明に[市民が (ケッキ)] する。 진상 규명에 시민이 궐기하다. しんそうきゅうめい　しみん	市民が決起	
02 後ろを [(フ) り返る]。 뒤를 돌아보다. うし　　　かえ	振り返る	
03 敵に [(アセ) りの色]が見えてきた。 적에게 초조한 기색이 보였다. てき　　　　　いろ　み	焦りの色	
04 自著を[記念に (テイ) する]。 자기 저서를 기념하여 드리다. じちょ　きねん	記念に呈する	
05 [(ヨセ)] で落語を楽しむ。 요세*에서 만담을 즐기다. 　　　　らくご　たの	寄席	
06 [人々は (キソ) って]その本を買った。 사람들은 앞다퉈 그 책을 샀다. ひとびと　　　　　　　ほん　か	人々は競って	
07 彼女は映画 [(ヒョウロン) 家]だ。 그녀는 영화 평론가이다. かのじょ　えいが	評論家	
08 [(リソウ) と現実]は全く異なる。 이상과 현실은 전혀 다르다. げんじつ　まった　こと	理想と現実	
09 郵便物の [(トウタツ) 日数]。 우편물의 도달 일수. ゆうびんぶつ　　　　　にっすう	到達日数	
10 授業料が下宿代に [(バ) けた]。 수업료가 하숙료로 둔갑했다. じゅぎょうりょう　げしゅくだい	化けた	
11 計画は [(チチ) として]進まない。 계획은 지지부진하여 진척되지 않는다. けいかく　　　　　　すす	遅々として	
12 人権[差別を (テッパイ)] する。 인권 차별을 철폐하다. じんけん　さべつ	差別を撤廃	
13 一生独身を [(ツラヌ) く]。 한평생 독신을 관철하다. いっしょうどくしん	貫く	
14 戦略上の[重要 (キョテン)]。 전략상의 중요 거점. せんりゃくじょう　じゅうよう	重要拠点	
15 [足腰の (オトロ) え]を実感する。 다리와 허리의 쇠약함을 실감하다. あしこし　　　　　　　じっかん	足腰の衰え	
16 祭りで[みこしを (カツ) ぐ]。 축제에서 미코시*를 짊어지다. まつ	みこしを担ぐ	
17 店の二階を[住居に (ア) てる]。 가게의 2층을 주거로 쓰다. みせ　にかい　じゅうきょ	住居に充てる	
18 [(キソ) 的な知識]が欠けている。 기초적인 지식이 결여되어 있다. てき　ちしき　か	基礎的な知識	
19 [最善の (ホウサク)] を考える。 최선의 방책을 생각하다. さいぜん　　　　　　かんが	最善の方策	
20 三千円の[会費で (マカナ) う]。 3천엔의 회비로 꾸려가다. さんぜんえん　かいひ	会費で賄う	

◆ 요세(寄席) : 사람을 모아 돈을 받고 재담 · 만담 · 야담 등을 들려주는 대중적 연예장
♣ 미코시(神輿) : (제례 때) 신체(神體)나 신위(神位)를 실은 가마. 신여(神輿)

154

[   ](대괄호) 안의 일본어를 한자로 적어보고, 읽는 법을 히라가나로 쓰세요.

본문 내용	대괄호 한자로 쓰기	읽는 법 쓰기
01 かごの中で[鳥が (ナ) く]。 새장 안에서 새가 울다.	鳥が鳴く	
02 達者な日本語に [(オドロ) く]。 능숙한 일본어에 놀라다.	驚く	
03 いまさら [(サワ) いでも]始まらない。 이제 와서 소란을 피어도 소용없다.	騒いでも	
04 [動乱の (バクマツ)] を生きる。 동란의 막부 말기를 살다.	動乱の幕末	
05 [不景気を (ショウチョウ)] する出来事。 불경기를 상징하는 사건.	不景気を象徴	
06 新入[社員を (サイヨウ)] する。 신입 사원을 채용하다.	社員を採用	
07 遠く[ギリシャに (ユライ)] する建築様式。 멀리 그리스에 유래하는 건축 양식.	ギリシャに由来	
08 [(コキョウ)] に錦を飾る。 금의환향하다.	故郷	
09 [戦死者の (レイ)] を慰める。 전사자의 영을 위로하다.	戦死者の霊	
10 [(キョウゴウ) どうし]の対戦。 강호끼리의 대전.	強豪どうし	
11 そういう事情なら [(ゼヒ) も無い]。 그러한 사정이라면 어쩔 수 없다.	是非も無い	
12 返答を [(リュウホ)] する。 답을 유보하다.	留保	
13 [(ロウキュウ) 化]したビル。 노후화된 빌딩.	老朽化	
14 壊れた車を [(ハイキ) 処分]する。 부서진 차를 폐기 처분하다.	廃棄処分	
15 [貿易 (マサツ)] が緩和される。 무역 마찰이 완화되다.	貿易摩擦	
16 機関車が[客車を (ケンイン)] する。 기관차가 객차를 견인하다.	客車を牽引	
17 [馬の (タヅナ)] をしっかり握る。 말의 고삐를 단단히 쥐다.	馬の手綱	
18 遺跡の [(ハックツ) 調査]をする。 유적의 발굴 조사를 하다.	発掘調査	
19 現象を [(チュウショウ) 的に]とらえる。 현상을 추상적으로 파악하다.	抽象的に	
20 近代化の [(オンケイ) をこうむる]。 근대화의 은혜를 입다.	恩恵をこうむる	

[   ](대괄호) 안의 일본어를 한자로 적어보고, 읽는 법을 히라가나로 쓰세요.

본문 내용	대괄호 한자로 쓰기	읽는 법 쓰기
01 [(フンソウ)] を解決する。 분쟁을 해결하다. かいけつ	紛争	
02 彼は [(キョウチョウ) 性]のある人だ。 그는 협조성이 있는 사람이다. かれ　　　　　　　　　せい　　　　ひと	協調性	
03 最初の[目標を (タッセイ)] した。 최초의 목표를 달성했다. さいしょ　もくひょう	目標を達成	
04 新製品開発で [(ギョウセキ) をあげる]。 신제품 개발로 업적을 올리다. しんせいひんかいはつ	業績をあげる	
05 [魔法の (ジュモン)] を唱える。 마법의 주문을 외우다. まほう　　　　　　　　　とな	魔法の呪文	
06 宇宙旅行への [(トビラ) を開く]。 우주여행에 대한 문을 열다. うちゅうりょこう　　　　　　　ひら	扉を開く	
07 相手の心理[状態を (ブンセキ)] する。 상대의 심리 상태를 분석하다. あいて　しんり　じょうたい	状態を分析	
08 発展途上国に[物資を (テイキョウ)] する。 개발도상국에 물자를 제공하다. はってんとじょうこく　ぶっし	物資を提供	
09 男児が [(タンジョウ)] した。 남자아이가 태어났다. だんじ	誕生	
10 生徒[会長として (カツヤク)] した。 학생회장으로서 활약하다. せいと　かいちょう	会長として活躍	
11 [(カジョウ) 生産]を中止する。 과잉 생산을 중지하다. せいさん　ちゅうし	過剰生産	
12 世界有数の [(ギョカク) 量]をほこる日本。 세계 유수의 어획량을 자랑하는 일본. せかいゆうすう　　　　　　りょう　　　にほん	漁獲量	
13 自分とは全く [(ムエン) な話]だ。 자신과는 전혀 관계가 없는 이야기이다. じぶん　　　まった　　　　　　はなし	無縁な話	
14 この商売は [(サイサン) が取れない]。 이 장사는 채산이 맞지 않는다. しょうばい　　　　　　と	採算が取れない	
15 事態が [(フンキュウ)] する。 사태가 분규* 하다. じたい	紛糾	
16 [(タンタン)] としたつき合い。 담담한 교제. あ	淡々	
17 人の意見は [(センサバンベツ)] だ。 사람의 의견은 천차만별* 이다. ひと　いけん	千差万別	
18 人によって [(カイシャク) の仕方]が違う。 사람에 따라 해석 방법이 다르다. ひと　　　　　　　　　しかた　ちが	解釈の仕方	
19 [八両 (ヘンセイ)] の電車に乗る。 8량 편성의 전차를 타다. はちりょう　　　　　　でんしゃ　の	八両編成	
20 それは [(イナ) めない]事実だ。 그것은 부인할 수 없는 사실이다. じじつ	否めない	

♦ 분규(紛糾) : 이해나 주장이 뒤얽혀서 말썽이 많고 시끄러움　　　♦ 천차만별(千差万別) : 여러 가지 사물이 모두 차이가 있고 구별이 있음

[   ](대괄호) 안의 일본어를 한자로 적어보고, 읽는 법을 히라가나로 쓰세요.

본문 내용	대괄호 한자로 쓰기	읽는 법 쓰기
01 法律が [(シコウ) される]。법률이 시행되다. ほうりつ	施行	
02 手術後の [(ケイカ) は良好]だ。수술 후의 경과는 양호하다. しゅじゅつご　　　　　　りょうこう	経過は良好	
03 国に大きな [(コウセキ) を残した]。나라에 큰 공적을 남겼다. くに　おお　　　　　　　　のこ	功績を残した	
04 任務を [(ホウキ)] する。임무를 포기하다. にんむ	放棄	
05 [悪戦 (クトウ) の連続だ。악전고투의 연속이다. あくせん　　　　　れんぞく	悪戦苦闘	
06 [組織の (チュウカク)] に据える。조직의 중심에 앉히다. そしき　　　　　　　　　す	組織の中核	
07 [(トクシュ) な製法]で作られた薬。특수한 제조 방법으로 만들어진 약. せいほう　つく　　くすり	特殊な製法	
08 試合は[パンチの (オウシュウ)] となった。시합은 펀치의 응수*가 되었다. しあい	パンチの応酬	
09 疲労が [(チクセキ)] される。피로가 쌓이다. ひろう	蓄積	
10 彼は [(イサン) を放棄]した。그는 유산을 포기했다. かれ　　　　　　ほうき	遺産を放棄	
11 無線機を [(トウサイ)] した車。무선기를 탑재*한 자동차. むせんき　　　　　　　くるま	搭載	
12 食糧を [(ウンパン)] する。식량을 운반하다. しょくりょう	運搬	
13 [(ジャマ) な]木の枝を切る。방해되는 나무 가지를 자르다. き　えだ　き	邪魔な	
14 二国間の [(キンコウ) を保つ]。양국 간의 균형을 유지하다. にこくかん　　　　　　たも	均衡を保つ	
15 [(キソン) の概念]を捨てる。기존의 개념을 버리다. がいねん　す	既存の概念	
16 核兵器の [(キョウイ) を感じる]。핵무기의 위협을 느끼다. かくへいき　　　　　　かん	脅威を感じる	
17 お茶で[のどを (ウルオ) す]。차로 목을 적시다. ちゃ	のどを潤す	
18 [(ガンキョウ) な]抵抗にあう。완강한 저항을 만나다. ていこう	頑強な	
19 これまでの [(ケイイ) を説明]する。지금까지의 경위를 설명하다. せつめい	経緯を説明	
20 社長の[ポストに (ツ) く]。사장의 포스트에 취임하다. しゃちょう	ポストに就く	

◆ 응수(応酬) : 상대편이 한 말이나 행동을 받아서 마주 응함　　　　♣ 탑재(搭載) : 배, 비행기, 차 따위에 물건을 실음

[   ](대괄호) 안의 일본어를 한자로 적어보고, 읽는 법을 히라가나로 쓰세요.

본문 내용	대괄호 한자로 쓰기	읽는 법 쓰기
01 波乱含みの [(ヨウソウ) を帯びる]。 파란만장한 양상을 띠다. <small>は らんぶく　　　　　　　　　お</small>	様相を帯びる	
02 回路が [(タンラク)] する。 회로가 단락되다. <small>かい ろ</small>	短絡	
03 [商業 (ホゲイ)] が禁止された。 상업 포경* 이 금지되었다. <small>しょうぎょう　　　　　　　きんし</small>	商業捕鯨	
04 [壮大な (キボ)] の計画を立てる。 장대한 규모의 계획을 세우다. <small>そうだい　　　　　　　けいかく た</small>	壮大な規模	
05 表情を [(コチョウ)] して描く。 표정을 과장하여 그리다. <small>ひょうじょう　　　　　　　えが</small>	誇張	
06 [(ヤバン) な]振る舞いを嫌う。 야만스런 행동을 싫어하다. <small>ふ ま きら</small>	野蛮な	
07 [(ソジ)] の美しさを生かす。 밑바탕의 아름다움을 살리다. <small>うつく い</small>	素地	
08 [(ソシキ) を挙げて]取り組む。 조직적으로 들러붙다. <small>あ と く</small>	組織を挙げて	
09 世界の [(ハケン) 争い]が起こる。 세계의 패권 다툼이 일어나다. <small>せ かい　　　　　あらそ お</small>	覇権争い	
10 悪習を [(ゼツメツ)] する。 악습을 근절하다. <small>あくしゅう</small>	絶滅	
11 ローマ字を[仮名に (ヘンカン)] する。 로마자를 가나로 변환하다. <small>じ かな</small>	仮名に変換	
12 [ラジオの (シュウハスウ)] を合わせる。 라디오의 주파수를 맞추다. <small>あ</small>	ラジオの周波数	
13 ベンチャー[企業に (トウシ)] する。 벤처 기업에 투자하다. <small>き ぎょう</small>	企業に投資	
14 [胸が (アッパク)] されて苦しい。 가슴이 압박되어 괴롭다. <small>むね くる</small>	胸が圧迫	
15 [(チンシャ) の意]を表する。 사죄의 뜻을 표하다. <small>い ひょう</small>	陳謝の意	
16 自説を主張して [(ユズ) らない]。 자기의 의견을 주장하며 양보하지 않는다. <small>じ せつ しゅちょう</small>	譲らない	
17 日本はエネルギー[資源が (トボ) しい]。 일본은 에너지 자원이 부족하다. <small>に ほん し げん</small>	資源が乏しい	
18 有名人と [(アクシュ) をする]。 유명인과 악수를 하다. <small>ゆうめいじん</small>	握手をする	
19 あえて[批判を (カンジュ)] する。 굳이 비판을 감수하다. <small>ひ はん</small>	批判を甘受	
20 [紛争の (ウズ)] に巻き込まれる。 분쟁의 소용돌이에 휘말리다. <small>ふんそう ま こ</small>	紛争の渦	

◆ 포경(捕鯨) : 고래잡이

[   ](대괄호) 안의 일본어를 한자로 적어보고, 읽는 법을 히라가나로 쓰세요.

본문 내용	대괄호 한자로 쓰기	읽는 법 쓰기
01 [(カミ) の毛]をくしでとかす。 빗으로 머리를 빗다.	髪の毛	
02 [(ガロウ)] で絵画を見る。 화랑에서 그림을 보다.	画廊	
03 [(ヨウサン) 業]を営む農家。 양잠업을 경영하는 농가.	養蚕業	
04 [(アイ) 色]のセーターを着る。 남색 스웨터를 입다.	藍色	
05 [(シマ) 模様]の猫を飼う。 줄무늬 모양의 고양이를 기르다.	縞模様	
06 友達を [(ハゲ) ます]。 친구를 격려하다.	励ます	
07 [(ジュンカン) 器内科]で診察を受けた。 순환기내과에서 진찰을 받았다.	循環器内科	
08 将来に[希望を (タク) す]。 장래에 희망을 걸다.	希望を託す	
09 [(タサイ) な]顔触れがそろう。 다채로운 멤버가 다 모이다.	多彩な	
10 他とは[一線を (カク) する]。 다른 것과는 일선을 긋다.	一線を画する	
11 新しく [(エイセイ) 的な]台所。 새롭고 위생적인 부엌.	衛生的な	
12 [戦地からの [(キカン) を祝う]。 전쟁터에서의 귀환을 축하하다.	帰還を祝う	
13 [社会に (コウケン)] する人間になりたい。 사회에 공헌하는 인간이 되고 싶다.	社会に貢献	
14 大方の [(サンドウ)] を得た。 많은 분들의 찬동*을 얻었다.	賛同	
15 [暗中 (モサク)] の日々が続く。 암중모색의 나날이 계속되다.	暗中模索	
16 それは [(トウテイ)] 不可能だ。 그것은 도저히 불가능하다.	到底	
17 [今後の (シシン)] を打ち出す。 향후의 지침을 명확히 내세우다.	今後の指針	
18 [(セッソク) な判断]を避ける。 졸속한 판단을 피하다.	拙速な判断	
19 製品の [(ケッカン) を修理]する。 제품의 결함을 수리하다.	欠陥を修理	
20 将来に [(カコン) を残す]。 장래에 화근을 남기다.	禍根を残す	

◆ 찬동(賛同) : 어떤 행동이나 견해 따위가 옳거나 좋다고 판단하여 그에 뜻을 같이함

[   ](대괄호) 안의 일본어를 한자로 적어보고, 읽는 법을 히라가나로 쓰세요.

본문 내용	대괄호 한자로 쓰기	읽는 법 쓰기
01 彼の行動を [(フシン) に思う]。 그의 행동을 수상하게 생각하다. _{かれ こうどう おも}	不審に思う	
02 相手の[追加点を (ソシ)] する。 상대의 추가점을 저지하다. _{あいて ついかてん}	追加点を阻止	
03 映画の [(サツエイ) 所]。 영화 촬영소. _{えいが じょ}	撮影所	
04 祖国を [(ボウエイ)] する。 조국을 방위하다. _{そこく}	防衛	
05 [(レイセイ) に]状況を判断する。 냉정하게 상황을 판단하다. _{じょうきょう はんだん}	冷静に	
06 [(キゼン) とした]態度で接する。 의연한 태도로 응대하다. _{たいど せっ}	毅然とした	
07 小事に [(カマ) わず]突き進む。 작은 일에 개의치 않고 힘차게 나아가다. _{しょうじ つ すす}	構わず	
08 国家の [(イシン) をかけて]戦う。 국가의 위신을 걸고 싸우다. _{こっか たたか}	威信をかけて	
09 サービス料を [(フク) んだ]料金。 서비스료를 포함한 요금. _{りょう りょうきん}	含んだ	
10 現象を [(チュウショウ) 的に]とらえる。 현상을 추상적으로 파악하다. _{げんしょう てき}	抽象的に	
11 容疑者の [(ショグウ) を決める]。 용의자의 처우를 결정하다. _{ようぎしゃ き}	処遇を決める	
12 彼は [(ジギャク) 的な]性格だ。 그는 자학적인 성격이다. _{かれ てき せいかく}	自虐的な	
13 当事者と [(ボウカン) 者]とでは感じ方が違う。 당사자와 방관자는 느끼는 _{とうじしゃ しゃ かん かた ちが} 방법이 다르다.	傍観者	
14 直立不動の [(シセイ) をとる]。 직립부동의 자세를 취하다. _{ちょくりつふどう}	姿勢をとる	
15 [参考人 (ショウチ)] を求める。 참고인 초치*를 요구하다. _{さんこうにん もと}	参考人招致	
16 [(キョギ) の証言]は許されない。 허위의 증언은 용납되지 않는다. _{しょうげん ゆる}	虚偽の証言	
17 無担保で [(ユウシ) を受けた]。 무담보로 융자를 받았다. _{むたんぽ う}	融資を受けた	
18 [国民の (フタク)] にこたえる。 국민이 맡겨 준 책임을 성실히 감당하다. _{こくみん}	国民の負託*	
19 候補者を [(センテイ)] する。 후보자를 선정하다. _{こうほしゃ}	選定	
20 大会社が [(ハタン)] する。 큰 회사가 파탄나다. _{だいがいしゃ}	破綻	

◆ 초치(招致) : 불러서 안으로 들임   ✦ 負託(ふたく) : 책임 지워 맡김

[   ](대괄호) 안의 일본어를 한자로 적어보고, 읽는 법을 히라가나로 쓰세요.

본문 내용	대괄호 한자로 쓰기	읽는 법 쓰기
01 まだ起きては [(ダメ) だ]。 아직 일어나서는 안 된다.	駄目だ	
02 交通[事故に (ア) う]。 교통사고를 당하다.	事故に遭う	
03 家庭教師を [(ショウカイ)] する。 가정 교사를 소개하다.	紹介	
04 一面に [(スミ) を流した]ような空。 온통 먹물을 쏟은 듯한 하늘.	墨を流した	
05 コンピュータが [(フキュウ)] する。 컴퓨터가 보급되다.	普及	
06 赤ん坊の [(メンドウ) をたのむ]。 아기 돌보기를 부탁하다.	面倒をたのむ	
07 [(ジュヨウ)] と供給。 수요와 공급.	需要	
08 [(コウショウ)] に譲歩はつきものだ。 교섭에 양보는 으레 따르게 마련이다.	交渉	
09 何事にも [(ロウリョク)] を惜しまない。 매사에 수고를 아끼지 않다.	労力	
10 今日は [(メズラ) しく]帰りが遅い。 오늘은 드물게 귀가가 늦다.	珍しく	
11 一回戦で [(キョウゴウ) チーム]と当たる。 일회전에서 강호팀과 대결하다.	強豪チーム	
12 [よい (チエ)] が浮かばない。 좋은 지혜가 떠오르지 않다.	よい知恵	
13 関係機関が [(レンケイ) して対処]する。 관계 기관이 제휴하여 대처하다.	連携して対処	
14 失敗の [(キョウクン) を生かす]。 실패의 교훈을 살리다.	教訓を生かす	
15 彼は[武道の (ココロエ)] がある。 그는 무도의 소양이 있다.	武道の心得	
16 人口増加に [(トモナ) う]住宅問題。 인구 증가에 따른 주택 문제.	伴う	
17 [(アンモク) のうちに]認める。 암묵리에 인정하다.	暗黙*のうちに	
18 広く[社会に (シントウ)] する。 널리 사회에 침투하다.	社会に浸透	
19 アメリカに[長期 (タイザイ)] する。 미국에 장기 체류하다.	長期滞在	
20 失敗といっても [(カゴン) ではない]。 실패라고 해도 과언은 아니다.	過言ではない	

◆ 암묵(暗黙) : 자기 의사를 밖으로 나타내지 아니함

[　　](대괄호) 안의 일본어를 한자로 적어보고, 읽는 법을 히라가나로 쓰세요.

본문 내용	대괄호 한자로 쓰기	읽는 법 쓰기
01 [海に (ノゾ) む]小高い丘。 바다에 면한 작은 언덕. うみ　こだか　おか	海に臨む	
02 人の目を [(イシキ)] する。 남의 눈을 의식하다. ひと　め	意識	
03 別れを惜しんで [(フ) り返る]。 이별을 애석하며 뒤돌아보다. わか　お　かえ	振り返る	
04 [(オク) り物]を選ぶ。 선물을 고르다. もの　えら	贈り物	
05 寒くなると[腰が (イタ) む]。 추워지면 허리가 아프다. さむ　こし	腰が痛む	
06 赤と青を混ぜると [(ムラサキ)] になる。 빨강과 파랑을 섞으면 보라색이 된다. あか　あお　ま	紫	
07 いつまでも[泣き (クラ) して]いる。 언제까지나 울며 지내고 있다. な	泣き暮して	
08 子供たちはもう [(ネム) った]。 아이들은 벌써 잠들었다. こども	眠った	
09 テーブルに[ひじを (ツ) く]。 테이블에 턱을 괴다.	ひじを突く	
10 望ましい[農業の (スガタ)]。 바람직한 농업의 모습. のぞ　のうぎょう	農業の姿	
11 年末に [(ショウヨ)] が与えられる。 연말에 보너스가 주어지다. ねんまつ　あた	賞与	
12 今回は [(ジッシ) を見送る]こととした。 이번에는 실시를 보류하기로 했다. こんかい　みおく	実施を見送る	
13 費用を [(セッパン)] する。 비용을 절반씩 내다. ひよう	折半	
14 [(ゴウベン) 会社]を設立する。 합병 회사를 설립하다. がいしゃ　せつりつ	合弁会社	
15 [単純 (メイカイ) な]操作方法。 단순 명쾌한 조작 방법. たんじゅん　そうさ ほうほう	単純明快な	
16 [技の (コウセツ)] は問題ではない。 기술의 능란함과 서투름은 문제가 아니다. わざ　もんだい	技の巧拙*	
17 社会の [(チツジョ) を乱す]。 사회 질서를 어지럽히다. しゃかい　みだ	秩序を乱す	
18 [来月を (ジク) に]日程を調整する。 다음 달을 축으로 일정을 조정하다. らいげつ　にってい ちょうせい	来月を軸に	
19 [(ボウエイ) 本能]が働く。 방위 본능이 작용하다. ほんのう　はたら	防衛本能	
20 [(アンイ) な]生活を送る。 안이*한 생활을 보내다. せいかつ　おく	安易な	

◆ 교졸(巧拙) : 능란함과 서투름　　　　　　◆ 안이(安易) : 진지하지 않고 적당히 대처하려는 태도가 있음

162

[   ](대괄호) 안의 일본어를 한자로 적어보고, 읽는 법을 히라가나로 쓰세요.

본문 내용	대괄호 한자로 쓰기	읽는 법 쓰기
01 毎週発売される [(ザッシ)]。 매주 발매되는 잡지. <small>まいしゅうはつばい</small>	雑誌	
02 [(ユウカイ) 犯]によるいたずら。 유괴범에 의한 장난. <small>はん</small>	誘拐犯	
03 友人に [(ナヤ) み]を打ち明ける。 친구에게 고민을 털어놓다. <small>ゆうじん　　　　　　う　あ</small>	悩み	
04 アルバイトを [(ヤト) う]。 아르바이트를 고용하다.	雇う	
05 [(ダイタン)] かつ慎重に行動する。 대담하고도 신중하게 행동하다. <small>しんちょう　こうどう</small>	大胆	
06 [植物に (キョウミ)] を持っている。 식물에 흥미를 가지고 있다. <small>しょくぶつ　　　　　　　も</small>	植物に興味	
07 [(ハリ) のむしろ]に座らされた気分だ。 바늘방석에 앉은 기분이다. <small>すわ　　　　　きぶん</small>	針のむしろ	
08 [自分の (シュミ)] の時間を大切にする。 자신의 취미 시간을 소중히 하다. <small>じぶん　　　　　　じかん　たいせつ</small>	自分の趣味	
09 あの俳優は[名 (ワキヤク)] と呼ばれている。 저 배우는 명조연이라 불리고 있다. <small>はいゆう　めい　　　　　　よ</small>	名脇役	
10 世間に [(シントウ)] した考え方。 세상에 침투한 사고방식. <small>せけん　　　　　　　　かんが　かた</small>	浸透	
11 [楽屋に (ヒカ) えて]出番を待つ。 분장실에서 대기하며 순서를 기다리다. <small>がくや　　　　　　でばん　ま</small>	楽屋に控えて	
12 人を [(マド) わせる]言葉。 사람을 당혹시키는 말. <small>ひと　　　　　　ことば</small>	惑わせる	
13 [(ユル) やかな]カーブの道。 완만한 커브의 길. <small>みち</small>	緩やかな	
14 両国の関係は [(ビミョウ) な段階]にある。 양국의 관계는 미묘*한 단계에 있다. <small>りょうこく　かんけい　　　　　　　だんかい</small>	微妙な段階	
15 [(ケイコク) を無視して]出発した。 경고를 무시하고 출발했다. <small>む し　しゅっぱつ</small>	警告を無視して	
16 金具の [(フショク) が進む]。 쇠장식의 부식이 진행되다. <small>かなぐ　　　　　　すす</small>	腐食が進む	
17 兄弟子に[力量が (セマ) る]。 동문 선배의 역량이 좁혀지다. <small>あにでし　りきりょう</small>	力量が迫る	
18 一定の [(カンカク) をあけて]並べる。 일정한 간격을 두고 배열하다. <small>いってい　　　　　　なら</small>	間隔をあけて	
19 機械を [(カドウ)] させる。 기계를 가동시키다. <small>きかい</small>	稼働	
20 結婚を [(ゼンテイ) として]交際する。 결혼을 전제로 교제하다. <small>けっこん　　　　　　　こうさい</small>	前提として	

◆ 미묘(微妙) : 뚜렷하지 않고 야릇하고 묘함

[   ](대괄호) 안의 일본어를 한자로 적어보고, 읽는 법을 히라가나로 쓰세요.

본문 내용	대괄호 한자로 쓰기	읽는 법 쓰기
01 これは [(シカツ) に関わる]問題だ。이것은 사활에 관계되는 문제이다.	死活に関わる	
02 日本人の寿命は[大幅に (ノ) びた]。일본인의 수명은 대폭 길어졌다.	大幅に延びた	
03 [政治 (フハイ) を嘆く。정치 부패를 한탄하다.	政治腐敗	
04 成功への [(キセキ) をたどる]。성공으로의 궤적을 더듬어 가다.	軌跡*をたどる	
05 [私腹*を (コ) やして]きた政治家。사리사욕을 채워 온 정치가.	私腹を肥やして	
06 [(キョウハク)] して金をまきあげる。협박하여 돈을 갈치하다.	脅迫	
07 計画は [(ソッコク) 中止]すべきだ。계획은 즉각 중지해야 한다.	即刻中止	
08 学校で [(ヒナン) 訓練]をする。학교에서 피난 훈련을 하다.	避難訓練	
09 [(コグンフントウ)] むなしく敗れる。고군분투*도 보람없이 패하다.	孤軍奮闘	
10 [(イチズ) に]思い詰める。외곬으로 깊이 생각하다.	一途*に	
11 今日の手術の [(シットウ) 医]。오늘의 수술 집도의.	執刀医	
12 新しいシステムを [(ドウニュウ)] する。새로운 시스템을 도입하다.	導入	
13 それは [(ダトウ) な]判断だ。그것은 타당한 판단이다.	妥当な	
14 今日も [(ジュウジツ)] した一日だった。오늘도 충실한 하루였다.	充実	
15 [情報の (カイジ)] を請求する。정보 개시를 청구하다.	情報の開示	
16 今月の [(ナカ) ば]は旅に出ている。이번 달의 절반은 여행에 나가 있다.	半ば	
17 どっと汗が [(フ) き出す]。왈칵 땀이 솟아나다.	噴き出す	
18 [(チョウテイ) 役]を買って出る。조정 역할을 자청하다.	調停役	
19 責務を [(スイコウ)] する。책무를 수행하다.	遂行	
20 物価が [(チンセイ)] する。물가가 안정되다.	沈静	

◆ 궤적(軌跡) : 선인의 행적, 발자취　　　　　　　　　　　　　　♣ 사복(私腹) : 개인의 사사로운 이익이나 욕심
※ 고군분투(孤軍奮鬪) : 남의 도움을 받지 아니하고 힘에 벅찬 일을 잘해 나가는 것을 비유
♠ 一途(いちず) : 한 가지 일에만 정신을 쏟음

[   ](대괄호) 안의 일본어를 한자로 적어보고, 읽는 법을 히라가나로 쓰세요.

본문 내용	대괄호 한자로 쓰기	읽는 법 쓰기
01 鳥が [(コ) を描いて]飛ぶ。 새가 활 모양을 그리며 날다. とり えが と	弧を描いて	
02 [事件の (ゼンヨウ)] が見えてくる。 사건의 전모가 보인다. じけん み	事件の全容	
03 あまりに [(トツゼン)] の出来事。 너무나 갑작스런 사건. で きごと	突然	
04 [糸 (ツム) ぎ]を体験する。 실잣기를 체험하다. いと たいけん	糸紡ぎ	
05 仏教に[厚い (シンコウ)] を寄せる。 불교에 두터운 신앙을 가지다. ぶっきょう あつ よ	厚い信仰	
06 台風で[大 (コウズイ) の恐れがある。 태풍으로 대홍수의 우려가 있다. たいふう だい おそ	大洪水	
07 インカ[帝国は (メツボウ)] した。 잉카제국은 멸망했다. ていこく	帝国は滅亡	
08 [(ソウレイ) な]会堂に集まる。 장려*한 회당에 모이다. かいどう あつ	壮麗な	
09 大型新人が [(シュツゲン)] する。 대형 신인이 출현하다. おおがたしんじん	出現	
10 ただ[様子を (ナガ) める]ばかりだ。 단지 형편을 바라볼 뿐이다. ようす	様子を眺める	
11 隣国[領土を (シンコウ)] する。 이웃 나라 영토를 침공하다. りんごくりょうど	領土を侵攻	
12 自国の[戦力を (コジ)] する。 자국의 전력을 과시하다. じこく せんりょく	戦力を誇示	
13 米軍から [(キョウヨ)] された武器。 미군으로부터 공여(제공)된 무기. べいぐん ぶ き	供与*	
14 事実に最も [(チュウジツ) な]小説。 사실에 가장 충실한 소설. じ じつ もっと しょうせつ	忠実な	
15 [(レイコク) な]仕打ちを受ける。 냉혹한 처사를 당하다. し う	冷酷な	
16 実力を [(タクワ) える]。 실력을 쌓다. じつりょく	蓄える	
17 教訓を[肝に (メイ) じる]。 교훈을 명심하다. きょうくん きも	肝に銘じる	
18 [人の (フトコロ)] を当てにする。 남의 돈을 믿다. ひと あ	人の懐	
19 [試験 (カントク)] を引き受ける。 시험 감독을 떠맡다. しけん ひ う	試験監督	
20 [(アワ) てて]帰って行った。 당황하여 돌아갔다. かえ い	慌てて	

◆ 장려(壮麗) : 웅장하고 아름다움   ✦ 공여(供与) : 어떤 물건이나 이익 따위를 상대편에게 돌아가도록 함

[   ](대괄호) 안의 일본어를 한자로 적어보고, 읽는 법을 히라가나로 쓰세요.

본문 내용	대괄호 한자로 쓰기	읽는 법 쓰기
01 彼は [(カゲキ) な]スポーツを好む。 그는 과격한 스포츠를 즐기다.	過激な	
02 ねじをきつく [(シ) めすぎた]。 나사를 너무 꽉 죄었다.	締めすぎた	
03 [犯罪の (コウズ)] を明らかにする。 범죄의 구도를 명확히 하다.	犯罪の構図	
04 今度だけは [(ガマン)] してやる。 이번만은 참아 줄게.	我慢	
05 離婚を [(チョウテイ)] する。 이혼을 조정하다.	調停	
06 [(ヨウイ)] ならざる事態だ。 심상치 않은 사태다.	容易	
07 前もって [(ケイコク) を発する]。 사전에 경고를 하다.	警告を発する	
08 放射性物質が[大気中に (カクサン)] する。 방사성 물질이 대기 중에 확산되다.	大気中に拡散	
09 [(ヒサン) な状態]に追い込まれる。 비참한 상태에 몰리다.	悲惨な状態	
10 [(コウショウ) な]趣味を持つ。 고상한 취미를 가지다.	高尚な	
11 美辞麗句を [(ラレツ)] する。 미사여구*를 나열하다.	羅列	
12 [(ソッセン)] して励行*する。 솔선하여 장려하다.	率先	
13 せっかくの努力が [(ムダ) になる]。 모처럼의 노력이 헛되다.	無駄になる	
14 [文化 (クンショウ)] が与えられる。 문화 훈장이 수여되다.	文化勲章	
15 在庫を [(イッソウ)] する。 재고를 일소*하다.	一掃	
16 [話の (シュシ)] は理解した。 이야기의 취지는 이해했다.	話の趣旨	
17 [試行 (サクゴ)] の末に完成した。 시행착오 끝에 완성했다.	試行錯誤	
18 交渉が [(エンカツ) に運ぶ]。 교섭이 원활하게 진행되다.	円滑に運ぶ	
19 高度が増すと空気が [(キハク) になる]。 고도가 높아지면 공기가 희박해진다.	希薄になる	
20 計画を最初から [(ネ) り直す]。 계획을 처음부터 다시 짜다.	練り直す	

◆ 미사여구(美辞麗句) : 아름다운 말로 듣기 좋게 꾸민 글귀　　　✚ 여행(励行) : 1.힘써 행함 2.규칙·약속 등을 엄격하게 지킴
◉ 일소(一掃) : 모조리 쓸어버림. 죄다 없애버림

[   ](대괄호) 안의 일본어를 한자로 적어보고, 읽는 법을 히라가나로 쓰세요.

본문 내용	대괄호 한자로 쓰기	읽는 법 쓰기
01 [(ジッシツ) 的に]は減税にならない。 실질적으로는 감세가 되지 않는다. てき げんぜい	実質的に	
02 エネルギー[資源が (コカツ)] する。 에너지 자원이 고갈되다. しげん	資源が枯渇	
03 彼の話には [(ミャクラク) がない]。 그의 이야기에는 맥락이 없다. かれ はなし	脈絡がない	
04 [(ヒョウロウ) 攻め]にする。 식량 보급로를 끊어 적을 항복시키는 공격법을 취하다. ぜ	兵糧攻め	
05 お祭りで[町が (ニギ) わう]。 축제로 마을이 흥청거리다. まつ まち	町が賑わう	
06 [前後 (ムジュン)] した意見。 전후 모순된 의견. ぜんご いけん	前後矛盾	
07 [(ナ) れない仕事]で疲れた。 익숙하지 않은 일로 지쳤다. しごと つか	慣れない仕事	
08 彼は少年の [(アコガ) れのまと]だ。 그는 소년의 동경의 대상이다. かれ しょうねん	憧れのまと	
09 国会の[会期を (エンチョウ)] する。 국회의 회기를 연장하다. こっかい かいき	会期を延長	
10 暴走族に [(カラ) まれた]。 폭주족에게 트집을 잡혔다. ぼうそうぞく	絡まれた	
11 決して [(ジョウホ)] はしない。 결코 양보는 하지 않는다. けっ	譲歩	
12 一枚岩に [(キレツ) が生じる]。 견고함에 균열이 생기다. いちまいいわ しょう	亀裂が生じる	
13 要求を [(ジュダク)] する。 요구를 수락하다. ようきゅう	受諾	
14 弟はとても [(ガマン) 強い]。 동생은 매우 참을성이 많다. おとうと づよ	我慢強い	
15 終身 [(コヨウ) 制度]を見直す。 종신 고용 제도를 재점검하다. しゅうしん せいど みなお	雇用制度	
16 [(ゲンカク) な]家庭に育った。 엄격한 가정에서 자랐다. かてい そだ	厳格な	
17 [(シンセイ)] は却下された。 신청은 각하* 되었다. きゃっか	申請	
18 圧政*で [(シイタ) げられて]いる人々。 압제 정치에 시달림을 당하고 있는 사람들. あっせい ひとびと	虐げられて	
19 [(セキム) を全う]する。 책무를 완수하다. まっと	責務を全う	
20 品質を[入念に (ギンミ)] する。 품질을 꼼꼼하게 조사하다. ひんしつ にゅうねん	入念に吟味	

◆ 각하(却下) : 1.행정법에서, 국가 기관에 대한 행정상 신청을 배척하는 처분. '물리침'으로 순화 2.민사 소송법에서, 소(訴)나 상소가 형식적인 요건을 갖추지 못한 경우, 부적법한 것으로 하여 내용에 대한 판단 없이 소송을 종료하는 일
◆ 압정(圧政) : 압제 정치. 권력이나 폭력 따위로 억눌러 국민의 자유를 속박하는 정치

とりい[鳥居]
신사(神社) 입구에 세운 두 기둥의 문

PART
06

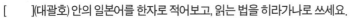

본문 내용	대괄호 한자로 쓰기	읽는 법 쓰기
01 犬を [(キビ) しく]しつける。 개를 엄격하게 가르치다.	厳しく	
02 [(フクショク) デザイナー]を目指す。 복식 디자인을 목표로 하다.	服飾デザイナー	
03 [時代の (チョウリュウ)] に乗る。 시대의 조류에 편승하다.	時代の潮流	
04 物価は[上昇の (ケイコウ)] にある。 물가는 상승 경향에 있다.	上昇の傾向	
05 [(カソク)] して前の車を追い越す。 과속하여 앞차를 추월하다.	加速	
06 [三 (セダイ)] が一軒の家に同居する。 3세대가 한 집에 동거하다.	三世代	
07 まず[仮 (テンポ)] を開設する。 우선 임시 점포를 개설하다.	仮店舗	
08 [(トマド) いの表情]が見られる。 망설임의 표정이 보이다.	戸惑いの表情	
09 今にも降り出しそうな [(ケハイ)]。 지금이라도 비가 내릴 듯한 낌새.	気配	
10 [(リレキ) 書]を差し出す。 이력서를 내밀다.	履歴書	
11 [(スモウ)] は日本の国技だ。 스모는 일본의 국기다.	相撲	
12 要塞が [(カンラク)] した。 요새가 함락되었다.	陥落	
13 [(ジュンタク) に]ある物資。 풍부하게 있는 물자.	潤沢に	
14 [(ケンゼン) な娯楽]を楽しむ。 건전한 오락을 즐기다.	健全な娯楽	
15 債務を [(ショウカン)] する。 채무를 상환* 하다.	償還	
16 世界のコインや [(シヘイ) を集める]。 세계의 동전과 지폐를 수집하다.	紙幣を集める	
17 [(サイゲン)] もなく話し続ける。 제한도 없이 계속 말을 하다.	際限	
18 [(チョウカイ) 免職]となる。 징계 면직이 되다.	懲戒免職	
19 予算[案を (サクテイ)] する。 예산안을 책정하다.	案を策定	
20 今日の天気予報は [(クモ) りのち晴れ]だ。 오늘의 일기 예보는 흐린 뒤 맑음이다.	曇りのち晴れ	

◆ 상환(償還) : 갚거나 돌려줌

[   ](대괄호) 안의 일본어를 한자로 적어보고, 읽는 법을 히라가나로 쓰세요.

본문 내용	대괄호 한자로 쓰기	읽는 법 쓰기
01 [(ホウコク)] を義務づける。 보고를 의무화하다. <small>ぎ む</small>	報告	
02 [(カンジャ)] を診察する。 환자를 진찰하다. <small>しんさつ</small>	患者	
03 インフレが [(シュウソク)] する。 인플레가 종식되다.	終息	
04 国際会議で [(センゲン) が採択]された。 국제회의에서 선언이 채택되었다. <small>こくさいかい ぎ</small>　<small>さいたく</small>	宣言が採択	
05 [予防 (セッシュ)] 後の注意。 예방 접종 후의 주의. <small>よ ぼう</small>　<small>ご ちゅう い</small>	予防接種	
06 [(コウセイ) 労働省]のたばこ対策。 후생 노동성의 담배 대책. <small>ろうどうしょう</small>　<small>たいさく</small>	厚生労働省	
07 [(トウケイ) 資料]を提供する。 통계 자료를 제공하다. <small>し りょう　ていきょう</small>	統計資料	
08 [(ノウ) の発達]を促進する。 뇌의 발달을 촉진하다. <small>はったつ　そくしん</small>	脳の発達	
09 風邪をひいて[肺炎を (ヘイハツ)] する。 감기에 걸려 폐렴을 병발*하다. <small>かぜ</small>　<small>はいえん</small>	肺炎を併発	
10 [長期 (タイザイ)] 者向けのリゾート。 장기 체류자용의 리조트. <small>ちょう き</small>　<small>しゃ む</small>	長期滞在	
11 大がかりな[犯罪の (コウズ)] を明らかにする。 대규모 범죄의 구도를 <small>おお</small>　<small>はんざい</small>　<small>あき</small>　명확히 하다.	犯罪の構図	
12 何度も [(テイネイ) に読む]。 몇 번이나 세심하게 읽다. <small>なん ど</small>　<small>よ</small>	丁寧に読む	
13 大波が[船を (クツガエ) す]。 큰 파도가 배를 전복시키다. <small>おおなみ</small>　<small>ふね</small>	船を覆す	
14 [原稿の (シッピツ)] を断る。 원고의 집필을 거절하다. <small>げんこう</small>　<small>ことわ</small>	原稿の執筆	
15 内部[事情を (バクロ)] する。 내부 사정을 폭로하다. <small>ない ぶ じ じょう</small>	事情を暴露	
16 厳しい [(セイサイ) を受ける]。 엄한 제재를 받다. <small>きび</small>　<small>う</small>	制裁を受ける	
17 招待されなかったのを [(ウラ) んだ]。 초대받지 못했던 것을 원망했다. <small>しょうたい</small>	恨んだ	
18 喉にものがつまって [(チッソク)] する。 목에 뭔가 걸려 질식하다. <small>のど</small>	窒息	
19 [(ウ) さ晴らし]にドライブする。 기분 전환하러 드라이브하다. <small>ば</small>	憂さ晴らし	
20 自然界の [(ジジョウ) 作用]を促す。 자연계의 자정 작용을 촉진시키다. <small>し ぜんかい</small>　<small>さ よう　うなが</small>	自浄作用	

◆ 병발(併発) : 둘 이상의 사건이나 병이 (서로 관련하여) 동시에 일어남

[   ](대괄호) 안의 일본어를 한자로 적어보고, 읽는 법을 히라가나로 쓰세요.

본문 내용	대괄호 한자로 쓰기	읽는 법 쓰기
01 初めての[講演で (キンチョウ)] する。 첫 강연에서 긴장하다. はじ　　　　こうえん	講演で緊張	
02 乗客の[命を (アズ) かる]。 승객의 생명을 책임지다. じょうきゃく　いのち	命を預かる	
03 水害地を [(シサツ)] する。 수해지를 시찰하다. すいがい ち	視察	
04 [(チョウサ) 結果]を発表する。 조사결과를 발표하다. 　　　　　けっか　　はっぴょう	調査結果	
05 ごみを [(シュウセキ) 場]まで運ぶ。 쓰레기를 집적장소까지 운반하다. 　　　　　　　　じょう　　はこ	集積場	
06 友人の [(レンラク) がとだえる]。 친구의 연락이 두절되다. ゆうじん	連絡がとだえる	
07 無実を信じて [(ベンゴ)] する。 무죄를 믿고 변호하다. むじつ　しん	弁護	
08 電話番号を[メモに (ヒカ) える]。 전화번호를 메모하다. でん わ ばんごう	メモに控える	
09 添加物の種類と [(キケン) 性]。 첨가물의 종류와 위험성. てん か ぶつ　しゅるい　　　せい	危険性	
10 三分ごとに[電車が (ハッチャク)] する。 3분마다 전철이 발착* 한다. さんぷん　　　　でんしゃ	電車が発着	
11 古い[建物を (シュウフク)] する。 낡은 건물을 수복하다. ふる　たてもの	建物を修復	
12 仲間内に [(フキョウワオン)] が生じる。 동료 사이에 불협화음* 이 생기다. なか ま うち　　　　　　　　　　しょう	不協和音	
13 文化の[発展に (キヨ)] した。 문화 발전에 기여했다. ぶん か　はってん	発展に寄与	
14 振動を [(ビンカン) に]とらえる計器。 진동을 민감하게 파악하는 계기. しんどう　　　　　　　　　　けいき	敏感に	
15 国会での [(シツギ) 応答]。 국회에서의 질의응답. こっかい　　　　　おうとう	質疑応答	
16 事件の [(カクシン) に触れる]。 사건의 핵심에 언급하다. じけん　　　　　　ふ	核心に触れる	
17 [(ニンム) を全う]する。 임무를 완수하다. まっと	任務を全う	
18 [(ソジ) がある]から上達も早い。 바탕이 있기 때문에 숙달도 빠르다. じょうたつ　はや	素地がある	
19 洪水から [(ヒナン)] する。 홍수로부터 피난하다. こうずい	避難	
20 [(カンガイ) 深い]面持ち。 감회가 깊은 표정. ぶか　おも も	感慨深い	

◆ 발착(発着) : 출발과 도착을 아울러 이르는 말
♣ 불협화음(不協和音) : 어떤 집단 내의 사람들 사이가 원만하지 않음을 비유적으로 이르는 말

[ ](대괄호) 안의 일본어를 한자로 적어보고, 읽는 법을 히라가나로 쓰세요.

본문 내용	대괄호 한자로 쓰기	읽는 법 쓰기
01 [(カク) 兵器]の廃絶を訴える。 핵무기의 폐기를 호소하다. へいき　はいぜつ　うった	核兵器	
02 刺激物に [(カビン) な反応]を示す。 자극물에 과민한 반응을 나타내다. しげきぶつ　　　　はんのう　しめ	過敏な反応	
03 [(ゲンソク) として]五時に下校すること。 원칙적으로 5시에 하교할 것. ごじ　げこう	原則として	
04 [武器を (トウサイ)] した航空機。 무기를 탑재한 항공기. ぶき　　　　　　　こうくうき	武器を搭載	
05 船が[横浜に (キコウ)] する。 배가 요코하마에 기항*하다. ふね　よこはま	横浜に寄港	
06 天気予報が [(ハズ) れる]。 일기 예보가 빗나가다. てんきよほう	外れる	
07 絶対[反対を (トナ) える]。 절대 반대를 주장하다. ぜったい　はんたい	反対を唱える	
08 [(レキダイ) 首相]の写真が飾ってある。 역대 총리의 사진이 장식되어 있다. しゅしょう　しゃしん　かざ	歴代首相	
09 話題を [(テンカン)] する。 화제를 전환하다. わだい	転換	
10 世界の平和に対する [(キョウイ)]。 세계 평화에 대한 위협. せかい　へいわ　たい	脅威	
11 [業務 (イタク)] 契約を結ぶ。 업무 위탁 계약을 맺다. ぎょうむ　　　　けいやく　むす	業務委託	
12 人々が[非常口に (サットウ)] する。 사람들이 비상구에 쇄도하다. ひとびと　ひじょうぐち	非常口に殺到	
13 [彼の (シュウヘン)] には優秀な人材が多い。 그의 주변에는 우수한 인재가 많다. かれ　　　　　　　　　　ゆうしゅう　じんざい　おお	彼の周辺	
14 システムを [(コウチク)] する。 시스템을 구축하다.	構築	
15 事件の [(ハイケイ) を探る]。 사건의 배경을 찾다. じけん　　　　　　さぐ	背景を探る	
16 [(ケンカイ)] を異にする。 견해를 달리하다. こと	見解	
17 一人だけ [(コリツ) した状態]になる。 한 사람만 고립된 상태가 되다. ひとり　　　　　　じょうたい	孤立した状態	
18 事業の発展に[日夜 (フシン)] する。 사업의 발전에 밤낮으로 부심(고심)하다. じぎょう　はってん　にちや	日夜腐心	
19 今までの[やり方を (ケンジ)] する。 지금까지의 방식을 견지*하다. いま　　　　　かた	やり方を堅持	
20 大統領が [(ヒメン)] される。 대통령이 파면*되다. だいとうりょう	罷免	

◆ 기항(寄港) : 배가 항해 중에 목적지가 아닌 항구에 잠시 들름　　◆ 견지(堅持) : 어떤 견해나 입장 따위를 굳게 지니거나 지키다
◉ 파면(罷免) : 1.잘못을 저지른 사람에게 직무나 직업을 그만두게 함　2.(법률) 징계 절차를 거쳐 임면권자의 일방적 의사에 의하여 공무원 관계를 소멸시키거나 관직을 박탈하는 행정 처분

[   ](대괄호) 안의 일본어를 한자로 적어보고, 읽는 법을 히라가나로 쓰세요.

본문 내용	대괄호 한자로 쓰기	읽는 법 쓰기
01 火災報知機を [(ソナ) えた]部屋。 화재경보기를 비치한 방. か さいほうち き　　　　　 へや	備えた	
02 外国へ [(ボウメイ)] する。 외국에 망명하다. がいこく	亡命	
03 博物館を[一時 (ヘイサ)] する。 박물관을 잠시 폐쇄하다. はくぶつかん　いちじ	一時閉鎖	
04 万が一を [(ソウテイ)] する。 만약을 상정* 하다. まん いち	想定	
05 自分のとった態度について [(ベンメイ)] する。 자신이 취한 태도에 대해 じぶん　　　　　 たいど　　　　　　　　　　　　 변명하다.	弁明	
06 仕事で[大きな (シュウカク)] を得る。 일로 큰 수확을 얻다. しごと　 おお　　　　　　　　　　　 え	大きな収穫	
07 [(ケイレキ) を偽って]職を得る。 경력을 속이고 직업을 얻다. いつわ　　 しょく え	経歴を偽って	
08 機がまだ [(ジュク) さない]。 기회가 아직 무르익지 않다. き	熟さない	
09 学校の[資料を (セイキュウ)] する。 학교의 자료를 청구하다. がっこう　 しりょう	資料を請求	
10 制度の[弱点を (ロテイ)] する。 제도의 약점을 드러내다. せいど　 じゃくてん	弱点を露呈	
11 組織から [(リダツ)] する。 조직에서 이탈하다. そしき	離脱	
12 [(アヤ) うき]こと累卵のごとし。 누란지세* るいらん	危うき	
13 新たな[文化を (ソウシュツ)] する。 새로운 문화를 창출하다. あら　 ぶんか	文化を創出	
14 [(キハツ) 性]が高く引火しやすい。 휘발성이 높아 인화하기 쉽다. せい　 たか いんか	揮発性	
15 ビタミンCを [(ガンユウ)] する。 비타민 C를 함유하다.	含有	
16 [(エツラン) 可能な]図書。 열람 가능한 도서. かのう　 としょ	閲覧可能な	
17 [(シュヒ) 義務]が課せられる。 비밀을 지킬 의무가 부과되다. ぎむ か	守秘* 義務	
18 人気を [(ドクセン)] する。 인기를 독점하다. にんき	独占	
19 他人の [(リョウブン) を侵す]。 타인의 영지를 침범하다. たにん　　　　　　　　 おか	領分を侵す	
20 [(キゼン) たる態度]に拍手を送る。 의연한 태도에 박수를 보내다. たいど　 はくしゅ おく	毅然たる態度	

◆ 상정(想定) : 어떤 상황을 가정함　　　　　　　　　　　　♣ 누란지세 : 층층이 쌓아 놓은 알의 형세라는 뜻으로, 몹시 위태로운 형세
※ 守秘(しゅひ) : 공무원 등이 업무상 알게 된 비밀을 지키는 것

[   ](대괄호) 안의 일본어를 한자로 적어보고, 읽는 법을 히라가나로 쓰세요.

본문 내용	대괄호 한자로 쓰기	읽는 법 쓰기
01 [(コウメイ) な画家]の作品が出展されている。 고명한 화가의 작품이 출품되어 있다.	高名な画家	
02 丁寧に [(ミガ) かれた床]。 정성스레 닦여진 마루.	磨かれた床	
03 うっすらと [(ケショウ)] する。 옅게 화장하다.	化粧	
04 車の中に [(ホウコウ) 剤を置く]。 차 안에 방향제를 두다.	芳香剤を置く	
05 国から[営業 (ニンカ)] を受ける。 나라로부터 영업인가를 받다.	営業認可	
06 浅間山が[煙を (ハ) いて]いる。 아사마산이 연기를 내뿜고 있다.	煙を吐いて	
07 定期的に[展覧会を (モヨオ) す]。 정기적으로 전람회를 개최하다.	展覧会を催す	
08 [(ナツ) かしい]写真。 그리운 사진.	懐かしい	
09 [自家 (ハッコウ) 種]でパンを焼く。 직접 만든 발효 종으로 빵을 굽다.	自家発酵種	
10 [財政の (ケンゼン) 化]に取り組む。 재정의 건전화에 착수하다.	財政の健全化	
11 [(エイセイ)] に気をつける。 위생에 주의하다.	衛生	
12 汚職を[厳しく (キュウダン)] する。 부정부패를 엄하게 규탄하다.	厳しく糾弾	
13 [食品 (テンカ) 物]表示の義務。 식품 첨가물 표시의 의무.	食品添加物	
14 人材を [(トウヨウ)] する。 인재를 등용하다.	登用	
15 [いまや (キュウム)] の高齢化対策。 이제야말로 시급한 고령화 대책.	いまや急務	
16 動議を [(サイタク)] する。 동의*를 채택하다.	採択	
17 知っている [(ハンイ) で答える]。 알고 있는 범위에서 대답하다.	範囲で答える	
18 [民族 (ジケツ)] の概念。 민족 자결의 개념.	民族自決	
19 景色に[心が (ウバ) われる]。 풍경에 마음을 빼앗기다.	心が奪われる	
20 自然保護活動のための [(キフ) を募る]。 자연 보호 활동을 위해 기부를 모집하다.	寄付を募る	

◆ 동의(動議) : 회의 중에 토의할 안건을 제기함

[   ](대괄호) 안의 일본어를 한자로 적어보고, 읽는 법을 히라가나로 쓰세요.

본문 내용	대괄호 한자로 쓰기	읽는 법 쓰기
01 [(テギワ) よく]まとめる。 솜씨 좋게 정리하다.	手際よく	
02 古本を [(ハンバイ)] する。 헌책을 판매하다. ふるほん	販売	
03 [(ヤクドウ) 感]あふれるダンス。 약동감 넘치는 댄스. かん	躍動感	
04 サッカーを [(カンセン)] する。 축구를 관전하다.	観戦	
05 ワールドカップの [(カイサイ) 地]。 월드컵 개최지. ち	開催地	
06 [(ソッチョク) な人柄]に共感する。 솔직한 인품에 공감하다. ひとがら きょうかん	率直な人柄	
07 大事な[技術を (クサ) らせる]。 중요한 기술을 썩게하다. だいじ ぎじゅつ	技術を腐らせる	
08 背任[事件を (キュウダン)] する。 배임*사건을 규탄하다. はいにん じけん	事件を糾弾	
09 [隣の (シバフ)] は青く見えるものだ。 이웃 잔디는 푸르게 보이는 법이다. となり あお み	隣の芝生	
10 [地方 (ジチ) 体]の権限を拡大する。 지방 자치 단체의 권한을 확대하다. ちほう たい けんげん かくだい	地方自治体	
11 [(シンギ) 会]を設置する。 심의회를 설치하다. かい せっち	審議会	
12 [(シキイ) に注意]して歩きなさい。 문턱에 주의하여 걸어라. ちゅうい ある	敷居に注意	
13 [自己 (ケンオ)] に陥る。 자기혐오에 빠지다. じこ おちい	自己嫌悪	
14 会社の[経営を (トウゴウ)] する。 회사 경영을 통합하다. かいしゃ けいえい	経営を統合	
15 怪我人を [(カンゴ)] する。 다친 사람을 간호하다. け がにん	看護	
16 [机の (ハイチ)] を変える。 책상의 배치를 바꾸다. つくえ か	机の配置	
17 [正当な (ホウシュウ)] を得る。 정당한 보수를 얻다. せいとう え	正当な報酬	
18 自分らしさとわがままの [(サカイ)]。 자기다움과 방자함의 경계. じぶん	境	
19 大学入試の [(シガン) 者数]。 대학 입시의 지원자수. だいがくにゅうし しゃすう	志願者数	
20 [事業 (リョウイキ)] を拡大する。 사업 영역을 확대하다. じぎょう かくだい	事業領域	

◆ 배임(背任) : 주어진 임무를 저버림. 주로 공무원 또는 회사원이 자기의 이익을 위하여 임무를 수행하지 않고 국가나 회사에 재산상의 손해를 주는 경우를 이른다

[   ](대괄호) 안의 일본어를 한자로 적어보고, 읽는 법을 히라가나로 쓰세요.

본문 내용	대괄호 한자로 쓰기	읽는 법 쓰기
01 姉が [(オイ) を連れて]遊びにきた。 누나가 조카를 데리고 놀러 왔다. あね　つ　あそ	甥を連れて	
02 家康に始まる徳川 [(ショウグン) 家]。 이에야스로 시작되는 도쿠가와 장군의 가문. いえやす　はじ　とくがわ　け	将軍家	
03 要職を [(レキニン)] する。 요직을 역임*하다. ようしょく	歴任	
04 つい[演説 (クチョウ)] になってしまう。 무심결에 연설 투가 되고 만다. えんぜつ	演説口調	
05 [(ダキョウ) は一切]許されない。 타협은 일절 용납되지 않는다. いっさい　ゆる	妥協は一切	
06 困惑の色を [(カク) せない]。 곤혹스러운 기색을 숨기지 못하다. こんわく　いろ	隠せない	
07 主君に [(フクジュウ)] する。 주군에게 복종하다. しゅくん	服従	
08 会長の [(ジニン) を迫る]。 회장의 사임을 강요하다. かいちょう　せま	辞任を迫る	
09 [どんな (シュシ) の集まりですか。 어떤 취지의 모임입니까? あつ	どんな趣旨	
10 [(コンナン)] に打ち勝つ。 곤란을 이겨내다. う　か	困難	
11 社会に [(ショウゲキ) を与えた]事件。 사회에 충격을 준 사건. しゃかい　あた　じけん	衝撃を与えた	
12 [(ボウカン)] におそわれる。 폭한*에게 습격당하다.	暴漢	
13 挙動の [(フシン) な男]を見かける。 거동이 수상스러운 남자를 발견하다. きょどう　おとこ　み	不審な男	
14 新たな [(ショウヘキ) にぶつかる]。 새로운 장벽에 부딪치다. あら	障壁にぶつかる	
15 二〇世紀を [(ソウカツ)] する。 20세기를 총괄하다. に じゅうせいき	総括	
16 [(キャッカン) 的な立場]から評価する。 객관적인 입장에서 평가하다. てき　たちば　ひょうか	客観的な立場	
17 業績が [(ケンチョウ) な会社]。 업적이 견실한 회사. ぎょうせき　かいしゃ	堅調* な会社	
18 [(キドウ) 修正]にとりかかる。 궤도 수정에 착수하다. しゅうせい	軌道修正	
19 [(ビサイ) にわたる]精密な描写。 미세함에 이르는 정밀한 묘사. せいみつ　びょうしゃ	微細にわたる	
20 景気が [(テイタイ) 気味]になる。 경기가 침체될 기미가 보인다. けいき　ぎみ	停滞気味	

◆ 역임(歴任) : 여러 직위를 두루 거쳐 지냄. '거침', '지냄'으로 순화　　　　◆ 폭한(暴漢) : 난폭한 행동을 하는 사나이

※ 견조(堅調) : 1.견실한 상태　2.(거래에서) 시세가 서서히 오르는 경향에 있음

[　　　](대괄호) 안의 일본어를 한자로 적어보고, 읽는 법을 히라가나로 쓰세요.

본문 내용	대괄호 한자로 쓰기	읽는 법 쓰기
01　毎日都心まで [(ツウキン)] している。매일 도심까지 통근하고 있다. まいにち と しん	通勤	
02　[(センリョウ) 地]から撤退*する。점령지에서 철수하다. 　ち　てったい	占領地	
03　[(チツジョ)] を維持する。질서를 유지하다. 　い じ	秩序	
04　弱みを [(ニギ) られて]いる。약점이 잡혀 있다. よわ	握られて	
05　[(ボウ)] ほど願って針ほど叶う。몽둥이만큼 원하여 바늘만큼 얻다. 　ねが　はり　かな (소원은 쉽사리 이루어지지 않음의 비유)	棒	
06　都市交通の [(コンザツ) 緩和]。도시 교통의 혼잡 완화. と し こうつう　かん わ	混雑緩和	
07　生まれもった [(キシツ)]。타고난 기질. う	気質	
08　[(ジシュ) 的に]参加する。자발적으로 참가하다. 　てき　さん か	自主的に	
09　[空気に (フ) れる]と酸化する。공기에 접촉하면 산화한다. くう き　さん か	空気に触れる	
10　[(ケッコウ) な]出来栄え。훌륭한 솜씨. 　で き ば	結構な	
11　横綱が [(ドヒョウ) 入り]する。요코즈나가 도효이리*(土俵入り)하다. よこづな　い	土俵入り	
12　対戦を前に [(キエン) を揚げる]。대전을 앞두고 위세 좋은 말을 우쭐해서 하다. たいせん まえ　あ	気炎を揚げる	
13　コンピューターを [(クシ)] する。컴퓨터를 구사하다.	駆使	
14　プロジェクトの [(シレイトウ)]。프로젝트의 사령탑.	司令塔	
15　[試合が (シュウバン)] にさしかかる。시합이 종반에 접어들다. し あい	試合が終盤	
16　計画を[途中で (ダンネン)] する。계획을 도중에 단념하다. けいかく　と ちゅう	途中で断念	
17　[事の (ケイジュウ)] をわきまえない発言。일의 경중을 분별하지 못하는 발언. こと　はつげん	事の軽重	
18　見るも [(ミジ) めな姿]になる。차마 볼 수 없는 참혹한 모습이 되다. み　すがた	惨めな姿	
19　医療保険の [(バッポン) 改革案]。의료 보험의 발본적인 개혁안. い りょう ほ けん　かいかくあん	抜本改革案	
20　被告の[無実を (リッショウ)] する。피고의 억울함을 입증하다. ひこく　む じつ	無実を立証	

◆ 철퇴(撤退) : 거두어 가지고 물러남. 철수
♣ 土俵入り : 도효이리. 상급 씨름꾼이 화려하게 입고 씨름판에 등장하는 의식

[   ](대괄호) 안의 일본어를 한자로 적어보고, 읽는 법을 히라가나로 쓰세요.

본문 내용	대괄호 한자로 쓰기	읽는 법 쓰기
01 毎日を [(ムイ) に 過ごす]。 매일 하는 일 없이 보내다.	無為に過ごす	
02 三年を [(ツイ) やして] 完成する。 3년을 소비하여 완성하다.	費やして	
03 [(シズ) む] 瀬あれば浮かぶ瀬あり。 긴 인생에서는 어려움에 빠질 때가 있는가 하면 번영할 때도 있다.	沈む	
04 この時が [(エイエン) に] 続けばよい。 이때가 영원히 계속되면 좋겠다.	永遠に	
05 [船の (ホ)] を下ろす。 배의 돛을 내리다.	船の帆	
06 [(トホウ) にくれる]。 어찌할 바를 모르다.	途方にくれる	
07 五分間 [(キュウケイ)] する。 5분간 휴식하다.	休憩	
08 桶の水が [(コオ) る]。 통의 물이 얼다.	凍る	
09 一つの[言葉に (ギョウシュク)] させる。 한마디에 응축시키다.	言葉に凝縮	
10 期待と不安が [(コウサク)] する。 기대와 불안이 뒤얽히다.	交錯*	
11 [(イッショクソクハツ)] の状態。 일촉즉발* 의 상태.	一触即発	
12 [(エッキョウ)] して隣国に侵入する。 국경을 넘어 이웃 나라에 침입하다.	越境	
13 [(カクヤク)] はできない。 확약은 할 수 없다.	確約	
14 大使を[本国に (ショウカン)] する。 대사를 본국에 소환하다.	本国に召還	
15 軽井沢へ [(ヒショ) に行く]。 가루이자와에 피서를 가다.	避暑に行く	
16 [(イ) まわしい過去]をぬぐいさる。 꺼림칙한 과거를 씻어내다.	忌まわしい過去	
17 土地に対する [(タンポ) 権]。 토지에 대한 담보권.	担保権	
18 [(カコク) な] トレーニングを積む。 과혹한 트레이닝을 쌓다.	過酷な	
19 勤務[成績を (サテイ)] する。 근무 성적을 사정* 하다.	成績を査定	
20 [(スイソク) の域]を出ない話だ。 추측의 영역을 벗어나지 않는 이야기다.	推測の域	

◆ 교착(交錯) : 뒤얽힘
● 사정(査定) : 조사하여 그릇된 것을 바로잡음

✦ 일측즉발(一触即発) : 한 번 건드리기만 해도 폭발할 것같이 몹시 위급한 상태

[   ](대괄호) 안의 일본어를 한자로 적어보고, 읽는 법을 히라가나로 쓰세요.

본문 내용	대괄호 한자로 쓰기	읽는 법 쓰기
01 静かな [(ハモン) が広がる]。 잔잔한 파문이 퍼지다.	波紋が広がる	
02 [地震が (ヒンパツ)] する地域。 지진이 빈발하는 지역.	地震が頻発	
03 [大統領 (ホサ) 官]の記者会見。 대통령 보좌관의 기자 회견.	大統領補佐官	
04 [(センモン) 学校]に進学する。 전문학교에 진학하다.	専門学校	
05 結婚を祝して [(カンパイ)] する。 결혼을 축하하며 건배하다.	乾杯	
06 襟に変な [(クセ) がつく]。 옷깃에 이상한 자국이 생기다.	癖がつく	
07 [(ゴウホウ) 的な]手続きを踏む。 합법적인 수속을 밟다.	合法的な	
08 契約書に [(ショメイ)] する。 계약서에 서명하다.	署名	
09 [(ブッソウ) な]世の中になったものだ。 뒤숭숭한 세상이 되었다.	物騒な	
10 [(ブツギ) を醸す]放言として問題となる。 물의를 빚은 방언으로서 문제가 되다.	物議を醸す	
11 そのやり方には [(テイコウ)] がある。 그 방법에는 저항이 있다.	抵抗	
12 学術の [(シンコウ) を図る]。 학술 진흥을 도모하다.	振興を図る	
13 家宝の [(フウイン) を解く]。 가보의 봉인*을 풀다.	封印を解く	
14 [ここを (キョテン) に]全国展開する。 여기를 거점으로 전국 전개하다.	ここを拠点に	
15 [区役所の (ショカン)] する事項。 구청이 소관*하는 사항.	区役所の所管	
16 競技場が [(カンシュウ)] で埋めつくされる。 경기장이 관중으로 가득 채워지다.	観衆	
17 勝利で [(カンキ) の涙]を流す。 승리로 환희의 눈물을 흘리다.	歓喜の涙	
18 [(ユダン)] すると負けそうだ。 방심하면 질 것 같다.	油断	
19 ささいな事に [(コウデイ)] する。 사소한 일에 구애받다.	拘泥	
20 状況は [(コンメイ) の度合い]を増す。 상황은 혼미의 정도를 더하다.	混迷の度合い	

◆ 봉인(封印) : 밀봉한 자리에 도장을 찍음   ◆ 소관(所管) : 맡아 관리하는 바

[   ](대괄호) 안의 일본어를 한자로 적어보고, 읽는 법을 히라가나로 쓰세요.

본문 내용	대괄호 한자로 쓰기	읽는 법 쓰기
01 [(ハクシュ)] して迎える。 박수로 맞이하다. むか	拍手	
02 [空気の (テイコウ)] を少なくする。 공기의 저항을 적게 하다. くうき　　　　　　　　　すく	空気の抵抗	
03 全国で [(セイリョク) を振るう]。 전국에서 세력을 떨치다. ぜんこく　　　　　　　　　ふ	勢力を振るう	
04 新しい[医薬品が (ショウニン)] される。 새로운 의약품이 승인되다. あたら　いやくひん	医薬品が承認	
05 他社におくれて [(サンニュウ)] した分野。 타사보다 늦게 참가한 분야. たしゃ　　　　　　　　　　　ぶんや	参入	
06 [(ウンユ) 業]を営む。 운수업을 경영하다. ぎょう　いとな	運輸業	
07 [(シンパン)] が退場を命じた。 심판이 퇴장을 명령했다. たいじょう　めい	審判	
08 強大な [(ケンゲン) をもつ]。 강대한 권한을 가지다. きょうだい	権限をもつ	
09 ウイルスの[進入を (ハバ) む]。 바이러스의 진입을 막다. しんにゅう	進入を阻む	
10 今日は [(ミョウ) に]人通りが多い。 오늘은 묘하게 지나가는 사람이 많다. きょう　　　　　ひとどお　おお	妙に	
11 発言を [(テッカイ)] する。 발언을 철회하다. はつげん	撤回	
12 [(セイタイ) 系]への影響を懸念する。 생태계에의 영향을 우려하다. けい　えいきょう　けねん	生態系	
13 大雨 [(コウズイ) 警報]が出される。 호우 홍수 경보가 발효되다. おおあめ　　　　けいほう　だ	洪水警報	
14 [(テイボウ)] が決壊*する。 제방이 무너지다. けっかい	堤防	
15 その道では [(セイトウ) 派]のやり方。 그 방면에서는 정통파의 방법. みち　　　　　　　は　　かた	正統派	
16 [情報 (ショリ)] の資格を取る。 정보처리 자격을 따다. じょうほう　　　　しかく　と	情報処理	
17 第一党の代表を [(シュハン)] とした内閣。 제1당 대표를 수반*으로 한 내각. だいいっとう　だいひょう　　　　　　　　　　ないかく	首班	
18 戦国大名の [(カッキョ) 図]。 전국 다이묘*의 할거도. せんごくだいみょう　　　　　ず	割拠図	
19 天皇杯の [(ソウダツ) 戦]。 천황배 쟁탈전. てんのうはい　　　せん	争奪戦	
20 [(ドリョウ) のある]人だ。 도량이 있는 사람이다. ひと	度量のある	

◆ 결괴(決壊) : (제방 등이) 터져 무너짐. 또는 무너뜨림　　　　◆ 수반(首班) : 내각총리대신
◉ 다이묘(大名) : 1.(헤이안 시대 말에) 넓은 사유지를 가진 지방 호족　2.(가마쿠라 시대에) 넓은 영지와 많은 부하를 거느린 유력한 무사　3.(무로마치 시대에) 몇 개 고을을 영유했던 격식 높은 영주　4.(에도 시대에) 만 석(石) 이상을 영유한 막부 직속의 무사

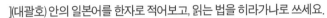

[　　　](대괄호) 안의 일본어를 한자로 적어보고, 읽는 법을 히라가나로 쓰세요.

본문 내용	대괄호 한자로 쓰기	읽는 법 쓰기
01 [またの (キカイ)]にお会いしましょう。 다른 기회에 만납시다.	またの機会	
02 [(ハイリョ)]が足りない。 배려가 부족하다.	配慮	
03 命令を [(デンタツ)] する。 명령을 전달하다.	伝達	
04 全体の[流れを (ハアク)] する。 전체의 흐름을 파악하다.	流れを把握	
05 [(セツレツ) な文章]が目立った。 졸렬한 문장이 눈에 띄었다.	拙劣な文章	
06 基本的 [(ジンケン) の尊重]。 기본적 인권 존중.	人権の尊重	
07 そのシステムは[実験 (ダンカイ)]にある。 그 시스템은 실험 단계에 있다.	実験段階	
08 地元[候補を (オウエン)] する。 자기 고장 후보를 응원하다.	候補を応援	
09 北側に[山を (ヒカ) えて]いる小村。 북쪽에 산을 끼고 있는 작은 마을.	山を控えて	
10 戦時における [(ブンミン) の保護]。 전시에 있어서의 문민*보호.	文民の保護	
11 新たな[問題が (フジョウ)] した。 새로운 문제가 부상했다.	問題が浮上	
12 [一般 (ショミン)]の生活。 일반 서민의 생활.	一般庶民	
13 [町の (ズイショ)]に掲示板を設ける。 마을 곳곳에 게시판을 마련하다.	町の随所	
14 外国へ行ったような [(サッカク) を起こす]。 외국에 간 듯한 착각을 일으키다.	錯覚を起こす	
15 はずかしそうに[顔を (フ) せる]。 부끄러운 듯 얼굴을 숙이다.	顔を伏せる	
16 [(ショウテン)]の定まらない議論。 초점이 정해지지 않은 논의.	焦点	
17 結果は [(キワ) めて良好]だ。 결과는 매우 양호하다.	極めて良好	
18 地震で全員 [(ウオウサオウ)] した。 지진으로 전원 우왕좌왕했다.	右往左往	
19 [権力に (クッ) せず]抵抗した。 권력에 굴하지 않고 저항했다.	権力に屈せず	
20 被災者に対する [(ベンギ) 的措置]。 이재민에 대한 편의적 조치.	便宜的措置	

◆ 문민(文民) : 직업 군인이 아닌 일반 국민

[   ](대괄호) 안의 일본어를 한자로 적어보고, 읽는 법을 히라가나로 쓰세요.

본문 내용	대괄호 한자로 쓰기	읽는 법 쓰기
01 [地球上に (セイソク)] する動物。지구상에 서식하는 동물.	地球上に生息	
02 ツボを押して [(シゲキ)] する。급소를 눌러 자극하다.	刺激	
03 蒔いた[種が (ハツガ)] する。뿌린 씨앗이 발아* 하다.	種が発芽	
04 公正で[自由な (キョウソウ)] の実現。공정하고 자유로운 경쟁의 실현.	自由な競争	
05 事故が [(レンサ) 的に起こる]。사고가 연쇄적으로 일어나다.	連鎖的に起こる	
06 [(ゼッコウ)] の行楽日和だ。행락*에 알맞은 절호의 날씨다.	絶好	
07 十年前とは [(ヒカク) にならない]。10년 전 하고는 비교도 안 된다.	比較にならない	
08 都市[計画の (イッカン)] として公園をつくる。도시 계획의 일환으로서 공원을 만들다.	計画の一環	
09 [(サンドウ)] する人はわずかだった。찬동하는 사람은 얼마 되지 않았다.	賛同	
10 [住宅が (ミッシュウ)] する地区。주택이 밀집한 지구.	住宅が密集	
11 [(リンカク)] を描き直す。윤곽을 다시 그리다.	輪郭	
12 争点が[浮き (ボ) り]になった。쟁점이 부각되었다.	浮き彫り	
13 [(トウトツ) の感]は否めない。뜻밖이라는 감(이 드는 것)은 부인할 수 없다.	唐突の感	
14 [(テイサイ)] を気にしない人。체면에 신경을 쓰지 않는 사람.	体裁	
15 [(ヒガン) 達成]に燃える。비원*달성에 불타다.	悲願達成	
16 複雑な[手続きを (カンソ) 化]する。복잡한 절차를 간소화하다.	手続きを簡素化	
17 システムが[本格的に (カドウ)] する。시스템이 본격적으로 가동하다.	本格的に稼動	
18 悪天候により[出発を (エンキ)] する。악천후로 출발을 연기하다.	出発を延期	
19 [(ジム) 用品]を取り揃える。사무용품을 빠짐없이 갖추다.	事務用品	
20 十分に説明して [(ナットク) させる]。충분히 설명해서 납득시키다.	納得させる	

◆ 발아(発芽) : 싹틈　　　　　　　　　　　　　　　♣ 행락(行楽) : 재미있게 놀고 즐겁게 지냄
❀ 비원(悲願) : 꼭 달성하려는 비장한 소원

[   ](대괄호)안의 일본어를 한자로 적어보고, 읽는 법을 히라가나로 쓰세요.

본문 내용	대괄호 한자로 쓰기	읽는 법 쓰기
01 [(アクム)] のような事件が起きる。 악몽과 같은 사건이 일어나다. _{じ けん お}	悪夢	
02 不吉な [(ヨカン) がよぎる]。 불길한 예감이 스치다. _{ふ きつ}	予感がよぎる	
03 波が防波堤に [(セマ) った]。 파도가 방파제에 밀려왔다. _{なみ ぼう は てい}	迫った	
04 こちらから[けんかを (シカ) ける]。 이쪽에서 싸움을 걸다.	けんかを仕掛ける	
05 [(ジンジョウ) の手段]ではうまくいくまい。 보통 수단으로는 잘 되지 않을 것이다. _{しゅだん}	尋常の手段	
06 一回戦で [(ハイタイ)] する。 1회전에서 지고 물러나다. _{いっかいせん}	敗退*	
07 一球が試合の [(メイアン) を分けた]。 공 하나가 시합의 명암을 갈랐다. _{いっきゅう し あい わ}	明暗を分けた	
08 [(イッシュン)] 息が止まりそうになった。 한 순간 숨이 멎는 것 같았다. _{いき と}	一瞬	
09 [手が (フル) えて]字が書けない。 손이 떨려서 글씨를 쓸 수 없다. _{て じ か}	手が震えて	
10 台風が九州南端を [(ツウカ)] する。 태풍이 규슈 남단을 통과하다. _{たいふう きゅうしゅうなんたん}	通過	
11 [(カイキョ)] を成し遂げる。 쾌거를 이룩하다. _{な と}	快挙	
12 未熟さを [(ツウカン)] する。 미숙함을 통감하다. _{み じゅく}	痛感	
13 これまで [(クナン) の連続]だった。 지금까지 고난의 연속이었다. _{れんぞく}	苦難の連続	
14 試合で[大 (カツヤク)] をする。 시합에서 대활약을 하다. _{し あい だい}	大活躍	
15 優勝の[栄誉に (カガヤ) く]。 우승의 영예에 빛나다. _{ゆうしょう えい よ}	栄誉に輝く	
16 彼の [(ケンメイ) な姿]が印象的だ。 그의 열심히 하는 모습이 인상적이다. _{かれ すがた いんしょうてき}	懸命な姿	
17 要人の[暗殺を (ソシ)] する。 요인의 암살을 저지하다. _{ようじん あんさつ}	暗殺を阻止	
18 げんこつで[頭を (ナグ) る]。 주먹으로 머리를 때리다. _{あたま}	頭を殴る	
19 総理が [(イカン) の意]を表明した。 총리가 유감의 뜻을 표명했다. _{そう り い ひょうめい}	遺憾の意	
20 [(キュウチ)] に追い込まれる。 궁지에 몰리다. _{お こ}	窮地	

◆ 패퇴(敗退) : 싸움에 지고 물러감

[   ](대괄호) 안의 일본어를 한자로 적어보고, 읽는 법을 히라가나로 쓰세요.

	본문 내용	대괄호 한자로 쓰기	읽는 법 쓰기
01	[(ノキサキ)] にツバメが巣を作る。 처마 끝에 제비가 집을 짓다.	軒先	
02	[(キンリン)] に迷惑をかける。 이웃에게 민폐를 끼치다.	近隣	
03	一人前の社会人として [(アツカ) う]。 어엿한 사회인으로서 대하다.	扱う	
04	[(ドマ) といろり*]が印象的な和風の店。 봉당*과 노(爐)가 인상적인 일본식 가게.	土間といろり	
05	[(テンジョウ)] の節穴を数える。 천장의 옹이구멍을 세다.	天井	
06	ロマネスク [(ケンチク) と彫刻]。 로마풍의 건축과 조각.	建築と彫刻	
07	書き初めの [(テンラン) 会]。 신춘휘호*의 전람회.	展覧会	
08	[カラスの (ギョウズイ)] で済ます。 까마귀 미역 감듯 금방 목욕을 끝내다.	カラスの行水	
09	品質に [(ホコ) り]を持つ。 품질에 긍지를 가지다.	誇りを持つ	
10	文教[政策に (タズサ) わる]。 문교 정책*에 관여하다.	政策に携わる	
11	電話の[声が (ハズ) ん]でいた。 전화 목소리가 들떠 있었다.	声が弾んで	
12	[(カクリョウ) 会議]での決定事項。 각료 회의에서의 결정 사항.	閣僚会議	
13	役員の[残り (ニンキ)] は一年だ。 임원의 남은 임기는 1년이다.	残り任期	
14	議員は[選挙で (シンニン)] される。 의원은 선거로 신용을 받는다.	選挙で信認*	
15	[貿易 (コウショウ)] は山場を迎えた。 무역 교섭은 고비를 맞이했다.	貿易交渉	
16	[(コウリョウ)] とした大地。 황량한 대지.	荒涼	
17	丘の上の [(テンボウ) 台]。 언덕 위의 전망대.	展望台	
18	議論が [(クウテン)] する。 논의가 겉돌다.	空転	
19	議長への [(シュウニン) を要請]する。 의장으로의 취임을 요청하다.	就任を要請	
20	平和を [(カツボウ)] する。 평화를 갈망하다.	渇望	

◆ 봉당(土間) : 안방과 건넌방 사이의 마루를 놓을 자리에 마루를 놓지 않고 흙바닥 그대로 있는 곳
♣ 이로리 : (농가 등에서) 방바닥의 일부를 네모나게 잘라 내고, 그곳에 재를 깔아 취사용・난방용으로 불을 피우는 장치, 노(爐)
※ 신춘휘호 : 예로부터 정월 초이튿날, 길한 말이나 시가 등을 썼음   ◆ 문교정책(文教政策) : 문화와 교육에 관한 정책
▨ 신인(信認) : 신용하여 승인함

PART 06 **185**

[　　](대괄호) 안의 일본어를 한자로 적어보고, 읽는 법을 히라가나로 쓰세요.

	본문 내용	대괄호 한자로 쓰기	읽는 법 쓰기
01	日本人の[お (ジギ)] の習慣。 일본인의 인사 습관.	お辞儀	
02	力強く [(アクシュ) を交わす]。 힘차게 악수를 나누다.	握手を交わす	
03	[(キンキュウ) に]対策を要する。 긴급히 대책을 필요로 하다.	緊急に	
04	面接で[志望 (ドウキ)] を聞かれる。 면접에서 지망동기에 대해 질문 받다.	志望動機	
05	[(コウイショウ)] に悩まされる。 후유증에 시달리다.	後遺症	
06	生徒を [(イチドウ) に集める]。 학생을 한 자리에 모으다.	一堂に集める	
07	すべてが [(コントン)] の中にあった。 모든 것이 혼돈 속에 있었다.	混沌	
08	話がすぐに [(ダッセン)] する。 이야기가 금방 다른 데로 새다.	脱線	
09	国家の [(チュウスウ) 機関]。 국가 중추 기관.	中枢機関	
10	民族の [(デントウ) を守る]。 민족의 전통을 지키다.	伝統を守る	
11	健康を [(イジ)] する。 건강을 유지하다.	維持	
12	[(ジュウジツ)] した日々を過ごす。 충실한 날들을 보내다.	充実	
13	[(ショウガイ)] 忘れられないできごと。 생애 잊을 수 없는 사건.	生涯	
14	災害地に[自衛隊を (ハケン)] する。 재해지에 자위대를 파견하다.	自衛隊を派遣	
15	[(コウリツ) のよい]作業方法。 효율이 좋은 작업 방법.	効率のよい	
16	資格[保有者を (ユウグウ)] する。 자격 보유자를 우대하다.	保有者を優遇	
17	[(ジュウナン) な態度]を示す。 유연한 태도를 보이다.	柔軟な態度	
18	パートタイマーの給与は[社員に (ジュン)] じる]。 시간제 근무자의 급여는 사원에 준한다.	社員に準じる	
19	この[現実を (ホウチ)] するわけにはいかない。 이 현실을 방치할 수는 없다.	現実を放置	
20	[(ガクジュツ) や文化]の発展に貢献する。 학술이나 문화의 발전에 공헌하다.	学術や文化	

[　　](대괄호) 안의 일본어를 한자로 적어보고, 읽는 법을 히라가나로 쓰세요.

본문 내용	대괄호 한자로 쓰기	읽는 법 쓰기
01 ハリウッドの[人気 (ハイユウ)]。 할리우드의 인기 배우. にんき	人気俳優	
02 乳酸菌は [(ゼンダマ) 菌]である。 유산균은 좋은 균이다. にゅうさんきん　　　きん	善玉菌	
03 名簿から[名前を (マッショウ)] する。 명부에서 이름을 말소*하다. めいぼ　　　なまえ	名前を抹消	
04 敵の攻撃の[格好の (ヒョウテキ)] となる。 적의 공격의 좋은 표적이 되다. てき　こうげき　　かっこう	格好の標的	
05 [神の (ソンザイ)] を信ずる。 신의 존재를 믿다. かみ　　　　　しん	神の存在	
06 [(タイゲンソウゴ)] する癖がある。 호언장담*하는 버릇이 있다. くせ	大言壮語	
07 外国から[音楽家を (マネ) く]。 외국에서 음악가를 초대하다. がいこく　おんがくか	音楽家を招く	
08 子どもは大人を [(ウツ) す鏡]だ。 어린이는 어른을 비추는 거울이다. こ　　おとな　　　　かがみ	映す鏡	
09 [(キワ) めて残念]に思う。 매우 유감스럽게 생각하다. ざんねん　おも	極めて残念	
10 調査結果には [(ウタガ) う余地]はない。 조사결과에는 의심할 여지가 없다. ちょうさけっか　　　　　　　よち	疑う余地	
11 あの雲を見て[何を (レンソウ)] しますか。 저 구름을 보고 무엇을 연상하나요? くも　み　なに	何を連想	
12 [(イクエ) もの]国境を超える。 몇 번이고 국경을 넘다. こっきょう　こ	幾重もの	
13 [警報 (ソウチ)] が作動する。 경보 장치가 작동하다. けいほう　　　　　さどう	警報装置	
14 互いに [(ソンチョウ) し合う]べきだ。 서로 존중해야 한다. たが　　　　　　　　あ	尊重し合う	
15 犯人の [(ユクエ) を追う]。 범인의 행방을 뒤쫓다. はんにん　　　　お	行方を追う	
16 樹木を [(バッサイ)] する。 수목을 벌채하다. じゅもく	伐採	
17 モラルの低下を [(ナゲ) く]。 모럴*의 저하를 한탄하다. ていか	嘆く	
18 母校の[チームを (オウエン)] する。 모교의 팀을 응원하다. ぼこう	チームを応援	
19 事件を [(シチョク) の手]にゆだねる。 사건을 사직*당국에 위임하다. じけん　　　　　　　て	司直の手	
20 [新春 (コウレイ)] の書初め大会。 신춘 항례*의 신춘 휘호 대회. しんしゅん　　　かきぞ　たいかい	新春恒例	

◆ 말소(抹消) : 기록되어 있는 사실 따위를 지워서 아주 없애 버림
◉ 모럴(モラル) : 도덕, 윤리
✦ 항례(恒例) : 하기로 정해져 있는 의식이나 행사

✤ 호언장담(大言壮語) : 호기롭고 자신 있게 말함. 또는 그 말
♣ 사직(司直) : 법에 의하여 시비곡직을 가리는 법관 또는 재판관

[　　　](대괄호) 안의 일본어를 한자로 적어보고, 읽는 법을 히라가나로 쓰세요.

본문 내용	대괄호 한자로 쓰기	읽는 법 쓰기
01 再会の喜びに言葉もなく [(ホウヨウ)] する。재회의 기쁨에 말도 없이 포옹하다.	抱擁	
02 [(クチビル)] をとがらせて文句を言う。삐로퉁해서 불만을 말하다.	唇	
03 [礼儀 (サホウ)] を身につける。예의범절을 익히다.	礼儀作法	
04 専門家の[意見を (オモ) んじる]。전문가의 의견을 소중히 하다.	意見を重んじる	
05 [(ジョウネツ)] を傾ける。정열을 기울이다.	情熱	
06 スポーツと学業を [(リョウリツ)] させる。스포츠와 학업을 양립시키다.	両立	
07 なんとも [(ゲキテキ) な]幕切れだ。정말로 극적인 라스트 신이다.	劇的な	
08 [(キワダ) って]成績がよい。두드러지게 성적이 좋다.	際立って	
09 女性の地位の [(カクリツ) に努力]する。여성의 지위 확립에 노력하다.	確立に努力	
10 ゴール前の混戦で [(セ) り勝つ]。골 앞의 혼전*에서 싸워 이기다.	競り勝つ	
11 [(キョウゴウ) チーム]と対戦する。강호 팀과 대전하다.	強豪チーム	
12 食事代の [(カンジョウ)] をする。식사 요금을 계산하다.	勘定	
13 [拍手と (カンセイ)] が湧き起こる。박수와 환성이 일어나다.	拍手と歓声	
14 [少数 (セイエイ)] のメンバー。소수 정예의 멤버.	少数精鋭	
15 君の [(キユウ) に終われば]よいが。자네의 기우*로 끝나면 좋으련만.	杞憂に終われば	
16 大切な[会議に (チコク)] する。중요한 회의에 지각하다.	会議に遅刻	
17 ビオラの音色はとても [(ミリョク) 的]だ。비올라의 음색은 매우 매력적이다.	魅力的	
18 ようやく [(ソウドウ) が収まる]。간신히 소동이 진정되다.	騒動が収まる	
19 [(メイヨ) 毀損]で訴える。명예 훼손으로 고소하다.	名誉毀損	
20 [無理な (イライ)] を引き受ける。무리한 의뢰를 떠맡다.	無理な依頼	

◆ 혼전(混戦) : 두 편이 어지럽게 뒤섞여서 승패를 가름할 수 없을 만큼 치열하게 다툼
♣ 기우(杞憂) : 앞일에 대해 쓸데없는 걱정을 함

[   ](대괄호) 안의 일본어를 한자로 적어보고, 읽는 법을 히라가나로 쓰세요.

본문 내용	대괄호 *한자로 쓰기	읽는 법 쓰기
01 その事業に手を出すのは [(ボウケン)] だ。 그 사업에 손을 대는 것은 모험이다. じぎょう て だ	冒険	
02 自らの[不勉強を (ウラ) む]。 스스로 공부하지 않은 것을 원망하다. みずか ふ べんきょう	不勉強を恨む	
03 経済の仕組みを[正しく (ニンシキ)] する。 경제 구조를 올바르게 인식하다. けいざい し く ただ	正しく認識	
04 [(フンコツサイシン)] して社会に尽くす。 분골쇄신*하여 사회에 헌신하다. しゃかい つ	粉骨砕身	
05 アメリカの [(ガイコウ) 官]。 미국의 외교관. かん	外交官	
06 新市場を [(カイタク)] する。 새로운 시장을 개척하다. しんしじょう	開拓	
07 [(ショクン)] の健闘を祈る。 제군의 건투를 빈다. けんとう いの	諸君	
08 [(カクゴ)] を決める。 각오를 정하다. き	覚悟	
09 [業界 (クッシ)] のやり手。 업계 굴지의 수완가. ぎょうかい て	業界屈指	
10 その批評は少し [(コク)] ではないか。 그 비평은 좀 지나치지 않은가? ひひょう すこ	酷	
11 貴重なる[一生を (クウヒ)] する。 귀중한 일생을 낭비하다. きちょう いっしょう	一生を空費	
12 [(イロウ) 会]に招待する。 위로회에 초대하다. かい しょうたい	慰労会	
13 待たされるのには [(ナ) れて]いる。 기다리는 것에는 익숙해져 있다. ま	馴れて	
14 英語での[意思 (ソツウ)] に苦労する。 영어로의 의사소통에 고생하다. えいご いし くろう	意思疎通	
15 [(ジンソク) に]行動する。 신속하게 행동하다. こうどう	迅速に	
16 市街地を [(ジュウオウ) につらぬく]大通り。 시가지를 종횡으로 가로지르는 큰 길. しがいち おおどお	縦横につらぬく	
17 数においては [(レッセイ)] だった。 수에 있어서는 열세였다. かず	劣勢	
18 [(モウゼン) と]突っ込む。 맹렬한 기세로 돌진하다. つ こ	猛然と	
19 夜の町を [(タダヨ) い歩く]。 밤거리를 떠돌아다니다. よる まち ある	漂い歩く	
20 人生の[浮沈の (セトギワ)]。 인생의 흥망의 갈림길. じんせい ふちん	浮沈の瀬戸際	

◆ 분골쇄신(粉骨砕身) : 뼈를 가루로 만들고 몸을 부순다는 뜻으로, 정성으로 노력함을 이르는 말

[   ](대괄호) 안의 일본어를 한자로 적어보고, 읽는 법을 히라가나로 쓰세요.

본문 내용	대괄호 한자로 쓰기	읽는 법 쓰기
01 会社での [(ショゾク) 部署]。 회사에서의 소속부서.	所属部署	
02 [(ハメツ) 的]状況を回避する。 파멸적인 상황을 회피하다.	破滅的	
03 [勝利に (ネッキョウ)] した観衆。 승리에 열광한 관중.	勝利に熱狂	
04 その事件とは [(ムエン)] だ。 그 사건과는 관계가 없다.	無縁	
05 [都市に (キョジュウ)] する人々。 도시에 거주하는 사람들.	都市に居住	
06 [(ナンミン)] を救済する。 난민을 구제하다.	難民	
07 仲間から [(ハイセキ)] する。 동료로부터 배척하다.	排斥	
08 [(ソヤ) な振る舞い]を改める。 거칠고 천하게 구는 행동을 고치다.	粗野な振る舞い	
09 コップに [(シモン) が残る]。 컵에 지문이 남다.	指紋が残る	
10 [生活に (チョッケツ)] する問題だ。 생활에 직결된 문제다.	生活に直結	
11 始めは [(トマド) って]ばかりいた。 처음에는 당황하기만 했었다.	戸惑って	
12 のどが渇く前に[水分を (ホキュウ)] する。 목이 마르기 전에 수분을 보급하다.	水分を補給	
13 [(チョチク)] を取り崩す。 저축을 해약하다.	貯蓄	
14 予算を[大幅に (シュクゲン)] する。 예산을 대폭적으로 감축하다.	大幅に縮減	
15 [時代を (ショウチョウ)] するファッション。 시대를 상징하는 패션.	時代を象徴	
16 [(ジュエキ) 者]負担金を納める。 수익자 부담금을 납부하다.	受益者	
17 貸出日及び [(ヘンノウ) 日]。 대출일 및 반납일.	返納日	
18 [(ケンゲン)] を制限する。 권한을 제한하다.	権限	
19 [(ソマツ) な着物]しか残っていない。 변변치 못한 옷밖에 남아 있지 않다.	粗末な着物	
20 [(センメイ) に]現像された写真。 선명하게 현상된 사진.	鮮明に	

[   ](대괄호) 안의 일본어를 한자로 적어보고, 읽는 법을 히라가나로 쓰세요.

본문 내용	대괄호 한자로 쓰기	읽는 법 쓰기
01 借金の[(返済を (トクソク)] する。 빚의 변제*를 독촉하다. しゃっきん へんさい	返済を督促	
02 [(ヒタイ)] に筋を立てる。 이마에 핏대를 세우다. すじ た	額	
03 交通が [(トドコオ) る]。 교통이 정체되다. こうつう	滞る	
04 友達の [(ソウダン) にのる]。 친구의 상담을 하다. ともだち	相談にのる	
05 図書を [(エツラン)] する。 도서를 열람하다. としょ	閲覧	
06 [交渉の (マドグチ)] をきめる。 교섭 창구를 정하다. こうしょう	交渉の窓口	
07 この辺は何かと [(ベンリ) がよい]。 이 부근은 여러모로 편리하다. へん なに	便利がよい	
08 [(ギョウシャ) 間]の協定。 업자간의 협정. かん きょうてい	業者間	
09 権利を [(アクヨウ)] する。 권리를 악용하다. けんり	悪用	
10 献金の[事実を (ヒテイ)] する。 헌금 사실을 부정하다. けんきん じじつ	事実を否定	
11 両者は [(ミッセツ) な関係]にある。 양자는 밀접한 관계에 있다. りょうしゃ かんけい	密接な関係	
12 品物を [(ランボウ) に扱う]。 물건을 난폭하게 다루다. しなもの あつか	乱暴に扱う	
13 農村部に [(ジバン) を築く]。 농촌부에 지반을 구축하다. のうそんぶ きず	地盤を築く	
14 [(チョウジリ)] を合わせる。 수지 계산을 맞추다. あ	帳尻	
15 [(カギ) の穴]から天をのぞく。 열쇠 구멍에서 하늘을 들여다본다. あな てん (좁은 식견으로 사물을 판단하는 것을 비유)	鍵の穴	
16 品質が [(レッカ)] する。 품질이 나빠지다. ひんしつ	劣化*	
17 [(ショウライ)] が楽しみだ。 장래가 기대된다. たの	将来	
18 いかに[身を (ショ) する]べきか。 어떻게 처신해야 할까? み	身を処する	
19 これも[何かの (インネン)] だ。 이것도 뭔가의 인연이다. なに	何かの因縁	
20 [(バクダイ) な損失]を抱える。 막대한 손실을 안다. そんしつ かか	莫大な損失	

◆ 변제(返済) : 빌렸던 돈을 모두 다 갚음   ♣ 열화(劣化) : 품질이나 성능 등이 나빠짐

[   ](대괄호) 안의 일본어를 한자로 적어보고, 읽는 법을 히라가나로 쓰세요.

본문 내용	대괄호 한자로 쓰기	읽는 법 쓰기
01 [(ユウユウ) 自適]の生活。 유유자적한 생활。 じてき　　せいかつ	悠々自適	
02 天体 [(ボウエンキョウ)] を自作*する。 천체 망원경을 스스로 만들다。 てんたい　　　　　　　　　じさく	天体望遠鏡	
03 めったにない [(トクシュ) な事例]。 좀처럼 없는 특수한 사례。 じれい	特殊な事例	
04 伝説を[芝居に (キャクショク)] する。 전설을 연극으로 각색하다。 でんせつ　しばい	芝居に脚色	
05 敵を[多数 (ホソク)] する。 적을 다수 붙잡다。 てき　たすう	多数捕捉*	
06 原因を [(スイソク)] する。 원인을 추측하다。 げんいん	推測	
07 試験の [(ケッカ) を発表]する。 시험 결과를 발표하다。 しけん　　　　　　　はっぴょう	結果を発表	
08 月面を [(タンサ)] する。 달 표면을 탐사하다。 げつめん	探査	
09 [(ユウエン) なる]太古の世。 아득히 먼 태고의 세상。 たいこ　よ	悠遠なる	
10 特殊な [(ニンム) をおびて]出発する。 특수한 임무를 띠고 출발하다。 とくしゅ　　　　　　　　しゅっぱつ	任務をおびて	
11 [(ネッキョウ)] したファンに囲まれた。 열광한 팬에게 둘러싸였다。 かこ	熱狂	
12 [(キミョウ) な風習]が残る。 기묘한 풍습이 남다。 ふうしゅう　のこ	奇妙な風習	
13 日本人[独特の (キシツ)]。 일본인 독특의 기질。 にほんじん　どくとく	独特の気質	
14 [師が (ゼッサン)] した作品。 스승이 극찬한 작품。 し　　　　　　　さくひん	師が絶賛*	
15 授業料を [(メンジョ)] する。 수업료를 면제하다。 じゅぎょうりょう	免除	
16 建設の [(トジョウ)] にある。 건설 도중에 있다。 けんせつ	途上	
17 [(メイヨ) 挽回]とばかりに張り切る。 명예를 만회라도 할 듯이 힘이 넘치다。 ばんかい　　　　　　　は　き	名誉挽回	
18 事情を [(リョウカイ)] する。 사정을 양해*하다。 じじょう	了解	
19 国の権限を[地方に (イジョウ)] する。 국가의 권한을 지방에 이양하다。 くに　けんげん　ちほう	地方に移譲	
20 罪状を [(レッキョ)] する。 죄상을 열거하다。 ざいじょう	列挙	

◆ 자작(自作) : 자기가 만듦　　　　　　　♣ 포착(捕捉) : 잡음. 붙잡음
◉ 절찬(絶賛) : 지극히 칭찬함. 극찬　　　♠ 양해(了解) : 사물의 의미·이유 등을 잘 이해함

[   ](대괄호) 안의 일본어를 한자로 적어보고, 읽는 법을 히라가나로 쓰세요.

본문 내용	대괄호 한자로 쓰기	읽는 법 쓰기
01 [(バクゼン)] とした話で筋がとらえにくい。 막연한 이야기로 줄거리를 　　　　　　　　　 はなし　すじ　　　　　　　　　　　 파악하기 어렵다.	漠然	
02 [全員が (ダンケツ)] して立ち上がる。 전원이 단결하여 일어서다. 　　 ぜんいん　　　　　　　　 た　あ	全員が団結	
03 [神の (ヨゲン) 者]たちの言葉。 신의 예언자들의 말씀. 　　 かみ　　　　　　しゃ　　　 ことば	神の預言者	
04 それは [(ジメイ) の定理*]だ。 그것은 자명한 이치다. 　　　　　　　　　　 ていり	自明の定理	
05 帰郷した [(オリ) に]旧友に会う。 귀향했을 때 옛 친구를 만나다. 　 ききょう　　　　　　　 きゅうゆう　あ	折に	
06 人の生き方は[多種 (タヨウ)] だ。 사람의 생활 방식은 각양각색이다. 　 ひと　い　かた　たしゅ	多種多様	
07 [(キリ) を吹いて]アイロンをかける。 물을 뿜어 다림질을 하다. 　　　　 ふ	霧を吹いて	
08 戦意を [(ソウシツ)] する。 전의*를 상실하다. 　 せんい	喪失	
09 往来の[足音が (トギ) れる]。 왕래의 발소리가 끊기다. 　 おうらい　あしおと	足音が途切れる	
10 [(コウフン)] さめやらぬ様子で話す。 흥분이 가라앉지 않은 상태에서 이야기하다. 　　　　　　　　　　 ようす　はな	興奮	
11 彼は[常に (レイセイ)] だった。 그는 항상 냉정했다. 　 かれ　つね	常に冷静	
12 微妙な [(キンコウ) を保つ]。 미묘한 균형을 유지하다. 　 びみょう　　　　　　 たも	均衡を保つ	
13 [(キセイ) 概念]にとらわれない。 기성 개념에 사로잡히지 않는다. 　　　　　 がいねん	既成概念	
14 [山が (クズ) れて]道路が不通だ。 산이 무너져 도로가 불통이다. 　 やま　　　　　　 どうろ　ふつう	山が崩れて	
15 [(スイタイ)] していく産業分野。 쇠퇴해 가는 산업 분야. 　　　　　　　　　 さんぎょうぶんや	衰退	
16 [殺人 (ミスイ)] 事件が起きる。 살인 미수 사건이 일어나다. 　 さつじん　　　 じけん　お	殺人未遂	
17 十分な [(スイミン) を取る]。 충분한 수면을 취하다. 　 じゅうぶん　　　　　 と	睡眠を取る	
18 販路の[拡大を (ハカ) る]。 판로의 확대를 도모하다. 　 はんろ　かくだい	拡大を図る	
19 軽々しく [(ソクダン) できない]。 경솔하게 즉석에서 판단하거나 결단을 내릴 수 없다. 　 かるがる	即断*できない	
20 人心を [(ショウアク)] する。 민심을 장악하다. 　 じんしん	掌握	

◆ 정리(定理) : 1.이미 진리라고 증명된 일반 명제 2.정하여져 있는 이치　　◆ 전의(戦意) : 싸우고자 하는 의욕

※ 즉단(即斷) : 즉석에서 판단하거나 결단을 내림

[   ](대괄호) 안의 일본어를 한자로 적어보고, 읽는 법을 히라가나로 쓰세요.

본문 내용	대괄호 한자로 쓰기	읽는 법 쓰기
01 毎日のように [(フロ) をわかす]。 매일처럼 목욕물을 데우다. まいにち	風呂をわかす	
02 よい [(エイキョウ) を及ぼす]。 좋은 영향을 미치다. およ	影響を及ぼす	
03 結婚して五年目に [(ニンシン)] する。 결혼하여 5년째에 임신하다. けっこん ごねんめ	妊娠	
04 君の[意見に (サンセイ)] する。 자네의 의견에 찬성한다. きみ いけん	意見に賛成	
05 明治時代の人らしく [(キコツ)] がある。 메이지 시대의 사람답게 기골이 있다. めいじじだい ひと	気骨	
06 [(クサリ) につながれた猛獣。 쇠사슬에 묶여진 맹수. もうじゅう	鎖	
07 [(ラッカン) 的見解]を示す。 낙관적 견해를 제시하다. てきけんかい しめ	楽観的見解	
08 [(シンコク) な事態]が続く。 심각한 사태가 계속되다. じたい つづ	深刻な事態	
09 [(コドク) な印象]のある人。 고독한 인상이 있는 사람. いんしょう ひと	孤独な印象	
10 師に [(ジョゲン) を求める]。 스승에게 조언을 구하다. し もと	助言を求める	
11 [(ハンドク) しにくい]文字。 판독하기 어려운 문자. もじ	判読しにくい	
12 [幹部 (コウホ)] に名前が上がる。 간부 후보에 이름이 오르다. かんぶ なまえ あ	幹部候補	
13 [(カイジョ) 犬]を育てる。 개조견*(안내견)을 키우다. けん そだ	介助犬	
14 [(カッキ) 的な技術]を生み出す。 획기적인 기술을 만들어 내다. てき ぎじゅつ う だ	画期的な技術	
15 [台風の (エイキョウ)] により天候が不安定だ。 태풍의 영향으로 たいふう てんこう ふあんてい 날씨가 불안정하다.	台風の影響	
16 外部からの [(シンニュウ) を防ぐ]。 외부로부터의 침입을 방지하다. がいぶ ふせ	侵入を防ぐ	
17 他人のことなど [(ネントウ) にない]。 남의 일 따위 염두에 없다. たにん	念頭にない	
18 発言を[善意に (カイシャク)] する。 발언을 좋은 뜻으로 해석하다. はつげん ぜんい	善意に解釈	
19 中世に [(ハンエイ)] した都市。 중세에 번영한 도시. ちゅうせい とし	繁栄	
20 [集中 (カクサン)] を繰り返した。 집중 확산을 되풀이 했다. しゅうちゅう く かえ	集中拡散	

◆ 개조견(介助犬) : 거동이 불편한 사람들을 도움

[   ](대괄호) 안의 일본어를 한자로 적어보고, 읽는 법을 히라가나로 쓰세요.

본문 내용	대괄호 한자로 쓰기	읽는 법 쓰기
01 機器を[自由自在に (アヤツ) る]。기기를 자유자재로 다루다.	自由自在に操る	
02 試合[出場を (キケン)] する。시합 출장을 기권하다.	出場を棄権	
03 [(トウショ)] はそのつもりではなかった。처음에는 그럴 생각이 아니었다.	当初	
04 [(アラタ) めて]うかがいます。다시 찾아뵙겠습니다.	改めて	
05 訪問の [(ニッテイ) を組む]。방문 일정을 짜다.	日程を組む	
06 大軍を率いて [(エンセイ)] する。대군을 이끌고 원정하다.	遠征	
07 財布の [(ソコ) をはたく]。지갑을 털어 돈을 몽땅 내다.	底をはたく	
08 有名人を[ゲストに (ムカ) える]。유명인을 손님으로 맞이하다.	ゲストに迎える	
09 世界最大の[スポーツの (サイテン)]。세계 최대의 스포츠 제전	スポーツの祭典	
10 予選で [(ザンパイ) を喫する]。예선에서 참패를 당하다.	惨敗を喫する	
11 [(カイコク) 処分]を取り消す。경고 처분을 취소하다.	戒告処分	
12 非礼を [(チンシャ)] する。무례를 사죄하다.	陳謝	
13 ルールを [(シイ) 的に]ねじ曲げる。룰을 자의적으로 왜곡하다.	恣意的に	
14 内規に [(コウソク)] される。내부의 규정에 구속되다.	拘束	
15 [問題の (ホッタン)] を調査する。문제의 발단을 조사하다.	問題の発端	
16 事件が [(ヒンパツ)] する。사건이 빈발하다.	頻発	
17 [賞味 (キゲン)] が過ぎる。상미*기한(유통기한)이 지나다.	賞味期限	
18 現状の [(ダカイ) を図る]。현상*의 타개를 도모하다.	打開を図る	
19 民衆の [(リハン) を招く]。민중의 이반*을 초래하다.	離反を招く	
20 [(チョクゾク) の部下]に命令する。직속 부하에게 명령하다.	直属の部下	

◆ 상미(賞味) : 맛을 잘 음미하면서 먹음　　　　◆ 현상(現状) : 현재의 상태
◉ 이반(離反) : 인심이 떠나서 배반함

[   ](대괄호) 안의 일본어를 한자로 적어보고, 읽는 법을 히라가나로 쓰세요.

본문 내용	대괄호 한자로 쓰기	읽는 법 쓰기
01 [原子 (バクダン)] が投下された。 원자 폭탄이 투하되었다. げんし とうか	原子爆弾	
02 隣のビルに[視界を (サエギ) られる]。 옆 빌딩에 시야를 차단당하다. となり しかい	視界を遮られる	
03 [(シガン)] して軍隊に入る。 지원하여 군대에 입대하다. ぐんたい はい	志願	
04 警察犬の [(クンレン) 所]。 경찰견의 훈련소. けいさつけん じょ	訓練所	
05 [(キチョウ) な資源]を守ろう。 귀중한 자원을 지키자. しげん まも	貴重な資源	
06 新記録を [(ジュリツ)] する。 신기록을 수립하다. しんきろく	樹立	
07 公約を [(カカ) げる]。 공약을 내걸다. こうやく	掲げる	
08 いつの間にか [(エンゼツ) 口調]になる。 어느덧 연설 투가 되다. ま くちょう	演説口調	
09 議事の[打ち切りを (テイアン)] する。 의사(議事)*의 중단을 제안하다. ぎじ う き	打ち切りを提案	
10 町内で [(ハバ) を利かせる]。 동네에서 위세를 부리다. ちょうない き	幅を利かせる	
11 あの人はとても [(ケンキョ) だ]。 저 사람은 매우 겸허하다. ひと	謙虚だ	
12 天候悪化の [(キザ) しが見られる]。 날씨가 악화될 조짐이 보인다. てんこうあっか み	兆しが見られる	
13 大学間で[親睦会を (モヨオ) す]。 대학간 친목회를 개최하다. だいがくかん しんぼくかい	親睦会を催す	
14 今年中に[渡米*する (モヨウ)]。 올해 중에 미국으로 건너갈 모양. ことしじゅう とべい	渡米する模様	
15 歴史的 [(イブツ) を発掘]する。 역사적인 유물을 발굴하다. れきしてき はっくつ	遺物を発掘	
16 [(ビョウソウ)] を取り除く。 병소*를 제거하다. と のぞ	病巣	
17 裁判所から [(ツウタツ)] がある。 재판소에서 통달*이 있다. さいばんしょ	通達	
18 [金額の (タカ)] を問わない。 금액의 많고 적음을 따지지 않는다. きんがく と	金額の多寡	
19 [(ハクジツ) のもとに]さらす。 백일하에 드러나다.	白日のもとに	
20 相手の[漁場を (シンショク)] する。 상대의 어장을 침해하다. あいて ぎょじょう	漁場を侵食	

◆ 의사(議事) : 회의에서 어떤 일을 의논함　　　　　　　　　　♣ 도미(渡米) : 미국으로 건너감
※ 병소(病巣) : 병원균이 있는 곳
♣ 통달(通達) : 1.막힘없이 환히 통함 2.말이나 문서로써 기별하여 알림. '알림', '통첩'으로 순화 3.사물의 이치나 지식, 기술 따위를 훤히 알거나 아주 능란하게 함

[   ](대괄호) 안의 일본어를 한자로 적어보고, 읽는 법을 히라가나로 쓰세요.

본문 내용	대괄호 한자로 쓰기	읽는 법 쓰기
01 雨具を [(ケイタイ)] する。 비옷을 휴대하다. _{あまぐ}	携帯	
02 [(デイスイ)] して路上に寝てしまう。 만취하여 길바닥에 자 버리다. _{ろじょう ね}	泥酔	
03 蒸気機関車が黒い[煙を (ハ)く]。 증기 기관차가 검은 연기를 뿜다. _{じょうき きかんしゃ くろ けむり}	煙を吐く	
04 協力の [(ヨウセイ) を受ける]。 협력 요청을 받다. _{きょうりょく う}	要請を受ける	
05 [(キソン) の設備]を見直す。 기존의 설비를 재점검하다. _{せつび みなお}	既存の設備	
06 [部下を (サシズ)] して準備する。 부하를 지휘하여 준비하다. _{ぶか じゅんび}	部下を指図	
07 冷静かつ [(キゼン) とした態度]。 냉정하고도 의연*한 태도. _{れいせい たいど}	毅然とした態度	
08 そんなことは[日常 (サハンジ)] だ。 그런 것은 일상다반사이다. _{にちじょう}	日常茶飯事	
09 [統一 (ケンカイ)] は得られていない。 통일된 견해는 얻지 못하고 있다. _{とういつ え}	統一見解	
10 禁煙車と [(キツエン) 車]。 금연차와 흡연차. _{きんえんしゃ しゃ}	喫煙車	
11 [技術 (テイケイ)] を行う。 기술 제휴를 실시하다. _{ぎじゅつ おこな}	技術提携	
12 [(シロウト) 離れ]した腕を持つ。 아마추어답지 않은 솜씨를 지니다. _{ばな うで も}	素人離れ	
13 飛行機の [(トウジョウ) 券]を受け取る。 비행기의 탑승권을 받다. _{ひこうき けん う と}	搭乗券	
14 [大企業の (サンカ)] に入る。 대기업의 산하에 들어가다. _{だいきぎょう はい}	大企業の傘下	
15 レールに伝わる[列車の (ヒビ) き]。 레일에 전해지는 열차의 울림. _{つた れっしゃ}	列車の響き	
16 [(ソクメン)] から援助する。 측면에서 원조하다. _{えんじょ}	側面	
17 心理が [(ビミョウ) に]揺れる。 심리가 미묘하게 흔들리다. _{しんり ゆ}	微妙に	
18 [犯罪の (ケイセキ)] が見られる。 범죄의 흔적이 보이다. _{はんざい み}	犯罪の形跡	
19 誤りを [(テイセイ)] する。 잘못을 정정하다. _{あやま}	訂正	
20 味覚が [(ドンカン) に]なる。 미각이 둔감해지다. _{みかく}	鈍感に	

◆ 의연(毅然) : 전과 다름이 없음

[ ](대괄호) 안의 일본어를 한자로 적어보고, 읽는 법을 히라가나로 쓰세요.

본문 내용	대괄호 한자로 쓰기	읽는 법 쓰기
01 [優勝 (コウホ)] とうわさされる。 우승 후보로 소문이 나다.	優勝候補	
02 最新の[情報を (シュウヤク)] したレポート。 최신 정보를 집약한 리포트.	情報を集約	
03 バス路線の [(ケイトウ) を調べる]。 버스 노선의 계통을 조사하다.	系統を調べる	
04 [(ソウゴ) の利益]をはかる。 상호 이익을 도모하다.	相互の利益	
05 [(ジョウイカタツ)] を徹底させる。 상의하달*을 철저히 시키다.	上意下達	
06 実に [(ナゲ) かわしい]状況だ。 실로 한심스러운 상황이다.	嘆かわしい	
07 [(チュウモン)] した品物が届いた。 주문한 물건이 도착했다.	注文	
08 [(スルド) い]目つきでにらむ。 날카로운 눈초리로 노려보다.	鋭い	
09 [人命を (ソンチョウ)] する精神。 인명을 존중하는 정신.	人命を尊重	
10 亡き音楽家の [(ツイトウ) コンサート]。 돌아가신 음악가의 추도 콘서트.	追悼コンサート	
11 [教育 (ダンギ)] に花を咲かせる。 교육의 논의에 꽃을 피우다.	教育談議*	
12 [(ヒンコン) な発想]しかできない。 빈곤한 발상밖에 하지 못하다.	貧困な発想	
13 [相手の (イコウ)] をくみとる。 상대의 의향을 헤아리다.	相手の意向	
14 植民地を [(トウチ)] する。 식민지를 통치하다.	統治	
15 保険料を [(シサン)] する。 보험료를 시산*하다.	試算	
16 時間を [(ユウイギ) に]過ごす。 시간을 뜻있게 보내다.	有意義に	
17 [(カンジャ) の命]を預かる。 환자의 생명을 책임지다.	患者の命	
18 証拠を [(インメツ)] する。 증거를 인멸하다.	隠滅	
19 [医療 (カゴ)] を告訴する。 의료 과실을 고소하다.	医療過誤	
20 万事に [(ショウキョクテキ) な]態度。 만사에 소극적인 태도.	消極的な	

◆ 상의하달(上意下達) : 윗사람의 뜻이나 명령을 아랫사람에게 전함　　◆ 담의(談議) : 서로 이야기 하거나 상의함
◈ 시산(試算) : (어림잡기 위해) 시험삼아 계산함

[   ](대괄호) 안의 일본어를 한자로 적어보고, 읽는 법을 히라가나로 쓰세요.

본문 내용	대괄호 한자로 쓰기	읽는 법 쓰기
01 [(ゴラク) 施設]を建設する。 오락 시설을 건설하다.	娯楽施設	
02 [(キガル) に]引き受ける。 선뜻 떠맡다.	気軽に	
03 [豊かな (シキサイ)] の絵画。 풍부한 색채의 회화.	豊かな色彩	
04 春になって[雪が (ト) ける]。 봄이 되어 눈이 녹다.	雪が溶ける	
05 火勢に追われて [(ムチュウ) で逃げる]。 불기운에 쫓겨서 정신없이 도망가다.	夢中で逃げる	
06 道で [(グウゼン) 出会った]。 길에서 우연히 만났다.	偶然出会った	
07 毎年 [(コウレイ) の催し]。 매년 항례*의 행사.	恒例の催し	
08 [(ダラク)] した生活を送る。 타락한 생활을 보내다.	堕落	
09 親に付き [(ソ) って]もらう。 부모가 따라가 주다.	添って	
10 ブランコを[大きく (ユ) らす]。 그네를 크게 흔들다.	大きく揺らす	
11 その知らせに彼の[心は (ドウヨウ)] した。 그 소식에 그의 마음은 동요했다.	心は動揺	
12 [(レンサ) 反応]を引き起こす。 연쇄 반응을 일으키다.	連鎖反応	
13 貯蓄を [(ショウレイ)] する。 저축을 장려*하다.	奨励	
14 生存の[可能性が (ウス) れる]。 생존의 가능성이 줄어들다.	可能性が薄れる	
15 列車の[ダイヤが (コンラン)] している。 열차 운행표가 혼란스럽다.	ダイヤが混乱	
16 無理に誘われて [(コマ) る]。 무리한 권유로 곤란해 하다.	困る	
17 [国道に (ノゾ) んで]建っている家。 국도에 면해 서 있는 집.	国道に臨んで	
18 [(グウハツ) 的に]起こった事故。 우발적으로 일어난 사고.	偶発的に	
19 [(カンコウ) バス]で市内を回る。 관광버스로 시내를 돌다.	観光バス	
20 花壇の[花を (ツ) む]。 화단의 꽃을 따다.	花を摘む	

◆ 항례(恒例) : 하기로 정해져 있는 의식이나 행사   ✦ 장려(奨励) : 좋은 일에 힘쓰도록 북돋아 줌

[   ](대괄호) 안의 일본어를 한자로 적어보고, 읽는 법을 히라가나로 쓰세요.

본문 내용	대괄호 한자로 쓰기	읽는 법 쓰기
01 [(フクザツ) な]心境だ。 복잡한 심경이다. しんきょう	複雑な	
02 [(カイマク) 戦]第一試合。 개막전 첫 시합. せん だいいち し あい	開幕戦	
03 エベレストに [(イド) む]。 에베레스트에 도전하다.	挑む	
04 [生徒を (ヒキ) いて]遠足に行く。 학생을 인솔하여 소풍가다. せい と えんそく い	生徒を率いて	
05 エジプト[文明 (ハッショウ)] の地。 이집트 문명 발상지. ぶんめい ち	文明発祥	
06 現在 [(ワダイ) にのぼって]いる商品。 현재 화제가 되고 있는 상품. げんざい しょうひん	話題にのぼって	
07 敗北は [(カントク) の責任]だ。 패배는 감독의 책임이다. はいぼく せきにん	監督の責任	
08 [(タイコウ) 意識]を燃やす。 대항 의식을 불태우다. い しき も	対抗意識	
09 [(カクベツ) に]目をかける。 각별히 보살피다. め	格別に	
10 [日本 (コクセキ)] を取得する。 일본 국적을 취득하다. にっぽん しゅとく	日本国籍	
11 [(ジャッカン)] その傾向がある。 약간 그런 경향이 있다. けいこう	若干	
12 [暗殺の (インボウ)] をめぐらす。 암살 음모를 꾸미다. あんさつ	暗殺の陰謀	
13 本[会議 (カイサイ)] にこぎつける。 본 회의 개최에 이르렀다. ほん かい ぎ	会議開催	
14 募金[目標額を (トッパ)] する。 모금 목표액을 돌파하다. ぼ きん もくひょうがく	目標額を突破	
15 東京に [(ヒッテキ)] する大都市。 동경에 필적*하는 대도시. とうきょう だい と し	匹敵	
16 両国の [(シンゼン) を深める]。 양국의 친선을 돈독히 하다. りょうこく ふか	親善を深める	
17 栄養の[不足を (オギナ) う]。 영양부족을 보충하다. えいよう ふ そく	不足を補う	
18 [(キンミツ) な]協力体制。 긴밀*한 협력체제. きょうりょくたいせい	緊密な	
19 伝染病を [(バイカイ)] する蚊。 전염병을 매개하는 모기 でんせんびょう か	媒介	
20 彼のやり方は [(ドクゼン) 的]だ。 그의 방법은 독선적이다. かれ かた てき	独善的	

◆ 필적(匹敵) : 능력이나 세력이 엇비슷하여 서로 맞섬   ✦ 긴밀(緊密) : 서로의 관계가 매우 가까워 빈틈이 없음

[　　　](대괄호) 안의 일본어를 한자로 적어보고, 읽는 법을 히라가나로 쓰세요.

본문 내용	대괄호 한자로 쓰기	읽는 법 쓰기
01 部長の打ち合わせ先に [(ドウコウ)] する。 부장의 협의처에 동행하다.	同行	
02 会場まで [(トエイ) バス]を利用する。 회장까지 도영*버스를 이용하다.	都営バス	
03 [(カセツ) テント]でバザーを開催した。 가설 텐트에서 바자를 개최했다.	仮設テント	
04 昔の知り合いが[家に (タズ) ねて]きた。 옛날 지인이 집에 찾아왔다.	家に訪ねて	
05 カルデラ湖は [(フンカ) で出来た]湖だ。 칼데라호는 분화로 생긴 호수다.	噴火で出来た	
06 震災*で生活[環境が (イッペン)] してしまった。 지진으로 인한 재해로 생활 환경이 일변해 버렸다.	環境が一変	
07 念願の [(カイゴ) 福祉士]試験に合格した。 염원하던 개호 복지사(요양 보호사) 시험에 합격했다.	介護*福祉士	
08 出来るだけ子供たちの [(メンドウ) をみる]。 가능한 한 아이들을 돌보다.	面倒をみる	
09 これは熱すると [(ユウドク) ガス]を発する。 이것은 뜨거워지면 유독가스를 배출한다.	有毒ガス	
10 お [(トシヨ) り]を敬う心がある。 노인을 공경하는 마음이 있다.	年寄り	
11 プライバシーの[侵害で (ウッタ) えた]。 프라이버시 침해로 고소했다.	侵害で訴えた	
12 苦情や問い合わせが [(サットウ)] した。 불평이나 문의가 쇄도했다.	殺到	
13 インターネットに [(セツゾク)] する。 인터넷에 접속하다.	接続	
14 閉店後に毎日 [(ダイチョウ) をつける]。 폐점 후에 매일 대장*을 기록하다.	台帳をつける	
15 正しい[道を (センタク)] する。 올바른 길을 선택하다.	道を選択	
16 [様々な (ココロ) み]がなされた。 다양한 시도가 행해졌다.	様々な試み	
17 [(トイキ) 交じり]に頷いた。 한숨 섞인 투로 수긍했다.	吐息交じり	
18 [(メイワク) 電話]の被害にあった。 성가신 전화 피해를 당했다.	迷惑電話	
19 [(ヤッカン) の見直し]を検討している。 약관의 재검토를 검토하고 있다.	約款の見直し	
20 裏技*を [(ア) み出した]。 비법을 고안해냈다.	編み出した	

◆ 도영(都営) : 도쿄도가 직접 경영함　　　　　　　　　✦ 진재(震災) : 지진으로 인한 재해
⊛ 개호(介護) : 간호, 재택 간호
♠ 대장(台帳) : 1.어떤 근거가 되도록 일정한 양식으로 기록한 장부나 원부(原簿) 2.상업상의 모든 계산을 기록한 원부
⁑ 裏技(うらわざ) : 흔히 알려져 있지 않은 비법, 기술

たなばた[七夕]
7월 7일의 행사. 이 날 밤 은하수 양쪽에 있는 견우성과 직녀성이 한 해에 한 번 만난다고 한다.
이 별에 여성이 기예가 능숙해짐을 빌면 이룰 수 있다고 하여,
나라시대부터 귀족사회에서는 호시마츠리(星祭り: 음력 7월 7일의 명절)를 했다.

PART

07

[   ](대괄호) 안의 일본어를 한자로 적어보고, 읽는 법을 히라가나로 쓰세요.

본문 내용	대괄호 한자로 쓰기	읽는 법 쓰기
01 父が [(カイコ) 録]を編集した。 아버지가 회고록을 편집했다.	回顧録	
02 顔料で顔を日の丸に [(シタ) てた]応援団。 안료로 얼굴을 일장기로 만든 응원단.	仕立てた	
03 [お (セジ)] にも美しいとはいえない。 빈말로라도 아름답다고는 할 수 없다.	お世辞	
04 川をはさんで [(アイタイ) した町]は県外だ。 강을 끼고 맞은편 마을은 현 밖이다.	相対した町	
05 とても [(インショウテキ) な目]の青年に出会った。 매우 인상적인 눈을 가진 청년을 우연히 만났다.	印象的な目	
06 優勝を[目標に (カカ) げて]大会に臨んだ。 우승을 목표로 내걸고 대회에 임했다.	目標に掲げて	
07 日本代表が予想外の [(カイシンゲキ) を続けた]。 일본 대표가 예상 밖의 유쾌한 진격을 계속했다.	快進撃を続けた	
08 この体験は皆の心に深く [(キザ) まれた]。 이 체험은 모두의 마음에 깊이 새겨졌다.	刻まれた	
09 初出場校が [(キョウゴウ) チーム]を撃破した。 첫 출전 학교가 강호 팀을 격파했다.	強豪チーム	
10 台風が [(セイリョク) を強めて]北上してきた。 태풍이 세력을 강화해 북상해왔다.	勢力を強めて	
11 自然な[感情が (ハツロ)] する。 자연스런 감정이 발로* 하다.	感情が発露	
12 彼は [(ヘンキョウ) な性格]をしている。 그는 편협한 성격을 갖고 있다.	偏狭な性格	
13 くれぐれも [(ジャシン) を起こす]な。 앞으로도 사심*을 일으키지 마라.	邪心を起こす	
14 一部に [(ハイガイ) 的な空気]がある。 일부에 배외*적인 분위기가 있다.	排外的な空気	
15 一連の[疑惑を (シサ)] している。 일련의 의혹을 시사하고 있다.	疑惑を示唆	
16 母校の[勝利に (コウフン)] した。 모교의 승리에 흥분했다.	勝利に興奮	
17 スキーで斜面を [(スベ) り降りた]。 스키로 경사면을 활강했다.	滑り降りた	
18 結果を [(ショウチ) の上で]の行動。 결과를 알고서 한 행동.	承知の上で	
19 [合理的な (コンキョ)] を明らかにする。 합리적인 근거를 명확히 하다.	合理的な根拠	
20 そのやり方は [(リクツ) に合って]いない。 그 방식은 도리에 맞지 않다.	理屈に合って	

◆ 발로(発露) : 숨은 것이 겉으로 드러나거나 숨은 것을 겉으로 드러냄　　◆ 사심(邪心) : 바르지 아니한 간사스러운 마음
※ 배외(排外) : 외국인이나 외국의 사상·문물을 배척함

[   ](대괄호) 안의 일본어를 한자로 적어보고, 읽는 법을 히라가나로 쓰세요.

본문 내용	대괄호 한자로 쓰기	읽는 법 쓰기
01 昔と比べて [(カクダン) の差]がある。 옛날과 비교하여 현격한 차가 있다.	格段の差	
02 [(キドウセイ) を重視]した組織。 기동성을 중시한 조직.	機動性を重視	
03 それは [(テキカク) な指摘]です。 그것은 적확한 지적입니다.	的確な指摘	
04 残念ながら [(ケッショウ) で敗れた]。 유감스럽지만 결승에서 졌다.	決勝で敗れた	
05 昔は [(ジンジョウ) 小学校]と言っていた。 옛날에는 심상 소학교*라고 말했다.	尋常小学校	
06 村の[お (マツ) り]を見物した。 마을 축제를 구경했다.	お祭り	
07 ホノルル[マラソンに (サンカ)] した。 호놀룰루 마라톤에 참가했다.	マラソンに参加	
08 会場はスター[登場に (ネッキョウ)] した。 회장은 스타 등장에 열광했다.	登場に熱狂	
09 大きな [(セイエン) を受けて]登場した。 큰 성원을 받으며 등장했다.	声援を受けて	
10 [(オンプ) を暗記]する。 음표를 암기하다.	音符を暗記	
11 コンサートの [(ヨイン) を楽しむ]。 콘서트의 여운을 즐기다.	余韻を楽しむ	
12 [(カイサイ) 地]の抽選。 개최지의 추첨.	開催地	
13 [(カンメイ) 深い]お話でした。 감명 깊은 이야기였습니다.	感銘深い	
14 [(キュウチ)] から逃れた。 궁지로부터 도망쳤다.	窮地	
15 自信[喪失に (オチイ) った]。 자신감 상실에 빠졌다.	喪失に陥った	
16 [(マサツ) で静電気]が生じた。 마찰로 정전기가 생겼다.	摩擦で静電気	
17 [顔を (オオ) って]出てきた。 얼굴을 가리고 나왔다.	顔を覆って	
18 [(ジュンカン) 型社会]を目指そう。 순환형 사회를 지향하자.	循環型社会	
19 [(ノキ) を借りて]雨宿りする。 처마를 빌려 비를 피하다.	軒を借りて	
20 柿の実はまだ [(シブ) かった]。 감은 아직 떫었다.	渋かった	

◆ 심상 소학교(尋常小学校) : 구제도의 소학교. 1947년에 폐지

[   ](대괄호) 안의 일본어를 한자로 적어보고, 읽는 법을 히라가나로 쓰세요.

본문 내용	대괄호 한자로 쓰기	읽는 법 쓰기
01 [専門 (ザッシ)] の編集に携わっている。 전문 잡지의 편집에 종사하고 있다. せんもん へんしゅう たずさ	専門雑誌	
02 彼はいつもナイフで[鉛筆を (ケズ) る]。 그는 언제나 칼로 연필을 깎는다. かれ えんぴつ	鉛筆を削る	
03 私は [(ビサイ) な点]まできちんと説明した。 나는 미세한 점까지 정확히 설명했다. わたし てん せつめい	微細な点	
04 いまだに [(ヤブ) られない]大記録。 아직도 깨지지 않는 대기록. だい き ろく	破られない	
05 この絵は赤が [(キチョウ) となって]いる。 이 그림은 빨강이 기조*로 되어 있다. え あか	基調となって	
06 記事を[無断で (トウヨウ)] された。 기사가 무단으로 도용되었다. き じ むだん	無断で盗用	
07 私には調査を続行させる [(ケンゲン) がない]。 나에게는 조사를 속행시킬 わたし ちょうさ ぞっこう 권한이 없다.	権限がない	
08 [(ホクオウ) の国々]ではスキー競技が盛んだ。 북유럽 국가들에서는 스키 경기가 くにぐに きょうぎ さか 한창 유행하고 있다.	北欧の国々	
09 [(チョメイ) な作家]の作品を読む。 저명한 작가의 작품을 읽는다. さっか さくひん よ	著名な作家	
10 仕事に対する [(シセイ)] がなっていない。 일에 대한 자세가 되어 있지 않다. し ごと たい	姿勢	
11 データを[詳しく (カイセキ)] した。 데이터를 상세하게 해석했다. くわ	詳しく解析	
12 ぎりぎりで[衝突を (カイヒ)] した。 아슬아슬하게 충돌을 회피했다. しょうとつ	衝突を回避	
13 [飛行機の (ソウジュウ)] には慣れている。 비행기의 조종에는 익숙해져 있다. ひ こう き な	飛行機の操縦	
14 [(スミ) やかに行動]をする。 신속하게 행동을 하다. こうどう	速やかに行動	
15 会議で[内容を (ツ) めて]いく。 회의에서 내용을 끝까지 매듭지어 가다. かい ぎ ないよう	内容を詰めて	
16 あまりにも [(ザンギャク) な行為]だ。 너무나도 잔학한 행위다. こう い	残虐な行為	
17 事件を [(ミゼン) に防いだ]。 사건을 미연에 방지했다. じ けん ふせ	未然に防いだ	
18 これは[我々の (カンカツ)] ではない。 이것은 우리들의 관할이 아니다. われわれ	我々の管轄	
19 [刑事 (ソツイ)] の対象となった。 형사 소추*의 대상이 되었다. けい じ たいしょう	刑事訴追	
20 [(ヘンコウ)] した教育方法を心配する。 편향된 교육 방법을 걱정하다. きょういくほうほう しんぱい	偏向	

◆ 기조(基調): 사상, 작품, 학설 따위에 일관해서 흐르는 기본적인 경향이나 방향
♣ 소추(訴追): 1.형사 사건에 대하여 법원에 심판을 신청하여 이를 수행하는 일 2.고급 공무원이 직무를 집행할 때 헌법이나 법률을 위배하였을 경우 국가가 탄핵을 결의하는 일

[   ](대괄호) 안의 일본어를 한자로 적어보고, 읽는 법을 히라가나로 쓰세요.

	본문 내용	대괄호 한자로 쓰기	읽는 법 쓰기
01	突然の左遷命令には[さすがに (トマド) う]。 갑작스런 좌천 명령에는 とつぜん さ せんめいれい　　　　　　　　　　　　역시 당황한다.	さすがに 戸惑う	
02	[(ヨ) る年波]にはやはり勝てない。 드는 나이는 역시 어쩔 수가 없다. 　　　　としなみ　　　　　　　か	寄る年波	
03	人工衛星の[軌道を (シュウセイ)] する。 인공위성의 궤도를 수정하다. じんこうえいせい　きどう	軌道を 修正 　　　　きどう	
04	[(ソウホウ) の言い分]が一部食い違った。 쌍방의 주장이 일부 엇갈렸다. 　　　　　　いぶん　いちぶく ちが	双方の言い分	
05	列車事故で多数の [(シショウ) 者が出た]。 열차사고로 많은 사상자가 났다. れっしゃじ こ たすう　　　　　　しゃ　で	死傷者が出た	
06	彼は [(ヒ) の打ちどころ]のない人だ。 그는 나무랄 데가 없는 사람이다. かれ　　　う　　　　　　　ひと	非の打ちどころ	
07	市民が [(セントウ)] に巻き込まれた。 시민이 전투에 휘말렸다. し みん　　　　　　　ま こ	戦闘	
08	海外から [(ユウシュウ) な人材]を確保する。 해외에서 우수한 인재를 확보하다. かいがい　　　　　　じんざい　かく ほ	優秀な人材	
09	自分の[未熟さを (ツウカン)] して落ちこんだ。 자신의 미숙함을 통감하여 じ ぶん みじゅく　　　　　　　お　　　침울해졌다.	未熟さを痛感	
10	[悪 (エイキョウ)] を最小限にとどめる。 악영향을 최소한으로 억제하다. あく　　　　　　さいしょうげん	悪影響	
11	彼は [(キセイ) 概念]にとらわれ過ぎだ。 그는 기성 개념에 너무 사로잡혔다. かれ　　　　がいねん　　　す	既成概念	
12	双方の [(ダキョウ) 案]を考えた。 쌍방의 타협안을 생각했다. そうほう　　　　あん　かんが	妥協案	
13	[首相が (シュサイ) する閣議*。 수상이 주최하는 내각 회의. しゅしょう　　　　　　かくぎ	首相が主宰	
14	[取材 (リンリ)] に厳しさが欠けている。 취재 윤리에 엄격함이 결여되어 있다. しゅざい　　　　　きび　　か	取材倫理	
15	皆に[注意を (ウナガ) した]。 모두에게 주의를 촉구했다. みな ちゅうい	注意を促した	
16	規則の[順守を (テッテイ)] させた。 규칙의 준수를 철저히 시켰다. きそく じゅんしゅ	順守を徹底	
17	みなの[信頼を (ソコ) ねた]。 모두의 신뢰를 저버렸다. しんらい	信頼を損ねた	
18	それは[常識を (イツダツ)] した行為だ。 그것은 상식을 벗어난 행위이다. じょうしき　　　　　　こうい	常識を逸脱	
19	その画面は [(リンジョウカン) に溢れて]いる。 그 화면은 현장감에 넘쳐 있다. がめん　　　　　　　　　　あふ	臨場感に溢れて	
20	これまでの[行動を (モウセイ)] するべきだ。 지금까지의 행동을 こうどう　　　　　　　　　　깊이 반성해야 한다.	行動を猛省*	

◆ 각의(閣議) : 내각 회의. 내각이 그 직무를 수행하기 위하여 개최하는 회의　　　◆ 맹성(猛省) : 강하게 반성함

[   ](대괄호) 안의 일본어를 한자로 적어보고, 읽는 법을 히라가나로 쓰세요.

본문 내용	대괄호 한자로 쓰기	읽는 법 쓰기
01 大きな案件を[複数 (ジュチュウ)] した。 커다란 안건을 복수 수주했다. おお　　あんけん　　ふくすう	複数受注	
02 企業に[東京 (チケン)] の捜査が入った。 기업에 도쿄 지검의 수사가 들어갔다. きぎょう　とうきょう　　そうさ　はい	東京地検	
03 全ての商品を[希望価格で (ラクサツ)] した。 모든 상품을 희망가격으로 낙찰했다. すべ　　しょうひん　　きぼうかかく	希望価格で落札	
04 プロ野球選手に [(ミッチャク) 取材]する。 프로 야구 선수에게 밀착 취재하다. やきゅうせんしゅ　　　　しゅざい	密着取材	
05 彼の [(ハイゴ) の黒幕]を突き止める。 그의 배후의 막후 인물을 규명하다. かれ　　　　　　くろまく　　つ	背後の黒幕	
06 金額では [(ハカ) れない利益]だ。 금액으로는 잴 수 없는 이익이다. きんがく　　　　　　　りえき	計れない利益	
07 [(リトク) の計算]をする。 이득 계산을 하다. けいさん	利得の計算	
08 政治家の間に [(ギゴク) が発生]した。 정치가 사이에 의옥* 이 발생했다. せいじか　あいだ　　　　　　はっせい	疑獄が発生	
09 億単位の[大 (キボ) な工事]を請け負った。 억 단위의 대규모 공사를 도급 맡았다. おくたんい　だい　　　　こうじ　う　お	大規模な工事	
10 [(コクサク)] に寄り添ったビジネスの展開。 국책에 따른 비즈니스 전개. よ　そ　　　　　　　　　てんかい	国策	
11 トラブルの [(タ) えない人]だ。 트러블이 끊이지 않는 사람이다. ひと	絶えない人	
12 考え方の [(ヘダ) たりが大きい]。 사고방식의 차이가 크다. かんが　かた　　　　　　おお	隔たりが大きい	
13 [梅雨前線が (テイタイ)] している。 장마 전선이 정체하고 있다. ばいうぜんせん	梅雨前線が停滞	
14 不祥事を起こした[議員を (モンセキ)] した。 불상사를 일으킨 의원을 문책* 했다. ふしょうじ　お　　　　ぎいん	議員を問責	
15 [(ドクサイ) 的な]やり方に反発した。 독재적인 방법에 반발했다. てき　　かた　はんぱつ	独裁的な	
16 数々の[非礼を (チンシャ)] した。 수많은 무례를 사죄했다. かずかず　ひれい	非礼を陳謝	
17 彼等は[事前に (サッチ)] していた。 그들은 사전에 알고 있었다. かれら　じぜん	事前に察知	
18 様々な [(リケン) が絡んで]いる。 다양한 이권이 얽혀 있다. さまざま　　　　　から	利権が絡んで	
19 [事件の (ケイイ)] を説明する。 사건의 경위를 설명하다. じけん　　　　　せつめい	事件の経緯	
20 彼は [(カンリョウ) を目指して]いる。 그는 관료를 목표로 하고 있다. かれ　　　　　　めざ	官僚を目指して	

◆ 의옥(疑獄) : 정치 문제화한 대규모 증수회 사건　　　　　　♣ 문책(問責) : 잘못을 캐묻고 꾸짖음

[   ](대괄호) 안의 일본어를 한자로 적어보고, 읽는 법을 히라가나로 쓰세요.

본문 내용	대괄호 한자로 쓰기	읽는 법 쓰기
01 著名な[作家の (ショジョサク)] を発見する。 저명한 작가의 처녀작을 발견하다. ちょめい　さっか　　　　　　　　　　はっけん	作家の処女作	
02 [(キュウライ) の方法]に捕われない斬新な案。 종래의 방법에 사로잡히지 않는 　　　　　　 ほうほう　と　　　ざんしん　あん　　참신한 안.	旧来の方法	
03 彼の行動は [(ダイタン) 不敵]だ。 그의 행동은 대담무쌍하다. かれ　こうどう　　　　　　　ふてき	大胆不敵	
04 全て[彼の (ドクダン) で]事が運んだ。 모두 그의 독단으로 일이 진행되었다. すべ　かれ　　　　　　　　　こと　はこ	彼の独断で	
05 彼は嫌らしい [(ネマワ) しが上手い]。 그는 음흉한 사전 교섭을 잘한다. かれ　いや　　　　　　　　　　うま	根回しが上手い	
06 [面白い (ウラワザ)] を偶然発見した。 재밌는 비법을 우연히 발견했다. おもしろ　　　　　　　　ぐうぜんはっけん	面白い裏技	
07 家族で[いろりを (カコ) んで]談笑*した。 가족끼리 화로에 둘러앉아 かぞく　　　　　　　　　　だんしょう　　이야기를 나누었다.	いろりを囲んで	
08 [(テレンテクダ)] の限りを尽くした理事長。 갖은 농간질을 다한 이사장. 　　　　　　　　　かぎ　つ　　りじちょう	手練手管*	
09 [(シンパン) の判定]に納得がいかない。 심판의 판정에 납득이 가지 않는다. 　　　　　　 はんてい　なっとく	審判の判定	
10 先輩の[指示を (アオ) ぐ]ことにした。 선배의 지시를 청하기로 했다. せんぱい　しじ	指示を仰ぐ	
11 皆の[意見を (ソウカツ)] する。 모두의 의견을 통괄하다. みな　いけん	意見を総括	
12 その教師は [(チョウカイ) 処分]を受けた。 그 교사는 징계 처분을 받았다. きょうし　　　　　　　　　しょぶん　う	懲戒処分	
13 事件に対する[意識が (キハク) だ]。 사건에 대한 의식이 희박하다. じけん　たい　いしき	意識が希薄だ	
14 学習したことを [(ジッセン)] する。 학습한 것을 실천하다. がくしゅう	実践	
15 国会での[議論を (カンキ)] する。 국회에서의 논의를 환기하다. こっかい　ぎろん	議論を喚起	
16 [不穏分子を (ハイジョ)] した。 불온* 분자를 배제했다. ふおんぶんし	不穏分子を排除	
17 試合の [(キンコウ) が破られた]。 시합의 균형이 깨졌다. しあい　　　　　　　　やぶ	均衡が破られた	
18 失業[問題は (シンコク) だ]。 실업 문제는 심각하다. しつぎょうもんだい	問題は深刻だ	
19 [好調を (イジ)] するのは大変だ。 호조를 유지하는 것은 힘들다. こうちょう　　　　　　たいへん	好調を維持	
20 この金額で[一切を (マカナ) う]のは厳しい。 이 금액으로 일체를 きんがく　いっさい　　　　　　 きび　　처리하는 것은 어렵다.	一切を賄う	

◆ 담소(談笑) : 웃으면서 이야기함　　　　　　　　　✦ 手練手管(てれんてくだ) : 속임수, 농간질
❈ 불온(不穏) : 치안을 문란하게 할 우려가 있음

[   ](대괄호) 안의 일본어를 한자로 적어보고, 읽는 법을 히라가나로 쓰세요.

본문 내용	대괄호 한자로 쓰기	읽는 법 쓰기
01 同級生の [(ソウシキ) が行われた]。동급생의 장례식이 치루어졌다. _{どうきゅうせい} _{おこな}	葬式が行われた	
02 [(サイダン)] に亡き祖父の遺影を飾った。재단에 돌아가신 할아버지의 _{な そ ふ いえい かざ} 초상화를 장식했다.	祭壇	
03 [(コウデン) 返し]の手配をした。부의에 대한 답례품 준비를 했다. _{がえ て はい}	香典*返し	
04 震災で [(イッサイガッサイ)] をなくしてしまった。지진으로 인한 재해로 _{しんさい} 모든 것을 잃어 버렸다.	一切合財	
05 葬儀屋にすべて [(マカ) せた]。장의사에게 모두 맡겼다. _{そう ぎ や}	任せた	
06 [(コジン) を偲ぶ]会を主催した。고인을 그리는 모임을 주최했다. _{しの かい しゅさい}	故人を偲ぶ	
07 電話料金の [(メイサイ) を発行]する。전화요금의 명세서를 발행하다. _{でん わ りょうきん はっこう}	明細を発行	
08 [復興の (キザ) し]が見え始めた。부흥의 조짐이 보이기 시작했다. _{ふっこう み はじ}	復興の兆し	
09 彼と私はどうも [(シュコウ) が違う]。그와 나는 아무래도 취향이 다르다. _{かれ わたし ちが}	趣向が違う	
10 受験前は [(エンギ) を担ぎ]たくなる。수험 전에는 길흉을 따지고 싶어진다. _{じゅけんまえ かつ}	縁起を担ぎ	
11 [公務 (シッコウ) 妨害]で検挙された。공무 집행 방해로 검거되었다. _{こうむ ぼうがい けんきょ}	公務執行妨害	
12 彼は [(トクシュ) な技能]を持っている。그는 특수한 기능을 가지고 있다. _{かれ ぎ のう も}	特殊な技能	
13 耐えがたい [(ブジョク) を受けた]。견디기 힘든 모욕을 당했다. _{た う}	侮辱を受けた	
14 団体設立の [(シュシ) を説明]した。단체 설립의 취지를 설명했다. _{だんたいせつりつ せつめい}	趣旨を説明	
15 地下[水を (ジョウカ)] する。지하수를 정화하다. _{ち か すい}	水を浄化	
16 代替案を[集中的に (シンギ)] する。대체 안을 집중적으로 심의하다. _{だいたいあん しゅうちゅうてき}	集中的に審議	
17 この仕事は [(サイサン) が合わない]。이 일은 채산이 맞지 않다. _{し ごと あ}	採算が合わない	
18 [(ジュヨウ) の多い]製品。수요가 많은 제품. _{おお せいひん}	需要の多い	
19 能力を [(カダイ) 評価]された。능력을 과대 평가받았다. _{のうりょく ひょう か}	過大評価	
20 子供に教育を受けさせる [(ギム)] がある。아이에게 교육을 받게 할 의무가 있다. _{こ ども きょういく う}	義務	

◆ 향전(香典) : 부의. 상가(喪家)에 부조로 보내는 돈이나 물품

[   ](대괄호) 안의 일본어를 한자로 적어보고, 읽는 법을 히라가나로 쓰세요.

본문 내용	대괄호 한자로 쓰기	읽는 법 쓰기
01 寒さで水面に[氷が (ハ) った]。 추위로 수면에 얼음이 얼었다. さむ　すいめん　こおり	氷が張った	
02 今月の [(チュウジュン) に開店]します。 이번 달 중순에 개점합니다. こんげつ　　　　　　　　かいてん	中旬に開店	
03 [訪れた (サイ) に]記帳をした。 방문했을 때에 장부에 기입을 했다. おとず　　　　　きちょう	訪れた際に	
04 条約締結が [(ゼンテイ) の交渉]だ。 조약 체결이 전제가 된 교섭이다. じょうやくていけつ　　　　　　こうしょう	前提の交渉	
05 サービス向上のために [(フントウ)] した。 서비스 향상을 위해 분투했다. こうじょう	奮闘	
06 大事件が新聞の[一面に (ノ) った]。 대사건이 신문의 일면에 실렸다. だいじけん　しんぶん　いちめん	一面に載った	
07 首相は [(カッキテキ) な政策]を遂行した。 수상은 획기적인 정책을 수행했다. しゅしょう　　　　　　　せいさく　すいこう	画期的な政策	
08 反対派が全体の[八割を (シ) めた]。 반대파가 전체의 80%를 차지했다. はんたいは　ぜんたい　はちわり	八割を占めた	
09 都合よく[お (テモ) り]で決められたルール。 때마침 자기에게 유리한 쪽으로 つごう　　　　　き　　　　　　　　　　　　　　정해진 룰.	お手盛り	
10 性急に[業務の (カイゼン)] を迫られた。 성급하게 업무의 개선을 재촉 받았다. せいきゅう　ぎょうむ　　　　　　せま	業務の改善	
11 上層部の [(フハイ) を嘆く]。 상층부의 부패를 한탄하다. じょうそうぶ　　　　　　なげ	腐敗を嘆く	
12 [(ケンゼン) な教育]を受けてきた。 건전한 교육을 받아왔다. きょういく	健全な教育	
13 緊急時に[適切に (タイショ)] する。 긴급 시에 적절하게 대처하다. きんきゅうじ　てきせつ	適切に対処	
14 新チームの [(カントク) を務める]。 새로운 팀의 감독을 맡다. しん　　　　　　　　つと	監督を務める	
15 多少の[失敗は (カンヨウ)] する。 다소의 실패는 너그럽게 봐주다. たしょう　しっぱい	失敗は寛容	
16 異民族を [(ハクガイ)] した。 이민족을 박해*했다. いみんぞく	迫害	
17 食糧[問題が (ヒンパツ)] する地域。 식량 문제가 빈발한 지역. しょくりょうもんだい　　　　　　ちいき	問題が頻発	
18 [雇用を (ソクシン)] する。 고용을 촉진하다. こよう	雇用を促進	
19 [(ミッコウ) 者]を厳しく取り締まる。 밀항자를 엄격하게 단속하다. しゃ　きび　とし	密航者	
20 ヤミ[組織の (テキハツ)] に全力を注ぐ。 암조직의 적발에 전력을 기울이다. そしき　　　　　　ぜんりょく　そそ	組織の摘発	

◆ 박해(迫害) : 못살게 굴어서 해롭게 함

[   ](대괄호) 안의 일본어를 한자로 적어보고, 읽는 법을 히라가나로 쓰세요.

본문 내용	대괄호 한자로 쓰기	읽는 법 쓰기
01 [(カガミ)] を見ながら口紅を塗った。 거울을 보면서 립스틱을 발랐다. み　くちべに　ぬ	鏡	
02 待ち合わせはいつもの [(キッサ) 店]だ。 만남의 장소는 늘 같은 찻집이다. ま　あ　　　　　　てん	喫茶店	
03 筆記試験で出来るだけ[空 (ラン) を埋める]。 필기시험에서 가능한 한 ひっき しけん　でき　　くう　　う　　공란을 메우다.	空欄を埋める	
04 最近は物価が[上昇 (ケイコウ)] にある。 최근에는 물가가 상승하는 경향에 있다. さいきん　ぶっか　じょうしょう	上昇傾向	
05 この[論文の (シュシ)] を読み取る。 이 논문의 취지를 간파하다. ろんぶん　　　　よ　と	論文の趣旨	
06 若者を中心に [(カツジ) 離れ]が進んでいる。 젊은이를 중심으로 활자를 멀리하는 わかもの ちゅうしん　　　　はな　すす　경향이 심해지고 있다.	活字離れ	
07 [思い出の (ダンペン)] をつなぎ合わせる。 추억의 단편을 이어 맞추다. おも　で　　　　　　　あ	思い出の断片	
08 シュートに [(スバヤ) く反応]した。 슛에 재빨리 반응했다. はんのう	素早く反応	
09 この議題の要点を [(カンケツ) に説明]する。 이 의제의 요점을 간결하게 설명하다. ぎだい ようてん　　　　　　せつめい	簡潔に説明	
10 原稿を書くのは [(コドク) な作業]だ。 원고를 쓰는 것은 고독한 작업이다. げんこう　か　　　　　　さぎょう	孤独な作業	
11 [ペットが (ボクサツ)] されてしまった。 애완동물이 얻어맞아 죽고 말았다.	ペットが撲殺*	
12 円滑な遂行に [(シショウ) をきたす]事件。 원활한 수행에 지장을 초래하는 사건. えんかつ すいこう　　　　　　　　じけん	支障をきたす	
13 [(グンバツ) 政治]が行われている。 군벌 정치가 행해지고 있다. せいじ　おこな	軍閥政治	
14 良からぬ[思惑が (ウズ) 巻いて]いる。 좋지 않은 의혹이 소용돌이치고 있다. よ　　　　おもわく　　　　ま	思惑が渦巻いて	
15 住民が[巻き (ゾ) え]になった。 주민이 말려들어 손해를 입었다. じゅうみん　ま	巻き添え	
16 封建[体制を (ダハ)] した。 봉건체제를 타파했다. ほうけん たいせい	体制を打破	
17 宇宙は[たえず (ボウチョウ)] している。 우주는 끊임없이 팽창하고 있다. うちゅう	たえず膨張	
18 政治[腐敗の (オンショウ)] になっている。 정치 부패의 온상이 되고 있다. せいじ ふはい	腐敗の温床	
19 [国が (チョッカツ)] している事業。 나라가 직할하고 있는 사업. くに　　　　　　　じぎょう	国が直轄	
20 権限を [(ウバ) われた]。 권한을 빼앗겼다. けんげん	奪われた	

◆ 박살(撲殺) : 때려죽임

212

[   ](대괄호)안의 일본어를 한자로 적어보고, 읽는 법을 히라가나로 쓰세요.

	본문 내용	대괄호 한자로 쓰기	읽는 법 쓰기
01	機長の [(シュンジ) の判断]が乗客を救った。 기장의 순식간의 판단이 きちょう　　　　　　　　　はんだん　じょうきゃく　すく 　승객을 구했다.	瞬時の判断	
02	飛行機が[急激に (カコウ)] した。 비행기가 급격히 하강했다. ひこうき　きゅうげき	急激に下降	
03	彼は [(リョカク) 機]のパイロットになった。 그는 여객기의 파일럿이 되었다. かれ　　　　　　　き	旅客機	
04	[大量の (カモツ)] を飛行機で運搬する。 대량의 화물을 비행기로 운반하다. たいりょう　　　　　ひこうき　うんぱん	大量の貨物	
05	パイロットは [(カンセイカン) の指示]に従う。 파일럿은 관제관의 지시에 따른다. しじ　したが	管制官の指示	
06	事故を[事前に (カイヒ)] できた。 사고를 사전에 피할 수 있었다. じこ　じぜん	事前に回避	
07	台風が[日本に (セッキン)] している。 태풍이 일본에 접근하고 있다. たいふう　にほん	日本に接近	
08	双子の行動はとても [(ニ) ている]。 쌍둥이의 행동은 매우 비슷하다. ふたご　こうどう	似ている	
09	上司の指示に[素直に (シタガ) う]。 상사의 지시에 순수하게 따르다. じょうし　しじ　すなお	素直に従う	
10	寒気がしてぞくぞくと[背筋が (フル) えた]。 한기가 들어 오슬오슬 さむけ　　　　　　　せすじ 　등골이 떨렸다.	背筋が震えた	
11	[差別や (ギャクタイ)] に苦しむ。 차별이나 학대에 시달리다. さべつ　　　　　　　　くる	差別や虐待	
12	対策を [(ネ) り直した]。 대책을 다시 세웠다. たいさく　　　なお	練り直した	
13	[報道に (タズサ) わる]仕事をしている。 보도에 종사하는 일을 하고 있다. ほうどう　　　　　　　しごと	報道に携わる	
14	[軍事 (カイニュウ)] の口実を与えた。 군사 개입의 구실을 주었다. ぐんじ　　　　　　　こうじつ　あた	軍事介入	
15	[(セマ) い道路]をトラックが通る。 좁은 도로를 트럭이 지나가다. どうろ　　　　　　　とお	狭い道路	
16	[川に (ソ) って]歩く。 강을 따라 걷다. かわ　　　　　　ある	川に沿って	
17	新しい[決議案が (サイタク)] された。 새로운 결의안이 채택되었다. あたら　けつぎあん	決議案が採択	
18	アイディアが [(ヒンコン) だ]。 아이디어가 빈곤하다.	貧困だ	
19	[森林 (バッサイ)] は環境を破壊する。 삼림 벌채*는 환경을 파괴한다. しんりん　　　　　かんきょう　はかい	森林伐採	
20	[(コウハイ) した土地]を復旧した。 황폐*한 토지를 복구했다. とち　ふっきゅう	荒廃した土地	

◆ 벌채(伐採) : 나무를 베어 내거나 섶을 깎아 냄 　　　♣ 황폐(荒廃) : 집, 토지, 삼림 따위가 거칠어져 못 쓰게 됨

[   ](대괄호) 안의 일본어를 한자로 적어보고, 읽는 법을 히라가나로 쓰세요.

본문 내용	대괄호 한자로 쓰기	읽는 법 쓰기
01 彼はクラシック[音楽の (アイコウカ)] だ。 그는 클래식 음악의 애호가다.	音楽の愛好家	
02 川底から恐竜の[骨が (ハックツ)] された。 강바닥에서 공룡의 뼈가 발굴되었다.	骨が発掘	
03 [(キャクソウ) に沿った]商品を開発した。 고객층에 따른 상품을 개발했다.	客層に沿った	
04 随分 [(シロウト) くさい]出来栄えだ。 무척 아마추어 티가 나는 솜씨다.	素人くさい	
05 彼は [(スイリ) 小説]を好んで読む。 그는 추리 소설을 즐겨 읽는다.	推理小説	
06 社員を[総 (ドウイン)] して事態に当たった。 사원을 총동원하여 사태에 맞섰다.	総動員	
07 複雑な計画の全体像が[姿を (アラワ) した]。 복잡한 계획의 전체상이 모습을 드러냈다.	姿を現した	
08 小さく[念仏を (トナ) えた]。 작게 염불을 외웠다.	念仏を唱えた	
09 歴史上の[新発見に (シゲキ)] された。 역사상의 새로운 발견에 자극받았다.	新発見に刺激	
10 日本人は [(ノウコウ) 民族]だといわれている。 일본인은 농경민족이라고 한다.	農耕民族	
11 スローガンを [(カカ) げて行動]する。 슬로건을 내걸며 행동하다.	掲げて行動	
12 [(カンゲイ) 式典]に参加した。 환영식에 참가했다.	歓迎式典	
13 迅速な[決断を (セマ) った]。 신속한 결단을 강요했다.	決断を迫った	
14 [強い (ニンタイ) 力]が必要だ。 강한 인내력이 필요하다.	強い忍耐力	
15 深く[肝に (メイ) じた]。 깊이 명심했다.	肝に銘じた	
16 議題の [(ゼヒ) を問う]。 의제의 시비*를 묻다.	是非を問う	
17 知識の [(トボ) しい人]だ。 지식이 부족한 사람이다.	乏しい人	
18 国会で[証人を (ジンモン)] した。 국회에서 증인을 심문했다.	証人を尋問	
19 彼の将来に [(ケネン) を抱いた]。 그의 장래를 걱정했다.	懸念を抱いた	
20 [(ジンソク) な対応]をする。 신속한 대응을 하다.	迅速な対応	

◆ 시비(是非) : 옳고 그름

214

[   ](대괄호)안의 일본어를 한자로 적어보고, 읽는 법을 히라가나로 쓰세요.

본문 내용	대괄호 한자로 쓰기	읽는 법 쓰기
01 日本の [(シュト) 移転]計画が浮上した。 일본의 수도 이전 계획이 부상했다. にほん　いてんけいかく　ふじょう	首都移転	
02 さすがにビタミンの摂取量が [(トボ) しい]。 역시 비타민의 섭취량이 부족하다. せっしゅりょう	乏しい	
03 彼らは珍しい [(フウシュウ) を持つ]民族だ。 그들은 진귀한 풍습을 가진 민족이다. かれ　めずら　みんぞく	風習を持つ	
04 彼女は [(トクチョウ) のある]服装をしている。 그녀는 특징이 있는 かのじょ　ふくそう　복장을 하고 있다.	特徴のある	
05 梅雨前線が[日本海沖で (テイタイ)] している。 장마전선이 일본해 앞바다에서 ばいうぜんせん　にほんかいおき　정체하고 있다.	日本海沖で停滞	
06 [就職を (ケイキ) に]一人暮らしを始めた。 취직을 계기로 독신 생활을 시작했다. しゅうしょく　ひとりぐ　はじ	就職を契機に	
07 [台本の (ヨハク)] さえも想像させるような演技。 대본의 여백조차도 だいほん　そうぞう　えんぎ　상상하게 하는 연기.	台本の余白	
08 紙はこの地域では大変な [(キチョウ) 品]だ。 종이는 이 지역에서는 かみ　ちいき　たいへん　ひん　대단한 귀중품이다.	貴重品	
09 世界[情勢の (イッタン)] を垣間見た事件。 세계정세의 일부를 슬쩍 들여다 본 사건. せかいじょうせい　かいまみ　じけん	情勢の一端	
10 アフリカの歴史は [(クナン) の連続]だ。 아프리카의 역사는 고난의 연속이다. れきし　れんぞく	苦難の連続	
11 その[原案は (キャッカ)] された。 그 원안은 각하*되었다. げんあん	原案は却下	
12 試験の [(ケイコウ) と対策]。 시험의 경향과 대책. しけん　たいさく	傾向と対策	
13 前線に [(キュウエン) 物資]を送った。 전선에 구원 물자를 보냈다. ぜんせん　ぶっし　おく	救援物資	
14 [(キワ) めて異例な]決定だ。 매우 이례적인 결정이다. いれい　けってい	極めて異例な	
15 [差別や (ヘンケン)] を恐れた。 차별이나 편견을 우려했다. さべつ　おそ	差別や偏見	
16 首相の[座に (ツ) いた]。 수상의 자리에 올랐다. しゅしょう　ざ	座に就いた	
17 [偶像を (スウハイ)] している。 우상을 숭배하고 있다. ぐうぞう	偶像を崇拝	
18 企業間の[格差が (ケンチョ) に]なった。 기업 간의 격차가 현저해졌다. きぎょうかん　かくさ	格差が顕著に	
19 [(タイダ) な生活]を戒めた。 나태한 생활을 경계했다. せいかつ　いまし	怠惰な生活	
20 味方の[声援に (フンキ)] した。 아군의 성원에 분발했다. みかた　せいえん	声援に奮起	

◆ 각하(却下) : 1.행정법에서, 국가 기관에 대한 행정상 신청을 배척하는 처분을 받다 2.민사 소송법에서, 소(訴)나 상소가 형식적인 요건을 갖추지 못한 경우, 부적
법한 것으로 하여 내용에 대한 판단 없이 소송을 종료하다

[　　](대괄호) 안의 일본어를 한자로 적어보고, 읽는 법을 히라가나로 쓰세요.

본문 내용	대괄호 한자로 쓰기	읽는 법 쓰기
01 梅雨時期(つゆ じ き)は物(もの)が [(クサ) りやすい]。장마 시기는 음식이 썩기 쉽다.	腐りやすい	
02 じめじめとうっとおしい [(キセツ)] だ。눅눅하고 울적한 계절이다.	季節	
03 彼女(かのじょ)の口数(くちかず)の多(おお)さには [(ヘイコウ)] する。그녀의 말수가 많음에는 질린다.	閉口	
04 日本(にほん)は [(コウオンタシツ) な]気候(き こう)だ。일본은 고온 다습한 기후이다.	高温多湿な	
05 [食品(しょくひん) (テンカブツ)] には不安(ふ あん)なものが多(おお)い。식품 첨가물에는 불안한 것이 많다.	食品添加物	
06 [問診表(もんしんひょう)の (コウモク)] にすべて答(こた)える。문진표의 항목에 모두 대답하다.	問診表の項目	
07 [(キョクタン) な]ダイエットは体(からだ)に良(よ)くない。극단적인 다이어트는 몸에 좋지 않다.	極端な	
08 この映画(えい が)には [(ネンレイ) 制限(せいげん)]がある。이 영화에는 연령 제한이 있다.	年齢制限	
09 カロリーの取(と)り過(す)ぎで [(ヒマン)] になる。칼로리의 과다한 섭취로 비만이 되다.	肥満	
10 事態(じ たい)は [(シンコク) な状況(じょうきょう)]に陥(おちい)っている。사태는 심각한 상황에 빠져 있다.	深刻な状況	
11 [月刊誌(げっかん し)に (ケイサイ)] された。월간지에 게재되었다.	月刊誌に掲載	
12 [(ジョウシキ)] にとらわれない手法(しゅほう)。상식에 사로잡히지 않는 수법.	常識	
13 [最(さい) (ユウセン) に議論(ぎ ろん)]されるべき案件(あんけん)。최우선으로 논의되어야 할 안건.	最優先に議論	
14 公的(こうてき)[機関(き かん)に (チンジョウ)] をした。공적 기관에 진정을 했다.	機関に陳情	
15 政治家(せいじ か)の [(フショウジ) を処断(しょだん)]した。정치가의 불상사를 처단*했다.	不祥事を処断	
16 史上(し じょう)まれに見(み)る [(サンジ)] となった。역사상 드물게 보는 참사*가 되었다.	惨事	
17 交代(こうたい)で [(キュウケイ) を取(と)る]。교대로 휴식을 취하다.	休憩を取る	
18 攻撃(こうげき)の [(タイセイ) を整(ととの)えた]。공격 태세를 갖추었다.	態勢を整えた	
19 双方(そうほう)の[判断(はんだん)が (アイハン)] した。쌍방의 판단이 상반되었다.	判断が相反	
20 彼(かれ)の[対応(たいおう)は (ダトウ) だ]った。그의 대응은 타당했다.	対応は妥当だ	

◆ 처단(処断) : 결단을 내려 처치하거나 처분함　　　　　◆ 참사(惨事) : 비참하고 끔찍한 일

[   ](대괄호) 안의 일본어를 한자로 적어보고, 읽는 법을 히라가나로 쓰세요.

본문 내용	대괄호 한자로 쓰기	읽는 법 쓰기
01 宗教やセールスの [(カンユウ) はお断り]です。 종교나 세일즈의 권유는 사양합니다.	勧誘はお断り	
02 彼女はこの店の [(カンバン) 娘] として有名だ。 그녀는 이 가게의 간판 아가씨로서 유명하다.	看板娘	
03 彼は[本名よりも (ツウショウ)] の方が有名だ。 그는 본명보다도 통칭 쪽이 유명하다.	本名よりも 通称	
04 この建物はとても [(カイホウ) 的な造り]だ。 이 건물은 매우 개방적인 구조이다.	開放的な造り	
05 喫茶店で [(ジュウギョウイン) を募集] している。 찻집에서 종업원을 모집하고 있다.	従業員を募集	
06 彼女は誰とでもすぐに [(ナカ) 良く]なれる。 그녀는 누구하고도 금방 사이가 좋아질 수 있다.	仲良く	
07 番組の [(ボウトウ) で宣伝]された効果は大きい。 프로그램의 첫머리에서 선전된 효과는 크다.	冒頭で宣伝	
08 外国の映画を[専門に (ジョウエイ)] する映画館。 외국 영화를 전문적으로 상영하는 영화관.	専門に上映	
09 今度のど [(ジマン) 大会]に出場する。 이번에 노래자랑 대회에 출전한다.	自慢大会	
10 隣りのクラスと応援合戦を [(ク) り広げる]。 옆 반과 응원 대결을 펼치다.	繰り広げる	
11 認可の [(キジュン) がまちまち]だ。 인가 기준이 제각기 다르다.	基準がまちまち	
12 [身を (ギセイ)] にして働いた。 몸을 희생하여 일했다.	身を犠牲	
13 クロレラは [(ソウ) 類]だ。 클로렐라는 조류*다.	藻類	
14 缶詰 [(セイゾウ) 工場]で働く。 통조림 제조 공장에서 일하다.	製造工場	
15 [事実を (フンショク)] して話した。 사실을 분식*하여 말했다.	事実を粉飾	
16 [(サギ) の容疑]で逮捕された。 사기 용의로 체포되었다.	詐欺の容疑	
17 討論の [(ショウテン) を絞った]。 토론의 초점을 좁혔다.	焦点を絞った	
18 音が隅々まで [(ヒビ) くホール]だ。 소리가 구석구석까지 울려퍼지는 홀이다.	響くホール	
19 新しい[計画を (サクテイ)] する。 새로운 계획을 책정하다.	計画を策定	
20 不正の[芽を (ツ) む]。 부정의 싹을 따다.	芽を摘む	

◆ 조류(藻類) : (식물) 하등 은화식물의 한 무리
✚ 분식(粉飾) : 1.내용이 없이 거죽만을 좋게 꾸밈 2.실제보다 좋게 보이려고 사실을 숨기고 거짓으로 꾸밈

[   ](대괄호) 안의 일본어를 한자로 적어보고, 읽는 법을 히라가나로 쓰세요.

본문 내용	대괄호 한자로 쓰기	읽는 법 쓰기
01 全員で [(タイサク) を協議]した。 전원이 대책을 협의했다. ぜんいん きょうぎ	対策を協議	
02 緊急の[対策を (コウ) じる]。 긴급 대책을 강구하다. きんきゅう たいさく	対策を講じる	
03 [(イダイ) な大統領]を偲ぶ。 위대한 대통령을 그리워하다. だいとうりょう しの	偉大な大統領	
04 調査結果を[分析 (コウサツ)] した。 조사 결과를 분석 고찰했다. ちょうさけっか ぶんせき	分析考察	
05 [(ソヤ) な言葉使い]は失礼だ。 거칠고 천한 말투는 실례이다. ことばづか しつれい	粗野な言葉使い	
06 [(イク) つもの危機]を乗り越えた。 여러 번의 위기를 극복했다. きき の こ	幾つもの危機	
07 大臣に[辞任を (スス) めた]。 대신에게 사임을 권했다. だいじん じにん	辞任を勧めた	
08 その発言は [(フユカイ) だ]。 그 발언은 불쾌하다. はつげん	不愉快だ	
09 学問を志す [(ヤカラ) が集う]。 학문에 뜻을 둔 사람들이 모이다. がくもん こころざ つど	輩が集う	
10 [頭を (タ) れて]反省していた。 머리를 숙이고 반성하고 있었다. あたま はんせい	頭を垂れて	
11 キーワードを [(コウシン)] する。 키워드를 갱신하다.	更新	
12 出発時刻は [(スデ) に]過ぎていた。 출발 시각은 이미 지났다. しゅっぱつじこく す	既に	
13 暴力団を [(イッソウ)] する。 폭력단을 모조리 쓸어버리다. ぼうりょくだん	一掃◆	
14 海外旅行に [(サソ) われた]。 해외여행에 함께 가도록 권유받았다. かいがいりょこう	誘われた	
15 その[問題集は (セイセン)] された良問が多い。 그 문제집은 정선된 もんだいしゅう りょうもん おお 좋은 문제가 많다.	問題集は精選	
16 病状が [(ヘンヨウ)] した。 병세가 달라졌다. びょうじょう	変容◆	
17 新規事業[部門から (テッタイ)] した。 신규 사업 부문에서 철수했다. しんきじぎょうぶもん	部門から撤退	
18 [(カクサ) 社会]の到来だ。 격차 사회의 도래◈ 이다. しゃかい とうらい	格差社会	
19 [(シュウトウ) な注意]が必要だ。 (용의) 주도◈한 주의가 필요하다. ちゅうい ひつよう	周到な注意	
20 伊勢[神宮◉ に (サンパイ)] する。 이세 신궁에 참배하다. いせ じんぐう	神宮に参拝	

◆ 일소(一掃) : 모조리 쓸어버림. 죄다 없애버림　　　◈ 변용(変容) : 용모가 바뀜. 변모
◉ 도래(到来) : 어떤 시기나 기회가 닥쳐옴　　　◈ 주도(周到) : (준비 등이) 고루 미쳐서 빈틈이 없음
◉ 伊勢神宮(いせじんぐう) : 미에현 이세(伊勢)시에 있는 일본 황실의 선조를 모신 신궁(神宮)

[   ](대괄호) 안의 일본어를 한자로 적어보고, 읽는 법을 히라가나로 쓰세요.

본문 내용	대괄호 한자로 쓰기	읽는 법 쓰기
01 [(セイジョウキ) を掲げた]応援団が来日した。 성조기를 내건 응원단이 방일했다. かか　おうえんだん　らいにち	星条旗を掲げた	
02 権利を主張して[裁判所に (テイソ)] した。 권리를 주장하며 재판소에 제소했다. けんり　しゅちょう　さいばんしょ	裁判所に提訴	
03 伝統文化を脈々と [(ケイショウ)] する一族。 전통문화를 맥맥히 계승하는 일족. でんとうぶんか　みゃくみゃく　いちぞく	継承	
04 干ばつに苦しみ雨乞いの [(ギシキ) を行う]。 가뭄에 시달려 기우제를 올리다. かん　くる　あまご　おこな	儀式を行う	
05 職員の [(コウヒ) 乱用]が明るみに出た。 직원의 공비*남용이 드러났다. しょくいん　らんよう　あか　で	公費乱用	
06 隅々まで [(タンネン) に調査]をする。 구석구석까지 정성들여 조사를 하다. すみずみ　ちょうさ	丹念に調査	
07 行為の[合法性を (リッショウ)] するための資料。 행위의 합법성을 입증하기 こうい　ごうほうせい　しりょう 위한 자료.	合法性を立証	
08 知事の逮捕で[議会が大 (サワ) ぎ]をした。 지사의 체포로 의회가 큰 소란을 피웠다. ちじ　たいほ　ぎかい　おお	議会が大騒ぎ	
09 国内から[反対者を (ハイセキ)] した。 국내에서 반대자를 배척했다. こくない　はんたいしゃ	反対者を排斥	
10 伝統[文化の (コウヨウ)] に一役買う。 전통 문화의 고양에 한몫 거들다. でんとうぶんか　ひとやくか	文化の高揚	
11 出馬の [(イコウ) を固めた]。 출마의 의향을 굳혔다. しゅつば　かた	意向を固めた	
12 対立陣営が [(ヨウリツ)] してきた人物。 대립진영이 옹립해 온 인물. たいりつじんえい　じんぶつ	擁立	
13 大学に [(スイセン) で合格]する。 대학에 추천으로 합격하다. だいがく　ごうかく	推薦で合格	
14 出馬[要請を (コジ)] した。 출마 요청을 굳이 사양했다. しゅつば　ようせい	要請を固辞*	
15 それはあまりにも [(チセツ) な発想]だ。 그것은 너무나도 치졸한 발상이다. はっそう	稚拙な発想	
16 [(シュウシン) 時間]はとっくに過ぎている。 취침 시간은 벌써 지났다. じかん　す	就寝時間	
17 特別な [(ソチ) をとった]。 특별한 조치를 취했다. とくべつ	措置をとった	
18 転職を [(ヨギ) なくされた]。 부득이하게 전직하게 되었다. てんしょく	余儀なくされた	
19 自治体としての [(セキム) を負って]いる。 자치 단체로서의 책무를 지고 있다. じちたい　お	責務を負って	
20 適正な利用が [(サマタ) げられた]。 적정*한 이용을 방해받았다. てきせい　りよう	妨げられた	

◆ 공비(公費) : 국가·공공 단체 등의 비용　　　　　♣ 고사(固辞) : 굳이 사양함
✽ 적정(適正) : 알맞고 바른 정도

[   ](대괄호) 안의 일본어를 한자로 적어보고, 읽는 법을 히라가나로 쓰세요.

본문 내용	대괄호 한자로 쓰기	읽는 법 쓰기
01 猫もときには [(キョウボウ) になる]。 고양이도 때로는 난폭해진다. ねこ	凶暴になる	
02 彼は[柔道の (タツジン)] と言われている。 그는 유도의 달인이라고 불리고 있다. かれ じゅうどう い	柔道の達人	
03 土ぼこりが激しく [(マ) って]いる。 흙먼지가 심하게 일고 있다. つち はげ	舞って	
04 [映画の (ヤクドウカン)] を引き立てる効果。 영화의 약동감*을 돋보이게 하는 효과. えいが ひ た こうか	映画の躍動感	
05 今回の仕事で重要な [(ヤク) を担った]。 이번 일로 중요한 임무를 맡았다. こんかい しごと じゅうよう にな	役を担った	
06 この辺りでは[熊が (シュツボツ)] する。 이 부근에는 곰이 출물*한다. あた くま	熊が出没	
07 彼は [(シップウ) 怒涛]の人生を送っている。 그는 질풍노도의 인생을 보내고 있다. かれ どとう じんせい おく	疾風怒涛	
08 うまい具合に [(イキオ) いに乗った]。 능숙한 상태로 기세를 탔다. ぐあい の	勢いに乗った	
09 流れに乗れずに[途中で (シッソク)] した。 흐름을 타지 못하고 도중에 실속했다. なが の とちゅう	途中で失速	
10 祖父は [(ジュンプウ) 満帆]な一生を送った。 할아버지는 순조로운 일생을 보냈다. そふ まんぱん いっしょう おく	順風満帆	
11 彼女は [(メイロウ) で]活発な女性だ。 그녀는 명랑하고 활발한 여성이다. かのじょ かっぱつ じょせい	明朗で	
12 役所の対応に [(ゴウ) を煮やした]。 관공서의 대응에 애를 태웠다. やくしょ たいおう に	業を煮やした	
13 運営を [(キフ) 金に頼った]。 운영을 기부금에 의지했다. うんえい きん たよ	寄付金に頼った	
14 風邪の流行で学級を[一時 (ヘイサ)] した。 감기의 유행으로 학급을 한때 폐쇄했다. かぜ りゅうこう がっきゅう いちじ	一時閉鎖	
15 自らを厳しく [(リッ) する]。 스스로를 엄하게 다루다. みずか きび	律する	
16 怪我により[戦線を (リダツ)] した。 상처로 전선을 이탈*했다. けが せんせん	戦線を離脱	
17 グライダーで [(カックウ)] する。 글라이더로 활공*한다.	滑空	
18 技術の向上を [(シュガン) に置いて]いる。 기술의 향상을 주안에 두고 있다. ぎじゅつ こうじょう お	主眼に置いて	
19 君のお陰で[手間が (ハブ) けた]。 자네 덕분에 수고를 덜었다. きみ かげ てま	手間が省けた	
20 [(コウリツ) のいい]生産方法を編み出した。 효율이 좋은 생산 방법을 생각해 냈다. せいさんほうほう あ だ	効率のいい	

◆ 약동감(躍動感) : 생기 있고 활발하게 움직이는 느낌
◈ 이탈(離脱) : 어떤 범위나 대열 따위에서 떨어져 나오거나 떨어져 나감
◈ 출물(出没) : 어떤 현상이나 대상이 나타났다 사라졌다 함
◆ 활공(滑空) : 항공기가 발동기를 끄고 타력(惰力)으로 비행하는 일

[   ](대괄호) 안의 일본어를 한자로 적어보고, 읽는 법을 히라가나로 쓰세요.

본문 내용	대괄호 한자로 쓰기	읽는 법 쓰기
01 結局はどの案も [(ダイドウショウイ)] だ。 결국은 어느 안도 대동소이*다. けっきょく あん	大同小異	
02 どの大臣の発想も[似 (カヨ) って]いる。 어느 대신의 발상도 서로 비슷하다. だいじん はっそう に	似通って	
03 天然の [(シバフ) を植えた]。 천연 잔디를 심었다. てんねん う	芝生を植えた	
04 彼に協会[設立を (テイショウ)] した。 그에게 협회 설립을 제창했다. かれ きょうかい せつりつ	設立を提唱	
05 この国では[多民族が (キョウセイ)] している。 이 나라에서는 다민족이 くに たみんぞく 공생하고 있다.	多民族が共生	
06 先人の [(チエ) を拝借]する。 선인의 지혜를 빌리다. せんじん はいしゃく	知恵を拝借	
07 人情よりもビジネスを [(ユウセン)] させる。 인정보다도 비즈니스를 우선시키다. にんじょう	優先	
08 風水学的に[家具の (ハイチ)] を変える。 풍수학적으로 가구 배치를 바꾸다. ふうすいがくてき かぐ か	家具の配置	
09 それでは仏つくって [(タマシイ)] 入れずだ。 그래서는 '애써 한 일에 가장 ほとけ い 중요한 것이 빠져 있다.	魂	
10 首相の発言には[政治的 (オモワク)] を感じる。 총리의 발언에는 しゅしょう はつげん せいじてき かん 정치적 의도를 느낀다.	政治的思惑	
11 新しい[知事が (タンジョウ)] した。 새로운 지사가 탄생했다. あたら ちじ	知事が誕生	
12 国家の [(キミツ) 文書]が紛失した。 국가의 기밀문서를 분실했다. こっか ぶんしょ ふんしつ	機密文書	
13 彼は[弱みを (ニギ) られて]いる。 그는 약점이 잡혀 있다. かれ よわ	弱みを握られて	
14 制裁措置に [(タン) を発した]摩擦問題。 제재 조치에 발단이 된 마찰 문제. せいさいそち はっ まさつもんだい	端を発した	
15 彼の名を力の限り [(サケ) んだ]。 그의 이름을 힘껏 외쳤다. かれ な ちから かぎ	叫んだ	
16 彼は [(ソウセツ) 当時]からのメンバーだ。 그는 창설 당시부터의 멤버이다. かれ とうじ	創設当時	
17 コンピューター[ウィルスを (ケンチ)] した。 컴퓨터 바이러스를 검사하여 알아냈다.	ウィルスを検知*	
18 国境や [(コウワン) の警備]をする。 국경이나 항만 경비를 하다. こっきょう けいび	港湾の警備	
19 先進国は [(コクエキ) を優先]しすぎだ。 선진국은 국익을 너무 우선시 한다. せんしんこく ゆうせん	国益を優先	
20 不用意な[発言は (ヒカ) える]。 조심성 없는 발언은 삼가하다. ふようい はつげん	発言は控える	

◆ 대동소이(大同小異) : 큰 차이 없이 거의 같음   ♠ 검지(検知) : 검사하여 알아냄

[   ](대괄호) 안의 일본어를 한자로 적어보고, 읽는 법을 히라가나로 쓰세요.

본문 내용	대괄호 한자로 쓰기	읽는 법 쓰기
01 まだ[水 (ジジョウ)] のよくない国がある。 아직 물 사정이 좋지 않은 나라가 있다.	水事情	
02 子供が小さいうちは [(テモト) に置いて]おく。 아이들이 어린 동안은 곁에 놓아두다.	手元に置いて	
03 甘いものに [(ムイシキ) に]手を伸ばす。 단 것에 무의식적으로 손을 뻗치다.	無意識に	
04 このうどんは [(ホンカク) 的な製法]で作られた。 이 우동은 본격적인 제법으로 만들어졌다.	本格的な製法	
05 運転の [(ギジ) 体験]で効率よく学んだ。 운전의 유사 체험으로 효율 있게 배웠다.	疑似体験	
06 自らの [(ヨッキュウ) を]全て[満たす]のは大変だ。 자신의 욕구를 모두 채우는 것은 힘들다.	欲求を満たす	
07 試験のために[年表を (オボ) えた]。 시험을 위해 연표를 외웠다.	年表を覚えた	
08 これはとても [(サッショウ) 能力]の高い刃物だ。 이것은 매우 살상* 능력이 높은 칼이다.	殺傷能力	
09 川の中ほどで [(フカ) みにはまった]。 강의 중간 정도에서 구렁에 빠졌다.	深みにはまった	
10 スキー[競技で (テントウ)] してしまった。 스키 경기에서 넘어져 버렸다.	競技で転倒	
11 今日は [(フトコロ) が暖かい]。 오늘은 호주머니 사정이 좋다.	懐が暖かい	
12 [(ナワバ) り争い]が激しい。 세력권 다툼이 치열하다.	縄張り争い	
13 計画を速やかに [(ジッシ)] した。 계획을 신속하게 실시했다.	実施	
14 最初に基本的な [(ワク) 組みを作った]。 처음에 기본적인 틀을 만들었다.	枠組みを作った	
15 外部の[人間と (セッショク)] した。 외부의 인간과 접촉했다.	人間と接触	
16 [(キョウコウ) な意見]を述べた。 강경한 의견을 말했다.	強硬な意見	
17 [感情を (オサ) えた]話し方をした。 감정을 억제한 말투를 했다.	感情を抑えた	
18 石油を [(サイクツ)] する。 석유를 채굴하다.	採掘	
19 企業と [(コヨウ) 契約]を結んだ。 기업과 고용 계약을 맺었다.	雇用契約	
20 中東諸国は石油の [(マイゾウ) 量を誇る]。 중동 제국은 석유의 매장량을 자랑하다.	埋蔵量を誇る	

◆ 살상(殺傷) : 사람을 죽이거나 상처를 입힘

[   ](대괄호) 안의 일본어를 한자로 적어보고, 읽는 법을 히라가나로 쓰세요.

본문 내용	대괄호 한자로 쓰기	읽는 법 쓰기
01 あなたからの[手紙を (ハイケン)] する。당신으로부터의 편지를 잘 받아 보다. てがみ	手紙を拝見	
02 対抗勢力にも [(コウゼン)] と胸を張った。대항 세력에도 의기양양하게 가슴을 폈다. たいこうせいりょく　むね　は	昂然*	
03 新商品を[棚に (チンレツ)] した。신상품을 선반에 진열했다. しんしょうひん　たな	棚に陳列	
04 海外の [(リッパ) な角]を持つ動物の写真。해외의 훌륭한 뿔을 가진 동물의 사진. かいがい　つの　も　どうぶつ　しゃしん	立派な角	
05 [がんを (ヨクセイ)] する遺伝子の研究。암을 억제하는 유전자의 연구. いでんし　けんきゅう	がんを抑制	
06 雨天続きに天を仰いで [(タンソク)] した。계속되는 우천에 하늘을 うてんつづ　てん　あお　　　　　　　　　　우러러보고 탄식했다.	嘆息	
07 地図を[正確に (ビョウシャ)] する。지도를 정확하게 묘사하다. ちず　せいかく	正確に描写	
08 [アフリカ (タイリク)] の形を描く。아프리카 대륙의 형태를 그리다. かたち　えが	アフリカ大陸	
09 彼の提案は非常に [(オモシロ) い]。그의 제안은 매우 재미있다. かれ　ていあん　ひじょう	面白い	
10 自信なさそうに [(フシメ) がちに]話し出した。자신없는 듯 시선을 곧잘 じしん　　　　　　　　　　　　はな　だ　　　내리깔면서 이야기했다.	伏し目*がちに	
11 この商品が事業[拡大の (シキンセキ)] になる。이 상품이 사업 확대의 しょうひん　じぎょうかくだい　　　　　　　시금석이 되다.	拡大の試金石	
12 国の[一般 (サイシュツ)] が増えた。국가의 일반 세출이 늘었다. くに　いっぱん　　　　　　ふ	一般歳出	
13 ことの良し悪しを [(ミキワ) める]。일의 좋고 나쁨을 확인하다. よ　あ	見極める	
14 ガソリンは [(キハツ) 性]が高い。가솔린은 휘발성이 높다. せい　たか	揮発性	
15 [教育の (ガンモク)] は人間の形成にある。교육의 안목은 인간의 형성에 있다. きょういく　　　　　　にんげん　けいせい	教育の眼目	
16 私は[病院に (キンム)] している。나는 병원에 근무하고 있다. わたし　びょういん	病院に勤務	
17 様々な[就業 (ケイタイ)] がある。다양한 취업 형태가 있다. さまざま　しゅうぎょう	就業形態	
18 世にも [(フシギ) な体験]をした。참으로 불가사의한 체험을 했다. よ　　　　　　　　たいけん	不思議な体験	
19 [(レツアク) な環境]で働かされる。열악한 환경에서 일을 하게 되다. かんきょう　はたら	劣悪な環境	
20 [(ユウチョウ) に]構えている時間はない。마음을 누긋하게 가질 시간이 없다. かま　　　　　じかん	悠長に	

◆ 昂然(こうぜん) : 의기양양함　　　　　　　　　　　　　♣ 伏し目(ふしめ) : 눈을 내리뜸. 시선을 내리깔

[   ](대괄호) 안의 일본어를 한자로 적어보고, 읽는 법을 히라가나로 쓰세요.

본문 내용	대괄호 한자로 쓰기	읽는 법 쓰기
01　この病院の [(マチアイシツ)] はとてもお洒落だ。 이 병원의 대합실은 매우 세련되다. 　　びょういん　　　　　　　　　しゃれ	待合室	
02　教官が [(トナリ)] に立っている。 교관이 옆에 서 있다. 　　きょうかん　　　　た	隣	
03　サービス競争が[熱を (オ) びる]。 서비스 경쟁이 열기를 띠다. 　　きょうそう　　ねつ	熱を帯びる	
04　息子の部屋は [(ザツゼン)] としている。 아들의 방은 어수선하다. 　　むすこ　へや	雑然	
05　十八歳で自動車の [(メンキョ) を取得]した。 18세에 자동차의 면허를 취득했다. 　　じゅうはっさい　じどうしゃ　　　　　　しゅとく	免許を取得	
06　経営難で[教習所を (ヘイサ)] する。 경영난으로 교습소를 폐쇄하다. 　　けいえいなん　きょうしゅうじょ	教習所を閉鎖	
07　ラッシュ時を避けた [(カイテキ) な通勤]。 러시아워 때를 피한 쾌적한 통근. 　　じ　さ　　　　　　　つうきん	快適な通勤	
08　[馬の (タヅナ)] を少し緩めた。 말의 고삐를 조금 늦췄다. 　　うま　　　　すこ　ゆる	馬の手綱	
09　交通違反を厳しく[取り (シ) まる]。 교통 위반을 엄하게 단속하다. 　　こうつういはん　きび　と	取り締まる	
10　[(シンマイ) 社員]のフォローをする。 신입 사원을 지원하다. 　　　　　　しゃいん	新米社員	
11　飛行機が [(カッソウロ)] に降りてきた。 비행기가 활주로에 내려왔다. 　　ひこうき　　　　　　　お	滑走路	
12　[切り札を (オンゾン)] している。 비장의 카드를 온존*하고 있다. 　　き　ふだ	切り札を温存	
13　[増税に (ビンジョウ)] して値上げする。 증세에 편승하여 가격을 올리다. 　　ぞうぜい　　　　　　　ね あ	増税に便乗	
14　両国の関係に [(カコン)] を残しかねない。 양국 관계에 화근을 남길 지도 모른다. 　　りょうこく　かんけい　　　　　　の こ	禍根	
15　[(バッポン) 的な]改革案を発表する。 발본적인 개혁안을 발표하다. 　　　　　　てき　かいかくあん　はっぴょう	抜本的な	
16　助言を無視して [(セッソク) に走った]。 조언을 무시하고 졸속에 치우쳤다. 　　じょげん　むし　　　　　　　はし	拙速に走った	
17　その法律には [(フソク)] がある。 그 법률에는 부칙이 있다. 　　ほうりつ	付則	
18　[万全を (キ) して]試験に臨む。 만전을 기해 시험에 임하다. 　　ばんぜん　　　　　しけん　のぞ	万全を期して	
19　この地域は [(リベン) 性]が悪い。 이 지역은 편의성이 나쁘다. 　　ちいき　　　　せい　わる	利便性	
20　それだけは決して [(ユズ) れない]。 그것만은 결코 양보할 수 없다. 　　けっ	譲れない	

◆ 온존(温存) : 1.소중하게 보존함 2.좋지 못한 일을 고치지 아니하고 그대로 둠

[   ](대괄호) 안의 일본어를 한자로 적어보고, 읽는 법을 히라가나로 쓰세요.

본문 내용	대괄호 한자로 쓰기	읽는 법 쓰기
01 我が家の [(ソセン) は商人]だった。 우리 집의 조상은 상인이었다.	祖先は商人	
02 目の [(サッカク) を起こす]模様だ。 눈의 착각을 일으키는 모양이다.	錯覚を起こす	
03 [(セイ) なる神器]を手に入れた。 성스러운 신기를 손에 넣었다.	聖なる神器	
04 [(ケモノ)] のような目をした少年。 짐승과 같은 눈을 한 소년.	獣	
05 彼はヨットで[太平洋を (ワタ) った]。 그는 요트로 태평양을 건넜다.	太平洋を渡った	
06 事務員として[大学に (キンム)] している。 사무원으로서 대학에 근무하고 있다.	大学に勤務	
07 [世界中の (イセキ)] を見て回る。 전 세계의 유적을 순회하다.	世界中の遺跡	
08 [時代の (チョウリュウ)] に上手く乗った。 시대의 조류를 잘 탔다.	時代の潮流	
09 二つの文明の [(ルイジ) 点]を探した。 두 문명의 비슷한 점을 찾았다.	類似点	
10 自転車で世界中を [(カ) け巡った]。 자전거로 전 세계를 뛰어다녔다.	駆け巡った	
11 [(オリ) を見て]伺います。 기회를 보고 방문하겠습니다.	折を見て	
12 不審船に [(イカク) 射撃]をした。 수상한 배에 위협 사격을 했다.	威嚇射撃	
13 事業を [(キドウ) に乗せる]までが大変だ。 사업을 궤도에 올리기까지가 힘들다.	軌道に乗せる	
14 テレビは [(デンジハ) を発して]いる。 텔레비전은 전자파를 방출하고 있다.	電磁波を発して	
15 その提案は[全会 (イッチ)] で承認された。 그 제안은 만장일치로 승인되었다.	全会一致	
16 彼の企業はこの[業界の (ヨコヅナ)] だ。 그의 기업은 이 업계의 제일인자다.	業界の横綱	
17 国技館に [(スモウ) を見に]行った。 국기관에 스모를 보러 갔다.	相撲を見に	
18 最前線で [(ジントウ) 指揮]を取る。 최전선에서 진두*지휘를 하다.	陣頭指揮	
19 [(ハクリ) 多売]の商法。 박리다매의 상법.	薄利多売	
20 [愛馬の (ユウシ)] を心に留める。 사랑스런 말의 용감하고 씩씩한 모습을 마음에 두다.	愛馬の雄姿*	

◆ 진두(陣頭) : 군진(軍陣)의 맨 앞　　　　　　　　　　♣ 웅자(雄姿) : 용감하고 씩씩한 모습

[   ](대괄호) 안의 일본어를 한자로 적어보고, 읽는 법을 히라가나로 쓰세요.

본문 내용	대괄호 한자로 쓰기	읽는 법 쓰기
01 彼の不可解* な行動は [(リカイ) に苦しむ]。 그의 불가해한 행동은 이해하기 힘들다.	理解に苦しむ	
02 冬型の天気がようやく [(カンワ) し始めた]。 겨울형의 날씨가 겨우 완화되기 시작했다.	緩和し始めた	
03 薬がじわじわと [(キ) いて]きた。 약이 조금씩 듣기 시작했다.	効いて	
04 過剰な[出費を (オサ) える]計画を立てる。 과잉된 출비를 억제할 계획을 세우다.	出費を抑える	
05 [(ジゴク)] のような苦しみを体験した。 지옥과 같은 고통을 체험했다.	地獄	
06 美酒をじっくりと [(アジ) わう]。 맛있는 술을 차분하게 맛보다.	味わう	
07 インフレからの [(ダッキャク) を目指す]。 인플레로부터 벗어나는 걸 목표로 하다.	脱却を目指す	
08 不況により [(キンリ) の引き下げ]を実施した。 불황으로 인해 금리의 인하를 실시했다.	金利の引き下げ	
09 研究者が抜群の [(トッコウヤク) を開発]した。 연구자가 발군의 특효약을 개발했다.	特効薬を開発	
10 メディアによる [(センデン) の効果]は莫大だ。 미디어에 의한 선전의 효과는 막대하다.	宣伝の効果	
11 会社 [(コウセイ) 手続き]の申請をした。 회사 갱생 수속 신청을 했다.	更生手続き	
12 その事件で業界に [(ドウヨウ) が走った]。 그 사건으로 업계에 동요가 일어났다.	動揺が走った	
13 その一言が[災いを (マネ) いた]。 그 한마디가 화를 초래했다.	災いを招いた	
14 市場の[不安を (ヤワ) らげた]。 시장의 불안을 완화했다.	不安を和らげた	
15 主家 [(サイコウ) の日]まで耐え忍んだ。 주인 부흥의 날까지 견디어냈다.	再興の日	
16 [(イヨク) 的に]就職活動をした。 의욕적으로 취업 활동을 했다.	意欲的に	
17 彼はこの分野に関しては [(シロウト)] だ。 그는 이 분야에 관해서는 아마추어다.	素人	
18 それは [(ジゲン) の違う]話だ。 그것은 차원이 다른 이야기이다.	次元の違う	
19 ネット [(ハンザイ) が急増]している。 인터넷 범죄가 급증하고 있다	犯罪が急増	
20 応急[処置を (ホドコ) した]。 응급 처치를 실시했다.	処置を施した	

◆ 불가해(不可解) : 이해할 수 없음

[   ](대괄호) 안의 일본어를 한자로 적어보고, 읽는 법을 히라가나로 쓰세요.

본문 내용	대괄호 한자로 쓰기	읽는 법 쓰기
01 疲労のため [(テンテキ) を打って]もらう。 피로로 인해 점적 주사를 맞다. ひろう う	点滴を打って	
02 ベッドに [(シバ) りつけられる]のはごめんだ。 침대에 동여매어지는 것은 싫다.	縛りつけられる	
03 変わり果てた [(スガタ)] になった。 몰라보게 변한 모습이 되었다. か	姿	
04 年度末で[会社を (ヤ) めた]。 년도 말에 회사를 그만두었다. ねん ど まつ かいしゃ	会社を辞めた	
05 新たな研究[機関を (ホッソク)] させる。 새로운 연구기관을 발족시키다. あら けんきゅう き かん	機関を発足	
06 本日は [(ツゴウ)] により休診します。 오늘은 사정에 의해 휴진합니다. ほんじつ きゅうしん	都合	
07 給食室の [(エイセイ) 状態]がとても良い。 급식실의 위생 상태가 매우 좋다. きゅうしょくしつ じょうたい よ	衛生状態	
08 生産量が [(オク) 単位]になる。 생산량이 억 단위가 되다. せいさんりょう たん い	億単位	
09 泥がはねて[ズボンが (ヨゴ) れて]しまった。 진흙이 튀어 どろ 바지가 더럽혀지고 말았다.	ズボンが汚れて	
10 [(シツ) の高い]サービスを心がける。 질 높은 서비스를 유의하다. たか こころ	質の高い	
11 捜査網を[張り (メグ) らした]。 수사망을 쳤다. そう さ もう は	張り巡らした	
12 彼は [(ビョウリ) 学]の道を選んだ。 그는 병리학의 길을 선택했다. かれ がく みち えら	病理学	
13 [(カンセン) 道路]の工事が進んでいる。 간선 도로의 공사가 진척되고 있다. どう ろ こう じ すす	幹線道路	
14 結果を [(ヨウイ) に]想像できる。 결과를 쉽게 상상할 수 있다. けっ か そうぞう	容易に	
15 借入金を[全額 (ショウカン)] する。 차입*금을 전액 상환하다. かりいれきん ぜんがく	全額償還	
16 問題と解答を [(テ) らしあわせた]。 문제와 해답을 맞춰봤다. もんだい かいとう	照らしあわせた	
17 農民から年貢*を [(ス) いあげた]。 농민으로부터 공물을 착취했다. のうみん ねん ぐ	吸いあげた	
18 [最 (センタン)] の技術を駆使した。 최첨단 기술을 구사했다. さい ぎ じゅつ く し	最先端	
19 この病院は[休日 (シンリョウ)] をしている。 이 병원은 휴일 진료를 하고 있다. びょういん きゅうじつ	休日診療	
20 その内容には [(サンピ) 両論]がある。 그 내용에는 찬부* 양론*이 있다. ないよう りょうろん	賛否両論	

◆ 차입(借入) : 돈이나 물건을 꾸어 들임
◆ 찬부(賛否) : 찬성과 불찬성

♣ 연공(年貢) : 예전에, 해마다 바치던 공물
♣ 양론(両論) : 두 가지의 서로 대립되는 논설이나 의론

[   ](대괄호) 안의 일본어를 한자로 적어보고, 읽는 법을 히라가나로 쓰세요.

본문 내용	대괄호 한자로 쓰기	읽는 법 쓰기
01 彼は[社長の (ブンシン)] のようだと言われる。 그는 사장의 분신과 같다는 말을 듣는다.	社長の分身	
02 [首相の (ミギウデ)] として活躍する。 수상의 오른팔로서 활약하다.	首相の右腕	
03 [(フクシン)] に裏切られたカエサル。 심복에게 배신당한 카이사르.*	腹心	
04 彼は銀行の [(キンコ) の鍵]を預かった。 그는 은행의 금고 열쇠를 맡았다.	金庫の鍵	
05 この店では[高級品を (アツカ) って]いる。 이 가게에서는 고급품을 취급하고 있다.	高級品を扱って	
06 [(フチン) の激しい]業界で仕事をする。 흥망이 심한 업계에서 일을 하다.	浮沈*の激しい	
07 ライバルに[弱みを (ニギ) られた]。 라이벌에게 약점이 잡혔다.	弱みを握られた	
08 彼女は三カ国語を[自在に (アヤツ) る]。 그녀는 3개 국어를 자재로 구사하다.	自在に操る	
09 政治家として [(サイキ) 不能]になる。 정치가로서 재기 불능이 되다.	再起不能	
10 [必勝を (キ) して]練習に打ち込んだ。 필승을 기약하며 연습에 열중했다.	必勝を期して	
11 出張にかかった[交通費を (セイサン)] した。 출장에 든 교통비를 정산했다.	交通費を精算	
12 [参考人を (ショウチ)] して真偽を正した。 참고인을 불러 진위를 규명했다.	参考人を招致	
13 ハイテク[犯罪の (ソウサ) 官]になった。 하이테크 범죄의 수사관이 되었다.	犯罪の捜査官	
14 彼の言動は [(シッショウ) を誘った]。 그의 언동은 실소*를 자아냈다.	失笑を誘った	
15 年末は [(キキョウ) する予定]だ。 연말은 귀향할 예정이다.	帰郷する予定	
16 残業を [(シ) いられて]疲れきった。 잔업을 강요받아 너무 지쳤다.	強いられて	
17 [狩猟に (サンダンジュウ)] を用いた。 수렵에 산탄총*을 사용했다.	狩猟に散弾銃	
18 自動車の [(セットウ) 罪]で逮捕された。 자동차 절도죄로 체포되었다.	窃盗罪	
19 [家賃を (タイノウ)] している。 집세를 체납하고 있다.	家賃を滞納	
20 治安の良さは[世界に (ホコ) れる]。 치안의 장점은 세계에 자랑할 수 있다.	世界に誇れる	

◆ 카이사르(カエサル) : 로마의 정치가(100-44 B.C.) 종신 독재관이 되었으나 B.C.44년 브루투스 등 공화파에게 암살됨

♣ 부침(浮沈) : 1.뜨고 가라앉음 2.흥망, 성쇠   ✱ 실소(失笑) : 어처구니가 없어 저도 모르게 웃음이 툭 터져 나옴

♣ 산탄총(散弾銃) : 탄환을 한 발씩 쏘게 되어 있는 총. 주로 새나 작은 동물의 사냥에 쓴다

[   ](대괄호) 안의 일본어를 한자로 적어보고, 읽는 법을 히라가나로 쓰세요.

본문 내용	대괄호 한자로 쓰기	읽는 법 쓰기
01 今思えば[危険の (チョウコウ)] はあった。 지금 생각하면 위험의 징후는 있었다. いまおも　きけん	危険の兆候	
02 [被害の (カクダイ)] を食い止めた。 피해의 확대를 막았다. ひがい　　く と	被害の拡大	
03 お酒の飲みすぎは [(カンゾウ) に悪い]。 과음은 간장에 나쁘다. さけ の　　　　　わる	肝臓に悪い	
04 突然の[電波 (ショウガイ)] が起こった。 갑자기 전파 장애가 일어났다. とつぜん　でんぱ　お	電波障害	
05 三種類の[薬を (フクヨウ)] している。 3종류의 약을 복용하고 있다. さんしゅるい　くすり	薬を服用	
06 店内に [(カンシ) カメラ]を五台設置した。 가게 내에 감시 카메라를 5대 설치했다. てんない　　　　　　　　ごだいせっち	監視カメラ	
07 被災国への[援助を (ヨウセイ)] する。 피해국에 대한 원조를 요청하다. ひさいこく　　えんじょ	援助を要請	
08 法律の [(アミ) の目]をくぐる事も出来る。 법률 망을 빠져나갈 수도 있다. ほうりつ　　　め　　こと で き	網の目	
09 議員に[資産の (カイジ)] を求める。 의원에게 자산의 명시를 요구하다. ぎいん　しさん　　もと	資産の開示*	
10 ようやく[交通 (キセイ)] が解除された。 겨우 교통 규제가 해제되었다. こうつう　　かいじょ	交通規制	
11 交渉の[権利を (カクトク)] した。 교섭의 권리를 획득했다. こうしょう　けんり	権利を獲得	
12 情報収集のために [(ホンソウ)] した。 정보 수집을 위해 분주했다. じょうほうしゅうしゅう	奔走	
13 大企業の [(キカン) 業務]を請負う。 대기업의 기간 업무를 도급맡다. だい きぎょう　　　ぎょうむ　うけお	基幹業務	
14 [(ガクシキ) 経験者]が大臣に任命された。 학식 있는 경험자가 대신에 임명되었다. けいけんしゃ　だいじん　にんめい	学識経験者	
15 今までの[投資が (ムダ)] になった。 지금까지의 투자가 허사가 되었다. いま　　とうし	投資が無駄	
16 とても [(ショウゲキ) 的な]映像を見た。 매우 충격적인 영상을 봤다. てき　えいぞう み	衝撃的な	
17 [(セントウ) を停止]させる努力をする。 전투를 정지시키는 노력을 하다. ていし　　どりょく	戦闘を停止	
18 彼のキックは [(イリョク) がある]。 그의 킥은 위력이 있다. かれ	威力がある	
19 [(カンヨウ) 句]を勉強した。 관용구를 공부했다. く　べんきょう	慣用句	
20 [暗殺 (ミスイ)] 事件が起きた。 암살 미수 사건이 일어났다. あんさつ　　じけん お	暗殺未遂	

◆ 개시(開示) : 1.열어서 보임 2.가르쳐 타이름 3.분명히 나타냄

[   ](대괄호) 안의 일본어를 한자로 적어보고, 읽는 법을 히라가나로 쓰세요.

본문 내용	대괄호 한자로 쓰기	읽는 법 쓰기
01 手紙文化が [(スイタイ) し始めた]。편지 문화가 쇠퇴하기 시작했다.	衰退し始めた	
02 この企業は上昇の [(イット) をたどった]。이 기업은 상승일로를 걸었다.	一途をたどった	
03 文学者の [(ショカン) 集]を読む。문학가의 서간집을 읽다.	書簡集	
04 硯と [(フデ) を用意]する。벼루와 붓을 준비하다.	筆を用意	
05 要件*は電話で手早く [(ス) ませた]。중요한 용건은 전화로 빨리 마쳤다.	済ませた	
06 [(セッカク) の誘い]を断ったとは勿体無い。모처럼의 권유를 거절했다니 아깝다.	折角の誘い	
07 給料が安くても [(カマ) わない]。급료가 싸더라도 상관없다.	構わない	
08 手紙の最後に [(ツイシン) をつける]。편지의 마지막에 추신을 덧붙이다.	追伸をつける	
09 [(アイカ) わらず]同じところで間違える。여전히 같은 곳에서 틀리다.	相変わらず	
10 [番組の (シュウロク)]に五時間をかけた。프로그램의 수록에 5시간이 걸렸다.	番組の収録	
11 絶対に合格すると [(イキマ) いた]。절대로 합격할 것이라고 큰소리쳤다.	息巻いた	
12 それは[とんだ (チャバン)] だ。그것은 어처구니없는 연극이다.	とんだ茶番	
13 [診療 (ホウシュウ)] を引き下げられた。진료 보수가 인하되었다.	診療報酬	
14 仕事に対して [(イヤケ) がさして]きた。일에 대해 싫증이 났다.	嫌気がさして	
15 アンケートに答えて [(シャレイ) をもらった]。앙케이트에 대답해 사례를 받았다.	謝礼をもらった	
16 工事の入札をめぐって [(キソ) された]。공사의 입찰을 둘러싸고 기소되었다.	起訴	
17 [(ダンゴウ) 疑惑]を否定した。담합 의혹을 부정했다.	談合疑惑	
18 [(ダンコ) として]受け入れられない。단호히 받아들일 수 없다.	断固として	
19 万全を期して[試験に (ノゾ) んだ]。만전을 기해 시험에 임했다.	試験に臨んだ	
20 [自らが (ソッセン)] して励行*した。스스로가 솔선하여 힘써 행했다.	自らが率先	

◆ 요건(要件) : 1.중요한 용건 2.필요한 조건　　　　◆ 여행(励行) : 1.힘써 행함 2.규칙·약속 등을 엄격하게 지킴

230

본문 내용	대괄호 한자로 쓰기	읽는 법 쓰기
01 [(マチガ) い]を厳しく指摘された。 실수를 엄하게 지적받았다. きび　　してき	間違い	
02 彼は [(ハンゲキ) の手]を緩めなかった。 그는 반격의 손을 늦추지 않았다. かれ　　　　　て　ゆる	反撃の手	
03 大会に向けて [(モウ) 特訓]*をする。 대회를 향해 맹훈련을 하다. たいかい　む　　　　とっくん	猛特訓	
04 物事を[やり (ト) げる]勇気。 매사를 끝까지 해내는 용기. ものごと　　　　　　ゆうき	やり遂げる	
05 [(カジュエン)] でぶどうを生産している。 과수원에서 포도를 생산하고 있다. せいさん	果樹園	
06 祖父は [(ノウジョウ) を経営]している。 할아버지는 농장을 경영하고 있다. そふ　　　　　　　けいえい	農場を経営	
07 海岸沿いで [(コウワン) 労働者]として過ごす。 해안가에서 항만 노동자로서 지내다. かいがん ぞ　　　　　ろうどうしゃ　　　　　す	港湾労働者	
08 [(ヨカ) を有意義に]過ごす。 여가를 의미 있게 보내다. ゆう い ぎ　す	余暇を有意義に	
09 夏休みに朝顔の [(カンサツ) 日記]をつけた。 여름 방학에 나팔꽃의 관찰 일기를 적었다. なつやす　あさがお　　　　　にっき	観察日記	
10 [(ハトバ)] から船を見送った。 부두에서 배를 전송했다. ふね　みおく	波止場	
11 意気込みを示す [(カッコウ) の舞台]。 패기를 보일 절호의 무대. いきご　しめ　　　　　ぶたい	格好の舞台	
12 [臆する (ケシキ)] もなく発言した。 겁먹은 기색도 없이 발언했다. おく　　　　　　　はつげん	臆する気色	
13 昔は[いたずら (コゾウ)] だった。 옛날에는 개구쟁이였다. むかし	いたずら小僧	
14 厳しい環境で揉まれて [(キタ) えられた]。 혹독한 환경에서 고생하며 단련되었다. きび　かんきょう　も	鍛えられた	
15 どうも彼は [(ハクリョク) がない]。 아무래도 그는 박력이 없다. かれ	迫力がない	
16 チームの[弱点を (ジュクチ)] している。 팀의 약점을 숙지*하고 있다. じゃくてん	弱点を熟知	
17 優勝に導いた [(コウセキ)] は大きい。 우승으로 이끈 공적은 크다. ゆうしょう みちび　　　　　おお	功績	
18 住民票を [(トウロク)] する。 주민표를 등록하다. じゅうみんひょう	登録	
19 [世界 (イサン)] を後世に伝える。 세계유산을 후세에 전하다. せ かい　　　　こうせい　つた	世界遺産	
20 伝統的な[技術を (ケイショウ)] する。 전통적인 기술을 계승하다. でんとうてき　ぎじゅつ	技術を継承	

◆ 특훈(特訓) : 특별 훈련　　　　　　　　　　　　　♣ 숙지(熟知) : 잘 앎

[   ](대괄호) 안의 일본어를 한자로 적어보고, 읽는 법을 히라가나로 쓰세요.

본문 내용	대괄호 한자로 쓰기	읽는 법 쓰기
01 日本の夏は特に [(ム) し暑い]。 일본의 여름은 특히 무덥다.	蒸し暑い	
02 [(イッシュン) の隙]を突いて盗塁した。 한순간의 틈을 타서 도루했다.	一瞬の隙	
03 足の [(カンセツ) に痛み]がある。 다리의 관절에 통증이 있다.	関節に痛み	
04 外に出て[冷気を (ア) びて]目を覚ます。 밖에 나가 찬 공기를 쐬고 잠을 깨다.	冷気を浴びて	
05 父はアルコール [(イゾン) 症]だ。 아버지는 알콜 의존증이다.	依存症	
06 強打者に対して [(ケイエン) 策]をとった。 강타자에 대해 경원*책을 취했다.	敬遠策	
07 上手く相手と [(オ) り合い]をつける。 능숙하게 상대와 타협을 짓다.	折り合い	
08 今日は春の陽気でとても [(アタタ) かい]。 오늘은 봄 날씨로 매우 따뜻하다.	暖かい	
09 夏の昼下がりに [(リョクイン) で憩う]。 여름의 정오가 좀 지난 무렵 나무 그늘에서 쉬다.	緑陰で憩う	
10 私に任せれば[心配は (ムヨウ)] だ。 나에게 맡기면 걱정할 필요는 없다.	心配は無用	
11 システムの [(ケッカン) が発見]された。 시스템의 결함이 발견되었다.	欠陥が発見	
12 軍隊が国境を越えて [(シンコウ)] した。 군대가 국경을 넘어 침공했다.	侵攻	
13 備えあれば [(ウレ) いなし]。 유비무환.	憂いなし	
14 門弟同士に [(カクシツ) が生じた]。 문하생끼리 불화가 생겼다.	確執*が生じた	
15 [医療 (カゴ)] 事件がおきた。 의료 과실 사건이 일어났다.	医療過誤	
16 一つの[チームに (ショゾク)] する。 한 팀에 소속되다.	チームに所属	
17 大学の [(フゾク) 病院]に行く。 대학 부속 병원에 가다.	付属病院	
18 友人と [(ハダカ) の付き合い]をする。 친구와 솔직한 교제를 하다.	裸の付き合い	
19 主君に [(チュウギ) を尽くして]いる。 주군에게 충성을 다하고 있다.	忠義を尽くして	
20 [他の (リュウギ)] も尊重する。 다른 방식도 존중하다.	他の流儀	

◆ 경원(敬遠) : 존경하는 체하면서도 속으로는 멀리함   ◆ 확집(確執) : 자기주장을 굳이 고집함. 또는 그로 말미암은 불화

[   ](대괄호) 안의 일본어를 한자로 적어보고, 읽는 법을 히라가나로 쓰세요.

본문 내용	대괄호 한자로 쓰기	읽는 법 쓰기
01 クリスマスに [(サンビ) 歌]を歌う。 크리스마스에 찬송가를 부르다. か うた	賛美歌	
02 頼まれても [(ゼッタイ) に]作らない。 부탁받아도 절대로 만들지 않는다. たの つく	絶対に	
03 彼の祖父は[陸軍を (タイエキ)] した。 그의 할아버지는 육군을 퇴역했다. かれ そふ りくぐん	陸軍を退役	
04 父の [(ゾウキ) の一部]を息子に移植した。 아버지의 장기의 일부를 ちち いちぶ むすこ いしょく 아들에게 이식했다.	臓器の一部	
05 壮絶な [(サイゴ) を遂げた]小説家。 장렬한 최후를 마친 소설가. そうぜつ と しょうせつか	最期を遂げた	
06 [党の (シッコウ) 部]が全員辞任した。 당의 집행부가 전원 사임했다. とう ぶ ぜんいん じにん	党の執行部	
07 聴衆に [(ドウイ) を求めた]。 청중에게 동의를 구했다. ちょうしゅう もと	同意を求めた	
08 強い意志が [(ゲンドウ) 力]となる。 강한 의지가 원동력이 되다. つよ いし りょく	原動力	
09 すがすがしい気持ちで[新年を (ムカ) える]。 상쾌한 마음으로 신년을 맞이하다. きも しんねん	新年を迎える	
10 安全な金融機関に[お金を (アズ) ける]。 안전한 금융 기관에 돈을 맡기다. あんぜん きんゆうきかん かね	お金を預ける	
11 給料前で[懐が (サビ) しい]。 월급전이라 가진 돈이 없다. きゅうりょうまえ ふところ	懐が寂しい	
12 テレビの [(ゴラク) 番組]を見た。 텔레비전의 오락 프로그램을 보았다. ばんぐみ み	娯楽番組	
13 [(チンプ) な発想]しかできない。 진부한 발상밖에 하지 못한다. はっそう	陳腐な発想	
14 大[事件の (リンカク)] が見えてきた。 큰 사건의 윤곽이 보이기 시작했다. だい じけん み	事件の輪郭	
15 決心は [(ユ) るがない]。 결심은 흔들리지 않는다. けっしん	揺るがない	
16 [住民の (ヨウボウ)] を聞き入れた政策。 주민의 요망을 받아들인 정책. じゅうみん き い せいさく	住民の要望	
17 外国の[軍隊が (チュウリュウ)] している。 외국의 군대가 주류하고 있다. がいこく ぐんたい	軍隊が駐留	
18 華やかな [(ウタゲ) が催された]。 화려한 연회가 개최되었다. はな もよお	宴が催された	
19 街で [(グウゼン)] 旧友に[出会った]。 길에서 우연히 옛날 친구를 만났다. まち きゅうゆう であ	偶然出会った	
20 議論の末[その案に (キケツ)] した。 논의 끝에 그 안으로 귀결*되었다. ぎろん すえ あん	その案に帰結	

◆ 귀결(帰結) : 어떤 결말이나 결과에 이름

おんせん[温泉]

온천은 온천수의 온도가 25도 이상을 말한다. 특히 일본은 화산성 온천이 많고, 온천지에 얽힌 신화도 많다. 일본온천종합연구소에 의한 온천지수는 3170군데나 된다고 한다. 단순온천의 효능은 신경통, 근육통, 관절염, 타박상, 만성소화기병, 냉증, 피로회복 등에 좋으며, 온천 성분에 따라 그 효능도 달라진다. 하야시라잔에 의한 일본의 3대 유명온천에는 효고현의 아리마 온천, 군마현의 구사쓰 온천, 기후현의 게로 온천이 있다.

PART 08

본문 내용	대괄호 한자로 쓰기	읽는 법 쓰기
01 美しい風景は[目の (ホヨウ)] になる。 아름다운 풍경은 눈요기가 된다. うつく　　ふうけい　　め	目の保養	
02 マンションの[安全 (カンリ)] を徹底する。 맨션의 안전 관리를 철저히 하다. あんぜん　　　てってい	安全管理	
03 多くの [(キギョウ)] がリストラを敢行した。 많은 기업이 정리 해고를 감행했다. おお　　　　　　　　かんこう	企業	
04 外国へ [(リュウガク)] する為の資金を貯める。 외국에 유학하기 위한 がいこく　　　　　　　ため　しきん　た 　　　　자금을 저축하다.	留学	
05 全校 [(ジドウ)] 十名の小学校。 전교 아동 열 명인 초등학교. ぜんこう　　　じゅうめい　しょうがっこう	児童	
06 あまりの空腹に[何 (バイ)] もおかわりする。 너무나 배가 고파 くうふく　なん 　　　　　　　 몇 그릇이나 더 먹는다.	何杯	
07 [アジサイの (カブ)] を分けてもらった。 수국의 포기를 나눠 받았다. わ	アジサイの株	
08 今年は[漢字 (ケンテイ)] を受けることにした。 올해는 한자 검정을 ことし　かんじ　　　　う 　　　　치르기로 했다.	漢字検定	
09 [(ツユ) 時期]はじめじめする。 장마 시기는 눅눅하다. じき	梅雨時期	
10 [濃い (キリ)] の中で行軍演習を続ける。 짙은 안개 속에서 행군 연습을 계속하다. こ　　　　　なか　こうぐんえんしゅう　つづ	濃い霧	
11 商品の[代金を (ケッサイ)] する。 상품의 대금을 결제하다. しょうひん　だいきん	代金を決済	
12 テロの[危機感が (ウス) れて]いる。 테러의 위기감이 줄어들고 있다. き きかん	危機感が薄れて	
13 [不良 (サイケン)] の処理をする。 불량 채권 처리를 하다. ふりょう　　　　しょり	不良債権	
14 社員の [(ソッチョク) な意見]を聞きたい。 사원의 솔직한 의견을 듣고 싶다. しゃいん　　　　　　　いけん　き	率直な意見	
15 [(ヤッカイ) な揉め事]を起こしてしまった。 성가신 분쟁을 일으키고 말았다. も　ごと　お	厄介な揉め事	
16 [(イト) 的に]妨害した。 의도적으로 방해했다. てき　ぼうがい	意図的に	
17 国産肉と [(イツワ) った]表示をした。 국산 고기라고 위장한 표시를 했다. こくさんにく　　　　　ひょうじ	偽った	
18 事実を [(コイ)] に捻じ曲げた。 사실을 고의로 왜곡했다. じじつ　　　　　　ね　ま	故意	
19 判断は第三者に [(ユダ) ねる]。 판단은 제3자에게 맡기다. はんだん　だいさんしゃ	委ねる	
20 刑事[告発も (ジ) さない]構え。 형사 고발도 불사할 태세. けいじ　こくはつ　　　　　かま	告発も辞さない	

[   ](대괄호) 안의 일본어를 한자로 적어보고, 읽는 법을 히라가나로 쓰세요.

본문 내용	대괄호 한자로 쓰기	읽는 법 쓰기
01 悪徳商法が[平然と (オウコウ)] している。 악덕 상법이 태연히 활개치고 있다. _{あくとくしょうほう　　へいぜん}	平然と横行	
02 その事件は[家庭を (ホウカイ)] させた。 그 사건은 가정을 붕괴시켰다. _{じけん　　かてい}	家庭を崩壊	
03 その男は[悪事に (カタン)] した疑いがある。 그 남자는 나쁜 일에 _{おとこ　　あくじ　　　　　　　　うたが} 가담한 혐의가 있다.	悪事に加担	
04 国内に[危機感が (タダヨ) う]。 국내에 위기감이 감돌다. _{こくない　き きかん}	危機感が漂う	
05 大企業の [(フンショク) 決算]が明らかになる。 대기업의 분식 결산이 밝혀지다. _{だい きぎょう　　　　　　けっさん　あき}	粉飾決算	
06 ホテルの [(サイジョウ) 階]に泊まった。 호텔의 최상층에 숙박했다. _{かい　と}	最上階	
07 新たな点に [(チャクモク)] した研究。 새로운 점에 착안한 연구. _{あら　てん　　　　　　　　けんきゅう}	着目	
08 日本人は [(キンベン) だ]と言われている。 일본인은 근면하다고 한다. _{に ほんじん　　　　　い}	勤勉だ	
09 [(サッコン) のブーム]にのった商業戦略。 요즘의 붐에 편승한 상업 전략. _{しょうぎょうせんりゃく}	昨今のブーム	
10 農村 [(フッコウ) 計画]が持ち上がった。 농촌 부흥 계획이 일어났다. _{のうそん　　　　けいかく　も あ}	復興計画	
11 二国間に残る[最大の (ケンアン)]。 양국 간에 남은 최대의 현안. _{に こくかん　のこ　さいだい}	最大の懸案	
12 彼らは[悪の (スウジク)] だ。 그들은 악의 추축이다. _{かれ　　あく}	悪の枢軸	
13 お互いに[主張を (ジョウホ)] しあった。 서로 주장을 양보했다. _{たが　　しゅちょう}	主張を譲歩	
14 急に[態度を (ナンカ)] させた。 갑자기 태도를 누그러뜨렸다. _{きゅう　たいど}	態度を軟化	
15 [(ナイユウガイカン)] に立ち向かった。 내우외환*에 감연히 대처했다. _{た む}	内憂外患	
16 スランプから抜け出すための [(ダカイ) 策]。 슬럼프에서 벗어나기 위한 타개책. _{ぬ だ　　　　　　　　さく}	打開策	
17 [(セイイ) のある]対応を望む。 성의가 있는 대응을 바라다. _{たいおう　のぞ}	誠意のある	
18 彼はいつも [(ヨウリョウ) が悪い]。 그는 언제나 요령이 나쁘다. _{かれ　　　　　　　わる}	要領が悪い	
19 規則で[生徒を (シバ) る]。 규칙으로 학생을 속박하다. _{きそく　せいと}	生徒を縛る	
20 [(タイコウ) 的な基準]を定めるべきだ。 근본적인 기준을 정해야 한다. _{てき きじゅん　さだ}	大綱*的な基準	

◆ 내우외환(内憂外患) : 나라 안팎의 여러 가지 어려움　　　　　　✦ 대강(大綱) : 근본적인 사항

[   ](대괄호) 안의 일본어를 한자로 적어보고, 읽는 법을 히라가나로 쓰세요.

본문 내용	대괄호 한자로 쓰기	읽는 법 쓰기
01 [(セキヒン) の子供時代]を過ごした。 몹시 가난한 어린 시절을 보냈다. こどもじだい す	赤貧の子供時代	
02 裕福な [(ヨウショウ) 時代]を送った。 유복한 어린 시절을 보냈다. ゆうふく じだい おく	幼少時代	
03 彼は [(ボツラク)] した士族の子孫だ。 그는 몰락한 무사 집안의 자손이다. かれ しぞく しそん	没落	
04 毎月の[家賃を (ハラ) う]。 매달 방세를 지불하다. まいつき やちん	家賃を払う	
05 彼とは一度も [(メンシキ) がない]。 그와는 한 번도 면식이 없다. かれ いちど	面識がない	
06 友人に[金を (ムシン) する]。 친구에게 염치없이 돈을 요구하다. ゆうじん かね	金を無心する	
07 彼は[世俗を (チョウエツ)] している。 그는 세속을 초월하고 있다. かれ せぞく	世俗を超越	
08 被災地に[物資の (エンジョ)] をする。 재해 지역에 물자를 원조하다. ひさいち ぶっし	物資の援助	
09 首相と財務相の [(レンケイ) プレー]は見事だ。 수상과 재무상의 연계 플레이는 しゅしょう ざいむしょう みごと 훌륭하다.	連係プレー	
10 外務大臣の [(リュウニン) が決定] した。 외무대신의 유임이 결정되었다. がいむだいじん けってい	留任が決定	
11 [データの (セイゴウセイ)] をチェックした。 데이터의 정합* 성을 체크했다.	データの整合性	
12 突然[体の (ヘンチョウ)] を訴えた。 갑자기 신체의 변조*를 호소했다. とつぜんからだ うった	体の変調	
13 そんな考えは [(グ) の骨頂]だ。 그런 생각은 어리석기 그지없다. かんが こっちょう	愚の骨頂	
14 いらなくなったので [(ハイキ)] した。 필요 없어졌기에 폐기했다.	廃棄	
15 制作[費用の (ガイサン)] を提出する。 제작 비용의 어림셈을 제출하다. せいさく ひよう ていしゅつ	費用の概算*	
16 強打者を[四球で (ケイエン)] した。 강타자를 포볼로 출루시켰다. きょうだしゃ しきゅう	四球で敬遠*	
17 お祭りで[神輿を (カツ) いだ]。 축제에서 신여*를 짊어졌다. まつ みこし	神輿を担いだ	
18 地域住民が[一致 (ダンケツ)] して取り組んだ。 지역 주민이 일치단결하여 ちいきじゅうみん いっち とく 대처했다.	一致団結	
19 彼の考えは [(ドクゼン) 的だ]。 그의 생각은 독선적이다. かれ かんが てき	独善的だ	
20 [固い (ガンバン)] をドリルで崩した。 단단한 암반을 드릴로 허물어뜨렸다. かた くず	固い岩盤	

◆ 정합(整合) : 꼭 들어맞음[맞춤], 이론에 모순이 없음, 정연   ◆ 변조 : 1.상태를 바꿈. 상태가 바뀜 2.특히 몸의 상태가 정상이 아님 3.음성이
  나 영상 등의 전기 신호를 보낼 때, 전송하기 쉬운 신호파로 바꿈   ◆ 개산(槪算) : 어림셈
◆ 경원 : 1.존경하는 체하면서도 속으로는 멀리함 2.일부러 피함 3.(야구에서) 투수가 의식적으로 타자를 포볼로 출루시킴
  ◆ 신여(神輿) : 신체나 신위를 실은 가마

[   ](대괄호) 안의 일본어를 한자로 적어보고, 읽는 법을 히라가나로 쓰세요.

본문 내용	대괄호 한자로 쓰기	읽는 법 쓰기
01 同じ[漫画の (レンサイ)] が長期に続いている。 같은 만화의 연재가 장기간 이어지고 있다. おな まんが ちょうき つづ	漫画の連載	
02 孫が今年[八 (サイ)] になった。 손자가 올해 8살이 되었다. まご ことし はっ	八歳	
03 昨日付けで[本社に (テンキン)] になった。 어제부로 본사로 전근이 되었다. きのう づ ほんしゃ	本社に転勤	
04 父は[癌を (コクチ)] された。 아버지는 암 선고를 받았다. ちち がん	癌を告知	
05 その事件の衝撃は[全身を (ツラヌ)] いた]。 그 사건의 충격은 전신을 관통했다. じけん しょうげき ぜんしん	全身を貫いた	
06 [激しい (キョムカン)] に襲われる。 심한 허무감에 사로잡히다. はげ おそ	激しい虚無感	
07 [(イクタ) の苦難]を乗り越える。 숱한 고난을 극복하다. くなん の こ	幾多の苦難	
08 昔の[古傷が (サイハツ)] する。 옛날 상처가 재발하다. むかし ふるきず	古傷が再発	
09 生命 [(イジ) 装置]を外してもらった。 생명 유지 장치를 떼어냈다. せいめい そう ち はず	維持装置	
10 友人の手紙に [(ハゲ) まされる]気がする。 친구의 편지에 격려 받은 느낌이 든다. ゆうじん て がみ き	励まされる	
11 物事はそう [(ツゴウ) よく]進まないものだ。 매사는 그렇게 사정 좋게 진행되지 않는 법이다. ものごと すす	都合よく	
12 説明に多くの[時間を (サ) いた]。 설명에 많은 시간을 할애했다. せつめい おお じ かん	時間を割いた	
13 彼に[発言を (ウナガ) した]。 그에게 발언을 재촉했다. かれ はつげん	発言を促した	
14 他人のことには[お (カマ) いなし]だ。 남의 일에는 개의치 않는다. た にん	お構いなし	
15 言葉の[意味を (カイシャク)] する。 말의 의미를 해석하다. ことば い み	意味を解釈	
16 [国際 (ジョウセイ)] が不安定になっている。 국제 정세가 불안정해지고 있다. こくさい ふ あんてい	国際情勢	
17 彼らの[パワーに (アットウ)] された。 그들의 힘에 압도되었다. かれ	パワーに圧倒	
18 [(シレン)] を乗り越えて成長する。 시련을 극복하고 성장하다. の こ せいちょう	試練	
19 時間がなく [(ショウソウカン)] に襲われた。 시간이 없어 초조감에 사로잡혔다. じ かん おそ	焦燥感	
20 いつもの [(セイサイ) さがない]。 평소의 정채*(생기)가 없다.	精彩さがない	

◆ 정채(精彩) : 1.아름다운 광채 2.생채

[   ](대괄호) 안의 일본어를 한자로 적어보고, 읽는 법을 히라가나로 쓰세요.

본문 내용	대괄호 한자로 쓰기	읽는 법 쓰기
01 ハープの[演奏を (キ) きに]行った。 하프 연주를 들으러 갔다. えんそう	演奏を聴きに	
02 事業がようやく [(キドウ) に乗りはじめた。 사업이 간신히 궤도에 오르기 じぎょう　　　　　　　　の　　　　시작했다.	軌道	
03 [陶芸で (ソウゾウ)] するのが楽しい。 도자기 공예로 창조하는 것이 즐겁다. とうげい　　　　　　　　　たの	陶芸で創造	
04 [真相*を (ツイキュウ)] するために立ち上がった。 참된 모습을 추구하기 위해 しんそう　　　　　　　　た　あ　　일어섰다.	真相を追求	
05 広場で [(ダイドウゲイ) を披露*する一団にあった。 광장에서 거리 공연을 하는 ひろば　　　　　　　　　ひろう　　いちだん　무리를 만났다.	大道芸*を披露	
06 新会社の [(キギョウ) に携わる]。 새 회사의 창업에 종사하다. しんがいしゃ　　　　　　たずさ	起業*に携わる	
07 他にはない [(タッセイカン) がある]。 다른 데에는 없는 달성감이 있다. ほか	達成感がある	
08 夢に向かって [(ツ) き進む]。 꿈을 향해 돌진하다. ゆめ　む　　　　　すす	突き進む	
09 [(ネンショウ) 百億円]を稼ぐ社長。 연간 매출액 백 억 엔을 버는 사장. ひゃくおくえん　かせ　しゃちょう	年商百億円	
10 無駄に[時間を (ロウヒ)] した。 쓸데없이 시간을 낭비했다. むだ　じかん	時間を浪費	
11 広場の[一郭を (センリョウ)] した。 광장의 일곽을 점령했다. ひろば　いっかく	一郭を占領	
12 二つの事件の [(レンサ) 関係]を調べる。 두 사건의 연쇄 관계를 조사하다. ふた　じけん　　　　　かんけい　しら	連鎖関係	
13 国際社会で厳しい [(シダン) を受けた]。 국제사회에서 심한 지탄*을 받았다. こくさいしゃかい　きび　　　　　　う	指弾を受けた	
14 荷物の間に [(カンショウザイ) を詰める]。 짐 사이에 완충제를 채워 넣다. にもつ　あいだ　　　　　　　　　つ	緩衝材を詰める	
15 今年の[夏は (モウショ)] だ。 올 여름은 무덥다. ことし　なつ	夏は猛暑	
16 屋上から[横断幕を (タ) らした]。 옥상에서 현수막을 늘어뜨렸다. おくじょう　おうだんまく	横断幕を垂らした	
17 [(スイソウ)] で金魚を飼う。 수조에서 금붕어를 기르다. きんぎょ　か	水槽	
18 スプリンクラーで[芝に (サンスイ)] した。 스프링클러로 잔디에 물을 뿌렸다. しば	芝に散水	
19 例を [(イク) つも提示]した。 예를 몇 개나 제시했다. れい　　　　　　ていじ	幾つも提示	
20 [(チクシャ)] で豚を飼育する。 축사에서 돼지를 사육하다. ぶた　しいく	畜舎	

◆ 진상(真相) : 사물이나 현상의 거짓 없는 모습이나 내용. '참된 모습'으로 순화　　♣ 大道芸(だいどうげい) : 거리에서 하는 연예
※ 피로(披露) : 1.문서 따위를 펴 보임 2.일반에게 널리 알림　　♠ 기업(起業) : 새로 사업을 일으킴
＊ 지탄(指弾) : 손가락질

240

[   ](대괄호) 안의 일본어를 한자로 적어보고, 읽는 법을 히라가나로 쓰세요.

본문 내용	대괄호 한자로 쓰기	읽는 법 쓰기
01 暗い[夜道を (アシバヤ) に]通り過ぎる。 어두운 밤길을 빠른 걸음으로 지나가다.	夜道を足早に	
02 故郷に[思いを (メグ) らせた]。 고향 생각을 이리저리 했다.	思いを巡らせた	
03 飾り気のない [(カンソ) な]デザイン。 꾸밈없는 간소한 디자인.	簡素な	
04 ポスターを何枚も [(カベ) に張る]。 포스터를 몇 장이나 벽에 붙이다.	壁に張る	
05 いつも[見 (ナ) れた風景]が懐かしい。 언제나 낯익은 풍경이 그립다.	見慣れた風景	
06 祭壇に亡き[祖父の (イエイ)] を飾った。 제단에 돌아가신 할아버지의 초상화를 장식했다.	祖父の遺影*	
07 彼女は可愛らしい [(ハナヨメ) さん]だ。 그녀는 귀여운 신부이다.	花嫁さん	
08 学芸会用の [(イショウ) を作った]。 학예회용 의상을 만들었다.	衣装を作った	
09 [(ケッチャク) がつかず]両者引き分けとなった。 결말이 나지 않아 두 사람은 무승부가 되었다.	決着がつかず	
10 幼少時を [(ツイオク)] した。 어린 시절을 추억했다.	追憶*	
11 [戦争の (サンカ)] を二度と繰り返さない。 전쟁의 참화를 두 번 다시 되풀이 하지 않는다.	戦争の惨禍	
12 [核を (ヨクシ)] させる力がない。 핵을 억제시킬 힘이 없다.	核を抑止	
13 [事故の (コウイショウ)] に苦しむ。 사고의 후유증으로 괴로워하다.	事故の後遺症	
14 核兵器 [(ハイゼツ) 運動]を起こした。 핵무기 폐기 운동을 일으켰다.	廃絶運動	
15 意識の[根底に (ヒソ) む]不信感。 의식의 밑바탕에 내재되어 있는 불신감.	根底に潜む	
16 互いに欠点を [(オギナ) いあった]。 서로 결점을 보완했다.	補いあった	
17 就職先に [(リレキ) 書を提出]した。 취직처에 이력서를 제출했다.	履歴書を提出	
18 個人[情報が (リュウシュツ)] した。 개인 정보가 유출되었다.	情報が流出	
19 行事への[参加を (キョウヨウ)] された。 행사에 대한 참가를 강요받았다.	参加を強要	
20 不祥事を [(カク)] し続けた。 불상사*를 계속 숨겼다.	隠し続けた	

◆ 유영(遺影) : 고인의 사진이나 초상화   ✦ 추억(追憶) : 지나간 일을 돌이켜 생각함

✶ 불상사(不祥事) : 상서롭지 못한 일

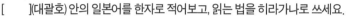

[ ](대괄호) 안의 일본어를 한자로 적어보고, 읽는 법을 히라가나로 쓰세요.

본문 내용	대괄호 한자로 쓰기	읽는 법 쓰기
01 [(インエイ) に富んだ]描写だ。 함축성 있는 묘사다. と　びょうしゃ	陰影* に富んだ	
02 スター選手の登場に [(カンセイ) があがった]。 스타 선수의 등장에 せんしゅ　とうじょう　　　　　　　　　 환성이 일었다.	歓声があがった	
03 盛大に [(エンゲイ) 会を開催]した。 성대하게 연예회를 개최했다. せいだい　　　　　　かい　かいさい	演芸会を開催	
04 [(ヒバク) 者]の救援活動を活発化させる。 피폭자의 구원 활동을 활성화시키다. しゃ　きゅうえんかつどう　かっぱつか	被爆者	
05 専門家の[教えを (コ) う]。 전문가의 가르침을 청하다. せんもんか　おし	教えを請う	
06 自然の前で人は[なす (スベ)] がない。 자연 앞에서 사람은 어찌할 방법이 없다. しぜん　まえ　ひと	なす術	
07 家族で [(ショクタク) を囲める]幸せ。 가족끼리 식탁을 에워쌀 수 있는 행복. かぞく　　　　　　　　　　かこ　しあわ	食卓を囲める	
08 猛暑の影響で山頂の[雪が (ト) けた]。 무더위의 영향으로 산정상의 눈이 녹았다. もうしょ　えいきょう　さんちょう　ゆき	雪が溶けた	
09 [高い (トウ)] を建てた。 높은 탑을 세웠다. たか　　　　　　た	高い塔	
10 平和の [(カネ) の音]が辺りに響いた。 평화의 종소리가 주위에 울려퍼졌다. へいわ　　　　　おと　あた　ひび	鐘の音	
11 この件は彼の [(サイリョウ) に任せた]。 이 건은 그의 재량에 맡겼다. けん　かれ　　　　　　　　　　まか	裁量に任せた	
12 [厳しい (サテイ)] をクリアした。 엄격한 사정을 통과했다. きび	厳しい査定*	
13 諮問会議の [(リョウショウ) を得た]。 자문 회의의 승낙을 얻었다. しもんかいぎ　　　　　　　　　　え	了承* を得た	
14 セミナーの後に [(コンダン) 会を催した]。 세미나 후에 간담회를 개최했다. あと　　　　　　　　かい　もよお	懇談会を催した	
15 業務を[中途で (ホウキ)] してしまった。 업무를 중도에 포기해 버렸다. ぎょうむ　ちゅうと	中途で放棄	
16 [試験の (ヘンサチ)] があがった。 시험의 편차치가 올라갔다. しけん	試験の偏差値	
17 上層部の[決定に (サンセイ)] した。 상층부의 결정에 찬성했다. じょうそうぶ　けってい	決定に賛成	
18 大臣の諮問に対し [(トウシン)] した。 대신의 자문에 대해 답신했다. だいじん　しもん　たい	答申	
19 パスワードを [(ニンショウ)] した。 패스워드를 인증했다.	認証	
20 彼の父は[外科の (ケンイ)] だ。 그의 아버지는 외과의 권위자다. かれ　ちち　げか	外科の権威	

◆ 음영(陰影) : 1.음영, 그늘, 그림자 2.함축성, 뉘앙스　　　　　　　　♣ 사정(査定) : 조사하거나 심사하여 결정함
◉ 了承(りょうしょう) : 승낙, 납득, 양해

[   ](대괄호) 안의 일본어를 한자로 적어보고, 읽는 법을 히라가나로 쓰세요.

본문 내용	대괄호 한자로 쓰기	읽는 법 쓰기
01 彼女は[旦那に (ツ) くす]タイプだ。그녀의 남편에게 진력하는 타입이다. かのじょ だんな	旦那に尽くす	
02 裏山で[セミの (ヨウチュウ)] を見つけた。뒷산에서 매미의 애벌레를 발견했다. うらやま み	セミの幼虫	
03 この[電池の (ジュミョウ)] はとても短い。이 전지의 수명은 매우 짧다. でんち みじか	電池の寿命	
04 厳しい [(シレン) に耐えた]結果が現れた。힘든 시련에 견딘 결과가 나타났다. きび た けっか あらわ	試練に耐えた	
05 [(エダ)] におみくじを結びつけた。가지에 (길흉을 점쳐 보는) 제비를 묶었다. むす	枝	
06 [素 (モグ) り]でかなりの深さまでいける。맨몸으로 잠수해서 상당한 す ふか	素潜り	
07 スピード違反で[警官に (ツカ) まった]。스피드 위반으로 경찰관에게 붙잡혔다. いはん けいかん	警官に捕まった	
08 首都圏で[失業 (リツ) が年々高まっている。수도권에서 실업률이 しゅとけん しつぎょう ねんねんたか	失業率	
09 緊急時に[平静を (ヨソオ) う]のは難しい。긴급 시에 평온을 가장하는 것은 어렵다. きんきゅうじ へいせい むずか	平静を装う	
10 洋服を床に [(ヌ) ぎ捨てる]。양복을 마루에 벗어 던지다. ようふく ゆか す	脱ぎ捨てる	
11 [上司に (チョクゲン)] をしづらい雰囲気だ。상사에게 직언을 하기 じょうし ふんいき	上司に直言	
12 地域によって文化の [(ラクサ) が激しい]。지역에 따라 문화의 낙차가 심하다. ちいき ぶんか はげ	落差が激しい	
13 破壊の跡が [(イクエ) にも]続いていた。파괴의 흔적이 겹겹이 이어져 있었다. はかい あと つづ	幾重にも	
14 彼は会社の [(ヒットウ) 株主]だ。그는 회사의 최대 주주이다. かれ かいしゃ かぶぬし	筆頭株主	
15 あまりにも [(タンラク) 的な発想]だ。너무나도 단락적인 발상이다. てき はっそう	短絡的な発想	
16 彼の名声は[永遠に (フメツ)] だ。그의 명성은 영원히 불멸*이다. かれ めいせい えいえん	永遠に不滅	
17 経済に対する [(ジロン) を展開]した。경제에 대한 지론을 전개했다. けいざい たい てんかい	持論を展開	
18 [(コウシキ) 野球]の大会に出場した。경식*야구 대회에 출장(출전)했다. やきゅう たいかい しゅつじょう	硬式野球	
19 野球の大会で[二 (レンパ) を達成]した。야구 대회에서 2연패를 달성했다. やきゅう たいかい に たっせい	二連覇を達成	
20 開会式で[選手 (センセイ)] した。개회식에서 선수 선서했다. かいかいしき せんしゅ	選手宣誓	

◆ 불멸(不滅) : 없어지거나 사라지지 아니함   ♣ 경식(硬式) : (야구 · 테니스에서) 딱딱한 공으로 경기하는 방식

[   ](대괄호) 안의 일본어를 한자로 적어보고, 읽는 법을 히라가나로 쓰세요.

본문 내용	대괄호 한자로 쓰기	읽는 법 쓰기
01 ようやく [(タイイン) の日]が決まった。 간신히 퇴원 날짜가 정해졌다.	退院の日	
02 いつもきれいに [(ユカ) を磨いて]いる。 언제나 깨끗하게 마루를 닦고 있다.	床を磨いて	
03 [ガラスの (ハヘン)] で怪我をする。 유리 파편으로 인해 상처를 입다.	ガラスの破片	
04 [長い (ロウカ)] を歩いた先にある会議室。 긴 복도를 걸어간 끝에 있는 회의실.	長い廊下	
05 蚊に刺されて [(ヒフ) がかゆい]。 모기에 물려 피부가 가렵다.	皮膚がかゆい	
06 壺を大事そうに [(カカ) えて]いる老人。 항아리를 소중한 듯이 안고 있는 노인.	抱えて	
07 幼少時の[記憶が (ウス) れる]。 어린 시절의 기억이 희미해지다.	記憶が薄れる	
08 惨事の[記憶を (フウカ)] させない。 참사의 기억을 약화시키지 않는다.	記憶を風化*	
09 [(マゴ) の顔]を見せに帰った。 손자의 얼굴을 보이러 돌아갔다.	孫の顔	
10 [(エンテンカ) を歩く]のは辛い。 몹시 더운 날씨 아래를 걷는 것은 괴롭다.	炎天*下を歩く	
11 突然[会社を (カイコ)] された。 갑자기 회사를 해고당했다.	会社を解雇	
12 [規定に (ジュンキョ)] した対応をとった。 규정에 준거*한 대응을 했다.	規定に準拠	
13 細部まで [(セイミツ) に検査]した。 세부까지 정밀하게 검사했다.	精密に検査	
14 [部長を (ホサ)] する役目を担った。 부장을 보좌하는 역할을 맡았다.	部長を補佐	
15 [事件の (スイイ)] を皆で見守った。 사건의 추이를 모두 지켜보았다.	事件の推移	
16 猛烈な追い上げで[首位に (ニクハク)] した。 맹렬한 추격으로 수위에 육박했다.	首位に肉薄	
17 [(レイサイ) 企業]が立ち並ぶ工場街。 영세기업이 늘어선 공장가.	零細企業	
18 コメから野菜の[栽培に (テンサク)] した。 쌀에서 야채 재배로 전작*했다.	栽培に転作	
19 [犯罪の (コンゼツ)] を誓う。 범죄의 근절을 맹세하다.	犯罪の根絶	
20 [(サイム) を帳消し]にした。 채무를 없는 것으로 했다.	債務を帳消し	

◆ 풍화(風化) : 1.풍화 2.윗사람의 덕망에 아랫사람이 감화됨 3.주의·사상·기억 등이 차차 감퇴·약화됨
◆ 염천(炎天) : 몹시 더운 날씨　　　　※ 준거(準拠) : 어떤 일을 기준이나 근거로 하여 거기에 따름
◆ 전작(転作) : 재배하던 농작물을 그만두고 다른 농작물을 재배함

[   ](대괄호) 안의 일본어를 한자로 적어보고, 읽는 법을 히라가나로 쓰세요.

본문 내용	대괄호 한자로 쓰기	읽는 법 쓰기
01 新しい計画の中で重要な [(ヤクワリ) を担う]。 새로운 계획 안에서 あたら けいかく なか じゅうよう　　　　　　　　　に 중요한 역할을 맡다.	役割を担う	
02 最後まで[責任を (ハ) たす]。 최후까지 책임을 다하다. さいご せきにん	責任を果たす	
03 そのお話は [(ゾン) じ上げて]おりません。 그 이야기는 모르겠습니다. はなし あ	存じ上げて	
04 彼は球界で [(カガヤ) かしい]業績を残した。 그는 아구계에서 かれ きゅうかい ぎょうせき のこ 빛나는 업적을 남겼다.	輝かしい	
05 彼は [(アヤマ) った解釈]を後輩に伝えた。 그는 잘못된 해석을 후배에게 전달했다. かれ かいしゃく こうはい つた	誤った解釈	
06 ビール瓶の[栓を]勢いよく [(ヌ) いた]。 맥주병의 마개를 기세 좋게 땄다. びん せん いきお	栓を抜いた	
07 不用意な発言で宣伝[効果が (ハンゲン)] した。 조심성이 없는 발언으로 ふようい はつげん せんでん こうか 선전 효과가 반감했다.	効果が半減	
08 [ひいきの (キュウダン)] の試合を見に行く。 특히 좋아하는 구단의 시합을 しあい み い 보러 갔다.	ひいきの球団	
09 彼女の登場はあまりにも [(トウトツ) だ]った。 그녀의 등장은 너무나도 당돌했다. かのじょ とうじょう	唐突だ	
10 [(ショウヒ) 者]の心をつかむ商品。 소비자의 마음을 잡는 상품. しゃ こころ しょうひん	消費者	
11 あれは [(キュウヨ) の一策]だった。 그것은 궁여지책* 이었다. いっさく	窮余の一策	
12 良い [(サク) を練った]。 좋은 계책을 짰다. よ ね	策を練った	
13 [(ジュエキ) と負担]の関係がはっきりする。 수익과 부담의 관계가 분명하다. ふたん かんけい	受益と負担	
14 乗っ取ろうという [(コンタン)] だったのか。 납치하려는 꿍꿍이속이었니? の と	魂胆	
15 [(バクハツ) 的なブーム]を呼んだ商品。 폭발적인 붐을 일으킨 상품. てき よ しょうひん	爆発的なブーム	
16 罪悪感から一生 [(ノガ) れられない]。 죄악감에서 평생 벗어날 수 없다. ざいあくかん いっしょう	逃れられない	
17 [国中を (ワ) かせた]ニュース。 온 나라를 흥분케 한 뉴스. くにじゅう	国中を沸かせた	
18 彼女なりの [(リュウギ)] で応戦した。 그녀 나름의 방식으로 응전* 했다. かのじょ おうせん	流儀	
19 [(ドクソウ) 性]があるデザインだ。 독창성이 있는 디자인이다. せい	独創性	
20 選手として [(チメイテキ) な怪我]を負った。 선수로서 치명적인 상처를 입었다. せんしゅ けが お	致命的な怪我	

◆ 궁여지책(窮余の一策) : 궁한 나머지 생각다 못하여 짜낸 계책　　　◆ 응전(応戦) : 상대편의 공격에 맞서서 싸움

[ ](대괄호) 안의 일본어를 한자로 적어보고, 읽는 법을 히라가나로 쓰세요.

본문 내용	대괄호 한자로 쓰기	읽는 법 쓰기
01 この辺りの土は [(ネンド) が高い]。 이 부근의 흙은 점도가 높다.	粘度が高い	
02 [(ジッシツ) 半分]しか使用していない。 실질적으로 절반밖에 사용하지 않았다.	実質半分	
03 夏に向けて[冷房を (ソナ) えた]。 여름을 위하여 냉방을 준비했다.	冷房を備えた	
04 [(カンカク) をあけて]発売する。 간격을 두고 발매하다.	間隔をあけて	
05 [(イデン) 子]組み換えではない野菜。 유전자 조작이 아닌 야채.	遺伝子	
06 美しい[工芸品を (サクセイ)] した。 아름다운 공예품을 제작했다.	工芸品を作製	
07 彼女は[大道具を (タントウ)] している。 그녀는 대도구를 담당하고 있다.	大道具を担当	
08 貴重な生物の[産卵を (モクゲキ)] した。 귀중한 생물의 산란을 목격했다.	産卵を目撃	
09 [決定的な (シュンカン)] とらえた映像。 결정적인 순간 포착한 영상.	決定的な瞬間	
10 達人の手ほどきを [(ジッサイ) に]受けた。 달인의 첫걸음을 실제로 배웠다.	実際に	
11 [企業の (シッタイ)] ぶりにあきれた。 기업의 실태에 질렸다.	企業の失態	
12 [(センム) 取締役]の任に就く。 전무 이사에 취임하다.	専務取締役	
13 [自らの (タイメン)] のために会社を利用した。 스스로의 체면을 위해 회사를 이용했다.	自らの体面	
14 [随所に (サイク)] をした飾り物。 곳곳에 세공을 한 장식물.	随所に細工	
15 [責任の (ショザイ)] を明らかにする。 책임의 소재를 명백히 하다.	責任の所在	
16 [(キンリン) 諸国]に迷惑をかけた。 이웃 여러 나라에 폐를 끼쳤다.	近隣諸国	
17 [記念 (ヒ)] を建てた。 기념비를 세웠다.	記念碑	
18 [明治 (イシン)] により幕藩体制が崩壊した。 메이지유신에 의해 막번체제*가 붕괴했다.	明治維新	
19 彼の発言は [(ヨウニン) しがたい]。 그의 발언은 용인하기 어렵다.	容認しがたい	
20 家族の[無事を (イノ) った]。 가족의 무사를 기원했다.	無事を祈った	

◆ 막번체제(幕藩体制) : 에도시대의 막부를 중심으로 한 중앙 집권적인 정치 지배 체제

246

[   ](대괄호) 안의 일본어를 한자로 적어보고, 읽는 법을 히라가나로 쓰세요.

본문 내용	대괄호 한자로 쓰기	읽는 법 쓰기
01 [(オサナ) 顔]の少年だ。 어릴 때 모습의 소년이다. がお　しょうねん	幼顔	
02 4番バッターはまた [(ケイエン)] された。 4번 타자는 또 포볼로 출루되었다. ばん	敬遠	
03 その事に関しては [(シロウト)] だ。 그 일에 관해서는 아마추어이다. こと　かん	素人	
04 その事に関しては [(ロンピョウ) を避けた]。 그 일에 관해서는 논평을 피했다. こと　かん　さ	論評を避けた	
05 [(ソクセキ)] でやったスピーチ。 즉석에서 한 스피치.	即席	
06 町内会で[道路の (ミゾ)] を掃除した。 반상회에서 도로의 도랑을 청소했다. ちょうないかい　どうろ　そうじ	道路の溝	
07 将来の[夢を (エガ) く]。 장래의 꿈을 그리다. しょうらい　ゆめ	夢を描く	
08 [音楽の (ミリョク)] について話し合った。 음악의 매력에 대해 서로 이야기했다. おんがく　はな　あ	音楽の魅力	
09 [講演も (カキョウ)] だった。 강연도 가경*이었다. こうえん	講演も佳境	
10 何に対しても [(カンシン) を示す]性格。 무슨 일이든 관심을 보이는 성격. なに　たい　しめ　せいかく	関心を示す	
11 彼は [(アンモク) のうちに]認めた。 그는 암묵리에 인정했다. かれ　みと	暗黙のうちに	
12 声を [(シボ) り出して]歌った。 목소리를 짜내어 노래를 불렀다. こえ　だ　うた	絞り出して	
13 現代は様々な [(チリョウ) 方法]がある。 현대는 다양한 치료 방법이 있다. げんだい　さまざま　ほうほう	治療方法	
14 景気が[回復する (チョウコウ)] だ。 경기가 회복될 조짐이다. けいき　かいふく	回復する兆候	
15 彼女は [(ツツシ) み深い]人だ。 그녀는 조심성이 많은 사람이다. かのじょ　ぶか　ひと	慎み深い	
16 すでに [(キトク) 状態]だった。 이미 위독한 상태였다. じょうたい	危篤状態	
17 亡くなられた[人の (イエイ)] に香を手向けた。 돌아가신 분의 초상화에 な　ひと　こう　たむ	人の遺影*	
	항을 올렸다.		
18 [人生を (サト) った]ような顔つき。 인생을 깨달은 듯한 표정. じんせい　かお	人生を悟った	
19 [亡き夫を (ツイボ)] する日々。 죽은 남편을 추모하는 나날. な　おっと　ひび	亡き夫を追慕	
20 [(ヒョウショウ) 状]を授与した。 표창장을 수여했다. じょう　じゅよ	表彰状	

◆ 가경(佳境) : 1.흥미진진한 경지 2.경치가 좋은 곳　　　　◆ 유영(遺影) : 고인의 초상이나 사진

[ ](대괄호) 안의 일본어를 한자로 적어보고, 읽는 법을 히라가나로 쓰세요.

본문 내용	대괄호 한자로 쓰기	읽는 법 쓰기
01 [(ミズウミ) のほとり]を散歩する。 호수 부근을 산책하다. さんぽ	湖のほとり	
02 情勢はすっかり [(ヘンヨウ)] した。 정세는 완전히 변모했다. じょうせい	変容	
03 彼はこの橋に [(カンシン) がある]ようだ。 그는 이 다리에 관심이 있는 것 같다. かれ はし	関心がある	
04 外国の友人は[日本を (マンキツ)] した。 외국 친구는 일본을 만끽했다. がいこく ゆうじん にほん	日本を満喫	
05 会社内で [(ヒカゲ) の存在]になる。 회사 내에서 음지의 존재가 되다. かいしゃない そんざい	日陰の存在	
06 これは [(ウキヨエ)] にも登場する橋だ。 이것은 풍속화에도 등장하는 다리다. とうじょう はし	浮世絵*	
07 [(セキジツ) の記憶]をたどる。 옛날 기억을 더듬다. き おく	昔日の記憶	
08 どことなく[幼少時の (オモカゲ)] がある。 어딘지 모르게 어릴 때의 모습이 있다. ようしょうじ	幼少時の面影	
09 [(ウオガシ) を抱えて]にぎわった地域。 어시장을 끼고 번성한 지역. かか ちいき	魚河岸を抱えて	
10 川の上に [(カキョウ) 工事]をする。 강 위에 가교* 공사를 하다. かわ うえ こうじ	架橋工事	
11 思った以上に[予算が (フク) らんだ]。 생각한 이상으로 예산이 팽창했다. おも いじょう よさん	予算が膨らんだ	
12 [鳥類 (キヒ)] の対策を講じた。 조류 기피 대책을 강구했다. ちょうるい たいさく こう	鳥類忌避	
13 [法廷で (コウハン)] が開かれた。 법정에서 공판이 열렸다. ほうてい ひら	法廷で公判	
14 郊外に [(ユウギ) 場を建設]した。 교외에 유기장(오락장)을 건설했다. こうがい じょう けんせつ	遊技場を建設	
15 企業名の [(ユライ) を語った]。 기업명의 유래를 얘기했다. きぎょうめい かた	由来を語った	
16 歴史物語に [(カクウ) の人物]が登場した。 역사 이야기에 가공의 인물이 등장했다. れきしものがたり じんぶつ とうじょう	架空の人物	
17 [(タテボウ) のグラフ]を作成した。 세로획 그래프를 작성했다. さくせい	縦棒のグラフ	
18 [(ヒガタ)] を埋め立てた。 간석지*를 매립했다. う た	干潟	
19 漁師が工事[再開を (ソシ)] した。 어부가 공사 재개를 저지했다. りょうし こうじ さいかい	再開を阻止	
20 のちに重要となる [(ゲンチ) を与えた]。 나중에 중요한 언질*을 주었다. じゅうよう あた	言質を与えた	

◆ 浮世絵(うきよえ) : (에도시대에 성행한) 풍속화
※ 유기(遊技) : 오락으로 하는 어른들의 놀이
● 언질(言質) : 나중에 꼬투리나 증거가 될 말

♠ 가교(架橋) : 다리를 놓음
♣ 간석지(干潟) : 썰물 때 드러나는 갯벌

[   ](대괄호) 안의 일본어를 한자로 적어보고, 읽는 법을 히라가나로 쓰세요.

본문 내용	대괄호 한자로 쓰기	읽는 법 쓰기
01 [(センボツ) 者]を追悼する会に参列＊した。 전몰자를 추도하는 모임에 참여했다.	戦没者	
02 [卒業生 (メイボ)] が企業宛に送られてくる。 졸업생 명부가 기업 앞으로 보내온다.	卒業生名簿	
03 合格者の[名前が (レッキ)] してある。 합격자의 이름이 나열되어 있다.	名前が列記＊	
04 クラス全員の詩を [(サッシ) にする]。 학급 전원의 시를 책자로 만들다.	冊子にする	
05 優勝チームの栄光の [(キセキ) を辿る]。 우승팀의 영광의 기적을 더듬다.	軌跡を辿る	
06 二度と[同じ (ヒゲキ)] を繰り返さない。 두번 다시 같은 비극을 반복하지 않는다.	同じ悲劇	
07 クラスを六つの [(ハン) に分ける]。 학급을 6개의 반으로 나누다.	班に分ける	
08 荷物に[手紙を (ソ) えた]。 짐에 편지를 첨부했다.	手紙を添えた	
09 祖母は[魚の (ギョウショウ)] に出かけた。 할머니는 생선 행상에 나섰다.	魚の行商	
10 手術の大きな [(キズアト) が目立つ]。 수술 후의 큰 상처가 눈에 띄다.	傷跡が目立つ	
11 [(ギキョク)] とは劇の上演用の脚本だ。 희곡이란 극의 상연용의 각본이다.	戯曲	
12 大事件の[裁判を (ボウチョウ)] した。 대사건의 재판을 방청했다.	裁判を傍聴	
13 憲法の[制定に (サンカク)] する。 헌법의 제정계획에 참여했다.	制定に参画＊	
14 [自信に (ミ) ちた]表情だ。 자신에 가득 찬 표정이다.	自信に充ちた	
15 その政策とは[一線を (カク) して]いる。 그 정책과는 일선을 긋고 있다.	一線を画して	
16 武器と [(ダンヤク) を供与＊]した。 무기와 탄약을 제공했다.	弾薬を供与	
17 批判をされた後に[態度を (コウカ)] した。 비판 받은 후에 태도가 강경해졌다.	態度を硬化＊	
18 不祥事は決して [(カンカ) できない]。 불상사를 결코 간과할 수 없다.	看過できない	
19 [溶鉱 (ロ)] にひびが入っていた。 용광로에 금이 갔다.	溶鉱炉	
20 井戸を掘って [(スイミャク) を見つけた]。 우물을 파서 수맥을 발견했다.	水脈を見つけた	

◆ 참렬(参列) : 1.반열(班列)에 참여함 2.대열이나 행렬에 참여함
◆ 참획(参画) : 계획에 참여함
＊ 경화(硬化) : 1.굳어짐 2.(태도나 의견이) 강경해짐 3.시세가 오를 낌새를 보임

◆ 열기(列記) : 열록, '나열', '나열 기록'으로 순화
◆ 공여(供与) : 어떤 물건이나 이익 따위를 상대편에게 돌아가도록 함. 제공

[   ](대괄호) 안의 일본어를 한자로 적어보고, 읽는 법을 히라가나로 쓰세요.

본문 내용	대괄호 한자로 쓰기	읽는 법 쓰기
01 [(ゲンミツ) に]言うと彼に責任はない。 엄밀히 말하면 그에게 책임은 없다.	厳密に	
02 [同じ (アヤマ) ち]をまた犯してしまった。 같은 실수를 또 저질러 버렸다.	同じ過ち	
03 政府が都合の悪い[情報を (トウセイ)] した。 정부가 사정이 나쁜 정보를 통제했다.	情報を統制	
04 政府の[方針に (ツイズイ)] する。 정부의 방침에 추종*하다.	方針に追随	
05 入学に際して[便宜を (ハカ) った]。 입학에 즈음하여 편의를 도모했다.	便宜を図った	
06 [催眠術と (センノウ)] の違いを説明する。 최면술과 세뇌의 차이를 설명하다.	催眠術と洗脳	
07 彼は企業の[一翼を (ニナ) って]いる。 그는 기업의 일익을 담당하고 있다.	一翼を担って	
08 精神を [(キョクゲン) 状態]まで追い込む。 정신을 극한상태까지 몰아넣다.	極限状態	
09 父は [(コウウン) にも]選挙に当選した。 아버지는 운이 좋게 선거에 당선되었다.	幸運にも	
10 ラジオで [(ダイホンエイ) の発表]を聞く。 라디오에서 대본영*의 발표를 듣다.	大本営の発表	
11 彼には爪を[噛む (アクヘキ)] がある。 그에겐 손톱을 씹는 나쁜 버릇이 있다.	噛む悪癖	
12 スクリーンに[映像を (トウエイ)] した。 스크린에 영상을 비쳤다.	映像を投影	
13 全国大会出場に [(ショウジュン) を合わせた]。 전국 대회 출전에 조준을 맞췄다.	照準を合わせた	
14 [欧州 (レッキョウ)] の植民活動の歴史。 유럽 열강의 식민 활동의 역사.	欧州列強	
15 [怒りの (ホコサキ)] を第三者に向けた。 분노의 화살을 제3자에게 돌렸다.	怒りの矛先	
16 職場での[立場が (アヤウ) い]。 직장에서의 입장이 위태롭다.	立場が危い	
17 不用意な発言が[事件の (ドウカ) 線]だった。 부주의한 발언이 사건의 도화선*이었다.	事件の導火線	
18 関係諸国と [(ホチョウ) をあわせる]。 관련국들과 보조를 맞추다.	歩調をあわせる	
19 [本名より (ツウショウ)] の方が有名だ。 본명보다 통칭 쪽이 유명하다.	本名より通称	
20 [(イレイ) 碑]を建てた。 위령비를 세웠다.	慰霊碑	

◆ 추종(追随) : 1.남의 뒤를 따라서 좇음 2.권력이나 권세를 가진 사람이나 자신이 동의하는 학설 따위를 별 판단 없이 믿고 따름
♣ 대본영(大本営) : 전시에 천황 에 직속되었던 육해군 최고 통수부
※ 도화선(導火線) : 1.폭약이 터지도록 불을 붙이는 심지 2.사건이 일어나게 된 직접적인 원인

[   ](대괄호) 안의 일본어를 한자로 적어보고, 읽는 법을 히라가나로 쓰세요.

본문 내용	대괄호 한자로 쓰기	읽는 법 쓰기
01 [(ケンシキ) に欠けた]答弁をする。 견식이 결여된 답변을 하다.	見識に欠けた	
02 世界において [(ルイレイ) がない]。 세계에서 유례가 없다.	類例がない	
03 失礼のない [(フクソウ)] をして行く。 실례가 안 되는 복장을 하고 가다.	服装	
04 彼は [(コマ) かい]ところによく気がつく。 그는 세밀한 부분에 잘 생각이 미친다.	細かい	
05 なんとも [(クウキョ) な理論]だ。 참으로 공허한 이론이다.	空虚な理論	
06 ほんの [(サマツ) な問題]で対立している。 아주 사소한 문제로 대립하고 있다.	些末*な問題	
07 女性の [(トウヨウ) を促進]させる。 여성의 등용을 촉진시키다.	登用を促進	
08 可能性の [(メ) を摘んで]しまう。 가능성의 싹을 따 버리다.	芽を摘んで	
09 後半戦に向けて[体力を (オンゾン)] する。 후반전을 향해 체력을 온존*하다.	体力を温存	
10 俗世間から [(カクゼツ)] された空間。 속세에서 멀리 떨어진 공간.	隔絶*	
11 教育[内容の (ジュウジツ)] を最優先にする。 교육 내용의 충실을 최우선으로 하다.	内容の充実	
12 ツアーの案内[役を (ツト) めた]。 여행 안내역을 맡았다.	役を務めた	
13 ルールが変わり [(キトクケン) を失った]。 룰(규칙)이 바뀌어 기득권을 잃었다.	既得権を失った	
14 [議会と (セッショウ)] する必要があった。 의회와 절충할 필요가 있었다.	議会と折衝	
15 [徹夜の (ハンドウ)] で体が辛い。 철야의 반동으로 몸이 힘들다.	徹夜の反動	
16 空気中に[物質が (カクサン)] した。 공기 중에 물질이 확산되었다.	物質が拡散	
17 彼女は [(ヨウゴ) 学校]の教諭になった。 그녀는 양호 학교의 교사가 되었다.	養護学校	
18 全国で [(イッセイ) に試験]が行われた。 전국에서 일제히 시험이 시행되었다.	一斉に試験	
19 日本には [(ドクトク) の文化]がある。 일본에는 독특한 문화가 있다.	独特の文化	
20 ビルの [(ケイビ) を強化]した。 빌딩의 경비를 강화했다.	警備を強化	

◆ 些末(さまつ) : 사소함, 하찮음   ◆ 온존(温存) : 1.소중히 간직함 2.(고치지 않고) 그대로 둠
◈ 격절(隔絶) : 동떨어짐, 멀리 떨어짐

[   ](대괄호) 안의 일본어를 한자로 적어보고, 읽는 법을 히라가나로 쓰세요.

본문 내용	대괄호 한자로 쓰기	읽는 법 쓰기
01 生ごみを [(ヒリョウ) にする]。음식물 쓰레기를 비료로 하다. なま	肥料にする	
02 [地球 (オンダン) 化]の影響を受ける。지구 온난화의 영향을 받다. ちきゅう　か　えいきょう　う	地球温暖化	
03 [棒の (センタン)] を握った。막대기의 끝을 쥐었다. ぼう　にぎ	棒の先端	
04 資料室は[情報の (ホウコ)] だ。자료실은 정보의 보고다. しりょうしつ　じょうほう	情報の宝庫	
05 人間は自然の [(オンケイ) に浴して]いる。인간은 자연의 은혜를 입고 있다. にんげん　しぜん　よく	恩恵に浴して	
06 この梅干はとても [(ス) っぱい]。이 매실 장아찌는 매우 시다. うめぼし	酸っぱい	
07 桜の [(カイカ) 宣言]が出た。벚꽃의 개화* 선언이 나왔다. さくら　せんげん　で	開花宣言	
08 大木* が[寿命で (コシ)] した。큰 나무가 수명이 다되어 고사했다. たいぼく　じゅみょう	寿命で枯死	
09 [結果を見 (トド) けて]から出かけた。결과를 확인하고 나서 외출했다. けっか　み　で	結果を見届けて	
10 [(ユウダイ) な自然]の風景に抱かれる。웅대한 자연의 풍경에 안기다. しぜん　ふうけい　だ	雄大な自然	
11 その映画は [(クウゼン) の大ヒット]となった。그 영화는 공전의 대히트가 えいが　だい　되었다.	空前の大ヒット	
12 [地域 (ツウカ)]は市民でも作れる。지역 통화는 시민이라도 만들 수 있다. ちいき　しみん　つく	地域通貨	
13 [支払いは (カワセ) で]お願いします。지불은 외환으로 부탁합니다. しはら　ねが	支払いは為替で	
14 約束は必ず [(リコウ)] する。약속은 반드시 이행하다. やくそく　かなら	履行	
15 大統領選挙の[有力な (コウホ)] だ。대통령 선거의 유력한 후보이다. だいとうりょうせんきょ　ゆうりょく	有力な候補	
16 周囲の[助言を (ムシ)] した。주위의 조언을 무시했다. しゅうい　じょげん	助言を無視	
17 しばらく[自宅 (リョウヨウ)] を命じられた。잠시 자택 요양을 명령받았다. じたく	自宅療養	
18 診療費用の [(メイサイ) を発行]してもらった。진료 비용의 명세를 발행해 받았다. しんりょうひよう　はっこう	明細を発行	
19 [(ゲッカン)]の科学雑誌を購入した。월간 과학 잡지를 구입했다. かがくざっし　こうにゅう	月刊	
20 [正しい (ケンシキ)] を持った人間だ。올바른 견식을 지닌 인간이다. ただ　も　にんげん	正しい見識	

◆ 개화(開花) : 꽃이 핌　　　　　　　　　　　　　　　　♣ 大木(たいぼく) : 큰 나무. 거목(巨木)

[   ](대괄호) 안의 일본어를 한자로 적어보고, 읽는 법을 히라가나로 쓰세요.

	본문 내용	대괄호 한자로 쓰기	읽는 법 쓰기
01	すさまじい [(ダクリュウ)] に飲み込まれる。 엄청난 탁류*에 휩쓸리다.	濁流	
02	友人と [(コト) を旅行]した。 친구와 고도*를 여행했다.	古都を旅行	
03	脱脂綿をアルコールに [(ヒタ) す]。 탈지면을 알코올에 적시다.	浸す	
04	大雨で[ダム (ゾウスイ)] の危険がある。 호우로 댐의 증수 위험이 있다.	ダム増水	
05	大雨で[自宅が (カンスイ)] した。 호우로 자택이 물에 잠겼다.	自宅が冠水*	
06	[怪我人が (ゾクシュツ)] した試合。 부상자가 속출한 시합.	怪我人が続出	
07	異常気象は[自然からの (ケイコク)] だ。 이상기상은 자연으로부터의 경고이다.	自然からの警告	
08	椰子の木は [(ネッタイ) の植物]だ。 야자나무는 열대 식물이다.	熱帯の植物	
09	[大陸 (ゼンイキ)] に感染が広がった。 대륙 전역에 감염이 번졌다.	大陸全域	
10	[予算の (サクゲン)] が決定した。 예산 삭감을 결정했다.	予算の削減	
11	海外進出による [(ヒヤク) を目指した]。 해외 진출에 의한 비약을 목표로 했다.	飛躍を目指した	
12	一躍 [(キャッコウ) を浴びた]発明だ。 일약 각광을 받은 발명이다.	脚光を浴びた	
13	後継者を [(イクセイ)] する。 후계자를 육성하다.	育成	
14	ある程度の [(ギョクセキコンコウ)] は目をつむる。 어느 정도의 옥석혼효*는 눈을 감는다.	玉石混交	
15	沼や水田など [(シッチ) の環境]を保全する。 늪이나 논 등 습지의 환경을 보전하다.	湿地の環境	
16	基準値までようやく [(トウタツ)] した。 기준치까지 간신히 도달했다.	到達	
17	[(チョウジュウ) の保護]に尽力した。 조수*의 보호에 진력했다.	鳥獣の保護	
18	開発と保全の [(トクシツ) を見極める]。 개발과 보전의 득실을 확인하다.	得失を見極める	
19	干潟は[開発の (ヒョウテキ)] になりやすい。 간석지는 개발의 표적이 되기 쉽다.	開発の標的	
20	今月は[懐が (ウルオ) った]。 이번 달은 주머니 사정이 두둑해졌다.	懐が潤った	

◆ 탁류(濁流) : 흘러가는 흐린 물
※ 冠水(かんすい) : (홍수로) 물에 잠김
＊ 조수(鳥獣) : 새와 짐승
♣ 고도(古都) : 옛 도읍
♠ 옥석혼효(玉石混交) : 질 좋은 것과 나쁜 것이 뒤섞여 있음

[   ](대괄호) 안의 일본어를 한자로 적어보고, 읽는 법을 히라가나로 쓰세요.

본문 내용	대괄호 한자로 쓰기	읽는 법 쓰기
01 [(ハギ) れの良い]話し方をする。 시원시원한 말투를 하다. <small>よ はな かた</small>	歯切れの良い	
02 企業の[不正を (アバ) いた]。 기업의 부정을 폭로했다. <small>きぎょう ふせい</small>	不正を暴いた	
03 些細なことで[人生が (アンテン)] した。 사소한 일로 인생이 악화됐다. <small>ささい じんせい</small>	人生が暗転	
04 [ご (タクセン)] に耳を傾ける。 신탁에 귀를 기울이다. <small>みみ かたむ</small>	ご託宣*	
05 [(チョウボ) を不正に]書き換える。 장부를 부정으로 고쳐 쓰다. <small>ふせい か か</small>	帳簿を不正に	
06 県が [(コウチョウカイ) を開催] した。 현이 공청회를 개최했다. <small>けん かいさい</small>	公聴会を開催	
07 [(アクマ) のような]囁きに惑わされた。 악마와 같은 속삭임에 현혹되었다. <small>ささや まど</small>	悪魔のような	
08 [企業の (ナイジョウ)] をよく知る人物。 기업의 내부 사정을 잘 아는 인물. <small>きぎょう し じんぶつ</small>	企業の内情	
09 彼の手の上で [(オド) らされる]。 그의 손아귀에 놀아나다. <small>かれ て うえ</small>	踊らされる	
10 だんだん [(ハリ) の穴] が見えなくなった。 점점 바늘구멍이 보이지 않게 되었다. <small>あな み</small>	針の穴	
11 [世の中を (フウシ)] した漫画だ。 세상을 풍자한 만화다. <small>よ なか まんが</small>	世の中を風刺	
12 どこに出しても [(ハ) ずかしくない]実績。 어디에 내놓아도 부끄럽지 않은 실적. <small>だ じっせき</small>	恥ずかしくない	
13 長い間 [(コウキョウ) を維持] し続けた。 오래 동안 호황을 계속 유지했다. <small>なが あいだ いじ つづ</small>	好況を維持	
14 この開発は世界の[市場を (セッケン)] した。 이 개발은 세계의 시장을 석권했다. <small>かいはつ せかい しじょう</small>	市場を席巻	
15 彼はとても [(ゴウヨク) な人間]だ。 그는 매우 욕심이 강한 인간이다. <small>かれ にんげん</small>	強欲な人間	
16 [強風に (ソナ) えて]玄関を補強した。 강풍에 대비하여 현관을 보강했다. <small>きょうふう げんかん ほきょう</small>	強風に備えて	
17 挨拶に行くのが [(ツウレイ)] だ。 인사하러 가는 것이 관례이다. <small>あいさつ</small>	通例	
18 最新の[医療 (キキ)] を揃えた。 최신 의료 기기를 갖추었다. <small>さいしん いりょう そろ</small>	医療機器	
19 [高 (セイノウ)] の住宅を建てた。 고성능 주택을 지었다. <small>こう じゅうたく た</small>	高性能	
20 [(シンライ) を揺るがす]ような事件だ。 신뢰를 뒤흔드는 듯한 사건이다. <small>ゆ じけん</small>	信頼を揺るがす	

◆ 託宣(たくせん) : 신이 사람에게 알림. 신탁(神託).

[   ](대괄호) 안의 일본어를 한자로 적어보고, 읽는 법을 히라가나로 쓰세요.

본문 내용	대괄호 한자로 쓰기	읽는 법 쓰기
01　昨年末に[娘が (タンジョウ)] した。 작년 말에 딸이 태어났다. 　　さくねんまつ　むすめ	娘が誕生	
02　[(コハン) に立つ]高級別荘。 호숫가에 자리 잡은 고급 별장. 　　　　　た　こうきゅうべっそう	湖畔*に立つ	
03　[町内会が (シュサイ)] している夏祭り。 반상회가 주최하고 있는 여름 축제. 　　ちょうないかい　　　　　　　なつまつ	町内会が主催	
04　[夏場は (セツデン)] にご協力ください。 여름철은 절전에 협력해 주세요. 　　なつば　　　　　　　きょうりょく	夏場は節電	
05　今までとは [(ギャク) の方法]で攻める。 지금까지와는 반대의 방법으로 공격하다. 　　いま　　　　　　　ほうほう　せ	逆の方法	
06　商品の [(カカク) を見直す]。 상품의 가격을 재점검하다. 　　しょうひん　　　　みなお	価格を見直す	
07　[貧富の (サ)] が激しい地域。 빈부의 차이가 심한 지역. 　　ひんぷ　　　　はげ　ちいき	貧富の差	
08　我々にとって [(ユウエキ) な情報]を入手した。 우리들에게 있어 　　われわれ　　　　　　　じょうほう　にゅうしゅ　유익한 정보를 입수했다.	有益な情報	
09　この商品の [(ゲンカ) を計算]する。 이 상품의 원가를 계산하다. 　　しょうひん　　　　けいさん	原価を計算	
10　とても [(ソン) をした]気分だ。 매우 손해를 본 기분이다. 　　　　　　　　きぶん	損をした	
11　交通事故が増えた [(シュイン) を探った]。 교통사고가 늘어난 주요인을 조사했다. 　　こうつうじこ　ふ　　　　　　　さぐ	主因を探った	
12　[(ムネ)] に手を当てて考えた。 가슴에 손을 대고 생각했다. 　　　　　て　あ　　かんが	胸	
13　彼が[疑惑の (カチュウ)] にいる人だ。 그가 의혹의 와중에 있는 사람이다. 　　かれ　ぎわく　　　　　　ひと	疑惑の渦中	
14　経済が[右 (カタ) あがり]だった時代。 경제가 빠르게 성장했던 시대. 　　けいざい　みぎ　　　　　　じだい	右肩あがり	
15　戦没者へ [(アイトウ) の意]を表した。 전몰자에게 애도의 뜻을 표했다. 　　せんぼつしゃ　　　　　い　ひょう	哀悼の意	
16　[プロに (ヒッテキ) する]技術がある。 프로에 필적하는 기술이 있다. 　　　　　　　　ぎじゅつ	プロに匹敵する	
17　地方への[人口 (カンリュウ) 策]を考える。 지방에 대한 인구 환류책을 생각하다. 　　ちほう　　じんこう　　　　　さく　かんが	人口還流策	
18　財政難からの [(ダッキャク) を試みる]。 재정난으로부터의 탈각*을 시도하다. 　　ざいせいなん　　　　　　　こころ	脱却を試みる	
19　[国外 (ツイホウ)] 処分を受けた。 국외 추방 처분을 받았다. 　　こくがい　　　　　しょぶん　う	国外追放	
20　森林破壊に対する [(ケイショウ)] だろうか。 삼림 파괴에 대한 경종일까? 　　しんりんはかい　たい	警鐘	

◆ 호반(湖畔) : 호숫가　　　　　　　　　　　　　　✦ 탈각(脱却) : (좋지 않은 상태에서) 벗어남. 빠져 나옴

[　　　](대괄호) 안의 일본어를 한자로 적어보고, 읽는 법을 히라가나로 쓰세요.

본문 내용	대괄호 한자로 쓰기	읽는 법 쓰기
01 運動場に [(コウシンキョク)] が流れる。 운동장에 행진곡이 흐른다. うんどうじょう　　　　　　　　なが	行進曲	
02 最近は図書館に行く [(キカイ) が減った]。 최근에는 도서관에 갈 기회가 줄었다. さいきん　としょかん　い　　　　　　へ	機会が減った	
03 記念品贈呈の [(モクロク) を渡した]。 기념품 증정 목록을 건넸다. きねんひんぞうてい　　　　　　わた	目録を渡した	
04 ニュースで大々的に [(ホウ) じられた]。 뉴스에서 대대적으로 보도되었다. だいだいてき	報じられた	
05 被害者[支援の (キウン)] が全国的に高まる。 피해자 지원의 기운이 ひがいしゃ しえん　　　　　ぜんこくてき たか　 전국적으로 높아지다.	支援の機運	
06 とても [(セイノウ) の良い]車だ。 매우 성능이 좋은 차다. よ　くるま	性能の良い	
07 [道具を (クシ) して]火をおこした。 도구를 사용하여 불을 피웠다. どうぐ	道具を駆使して	
08 彼は [(タクゼツ)] した頭脳を持つ学者。 그는 탁월한 두뇌를 지닌 학자. かれ　　　　　　　ずのう　も　がくしゃ	卓絶*	
09 彼は全く[意に (カイ) して]いない。 그는 전혀 마음에 두고 있지 않다. かれ まった　い	意に介して	
10 [金属の (レッカ)] を防ぐ塗装。 금속의 열화*를 방지하는 도장. きんぞく　　　　　ふせ とそう	金属の劣化	
11 書類改ざんの[証拠を (インメツ)] した。 서류개찬*의 증거를 은멸했다. しょるいかい　　　しょうこ	証拠を隠滅	
12 マンションの [(ジョウソウ) 階]に住む。 맨션의 맨 위층에 살다. かい　す	上層階	
13 食への[信頼を (シッツイ)] させた。 음식에 대한 신뢰를 실추시켰다. しょく　しんらい	信頼を失墜	
14 社長から[専務に (コウカク)] した。 사장에서 전무로 격하되었다. しゃちょう せんむ	専務に降格*	
15 [(ジョウム) 取締役]の任に就いた。 상무 이사에 취임했다. とりしまりやく　にん　つ	常務取締役	
16 先ほどの交信を最後に [(ショウソク) を絶った]。 조금 전의 교신을 마지막으로 さき　こうしん さいご　　　　　　　　 た　 소식을 끊었다.	消息を絶った	
17 日本[酒を (ジョウセイ)] した。 일본 술을 빚었다. にほんしゅ	酒を醸成*	
18 強豪チームを[延長戦で (タオ)] した]。 강호 팀을 연장전에서 쓰러뜨렸다. きょうごう　　　　　 えんちょうせん	延長戦で倒した	
19 教育[制度を (ヘンカク)] した。 교육제도를 변혁했다. きょういく せいど	制度を変革	
20 初対面で[強烈な (インショウ)] を受けた。 첫 대면에서 강렬한 인상을 받았다. しょたいめん きょうれつ　　　　　　 う	強烈な印象	

◆ 卓絶(たくぜつ) : 탁월. 비길 데 없이 뛰어남　　　　　　◆ 열화(劣化) : 품질이나 성능 등이 나빠짐
※개찬(改ざん) : 글의 뜻을 달리하기 위하여 글의 일부 구절이나 글자를 일부러 고침
♠ 降格(こうかく) : 자격이나 등급, 지위 따위의 격이 낮아짐. 격하　　　* 양성(醸成) : 1.(술·간장 등을) 빚음 2.기운·상태 등을 조성함

[   ](대괄호) 안의 일본어를 한자로 적어보고, 읽는 법을 히라가나로 쓰세요.

본문 내용	대괄호 한자로 쓰기	읽는 법 쓰기
01 [(ソウギョウ) 当時]の苦労話を聞く。 창업 당시의 고생한 이야기를 듣다. とうじ　くろうばなし　き	創業当時	
02 企業の成り立ちを [(シャシ) で学ぶ]。 기업의 성립을 회사의 연혁으로 배우다. きぎょう　な　た　まな	社史*で学ぶ	
03 年末に [(イナカ) に帰省]する。 연말에 시골에 귀성하다. ねんまつ　きせい	田舎に帰省	
04 応援していた[球団が (バイシュウ)] された。 응원했던 구단이 매수되었다. おうえん　きゅうだん	球団が買収	
05 彼は[開設 (トウショ)] からのメンバーだ。 그는 개설 당시부터의 멤버이다. かれ　かいせつ	開設当初	
06 改革が徐々に [(シントウ) し始めた]。 개혁이 서서히 침투하기 시작했다. かいかく　じょじょ　はじ	浸透し始めた	
07 音楽の [(イホウ) コピー]が見つかった。 음악의 위법 복사가 발견되었다. おんがく　み	違法コピー	
08 ひょんな事から[事件が (ハッカク)] した。 뜻밖의 일에서 사건이 발각되었다. こと　じけん	事件が発覚	
09 彼の信頼を[著しく (ソコ) ねて]しまった。 그의 신뢰를 현저하게 저버리고 말았다. かれ　しんらい　いちじる	著しく損ねて	
10 ホームページの [(モンゴン) を引用]する。 홈페이지의 문언을 인용하다. いんよう	文言を引用	
11 現在の[地位に (アンカン)] としている。 현재의 지위에 편안하고 げんざい　ちい　한가로이 지내고 있다.	地位に安閑*	
12 [部長に (ショウカク)] した。 부장으로 승격했다. ぶちょう	部長に昇格	
13 掌の[血管が (ス) けて]見える。 손바닥의 혈관이 비쳐 보이다. てのひら　けっかん　み	血管が透けて	
14 これからは [(テキザイテキショ)] で行こう。 이제부터는 적재적소*로 가자. い	適材適所	
15 数日間[営業を (ジシュク)] した。 며칠간 영업을 자숙했다. すうじつかん　えいぎょう	営業を自粛	
16 [機能不全を (ロテイ)] した改革だ。 기능 부전을 드러낸 개혁이다. きのうふぜん　かいかく	機能不全を露呈*	
17 鮫は [(ハイニョウ) 器官]が未発達だ。 상어는 배뇨기관이 발달되어 있지 않다. さめ　きかん　みはったつ	排尿器官	
18 怖い映画を見て [(シッキン)] しそうになった。 공포 영화를 보고 실금*할 듯 했다. こわ　えいが　み	失禁	
19 人としての [(ソンゲン) を考える]。 사람으로서의 존엄을 생각하다. ひと　かんが	尊厳を考える	
20 仕事で[長時間 (コウソク)] された。 일로 장시간 구속되었다. しごと　ちょうじかん	長時間拘束	

♦ 사사(社史) : 창립 이래의 회사의 연혁 　　　　　　♣ 안한(安閑) : 한가로움. 태평스러움
※ 적재적소(適材適所) : 알맞은 인재를 알맞은 자리에 씀. '알맞은 곳', '적절한 자리'로 순화
♣ 노정(露呈) : 드러냄. 드러남 　　　　　　　　　　　※ 실금(失禁) : 대소변이 자신의 뜻과는 관계없이 배설됨

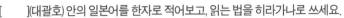

[   ](대괄호) 안의 일본어를 한자로 적어보고, 읽는 법을 히라가나로 쓰세요.

본문 내용	대괄호 한자로 쓰기	읽는 법 쓰기
01 敵国の [(クウバク) に備えて]訓練する。 적국의 공중 폭격에 대비해 훈련하다. _{てきこく} _{そな} _{くんれん}	空爆に備えて	
02 [(イシツ) の文化]を互いに認め合った。 이질*문화를 서로 인정했다. _{ぶんか} _{たが} _{みと} _あ	異質の文化	
03 この爆弾は [(ツウジョウ)] の数百倍の威力だ。 이 폭탄은 통상(보통)의 _{ばくだん} _{すうひゃくばい} _{いりょく} 수백 배의 위력이다.	通常	
04 毛糸で[マフラーを (ア) む]。 털실로 머플러를 짜다. _{けいと}	マフラーを編む	
05 ホームページを [(ウンエイ)] している。 홈페이지를 운영하고 있다.	運営	
06 パンフレットを二千部 [(インサツ)] した。 팸플릿*을 2천부 인쇄했다. _{にせんぶ}	印刷	
07 寝る前に[戸締りの (テンケン)] をする。 자기 전에 문단속 점검을 하다. _ね _{まえ} _{とじま}	戸締りの点検	
08 [名刺を]五百部 [(ス) った]。 명함을 5백부 인쇄했다. _{めいし} _{ごひゃくぶ}	名刺を刷った	
09 この村は [(コウレイ) 者]の多い地域だ。 이 마을은 고령자가 많은 지역이다. _{むら} _{しゃ} _{おお} _{ちいき}	高齢者	
10 [(ナマミ) の人間]の姿を伝える。 살아있는 인간의 모습을 전하다. _{にんげん} _{すがた} _{つた}	生身の人間	
11 [環境 (ハカイ)] の実態を認識する。 환경 파괴의 실태를 인식하다. _{かんきょう} _{じったい} _{にんしき}	環境破壊	
12 雪が[降り (ツ) もった]。 눈이 내려 쌓였다. _{ゆき} _ふ	降り積もった	
13 [(ツナ) 取り]に挑戦する。 쓰나토리*에 도전하다. _と _{ちょうせん}	綱取り	
14 時間と[労力を (ツイヤ) した]作品。 시간과 노력을 쏟아 부은 작품. _{じかん} _{ろうりょく} _{さくひん}	労力を費した	
15 [筆と (スミ)] を準備する。 붓과 묵을 준비하다. _{ふで} _{じゅんび}	筆と墨	
16 敵陣の中央を [(キョウコウトッパ)] した。 적진의 중앙을 강행 돌파했다. _{てきじん} _{ちゅうおう}	強行突破	
17 完成まで [(ザンテイ) 的に利用]する。 완성까지 잠정적으로 이용하다. _{かんせい} _{てき} _{りよう}	暫定的に利用	
18 飛行機が [(チャクリク) 態勢]に入った。 비행기가 착륙 태세에 들어갔다. _{ひこうき} _{たいせい} _{はい}	着陸態勢	
19 窓の外に [(アヤ) しい人影]を見た。 창문 밖에 수상한 사람의 그림자를 봤다. _{まど} _{そと} _{ひとかげ} _み	怪しい人影	
20 世界王者のタイトルを [(ウバ) われた]。 세계 왕자 타이틀을 빼앗겼다. _{せかいおうじゃ}	奪われた	

◆ 이질(異質) : 성질이 다름　　　　　　　　　　　　　◆ 팸플릿(パンフレット) : 소책자
● 쓰나토리(綱取り) : (일본 씨름에서) 오제키가 좋은 성적을 올려 요코즈나가 되려고 하는 것

[   ](대괄호)안의 일본어를 한자로 적어보고, 읽는 법을 히라가나로 쓰세요.

본문 내용	대괄호 한자로 쓰기	읽는 법 쓰기
01 疑惑が徐々に [(カイメイ) され始めた]。의혹이 서서히 해명되기 시작했다. ぎ わく じょじょ はじ	解明され始めた	
02 [恐竜が (セイソク)] していた時代。공룡이 서식했던 시대. きょうりゅう じ だい	恐竜が生息	
03 夜空には [(シンピ) 的な魅力]がある。밤하늘에는 신비적인 매력이 있다. よ ぞら てき み りょく	神秘的な魅力	
04 [長い (ネム) り]から目覚めた熊。긴 잠에서 깬 곰. なが め ざ くま	長い眠り	
05 恐竜が [(ゼツメツ) した理由]を探る。공룡이 멸종한 이유를 찾다. きょうりゅう り ゆう さぐ	絶滅*した理由	
06 組織を新しい[体制に (イコウ)] させる。조직을 새로운 체제로 이행시키다. そ しき あたら たいせい	体制に移行	
07 [先生を (マジ) えた]懇談会を企画した。선생님을 섞은 간담회를 기획했다. せんせい こんだんかい き かく	先生を交えた	
08 [恐竜の (コッカク)] はとても大きい。공룡의 골격(뼈대)은 매우 크다. きょうりゅう おお	恐竜の骨格	
09 [(テンジ) 品]には手を触れないでください。전시품에는 손을 대지 말아 주세요. ひん て ふ	展示品	
10 [(ミチ) の領域]へ踏み込んだ。미지의 영역에 발을 들여 놓았다. りょういき ふ こ	未知の領域	
11 [(ノホウズ) な生き方]を望んでいる。방약무인한 삶을 희망하고 있다. い かた のぞ	野放図な生き方	
12 [健康 (ユウリョウ) 児]として表彰された。건강 우량아로서 표창을 받았다. けんこう じ ひょうしょう	健康優良児	
13 多国籍[企業 (サンカ)] の会社。다국적 기업 산하의 회사. た こくせき き ぎょう かいしゃ	企業傘下	
14 [(ソトボリ)] から埋めていく。외호*부터 메워 가다. う	外堀	
15 パーティーの[日付を (カン) 違い]した。파티의 날짜를 착각했다. ひ づけ ちが	日付を勘違い	
16 彼は[大統領を (ホサ)] している。그는 대통령을 보좌하고 있다. かれ だいとうりょう	大統領を補佐	
17 海外の[企業を (シサツ)] する。해외 기업을 시찰하다. かいがい き ぎょう	企業を視察	
18 彼は [(ショクセキ) をまっとう]して退任した。그는 직책을 완수하고 퇴임했다. かれ たいにん	職責をまっとう	
19 [虎の (イ)] を借る狐。호가호위*. とら か きつね	虎の威	
20 証拠隠滅は [(ゲンゼン) たる事実]だ。증거 인멸은 엄연한 사실이다. しょう こ いんめつ じ じつ	厳然たる事実	

◆ 절멸(絶滅) : 아주 없어짐. 또는 아주 없앰. 근절, 멸종   ♣ 외호(外堀) : 성의 바깥 둘레의 해자(垓字)
✽ 호가호위(狐假虎威) : 남의 권세를 빌려 위세를 부림의 비유

[　　](대괄호) 안의 일본어를 한자로 적어보고, 읽는 법을 히라가나로 쓰세요.

본문 내용	대괄호 한자로 쓰기	읽는 법 쓰기
01 地球も銀河系に存在する [(ワクセイ) の一つ]だ。 지구도 은하계에 존재하는 혹성의 하나이다. ちきゅう ぎんがけい そんざい	惑星の一つ	
02 美しい風景を[カメラに (オサ) める]。 아름다운 풍경을 카메라에 담다. うつく ふうけい	カメラに収める	
03 言葉では [(ケイヨウ) しがたい]悲惨な光景だ。 말로는 형용하기 어려운 비참한 광경이다. ことば ひさん こうけい	形容しがたい	
04 地震で校舎の[壁が (クズ) れた]。 지진으로 학교 건물 벽이 무너졌다. じしん こうしゃ かべ	壁が崩れた	
05 彼の[姿が (ノウリ) に]よみがえる。 그의 모습이 뇌리에 되살아나다. かれ すがた	姿が脳裏に	
06 目の裏に [(ヤ) きついた風景]。 눈의 이면에 강렬히 새겨진 풍경. め うら ふうけい	焼きついた風景	
07 子供の成長の[記録を (エイゾウ)] として残す。 아이의 성장 기록을 영상으로 남기다. こども せいちょう きろく のこ	記録を映像	
08 [大帝国の (セイスイ)] を本に記す。 대제국의 성쇠*를 책에 기록하다. だいていこく ほん しる	大帝国の盛衰	
09 [(ミチスジ)] から離れて山に迷い込んだ。 코스에서 이탈해 산 속을 헤맸다. はな やま まよ こ	道筋	
10 [(ベンリ) な世の中]になったと思う。 편리한 세상이 되었다고 생각한다. よ なか おも	便利な世の中	
11 [(キガ) に苦しむ]人々を救済する。 기아에 허덕이는 사람들을 구제하다. くる ひとびと きゅうさい	飢餓に苦しむ	
12 経営が軌道に乗るまでの [(ムショウ) 援助]。 경영이 궤도에 오르기까지의 무상 원조. けいえい きどう の えんじょ	無償援助	
13 一本一本[糸を (ツム) いだ]。 실 하나 하나를 뽑았다. いっぽんいっぽん いと	糸を紡いだ	
14 [(マボロシ) の銘酒]を復活させた。 환상의 명주를 부활시켰다. めいしゅ ふっかつ	幻の銘酒	
15 [将来を見 (ス) えた]計画を立てる。 장래를 내다본 계획을 세우다. しょうらい み けいかく た	将来を見据えた	
16 [武道を (ショウレイ)] した。 무도를 장려했다. ぶどう	武道を奨励	
17 値段が [(ノキ) 並み]高騰した。 가격이 일제히 급등했다. ねだん な こうとう	軒並み	
18 もう [(ガマン) の限界]だ。 더 이상 참을 수 없다. げんかい	我慢の限界	
19 楽団の[欠員を (ホジュウ)] した。 악단의 결원을 보충했다. がくだん けついん	欠員を補充	
20 いくつかの [(ジレイ) を挙げて]説明した。 몇 가지 사례를 들어 설명했다. あ せつめい	事例を挙げて	

◆ 성쇠(盛衰) : 성하고 쇠퇴함

[   ](대괄호) 안의 일본어를 한자로 적어보고, 읽는 법을 히라가나로 쓰세요.

본문 내용	대괄호 한자로 쓰기	읽는 법 쓰기
01 [(センジュウミン)] の独特な文化がある。 선주민* 의 독특한 문화가 있다. どくとく ぶんか	先住民	
02 夏場は[台所の (エイセイ)] に気を使う。 여름철은 부엌의 위생에 신경을 쓴다. なつば だいどころ き つか	台所の衛生	
03 事故現場で[応急 (ショチ)] を施した。 사고 현장에서 응급 처치를 실시했다. じこげんば おうきゅう ほどこ	応急処置	
04 法改正には [(ショウキョク) 的な意見] が多い。 법 개정에는 소극적인 의견이 많다. ほうかいせい てき いけん おお	消極的な意見	
05 家族が [(シュッサン)] に立ち会った。 가족이 출산에 입회했다. かぞく た あ	出産	
06 彼はとても [(ガマン) 強い] 人間だ。 그는 매우 참을성이 많은 사람이다. かれ づよ にんげん	我慢強い	
07 この製品はハードな[使用に (タ) えない]。 이 제품은 하드한 사용에 せいひん しよう 견디지 못한다.	使用に耐えない	
08 学校に行く [(ジュンビ)] をする。 학교에 갈 준비를 하다. がっこう い	準備	
09 [救急 (タイイン)] が現場に駆け付けた。 구급 대원이 현장에 부랴부랴 갔다. きゅうきゅう げんば か つ	救急隊員	
10 [発展 (トジョウ) 国] での経験を生かす。 개발 도상국에서의 경험을 살리다. はってん こく けいけん い	発展途上国	
11 [道に (マヨ) って]右往左往した。 길을 잃어 우왕좌왕했다. みち うおうさおう	道に迷って	
12 試合中に[足を (フショウ)] した。 시합 중에 다리에 부상을 입었다. しあいちゅう あし	足を負傷	
13 [(ノジュク)] をしながら旅を続けた。 노숙을 하면서 여행을 계속했다. たび つづ	野宿	
14 関連する別の[問題が (ハセイ)] した。 관련된 다른 문제가 파생했다. かんれん べつ もんだい	問題が派生	
15 優秀な人材を[多数 (ハイシュツ)] する大学。 우수한 인재를 다수 배출하는 대학. ゆうしゅう じんざい たすう だいがく	多数輩出	
16 [(ホウソウ) 系] の大学へ進学した。 법조계 대학교에 진학했다. けい だいがく しんがく	法曹系	
17 博士[課程を (シュウリョウ)] した。 박사 과정을 수료했다. はかせ かてい	課程を修了	
18 [(ショウガクキン)] を受けながら勉学に励んだ。 장학금을 받으면서 면학에 힘썼다. う べんがく はげ	奨学金	
19 彼の言動は [(ハイリョ)] が足りなかった。 그의 언동은 배려가 부족했다. かれ げんどう た	配慮	
20 彼はクラス一の [(シュウサイ)] だ。 그는 학급 제일의 수재이다. かれ いち	秀才	

◆ 선주민(先住民) : 먼저 살던 사람

[   ](대괄호) 안의 일본어를 한자로 적어보고, 읽는 법을 히라가나로 쓰세요.

본문 내용	대괄호 한자로 쓰기	읽는 법 쓰기
01 海上の船は [(ワンガン) 警備隊]のものと似ている。 해상의 배는 만안* 경비대의 것과 비슷하다.	湾岸警備隊	
02 アメリカの [(コクセキ) を取得]した。 미국 국적을 취득했다.	国籍を取得	
03 外国とさかんに [(ボウエキ)] をする。 외국과 빈번히 무역을 하다.	貿易	
04 企業色を [(ゼンメン)] に押し出した広告。 기업 색을 전면에 내세운 광고.	前面	
05 エネルギー [(シゲン)] には限りがある。 에너지 자원에는 한계가 있다.	資源	
06 熱帯林がどんどん [(ショウメツ)] している。 열대림이 점점 소멸*하고 있다.	消滅	
07 外国と [(ギョギョウ) 協定]を結ぶ。 외국과 어업 협정을 맺다.	漁業協定	
08 [眠気を (モヨオ) す]ような心地良い音楽。 졸음이 오는 듯한 기분 좋은 음악.	眠気を催す	
09 周囲の[環境が (ゲキヘン)] した。 주위 환경이 격변*했다.	環境が激変	
10 暗い過去に自ら [(シュウシフ) を打った]。 어두운 과거에 스스로 종지부를 찍었다.	終止符を打った	
11 [権力 (コウソウ)] に巻き込まれた。 권력 다툼에 휘말렸다.	権力抗争*	
12 一般[病棟から (カクリ)] された。 일반 병동에서 격리되었다.	病棟から隔離	
13 アパルトヘイトを [(テッパイ)] した。 아파르트헤이트*를 철폐했다.	撤廃	
14 [植民地 (トウチ)] の歴史を学ぶ。 식민지 통치의 역사를 배우다.	植民地統治	
15 彼は [(テンケイ) 的な]企業人間だ。 그는 전형적인 기업인간이다.	典型的な	
16 計画の [(ワク) 組みが完成]した。 계획의 틀을 완성했다.	枠組みが完成	
17 [(ナイジツ) を伴わない]改革は評価できない。 내실을 수반하지 않는 개혁은 평가할 수 없다.	内実を伴わない	
18 [(テンボウ) 台]から景色を眺めた。 전망대에서 경치를 바라보았다.	展望台	
19 [(タテ) 割り]社会に反発する。 상하 관계로 움직이는 사회에 반발하다.	縦割り	
20 [販売 (センリャク)] を練る。 판매 전략을 짜다.	販売戦略	

◆ 만안(湾岸) : 만의 연안
❋ 격변(激変) : 상황 따위가 갑자기 심하게 변함
♣ 소멸(消滅) : 사라져 없어지다
♣ 항쟁(抗争) : 맞서 싸움. '다툼'으로 순화
＊ 아파르트헤이트(アパルトヘイト) : (지난날의 남아프리카 공화국의) 흑인에 대한 극단적인 인종 차별 · 인종 분리 정책

[   ](대괄호) 안의 일본어를 한자로 적어보고, 읽는 법을 히라가나로 쓰세요.

본문 내용	대괄호 한자로 쓰기	읽는 법 쓰기
01 心に余裕を持って難しい[試験に (ノゾ) む]。 마음에 여유를 가지고 어려운 시험에 임하다.	試験に臨む	
02 常識をあっさりと [(クツガエ) された]。 상식이 완전히 뒤엎어졌다.	覆された	
03 [(カンキュウ)] 織り交ぜた攻撃だ。 완급을 곁들인 공격이다.	緩急	
04 フィールド内を [(ジザイ) に駆け回る]。 필드 내를 자유자재로 뛰어다니다.	自在に駆け回る	
05 彼は誰かに [(アヤツ) られて]いるようだ。 그는 누군가에게 조종당하고 있는 것 같다.	操られて	
06 二人はバスケットが [(エン) で結婚]した。 두 사람은 농구가 인연이 되어 결혼했다.	縁で結婚	
07 スポーツの [(レンメイ)] に団体で加入した。 스포츠 연맹에 단체로 가입했다.	連盟	
08 各地で [(カイゴウ) が開かれた]。 각지에서 회합*이 열렸다.	会合が開かれた	
09 [(アイショウ)] とはニックネームのことだ。 애칭이란 닉네임을 말한다.	愛称	
10 対戦相手に大差をつけ [(カイショウ)] した。 대전 상대에게 큰 점수 차이로 압승했다.	快勝	
11 彼は改革を推進する [(ロンカク)] だ。 그는 개혁을 추진하는 논객*이다.	論客	
12 [心臓が (ヒダイ)] した。 심장이 비대해졌다.	心臓が肥大	
13 入会時の [(トクテン) が充実]している。 입회시의 특전이 충실하다.	特典が充実	
14 自らの[意見を (ノ) べた]。 자신의 의견을 말했다.	意見を述べた	
15 [新たな (トッパコウ)] を切り開いた。 새로운 돌파구를 개척했다.	新たな突破口	
16 新規[事業に (サンニュウ)] する。 신규 사업에 참가하다.	事業に参入*	
17 炭水化物は[体の (ネンリョウ)] になる。 탄수화물은 몸의 연료가 된다.	体の燃料	
18 色々な[エネルギー (ゲン)] を利用する。 여러가지 에너지원을 이용하다.	エネルギー源	
19 何よりも [(ソウゴ) 理解]が大切だ。 무엇보다도 상호 이해가 중요하다.	相互理解	
20 利用者のために [(ベンギ) をはかった]。 이용자를 위해 편의를 도모했다.	便宜をはかった	

◆ 회합(会合) : 토론이나 상담을 위하여 여럿이 모이는 일　　　　◆ 논객(論客) : 옳고 그름을 잘 논하는 사람
◈ 参入(さんにゅう) : 1.귀인을 방문함. 올라가 뵘 2.들어감. 참가함

[   ](대괄호) 안의 일본어를 한자로 적어보고, 읽는 법을 히라가나로 쓰세요.

본문 내용	대괄호 한자로 쓰기	읽는 법 쓰기
01 向こう[三 (ゲン)] 両隣り。 맞은편 3채가 서로 이웃.	三軒	
02 彼の一族が代々権力の[座を (シ) めた]。 그의 일족이 대대로 권력의 자리를 차지했다.	座を占めた	
03 今晩 [(ネ) るホテル]を決める。 오늘밤 잠을 잘 호텔을 정하다.	寝るホテル	
04 花見に一番よい[場所を (カクホ)] した。 꽃구경에 가장 좋은 장소를 확보했다.	場所を確保	
05 年末に [(タタミ) の張り替え]をした。 연말에 다다미를 교체했다.	畳の張り替え	
06 暗い星は [(ニクガン)] では見えづらい。 어두운 별은 육안으로는 보기 힘들다.	肉眼	
07 日本は核の [(ホユウ) 国]ではない。 일본은 핵보유국이 아니다.	保有国	
08 アメリカの [(コクボウ) 長官]が来日した。 미국의 국방 장관이 방일했다.	国防長官	
09 収入よりも [(シシュツ) が多い]。 수입보다도 지출이 많다.	支出が多い	
10 [(ウンメイ) にほんろう]された人生だった。 운명에 농락된 인생이었다.	運命にほんろう	
11 彼は国際社会の [(キラ) われ者]だ。 그는 국제 사회에서 미움받는 사람이다.	嫌われ者	
12 罪のない[市民を (ギャクサツ)] した。 죄가 없는 시민을 학살했다.	市民を虐殺	
13 フーリガン [(ゼンレキ) 者]を渡航禁止にした。 훌리건*전력이 있는 사람을 도항 금지 시켰다.	前歴者	
14 台風の[被害は (ジンダイ) だ]。 태풍의 피해는 막대하다.	被害は甚大だ	
15 [(ユイイツ) の楽しみ]は生け花だ。 유일한 낙은 꽃꽂이이다.	唯一の楽しみ	
16 政府に[損害 (バイショウ)] を請求する。 정부에 손해 배상을 청구하다.	損害賠償	
17 [罪を (マヌガ) れる]ことはできない。 죄를 모면할 수는 없다.	罪を免れる	
18 [事実の (ソンピ)] を棚上げした。 사실의 존재 여부를 보류했다.	事実の存否*	
19 ホームページに [(メンセキ) 事項]を記載する。 홈페이지에 면책 사항을 기재하다.	免責事項	
20 [現実を (セイシ)] できない。 현실을 직시할 수 없다.	現実を正視*	

◆ 훌리건(フーリガン) : 소동을 일으키는 광적인 축구 팬
❋ 정시(正視) : 직시, 바로 봄

❋ 존부(存否) : 1.존폐 2.존재 여부 3.생존 여부

264

[   ](대괄호) 안의 일본어를 한자로 적어보고, 읽는 법을 히라가나로 쓰세요.

본문 내용	대괄호 한자로 쓰기	읽는 법 쓰기
01 誰も[実物の (ユウレイ)] は見たことがない。 누구나 실물 유령은 본적이 없다. <small>だれ じつぶつ み</small>	実物の幽霊	
02 家宝を [(シソン) の代]まで伝える。 가보를 자손의 대까지 전하다. <small>か ほう だい つた</small>	子孫の代	
03 美しい風景を[写真に (ト) る]。 아름다운 풍경을 사진으로 찍다. <small>うつく ふうけい しゃしん</small>	写真に撮る	
04 [食糧が (ソコ)] をつきかけた。 식량이 바닥을 들어내기 시작했다. <small>しょくりょう</small>	食糧が底	
05 世界一周の [(タビ) に出る]。 세계 일주 여행에 나서다. <small>せかいいっしゅう で</small>	旅に出る	
06 その遺跡は今回 [(グウゼン) 発見]された。 그 유적은 이번에 우연히 발견되었다. <small>い せき こんかい はっけん</small>	偶然発見	
07 彼は [(ニク) めない性格]をしている。 그는 미워할 수 없는 성격을 가지고 있다. <small>かれ せいかく</small>	憎めない性格	
08 毎朝 [(ネッシン) に]観察を続ける。 매일 아침 열심히 관찰을 계속하다. <small>まいあさ かんさつ つづ</small>	熱心に	
09 大学を [(チュウト) で退学]する。 대학교를 중도에 퇴학하다. <small>だいがく たいがく</small>	中途で退学	
10 [中途 (ハンパ) な]仕事をするな。 어중간한 일을 하지마라. <small>ちゅう と しごと</small>	中途半端な	
11 犯人の乗った[車が (メイソウ)] している。 범인이 탄 차가 불규칙하게 <small>はんにん の くるま</small> 이동하고 있다.	車が迷走*	
12 市内に私立[大学が (シンセツ)] された。 시내에 사립 대학이 신설되었다. <small>し ない しりつ だいがく</small>	大学が新設	
13 家賃の支払いが [(トドコオ) って]いる。 집세 지불이 밀려 있다. <small>や ちん し はら</small>	滞って	
14 一味は[全国に (ブンサン)] した。 일당은 전국에 갈라져 흩어졌다. <small>いち み ぜんこく</small>	全国に分散	
15 老後のために [(チョチク) を始めた]。 노후를 위해 저축을 시작했다. <small>ろうご はじ</small>	貯蓄を始めた	
16 自由な[校風が (シントウ)] している。 자유로운 교풍이 침투하고 있다. <small>じゆう こうふう</small>	校風が浸透	
17 今日の[天気は (ハ) れ]だ。 오늘의 날씨는 맑음이다. <small>きょう てんき</small>	天気は晴れ	
18 図書館の [(エツラン) 室]を利用した。 도서관의 열람실을 이용했다. <small>と しょかん しつ りよう</small>	閲覧室	
19 それも[成功の (イチイン)] だ。 그것도 성공의 한 원인이다. <small>せいこう</small>	成功の一因	
20 今晩は [(ミョウ) に明るい]。 오늘밤은 묘하게 밝다. <small>こんばん あか</small>	妙に明るい	

◆ 미주(迷走) : 정해진 통로·진로 이외의 길로 달림

すし[寿司]

초밥. 식초로 맛을 낸 밥에 생선과 조개 등을 더한 요리.
혹은 소금으로 절인 생선을 자연 발효 시킨 것을 말한다. 스시에 넣는 재료는
전갱이, 정어리, 가자미, 고등어, 삼치, 꽁치, 방어, 넙치, 다랑어, 뱀장어,
새우, 오징어, 낙지, 전복, 피조개, 성게, 캐비아 등이 쓰인다.

PART
09

[   ](대괄호) 안의 일본어를 한자로 적어보고, 읽는 법을 히라가나로 쓰세요.

본문 내용	대괄호 한자로 쓰기	읽는 법 쓰기
01 使い方は解説書に [(キサイ)] してあります。 사용법은 해설서에 기재되어 つか かた かいせつしょ 있습니다.	記載	
02 安全を [(サイユウセン) に]考えた設計をする。 안전을 최우선으로 생각한 あんぜん かんが せっけい 설계를 하다.	最優先に	
03 スケジュールは[大幅に (チエン)] している。 스케줄은 크게 지연되어 있다. おおはば	大幅に遅延	
04 [ことの (ホッタン)] は一通の手紙だ。 일의 발단은 한 통의 편지이다. いっつう て がみ	ことの発端	
05 私の [(ノウリョク) の限界]を超えた。 내 능력의 한계를 넘었다. わたし げんかい こ	能力の限界	
06 [無限の (カノウセイ)] が広がっている。 무한한 가능성이 펼쳐져 있다. むげん ひろ	無限の可能性	
07 [(アイツ) いで]トラブルが発生した。 잇달아 문제가 발생했다. はっせい	相次いで	
08 それは[売上に (チョッケツ)] した問題だ。 그것은 매상에 직결된 문제이다. うりあげ もんだい	売上に直結	
09 彼は [(ザイカイ) のドン]と呼ばれた。 그는 재계의 보스라고 불렸다. かれ よ	財界のドン	
10 日本の[将来を (ウレ) いた]趣旨の発言。 일본의 장래를 걱정한 취지의 발언. に ほん しょうらい しゅ し はつげん	将来を憂いた	
11 システムの構築[費用を (シサン)] した。 시스템의 구축 비용을 시산했다. こうちく ひ よう	費用を試算	
12 [商品を (リョウサン)] して薄利多売する。 상품을 양산하여 박리다매하다. しょうひん はく り た ばい	商品を量産	
13 国の [(チョッカツ) 事業]として実施された。 정부의 직할 사업으로서 실시되었다. くに じ ぎょう じっし	直轄事業	
14 安全な場所に [(ヒナン)] をした。 안전한 장소에 피난을 했다. あんぜん ば しょ	避難	
15 有毒な火山ガスが [(フンシュツ)] している。 유독한 화산 가스가 분출하고 있다. ゆうどく か ざん	噴出	
16 工事は [(イゼン)] 進んでいない。 공사는 여전히 진행되고 있지 않다. こう じ すす	依然	
17 [防災を (ショカン)] している機関がある。 방재를 소관* 하고 있는 기관이 있다. ぼうさい き かん	防災を所管	
18 安全を [(ネントウ) に置いた]作業をする。 안전을 염두에 둔 작업을 하다. あんぜん お さ ぎょう	念頭に置いた	
19 [村の (コロウ)] に昔話を聞いた。 마을 노인에게 옛날이야기를 들었다. むら むかしばなし き	村の古老	
20 毎朝[電車で (ツウキン)] している。 매일 아침 전차로 통근하고 있다. まいあさ でんしゃ	電車で通勤	

◆ 소관(所管) : 맡아 관리하는 바

[   ](대괄호) 안의 일본어를 한자로 적어보고, 읽는 법을 히라가나로 쓰세요.

본문 내용	대괄호 한자로 쓰기	읽는 법 쓰기
01 不信任決議案可決で [(シッショク)] した。 불신임 결의안 가결로 실직했다. ふ しんにんけつ ぎ あん か けつ	失職	
02 彼の父は軍事 [(ヒョウロン) 家]だ。 그의 아버지는 군사 평론가이다. かれ ちち ぐんじ か	評論家	
03 彼女の[表情は (カメン)] のようだ。 그녀의 표정은 가면과 같다. かのじょ ひょうじょう	表情は仮面	
04 会社員から[政治家へ (テンシン)] した。 회사원에서 정치가로 전신*했다. かいしゃいん せいじ か	政治家へ転身	
05 [政治家を (ナザ) し]して批判する。 정치가를 지명하여 비판하다. せいじ か ひ はん	政治家を名指し	
06 彼は討論の[ツボを (ココロエ) て]いる。 그는 토론의 급소를 알고 있다. かれ とうろん	ツボを心得て	
07 愛情は[憎悪に (テンカ)] していった。 애정은 증오로 바뀌어 갔다. あいじょう ぞう お	憎悪に転化	
08 余分なものを [(ハイ) して]きた。 필요이상의 것을 배제해왔다. よ ぶん	排して	
09 ここを [(アンジュウ) の地]と定めた。 여기를 안주의 땅으로 정했다. ち さだ	安住の地	
10 無理なのは [(ショウチ) の上]だ。 무리인 것은 알고 있다. む り うえ	承知の上	
11 知事選挙で[見事に (アッショウ)] した。 지사 선거에서 당당히 압승했다. ち じ せんきょ み ごと	見事に圧勝	
12 いくつかの[金属を (ユウゴウ)] させた。 몇 가지 금속을 융합시켰다. きんぞく	金属を融合	
13 公共事業への [(イゾン) 度]が高い。 공공사업에 대한 의존도가 높다. こうきょう じ ぎょう ど たか	依存度	
14 [(タイボウ) の新製品]が発売された。 대망의 신제품이 발매되었다. しんせいひん はつばい	待望の新製品	
15 彼の[意見に (サンドウ)] するものが多い。 그의 의견에 찬동하는 자가 많다. かれ い けん おお	意見に賛同	
16 鍋の底が [(コ) げついて]しまった。 냄비 바닥이 타버렸다. なべ そこ	焦げついて	
17 事件現場を[とことん (セイサ)] した。 사건 현장을 철저히 조사했다. じ けんげん ば	とことん精査*	
18 その件については [(カクヤク)] は出来ない。 그 건에 대해서는 확약*은 할 수 없다. けん で き	確約	
19 新たな [(カンバン) を掲げた]。 새로운 간판을 내걸었다. あら かか	看板を掲げた	
20 現時点での[最善の (ホウサク)] を考える。 현시점에서의 최선의 방책을 생각하다. げんじ てん さいぜん かんが	最善の方策	

◆ 전신(転身) : 신분·직업·생활 방침 등을 완전히 바꿈   ✦ 정사(精査) : 자세히 조사함

✳ 확약(確約) : 확실하게 약속함

[   ](대괄호) 안의 일본어를 한자로 적어보고, 읽는 법을 히라가나로 쓰세요.

본문 내용	대괄호 한자로 쓰기	읽는 법 쓰기
01 野原で [(アオム) け]に転がった。 들판에서 반듯이 누웠다. のはら　　　　　　　ころ	仰向け	
02 初冬の街を [(シグレ)] が通り過ぎた。 초겨울의 거리를 비가 지나갔다. しょとう まち　　　　　とお す	時雨*	
03 特急はこの[駅を (ツウカ)] します。 특급은 이 역을 통과합니다. とっきゅう　　えき	駅を通過	
04 [お (ボン)] には帰省します。 오봉에는 귀성합니다. きせい	お盆*	
05 [(ハカ)] に布団は着せられず。 효행을 하고 싶을 때는 부모는 없다. ふとん き	墓	
06 難問続きで[精神的に (マイ) った]。 어려운 문제가 계속되어 정신적으로 질렸다. なんもんつづ　　せいしんてき	精神的に参った	
07 大雨の中で蛙が[大 (ガッショウ)] をしている。 호우 속에서 개구리가 おおあめ なか かえる だい　　　　　　　대합창을 하고 있다.	大合唱	
08 [蜂の (タイグン)] に襲われたら危険だ。 벌의 대군에 습격을 받으면 위험하다. はち　　　　　おそ　　　 きけん	蜂の大群	
09 デザインを [(カッテ) に変更] した。 디자인을 제멋대로 변경했다. へんこう	勝手に変更	
10 [蝶が (ウカ)] する瞬間をビデオで撮った。 나비가 우화* 하는 순간을 ちょう　　　　　　しゅんかん　　　 と　　　 비디오로 찍었다.	蝶が羽化	
11 [自らの (アヤマ) ち]を素直に認めた。 본인의 잘못을 순수하게 인정했다. みずか　　　　　　　すなお みと	自らの過ち	
12 体制の[見直しが (キュウム)] だ。 체제의 재검토가 급선무다. たいせい みなお	見直しが急務	
13 機体に [(ビサイ) なキズ]が見つかった。 기체에 미세한 흠(결점)이 발견되었다. きたい　　　　　　　　 み	微細なキズ	
14 不祥事により [(ソウギョウ) を停止] した。 불상사로 조업을 정지했다. ふしょうじ　　　　　　　　ていし	操業を停止	
15 その件で [(シャクメイ) の余地]はない。 그 건으로 변명할 여지는 없다. けん　　　　　　　　よち	釈明*の余地	
16 宇宙から[無事 (キカン)] した。 우주에서 무사히 귀환했다. うちゅう ぶじ	無事帰還	
17 この設計図の [(コンカン) をなす]部分だ。 이 설계도의 근간을 이루는 부분이다. せっけいず　　　　　　　　ぶぶん	根幹をなす	
18 テロ組織の[残党が (アンヤク)] している。 테러조직의 잔당이 암약* 하고 있다. そしき ざんとう	残党が暗躍	
19 諸[勢力を (キュウゴウ)] した。 여러 세력을 규합했다. しょ せいりょく	勢力を糾合	
20 捜査は [(アンショウ)] に乗り上げた。 수사는 암초에 좌초했다. そうさ　　　　　　　　の あ	暗礁	

◆ 時雨(しぐれ) : 1.(늦가을부터 초겨울에 걸쳐) 오다 말다 하는 비 2.한바탕 계속되는 것의 비유

♣ お盆(ぼん) 우란분재, 백중맞이 [음력 7월 보름]　　　　 ✻ 우화(羽化) : 곤충의 번데기가 성충이 되어 날개가 돋음

♠ 석명(釈明) : 변명. 해명　　　　　　　　　　　　　　 ✻ 암약(暗躍) : 남에게 알려지지 않도록 책동하는 것

[   ](대괄호) 안의 일본어를 한자로 적어보고, 읽는 법을 히라가나로 쓰세요.

본문 내용	대괄호 한자로 쓰기	읽는 법 쓰기
01 あまりの恐怖に気が [(クル) いそうだ]。 지나친 공포에 미칠 것 같다. きょうふ き	狂いそうだ	
02 父は家族に[莫大な (イサン)] を残した。 아버지는 가족에게 막대한 유산을 남겼다. ちち かぞく ばくだい のこ	莫大な遺産	
03 父から[土地を (ソウゾク)] した。 아버지로부터 토지를 상속했다. ちち とち	土地を相続	
04 新手*の[犯罪が (キュウゾウ)] した。 새로운 수법의 범죄가 급증했다. あらて はんざい	犯罪が急増	
05 [(ホウカ) の疑い]で事情聴取を受けた。 방화 혐의로 사정 청취를 받았다. うたが じじょうちょうしゅ う	放火の疑い	
06 [(ケイサツ) 官]が地域をパトロールしている。 경찰관이 지역을 순찰하고 있다. かん ちいき	警察官	
07 日本は [(チアン) がいい]ほうだ。 일본은 치안이 좋은 편이다. にほん	治安がいい	
08 祖父の容態が[突然 (アッカ)] した。 할아버지의 병세가 갑자기 악화되었다. そふ ようたい とつぜん	突然悪化	
09 [駅の (コウナイ)] で待ち合わせをした。 역 구내에서 만나기로 했다. えき ま あ	駅の構内	
10 突然[事件の (ヒガイシャ)] になった。 갑자기 사건의 피해자가 되었다. とつぜん じけん	事件の被害者	
11 そのイベントは[大好評を (ハク) した]。 그 이벤트는 대호평을 받았다. だいこうひょう	大好評を博した	
12 暗闇の中で[目を (コ) らして]みた。 어둠 속에서 응시해 봤다. くらやみ なか め	目を凝らして	
13 [耳を (ス) ませて]風の音を聞いた。 귀를 기울여 바람 소리를 들었다. みみ かぜ おと き	耳を澄ませて	
14 彼女は [(ハナ) やかな印象]の女性だ。 그녀는 화려한 인상(느낌)의 여성이다. かのじょ いんしょう じょせい	華やかな印象	
15 懸命に[感情を (ヨクセイ)] した。 최대한 감정을 억제했다. けんめい かんじょう	感情を抑制	
16 チームの再建に[力を (ソソ) いだ]。 팀의 재건에 주력했다. さいけん ちから	力を注いだ	
17 封建的な組織に [(カザアナ) を開けた]。 봉건적인 조직에 구멍을 냈다. ほうけんてき そしき あ	風穴を開けた	
18 子供の頃は [(アサヂエ)] だった。 어린 시절에는 잔꾀를 부렸다. こども ころ	浅知恵	
19 [(イッコク) も早い]解決を望む。 한시라도 빠른 해결을 바란다. はや かいけつ のぞ	一刻も早い	
20 不況の影響で[工場を (ヘイサ)] した。 불황의 영향으로 공장을 폐쇄했다. ふきょう えいきょう こうじょう	工場を閉鎖	

◆ 新手(あらて) : 새로운 수단・방법. 새로운 취향

[　　]**(대괄호) 안의 일본어를 한자로 적어보고, 읽는 법을 히라가나로 쓰세요.**

본문 내용	대괄호 한자로 쓰기	읽는 법 쓰기
01 [(ホッキョクケン)] にオーロラを見に行く。 북극권에 오로라를 보러 가다.	北極圏	
02 [(エンライ) の客]を心からもてなす。 멀리서 온 손님을 정성을 다해 대접하다.	遠来の客	
03 この程度の傷なら [(ダイジョウブ) だ]。 이 정도의 상처라면 괜찮다.	大丈夫だ	
04 欧州に[数週間 (タイザイ)] する予定だ。 유럽에 몇 주일 체재할 예정이다.	数週間滞在	
05 海岸に[不審*物が (ヒョウチャク)] した。 해안에 수상한 것이 떠돌어다녔다.	不審物が漂着*	
06 祖母の死を [(ナゲ) き悲しんだ]。 할머니의 죽음을 슬퍼하며 탄식했다.	嘆き悲しんだ	
07 [(イキョウ) の地]に思いを馳せる。 타관을 생각하다.	異郷の地	
08 彼の [(シンソウ) 心理]を推し測る。 그의 심층 심리를 헤아리다.	深層心理	
09 試合展開に [(イッキイチユウ)] する。 시합의 전개에 일희일우하다.	一喜一憂	
10 それは[日本 (コライ)] の知恵だ。 그것은 일본 예로부터의 지혜다.	日本古来	
11 学力の [(スイジュン) が低下]している。 학력 수준이 저하되고 있다.	水準が低下	
12 [(キゲン) を切って]処理を求めた。 기한을 정하고 처리를 요구했다.	期限を切って	
13 具体的な [(ショウコ) を提出]した。 구체적인 증거를 제출했다.	証拠を提出	
14 政府は [(コヨウ) 対策]を促進した。 정부는 고용대책을 촉진했다.	雇用対策	
15 [(ホウカツテキ) な協議]が行われている。 포괄적인 협의를 하고 있다.	包括的な協議	
16 [物資を (ゴウダツ)] された。 물자를 강탈당했다.	物資を強奪	
17 [核物質の (サシュ)] には重い刑が課される。 핵물질의 사취*에는 중형이 부과된다.	核物質の詐取	
18 [(キョウハク) 電話]が何度もかかってきた。 협박 전화가 몇 번이나 걸려 왔다.	脅迫電話	
19 相当の[刑を (カ)] された]。 (죄에) 상당하는 형을 구형받았다.	刑を科された	
20 高校生を [(シヤ) に入れた]商品開発。 고등학생을 시야에 넣은 상품 개발.	視野に入れた	

◆ 불심(不審) : 의심스러움. 수상함
♣ 표착(漂着) : 1.물결에 떠돌아다니다가 어떤 물에 닿음 2.정처 없이 떠돌아다니다가 일정한 곳에 정착함
※ 사취(詐取) : 남의 것을 거짓으로 속여서 빼앗음

[   ](대괄호)안의 일본어를 한자로 적어보고, 읽는 법을 히라가나로 쓰세요.

본문 내용	대괄호 한자로 쓰기	읽는 법 쓰기
01 国会で [(ドゴウ)] が飛び交った。 국회에서 성내는 소리가 난무했다. こっかい　　　　と　か	怒号*	
02 険悪なムードに [(ツツ) まれた]。 험악한 분위기에 휩싸였다. けんあく	包まれた	
03 彼は周囲との [(キョウチョウ) 性]に欠けている。 그는 주위와의 협조성이 かれ　しゅうい　　　　　せい　か　　　　　결여되어 있다.	協調性	
04 テロの予告で急遽[演説を (チュウダン)] した。 테러 예고로 갑작스럽게 よこく　きゅうきょ えんぜつ　　　　　　　연설을 중단했다.	演説を中断	
05 [新薬の (ケンキュウ)] が日々続いている。 신약 연구가 매일 이어지고 있다. しんやく　　　　　　ひびつづ	新薬の研究	
06 彼に [(ツウレツ) な一言]を浴びせた。 그에게 통렬한 한마디를 퍼부었다. かれ　　　　　ひとこと　あ	痛烈な一言	
07 事件に対する[踏込んだ (ゲンキュウ)] をした。 사건에 대한 깊이 파고든 じけん　たい　　ふみこ　　　　　　　　　　언급을 했다.	踏込んだ言及	
08 対話を重視した外交 [(ロセン) を堅持]する。 대화를 중시한 외교노선을 たいわ　じゅうし　がいこう　　　　　けんじ　견지*하다.	路線を堅持	
09 廃れたブランドの [(フッケン) に奔走]した。 한물간 브랜드의 복권에 분주했다. すた　　　　　　　　　　　　ほんそう	復権に奔走	
10 失敗の[原因を (ジモン)] した。 실패의 원인을 자문했다. しっぱい　げんいん	原因を自問	
11 [(セツジツ) な問題]に直面した。 절실한 문제에 직면했다. もんだい　ちょくめん	切実な問題	
12 その決定は[人々を (ラクタン)] させた。 그 결정은 사람들을 낙담시켰다. けってい　ひとびと	人々を落胆	
13 [悪口の (オウシュウ)] に閉口した。 험담의 응수에 질렸다. わるくち　　　　　　へいこう	悪口の応酬	
14 社会の [(フウチョウ) を反映]している。 사회의 풍조를 반영하고 있다. しゃかい　　　　　　　はんえい	風潮を反映	
15 自然界からの [(ケイコク)] を見逃さない。 자연계로 부터의 경고를 놓치지 않는다. しぜんかい　　　　　　　みのが	警告	
16 地方と都会の[経済 (カクサ)] が拡大した。 지방과 도시의 경제 격차가 확대되었다. ちほう　とかい　けいざい　　　　かくだい	経済格差	
17 企業の [(ショクタク) 社員]になる。 기업의 촉탁* 사원이 되다. きぎょう　　　　　　　しゃいん	嘱託社員	
18 [政界との (ユチャク)] を指摘された。 정계와의 유착*을 지적받았다. せいかい　　　　　　　してき	政界との癒着	
19 海外ビジネスを [(テガ)] けて]いる。 해외 비즈니스에 직접 손을 대고 있다. かいがい	手掛けて	
20 [(カンサ) 法人]を設立した。 감사 법인을 설립했다. ほうじん　せつりつ	監査法人	

◆ 노호(怒号) : 성을 내어 소리 지름
◆ 촉탁(嘱託) : 정식 직원이 아니나 업무를 위촉함. 또는 위촉 받은 사람
◆ 견지(堅持) : 1.어떤 견해나 입장 따위를 굳게 지니거나 지킴 2.굳게 지지함
◆ 유착(癒着) : (비유적으로) 바람직하지 않은 상태로 결합됨

[   ](대괄호) 안의 일본어를 한자로 적어보고, 읽는 법을 히라가나로 쓰세요.

본문 내용	대괄호 한자로 쓰기	읽는 법 쓰기
01 ここは[車の (オウライ)] が激しい道路だ。 여기는 자동차의 왕래가 빈번한 도로다.	車の往来	
02 大陸から [(ブンブツ) が伝来]した。 대륙에서 문물이 전래되었다.	文物が伝来	
03 議会の決定に [(イギ) を唱えた]。 의회의 결정에 이의를 제기했다.	異議を唱えた	
04 新しい[ビルの (メイショウ)] を一般に公募した。 새로운 빌딩의 명칭을 일반에게 공모했다.	ビルの名称	
05 ここはかつて[農業用 (スイロ)] だった。 여기는 옛날에 농업용 수로였다.	農業用水路	
06 彼は [(ヒョウジュン) 的な体格]をしている。 그는 표준적인 체격을 하고 있다.	標準的な体格	
07 懐かしいゲームの[人気が (サイネン)] した。 정다운 게임의 인기가 재연되었다.	人気が再燃	
08 アマゾンの[奥地を (タンケン)] する。 아마존의 벽지를 탐험하다.	奥地を探検	
09 その取り決めには誰も [(イロン) あるまい]。 그 결정에는 아무도 이론은 없을 것이다.	異論あるまい	
10 [(メイジツ) ともに]優れた青年だ。 명실 공히 뛰어난 청년이다.	名実ともに	
11 郵便局で[国債を (コウニュウ)] した。 우체국에서 국채를 구입했다.	国債を購入	
12 開業資金を [(ユウシ) で賄った]。 개업 자금을 융자로 조달했다.	融資で賄った	
13 本名とペンネームを [(ヘイキ)] した。 본명과 펜네임을 병기했다.	併記	
14 ここは軍事[攻撃の (キョテン)] だった。 여기는 군사 공격의 거점이었다.	攻撃の拠点	
15 [地方の (カソ) 化]が深刻化している。 지방의 과소화가 심각해지고 있다.	地方の過疎化	
16 幾つかの [(ヘイガイ)] が生じた。 몇 가지 폐해가 생겼다.	弊害	
17 議員としての [(レンケツ) さに欠けて]いる。 의원으로서의 청렴 결벽이 결여되어 있다.	廉潔さに欠けて	
18 [岩の (シンショク)] が激しい。 바위의 침식이 심하다.	岩の浸食	
19 [(クサ) い]ものに蓋をした。 구린 것에 뚜껑을 덮다. (추한 것을 드러나지 않게 하다.)	臭い	
20 新薬の[開発に (キヨ)] した。 신약 개발에 기여했다.	開発に寄与	

274

[   ](대괄호) 안의 일본어를 한자로 적어보고, 읽는 법을 히라가나로 쓰세요.

본문 내용	대괄호 한자로 쓰기	읽는 법 쓰기
01 一年近く[連絡が (トダ) えて]いた。 1년 가까이 연락이 두절되었다. いちねんちか　　　れんらく	連絡が途絶えて	
02 美しいメロディーを [(カナ) でる楽器]。 아름다운 멜로디를 연주하는 악기. うつく　　　　　　　　　　がっき	奏でる楽器	
03 [(セイヤ)] とはクリスマスイブのことだ。 성야라는 것은 크리스마스이브를 말한다.	聖夜	
04 業務の [(ショウサイ) な解説]が欲しい。 업무의 상세한 해설을 원한다. ぎょうむ　　　　　　　　かいせつ　ほ	詳細な解説	
05 彼は [(フクエキ) 中]に獄中で亡くなった。 그는 복역 중에 옥중에서 사망했다. かれ　　　　　　　ちゅう　ごくちゅう　な	服役中	
06 作品から家庭[環境が (スイサツ)] できる。 작품에서 가정 환경을 짐작할 수 있다. さくひん　　かてい　かんきょう	環境が推察	
07 旧友との再会に [(カンキワ) まった]。 옛 친구와의 재회에 너무나 감격했다. きゅうゆう　　さいかい	感極まった	
08 美しい風景に心が [(ナグサ) められた]。 아름다운 풍경에 마음을 위로받았다. うつく　ふうけい　こころ	慰められた	
09 たくさん食べたのでそろそろ [(マンプク)] だ。 많이 먹어서 　　　　た　　　　　　　　　　　　　이제 슬슬 배가 부르다.	満腹	
10 その事件は多くの [(ハモン) を呼んだ]。 그 사건은 많은 파문을 불렀다. じけん　おお　　　　　　　　よ	波紋を呼んだ	
11 高層[ビルが (トウカイ)] した。 고층 빌딩이 부서져 무너졌다. こうそう	ビルが倒壊*	
12 彼らは [(ドウホウ) 意識]が強い。 그들은 동포 의식이 강하다. かれ　　　　　　いしき　つよ	同胞意識	
13 [人目を (シノ) んで]会いに来た。 남의 눈을 꺼리며 만나러 왔다. ひとめ　　　　　　　あ　き	人目を忍んで	
14 民族間に[大きな (ヘダ) たり]がある。 민족 간에 큰 차이가 있다. みんぞくかん　おお	大きな隔たり	
15 容疑者として [(ミガラ) を拘束]された。 용의자로서 신변을 구속당했다. ようぎしゃ　　　　　　　　こうそく	身柄を拘束	
16 エアコンの[温度を (チョウセツ)] した。 에어컨의 온도를 조절했다. おんど	温度を調節	
17 一回に丸薬を[二 (ジョウ) 服用] している。 1회에 알약을 2정 복용하고 있다. いっかい　がんやく　に　　　　ふくよう	二錠服用	
18 数種類の[薬を (ヘイヨウ)] している。 여러 종류의 약을 병용하고 있다. すうしゅるい　くすり	薬を併用	
19 患者に[薬を (ショホウ)] した。 환자에게 약을 처방했다. かんじゃ　くすり	薬を処方	
20 [(アクジュンカン)] を繰り返している。 악순환을 되풀이 하고 있다. 　　　　　　　　　　く　かえ	悪循環	

◆ 도괴(倒壊) : 넘어지거나 무너짐

[   ](대괄호) 안의 일본어를 한자로 적어보고, 읽는 법을 히라가나로 쓰세요.

본문 내용	대괄호 한자로 쓰기	읽는 법 쓰기
01 [(ショウハイ)] は時の運。 승패는 그때의 운이며, 강자가 반드시 이기는 것은 아니다. とき うん	勝敗	
02 [試合は (ハンテイ)] に持ち込まれた。 시합은 판정으로 넘겨지게 되었다. しあい も こ	試合は判定	
03 [ゴミは (ホウチ)] してはいけない。 쓰레기는 방치해서는 안된다.	ゴミは放置	
04 雨で[試合が (チュウダン)] した。 비로 시합이 중단됐다. あめ しあい	試合が中断	
05 [(コウゲキ)] にびくともしない城塞。 공격에 꿈쩍도 않는 성채. じょうさい	攻撃	
06 [社員を (ゾウキョウ)] して拡大をはかる。 사원을 증강하여 확대를 도모하다. しゃいん かくだい	社員を増強	
07 [(ケッチャク) がつかず]明日に持ち越した。 결말이 나지 않아 내일로 미뤄졌다. あした も こ	決着がつかず	
08 エベレスト[登頂に (チョウセン)] した。 에베레스트 등정에 도전했다. とうちょう	登頂に挑戦	
09 奇跡的に [(シショウ) 者]はゼロだった。 기적적으로 사상자는 제로였다. きせきてき しゃ	死傷者	
10 [(ケンカイ) の相違]だと思う。 견해의 차이라고 생각한다. そうい おも	見解の相違	
11 [(ヒカン) 的に]考えるのはやめよう。 비관적으로 생각하는 것은 그만두자. てき かんが	悲観的に	
12 アメリカ [(イッペントウ) は危険]だ。 미국 일변도*는 위험하다. き けん	一辺倒は危険	
13 彼女は[独特の (フンイキ)] がある。 그는 독특한 분위기가 있다. かのじょ どくとく	独特の雰囲気	
14 その[言葉は (キンモツ)] です。 그 말은 금물입니다. ことば	言葉は禁物	
15 必要[事項を (モウラ)] した。 필요사항을 망라*했다. ひつよう じこう	事項を網羅	
16 丁寧に [(シャレイ) を断った]。 정중히 사례(품)를 거절했다. ていねい ことわ	謝礼を断った	
17 彼は [(ソッキン)] には甘い。 그는 측근에게는 엄하지 않다. かれ あま	側近	
18 [財政的 (ハイケイ)] のない政策。 재정적 배경이 없는 정책. ざいせいてき せいさく	財政的背景	
19 両党首の [(ロンセン) が見物]だ。 양 당수의 논전*이 볼만하다. りょうとうしゅ みもの	論戦が見物	
20 悪の [(オンショウ) 地帯]。 악의 온상*지대. あく ちたい	温床地帯	

◆ 일변도(一辺倒) : 한쪽으로만 치우침. '한쪽 쏠림'으로 순화   ♣ 망라(網羅) : 남김없이 모으거나 갖춤
® 논전(論戦) : 논쟁. 서로 다른 의견을 가진 사람들이 각각 자기의 주장을 말이나 글로 논하여 다툼
♠ 온상(温床) : (비유적으로) 좋지 않은 일이 일어나기 쉬운 환경

276

[   ](대괄호) 안의 일본어를 한자로 적어보고, 읽는 법을 히라가나로 쓰세요.

본문 내용	대괄호 한자로 쓰기	읽는 법 쓰기
01 服に煙草の匂いが [(シ) みついた]。 옷에 담배 냄새가 배었다.	染みついた	
02 彼はとても [(タンセイ) な顔つき]をしている。 그는 매우 단정한 얼굴을 하고 있다.	端正な顔つき	
03 修学旅行で [(ブツゾウ)] を見て回った。 수학여행에서 불상을 구경하며 돌아다녔다.	仏像	
04 町内会で[地域の (ジュンカイ)] をした。 반상회에서 지역 순찰을 했다.	地域の巡回	
05 この辺りは[交通の (ヨウショウ)] といわれる。 이 부근은 교통 요충지로 불린다.	交通の要衝	
06 [(ミキ)] のしっかりとした大木だ。 나무줄기가 튼튼한 큰 나무이다.	幹	
07 [内容の (コ) い] 討論会だった。 내용이 충실한 토론회였다.	内容の濃い	
08 [(セイオウ) の文化]を積極的に取り入れた。 서구의 문화를 적극적으로 수용했다.	西欧の文化	
09 目を覆いたくなるような [(サンジョウ)] だ。 눈을 가리고 싶어지는 듯한 참상이다.	惨状	
10 世界の[平和を (キキュウ)] している。 세계의 평화를 희구*하고 있다.	平和を希求	
11 ここは[文明の (ハッショウ) 地]だ。 여기는 문명의 발상지이다.	文明の発祥地	
12 民衆の[不満が (ウズ) 巻いて]いる。 민중의 불만이 소용돌이 치고 있다.	不満が渦巻いて	
13 上司の[決定に (イギ)] を申し立てた。 상사의 결정에 이의를 제기했다.	決定に異議	
14 [(ジュンキョウ) 者]ゆかりの地を訪ねる。 순교자 연고지를 방문하다.	殉教者	
15 [交渉が (フクロコウジ)] に入り込んでしまった。 교섭이 진퇴유곡에 빠져들고 말았다.	交渉が袋小路	
16 [(タイショコウショ)] から物ごとを見る。 넓은 안목에서 사물을 보다.	大所高所	
17 [(デントウ) 芸能]を見に行った。 전통 예술을 보러 갔다.	伝統芸能	
18 お互いが[文書に (ショメイ)] をした。 서로가 문서에 서명을 했다.	文書に署名	
19 田舎ではまだ [(カヤ) を使って]いた。 시골에서는 아직 모기장을 사용하고 있었다.	蚊帳を使って	
20 [怪我人の (シンサツ)] をした。 부상자를 진찰했다.	怪我人の診察	

◆ 희구(希求) : 강하게 바라고 구함

[   ](대괄호) 안의 일본어를 한자로 적어보고, 읽는 법을 히라가나로 쓰세요.

본문 내용	대괄호 한자로 쓰기	읽는 법 쓰기
01 戦没者 [(ツイトウ) 式典]に出席した。 전몰자 추도식에 참석했다. せんぼつしゃ　　　　しきてん　　しゅっせき	追悼式典	
02 これは有名な芸術家の [(バンネン) の作品]だ。 이것은 유명한 예술가의 ゆうめい　げいじゅつか　　　　　　さくひん　　만년의 작품이다.	晩年の作品	
03 これは [(ミカン)] に終わった交響曲だ。 이것은 미완성으로 끝난 교향곡이다. お　　　　こうきょうきょく	未完	
04 音楽の時間に [(リンショウ)] をした。 음악 시간에 돌림 노래를 했다. おんがく　じかん	輪唱	
05 その治療は大変な[痛みを (トモナ) う]。 그 치료는 대단한 통증을 수반한다. ちりょう　たいへん　いた	痛みを伴う	
06 中小[企業を (シエン)] する制度が出来た。 중소기업을 지원하는 제도가 생겼다. ちゅうしょう　きぎょう　　　　　　せいど　でき	企業を支援	
07 なかなか[手の (コ) んだ]やり方だ。 꽤 치밀하게 짜여진 방식이다. て　　　　　　　　　かた	手の込んだ	
08 [戦争 (コンゼツ)] のために活動する。 전쟁 근절을 위해 활동하다. せんそう　　　　　　　　　かつどう	戦争根絶	
09 それは [(エイキュウ) 不変]の真理だ。 그것은 영구불변의 진리이다. ふへん　しんり	永久不変	
10 最良*の道を [(サグ) り続ける]。 가장 좋은 길을 계속 모색하다. さいりょう　みち　　　　　つづ	探り続ける	
11 [(マテンロウ) の群れ]を突き抜ける高さだ。 마천루의 무리를 관통하는 높이다. む　つ　ぬ　　たか	摩天楼の群れ	
12 [(キョウシン) 的な]人間の怖さを痛感する。 광신적인 인간의 공포를 통감하다. てき　にんげん　こわ　　つうかん	狂信的な	
13 間隙を突いた [(キシュウ) 攻撃]が成功した。 허를 찌른 기습 공격이 성공했다. かんげき　つ　　　　　　こうげき　せいこう	奇襲攻撃	
14 [(サツバツ)] とした光景が広がっている。 살벌한 광경이 펼쳐져 있다. こうけい　ひろ	殺伐	
15 戦前には [(ダンソンジョヒ)] がまかり通っていた。 전쟁 전에는 せんぜん　　　　　　　　　　　　　　とお　　남존여비가 판을 쳤다.	男尊女卑	
16 [宗教が (ダンアツ)] された時代があった。 종교가 탄압받았던 시대가 있었다. しゅうきょう　　　　　じだい	宗教が弾圧	
17 それはあまりにも [(ザンコク) な]仕打ちだ。 그것은 너무나도 잔혹한 처사이다. しう	残酷な	
18 [(ドレイ) 制度]を廃止した。 노예 제도를 폐지했다. せいど　はいし	奴隷制度	
19 彼には [(テンヨ) の才]がある。 그에게는 천부적인 재능이 있다. かれ　　　　　　さい	天与の才	
20 他人の[助言を (ケンキョ) に]受け止めた。 남의 조언을 겸허하게 받아들였다. たにん　じょげん　　　　　　う　と	助言を謙虚に	

278

[   ](대괄호) 안의 일본어를 한자로 적어보고, 읽는 법을 히라가나로 쓰세요.

본문 내용	대괄호 한자로 쓰기	읽는 법 쓰기
01 [日本を (ダイヒョウ)] する作家の一人だ。 일본을 대표하는 작가 중 한사람이다. にほん　　　　　　　　　さっか　ひとり	日本を代表	
02 友人の [(ケッコン) 式]に招待された。 친구의 결혼식에 초대받았다. ゆうじん　　　　　　しき　しょうたい	結婚式	
03 この国の文化に [(ミ) せられた]。 이 나라의 문화에 매료되었다. くに　ぶんか	魅せられた	
04 [強い (ジリョク)] に引き寄せられた。 강한 자력에 이끌렸다. つよ　　　　　　　　ひ よ	強い磁力	
05 その言動で [(フカイ) な気分]になった。 그의 언동으로 불쾌한 기분이 되었다. げんどう　　　　　　きぶん	不快な気分	
06 窓際で[風鈴が (ユ) れる]音がする。 창가에서 풍경이 흔들리는 소리가 난다. まどぎわ　ふうりん　　　　　おと	風鈴が揺れる	
07 彼は明日までの[完成を (ダンゲン)] した。 그는 내일까지의 완성을 단언했다. かれ　あした　　　　　かんせい	完成を断言	
08 受付は[丁寧な (オウタイ) を心がけること。 접수처는 정중한 응대에 유의할 것. うけつけ　ていねい　　　　　　こころ	丁寧な応対	
09 [多種 (タヨウ) な]生き方を尊重する。 다양한 삶의 방식을 존중하다. たしゅ　　　　　い かた　そんちょう	多種多様な	
10 これまでの[話に (フゲン)] して述べる。 지금까지의 이야기에 덧붙여 말하다. はなし　　　　　　　　の	話に付言	
11 彼らはとても [(ハイタテキ) な]集団だ。 그들은 매우 배타적인 집단이다. かれ　　　　　　　　　　しゅうだん	排他的な	
12 [台風の (シュウライ)] を懸命にしのいだ。 태풍의 내습을 힘껏 견디어 냈다. たいふう　　　　　　　けんめい	台風の襲来	
13 彼らの犯行の[可能性が (ノウコウ) だ]。 그들의 범행 가능성이 농후하다. かれ　はんこう　か のうせい	可能性が濃厚だ	
14 [不審船を (ツイセキ)] した。 수상한 배를 추적했다. ふ しんせん	不審船を追跡	
15 手紙を [(ヒンパン) にやり取り]する。 편지를 빈번히 주고받다. て がみ　　　　　　　　　と	頻繁にやり取り	
16 自分の姿を[鏡に (ウツ) す]。 자신의 모습을 거울에 비추다. じぶん　すがた　かがみ	鏡に映す	
17 金融機関の破綻も [(ヒッシ) だった]。 금융기관의 파탄도 불가피했다. きんゆうきかん　は たん	必至だった	
18 それは上層部の [(クジュウ) の決断]だった。 그것은 상층부의 힘든 결단이었다. じょうそうぶ　　　　　　けつだん	苦渋*の決断	
19 [交通 (キセイ)] を行った。 교통 규제를 실시했다. こうつう　　　　　おこな	交通規制	
20 後継者が育たない [(ドジョウ)] だ。 후계자가 자라지 못하는 토양(환경)이다. こうけいしゃ　そだ	土壌	

[   ](대괄호) 안의 일본어를 한자로 적어보고, 읽는 법을 히라가나로 쓰세요.

본문 내용	대괄호 한자로 쓰기	읽는 법 쓰기
01 私は [(ジ) らされる]のは嫌いだ。 나는 애태워지는 것은 싫다.	焦らされる	
02 相手の気を引く [(センジュツ) を考える]。 상대의 관심을 끄는 전술을 생각하다.	戦術を考える	
03 煙草は健康のために [(ヒカ) える]。 담배는 건강을 위해 삼가다.	控える	
04 美しい風景を[心に (ト) める]。 아름다운 풍경을 마음에 새겨 두다.	心に留める	
05 新製品を [(ハデ) に宣伝]する。 신제품을 화려하게 선전하다.	派手に宣伝	
06 不祥事が[次々と (ロケン)] した。 불상사가 연이어 드러났다.	次々と露見	
07 そんな[噂は (ジジツムコン)] だ。 그런 소문은 사실무근이다.	噂は事実無根	
08 観客を [(ア) きさせない]演技をする。 관객을 질리게 하지 않는 연기를 하다.	飽きさせない	
09 抗議のために [(イスワ) った]。 항의를 위해 눌러 앉았다.	居座った	
10 事件の責任を取り [(タイジン)] した。 사건의 책임을 지고 퇴진했다.	退陣	
11 彼は卓球部の [(ユウレイ) 部員]だ。 그는 탁구부의 유령부원이다.	幽霊部員	
12 高額収入を得るための [(レンキンジュツ)]。 고액 수입을 얻기 위한 연금술.	錬金術	
13 最先端の[技術を (クシ)] した。 최첨단의 기술을 구사했다.	技術を駆使	
14 賄賂を貰っているのは [(シュウチ) の事実]だ。 뇌물을 받고 있는 것은 주지의 사실이다.	周知の事実	
15 インターネットで[情報を (ケンサク)] した。 인터넷으로 정보를 검색했다.	情報を検索	
16 国民の基本的[権利を (ヨウゴ)] する。 국민의 기본적 권리를 옹호하다.	権利を擁護	
17 [法律の (ゴウケンセイ)] が裁判で争われた。 법률의 합헌성을 재판에서 다퉜다.	法律の合憲性	
18 時代遅れの法律の[改正を (サケ) んだ]。 시대착오의 법률 개정을 외쳤다.	改正を叫んだ	
19 長年の[裁判で (チクセキ)] した判例。 오랜 세월 재판으로 축적*한 판례.	裁判で蓄積	
20 [下手に (シゲキ)] をしない方がいい。 어설프게 자극을 하지 않는 편이 좋다.	下手に刺激	

◆ 축적(蓄積) : 지식, 경험, 자금 따위를 모아서 쌓음

[   ](대괄호) 안의 일본어를 한자로 적어보고, 읽는 법을 히라가나로 쓰세요.

본문 내용	대괄호 한자로 쓰기	읽는 법 쓰기
01 その子は [(キセキ) 的に]助かった。 그 아이는 기적적으로 살았다.	奇跡的に	
02 友人宅から[会社へ (チョッコウ)] した。 친구 집에서 회사로 직행했다.	会社へ直行	
03 著名人が新聞に[詩を (キコウ)] した。 저명인이 신문에 시를 기고*했다.	詩を寄稿	
04 彼は [(セイギ) 感]の強い人間だ。 그는 정의감이 강한 인간이다.	正義感	
05 リーグ戦の[首位を (ドクソウ)] している。 리그전의 수위를 독주하고 있다.	首位を独走	
06 彼は[三段 (ロンポウ)] で押してきた。 그는 3단 논법으로 밀고 왔다.	三段論法	
07 彼の論文は [(ハゲ) しい 批判]を浴びた。 그의 논문은 격렬한 비판을 받았다.	激しい批判	
08 彼の年代は [(タイギ) 名分]を重んじる。 그의 연대는 대의명분을 중요시 여긴다.	大義名分	
09 修学旅行は[授業の (エンチョウ)] だ。 수학여행은 수업의 연장이다.	授業の延長	
10 それは [(ケッコウ) 難しい]問題だ。 그것은 상당히 어려운 문제이다.	結構難しい	
11 国際社会で [(コリツ) 気味]だった。 국제 사회에서 고립될 기미가 보였다.	孤立気味	
12 状況は [(コウセイ) に転じた]。 상황은 공세로 바뀌었다.	攻勢に転じた	
13 [政権が (テンプク)] した。 정권이 전복했다.	政権が転覆	
14 迷惑メールの[受信を (キョヒ)] した。 스팸 메일의 수신을 거부했다.	受信を拒否	
15 [建築用の (シザイ)] を運び込んだ。 건축용 자재를 운반했다.	建築用の資材	
16 [(コウジョウ) 的な]監視体制を実現した。 항상*적인 감시 체제를 실현했다.	恒常的な	
17 結果を [(ホウコク) 書]にまとめた。 결과를 보고서에 정리했다.	報告書	
18 [(ゲンシロ)] 内にひびが入っていた。 원자로 내에 금이 가 있었다.	原子炉	
19 通常では[得難い (キョウクン)] を得た。 통상적으로는 얻기 힘든 교훈을 얻었다.	得難い教訓	
20 天候不順で[捜索が (ナンコウ)] している。 불순*한 날씨로 수색이 난항을 거듭하고 있다.	捜索が難航	

◆ 기고(寄稿) : 신문, 잡지 따위에 싣기 위하여 원고를 써서 보냄　　　　♣ 항상(恒常) : 일정하여 변화가 없음
♣ 불순(不順) : 1.공손하지 아니함 2.순조롭지 못함

[   ](대괄호) 안의 일본어를 한자로 적어보고, 읽는 법을 히라가나로 쓰세요.

본문 내용	대괄호 한자로 쓰기	읽는 법 쓰기
01 [脳の (カッセイカ)] に役立つ本だ。 뇌의 활성화에 도움이 되는 책이다.	脳の活性化	
02 これは[心肺 (キノウ)] を鍛える運動だ。 이것은 심폐 기능을 단련하는 운동이다.	心肺機能	
03 健康[保険に (カニュウ)] するべきだ。 건강 보험에 가입해야 한다.	保険に加入	
04 努力で [(ツ) み上げて]きた実績。 노력으로 쌓아온 실적.	積み上げて	
05 [番組 (シチョウシャ)] の声を取り入れる。 프로그램 시청자의 소리를 받아들이다.	番組視聴者	
06 国から[研究を (イタク)] された。 정부로부터 연구를 위탁받았다.	研究を委託	
07 [面白い (キカク)] を考える。 재미있는 기획을 생각하다.	面白い企画	
08 商品開発の[名案を (ネ) る]。 상품 개발의 명안을 짜다.	名案を練る	
09 [(ゴラク) 映画]の鑑賞が趣味です。 오락 영화의 감상이 취미입니다.	娯楽映画	
10 二十年以上続く [(チョウジュ) 番組]だ。 20년 이상 계속된 장수 프로그램이다.	長寿番組	
11 両国間の深い [(ミゾ) を埋める]。 양국 간의 깊은 틈을 메우다.	溝を埋める	
12 [(デンゲキ) 的な発表]に驚いた。 전격적인 발표에 놀랐다.	電撃的な発表	
13 両国間の[問題の (キテン)] を探る。 양국 간의 문제의 기점*을 살피다.	問題の起点	
14 交渉を始めるための [(フセキ) を打った]。 교섭을 시작하기 위한 포석을 두었다.	布石を打った	
15 あまりにも [(トウトツ) な行動]だ。 너무나도 당돌한 행동이다.	唐突な行動	
16 深い反省と [(イカン) の意]を表した。 깊은 반성과 유감의 뜻을 표했다.	遺憾の意	
17 彼女の行動に皆が[面 (ク) らった]*。 그녀의 행동에 모두가 당황했다.	面食らった	
18 過去に [(ツチカ) った技術]を生かす。 과거에 배양했던 기술을 살리다.	培った技術	
19 眠っていた能力を[呼び (サ) ます]。 잠자고 있던 능력을 되살아나게 하다.	呼び覚ます	
20 祖母には [(カイゴ) 者]が必要だ。 조모에게는 간호하는 사람이 필요하다.	介護者	

◆ 기점(起点) : 어떠한 것이 처음으로 일어나거나 시작되는 곳

◆ 面食(めんく)らう : (갑작스러운 일로) 당황하다. 쩔쩔매다. 허둥대다

[　　　](대괄호) 안의 일본어를 한자로 적어보고, 읽는 법을 히라가나로 쓰세요.

본문 내용	대괄호 한자로 쓰기	읽는 법 쓰기
01　市の [(ジョウレイ) に違反]する行為だ。 시의 조례에 위반하는 행위이다.	条例に違反	
02　詐欺の容疑で[書類 (ソウケン)] された。 사기의 용의로 서류 송청되었다.	書類送検*	
03　[(アクシツ) な]無言電話に悩まされる。 악질적인 무응답 전화에 시달리다.	悪質な	
04　被害当時の[様子を (サイゲン)] した。 피해 당시의 양상을 재현했다.	様子を再現	
05　そろそろ[閉園の (ジコク)] です。 슬슬 폐원 시간입니다.	閉園の時刻	
06　数名の若手議員と[新党を (ケッセイ)] した。 수명의 젊은 의원과 신당을 결성했다.	新党を結成	
07　彼は [(イッカン)] して無実を訴え続けた。 그는 일관되게 무죄를 계속 호소했다.	一貫	
08　判決を[不服として (ジョウコク)] した。 판결에 불복하여 상고했다.	不服として上告	
09　どんな [(ビザイ)] でも厳しく処罰する。 어떤 작은 죄라도 엄하게 처벌하다.	微罪	
10　まだ少し[事件の (ナゴリ)] がある。 아직 조금 사건의 흔적이 있다.	事件の名残	
11　政府が [(タイコバン) を押した]政策。 정부가 확실한 보장을 한 정책.	太鼓判を押した	
12　ときには [(アラリョウジ)] も必要だ。 때로는 과감한 조치도 필요하다.	荒療治*	
13　税金の [(ムダ) 遣い]を許しておけない。 세금의 낭비를 용납해 둘 수 없다.	無駄遣い	
14　両親も[そろそろ (ロウキョウ)] に差しかかる。 양친도 슬슬 노경*에 접어들다.	そろそろ老境	
15　保険料を [(ハラ) いに]行った。 보험료를 지불하러 갔다.	払いに	
16　報酬はわずか[一万円 (アマ) り]だ。 보수는 불과 1만엔 남짓이다.	一万円余り	
17　年金の [(ジュキュウ) 資格]を得た。 연금의 수급자격을 얻었다.	受給資格	
18　様々な制約に [(キュウクツ) な思い]をしている。 다양한 제약에 갑갑한 생각을 하고 있다.	窮屈な思い	
19　[(セイガン) や陳情*]を慎重に審査する。 청원이나 진정*을 신중하게 심사하다.	請願や陳情	
20　[審議 (ミリョウ)] で採択されなかった。 심의 미필로 채택되지 못했다.	審議未了	

◆ 송검(送検) : 송청. 수사 기관에서 피의자를 사건 서류와 함께 검찰청으로 넘겨 보내는 일
◆ 荒療治(あらりょうじ) : 1.거친 치료 2.(비유적으로) 과감한 조치. 대담한 개혁
◆ 노경(老境) : 늙어서 나이가 많은 때
◆ 진정(陳情) : 실정이나 사정을 진술함

[   ](대괄호) 안의 일본어를 한자로 적어보고, 읽는 법을 히라가나로 쓰세요.

본문 내용	대괄호 한자로 쓰기	읽는 법 쓰기
01 大統領が[国を (トウチ)] している。 대통령이 나라를 통치하고 있다. だいとうりょう　くに	国を統治	
02 [政治の (ヨウショク)] に民間の有識者を任命した。 정치의 요직에 せいじ　　みんかん　ゆうしきしゃ　にんめい　　민간 유식자를 임명했다.	政治の要職	
03 優秀な人材を[次々 (トウヨウ)] した。 우수한 인재를 연이어 등용했다. ゆうしゅう　じんざい　つぎつぎ	次々登用	
04 給料から税金を [(ゲンセン) 徴収]された。 급료에서 세금을 원천 징수 당했다. きゅうりょう　ぜいきん　　　ちょうしゅう	源泉徴収	
05 至るところに[警備員を (ハイ) した]。 도처에 경비원을 배치했다. いた　　　けいびいん	警備員を配した	
06 故郷に錦を飾った[人物の (チョウゾウ)]。 금의환향한 인물의 조각상. こきょう　にしき　かざ　　じんぶつ	人物の彫像	
07 社会的 [(セイサイ) を加える]のが一番だ。 사회적 제재를 가하는 것이 최상이다. しゃかいてき　　　　くわ　　　　いちばん	制裁を加える	
08 国が [(キョウケン) 支配]の体制を取る。 정부가 강권 지배 체제를 취하다. くに　　　　　しはい　たいせい　と	強権支配	
09 [謙虚な (シセイ)] で物事を教わる。 겸허한 자세로 매사를 배우다. けんきょ　　　ものごと　おそ	謙虚な姿勢	
10 石油によって [(キョフ) を得た]。 석유로 막대한 재산을 얻었다. せきゆ　　　　　　　え	巨富* を得た	
11 音楽隊が [(グンカン) マーチ]を演奏した。 음악대가 군함 행진곡을 연주했다. おんがくたい　　　　　　えんそう	軍艦マーチ	
12 反対派を [(セイアツ)] した。 반대파를 제압했다. はんたいは	制圧	
13 [予算の (ワクナイ)] で仕事をした。 예산의 범위 내에서 일을 했다. よさん　　　　　しごと	予算の枠内	
14 難民 [(キュウエン) 活動]をしている。 난민 구원 활동을 하고 있다. なんみん　　　　　かつどう	救援活動	
15 新しく [(コジイン) を建設] した。 새롭게 고아원을 건설했다. あたら　　　　　　けんせつ	孤児院を建設	
16 相手の生き方も [(コウテイ) 出来る]。 상대의 생활 방식도 긍정할 수 있다. あいて　い　かた　　　　　　でき	肯定出来る	
17 一家の[生計を (ニナ) って]いる。 한 집안의 생계를 책임지고 있다. いっか　せいけい	生計を担って	
18 出番まで[後方 (タイキ)] している。 나갈 차례까지 뒤쪽에서 대기하고 있다. でばん　　こうほう	後方待機	
19 いざというときに [(キビン) に対応]する。 유사시에 기민* 하게 대응하다. たいおう	機敏に対応	
20 オフィスの [(カクジュウ) を計画] している。 사무실의 확충* 을 계획하고 있다. けいかく	拡充を計画	

◆ 거부(巨富) : 막대한 재산　　　　　　　　　　　　　　　♣ 기민(機敏) : 눈치가 빠르고 동작이 날쌤
◉ 확충(拡充) : 늘리고 넓혀 충실하게 함. '넓혀 보충함'으로 순화

[   ](대괄호) 안의 일본어를 한자로 적어보고, 읽는 법을 히라가나로 쓰세요.

본문 내용	대괄호 한자로 쓰기	읽는 법 쓰기
01 昨年度と比べた[成績の (ラクサ)] が激しい。 작년에 비해 성적의 낙차가 심하다.	成績の落差	
02 それは明らかに[子供の (シワザ)] だ。 그것은 분명히 아이의 소행이다.	子供の仕業	
03 これは [(メズラ) しい]手口の事件だ。 이것은 별난 수법의 사건이다.	珍しい	
04 覚えのない [(コクハツ) 文書]が出回った。 본적이 없는 고발 문서가 나돌았다.	告発文書	
05 事実無根で怒りを [(キン) じえない]。 사실무근으로 분노를 금할 수 없다.	禁じえない	
06 命を[粗末に (アツカ) って]はいけない。 생명을 허술하게 다루어서는 안 된다.	粗末に扱って	
07 指摘された自らの非を [(ソッチョク) に認めた]。 지적받은 스스로의 죄를 솔직히 인정했다.	率直に認めた	
08 狂牛病の感染ルートの [(キュウメイ) を急いだ]。 광우병의 감염 루트의 규명을 서둘렀다.	究明を急いだ	
09 かけられた疑いに対し [(シャクメイ)] した。 씌워진 혐의에 대해 해명했다.	釈明	
10 具体的な[事例を (マイキョ)] して説明した。 구체적인 사례를 하나하나 들어 설명했다.	事例を枚挙	
11 [(ユウカイ) 事件]の被害者が解放された。 유괴 사건의 피해자가 석방되었다.	誘拐事件	
12 とても [(イタ) ましい]事件だった。 매우 뼈아픈 사건이었다.	痛ましい	
13 [天国と (ジゴク)] を繰り返す人生。 천국과 지옥을 반복하는 인생.	天国と地獄	
14 [(シンパン) 員]の判定に異議を申し立てた。 심판원의 판정에 이의를 제기했다.	審判員	
15 [(カッコ) たる信念]で交渉に臨んだ。 확고한 신념으로 교섭에 임했다.	確固たる信念	
16 政府が[調査を (イライ)] した。 정부가 조사를 의뢰했다.	調査を依頼	
17 熟慮もせず[軽挙 (モウドウ)] する。 숙고도 하지 않고 경거망동하다.	軽挙妄動	
18 株価が急激に [(ハ) ねあがった]。 주가가 급격히 뛰어올랐다.	跳ねあがった	
19 [国力が (ヒヘイ)] している。 국력이 쇠약해져 있다.	国力が疲弊*	
20 [交渉の (トビラ)] がようやく開き始めた。 교섭의 문이 간신이 열리기 시작했다.	交渉の扉	

◆ 피폐(疲弊) : 지치고 쇠약하여짐. '황폐'로 순화

[   ](대괄호) 안의 일본어를 한자로 적어보고, 읽는 법을 히라가나로 쓰세요.

본문 내용	대괄호 한자로 쓰기	읽는 법 쓰기
01 [行く先に (アンウン)] が立ち込めている。 장래에 암운이 드리우고 있다. ゆ さき / た こ	行く先に暗雲	
02 [納得のいく (カイトウ)] を政府に求めた。 납득이 가는 회답을 정부에 요구했다. なっとく / せいふ もと	納得のいく回答	
03 監督から[個人 (シドウ)] を受けた。 감독으로부터 개인 지도를 받았다. かんとく / こじん / う	個人指導	
04 事件は [(イゼン)] 解決の糸口すらない。 사건은 여전히 해결의 실마리조차 없다. じけん / かいけつ いとぐち	依然	
05 彼にとって [(シキンセキ) となる]出来事。 그에게 있어 시금석이 될 사건. かれ / で きごと	試金石となる	
06 日本には日本 [(トクユウ) の文化]がある。 일본에는 일본 특유의 문화가 있다. にほん / にほん / ぶんか	特有の文化	
07 彼女は舞台で [(カレイ) な踊り]を披露した。 그녀는 무대에서 화려한 춤을 피로했다. かのじょ ぶたい / おど / ひろう	華麗な踊り	
08 とても良い[条件を (テイジ)] された。 매우 좋은 조건을 제시받았다. よ じょうけん	条件を提示	
09 簡単に済ませられる [(ジアン)] ではない。 간단하게 끝낼 수 있는 사안이 아니다. かんたん す	事案	
10 被疑者を任意で[警察署に (レンコウ)] した。 피의자*를 임의로 ひぎしゃ にんい けいさつしょ 경찰서에 연행했다.	警察署に連行	
11 政府の政策には[疑問を (テイ) したい]。 정부의 정책에는 의문을 제기하고 싶다. せいふ せいさく ぎもん	疑問を呈したい	
12 どの [(メイガラ) を買う]か検討する。 어느 종목을 살지 검토하다. か けんとう	銘柄を買う	
13 [車の (ジカ)] を自動計算する。 자동차의 시가를 자동 계산하다. くるま じどうけいさん	車の時価	
14 それは最上級の技術という [(ショウサ)] だ。 그것은 최상급의 기술이라는 さいじょうきゅう ぎじゅつ 증거이다.	証左*	
15 [欠点を (コクフク)] するために努力した。 결점을 극복하기 위해 노력했다. けってん どりょく	欠点を克服	
16 大帝国 [(スイタイ) の原因]を探る。 대제국 쇠퇴의 원인을 찾다. だいていこく げんいん さぐ	衰退の原因	
17 膠着状態を[脱出する (キバクザイ)] になった。 교착 상태를 탈출하는 こうちゃくじょうたい だっしゅつ 기폭제가 되었다.	脱出する起爆剤	
18 今の世界情勢は [(ジンジョウ)] ではない。 지금의 세계 정세는 심상치 않다. いま せかいじょうせい	尋常	
19 両国の関係に [(シンテン) が見られた]。 양국의 관계에 진전이 보였다. りょうこく かんけい み	進展が見られた	
20 草原を馬で [(カ) け抜けた]。 초원을 말로 달려 나갔다. そうげん うま ぬ	駆け抜けた	

◆ 피의자(被疑者) : 범죄의 혐의가 있어서 수사 기관의 수사 대상이 되었으나, 아직 공소 제기가 되지 아니한 사람. 용의자

♣ 증좌(証左) : 어떤 사실을 증명하는 데 바탕이 되는 것. 증거

[   ](대괄호) 안의 일본어를 한자로 적어보고, 읽는 법을 히라가나로 쓰세요.

본문 내용	대괄호 한자로 쓰기	읽는 법 쓰기
01 [本人 (カクニン)] のための身分証明書が必要。본인 확인을 위한 ほんにん　　　　　　　　　　　みぶんしょうめいしょ　ひつよう　신분증명서가 필요.	本人確認	
02 言いようのない虚脱感に [(オソ) われた]。이루 말할 수 없는 허탈감에 휩싸였다. い　　　　　　　きょだつかん	襲われた	
03 [(ナゼ)] 彼は去ってしまったのだろう。왜 그는 가 버린 걸까? 　　　かれ　さ	何故	
04 彼はついに[犯行を (ジハク)] した。그는 결국 범행을 자백했다. かれ　　　　はんこう	犯行を自白	
05 この場に [(フオン) な空気]が漂っている。이 장소에 불온한 분위기가 감돌고 있다. ば　　　　　　くうき　ただよ	不穏な空気	
06 採用時に [(リャクレキ)] を書かされた。채용 시에 약력을 쓰게 되었다. さいようじ　　　　　　か	略歴	
07 伝統文化の [(コウケイシャ) を育てる]土壌。전통문화의 후계자를 키우는 토양(환경). でんとうぶんか　　　　　　　そだ　　どじょう	後継者を育てる	.
08 体中に生きる [(キボウ) がわいて]きた。온 몸에 살아가는 희망이 샘솟았다. からだじゅう　い	希望がわいて	
09 [(ワザワ) い]を転じて福となす。전화위복* 　　　　てん　ふく	災い	
10 全てを [(ハクジツ) に晒す]しかない。모든 것을 공개할 수밖에 없다. すべ　　　　　　さら	白日に晒す	
11 事実が [(ダンペン) 的に]明かされる。사실이 단편적으로 밝혀지다. じじつ　　　　　てき　あ	断片的に	
12 その内容はとても [(カッキテキ) だ]った。그 내용은 매우 획기적이었다. ないよう	画期的だ	
13 子供への [(イヤ) がらせ*]が起きている。아이에의 짓궂은 괴롭힘이 일어나고 있다. こども　　　　　　　　　お	嫌がらせ	
14 [(ジュウライ) の方法]はもう通用しない。종래의 방법은 이제 통용되지 않는다. 　　　　　　ほうほう　　つうよう	従来の方法	
15 関係諸国は [(カイギテキ) な態度]を見せた。관련국들은 회의적인 태도를 보였다. かんけいしょこく　　　　　　たいど　み	懐疑的な態度	
16 文化祭の後に[テントを (テッシュウ)] した。문화제 후에 텐트를 철수했다. ぶんかさい　あと	テントを撤収	
17 親としての [(ケンイ) を失墜]した。부모로서의 권위를 실추*했다. おや　　　　　　　しっつい	権威を失墜	
18 [敵の (サクリャク)] にはまってしまった。적의 책략에 빠져 버렸다. てき	敵の策略	
19 勝利を焦って [(ジメツ)] した。조급하게 승리를 서두르다 자멸*했다. しょうり　あせ	自滅	
20 彼はチームの [(キュウチ) を救った]。그는 팀의 궁지를 구했다. かれ　　　　　　　　　すく	窮地を救った	

◆ 전화위복 : 재앙과 화난이 바뀌어 오히려 복이 됨　　　　　　　♠ 嫌(いや)がらせ : 짓궂게 남을 괴롭히는 일. 일부러 상대가 싫어하는 언행을 함
♠ 실추(失墜) : 명예나 위신 따위를 떨어뜨리거나 잃음　　　　　　♠ 자멸(自滅) : 스스로 자신을 망치거나 멸망함

[　　](대괄호) 안의 일본어를 한자로 적어보고, 읽는 법을 히라가나로 쓰세요.

	본문 내용	대괄호 한자로 쓰기	읽는 법 쓰기
01	調査の対象には子供も [(フク) まれて]いる。 조사의 대상에는 아이도 포함되어 있다.	含まれて	
02	[事件 (イゴ)] 警備が厳しくなった。 사건 이후 경비가 엄해졌다.	事件以後	
03	彼は [(ショウガイ) 事件]を起こして捕まった。 그는 상해 사건을 일으켜 붙잡혔다.	傷害事件	
04	[高校の (セイフク)] はセーラー服だ。 고등학교 제복은 세일러복이다.	高校の制服	
05	[苦情の (ケンスウ)] が増えた。 불만 건수가 늘었다.	苦情の件数	
06	市民は議会に [(コウギ) 文]を送りつけた。 시민은 의회에 항의문을 송부했다.	抗議文	
07	首脳会談後に [(セイメイ) 文を発表]した。 정상회담 후에 성명문을 발표했다.	声明文を発表	
08	ご愛顧に [(カンシャ)] してセールを行った。 애고*에 감사하며 세일을 실시했다.	感謝	
09	その言動で [(ヒンセイ)] を疑われた。 그 언동으로 품성을 의심받았다.	品性	
10	あまりにも [(ジゲン) の違う]話だ。 너무나도 차원이 다른 이야기다.	次元の違う	
11	村民は湾の [(カンタク) に反対]している。 촌민은 만의 간척에 반대하고 있다.	干拓に反対	
12	彼らにはまるで [(セッパク) 感]がない。 그들에게는 전혀 절박감이 없다.	切迫感	
13	数十倍の[難関を (トッパ)] した。 수십 배의 난관을 돌파했다.	難関を突破	
14	彼の[心情を (ダイベン)] した。 그의 심정을 대변했다.	心情を代弁	
15	雑誌の[表紙を (カザ) った]。 잡지의 표지를 장식했다.	表紙を飾った	
16	多くの [(ヨウソ) が複雑]に絡み合う。 많은 요소가 복잡하게 서로 얽혀 있다.	要素が複雑	
17	無条件で[査察を (ジュダク)] した。 무조건으로 사찰을 수락했다.	査察を受諾	
18	彼女は [(トマド) いの表情]を隠せない。 그녀는 어리둥절한 표정을 감추지 못하다.	戸惑いの表情	
19	[(ダイタイ) エネルギー]の開発をする。 대체 에너지를 개발하다.	代替エネルギー	
20	閣僚が [(イチドウ) に会した]。 각료가 한자리에 모였다.	一堂に会した	

◆ 애고(愛顧) : 사랑하여 돌보아 줌

[   ](대괄호) 안의 일본어를 한자로 적어보고, 읽는 법을 히라가나로 쓰세요.

본문 내용	대괄호 한자로 쓰기	읽는 법 쓰기
01 ゴム風船を [(フク) らました]。 고무풍선을 부풀렸다. ふうせん	膨らました	
02 [(ドウミャク) を流れる]のは鮮血だ。 동맥을 흐르는 것은 선혈이다. なが　　　　せんけつ	動脈を流れる	
03 [爆弾が (ハレツ)] して被害が甚大だ。 폭탄이 폭발하여 피해가 매우 크다. ばくだん　　　　ひ がい じんだい	爆弾が破裂	
04 その事件は大きな [(ショウゲキ) を与えた]。 그 사건은 큰 충격을 주었다. じけん おお　　　　　　　　あた	衝撃を与えた	
05 事故を [(ミゼン) に防ぐ]手立てを探す。 사고를 미연에 방지하는 방법을 찾다. じ こ　　　　ふせ　て だ　さが	未然に防ぐ	
06 現在は[小康 (ジョウタイ)] を保っている。 현재는 소강상태를 유지하고 있다. げんざい しょうこう　　　　　たも	小康状態	
07 彼が [(シットウ) を担当]する先生です。 그가 집도를 담당하는 선생님입니다. かれ　　　　　たんとう せんせい	執刀を担当	
08 医者に漢方薬を [(スス) められた]。 의사에게 한방약을 추천받았다. い しゃ かんぽうやく	勧められた	
09 先日の [(ケンサ) の結果]は異常なかった。 지난날의 검사 결과는 이상이 없었다. せんじつ　　　　けっか　い じょう	検査の結果	
10 この病室は気分が [(ヤワ) らぐ内装]だ。 이 병실은 기분이 온화해지는 びょうしつ き ぶん　　　　　　ないそう　　 내부 장식이다.	和らぐ内装	
11 [(センザイ)] する勢力の結集。 잠재*하는 세력의 결집. せいりょく けっしゅう	潜在	
12 [自衛権の (コウシ)] を認めている。 자위권의 행사*를 인정하고 있다. じ えいけん　　　　　みと	自衛権の行使	
13 彼は自分の[才能を (カシン)] している。 그는 자신의 재능을 과신하고 있다. かれ じ ぶん さいのう	才能を過信	
14 新戦略の [(ソウアン) を提出]した。 신전략의 초안을 제출했다. しんせんりゃく　　　　　ていしゅつ	草案を提出	
15 [(オウヘイ) な]口のきき方をした。 거만스럽게 말을 했다. くち　　かた	横柄*な	
16 [国交が (ダンゼツ)] してしまった。 국교가 단절되어 버렸다. こっこう	国交が断絶	
17 過去の清算に向けた [(ミチスジ) を作る]。 과거 청산을 위해 길을 만들다. か こ　せいさん む　　　　　　　　つく	道筋を作る	
18 締め切りが[明日に (セマ) って]いる。 마감 날이 내일로 임박해 있다. し き　　　あした	明日に迫って	
19 [(テキカク) な表現]が思い浮かばない。 적확*한 표현이 떠오르지 않는다. ひょうげん おも う	的確な表現	
20 [悲憤に (タ) えない]事件だ。 비분*을 참을 수 없는 사건이다. ひ ふん　　　　じ けん	悲憤に堪えない	

◆ 잠재(潜在) : 겉으로 드러나지 않고 속에 잠겨 있거나 숨어 있음
◆ 행사(行使) : (권리·권력 등을) 실제로 사용함
※ 横柄(おうへい) : 방자하고 거만함. 건방짐
◆ 적확(的確) : 정확하게 맞아 조금도 틀리지 아니하다
※ 비분(悲憤) : 슬프고 분함

[   ](대괄호) 안의 일본어를 한자로 적어보고, 읽는 법을 히라가나로 쓰세요.

본문 내용	대괄호 한자로 쓰기	읽는 법 쓰기
01 大関から [(ヨコヅナ) に 昇進]した。 오제키에서 요코즈나로 승진했다. おおぜき　しょうしん	横綱に昇進	
02 あと少しのところで[優勝を (ノガ) した]。 앞으로 조금 더 라는 곳에서 우승을 놓쳤다. すこ　ゆうしょう	優勝を逃した	
03 彼の持ち味を[十分 (ハッキ)] した。 그의 장점을 충분히 발휘했다. かれ　も　あじ　じゅうぶん	十分発揮	
04 [事件 (チョクゴ)] から姿が見えない。 사건 직후부터 모습이 보이지 않는다. じけん　すがた　み	事件直後	
05 私の [(キュウセイ)] は佐々木です。 나의 옛날 성은 사사키입니다. わたし　ささき	旧姓	
06 私は美しい[母を (シタ) って]いる。 나는 아름다운 어머니를 그리워하고 있다. わたし　うつく　はは	母を慕って	
07 彼はロックの [(ゼンセイ) 期]に生まれた。 그는 록의 전성기에 태어났다. かれ　き　う	全盛期	
08 彼は [(トウシ)] をむき出しにして戦った。 그는 투지를 노골적으로 드러내며 싸웠다. かれ　だ　たたか	闘志	
09 いよいよ[舞台の (センシュウラク)] を迎えた。 마침내 무대의 센슈라쿠*를 맞이했다. ぶたい　むか	舞台の千秋楽	
10 今どき簾*とは [(フゼイ) がある]。 요즘 발이란 운치가 있다. いま　すだれ	風情がある	
11 コンテストに[作品を (オウボ)] した。 콘테스트에 작품을 응모했다. さくひん	作品を応募	
12 [勉強に (センネン)] 出来る環境。 공부에 전념할 수 있는 환경. べんきょう　でき　かんきょう	勉強に専念	
13 [勤務先を (リショク)] し別の仕事を探す。 근무처를 이직하여 다른 일을 찾다. きんむさき　べつ　しごと　さが	勤務先を離職	
14 出来るだけ [(ケイヒ) を節減]したい。 가능한 경비를 절감하고 싶다. でき　せつげん	経費を節減	
15 被災*者支援のための [(キキン) を設ける]。 이재민 지원을 위한 기금을 마련하다. ひさい　しゃしえん　もう	基金を設ける	
16 企業は [(ソクセンリョク) を求めて]いる。 기업은 훈련을 받지 않고도 바로 싸울 수 있는 능력을 요구하고 있다. きぎょう　もと	即戦力*を求めて	
17 この事件の [(シンリ) を継続]する。 이 사건의 심리를 계속하다. じけん　けいぞく	審理を継続	
18 名誉をたたえ [(ホウショウ) を与える]。 명예를 칭송해 포상을 주다. めいよ　あた	褒賞を与える	
19 一つの国が[表彰台を (ドクセン)] した。 한 나라가 표창대를 독점했다. ひと　くに　ひょうしょうだい	表彰台を独占	
20 [(ユウノウ) な人材]を確保した。 유능한 인재를 확보했다. じんざい　かくほ	有能な人材	

◆ 센슈라쿠(千秋楽) : (연극·씨름 등에서) 흥행의 마지막 날
◆ すだれ : (볕을 가리거나 하는 데 쓰는) 발
※ 被災(ひさい) : 피재, 재해를 입음
◆ 即戦力(そくせんりょく) : 훈련을 받지 않고도 바로 싸울 수 있는 능력

[   ](대괄호) 안의 일본어를 한자로 적어보고, 읽는 법을 히라가나로 쓰세요.

본문 내용	대괄호 한자로 쓰기	읽는 법 쓰기
01 彼の体験談はとても [(キョウミ) 深い]。 그의 체험담은 매우 흥미롭다. かれ　たいけんだん　　　　　　　　　　ぶか	興味深い	
02 首相は改革[遂行を (ゲンメイ)] した。 수상은 개혁 수행을 언명*했다. しゅしょう　かいかく　すいこう	遂行を言明	
03 [(ケッキョク)] 私が妥協するしかなかった。 결국 내가 타협할 수밖에 없었다. わたし　だきょう	結局	
04 少々の [(イサ) み足*]は大目に見る。 다소의 실패는 너그럽게 봐주다. しょうしょう　　あし　おおめ　み	勇み足	
05 複数政党による [(レンリツ) 政権]。 복수 정당에 의한 연립 정권. ふくすうせいとう　　　　　　　せいけん	連立政権	
06 それは [(シジョウ) 最大]の作戦だ。 그것은 사상 최대의 작전이다. さいだい　さくせん	史上最大	
07 無責任な[批判に (ダマ) って]いられない。 무책임한 비판에 잠자코 있을 수 없다. むせきにん　ひはん	批判に黙って	
08 この提案の[細部を (ショウジュツ)] する。 이 제안의 세부를 상세히 서술하다. ていあん　さいぶ	細部を詳述	
09 敵をうまく [(ブンサン) させる]ことに成功した。 적을 잘 분산시키는데 てき　　　　　　　　　　　　　　せいこう 성공했다.	分散させる	
10 とても [(ヤクドウ) 感]にあふれた写真だ。 매우 약동감에 넘치는 사진이다. かん　　　　　　しゃしん	躍動感	
11 [(ハクヒョウ) を踏む]思いで掴んだ勝利。 살얼음을 밟는 심정으로 잡은 승리. む　おも　つか　しょうり	薄氷を踏む	
12 党内の [(ユウワ) を心がける]。 당내의 융화*에 유의하다. とうない　　　　こころ	融和を心がける	
13 [(ショミン) 的な生活]を送っている。 서민적인 생활을 보내고 있다. てき　せいかつ　おく	庶民的な生活	
14 あまりにも [(ウキヨ) 離れ]*が過ぎる。 너무나도 세속에서 초연하다. ばな　す	浮世離れ	
15 彼の父は [(フグウ) な生涯]を送った。 그의 아버지는 불우*한 생애를 보냈다. かれ　ちち　　　　　　しょうがい　おく	不遇な生涯	
16 試合を [(ユウセイ) に進めて]いる。 시합을 우세하게 진행하고 있다. しあい　　　　　　　すす	優勢に進めて	
17 [選挙戦は (シュウバン)] に差しかかった。 선거전은 종반에 접어들었다. せんきょせん　　　　　　　さ	選挙戦は終盤	
18 [子孫の (ハンエイ)] を祈願した。 자손의 번영을 기원했다. しそん　　　　　　　きがん	子孫の繁栄	
19 彼とは妙に [(ハチョウ) が合う]。 그와는 묘하게 주파수가 맞다. かれ　みょう　　　　　　あ	波長が合う	
20 交通[ルールを (ジュンシュ)] して運転する。 교통 룰을 준수하여 운전하다. こうつう　　　　　　　　うんてん	ルールを順守	

◆ 언명(言明) : 말이나 글로써 의사나 태도를 똑똑히 나타냄　　　◆ 勇(いさ)み足(あし) : 1.(일본 씨름에서) 상대를 씨름판 가장자리까지 밀고
가다가, 제 힘에 발을 먼저 밖으로 내디뎌 지게 되는 일 2.기세 좋게 나아가다가 목적에서 벗어나거나 실패함
◉ 융화(融和) : 서로 어울려 갈등이 없이 화목하게 됨　　　◆ 浮世離(うきよばな)れ : 세속에서 초연함
* 불우(不遇) : 1.재능이나 포부를 가지고 있으면서도 때를 만나지 못하여 출세를 못함 2.살림이나 처지가 딱하고 어려움

[ ](대괄호)안의 일본어를 한자로 적어보고, 읽는 법을 히라가나로 쓰세요.

본문 내용	대괄호 한자로 쓰기	읽는 법 쓰기
01 [(シジ) にわたって]大変恐縮です。개인적인 일에 이르러 대단히 죄송합니다.	私事にわたって	
02 宮中では[盛大な (ウタゲ)] が催された。궁중에서는 성대한 연회가 개최되었다.	盛大な宴	
03 裁判で[原告が (ショウソ)] した。재판에서 원고가 승소했다.	原告が勝訴	
04 最高裁が[上告を (キキャク)] した。최고 재판소(대법원)가 상고를 기각했다.	上告を棄却	
05 被害者の[名前の (コウヒョウ)] に踏み切った。피해자 이름을 공표하기로 결단을 내렸다.	名前の公表	
06 彼は[精神 (カンテイ)] に回された。그는 정신 감정을 받게 되었다.	精神鑑定	
07 相手への [(ハイリョ) が足りない]。상대에 대한 배려가 부족하다.	配慮が足りない	
08 これは傑出した [(ゲイジュツ) 作品]だ。이것은 걸출한 예술 작품이다.	芸術作品	
09 [過去を (フ) り返る]余裕もなかった。과거를 되돌아볼 여유도 없었다.	過去を振り返る	
10 無断欠勤は怒られて [(トウゼン) だ]。무단결근은 혼이 나도 당연하다.	当然だ	
11 若手の[スタッフを (キヨウ)] した。젊은 스태프를 기용했다.	スタッフを起用	
12 熾烈な [(ハバツ) 争い]が勃発した。치열한 파벌 다툼이 발발했다.	派閥争い	
13 政界再編により [(ガッショウレンコウ)] が加速した。정계 재편에 의해 합종 연횡*이 가속화되었다.	合従連衡	
14 一進一退の [(テイメイ) が続いて]いる。일진일퇴의 침체 상태를 계속 벗어나지 못하고 있다.	低迷が続いて	
15 彼は [(エンマン) 退社]した。그는 원만히 퇴사*했다.	円満退社	
16 [月刊 (ザッシ)] を購入している。월간 잡지를 구입하고 있다.	月刊雑誌	
17 台風による [(ソンガイ) は甚大]だ。태풍에 의한 손해는 매우 크다.	損害は甚大	
18 彼の実家は[呉服屋を (イトナ) んで]いる。그의 친정은 포목점을 경영하고 있다.	呉服屋を営んで	
19 彼は [(ドウサツ) 力]に優れている。그는 통찰력이 뛰어나다.	洞察力	
20 彼の父は大学の [(メイヨ) 教授]だ。그의 아버지는 대학교의 명예 교수이다.	名誉教授	

◆ 합종연횡(合従連衡) : 힘을 합쳐 강적에 대항하는 정책   ◆ 원만 퇴사(円満退社) : 사고나 문제를 일으키지 않고 회사를 물러남

[   ](대괄호)안의 일본어를 한자로 적어보고, 읽는 법을 히라가나로 쓰세요.

본문 내용	대괄호 한자로 쓰기	읽는 법 쓰기
01 [昔の (セイブゲキ)] のビデオを見た。 옛날 서부극 비디오를 보았다. 　　むかし　　　　　　　　　　　み	昔の西部劇	
02 昔は映画の [(ホアンカン) に憧れた]。 옛날에는 영화 속의 보안관을 동경했었다. 　　むかし　えいが　　　　　　　　　　あこが	保安官に憧れた	
03 部屋の中に[不審者が (シンニュウ)] した。 방 안에 수상한 자가 침입했다. 　　へ や　なか　ふ しんしゃ	不審者が侵入	
04 哲学という[単語で (レンソウ)] する偉人。 철학이라는 단어로 연상하는 위인. 　　てつがく　　　たん ご　　　　　　い じん	単語で連想	
05 東西 [(レイセン) 時代]の厳しい対立。 동서 냉전 시대의 냉혹한 대립. 　　とうざい　　　　　じ だい　きび　　たいりつ	冷戦時代	
06 やられる前に [(センセイ) 攻撃]だ。 당하기 전에 선제공격이다. 　　　　　　まえ　　　　　　こうげき	先制攻撃	
07 [(タンドク) で行動]するのは危険だ。 단독으로 행동하는 것은 위험하다. 　　　　　　こうどう　　　　　　き けん	単独で行動	
08 [(ジャアク) な考え]が社会に広がっている。 사악한 생각이 사회에 퍼져 있다. 　　　　　　かんが　しゃかい　ひろ	邪悪な考え	
09 彼と私は [(ニ) たもの]夫婦だ。 그와 나는 닮은 부부이다. 　　かれ　わたし　　　　　　　ふう ふ	似たもの	
10 暗い[過去を (セオ) って]生きてきた。 어두운 과거를 짊어지고 살아왔다. 　　くら　か こ　　　　　　い	過去を背負って	
11 適不適を決める [(シャクド) が 不明確]だ。 적부적* 을 결정하는 척도가 불명확하다. 　　てきふてき　き　　　　　　　　　ふ めいかく	尺度が不明確	
12 [郊外の (ガイカク)] 環状道路を整備する。 교외의 외곽 환상* 도로를 정비하다. 　　こうがい　　　　　　かんじょうどう ろ　せい び	郊外の外郭	
13 民間との [(ツ) り合い]を考える。 민간과의 균형을 생각하다. 　　みんかん　　　　　あ　　　かんが	釣り合い	
14 地域格差の[是正を (カンコク)] する。 지역 격차의 시정을 권고하다. 　　ち いきかく さ　ぜ せい	是正を勧告	
15 [(ショウガイ) を現役で]通した達人。 생애를 현역으로 관철한 달인. 　　　　　　　　げんえき　とお　たつじん	生涯を現役で	
16 新しい[市が (タンジョウ)] した。 새로운 시가 탄생했다. 　　あたら　　し	市が誕生	
17 彼の [(レンタイ) 保証人]になった。 그의 연대 보증인이 되었다. 　　かれ　　　　　　ほ しょうにん	連帯保証人	
18 担任と父兄で [(コンダン) 会]を開いた。 담임과 학부형으로 간담회를 열었다. 　　たんにん　ふ けい　　　　　　かい　ひら	懇談会	
19 彼は [(ヘイエキ) に就いて]いる。 그는 병역에 복무하고 있다. 　　かれ　　　　　　　つ	兵役に就いて	
20 [(ジュウジツ)] した学生生活を送った。 충실한 학교 생활을 보냈다. 　　　　　　　　　がくせいせいかつ　おく	充実	

◆ 적부적(適不適) : 적합함과 부적합함　　　　　　　　　　◆ 환상(環状) : 고리와 같은 둥근 모양

[   ](대괄호) 안의 일본어를 한자로 적어보고, 읽는 법을 히라가나로 쓰세요.

	본문 내용	대괄호 한자로 쓰기	읽는 법 쓰기
01	こじれた[関係を (シュウフク)] するのは大変だ。 악화된 관계를 복구하는 것은 힘들다.	関係を修復	
02	努力を積んだ [(セイカ) が表れて]きた。 노력을 쌓은 성과가 나타났다.	成果が表れて	
03	[戦没者の (イコウ)] を一冊の本にまとめた。 전몰자의 유고*를 한 권의 책에 정리했다.	戦没者の遺稿	
04	この本には三つの[話が (オサ) めて]ある。 이 책에는 3가지 이야기가 수록되어 있다.	話が収めて	
05	彼は自ら[海軍に (シガン)] した。 그는 스스로 해군에 지원했다.	海軍に志願	
06	剣術に一心に [(ジョウネツ) を傾けた]。 열심히 검술에 정열을 쏟았다.	情熱を傾けた	
07	彼女はとても [(カンジュセイ) の強い]女性だ。 그녀는 매우 감수성이 강한 여성이다.	感受性の強い	
08	試写会後に[映画の (カンソウ)] を求められた。 시사회 후에 영화 감상에 대한 질문을 받았다.	映画の感想	
09	私たちの娘をハナコと [(ナヅ) けた]。 우리들 딸을 하나코라고 이름 지었다.	名付けた	
10	[事件の (カガイシャ)] から事情を聞く。 사건의 가해자로부터 사정을 듣다.	事件の加害者	
11	こんな事は[日常 (サハンジ)] だ。 이런 일은 일상다반사다.	日常茶飯事	
12	遠方から来た[客を (カンゲイ)] する。 먼 곳에서 오신 손님을 환영하다.	客を歓迎	
13	金銭[感覚が (ニブ) って]いる。 금전 감각이 둔해져 있다.	感覚が鈍って	
14	[(ネンコウジョレツ)] の制度を改める。 연공서열*제도를 고치다.	年功序列	
15	[首相 (カンテイ)] での記者会見。 수상 관저에서의 기자회견.	首相官邸	
16	[伝統的な (ギシキ)] を行う神社。 전통적인 의식을 행하는 신사.	伝統的な儀式	
17	医療に[支払う (ガク)] が増加している。 의료에 지불하는 액수가 증가하고 있다.	支払う額	
18	[年金から (キョシュツ)] される資金。 연금에서 거출*된 자금.	年金から拠出	
19	[薬 (ヅ) け*]にされる患者。 필요 이상으로 오랫동안 약이 투여되는 환자.	薬漬け	
20	検査で[病状*を (ハアク)] した。 검사로 병의 증상을 파악했다.	病状を把握	

◆ 유고(遺稿) : 죽은 사람이 남긴 원고
♣ 연공서열(年功序列) : 근속 연수나 나이가 늘어 감에 따라 지위가 올라가는 일. 또는 그런 체계
✲ 거출(拠出) : 같은 목적을 위하여 여러 사람이 돈을 나누어 냄. 갹출
♠ 薬漬(くすりづ)け : 의사가 환자한테 필요 이상으로 오랫동안 약을 투여하는 일　　* 병상(病状) : 병의 증상. 병의 경과

[　　](대괄호) 안의 일본어를 한자로 적어보고, 읽는 법을 히라가나로 쓰세요.

본문 내용	대괄호 한자로 쓰기	읽는 법 쓰기
01 それは突然すぎて [(ムリ) な要求]だ。 그것은 너무 갑작스러워 무리한 요구이다.	無理な要求	
02 [(モノタ) りない]答弁に不満が残った。 부족한 답변에 불만이 남았다.	物足りない	
03 彼は鬼監督と [(オソ) れられて]いる。 그는 무서운 감독이라고 두려워하고 있다.	恐れられて	
04 彼は[複雑な (ヒョウジョウ)] を見せた。 그는 복잡한 표정을 지었다.	複雑な表情	
05 [(モンク)] をつけられる筋合いはない。 트집을 잡힐 이유가 없다.	文句*	
06 彼の[言動に (フシンカン)] を持った。 그의 언동에 불신감을 가졌다.	言動に不信感	
07 彼への淡い想いを[胸に (イダ) いた]。 그에 대한 아련한 생각을 가슴에 품었다.	胸に抱いた	
08 夜の闇がそこまで [(セマ) って]いる。 밤의 어둠이 거기까지 다가와 있다.	迫って	
09 [(ジュギョウ)] をよく聞いていなかった。 수업을 잘 듣지 않았다.	授業	
10 世界平和は人々[共通の (ネガ) い]だ。 세계 평화는 사람들의 공통된 바람이다.	共通の願い	
11 [最後 (ツウコク)] を突きつける。 최후 통첩을 들이대다.	最後通告	
12 自分の [(カミ) をなでつける]。 자신의 머리를 쓰다듬다.	髪をなでつける	
13 [紙の (テザワ) り]を確かめる。 종이의 촉감을 확인하다.	紙の手触り	
14 [政治の (ロンピョウ)] をする作家。 정치 논평을 하는 작가.	政治の論評	
15 [(オロシウリ) 業者]を省いて取引する。 도매업자를 제외하고 거래하다.	卸売業者	
16 [空気 (セイジョウ) 機]のある快適な部屋。 공기 청정기(정화기)가 있는 쾌적한 방.	空気清浄機	
17 [汚染を (ショリ)] する施設へ送る。 오염을 처리하는 시설에 보내다.	汚染を処理	
18 [種類を (シキベツ)] する信号を調べる。 종류를 식별하는 신호를 조사하다.	種類を識別	
19 大雨で水の [(ニゴ) りがひどい]。 호우로 수질의 탁함이 심하다.	濁りがひどい	
20 [事の (ホッタン)] は彼との出会いだ。 일의 발단은 그와의 만남이다.	事の発端	

◆ 文句(もんく) : 1.문구 2.트집

[   ](대괄호) 안의 일본어를 한자로 적어보고, 읽는 법을 히라가나로 쓰세요.

본문 내용	대괄호 한자로 쓰기	읽는 법 쓰기
01　[(キュウヤクセイショ)] はヘブライ語で書かれた。 구약성서는 헤브라이어로 쓰였다.	旧約聖書	
02　今は [(ゲンセ) を精一杯]生きることだ。 지금은 현세*를 힘껏 살아가는 것이 좋다.	現世を精一杯	
03　[(イヤオウ) なく]同意をさせられた。 하는 수 없이 동의를 하게 되었다.	否応なく	
04　日本には各国の[大使が (チュウザイ)] している。 일본에는 각국의 대사가 주재하고 있다.	大使が駐在	
05　大会開会式で [(コッキ) を掲揚]した。 대회 개회식에서 국기를 게양했다.	国旗を掲揚	
06　父親の[遺志を (ツ) いで]医者になる。 부친의 유지*를 이어 의사가 되다.	遺志を継いで	
07　奇跡的に [(セイゾン) が確認]された。 기적적으로 생존이 확인되었다.	生存が確認	
08　環境問題について [(トウロン)] する。 환경 문제에 대해서 토론하다.	討論	
09　彼らは [(イチマイイワ) の団結]が誇りだ。 그들은 굳은 단결이 자랑이다.	一枚岩*の団結	
10　あたり一面 [(ミワタ) す]限りの大草原だ。 부근 일대에 보이는 것은 대초원이다.	見渡す	
11　[首相の (シツム) 室]を訪問する。 수상의 집무실을 방문하다.	首相の執務室	
12　[濃い (ケショウ)] をした舞台役者。 짙은 화장을 한 무대배우.	濃い化粧	
13　[政治家の (カガミ)] と言われる人。 정치가의 귀감이라 불리는 사람.	政治家の鑑	
14　[(ボク) らの世代]とは違う人々。 우리들의 세대와는 다른 사람들.	僕らの世代	
15　映画の [(カイゾク) 版]を見つけた。 영화의 해적판을 발견했다.	海賊版	
16　長い[月日を (ヘ) て]再開した。 긴 세월을 거쳐 재개했다.	月日を経て	
17　[(ザンリュウ) 塩素]が測定された。 잔류 염소가 측정되었다.	残留塩素	
18　産業の [(クウドウ) 化]を招いた。 산업의 공동화를 초래했다.	空洞化	
19　[(ヨウジン) を警護]する任務にあたる。 요인을 경호하는 임무를 맡다.	要人を警護	
20　[彼の (シンイ)] を計りかねる。 그의 진의를 헤아리기 어렵다.	彼の真意	

◆ 현세(現世) : 이승. 이 세상　　　　◆ 유지(遺志) : 죽은 사람의 생존시의 뜻
◆ 一枚岩(いちまいいわ) : 1.한 덩어리로 된 넓고 평평한 바위　2.(조직 등이) 튼튼함

[   ](대괄호) 안의 일본어를 한자로 적어보고, 읽는 법을 히라가나로 쓰세요.

본문 내용	대괄호 한자로 쓰기	읽는 법 쓰기
01 [(カク) れた人材]を探し出した。 숨은 인재를 찾아냈다. じんざい さが だ	隠れた人材	
02 彼女はいつも [(クウソウ)] にふけっている。 그녀는 언제나 공상에 잠겨있다. かのじょ	空想	
03 彼女には [(センレツ) な印象]を受けた。 그녀에게는 선명하고 강렬한 인상을 받았다. かのじょ いんしょう う	鮮烈* な印象	
04 自らの [(ジンセイカン) を変える]出来事。 자신의 인생관을 바꾸는 사건. みずか か できごと	人生観を変える	
05 [(テンモンガク) 的な]値段が並んだ骨董品。 천문학적인 가격이 늘어선 골동품. てき ねだん なら こっとうひん	天文学的な	
06 地球は [(タイヨウケイ)] に含まれる。 지구는 태양계에 포함된다. ちきゅう ふく	太陽系	
07 惑星 [(タンサ) 機]からの映像を見る。 혹성 탐사기로부터 영상을 보다. わくせい き えいぞう み	探査機	
08 彼は強い [(ガンボウ) を抱いて]いる。 그는 강한 소망을 품고 있다. かれ つよ いだ	願望を抱いて	
09 [(キキュウ) に乗って]地表を観察する。 기구를 타고 지표를 관찰하다. の ちひょう かんさつ	気球に乗って	
10 彼らの [(ドクゼン) 的な発言]をとがめた。 그들의 독선적인 발언을 꾸짖었다. かれ てき はつげん	独善的な発言	
11 事故で[辺りは (ソウゼン)] となった。 사고로 부근은 떠들썩해졌다. じこ あた	辺りは騒然	
12 若者をみると [(カクセイ) の感]を禁じえない。 젊은이를 보면 격세지감을 금할 수 없다. わかもの かん きん	隔世の感	
13 [(ブヨウ) 劇団]に所属している。 무용극단에 소속되어 있다. げきだん しょぞく	舞踊劇団	
14 まずは [(モヨウ) 眺め]といったところだ。 우선은 상황 관망이라는 정도이다. なが	模様眺め	
15 見事な演技に [(ハクシュ) を送る]。 훌륭한 연기에 박수를 보내다. みごと えんぎ おく	拍手を送る	
16 [大願*(ジョウジュ)] を神社で祈る。 큰 소원 성취를 신사에서 기원하다. たいがん じんじゃ いの	大願成就	
17 制裁が [(サ) けられ]そうにない。 제재를 피할 수 없을 것 같다. せいさい	避けられ	
18 原油が [(カジョウ) に供給]されている。 원유가 과잉 공급되고 있다. げんゆ きょうきゅう	過剰に供給	
19 はかない [(ゲンソウ) を抱いて]いる。 덧없는 환상을 안고 있다. いだ	幻想を抱いて	
20 外国に [(モンコ) を開く]。 외국에 문호를 열다. がいこく ひら	門戸を開く	

◆ 선열(鮮烈) : 선명하고 강렬함   ♣ 대원(大願) : 큰 소원

[   ](대괄호) 안의 일본어를 한자로 적어보고, 읽는 법을 히라가나로 쓰세요.

본문 내용	대괄호 한자로 쓰기	읽는 법 쓰기
01 彼の中で [(シンキョウ) に変化]があったようだ。 그의 속에서 심경에 변화가 있었던 것 같다.	心境に変化	
02 彼の気持ちを [(オ) しはかる]。 그의 마음을 헤아리다.	推しはかる	
03 海外から[選手団が (キコク)] した。 해외에서 선수단이 귀국했다.	選手団が帰国	
04 スター選手が突然 [(インタイ) を発表]した。 스타 선수가 갑자기 은퇴를 발표했다.	引退を発表	
05 彼はかなりの [(ナンダイ) を抱えて]しまった。 그는 상당한 난제*를 맡아 버렸다.	難題を抱えて	
06 話し合いの [(ソウテン) がぼやけて]いる。 대화의 쟁점이 흐릿해지고 있다.	争点がぼやけて	
07 会場の意見が[ふたつに (ワ) れた]。 회장의 의견이 둘로 갈라졌다.	ふたつに割れた	
08 果実がおいしそうに [(ジュク) した]。 과실이 맛있게 익었다.	熟した	
09 水面下で [(メンミツ) な計画]を練る。 수면 하에서 면밀한 계획을 짜다.	綿密な計画	
10 あまりに [(トウトツ) な出来事]で驚いた。 너무나 갑작스런 사건이어서 놀랐다.	唐突な出来事	
11 [社長 (ミズカ) ら]が足を運んだ。 사장 스스로가 발길을 옮겼다.	社長自ら	
12 この手法には[リスクが (トモナ) う]。 이 수법에는 위험이 따른다.	リスクが伴う	
13 [(ジギ) にかなった]処置をした。 시의 적절한 조치를 했다.	時宜にかなった	
14 彼は [(ヒトスジナワ)] ではいかない性格だ。 그는 여느 방법으로는 안 되는 성격이다.	一筋縄	
15 [軸受けが (マモウ)] している。 베어링이 마모*해 있다.	軸受けが摩耗	
16 [(ウチワ) だけで]結婚式をした。 집안사람끼리 결혼식을 했다.	内輪だけで	
17 [微生物が (ゾウショク)] している。 미생물이 증식하고 있다.	微生物が増殖	
18 [(ヨジョウ) 品]を処分する羽目になった。 잉여품을 처분할 처지가 되었다.	余剰品	
19 機体の [(ソンショウ) が激しい]。 기체의 손상이 심하다.	損傷が激しい	
20 法律に新しい [(ジョウコウ) を加えた]。 법률에 새로운 조항을 추가했다.	条項を加えた	

◆ 난제(難題) : 어려운 문제. 까다로운 일 · 사항 · 사건   ◆ 마모(摩耗) : 닳아서 얇아짐

[   ](대괄호) 안의 일본어를 한자로 적어보고, 읽는 법을 히라가나로 쓰세요.

본문 내용	대괄호 한자로 쓰기	읽는 법 쓰기
01 [(マ) が差して]悪事をはたらく。 문득 나쁜 생각이 들어 나쁜 짓을 하다.	魔が差して	
02 [(ゴウカ) な建物]に目を見張る。 호화스러운 건물에 눈이 휘둥그레지다.	豪華な建物	
03 国民の [(ヒンプ) の差]を是正する。 국민의 빈부 차이를 시정하다.	貧富の差	
04 文化が [(レンメン) と]受け継がれる。 문화가 연면*히 계승되다.	連綿と	
05 年上の人を敬う [(チョウヨウ) の序]。 손위 사람을 공경하는 장유유서.	長幼の序	
06 各界の [(チョメイジン) が一堂に]会した。 각계의 저명인이 한 자리에 모였다.	著名人が一堂に	
07 山好きの [(ドウシ) が集った]。 산을 좋아하는 동지가 모였다.	同志が集った	
08 宣伝用の [(タ) れ幕を作った]。 선전용 현수막을 만들었다.	垂れ幕を作った	
09 チームは初戦を[勝利で (カザ) った]。 팀은 첫 시합을 승리로 장식했다.	勝利で飾った	
10 [親族が (ケッソク)] して取り組んだ。 친족이 단결하여 대처했다.	親族が結束	
11 中古車の[価格を (サテイ)] する。 중고차의 가격을 사정*하다.	価格を査定	
12 代金支払いの [(ク) り延べ]*を求める。 대금 지불의 연기를 요구하다.	繰り延べ	
13 [目標が (メイジ)] された。 목표가 명시되었다.	目標が明示	
14 政界の [(サイヘン) が必至]だ。 정계의 재편이 불가피하다.	再編が必至	
15 [契約を (リコウ)] する。 계약을 이행하다.	契約を履行	
16 努力するも [(トロウ) に終わる]。 노력하는 것도 헛수고로 끝나다.	徒労*に終わる	
17 [交渉は (ナンコウ)] している。 교섭은 난항*을 겪고 있다.	交渉は難航	
18 お互いの[見解に (ミゾ)] がある。 서로의 견해에 틈이 생기다.	見解に溝	
19 高官同士の[会談は (ケツレツ)] した。 고관끼리의 회담은 결렬되었다.	会談は決裂	
20 彼の[意見に (フゲン)] して述べる。 그의 의견에 덧붙여서 말하다.	意見に付言	

◆ 연면(連綿) : 길게 이어져 끊이지 않음　　　　　　　　✦ 사정(査定) : 조사하거나 심사하여 결정함
❋ 繰(く)り延(の)べ : 1.연장 2.연기　　　　　　　　　　♠ 徒労(とろう) : 헛수고
✢ 난항(難航) : 1.(배·비행기의) 어려운 항행 2.일이 순조롭게 되어가지 않음

おまつり[御祭り]
마쓰리는 신불·조상을 모시거나 그 의식을 가리킨다.
특정한 날을 선택하여 몸을 청결히 하고 공물을 바쳐 기원·감사·위령 등을 실시한다.
일본의 3대 축제에는 교토 기온 마쓰리, 오사카 텐진 마쓰리, 도쿄 간다 마쓰리가 있다.

PART
10

[ ](대괄호) 안의 일본어를 한자로 적어보고, 읽는 법을 히라가나로 쓰세요.

본문 내용	대괄호 한자로 쓰기	읽는 법 쓰기
01 感情の[浮き (シズ) み]が激しい。 감정의 기복이 심하다.	浮き沈み	
02 別のクラブ[チームへ (イセキ)] した。 다른 클럽 팀으로 이적했다.	チームへ移籍	
03 関係諸国との [(カクシツ)] がある。 관련국들과 갈등이 있다.	確執*	
04 彼らは非常に島国 [(イシキ) が強い]。 그들은 매우 섬나라 의식이 강하다.	意識が強い	
05 商人の町として [(サカ) えた]。 상인의 거리로서 번창했다.	栄えた	
06 日本は [(キョクトウ) アジア]に属している。 일본은 극동아시아에 속해 있다.	極東アジア	
07 正式決定した[名前で (コショウ)] する。 정식 결정한 이름으로 호칭하다.	名前で呼称	
08 会社で [(ベッカク) の待遇]を受けた。 회사에서 별격의 대우를 받았다.	別格の待遇	
09 [紆余 (キョクセツ)] を経て完成した製品。 우여곡절을 거쳐 완성한 제품.	紆余曲折	
10 宇宙の偉大さに [(フ) れる]出来事。 우주의 위대함에 언급하는 사건.	触れる	
11 [保険の (カ) け金*]が戻ってくる。 보험료가 돌아온다.	保険の掛け金	
12 既得権益を [(ハイ) して]人事を行う。 기득* 권익*을 배제하고 인사를 행하다.	排して	
13 人にも [(センド) がある]と感じる。 사람에게도 신선도가 있다고 느낀다.	鮮度がある	
14 業績を買われて [(リュウニン)] した。 업적을 평가받아 유임* 되었다.	留任	
15 新しい[思想が (シントウ)] している。 새로운 사상이 깊이 스며들어 있다.	思想が浸透	
16 麻薬の[密売を (テキハツ)] した。 마약 밀매를 적발했다.	密売を摘発	
17 [(サカ) り場]は危険が多い。 번화가는 위험이 많다.	盛り場	
18 [緊急 (シュツゲキ)] した部隊。 긴급 출격한 부대.	緊急出撃	
19 [(センニュウカン) で判断]するのは危うい。 선입관으로 판단하는 것은 위험하다.	先入観で判断	
20 [外国人を (ハイセキ)] する運動。 외국인을 배척하는 운동.	外国人を排斥	

◆ 확집(確執) : 자기주장을 굳이 고집함, 또는 그로 말미암은 불화(갈등)
◆ 掛(か)け金(きん) : 1.부금. 매일 또는 매달 정기적으로 지급하거나 적립하는 돈 2.외상값
✽ 기득(既得) : 이미 얻어서 차지함　　　　　　　　　◆ 권익(權益) : 권리와 그에 따르는 이익
◆ 유임(留任) : 개편이나 임기 만료 때에 그 자리나 직위에 그대로 머무르거나 머무르게 함

[   ](대괄호) 안의 일본어를 한자로 적어보고, 읽는 법을 히라가나로 쓰세요.

본문 내용	대괄호 한자로 쓰기	읽는 법 쓰기
01 最近は [(キョウアク) で巧妙な]事件が多い。 최근에는 흉악하고 교묘한 사건이 많다. _{さいきん} _{こうみょう} _{じけん} _{おお}	凶悪で巧妙な	
02 数々の[例を (レッキョ)] して症例を解説する。 수많은 예를 열거하여 증상의 보기를 해설하다. _{かずかず} _{れい} _{しょうれい} _{かいせつ}	例を列挙	
03 農薬は人に [(キガイ) をおよぼす]。 농약은 사람에게 위해를 끼친다. _{のうやく} _{ひと}	危害をおよぼす	
04 飢饉によって[米 (ソウドウ)] が起きた。 굶주림에 의해 쌀 소동이 일어났다. _{ききん} _{こめ} _お	米騒動	
05 図書館へ[本を (ヘンキャク)] した。 도서관에 책을 반납했다. _{としょかん} _{ほん}	本を返却	
06 彼が怒るのは [(シゴク) 当然]のことだ。 그가 화를 내는 것은 지극히 당연한 일이다. _{かれ} _{おこ} _{とうぜん}	至極当然	
07 政府の [(セイイ) のある]対応を望む。 정부의 성의 있는 대응을 바란다. _{せいふ} _{たいおう} _{のぞ}	誠意のある	
08 彼の言葉には [(アクイ) がある]。 그의 말에는 악의가 있다. _{かれ} _{ことば}	悪意がある	
09 辺りに [(ブキミ) な]唸り声が響き渡った。 주위에 으스스한 신음소리가 울려 퍼졌다. _{あた} _{うな} _{ごえ} _{ひび} _{わた}	不気味な	
10 そろそろ[確定 (シンコク)] の時期だ。 슬슬 확정 신고 시기이다. _{かくてい} _{じき}	確定申告	
11 法案に [(シュウシイッカン)] して拒否する。 법안에 시종일관*하여 거부하다. _{ほうあん} _{きょひ}	終始一貫	
12 [事態の (ソクメン)] も考慮にいれる。 사태의 측면도 고려에 넣다. _{じたい} _{こうりょ}	事態の側面	
13 [(ロンコウコウショウ) 的な]昇進を嫌う。 논공행상*적인 승진을 싫어하다. _{てき} _{しょうしん} _{きら}	論功行賞的な	
14 [党の (カンジチョウ)] の役職に就く。 당의 간사장 직책에 취임하다. _{とう} _{やくしょく} _つ	党の幹事長	
15 [(リツアン)] した意見が採用される。 입안한 의견이 채용되다. _{いけん} _{さいよう}	立案	
16 この分野の専門家だと [(ジニン)] する。 이 분야의 전문가라고 자임*하다. _{ぶんや} _{せんもんか}	自任	
17 [予算を (ケイジョウ)] して報告する。 예산을 계상*하여 보고하다. _{よさん} _{ほうこく}	予算を計上	
18 [業績 (フシン)] で会社が危ない。 실적 부진으로 회사가 위험하다. _{ぎょうせき} _{かいしゃ} _{あぶ}	業績不振	
19 [両案を (アワ) せて]施行する。 양쪽 안을 합쳐 시행하다. _{りょうあん} _{しこう}	両案を併せて	
20 時間に [(ヨユウ)] を持たせて欲しい。 시간에 여유를 주었으면 좋겠다. _{じかん} _も _ほ	余裕	

◆ 시종일관(終始一貫) : 일 따위를 처음부터 끝까지 한결같이 함　　　◆ 논공행상(論功行賞) : 공적의 크고 작음 따위를 논의하여 그에 알맞은 상을 줌
◈ 자임(自任) : 1.임무를 자기가 스스로 맡음 2.어떤 일에 대하여 자기가 적임이라고 자부함
◆ 계상(計上) : 계산하여 올림

[   ](대괄호) 안의 일본어를 한자로 적어보고, 읽는 법을 히라가나로 쓰세요.

본문 내용	대괄호 한자로 쓰기	읽는 법 쓰기
01 心身共に緊張の [(キョク) に 達する]。 심신 모두 긴장의 극에 달하다. 　　しんしんとも　きんちょう　　　　　　たっ	極に達する	
02 被害者の [(シイン) を 検証]する。 피해자의 사인을 검증하다. 　　ひがいしゃ　　　　　　けんしょう	死因を検証	
03 幼児が[自家 (チュウドク)] にかかった。 유아가 자가 중독*에 걸렸다. 　　ようじ　じか	自家中毒	
04 素材のおいしさが [(キワダ) つ 料理]。 소재의 맛있음이 두드러지는 요리. 　　そざい　　　　　　　　　　　　　りょうり	際立つ料理	
05 [(イコツ)] を 壺に 納める。 유골을 항아리에 넣다. 　　　　　　　　つぼ　おさ	遺骨	
06 自国の 領有権を [(オカ) された]。 자국의 영유권을 침범 당했다. 　　じこく　りょうゆうけん	侵された	
07 良し 悪しの [(ハンダン) が 出来ない]。 좋고 나쁨의 판단을 할 수 없다. 　　よ　あ　　　　　　　　　　　で き	判断	
08 [(キョウアツ) 的な]政策を 変えるべきだ。 강압적인 정책을 바꾸어야 한다. 　　　　　　　　　てき　せいさく　か	強圧的な	
09 若干、 [薬の (フクサヨウ)] が 大きい。 약간, 약의 부작용이 크다. 　　じゃっかん　くすり　　　　　　　　おお	薬の副作用	
10 成り 行き*を [(シズ) かに]見守る。 경과를 조용히 지켜보다. 　　な ゆ　　　　　　　　　　みまも	静かに	
11 その証拠はなにか [(サクイ) 的だ]。 그 증거는 무언가 조작되어 있다. 　　しょうこ　　　　　　　　　てき	作為*的だ	
12 自国民を [(キュウシュツ)] するための 部隊。 자국민을 구출하기 위한 부대. 　　じこくみん　　　　　　　　　　　　　　ぶたい	救出	
13 一人の [(ゲンドウ)] が 全員を 危機に 陥れる。 한사람의 언동이 전원을 　　ひとり　　　　　　　ぜんいん　き き　おとしい　위기에 빠트리다.	言動	
14 家族の [(ユクエ) を 探す]。 가족의 행방을 찾다. 　　かぞく　　　　　　　さが	行方を探す	
15 [(ウスガミ) をはぐ]ように 慎重に 削る。 얇은 종이를 벗기듯 신중히 깎다. 　　　　　　　　　　　　　しんちょう　けず	薄紙をはぐ	
16 [(シャテイ) 距離]を 計測する。 사정거리를 계측하다. 　　　　　　　きょり　けいそく	射程距離	
17 間違いなく [(オボエガキ) に 署名]した。 틀림없이 각서에 서명했다. 　　まちが　　　　　　　　　　　　しょめい	覚書に署名	
18 [他国の (ドウセイ)] を 逐一*伝える。 타국의 동정을 낱낱이 상세하게 전하다. 　　たこく　　　　　　ちくいち　つた	他国の動静	
19 [(センケンタイ)] が 飛行機で 出発する。 선견대가 비행기로 출발하다. 　　　　　　　　　ひこうき　しゅっぱつ	先遣隊*	
20 世間話で[時間を (カセ) ぐ]。 세상 이야기로 시간을 벌다. 　　せけんばなし　じかん	時間を稼ぐ	

◆ 자가 중독(自家中毒) : 1.자기 몸 안에서 만들어진 유독성 대사산물로 인한 중독 2.특별한 원인 없이 어린아이가 갑자기 활기를 잃고 식욕 부진, 두통을 일으키며 마침내 구토를 일으키는 병
◆ 成(な)り行(ゆ)き : 되어가는 형편(과정). 경과, 추세.　　　　※ 作為(さくい) : 1.꾸밈, 인공, 자연의 상태에 손을 대는 일 2.조작함
◆ 逐一(ちくいち) : 1.하나하나 차례로 2.낱낱이 상세하게　　　　※ 선견대(先遣隊) : 본부대나 주력 부대에 앞서 파견되는 부대

[   ](대괄호) 안의 일본어를 한자로 적어보고, 읽는 법을 히라가나로 쓰세요.

본문 내용	대괄호 한자로 쓰기	읽는 법 쓰기
01 戦争で建物が [(ソンショウ) を受けた]。 전쟁에서 건물이 손상을 입었다.	損傷を受けた	
02 日頃の[努力を (オコタ) る]と失敗する。 평소의 노력을 게을리 하면 실패한다.	努力を怠る	
03 会議の[日程を (チョウセイ)] する。 회의 일정을 조정하다.	日程を調整	
04 その道では [(コサン) の職人]だ。 그 길에서는 고참인 장인이다.	古参の職人	
05 体に [(ヒロウ) がたまって]いる。 몸에 피로가 쌓여 있다.	疲労がたまって	
06 紛争地域に非武装 [(リョウイキ) を設定]した。 분쟁지역에 비무장 영역을 설정했다.	領域を設定	
07 ビルの解体には [(キョガク) の費用]がかかる。 빌딩 해체에는 거액의 비용이 든다.	巨額の費用	
08 水道の [(ハイカン) 工事]をする。 수도 배관 공사를 하다.	配管工事	
09 明け方は[放射 (レイキャク)] でとても寒い。 새벽녘은 복사냉각*으로 매우 춥다.	放射冷却	
10 彼が辞めた [(ソンシツ) は大きい]。 그가 그만둔 손실은 크다.	損失は大きい	
11 [社会の (ビョウソウ)] に切り込む。 사회의 병소를 깊게 베어내다.	社会の病巣	
12 [(オドロ) く]べき出来事。 놀랄만한 사건.	驚く	
13 資源の [(ムダ) を省く]。 자원의 낭비를 줄이다.	無駄を省く	
14 [不祥事が (ハッカク)] した。 불상사가 발각되었다.	不祥事が発覚	
15 事業規模の縮小は [(イナ) めない]。 사업 규모의 축소는 부정할 수 없다.	否めない	
16 [(タクエツ)] した才能の持ち主。 탁월*한 재능의 소유자.	卓越	
17 日々の[生活に (マイボツ)] する。 나날의 생활에 파묻히다.	生活に埋没*	
18 従来の方法を [(トウシュウ)] する。 종래의 방법을 답습*하다.	踏襲	
19 その[分野に (トッカ)] した研究発表。 그 분야에 특화*된 연구 발표.	分野に特化	
20 長年の修行で[技を (ミガ) いた]。 오랜 수행으로 기술을 연마했다.	技を磨いた	

◆ 복사냉각(輻射冷却) : 대기나 지표가 적외선 복사로 냉각되는 현상　　　◆ 탁월(卓越) : 남보다 두드러지게 뛰어남
◈ 매몰(埋沒) : 보이지 아니하게 파묻히거나 파묻음　　　◆ 답습(踏襲) : 예로부터 해 오던 방식이나 수법을 좇아 그대로 행함
* 특화(特化) : 한 나라의 산업 구조나 수출 구성에서 특정 산업이나 상품이 상대적으로 큰 비중을 차지함

[   ](대괄호) 안의 일본어를 한자로 적어보고, 읽는 법을 히라가나로 쓰세요.

본문 내용	대괄호 한자로 쓰기	읽는 법 쓰기
01 [あれ (イライ)] 彼は姿を見せない。그날 이후 그는 자취를 감췄다.	あれ以来	
02 この[魚の身は (ニクアツ)] で食べ応えがある。이 생선살은 살이 두툼해서 먹을 만하다.	魚の身は肉厚	
03 銅鐸の原料の一つが [(ナマリ)] だ。동탁*원료의 하나가 납이다.	鉛	
04 原案に [(ガクジュツ) 的な考察]を加える。원안에 학술적인 고찰을 추가하다.	学術的な考察	
05 [(ジュクレン)] した技を見せてもらう。숙련된 기술을 보다.	熟練	
06 あの刺繍は [(ショクニン) 技]だ。그 자수는 장인의 기술이다.	職人技	
07 企業の多くは [(タテ) 割り]社会だ。기업의 대부분은 상하관계로만 움직이는 사회다.	縦割り	
08 銅鐸の [(モンヨウ)] が浮き出ている。동촉의 문양이 볼록 새겨져 있다.	文様	
09 [肉の (カタマリ)] を切り分ける。고기 덩어리를 썰다.	肉の塊	
10 [陶芸の (コウボウ)] を建てた。도예 공방을 지었다.	陶芸の工房	
11 [改革の (セイヒ)] は彼の手腕しだいだ。개혁의 성패는 그의 수완에 달려있다.	改革の成否	
12 [(イレイ) の人事]に驚く。이례적인 인사에 놀라다.	異例の人事	
13 訃報を聞いて [(ザンネン) に]思う。부보*를 듣고 유감스럽게 생각하다.	残念に	
14 会社の [(ヒキアテキン) 額]を計算する。회사의 충당 금액을 계산하다.	引当金額	
15 [基本 (コウテイ)] の半分まで進んだ。기본 공정의 절반까지 진척되었다.	基本工程	
16 [はじめの (カンモン)] を克服する。첫 관문을 극복하다.	はじめの関門	
17 汚染に [(ハクシャ) がかかる]。오염이 심해지다.	拍車がかかる	
18 軍縮交渉は [(ジュンチョウ) に]進んだ。군축 교섭은 순조롭게 진행되었다.	順調に	
19 異民族との [(キョウゾンキョウエイ)] を望む。이민족과의 공존공영을 희망하다.	共存共栄	
20 経済[発展が (ドンカ)] している。경제 발전이 둔화되어 있다.	発展が鈍化	

◆ 동탁(銅鐸) : 청동기 시대부터 쓰기 시작한, 방울 소리를 내는 의기(儀器)　　♣ 부보(訃報) : 부고. 사람의 죽음을 알림

306

[   ](대괄호) 안의 일본어를 한자로 적어보고, 읽는 법을 히라가나로 쓰세요.

본문 내용	대괄호 한자로 쓰기	읽는 법 쓰기
01 この雑誌は [(シュウカン) 誌]だ。 이 잡지는 주간지다.	週刊誌	
02 彼は [(エイビン) な頭脳]を持っている。 그는 예민한 두뇌를 가지고 있다.	鋭敏な頭脳	
03 イメージが [(ヒト) り歩き]してしまった。 이미지가 혼자 걷고 말았다.	独り歩き	
04 名シーンを[胸中で (カイソウ)] する。 명장면을 마음속에서 회상하다.	胸中で回想	
05 この[企画の (イト)] を説明する。 이 기획의 의도를 설명한다.	企画の意図	
06 荷の重い業務に[及び (ゴシ)] になる。 부담이 큰 업무에 엉거주춤해지다.	及び腰	
07 やり遂げたという [(タッセイ) 感]がある。 완수했다고 하는 달성감이 있다.	達成感	
08 短期間では [(トウテイ)] なし得ない。 단기간으로는 도저히 이룰 수 없다.	到底	
09 [(ジリュウ) に乗った]ファッションだ。 시류에 편승한 패션이다.	時流に乗った	
10 彼は社内で [(コリツ) 無援]の状態に陥った。 그는 사내에서 고립무원*의 상태에 빠졌다.	孤立無援	
11 [(チャクダン) 地点]を計測する。 착탄 지점을 계측하다.	着弾地点	
12 肥沃な[土地を (タガヤ) す]。 비옥*한 토지를 경작하다.	土地を耕す	
13 [金を (ホ) って]いる探検家。 금을 파고 있는 탐험가.	金を掘って	
14 常に [(ソクバク)] された状態。 항상 속박된 상태.	束縛	
15 軍閥が[国土を (カッキョ)] する。 군벌*이 국토를 할거*하다.	国土を割拠	
16 都市は [(カイメツ) 的な]打撃を被った。 도시는 괴멸*적인 타격을 입었다.	壊滅的な	
17 [(コウネンキ)] 特有の体調の変化。 갱년기 특유의 컨디션 변화.	更年期	
18 珍しい [(ショウジョウ)] をしめす病気。 희귀한 병의 증상을 나타내는 병.	症状	
19 感染したあとすぐに [(ハッショウ)] した。 감염된 후 곧 발병했다.	発症	
20 [(トウニョウビョウ)] を治療する。 당뇨병을 치료하다.	糖尿病	

♠ 고립무원(孤立無援) : 고립되어 구원을 받을 데가 없음
♠ 군벌(軍閥) : 1.군인의 파벌 2.군부를 중심으로 한 정치 세력
♠ 괴멸(壞滅) : 조직이나 체계 따위가 모조리 파괴되어 멸망함
♠ 비옥(肥沃) : 땅이 걸고 기름짐
♠ 할거(割拠) : 땅을 나누어 차지하고 굳게 지킴

[   ](대괄호) 안의 일본어를 한자로 적어보고, 읽는 법을 히라가나로 쓰세요.

본문 내용	대괄호 한자로 쓰기	읽는 법 쓰기
01 新鮮で [(ホウジュン) な]果物を沢山頂いた。신선하고 풍윤*한 과일을 　しんせん　　　　　　　　　くだもの　たくさんいただ　많이 받았다.	豊潤な	
02 暗い夜道は [(サビ) しい]感じがする。어두운 밤길은 쓸쓸한 느낌이 든다. 　くら　よみち　　　　　　　　　かん	寂しい	
03 [(ヨク) 年度]の計画を立てる。다음 해의 계획을 세우다. 　　　　ねんど　けいかく　た	翌年度	
04 背後から [(フイ) を突かれた]。배후에서 허를 찔렸다. 　はいご　　　　　　　つ	不意を突かれた	
05 別れの後には [(カス) かな]寂しさが残った。헤어진 후에는 　わか　あと　　　　　　　　　さび　　のこ　쓸쓸함이 조금 남았다.	幽かな	
06 小説の [(ダイ) を決めて]から書き始める。소설의 제목을 정한 후 쓰기 시작하다. 　しょうせつ　　　　き　　　　　　か　はじ	題を決めて	
07 必要な資金を [(ジヒ) でまかなう]。필요한 자금을 자비로 충당하다. 　ひつよう　しきん	自費でまかなう	
08 それは [(オサナ) い日]の楽しい思い出だ。그것은 어린 날의 즐거운 추억이다. 　　　　　　　　ひ　たの　おも　で	幼い日	
09 失敗の後から [(ジセイ) の念]を抱いた。실패 후 자기반성의 마음을 품었다. 　しっぱい　あと　　　　　　　ねん　いだ	自省*の念	
10 異なる物質が [(マ) じって]いる。다른 물질이 섞여 있다. 　こと　ぶっし	混じって	
11 [やじと (ドゴウ)] が飛び交う。야유와 노호*가 난무하다. 　　　　　　　　　と　か	やじと怒号	
12 [(クワ) しい資料]を請求する。상세한 자료를 청구하다. 　　　　しりょう　せいきゅう	詳しい資料	
13 放射線から [(カクリ) する施設]。방사선에서 격리하는 시설. 　ほうしゃせん　　　　　　しせつ	隔離する施設	
14 [(チクサン) 業]に従事する人の多い地区。축산업에 종사하는 사람이 많은 지구. 　　　　　　ぎょう　じゅうじ　ひと　おお　ちく	畜産業	
15 特定の業界とつながりを持つ [(ゾクギイン)]。특정 업계와 관계를 가지는 　とくてい　ぎょうかい　　　　　も　족의원.	族議員	
16 その説に対しては [(カイギ) 的だ]。그 설에 대해서는 회의적*이다. 　　　せつ　たい　　　　　　　てき	懐疑的だ	
17 周囲の人々との [(マサツ) を生ずる]。주위 사람들과의 마찰을 일으키다. 　しゅうい　ひとびと　　　　　　　しょう	摩擦を生ずる	
18 質素倹約は[生活の (カナメ)] だ。검소 검약은 생활의 가장 중요한 부분이다. 　しっそけんやく　せいかつ	生活の要	
19 [(カイギシン)] をもって人と接する。회의심을 가지고 사람과 접하다. 　　　　　　　　　　せっ	懐疑心	
20 危うく事故になりかけ [(キモ) を冷やす]。하마터면 사고가 일어날 뻔해 　あや　じこ　　　　　　　　　ひ　간담이 서늘하다.	肝を冷やす	

◆ 풍윤(豊潤) : 풍족하고 윤택함　　　　　　　　♣ 자성(自省) : 자기반성

✺ 노호(怒号) : 성을 내어 소리 지름　　　　　　♠ 회의적(懐疑的) : 어떤 일에 의심을 품는 것

[   ](대괄호) 안의 일본어를 한자로 적어보고, 읽는 법을 히라가나로 쓰세요.

본문 내용	대괄호 한자로 쓰기	읽는 법 쓰기
01 あの人はとても [(レイギ) 正しい]人間だ。 저 사람은 매우 예의바른 인간이다. ひと ただ にんげん	礼儀正しい	
02 私はそこで [(イヨウ) な光景]を目にした。 나는 거기에서 이상한 광경을 목격했다. わたし こうけい め	異様な光景	
03 [父の (イダイ) さ]を改めて痛感した。 아버지의 위대함을 새삼스럽게 통감했다. ちち あらた つうかん	父の偉大さ	
04 面倒な作業からようやく [(カイホウ)] された。 성가신 작업에서 겨우 해방되었다. めんどう さぎょう	解放	
05 植物が環境に [(テキオウ) し始めた]。 식물이 환경에 적응하기 시작했다. しょくぶつ かんきょう はじ	適応し始めた	
06 計画は変更を [(ヨギ) なくされた]。 계획은 부득이 변경할 수밖에 없었다. けいかく へんこう	余儀なくされた	
07 [人心を (マド) わす]噂を流した罪は重い。 민심을 현혹하게 하는 じんしん うわさ なが つみ おも 소문을 유포한 죄는 무겁다.	人心を惑わす	
08 授業で [(バクマツ) の歴史]を学んだ。 수업에서 막부말의 역사를 배웠다. じゅぎょう れきし まな	幕末の歴史	
09 植物の成長の早さには[目を (ミハ) った]。 식물의 빠른 성장에는 しょくぶつ せいちょう はや め 눈이 휘둥그레졌다.	目を見張った	
10 徳川幕府が [(サコク)] をした歴史を学ぶ。 도쿠가와막부가 쇄국을 했던 とくがわばくふ れきし まな 역사를 배우다.	鎖国	
11 広告が[新聞に (ケイサイ)] された。 광고가 신문에 게재되었다. こうこく しんぶん	新聞に掲載	
12 [(チョメイ) な]文化人。 저명한 문화인. ぶんかじん	著名な	
13 [卒業 (メイボ)] に載っていない。 졸업생 명부에 실려 있지 않다. そつぎょう の	卒業名簿	
14 [(ユウジ) 立法]について議論する。 유사* 입법에 대해 논의하다. りっぽう ぎろん	有事立法	
15 [両案を (ヘイリツ)] して提案する。 양쪽 안을 병립하여 제안하다. りょうあん ていあん	両案を並立	
16 [問題を (サ) けて]通る。 문제를 피해 지나가다. もんだい とお	問題を避けて	
17 ルールが[なし (クズ) し]になる。 룰이 무너지다.	なし崩し	
18 全人口に占める [(シュウギョウ) 者]の数。 전인구에 차지하는 취업자의 수. ぜんじんこう し しゃ かず	就業者	
19 領収書の [(セイリ)] をする。 영수증의 정리를 하다. りょうしゅうしょ	整理	
20 [配偶者を (フヨウ)] する義務がある。 배우자를 부양* 할 의무가 있다. はいぐうしゃ ぎむ	配偶者を扶養	

◆ 유사(有事) : 큰일이나 사변이 있음　　　　　　　　✦ 부양(扶養) : 생활 능력이 없는 사람의 생활을 돌봄

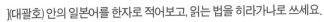

[   ](대괄호) 안의 일본어를 한자로 적어보고, 읽는 법을 히라가나로 쓰세요.

본문 내용	대괄호 한자로 쓰기	읽는 법 쓰기
01 彼の話し方には[妙な (イワカン)] がある。 그의 말투에는 묘한 위화감이 있다.	妙な違和感	
02 二つの議論を [(コンドウ)] している。 두 가지 논의를 혼동하고 있다.	混同	
03 [気分 (テンカン)] に辺りを散歩した。 기분전환으로 주위를 산책했다.	気分転換	
04 敏腕な医師の [(チリョウ) を受ける]。 수완이 좋은 의사의 치료를 받다.	治療を受ける	
05 [データの (フイッチ)] をチェックする。 데이터의 불일치를 체크하다.	データの不一致	
06 室内で[コートを (ヌ) いだ]。 실내에서 코트를 벗었다.	コートを脱いだ	
07 これは規格に [(テキゴウ)] した商品だ。 이것은 규격에 적합한 상품이다.	適合	
08 その社員は [(コウブンショ) 偽造]の罪に問われた。 그 사원은 공문서 위조죄를 추궁 받았다.	公文書偽造	
09 [間違いを (テイセイ)] して発表した。 잘못을 정정하여 발표했다.	間違いを訂正	
10 せっかくのチャンスを [(ボウ) に振った]。 모처럼의 찬스를 헛되게 했다.	棒に振った	
11 テーブルを元の[位置に (ス) えた]。 테이블을 원래 자리에 설치했다.	位置に据えた	
12 くしゃみを [(シズ) める薬]。 재채기를 진정시키는 약.	鎮める薬	
13 [(ソッコウ) 性]のある医薬品。 즉효성이 있는 의약품.	即効性	
14 過去の政策の [(コウザイ) を問う]。 과거 정책의 공죄*를 묻다.	功罪を問う	
15 [材料を (ギンミ)] して調理する。 재료를 음미하며 조리하다.	材料を吟味	
16 待ちに待った [(キッポウ) が届く]。 기다리고 기다리던 좋은 소식이 도착하다.	吉報*が届く	
17 [(センダツ) の教え]に学ぶ。 선배의 가르침에 배우다.	先達*の教え	
18 中の部品を [(シサイ) に調べる]。 안의 부품을 자세히 조사하다.	子細に調べる	
19 勝利の [(エイカン) に輝く]。 승리의 영관*에 빛나다.	栄冠に輝く	
20 いつも [(クチグセ) のように]言う言葉。 언제나 입버릇처럼 하는 말.	口癖のように	

◆ 공죄(功罪) : 1.공적과 죄과 2.하나의 사물의 좋은 면과 나쁜 면　　◆ 길보(吉報) : 좋은 소식
※ 先達(せんだつ) : 1.선배. 지도자 2.안내인. 선도자　　◆ 영관(栄冠) : 1.영예로운 관 2.성공, 승리, 명예 따위를 비유

[   ](대괄호) 안의 일본어를 한자로 적어보고, 읽는 법을 히라가나로 쓰세요.

본문 내용	대괄호 한자로 쓰기	읽는 법 쓰기
01 三年目の合格に [(カンガイ) 無量]だ。 3년째의 합격에 감개무량*이다. さんねん め　ごうかく　　　　　　　むりょう	感慨無量	
02 花嫁と[花 (ムコ)] を写真に収めた。 신부와 신랑을 사진에 담았다. はなよめ　はな　　　　しゃしん　おさ	花婿	
03 彼の [(キビン)] で的確な対応を評価した。 그의 기민하고 적확한 대응을 평가했다. かれ　　　　　てきかく　たいおう　ひょうか	機敏	
04 この一粒に[旨みが (ギョウシュク)] されている。 이 한 방울에 맛있음이 ひとつぶ　うま　　　　　　　　　　　　　　　　 응축되어 있다.	旨みが凝縮	
05 卒業式で [(シュクジ) を述べる]。 졸업식에서 축사를 말하다. そつぎょうしき　　　　　　　の	祝辞を述べる	
06 [(ダイタン) な]アイディアが巧を奏した。 대담한 아이디어가 주효했다. 　　　　　　　　　　　　　　こう そう	大胆な	
07 彼は指導者としての [(ケツダン) 力]に乏しい。 그는 지도자로서의 かれ　しどうしゃ　　　　　　　　りょく　とぼ　　　　 결단력이 부족하다.	決断力	
08 太陽の黒点 [(カンソク)] を続けている。 태양의 흑점 관측을 계속하고 있다. たいよう　こくてん　　　　　　　つづ	観測	
09 転勤の話は [(ネミミ) に水]だ。 전근 이야기는 아닌 밤중에 홍두깨다. てんきん　はなし　　　　　　みず	寝耳に水	
10 後輩達の [(ハゲ) みとなる]活躍をする選手。 후배들의 격려가 될 こうはいたち　　　　　　　　かつやく　　　せんしゅ　 활약을 하는 선수.	励みとなる	
11 この球はよく [(ハズ) む]。 이 공은 잘 튄다. たま	弾む	
12 [首を (シ) められた]ような気分だった。 목이 매어지는 듯한 기분이었다. くび　　　　　　　　　　　　きぶん	首を締められた	
13 [(ケンアン) 事項]について話し合う。 현안 사항에 대해 서로 이야기 하다. じこう　　　　　　　　はな あ	懸案事項	
14 駅までの[道を (タズ) ねる]。 역까지의 길을 묻다. えき　　　　みち	道を尋ねる	
15 帰国して [(シンキョウ)] も変化している。 귀국하여 심경*도 변화하고 있다. きこく　　　　　　　　　　へん か	心境	
16 まず [(キソ) 的知識]を身につける。 우선 기초적 지식을 몸에 익히다. てきちしき　み	基礎的知識	
17 情報の [(カイセキ) を試みる]。 정보의 해석을 시도해보다. じょうほう　　　　　　　こころ	解析を試みる	
18 目覚しい [(ギョウセキ) を残す]。 눈부신 업적을 남기다. め ざま　　　　　　　　　　の こ	業績を残す	
19 [成功の (カゲ) に努力あり]。 성공 뒤에 노력 있음. せいこう　　　　　どりょく	成功の陰	
20 時代の [(リュウセイ) を誇る]企業。 시대의 융성*을 자랑하는 기업. じ だい　　　　　　　ほこ　きぎょう	隆盛を誇る	

♦ 감개무량(感慨無量) : 마음속에서 느끼는 감동이나 느낌이 끝이 없음　　　♦ 심경(心境) : 마음의 상태

❋ 융성(隆盛) : 기운차게 일어나거나 대단히 번성함

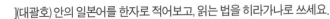

[   ](대괄호) 안의 일본어를 한자로 적어보고, 읽는 법을 히라가나로 쓰세요.

본문 내용	대괄호 한자로 쓰기	읽는 법 쓰기
01 彼女はいつも [(セケン) 体]を気にする。 그녀는 언제나 체면을 걱정한다. _{かのじょ} _{てい} _き	世間体	
02 彼は法律に関しては全くの [(モンガイカン)] だ。 그는 법률에 관해서는 _{かれ} _{ほうりつ} _{かん} _{まった} 전혀 문외한* 이다.	門外漢	
03 料理屋の [(カンジョウ) を済ませる]。 요리 가게의 계산을 끝내다. _{りょうりや} _す	勘定を済ませる	
04 必要な[金額を (サンテイ)] する。 필요한 금액을 산정하다. _{ひつよう} _{きんがく}	金額を算定	
05 [百円 (コウカ)] を販売機に入れる。 백엔 동전을 판매기에 넣다. _{ひゃくえん} _{はんばいき} _い	百円硬貨	
06 二つの出来事は [(ヒョウリ) 一体]だ。 두 사건은 표리일체* 이다. _{ふた} _{でき ごと} _{いったい}	表裏一体	
07 その事件は [(ジュウライ) の概念]が通用しない。 그 사건은 종래의 개념이 _{じけん} _{がいねん} _{つうよう} 통용되지 않는다.	従来の概念	
08 それは [(ソントク) のレベル]の話ではない。 그것은 손익의 레벨 이야기가 아니다. _{はなし}	損得のレベル	
09 災害で [(タガク) の被害]が出た。 재해로 거액의 피해가 났다. _{さいがい} _{ひがい} _で	多額の被害	
10 商店街が [(フキョウ) のあおり]を受けた。 상점가가 불황의 여파를 입었다. _{しょうてんがい} _う	不況のあおり	
11 全国を [(アンギャ)] する。 전국을 행각* 하다. _{ぜんこく}	行脚	
12 製品の[出荷を (ジシュク)] する。 제품의 출하를 자숙하다. _{せいひん} _{しゅっか}	出荷を自粛	
13 生活の [(キュウジョウ) を訴える]。 생활의 곤궁한 상태를 호소하다. _{せいかつ} _{うった}	窮状*を訴える	
14 解決すべき [(キッキン) の課題]。 해결해야 할 긴요한 과제. _{かいけつ} _{かだい}	喫緊の課題	
15 友人の家の [(ルス)] を頼まれている。 친구 집을 봐 달라고 부탁받다. _{ゆうじん} _{いえ} _{たの}	留守	
16 非難に対して [(コウベン)] する。 비난에 대해 항변하다. _{ひなん} _{たい}	抗弁	
17 [陰に (カク) れて]よく見えない。 뒤에 숨어 잘 보이지 않는다. _{かげ} _み	陰に隠れて	
18 調査の内容は [(コウハン) に]わたる。 조사의 내용은 넓은 범위에 이른다. _{ちょうさ} _{ないよう}	広範に	
19 彼の [(ギョウジョウ)] を調べる。 그의 행실* 을 조사하다. _{かれ} _{しら}	行状	
20 [(イッペントウ) の返答]しかしない人。 일변도의 대답밖에 하지 않는 사람. _{へんとう} _{ひと}	一辺倒の返答	

◆ 문외한(門外漢) : 1.어떤 일에 직접 관계가 없는 사람 2.어떤 일에 전문적인 지식이 없는 사람
♣ 표리일체(表裏一体) : 안팎이 한 덩어리가 된다는 뜻으로, 두 가지 사물의 관계가 밀접하게 됨
※ 행각(行脚) : 1.어떤 목적으로 여기저기 돌아다님 2.여기저기 돌아다니며 수행함
♠ 궁상(窮状) : 어렵고 궁한 상태   ※ 行状(ぎょうじょう) : 행실. 몸가짐. 일상의 행동

[   ](대괄호) 안의 일본어를 한자로 적어보고, 읽는 법을 히라가나로 쓰세요.

	본문 내용	대괄호 한자로 쓰기	읽는 법 쓰기
01	かつて[世界的な (キョウコウ)] が起きた。 일찍이 세계적인 공황이 일어났다.	世界的な恐慌	
02	[(コウゼン)] と行われていた差別。 공공연히 행해졌던 차별.	公然	
03	コンテストの [(ジュショウ) 式] に出席した。 콘테스트의 수상식에 참석했다.	授賞式	
04	これは母親から[受け継いだ (シシツ)] だ。 이것은 어머니로부터 이어받은 자질이다.	受け継いだ資質	
05	[対立 (ジンエイ)] から批判をされた。 대립 진영에서 비판받았다.	対立陣営	
06	強敵を前に [(ヨワゴシ)] になる。 강적을 앞에 두고 소극적인 태도가 된다.	弱腰	
07	[明日 (イコウ)] にもう一度来てください。 내일 이후에 다시 한 번 와주세요.	明日以降	
08	[(ネバ) り強い]交渉が巧を奏した。 끈기 있는 교섭이 주효했다.	粘り強い	
09	大会前の [(ゲバヒョウ)] は最下位だった。 대회전의 하마평*은 최하위였다.	下馬評	
10	ここからが我々の [(シンコッチョウ)] だ。 여기부터가 우리들의 진면목이다.	真骨頂	
11	両軍がにらみ合い [(キンパク) した状態]だ。 양군이 서로 노려보고 있어 긴박한 상태이다.	緊迫した状態	
12	彼の後ろで [(ヒカ) えて]いる。 그의 뒤에서 대기하고 있다.	控えて	
13	敗走する部隊は [(カッコウ) の餌食]だ。 패하고 달아나는 부대는 아주 좋은 희생감이다.	格好の餌食	
14	採決の結果知事は [(シンニン)] された。 채결 결과 지사는 신임 받았다.	信任	
15	彼[独特の (シュホウ)] で問題を解決した。 그는 독특한 수법으로 문제를 해결했다.	独特の手法	
16	[異 (キョウト)] の侵略を防ぐ。 이교도의 침략을 방지하다.	異教徒	
17	[歴戦の (モサ)] と呼ばれる男。 역전의 맹자(수완가)로 불리는 사내.	歴戦の猛者	
18	出来ぬ [(シンボウ) を重ねる]。 참지 못할 인내를 거듭하다.	辛抱を重ねる	
19	民族間の戦争は [(ドロヌマ) 化]した。 민족 간의 전쟁은 수렁으로 빠져들었다.	泥沼化	
20	代表者に [(ジカダンパン)] する。 대표자에게 직접 담판하다.	直談判	

◆ 하마평(下馬評) : 관직의 인사이동이나 관직에 임명될 후보자에 관하여 세상에 떠도는 풍설. 예전에, 관리들을 태워 가지고 온 마부들이 상전들이 말에서 내려 관아에 들어가 일을 보는 사이에 상전들에 대하여 서로 평하였다는 데서 유래

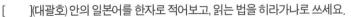

[   ](대괄호) 안의 일본어를 한자로 적어보고, 읽는 법을 히라가나로 쓰세요.

본문 내용	대괄호 한자로 쓰기	읽는 법 쓰기
01 彼はいつも [(リロセイゼン)] と話す。 그는 언제나 조리 정연하게 이야기한다. _{かれ} _{はな}	理路*整然	
02 [米の (ソウバ)] があがった。 쌀 시세가 올랐다. _{こめ}	米の相場	
03 何事も [(ハラハチブ)] が一番だ。 매사에 적당히 먹는 것이 제일이다. _{なにごと} _{いちばん}	腹八分*	
04 新しい[研究に (トウシ)] をする。 새로운 연구에 투자를 하다. _{あたら} _{けんきゅう}	研究に投資	
05 今の若者に [(フワライドウ)] を感じる。 지금의 젊은이에게 부화뇌동*을 느끼다. _{いま} _{わかもの} _{かん}	付和雷同	
06 [目標を (ミサダ) めて]行動する。 목표를 정하고 행동하다. _{もくひょう} _{こうどう}	目標を見定めて	
07 学力が規定の [(スイジュン) に達する]。 학력이 규정 수준에 달하다. _{がくりょく} _{きてい} _{たっ}	水準に達する	
08 [専門家の (タッケン)] を参考にする。 전문가의 뛰어난 식견을 참고로 하다. _{せんもんか} _{さんこう}	専門家の卓見*	
09 商品を [(ソコネ) で購入]した。 상품을 바닥시세로 구입했다. _{しょうひん} _{こうにゅう}	底値で購入	
10 その案は [(ケイケンソク) でいく]と失敗だ。 그 안은 경험칙으로 가면 실패다. _{あん} _{しっぱい}	経験則でいく	
11 [地域の (フウゾク)] を研究する。 지역의 풍속을 연구하다. _{ちいき} _{けんきゅう}	地域の風俗	
12 [(トクメイ)] での通報を受ける。 익명에 의한 통보를 받다. _{つうほう} _う	匿名	
13 珍しい[人と (ア) った]。 별난 사람과 우연히 만났다. _{めずら} _{ひと}	人と遭った	
14 [(ソマツ) な器]に盛った料理。 변변치 못한 그릇에 담은 요리. _{うつわ} _も _{りょうり}	粗末な器	
15 今から [(コウカイ)] しないように努力する。 지금부터 후회하지 않도록 노력하다. _{いま} _{どりょく}	後悔	
16 犯罪を起こした[少年が (ホドウ)] された。 범죄를 일으킨 소년이 보도*되었다. _{はんざい} _お _{しょうねん}	少年が補導	
17 市民の支持を得て [(ヤクシン)] した政党。 시민의 지지를 얻어 약진한 정당. _{しみん} _{しじ} _え _{せいとう}	躍進	
18 計画の成否は [(リュウドウ) 的な]情勢だ。 계획의 성패는 유동적인 정세이다. _{けいかく} _{せいひ} _{てき} _{じょうせい}	流動的な	
19 業務を他の[部門に (イカン)] する。 업무를 다른 부문에 이관하다. _{ぎょうむ} _{ほか} _{ぶもん}	部門に移管	
20 途上国では [(シキジリツ) が問題]になる。 도상국에서는 식자율이 문제가 된다. _{とじょうこく} _{もんだい}	識字率が問題	

◆ 이로(理路) : 논리적 줄거리, 조리　　　　　　　　◆ 腹八分(はらはちぶ) : 위에 가득 차게 양껏 먹지 않고 8부 정도만 먹음
※ 부화뇌동(付和雷同) : 뚜렷한 주견(主見)이 없으며 남의 의견·행동에 쉽게 동조함
♠ 탁견(卓見) : 뛰어난 의견(식견)　　　　　　　　　* 보도(補導) : 도와서 올바른 데로 이끌어 감

[   ](대괄호) 안의 일본어를 한자로 적어보고, 읽는 법을 히라가나로 쓰세요.

본문 내용	대괄호 한자로 쓰기	읽는 법 쓰기
01 さまざまな [(ホウサク) を練る]。다양한 방책을 짜다.	方策を練る	
02 パソコンの [(エキショウ) 画面]が進化した。컴퓨터의 액정 화면이 진화했다.	液晶画面	
03 [風に (ユ) れる]草木を幽霊と間違う。바람에 흔들리는 초목을 유령이라고 착각하다.	風に揺れる	
04 [新車の (シジョウ)] をさせてもらった。신차를 시승했다.	新車の試乗	
05 地震計の[揺れの (ハバ)] が大きくなっている。지진계의 흔들림 폭이 커지고 있다.	揺れの幅	
06 運動は[ストレス (カイショウ)] になる。운동은 스트레스 해소가 된다.	ストレス解消	
07 この[皿の (モヨウ)] は洒落ている。이 접시의 모양은 세련되어 있다.	皿の模様	
08 顔に深く[しわを (キザ) んだ]。얼굴에 깊게 주름을 새겼다.	しわを刻んだ	
09 授業中に [(イネム) り]をしてしまった。수업 중에 졸고 말았다.	居眠り	
10 次の駅で新幹線同士を [(レンケツ)] する。다음 역에서 신간선 끼리를 연결하다.	連結	
11 許されない [(ヒレツ) な行為]。용서받지 못할 비열한 행위.	卑劣な行為	
12 常識知らずの [(ヤバン) な]人物。상식을 모르는 야만적인 인물.	野蛮な	
13 容疑者が [(タイホ)] された。용의자가 체포되었다.	逮捕	
14 敵の [(ホンキョ) 地]を調査する。적의 본거지를 조사하다.	本拠地	
15 [(ホウイモウ)] を徐々に狭める。포위망을 서서히 좁히다.	包囲網	
16 その手口は[犯罪者の (ジョウドウ)] だ。그 수법은 범죄자의 상투 수단이다.	犯罪者の常道*	
17 清水の [(ブタイ)] から飛び下りる。기요미즈의 무대에서 뛰어내리다. (큰마음을 먹다.)	舞台	
18 [隣国を (コウゲキ)] した独裁国家。이웃 나라를 공격한 독재 국가.	隣国を攻撃	
19 友人と [(ユウイギ) な時間]を過ごす。친구와 의미 있는 시간을 보내다.	有意義な時間	
20 [(イチジル) しい]気温の上昇。현저한 기온 상승.	著しい	

◆ 상도(常道) : 항상 지켜야 할 도리

[   ](대괄호) 안의 일본어를 한자로 적어보고, 읽는 법을 히라가나로 쓰세요.

본문 내용	대괄호 한자로 쓰기	읽는 법 쓰기
01 税を [(イチリツ) に]引き上げる。 세금을 일률적으로 인상하다. ぜい　　　　　　　　　　ひ　あ	一律に	
02 昔の[武士の (ココロエ)]。 옛날 무사의 소양. むかし　ぶ　し	武士の心得	
03 [施設の (カクジュウ)] を求めた。 시설의 확충*을 요구했다. し せつ　　　　　　　　もと	施設の拡充	
04 [森林の (ケイタイ)] を調査する。 삼림의 형태를 조사하다. しんりん　　　　　　　　ちょう さ	森林の形態	
05 一人だけ [(コリツ) した状態]になる。 한 사람만 고립된 상태가 되다. ひとり　　　　　　　　　じょうたい	孤立した状態	
06 何よりも [(ケンコウ)] が第一だ。 무엇보다도 건강이 제일이다. なに　　　　　　　　　　だいいち	健康	
07 [(レキシ)] から多くを学ぶ。 역사에서 많은 것을 배우다. 　　　　　　おお　　まな	歴史	
08 彼は[選挙で (フッケン)] した。 그는 선거로 복권했다. かれ　せんきょ	選挙で復権	
09 その小説は [(セイキ) 末]文学と言われた。 그 소설은 세기말 문학이라 불리었다. しょうせつ　　　　　まつ ぶんがく　い	世紀末	
10 あの人は[気 (クバ) り]が上手だ。 저 사람은 배려를 잘한다. ひと　き　　　　　　じょうず	気配り	
11 [(ボウガイ) 工作]が激しい。 방해 공작이 심하다. 　　　　　こうさく　はげ	妨害工作	
12 警察は [(チアン) の維持]に努めた。 경찰은 치안 유지에 힘썼다. けいさつ　　　　　　い じ　つと	治安の維持	
13 反対勢力に対する [(ダンアツ) が始まった]。 반대 세력에 대한 탄압이 はんたいせいりょく　たい　　　　　　　　　　はじ 시작되었다.	弾圧が始まった	
14 あの政治家は [(バンセツ) を全う]した。 저 정치가는 만년의 절개를 끝까지 지켰다. せい じ か　　　　　　　　　　まっと	晩節*を全う	
15 学生が[大学を (センキョ)] した。 학생이 대학교를 점거*했다. がくせい　だいがく	大学を占拠	
16 マンションで[入居者を (ツノ) って]いる。 맨션에서 입주자를 모집하고 있다. にゅうきょしゃ	入居者を募って	
17 その言葉に思わず [(ギャクジョウ)] した。 그 말에 무심코 그만 이성을 잃었다. ことば　おも	逆上*	
18 外国語を[自由に (アヤツ) る]。 외국어를 자유롭게 구사하다. がいこく ご　じ ゆう	自由に操る	
19 社員 [(トウヨウ) 試験]に合格した。 사원 등용* 시험에 합격했다. しゃいん　　　　　し けん　ごうかく	登用試験	
20 その食材はビタミンが [(トボ) しい]。 그 식품 재료는 비타민이 부족하다. しょくざい	乏しい	

◆ 확충(拡充) : 늘리고 넓혀 충실하게 함. '넓혀 보충함'으로 순화
※ 점거(占拠) : 1.어떤 장소를 차지하여 자리를 잡음 2.점령
＊ 등용(登用) : 인재를 뽑아서 씀. '뽑아 씀'으로 순화
✦ 만절(晩節) : 1.만년 2.만년의 절조
✦ 逆上(ぎゃくじょう) : 흥분하여 피가 머리로 오름. 이성을 잃음

[   ](대괄호) 안의 일본어를 한자로 적어보고, 읽는 법을 히라가나로 쓰세요.

	본문 내용	대괄호 한자로 쓰기	읽는 법 쓰기
01	今年も近くの海岸に渡り[鳥が (ヒライ)] した。올해도 인근 해안에 철새가 날아왔다。	鳥が飛来*	
02	[道路を (ヘダ) てた]向こう側の花屋に行く。도로를 사이에 둔 맞은편 꽃집에 가다。	道路を隔てた	
03	高貴な[振る (マ) い]を見せる。고귀한 행동을 보이다。	振る舞い	
04	相手の顔を[じっと (ギョウシ)] する。상대의 얼굴을 물끄러미 응시하다。	じっと凝視	
05	予想外の出来事に [(トマド) った]。예상외의 사건에 당황했다。	戸惑った	
06	その問いかけに[皆 (イチヨウ) に]うなだれた*。그 물음에 모두 다 한결같이 고개를 떨구었다。	皆一様に	
07	[(カタ) を叩いて]健闘をたたえた。어깨를 두드리며 건투를 치하했다。	肩を叩いて	
08	離れ離れだった [(ニクシン) と再会]した。뿔뿔이 흩어졌던 육친과 재회했다。	肉親と再会	
09	彼女は常に [(ヨウキ) な女性]だ。그녀는 항상 밝고 쾌활한 여성이다。	陽気*な女性	
10	[(シャソウ)] のカーテンを全て開けた。차창 커튼을 모두 열었다。	車窓	
11	[(カンガイ) を込めて]挨拶した。감개를 담아 인사를 했다。	感慨を込めて	
12	不用意な[言葉を (ツツ) しむ]。조심성이 없는 말을 삼가다。	言葉を慎しむ	
13	仲間を犠牲にする [(ヒジョウ) の決断]。동료를 희생으로 삼는 비정*한 결단。	非情の決断	
14	過去の記憶を [(ダンペンテキ) に]思い出す。과거의 기억을 단편적으로 떠올리다。	断片的に	
15	政府に [(セイキュウ) な行動]を求める。정부에 성급한 행동을 요구하다。	性急な行動	
16	[(ボウリ) をむさぼる]悪徳業者。폭리를 탐하는 악덕업자。	暴利をむさぼる	
17	[(ガクメン) 通りに]受け取れぬ話。액면 그대로 받아들일 수 없는 이야기。	額面通りに	
18	制度の不備を突く [(ダッポウ) 行為]。제도의 불비*를 찌르는 탈법 행위。	脱法行為	
19	[情報の (コウシン)] を定期的に行う。정보의 갱신을 정기적으로 행하다。	情報の更新	
20	[弱者を (ハメツ)] させてはいけない。약자를 파멸시켜서는 안된다。	弱者を破滅	

◆ 飛来(ひらい) : 날아서 옴
◉ 陽気(ようき) : 명랑함. 밝고 쾌활함
✽ 불비(不備) : 충분히 갖추어지지 않음
✦ うなだれる : (실망・슬픔・수치 등으로) 힘없이 고개를 떨구다
♠ 비정(非情) : 무정. 매정함

[   ](대괄호) 안의 일본어를 한자로 적어보고, 읽는 법을 히라가나로 쓰세요.

본문 내용	대괄호 한자로 쓰기	읽는 법 쓰기
01 捜査の網の目を [(タク) みに] すり抜けた。 수사망의 눈을 교묘하게 빠져나갔다. そうさ あみ め ぬ	巧みに	
02 恥ずかしさで顔を [赤く (ソ) めた]。 부끄러움으로 얼굴을 붉게 물들였다. は かお あか	赤く染めた	
03 彼は発言を [(フウ) じられた]。 그는 발언을 봉쇄당했다. かれ はつげん	封じられた	
04 住民票 [(トウロク) の手続きをする。 주민표 등록 절차를 밟다. じゅうみんひょう て つづ	登録	
05 神棚に [お (ソナ) え物] をする。 집 안에 신위(神位)를 모셔 두고 かみだな もの 제사 지내는 선반에 공물을 바치다.	お供え物	
06 白雪姫にりんごを食べさせた [(マジョ)]。 백설 공주에게 사과를 먹인 마녀. しらゆきひめ た	魔女	
07 交渉の [(シュドウ) 権]を握った。 교섭의 주도권을 쥐었다. こうしょう けん にぎ	主導権	
08 広く情報網を [(ハ) り巡らした]。 넓게 정보망을 쳤다. ひろ じょうほうもう めぐ	張り巡らした	
09 寒いので [完全 (ボウビ)] して出かける。 춥기 때문에 완전 방비를 하여 외출하다. さむ かんぜん で	完全防備	
10 [(ヤクバ)] に行って手続きを済ませた。 관공서에 가서 수속을 마쳤다. い てつづ す	役場	
11 不快な [対応に (ゲキド)] する。 불쾌한 대응에 격노하다. ふかい たいおう	対応に激怒	
12 降伏し [(キョウジュン)] の意を表す。 항복하고 공순* 한 뜻을 표하다. こうふく い あらわ	恭順	
13 成果を [(コジ) し過ぎて] 嫌われる。 성과를 너무 과시하여 미움 받다. せいか す きら	誇示し過ぎて	
14 犯罪者が [(ノバナ) し]になっている。 범죄자가 방임* 되어 있다. はんざいしゃ	野放し	
15 [自己を (サンビ)] した歌を作る。 자기를 찬미한 노래를 만들다. じこ うた つく	自己を賛美	
16 定年を迎えて [(ユウタイ)] した教官。 정년을 맞이하여 용감하게 물러난 교관. ていねん むか きょうかん	勇退*	
17 どうも [(チュウスウ) 神経系]に問題がある。 아무래도 중추* 신경계에 문제가 있다. しんけいけい もんだい	中枢神経系	
18 政治家への [(ゾウワイ) の疑い]。 정치가에 대한 증여* 혐의. せいじか うたが	贈賄の疑い	
19 警察が [事件を (ソウサ)] する。 경찰이 사건을 수사하다. けいさつ じけん	事件を捜査	
20 判決は求刑どおり [無期 (チョウエキ)] だ。 판결은 구형대로 무기 징역이다. はんけつ きゅうけい むき	無期懲役	

◆ 공순(恭順) : 공손하고 온순함　　　　　　　　　　　◆ 방임 : 1.(가축을) 놓아기름, 방목 2.방임함, 멋대로 하게 버려 둠
※ 용퇴(勇退) : 1.조금도 꺼리지 아니하고 용기 있게 물러남 2.후진에게 길을 열어 주기 위하여 스스로 관직 따위에서 물러남
◆ 중추(中枢) : 사물의 중심이 되는 중요한 부분　　　　　※ 증여(贈賄) : 1.물품 따위를 선물로 줌 2.(법률) 당사자의 일방이 자기의 재산을
　무상으로 상대편에게 줄 의사를 표시하고 상대편이 이를 승낙함으로써 성립하는 계약

[   ](대괄호) 안의 일본어를 한자로 적어보고, 읽는 법을 히라가나로 쓰세요.

본문 내용	대괄호 한자로 쓰기	읽는 법 쓰기
01 厳しい修行で [(ウデ) を上げた]料理人。 혹독한 수행으로 솜씨를 늘린 요리인.	腕を上げた	
02 彼は [(リクツ) ばかり]こねて行動に移さない。 그는 당치않은 억지말로 떼를 쓸 뿐 행동으로 옮기지 않는다.	理屈ばかり	
03 そういう話は [(シンゾウ) に悪い]。 그러한 이야기는 심장에 나쁘다.	心臓に悪い	
04 実験では [(キジュン) 通り]の数値が出た。 실험에서는 기준대로의 수치가 나왔다.	基準通り	
05 [(シットウ) 医]の技術不足を指摘した。 집도의의 기술 부족을 지적했다.	執刀医	
06 新薬の [(リンショウ) 実験]が行われた。 신약의 임상 실험이 실시되었다.	臨床実験	
07 賛成意見が過半数に [(ミ) たない]。 찬성 의견이 과반수를 밑돌다.	満たない	
08 [制度 (カイカク)]の弊害も考えた方がいい。 제도 개혁의 폐해*도 생각하는 편이 좋다.	制度改革	
09 お互いの[配慮に (カ) ける]。 서로의 배려가 부족하다.	配慮に欠ける	
10 政府の[方針を (シジ)] している。 정부의 방침을 지지하고 있다.	方針を支持	
11 その話は [(オクソク)] にすぎない。 그 이야기는 억측*에 지나지 않는다.	憶測	
12 [(セッソク)] にすぎる判断だ。 너무나 졸속*적인 판단이다.	拙速	
13 [腕前を (ハッキ)] する。 솜씨를 발휘하다.	腕前を発揮	
14 柔軟な[予算 (ヘンセイ)] をする。 유연한 예산 편성을 하다.	予算編成	
15 見た目は [(ヒンジャク)] そうな人物。 겉보기는 빈약한 듯한 인물.	貧弱	
16 人目を [(アザム) く]。 남의 이목을 속이다.	欺く	
17 情報を[無作為に (チュウシュツ)] する。 정보를 무작위*로 추출하다.	無作為に抽出	
18 [核物質を (ノウシュク)] した容器。 핵물질을 농축한 용기.	核物質を濃縮	
19 外交にも [(センジュツ) が必要]だ。 외교에도 전술이 필요하다.	戦術が必要	
20 下手な[脅しは (キンモツ)] だ。 서투른 위협은 금물이다.	脅しは禁物	

◆ 폐해(弊害) : 폐단으로 생기는 해
♣ 억측(憶測) : 이유와 근거가 없이 짐작함
◉ 졸속(拙速) : 어설프고 빠름. 또는 그런 태도
♠ 무작위(無作為) : 통계의 표본 추출에서, 일어날 수 있는 모든 일이 동등한 확률로 발생하게 함

[　　]〔대괄호〕안의 일본어를 한자로 적어보고, 읽는 법을 히라가나로 쓰세요.

본문 내용	대괄호 한자로 쓰기	읽는 법 쓰기
01　彼は [(アイキョウシン)] が強い人だ。 그는 애향심*이 강한 사람이다.	愛郷心	
02　新しい法律の [(ソアン) を示した]。 새로운 법률의 기본적인 생각을 제시했다.	素案* を示した	
03　あの議員は[疑惑を (ヒテイ)] した。 저 의원은 의혹을 부정했다.	疑惑を否定	
04　科学分野の研究者の [(ヨウセイ)] に力を注ぐ。 과학 분야의 연구자 양성에 힘을 쏟다.	養成	
05　三年ぶりに [(キキョウ)] することになった。 3년 만에 귀향하게 되었다.	帰郷	
06　彼は間違いを [(スナオ) に]認めた。 그는 실수를 순순히 인정했다.	素直に	
07　辛い記憶は心の [(オク) 深く]にしまった。 괴로운 기억은 마음 깊숙한 곳에 간직했다.	奥深く	
08　市長の[不 (シンニン)] 決議案が可決された。 시장의 불신임 결의안이 가결되었다.	不信任	
09　彼は [(オドロ) く]べき心肺能力の持ち主だ。 그는 놀랄만한 심폐 능력의 소유자이다.	驚く	
10　数ヶ国語が[飛び (カ) う]オフィス。 몇 개 국어가 난무하는 오피스.	飛び交う	
11　昔に比べて [(ズイブン) 衰えた]。 옛날에 비해 상당히 쇠약했다.	随分衰えた	
12　国会で [(クウソ) な論争]を続けた。 국회에서 내용이 없는 논쟁을 계속했다.	空疎* な論争	
13　[(セッパ) 詰まった]表情。 궁지에 몰린 표정.	切羽詰まった	
14　[休日の (ガイトウ)] でデモを行う。 휴일 길거리에서 데모를 실시하다.	休日の街頭	
15　[無駄な (ロウヒ)] をやめて貯蓄する。 쓸데없는 낭비를 그만두고 저축하다.	無駄な浪費	
16　彼は [(ヒマ)] を持て余している。 그는 한가한 시간을 주체못하고 있다.	暇	
17　敵地に[密かに (センニュウ)] する。 적지에 몰래 잠입하다.	密かに潜入	
18　[(スジョウ)] のはっきりしない人物。 성장 과정이 분명하지 않은 인물.	素性	
19　責任は[罪を (オカ) した]者にある。 책임은 죄를 저지른 자에게 있다.	罪を犯した	
20　事件の[解決を (ハカ) る]。 사건의 해결을 도모하다.	解決を図る	

◆ 애향심(愛郷心) : 고향을 아끼고 사랑하는 마음　　　　♣ 소안(素案) : 원안보다 앞선 단계의 기본적인 생각

※ 공소(空疎) : (겉치레뿐) 내용이 없음

[   ](대괄호) 안의 일본어를 한자로 적어보고, 읽는 법을 히라가나로 쓰세요.

본문 내용	대괄호 한자로 쓰기	읽는 법 쓰기
01 公園の [(シバ) の上]で昼寝をする。 공원의 잔디 위에서 낮잠을 자다. こうえん　　　　うえ　ひるね	芝の上	
02 野球部の学生は[丸 (ガ) り頭]だ。 야구부의 학생은 스포츠머리다. やきゅうぶ　がくせい　まる　　あたま	丸刈り頭	
03 ガソリンを入れに [(キュウ) 所]に寄った。 가솔린을 넣으러 い　　　　　　しょ　よ　　　급유소(주유소)에 들렀다.	給油所	
04 交通事故で [(ジュウショウ) を負った]。 교통사고로 중상을 입었다. こうつうじこ　　　　　　　お	重傷を負った	
05 特別に厳しい [(クンレン) を受けて]きた隊員。 특별하게 혹독한 훈련을 とくべつ　きび　　　　　　う　　　たいいん　받아온 대원.	訓練を受けて	
06 この事件の[犯人像を (スイソク)] した。 이 사건의 범인상을 추측했다. じけん　はんにんぞう	犯人像を推測	
07 事件は多くの難解な [(ヨウソ) が絡んで]いる。 사건은 많은 난해한 요소가 じけん　おお　なんかい　　　　　から　　　얽혀 있다.	要素が絡んで	
08 彼の顔には [(キョウフ)] が刻み込まれている。 그의 얼굴에는 공포가 역력하다. かれ　かお　　　　　　きざ　こ	恐怖	
09 彼はとても [(レイケツ) な人間]だ。 그는 매우 냉혈적인 인간이다. かれ　　　　　　にんげん	冷血な人間	
10 まず最初に [(ナイユウ) の解決]が必要だ。 우선 제일 먼저 내우*의 해결이 필요하다. さいしょ　　　　　かいけつ　ひつよう	内憂の解決	
11 医師の[診察を (コバ) む]。 의사의 진찰을 거부하다. いし　しんさつ	診察を拒む	
12 [老人 (フクシ)] の予算を組む。 노인 복지의 예산을 편성하다. ろうじん　　　よさん　く	老人福祉	
13 [(シュウエキ)] だけを重視してはいけない。 수익만을 중시해서는 안 된다. じゅうし	収益	
14 [議論は (ヘイコウセン)] をたどった。 논의는 평행선에 이르렀다. ぎろん	議論は平行線	
15 改革の [(コウソウ) を練る]。 개혁의 구상을 짜다. かいかく　　　　　ね	構想を練る	
16 選択の [(ハバ) を広げる]。 선택의 폭을 넓히다. せんたく　　　　ひろ	幅を広げる	
17 違法建築の [(テンケイテキ) な]一例。 위법(불법) 건축의 전형적인 일례. いほうけんちく　　　　　　いちれい	典型的な	
18 [(タクチ) を造成]する工事。 택지를 조성하는 공사. ぞうせい　こうじ	宅地を造成	
19 [ダムで (スイボツ)] した故郷。 댐으로 물속에 잠긴 고향. こきょう	ダムで水没	
20 [(イチギテキ) には]政府の責任だ。 근본적으로는 정부의 책임이다. せいふ　せきにん	一義的には	

◆ 내우(内憂) : 조직 (특히 국가) 내부의 온갖 걱정이나 분규

[   ](대괄호) 안의 일본어를 한자로 적어보고, 읽는 법을 히라가나로 쓰세요.

본문 내용	대괄호 한자로 쓰기	읽는 법 쓰기
01 彼女は素朴で [(ジュンジョウ) な]人柄だ。 _{かのじょ そぼく ひとがら} 그녀는 소박하고 순정*한 인품이다.	純情な	
02 詩や [(ズイヒツ)] を読むのが好きだ。 _{し よ す} 시나 수필을 읽는 것을 좋아한다.	随筆	
03 反対派の出方を [(ケイカイ)] しながらの行動。 _{はんたいは でかた こうどう} 반대파의 태도를 경계하면서의 행동.	警戒	
04 彼は膝に [(バクダン) を抱えて]いる選手だ。 _{かれ ひざ かか せんしゅ} 그는 무릎에 폭탄을 안고 있는 선수이다.	爆弾を抱えて	
05 お客に対して [(ケイイ) を持って]接する。 _{きゃく たい も せっ} 손님에 대해 경의를 가지고 응대하다.	敬意を持って	
06 災害で[痛手を (コウム) った]。 _{さいがい いた で} 재해로 큰 피해를 입었다.	痛手を被った	
07 私たちは反対意見を [(ヒョウメイ)] した。 _{わたし はんたいいけん} 우리들은 반대 의견을 표명했다.	表明	
08 彼は罪状を[素直に (ハクジョウ)] した。 _{かれ ざいじょう すなお} 그는 죄명을 순순히 자백했다.	素直に白状	
09 新聞に企業の [(シャザイ) 広告]が載った。 _{しんぶん きぎょう こうこく の} 신문에 기업의 사죄 광고가 실렸다.	謝罪広告	
10 その粗大ゴミは [(シマツ) に悪い]。 _{そだい わる} 그 대형 쓰레기는 처리가 힘들다.	始末に悪い	
11 会社の[経費を (サクゲン)] する。 _{かいしゃ けいひ} 회사의 경비를 삭감하다.	経費を削減	
12 [(ギャクサン)] したら数が違った。 _{かず ちが} 역산*했더니 숫자가 틀렸다.	逆算	
13 [(キュウライ)] のシステムを見直す。 _{みなお} 종래의 시스템을 재검토하다.	旧来	
14 この橋は [(マゴコ)] の代まで残る。 _{はし だい のこ} 이 다리는 자손 대까지 남는다.	孫子	
15 [政府 (シュノウ)] の見解。 _{せいふ けんかい} 정부 수뇌*의 견해.	政府首脳	
16 [(フモウ) な議論]が延々と続く。 _{ぎろん えんえん つづ} 아무런 성과도 없는 논의가 장장 이어지다.	不毛*な議論	
17 食べ物の [(ウラ) み]は恐ろしい。 _{た もの おそ} 음식의 원한은 무섭다.	恨み	
18 畑違いの[部署に (ハイテン)] される。 _{はたけちが ぶしょ} 전문 분야가 다른 부서에 배치 전환되다.	部署に配転	
19 会社の [(フテギワ) な対応]を指摘する。 _{かいしゃ たいおう してき} 회사의 서투른 대응을 지적하다.	不手際*な対応	
20 思わず [(バキャク) を現す]。 _{おも あらわ} 그만 정체가 탄로나다.	馬脚を現す	

◆ 순정(純情) : 순수한 감정이나 애정. 순진함

◆ 역산(逆算) : 순서를 거꾸로 하여서 뒤쪽에서 앞쪽으로 거슬러 계산하는 일

◆ 수뇌(首脳) : 1.지도적(주된) 인물 2.주요 부분

◆ 불모(不毛) : 1.땅이 메말라서 식물이 자라지 않음 2.아무런 성과도 올리지 못함

◆ 不手際(ふてぎわ) : 서투름. 솜씨가 나쁨. 실수

[   ](대괄호) 안의 일본어를 한자로 적어보고, 읽는 법을 히라가나로 쓰세요.

본문 내용	대괄호 한자로 쓰기	읽는 법 쓰기
01 車内では [(ケイタイ) 電話]の電源を切る。 차내에서는 휴대 전화의 전원을 끄다. しゃない　　　　　　　　でんわ　　　でんげん　き	携帯電話	
02 書類を封書*で [(ユウソウ)] する。 서류를 봉하여 우송하다. しょるい　ふうしょ	郵送	
03 [(タンマツ) 装置]からシステムにアクセスする。 단말 장치에서 そうち　　　　　　　　　　　　　　　　　　시스템에 접속하다.	端末装置	
04 精密機械の[技術 (カクシン)] が進む。 정밀 기계의 기술 혁신이 발달하다. せいみつきかい　　ぎじゅつ　　　　　すす	技術革新	
05 商品[戦略の (ミョウアン)] を思いつく。 상품 전략의 묘안을 떠올리다. しょうひん　せんりゃく　　　　　　　　おも	戦略の妙案	
06 [時代の (ゲキリュウ)] にのまれる。 시대의 격류*에 휘말리다. じだい	時代の激流	
07 鞍上から [(テンラク)] して大怪我をした。 말안장 위에서 떨어져서 あんじょう　　　　　　　　　おおけが　　　　큰 상처를 입었다.	転落	
08 不況で人員を (オオハバ) に削減]した。 불황으로 인원을 대폭적으로 삭감했다. ふきょう　じんいん　　　　　　　　さくげん	大幅に削減	
09 [文章を (テンヤク)] する機械を発明した。 문장을 점역* 하는 기계를 발명했다. ぶんしょう　　　　　　　　きかい　はつめい	文章を点訳	
10 音楽をテープに [(ロクオン)] する。 음악을 테이프로 녹음하다. おんがく	録音	
11 [関税 (ショウヘキ)] を撤廃する。 관세 장벽을 철폐하다. かんぜい　　　　　　　　てっぱい	関税障壁	
12 中小 [(レイサイ) 企業]の経営状況。 중소 영세 기업의 경영 상황. ちゅうしょう　　　　きぎょう　けいえいじょうきょう	零細企業	
13 [(リンジ) の職員]を募集する。 임시 직원을 모집하다. しょくいん　ぼしゅう	臨時の職員	
14 自国に [(ユウリ) な条件]を出す。 자국에게 유리한 조건을 내걸다. じこく　　　　　　　じょうけん　だ	有利な条件	
15 [車の (リョウリン)] のごとく息が合う。 차의 양쪽 바퀴처럼 호흡이 맞다. くるま　　　　　　　　　　いきあ	車の両輪	
16 [(マンセイ) 的に]交通が渋滞する。 만성적으로 교통이 정체* 되다. てき　こうつう　じゅうたい	慢性的に	
17 長い [(チンモク) を破り]発言する。 긴 침묵을 깨고 발언하다. なが　　　　　　　　やぶ　はつげん	沈黙を破り	
18 病気に対する [(メンエキ) ができる]。 병에 대한 면역이 생기다. びょうき　たい	免疫ができる	
19 [(リフジン) な要求]は受け入れない。 불합리한 요구는 받아들일 수 없다. ようきゅう　う　い	理不尽* な要求	
20 病院の [(カシツ) を追及]する。 병원의 과실을 추궁하다. びょういん　　　　　　　ついきゅう	過失を追及	

✦ 봉서(封書) : 겉봉을 봉한 편지
✦ 격류(激流) : 1.사납고 빠르게 흐르는 물 2.사회적 발전이나 사조 따위의 거센 흐름
✻ 점역(点訳) : 말이나 보통의 글자를 점자로 고침　　　　　　　　✦ 정체(渋滞) : 사물이 발전하거나 나아가지 못하고 한자리에 머물러 그침
✦ 理不尽(りふじん) : 도리에 맞지 않음. 불합리함. 억지를 부림

[   ](대괄호) 안의 일본어를 한자로 적어보고, 읽는 법을 히라가나로 쓰세요.

본문 내용	대괄호 한자로 쓰기	읽는 법 쓰기
01 私は [(シュウセイ)] 彼への恩を忘れない。 나는 평생 그에 대한 은혜를 잊지 않는다.	終生 *	
02 彼は [(セイジツ)] でまじめな人柄だ。 그는 성실하고 착실한 인품이다.	誠実	
03 [将来性を (カミ)] して成績をつける。 장래성을 가미하여 성적을 채점하다.	将来性を加味	
04 彼の声は教室中に [(ヒビ) き渡った]。 그의 목소리는 온 교실에 울려 퍼졌다.	響き渡った	
05 頭に[野球 (ボウ)] をかぶる。 머리에 야구 모자를 쓰다.	野球帽	
06 都会で [(ドウキョウ) の人]と会う。 도회에서 같은 고향 사람과 만나다.	同郷の人	
07 彼は [(ブンダン)] でも一目置かれている。 그는 문단에서도 높이 인정받고 있다.	文壇	
08 才能と [(ヨウシ)] を兼ね備えている人物。 재능과 용자*를 겸비한 인물.	容姿	
09 国破れて [(サンガ)] ありという一節で始まる。 '나라는 망했어도 산하는 그대로 있다.' 라는 한 구절로 시작된다.	山河	
10 古い友人との再会に [(カンムリョウ) だ]。 오래된 친구와의 재회에 감개무량하다.	感無量だ	
11 若者らしい [(ハキ)] が感じられる。 젊은이다운 패기가 느껴진다.	覇気	
12 [(エンダン) に登り]スピーチをする。 연단에 올라 스피치를 하다.	演壇に登り	
13 [(オウジ) の繁栄]を懐かしく思う。 지난날의 번영을 그립게 생각한다.	往時*の繁栄	
14 仲間から [(オウトウ) が無い]。 동료로부터 응답이 없다.	応答が無い	
15 事業[資金を (キョシュツ)] する。 사업 자금을 각출하다.	資金を拠出 *	
16 港に[五 (セキ) の船]が停泊している。 항구에 5척의 배가 정박하고 있다.	五隻	
17 親戚とはしばらく [(ソエン) だ]った。 친척과는 잠시 소원*했다.	疎遠だ	
18 彼は何処に出しても[見 (オト) り]しない。 그는 어디에 내놓아도 뒤떨어지지 않는다.	見劣り	
19 革新的なデザインを [(モサク)] している。 혁신적인 디자인을 모색하고 있다.	模索	
20 [(ハソン)] した箇所を補修する。 파손된 곳을 보수하다.	破損	

◆ 終生(しゅうせい) : 평생, 일생
* 往時(おうじ) : 옛날, 지난날
* 소원(疎遠) : 지내는 사이가 두텁지 아니하고 거리가 있어서 서먹서먹함

◆ 용자(容姿) : (여성의) 얼굴 모양이나 자태
◆ 거출(拠出) : 같은 목적을 위하여 여러 사람이 돈을 나누어 냄. 각출. 추렴

[ ](대괄호) 안의 일본어를 한자로 적어보고, 읽는 법을 히라가나로 쓰세요.

본문 내용	대괄호 한자로 쓰기	읽는 법 쓰기
01 物語のような [(スウキ) な運命]。 이야기와 같은 기구한 운명. ものがたり うんめい	数奇* な運命	
02 今は便利な [(ホンヤク) ソフト]がある。 지금은 편리한 번역 소프트웨어가 있다. いま べんり	翻訳ソフト	
03 首相が福祉[施設を (イモン)] した。 총리가 복지 시설을 위문했다. しゅしょう ふくし しせつ	施設を慰問	
04 マニアを [(コウヨウ)] させる新車の登場。 마니아를 고양시키는 신차의 등장. しんしゃ とうじょう	高揚	
05 [(ジュウグン) 看護婦]として参加した。 종군 간호사로서 참가했다. かんごふ さんか	従軍看護婦	
06 武装集団が広場の[一部を (センリョウ)] した。 무장 집단이 광장의 일부를 ぶそうしゅうだん ひろば いちぶ 점령했다.	一部を占領	
07 その部隊は[砂漠に (シンチュウ)] している。 그 부대는 사막에 주둔하고 있다. ぶたい さばく	砂漠に進駐*	
08 彼は [(チショウ)] として名をはせた。 그는 지장* 으로서 이름을 떨쳤다. かれ な	知将	
09 早々に [(センセン) を離脱]した。 일찌감치 전선을 이탈했다. はやばや りだつ	戦線を離脱	
10 衝撃的な [(ジョユウ)] デビューだ。 충격적인 여배우 데뷔다. しょうげきてき	女優	
11 ことの成り行きを [(ユウリョ)] する。 일의 진행 상태를 우려하다. な ゆ	憂慮	
12 犯人を [(イカク) 射撃]する。 범인을 위협 사격하다. はんにん しゃげき	威嚇射撃	
13 既存勢力と [(シンコウ) 勢力]の対立。 기존 세력과 신흥 세력의 대립. きそんせいりょく せいりょく たいりつ	新興勢力	
14 違反を認めて [(アヤマ) った]。 위반을 인정하고 사과했다. いはん みと	謝った	
15 [(ジョレツ) を無視]して昇進する。 서열을 무시하고 승진하다. むし しょうしん	序列を無視	
16 思い切って* [(アラリョウジ) を受ける]。 과감히 조치를 받다. おも き う	荒療治を受ける	
17 [顔を (アラ) って]目を覚ます。 얼굴을 씻고 잠을 깨다. かお め さ	顔を洗って	
18 必要[書類の (フビ)] を補う。 필요한 서류의 불비를 보충하다. ひつよう しょるい おぎな	書類の不備	
19 自分の意向を [(ケツゼン) と]言い放つ。 자신의 의향을 단호히 말하다. じぶん いこう い はな	決然* と	
20 台風の接近で [(フウアツ)] が強くなった。 태풍의 접근으로 풍압이 강해졌다. たいふう せっきん つよ	風圧	

◆ 数奇(すうき) : 1.불행함 기구, 불우함 2.운명에 파란이 많음, 기구함   ♣ 진주(進駐) : 군대가 쳐들어가거나 파견되어 가서 주둔함
※ 지장(知将) : 지혜 있는 장수
♠ 思(おも)い切(き)って : 1.큰맘 먹고, 과감히 2.마음껏, 실컷 3.매우, 몹시, 대단히
＊ 결연(決然) : 결연함, 단호함

[   ](대괄호) 안의 일본어를 한자로 적어보고, 읽는 법을 히라가나로 쓰세요.

본문 내용	대괄호 한자로 쓰기	읽는 법 쓰기
01 弓矢が [(ヒョウテキ) に命中]する。 화살이 표적에 명중하다.	標的に命中	
02 [(コウミョウ) な]トリックに引っかかった。 교묘한 트릭에 걸렸다.	巧妙な	
03 自分の意見は [(メイカク) に主張]する。 자신의 의견은 명확하게 주장하다.	明確に主張	
04 こちらの誠意に [(リフジン) な]仕打ちをされた。 이쪽의 성의에 불합리한 처사를 당했다.	理不尽な	
05 試験では努力不足を [(ツウカン)] させられた。 시험에서는 노력부족을 통감하게 되었다.	痛感	
06 ステージが [(アンテン)] して場面が変わった。 무대가 암전*하여 장면이 바뀌었다.	暗転	
07 それは [(ゲキジョウガタ)] といわれる犯罪だ。 그것은 극장형이라고 불리는 범죄다.	劇場型	
08 種も [(シカ) け]もありません。 속임수도 장치도 없습니다.	仕掛け	
09 賃金の不満から[ストに (トツニュウ)] した。 임금 불만으로 파업에 돌입했다.	ストに突入	
10 このミュージカルは百回目の [(コウエン)] だ。 이 뮤지컬은 100번째 공연이다.	公演	
11 無実の人を罪に [(オトシイ) れる]。 죄가 없는 사람에게 죄를 뒤집어씌우다.	陥れる	
12 提案を [(ガンキョウ) に]拒む。 제안을 완강히 거부하다.	頑強に	
13 暴動で[商品が (リャクダツ)] される。 폭동으로 상품이 약탈되다.	商品が略奪	
14 取調べ中の [(ゴウモン) は禁止]された。 취조중의 고문은 금지되었다.	拷問は禁止	
15 [(ソウトウ) 作戦]を開始する。 소탕 작전을 개시하다.	掃討作戦	
16 古代都市を [(セイフク)] した皇帝。 고대 도시를 정복한 황제.	征服	
17 [事態を (カイケツ)] するために議論する。 사태를 해결하기 위해 논의하다.	事態を解決	
18 退職者の [(ショグウ) を改善]する。 퇴직자의 대우를 개선하다.	処遇*を改善	
19 事業の [(コンカン) をなす]計画。 사업의 근간을 이루는 계획.	根幹をなす	
20 [(シュウシンコヨウ)] 制度を見直す。 종신 고용 제도를 재검토하다.	終身雇用	

◆ 암전(暗転) : 1.(연극)암전. 막을 내리지 않고 무대를 어둡게 하여 장면을 바꿈 2.일이 좋은 상태에서 나쁜 상태로 전환됨
◆ 처우(処遇) : 조처하여 대우함

[   ](대괄호) 안의 일본어를 한자로 적어보고, 읽는 법을 히라가나로 쓰세요.

본문 내용	대괄호 한자로 쓰기	읽는 법 쓰기
01 彼はとても[口が (タッシャ) な]人間だ。 그는 매우 말을 잘하는 사람이다. かれ　くち　　　　　　　にんげん	口が達者* な	
02 パーティーの [(アンナイ) 状]を送る。 파티의 안내장을 보내다. じょう　おく	案内状	
03 名曲誕生後三百年を [(コ) えた]。 명곡 탄생 후 3백년을 넘었다. めいきょくたんじょうご さんびゃくねん	超えた	
04 随所に[戦争の (キズアト)] が残っている。 도처에 전쟁의 상흔이 남아있다. ずいしょ　せんそう　　　　　　　　のこ	戦争の傷跡*	
05 [東京 (キンコウ)] のマンションを購入した。 도쿄 근교의 맨션을 구입했다. とうきょう　　　　　　　　　　こうにゅう	東京近郊	
06 [(トクハイン)] としてアメリカに赴任する。 특파원으로서 미국에 부임하다. ふにん	特派員	
07 戦争反対の [(ツウセツ) な叫び]をあげた。 전쟁 반대의 통절*한 소리를 질렀다. せんそうはんたい　　　　　　さけ	痛切な叫び	
08 彼の意見に [(キョウカン) を覚えた]。 그의 의견에 공감을 느꼈다. かれ　いけん　　　　　　　　おぼ	共感を覚えた	
09 この世に生を受けて早 [(シハンセイキ)] だ。 이 세상에 태어난 지 벌써 사반세기다. よ　せい　う　　はや	四半世紀	
10 いきいきと [(ショウライ)] の夢を語る子ども。 생생히 장래의 꿈을 ゆめ　かた　こ　　　　　이야기하는 아이.	将来	
11 その話題は [(フ) せておく]。 그 화제는 덮어 두다. わだい	伏せておく	
12 入力した[言葉を (ヘンカン)] する。 입력한 단어를 변환하다. にゅうりょく　ことば	言葉を変換	
13 引越しの際に [(ゲンジョウ) 回復]を行う。 이사할 때에 원상회복*을 실시하다. ひっこ　さい　　　　　　かいふく　おこな	原状回復	
14 半年間は[機能を (ホショウ)] されている。 반년간은 기능을 보장받고 있다. はんとしかん　きのう	機能を保証	
15 汚職の [(ビョウコン) を絶つ]。 오직의 병폐 근원을 근절하다. おしょく　　　　　　　た	病根を絶つ	
16 敵軍の [(シュウチュウホウカ)] を浴びる。 적군의 집중포화를 받다. てきぐん　　　　　　　　　　　あ	集中砲火	
17 議員の権威は [(キュウソク) に]衰えた。 의원의 권위는 급속히 쇠약해졌다. ぎいん　けんい　　　　　　　おとろ	急速に	
18 [(トウゲ) の茶店]で休む。 고개에 있는 찻집에서 쉬다. ちゃみせ　やす	峠の茶店	
19 保管されている [(ゲキヤク) を使う]。 보관되어 있는 극약을 사용하다. ほかん　　　　　　　　つか	劇薬を使う	
20 緊急の [(シュツドウ) 要請]が入った。 긴급 출동 요청이 들어왔다. きんきゅう　　　　　　ようせい　はい	出動要請	

◆ 達者(たっしゃ) : 1. 달인, 명인 2.(어떤 분야에) 숙달되어 있는 모양, 능숙한 모양
◆ 傷跡(きずあと) : 상흔, 상처 자국, 흉터, 홈　　　　　　　　　　※ 통절(痛切) : 뼈에 사무치게 절실함
◆ 원상회복(原状回復) : 본디의 형편이나 상태로 돌아감

[   ](대괄호) 안의 일본어를 한자로 적어보고, 읽는 법을 히라가나로 쓰세요.

본문 내용	대괄호 한자로 쓰기	읽는 법 쓰기
01 ディスコに [(キョウ) じる]人たち。 디스코에 흥겨워하는 사람들.	興じる	
02 [(ショウドウ) 的に]買い物をすると失敗する。 충동적으로 쇼핑을 하면 실패한다.	衝動的に	
03 彼は胸中によからぬ [(ヨクボウ) を抱いた]。 그는 마음속에 좋지 않은 욕망을 품었다.	欲望を抱いた	
04 彼の背後には [(キョウダイ) な力]が存在する。 그의 배후에는 강대한 힘이 존재한다.	強大な力	
05 これは気象観測用の [(ソウチ)] だ。 이것은 기상 관측용 장치이다.	装置	
06 彼を [(ハイゴ)] から操作する人物。 그를 배후에서 조작하는 인물.	背後	
07 [(トウケイ) 調査]の結果を発表する。 통계 조사 결과를 발표하다.	統計調査	
08 彼は歴史上 [(ドクサイシャ)] と呼ばれている。 그는 역사상 독재자라고 불리고 있다.	独裁者	
09 政治家が何者かに [(シサツ)] された。 정치가가 어떤 자에게 사살되었다.	刺殺	
10 [(バクハ) テロ]の犠牲者。 폭파 테러의 희생자.	爆破テロ	
11 不法に土地を [(センキョ)] している。 불법으로 토지를 점거* 하고 있다.	占拠	
12 [不平が (フンシュツ)] している。 불평이 분출하고 있다.	不平が噴出	
13 部隊が同時に [(トツニュウ)] する。 부대가 동시에 돌입* 하다.	突入	
14 [民族の (キキュウ)] する和平。 민족이 희구* 하는 평화.	民族の希求	
15 生き残った[隊員を (テッタイ)] させる。 살아남은 대원을 철수키다.	隊員を撤退	
16 脅しでは私の[行動を (フウサツ)] 出来ない。 위협으로는 내 행동을 봉쇄할 수 없다.	行動を封殺*	
17 彼は[重役を (レキニン)] している。 그는 중역을 역임하고 있다.	重役を歴任	
18 親戚にお金を [(ムシン)] された。 친척이 염치없이 돈을 요구했다.	無心*	
19 [突然の (シュウゲキ)] を回避する。 갑작스런 습격을 회피하다.	突然の襲撃	
20 [高い (ヤチン)] の割には狭い部屋。 비싼 방세에 비해서는 좁은 방.	高い家賃	

◆ 점거(占拠) : 어떤 장소를 차지하여 자리를 잡음
◉ 희구(希求) : 바라고 구함
＊ 무심(無心) : 1.아무 생각이 없음 2.사심이 없음. 순진함 3.염치없이 금품을 요구함
✦ 돌입(突入) : 세찬 기세로 갑자기 뛰어듦. 돌진
✤ 봉살(封殺)(ふうさつ) : 1.(야구에서) 봉살. 포스아웃 2.봉쇄

328

[   ](대괄호) 안의 일본어를 한자로 적어보고, 읽는 법을 히라가나로 쓰세요.

본문 내용	대괄호 한자로 쓰기	읽는 법 쓰기
01 政府と市民の [(イッシンイッタイ)] の攻防が続く。 せいふ しみん こうぼう つづ 정부와 시민의 일진일퇴의 공방이 이어지다.	一進一退	
02 人は[自然の (キョウイ) の前では無力だ。 ひと しぜん まえ むりょく 사람은 자연의 위협 앞에서는 무력하다.	自然の脅威	
03 美しい景色に[心を (ウバ) われた]。 うつく けしき こころ 아름다운 경치에 마음을 빼앗겼다.	心を奪われた	
04 彼は人生最大の [(キロ) に立って]いる。 かれ じんせいさいだい た 그는 인생 최대의 기로에 서 있다.	岐路に立って	
05 挑戦者を次々と [(シリゾ) けた]。 ちょうせんしゃ つぎつぎ 도전자를 잇달아 물리쳤다.	退けた	
06 有事のときこそ落ち着いて [(タイオウ)] をする。 ゆうじ お つ 유사시야말로 차분히 대응을 하다.	対応	
07 彼は[心理的 (ジュウアツ)] に押し潰された。 かれ しんりてき お つぶ 그는 심리적 중압감에 뭉개졌다.	心理的重圧	
08 昨年の優勝チームと [(タイセン)] した。 さくねん ゆうしょう 작년의 우승팀과 대전했다.	対戦	
09 新天地に移る[戸 (マド) いは有る]と思う。 しんてんち うつ と あ おも 신천지로 옮기는 망설임은 있다고 생각한다.	戸惑いは有る	
10 彼を [(シ) と仰ぐ]弟子が沢山いる。 かれ あお でし たくさん 그를 스승으로 우러러보는 제자가 많이 있다.	師と仰ぐ	
11 [(タンペイキュウ) に]結論を出す。 けつろん だ 갑작스럽게 결론을 내다.	短兵急* に	
12 多くの議題を [(ホウカツ) 的に]扱う。 おお ぎだい てき あつか 많은 의제를 포괄적으로 다루다.	包括的に	
13 住宅地に[タヌキが (シュツボツ)] する。 じゅうたくち 주택지에 너구리가 출몰하다.	タヌキが出没	
14 [(コウチョク) 的な]組織を見直す。 てき そしき みなお 경직적인 조직을 재점검하다.	硬直的な	
15 現地から [(ソクジ) 撤退]を要求する。 げんち てったい ようきゅう 현지로부터 즉시 철수를 요구하다.	即時撤退	
16 様々な [(ケイイ) を経て]今の地位についた。 さまざま へ いま ちい 다양한 경위를 거쳐 지금의 지위에 앉았다.	経緯を経て	
17 契約獲得の [(コウ)] で昇進した。 けいやくかくとく しょうしん 계약을 따낸 공으로 승진했다.	功	
18 いろいろな条件が [(カラ) みあう]。 じょうけん 여러 가지 조건이 얽히다.	絡みあう	
19 [(ゼッコウ) の機会]を得る。 きかい え 절호의 기회를 얻다.	絶好の機会	
20 民主主義を [(ハタジルシ) にする]。 みんしゅしゅぎ 민주주의를 가치로 내걸다.	旗印* にする	

◆ 短兵急(たんぺいきゅう) : 갑작스러움. 느닷없음　　　　　　♣ 旗印(はたじるし) : 행동의 목표를 내세우는 주의(주장). 기치

[　　](대괄호) 안의 일본어를 한자로 적어보고, 읽는 법을 히라가나로 쓰세요.

본문 내용	대괄호 한자로 쓰기	읽는 법 쓰기
01　陰に隠れて [(ナミダ) ぐましい]努力を積む。 그늘에 숨어 눈물겨운 노력을 쌓다.	涙ぐましい	
02　[極悪 (ヒドウ) な]振る舞いに身震いした。 극악무도한 행동에 몸서리쳤다.	極悪非道な	
03　携帯電話のご使用は[ご (エンリョ)] 下さい。 휴대폰의 사용은 사양해 주세요.	ご遠慮	
04　子供たちが外で [(オニ) ごっこ]をしている。 아이들이 밖에서 술래잡기를 하고 있다.	鬼ごっこ	
05　[(ヤマジ)] を二時間かけてゆっくり登る。 산길을 두 시간 걸려 천천히 오르다.	山路	
06　厳しい局面の [(ダカイサク) を探る]。 심각한 국면의 타개책*을 찾다.	打開策を探る	
07　戦争と言う最悪の [(ジタイ) は免れた]。 전쟁이라는 최악의 사태는 모면했다.	事態は免れた	
08　体の[バランスを (タモ) つ]食物。 몸의 균형을 유지하는 음식물.	バランスを保つ	
09　[(イジ) を通す]のも必要だ。 고집을 관철하는 것도 필요하다.	意地を通す	
10　[(イチレン) の出来事]を思い浮かべる。 일련의 사건을 떠올리다.	一連の出来事	
11　雨が降ってきたので [(カサ) をさす]。 비가 내려서 우산을 쓴다.	傘をさす	
12　その話はしないのが [(フブンリツ)] だ。 그 이야기는 하지 않는 것이 불문율*이다.	不文律	
13　南に [(ケイシャ)] している山の地形。 남쪽으로 경사져 있는 산의 지형.	傾斜	
14　彼と[連絡が (トダ) えた]。 그와 연락이 끊겼다.	連絡が途絶えた	
15　利害[対立が (ケンザイ) 化]しはじめた。 이해 대립이 표면화하기 시작했다.	対立が顕在*化	
16　不景気の [(イタデ) を負う]。 불경기의 타격을 입다.	痛手を負う	
17　不正が [(アバ) かれた]。 부정이 폭로되었다.	暴かれた	
18　家の中ではスリッパを [(ハ) いて]いる。 집 안에서는 슬리퍼를 신고 있다.	履いて	
19　小銭の [(カンジョウ)] をする。 잔돈 계산을 하다.	勘定	
20　帳簿上の[資産を (ショウキャク)] する。 장부상의 자산을 상각*하다.	資産を償却	

◆ 타개책(打開策) : 매우 어렵거나 막힌 일을 잘 처리하여 해결할 방책

♣ 불문율(不文律) : 그 조직·집단의 구성원이 서로 암묵리에 양해하여 지키는 규율. 불문법

◉ 현재(顕在) : 겉으로 드러나 있음　　　　　　　　　◆ 상각(償却) : 보상하여 갚아 줌

[　　](대괄호) 안의 일본어를 한자로 적어보고, 읽는 법을 히라가나로 쓰세요.

본문 내용	대괄호 한자로 쓰기	읽는 법 쓰기
01 監督が審判の[判定に (コウギ)] する。 감독이 심판 판정에 항의하다. かんとく　しんぱん　はんてい	判定に抗議	
02 他人の[非を (セ) める]ことは出来ない。 남의 잘못을 책망할 수는 없다. たにん　ひ　　　　　でき	非を責める	
03 生物か[化学を (センタク)] してください。 생물이나 화학을 선택해 주세요. せいぶつ　かがく	化学を選択	
04 今日の [(ハイセン)] を次の糧にする。 오늘의 패전을 다음의 양식으로 삼다. きょう　　　　　　つぎ　かて	敗戦	
05 一度に質問されて [(コンラン)] した。 한 번에 질문 받아 혼란스러웠다. いちど　しつもん	混乱	
06 母の着物は絶対に [(テバナ) さない]。 어머니의 기모노는 절대로 손에서 놓지 않는다. はは　きもの　ぜったい	手放さない	
07 彼の言い分も [(ムシ) 出来ない]ところが有る。 그의 주장도 무시할 수 없는 かれ　い　ぶん　　　　でき　　　　　あ　부분이 있다.	無視出来ない	
08 庭にチューリップの[球根を (ウ) えた]。 정원에 튤립의 알뿌리*를 심었다. にわ　　　　　　きゅうこん	球根を植えた	
09 [(シンカンセン)] は日本が誇る高度技術だ。 신간선*은 일본이 자랑하는 にほん　ほこ　こうどぎじゅつ　고도의 기술이다.	新幹線	
10 卒業式で後輩から [(ハナタバ)] をもらった。 졸업식에서 후배로부터 そつぎょうしき　こうはい　꽃다발을 받았다.	花束	
11 木版画を [(ス) る]。 목판화를 인쇄하다. もくはんが	刷る	
12 一方の立場に [(ヘンチョウ)] する。 한쪽의 입장에 편중하다. いっぽう　たちば	偏重	
13 電球の [(ジュミョウ) が尽きる]。 전구의 수명이 다되다. でんきゅう	寿命が尽きる	
14 彼は [(テイサイ)] を気にしない人だ。 그는 체면을 걱정하지 않는 사람이다. かれ　　　　き　　　ひと	体裁*	
15 有名作家の [(ショハン) 本]を持っている。 유명 작가의 초판본을 가지고 있다. ゆうめいさっか　　　　ほん　も	初版本	
16 [不朽の (タイチョ)] とされる本。 불후*의 큰 저작이 될 책. ふきゅう　　　　　　ほん	不朽の大著*	
17 [作家の (ネンカン)] を発売する。 작가의 연감을 발매하다. さっか　　　　　　はつばい	作家の年鑑	
18 女性[雑誌が (カンコウ)] される。 여성 잡지가 간행되다. じょせい　ざっし	雑誌が刊行	
19 大気汚染で [(キカンシ) を傷める]。 대기 오염으로 기간지에 병이 나다. たいきおせん　　　　　　いた	気管支を傷める	
20 バスの [(ハイエン) を規制する]。 버스의 배연을 규제하다. きせい	排煙を規制	

♣ 알뿌리(球根) : 지하에 있는 식물체의 일부인 뿌리나 줄기 또는 잎 따위가 달걀 모양으로 비대하여 양분을 저장한 것
♣ 신간선(新幹線) : JR의 도시간 고속 간선 철도　　　　　　　　　　　　　　※ 体裁(ていさい) : 1.외관, 겉모양 2.체면, 남의 이목 3.체재 4.빈말.
♣ 불후(不朽) : 언제까지나 썩지 않고 남음. 가치를 언제까지나 잃지 않음　　　* 대저(大著) : 큰 저술

まねきねこ [招き猫]
앞발로 사람을 부르는 형태를 한 고양이의 장식물이다. 고양이는 농작물이나 누에를 먹는
쥐를 구제하기 위해 옛날에는 양잠의 길조를 비는 물건이었으나, 양잠이 쇠퇴하고 나서는
장사 번성의 길조를 비는 장식물로 상가(商家)에서 쓰이고 있다.

PART
11

[   ](대괄호) 안의 일본어를 한자로 적어보고, 읽는 법을 히라가나로 쓰세요.

본문 내용	대괄호 한자로 쓰기	읽는 법 쓰기
01 犯人に対して [(ゾウオ) の念]を抱く。 범인에 대해 증오의 생각을 품다.	憎悪の念	
02 [(ザンギャク) シーン]の多い映画は辛い。 잔혹한 장면이 많은 영화는 괴롭다.	残虐シーン	
03 彼女の[立場を (ヨウゴ)] する文書を発表した。 그녀의 입장을 옹호하는 문서를 발표했다.	立場を擁護	
04 駅のホームで [(キシャ) の到着]を待つ。 역 홈에서 기차 도착을 기다리다.	汽車の到着	
05 入社用に [(セビロ)] を一着仕立てる。 입사용으로 양복을 한 벌 짓다.	背広	
06 [過熱する (ホウドウ)] にうんざりした。 과열된 보도에 진절머리 났다.	過熱する報道	
07 入試問題の傾向と [(タイサク) を練る]。 입시 문제의 경향과 대책을 세우다.	対策を練る	
08 和平への道はなおも [(ケワ) しい]。 평화에 대한 길은 더욱 험하다.	険しい	
09 森を抜けると新たな [(シカイ) が開けた]。 숲을 벗어나자 새로운 시야가 열렸다.	視界が開けた	
10 日本の風景に [(ト) け込む]。 일본의 풍경에 융화되다.	溶け込む	
11 掃除[当番が (イチジュン)] する。 청소 당번이 한 차례 돌다.	当番が一巡	
12 未だかつて゛ない [(カイキョ)] だ。 아직 한 번도 없는 쾌거다.	快挙	
13 その分野の[先 (ガ) け]と言われる人。 그 분야의 선구자라고 일컬어지는 사람.	先駆け	
14 [(ゲンカ) の法律]では対応出来ない。 지금의 법률로는 대응할 수 없다.	現下*の法律	
15 [(カンソ) だ]が美しい造りの建物。 간소하지만 아름다운 조형 건물.	簡素だ	
16 市民の陳情に [(ダンリョク) 的に対応] する。 시민의 진정*에 탄력적으로 대응하다.	弾力的に対応	
17 無用な特殊[法人を (ハイシ)] する。 쓸모없는 특수 법인을 폐지하다.	法人を廃止	
18 作物の[成長を (ソガイ)] する物質。 작물의 성장을 저해하는 물질.	成長を阻害	
19 発言の[勢いは (シッソク)] した。 발언의 기세는 실속*했다.	勢いは失速	
20 彼の[話は (エソラゴト)] だ。 그의 이야기는 허풍스럽고 진실성이 없다.	話は絵空事*	

◆ いまだかつて : 지금까지 한 번도, 일찍이, 아직 한 번도
♣ 現下(げんか) : 지금, 현재
◉ 진정(陳情) : 실정이나 사정을 진술함
♠ 실속(失速) : 비행기의 비행에 필요한 속도 · 부력을 잃고 위험하게 되는 일
✳ 絵空事(えそらごと) : 실제에는 없는 것, 허풍스럽고 진실성이 없는 것

[   ](대괄호) 안의 일본어를 한자로 적어보고, 읽는 법을 히라가나로 쓰세요.

본문 내용	대괄호 한자로 쓰기	읽는 법 쓰기
01 [(ゲンマイ)] を機械で精白した。현미를 기계로 정백*했다. きかい せいはく	玄米	
02 [ご (ハン)] を三杯もおかわりした。밥을 세 그릇이나 더 먹었다. さんばい	ご飯	
03 畑で[無 (ノウヤク)] 野菜を作った。밭에서 무농약 야채를 재배했다. はたけ む やさい つく	無農薬	
04 [(ソザイ) の味]を大事にした調理方法。소재의 맛을 소중히 한 조리 방법. あじ だいじ ちょうりほうほう	素材の味	
05 レストランの [(ジョウレン) 客]になる。레스토랑의 단골손님이 되다. きゃく	常連客	
06 病院の [(メンカイ) 時間]が過ぎてしまった。병원의 면회 시간이 지나 버렸다. びょういん じかん す	面会時間	
07 彼は [(ブキヨウ) な性格]をしている。그는 융통성이 없는 성격을 가지고 있다. かれ せいかく	不器用な性格	
08 毎月少しずつ [(チョキン)] した。매월 조금씩 저금했다. まいつきすこ	貯金	
09 上司の[還暦を (イワ) った]。상사의 환갑을 축하했다. じょうし かんれき	還暦を祝った	
10 夢うつつ*で [(ゲンカク) を見た]。비몽사몽간에 환각을 보았다. ゆめ み	幻覚を見た	
11 [(ゴケン) を主張] している野党。호헌*을 주장하고 있는 야당. しゅちょう やとう	護憲を主張	
12 大臣の職務は [(タキ) にわたる]。대신의 직무는 다방면에 걸친다. だいじん しょくむ	多岐にわたる	
13 輸入[規制を (ハツドウ)] する。수입 규제를 발동하다. ゆにゅう きせい	規制を発動	
14 反対意見の [(ロンキョ) を示す]。반대 의견의 논거*를 제시하다. はんたいいけん しめ	論拠を示す	
15 外国では [(チョウヘイ) 制度]がある国もある。외국에서는 징병제가 있는 がいこく せいど くに 나라도 있다.	徴兵制度	
16 将来の発展を [(シヤ) に入れた]議論。장래의 발전을 시야에 넣은 논의. しょうらい はってん ぎろん	視野に入れた	
17 [(サイゲン) 無く]繰り返される。한없이 반복되다. な く かえ	際限無く	
18 自分の[未熟さを (ツウカン)] する。자신의 미숙함을 통감하다. じぶん みじゅく	未熟さを痛感	
19 市民の[意見を (ハンエイ)] する。시민의 의견을 반영하다. しみん いけん	意見を反映	
20 [首相の (コウセン)] を望む。수상의 공직자 선거를 희망하다. しゅしょう のぞ	首相の公選*	

◆ 정백(精白) : 1.순백 2.곡식을 쓿어 희게 함　　　　　　♣ 夢うつつ : 1.꿈과 현실 2.비몽사몽
◈ 호헌(護憲) : 헌법을 보호하여 지킴　　　　　　　　　　♣ 논거(論拠) : 어떤 이론이나 논리, 논설 따위의 근거
◈ 공선(公選) : 일반 유권자의 투표에 의한, 국회의원, 지사 등 공직자의 선거. 민선

[   ](대괄호) 안의 일본어를 한자로 적어보고, 읽는 법을 히라가나로 쓰세요.

본문 내용	대괄호 한자로 쓰기	읽는 법 쓰기
01 [(ホドウキョウ) を渡って]対岸*の店に行く。 육교를 건너 맞은편 가게에 가다.	歩道橋を渡って	
02 計画が [(チュウ) に浮いた]。 계획이 엉거주춤했다.	宙に浮いた	
03 [(コウズ) を決めて]シャッターを押した。 구도를 정하고 셔터를 눌렀다.	構図を決めて	
04 [計画を (ダンネン)] せざるを得ない。 계획을 단념하지 않을 수 없다.	計画を断念	
05 大きな河川に[橋を (カ) けた]。 커다란 하천에 다리를 놓았다.	橋を架けた	
06 委員会に [(ユウシキシャ) を招いた]。 위원회에 유식자*를 초대했다.	有識者を招いた	
07 環境問題への [(テイゲン) をする]。 환경 문제에 대한 제언*을 하다.	提言をする	
08 派手な服装は [(カッコウ) の攻撃の的]だ。 화려한 복장은 좋은 공격의 대상이다.	格好の攻撃の的	
09 それはとても [(イキ) な計らい]だ。 그것은 매우 멋진 조치이다.	粋な計らい	
10 電車の数が少ないと [(フベン)] だ。 전차의 수가 적으면 불편하다.	不便	
11 [契約を (コウカイ)] してもらう。 계약을 갱신하다.	契約を更改	
12 怪我で [(ケワ) しい]表情でプレーする。 다쳐서 험악한 표정으로 플레이하다.	険しい	
13 これだけ貯蓄すれば[老後も (アンタイ)] だ。 이만큼 저축하면 노후도 무사태평이다.	老後も安泰*	
14 [解散の (セトギワ)] に追い込まれる。 해산의 갈림길에 몰리다.	解散の瀬戸際	
15 彼女の [(サイフ) の紐]は堅い。 그녀의 지갑의 끈은 견고하다. (좀처럼 낭비를 하지 않는다.)	財布の紐	
16 畑の[害虫を (タイジ)] する。 밭의 해충을 퇴치하다.	害虫を退治	
17 [(ヒンプ) の差]を埋める税制。 빈부의 차이를 메우는 세제.	貧富の差	
18 問題の [(ヒダネ) を抱える]。 문제의 불씨를 안고 있다.	火種を抱える	
19 [契約 (フリコウ)] では申し訳が無い。 계약 불이행으로는 면목이 없다.	契約不履行	
20 不況を [(キンシュク) 財政]でしのぐ。 불황을 재정 긴축으로 견디어내다.	緊縮財政	

◆ 대안(対岸) : (강·호수 등의) 건너편 기슭　　　　　　♣ 유식자(有識者) : 폭넓은 학문과 지식이 있는 사람
※ 제언(提言) : 생각이나 의견을 냄　　　　　　　　　　♠ 안태(安泰) : 평안하고 태평함. 무사태평

[   ](대괄호) 안의 일본어를 한자로 적어보고, 읽는 법을 히라가나로 쓰세요.

본문 내용	대괄호 한자로 쓰기	읽는 법 쓰기
01 自分の[力を (コジ)] する武装集団。 자신의 힘을 과시하는 무장 집단.	力を誇示	
02 光の[反射や (クッセツ)] を学習する。 빛의 반사나 굴절을 학습하다.	反射や屈折	
03 ドラマが[面白い (テンカイ)] になってきた。 드라마가 재미있는 전개가 되었다.	面白い展開	
04 午前[五時を (キ) して]戦いを開始した。 오전 5시를 기해서 전투를 개시했다.	五時を期して	
05 残念ながら[一回戦で (ハイタイ)] した。 유감스럽지만 1회전에서 지고 물러났다.	一回戦で敗退	
06 そんなのは [(ジョウダン)] に決まっている。 그런 것은 농담임에 틀림없다.	冗談	
07 思わず[真実を (クチバシ) って]しまった。 그만 진실을 말하고 말았다.	真実を口走って	
08 彼は烈火のごとく [(イカ) りだした]。 그는 열화와 같이 화를 내기 시작했다.	怒りだした	
09 彼の発言で [(ザ) が一気に[しらけた]。 그의 발언으로 자리가 단숨에 흥이 깨졌다.	座がしらけた	
10 希望の[企業に (シュウショク)] できた。 희망 기업(원하는 기업)에 취직할 수 있었다.	企業に就職	
11 既成概念の [(カベ) を壊す]。 기성 개념의 벽을 부수다.	壁を壊す	
12 若い人の [(ハツアン) で行動]する。 젊은 사람의 발안*으로 행동하다.	発案で行動	
13 自然環境の[豊かな (ヨウチエン)] がある。 자연환경이 풍부한 유치원이 있다.	豊かな幼稚園	
14 [製品の (ホショウ) 書]を見る。 제품의 보증서를 보다.	製品の保証書	
15 可能性の[芽を (ツ) んで]はいけない。 가능성의 싹을 따서는 안 된다.	芽を摘んで	
16 すぐには[回復が (フノウ) だ]。 당장은 회복이 불가능하다.	回復が不能だ	
17 余分な [(シサン) を売却]する。 여분의 자산을 매각하다.	資産を売却	
18 [(ゲンカショウキャク) 費]を計上する。 감가상각비*를 계상*하다.	減価償却費	
19 [計算機が (クル) った]。 계산기가 고장 났다.	計算機が狂った	
20 国民を無視した[行為は (ロンガイ)] だ。 국민을 무시한 행위는 논외*다.	行為は論外	

◆ 발안(発案) : 1.안을 생각해 냄 2.토의에 부칠 안건을 내어놓음
◆ 계상(計上) : 계산하여 올림
♣ 감가상각비(減価償却費) : 감가상각액을 충당하는 비용
♣ 논외(論外) : 논의의 범위 밖

[   ](대괄호) 안의 일본어를 한자로 적어보고, 읽는 법을 히라가나로 쓰세요.

본문 내용	대괄호 한자로 쓰기	읽는 법 쓰기
01 山の斜面が [(ホウラク)] した。 산비탈이 붕괴했다. やま しゃめん	崩落	
02 生存を [(ゼツボウ) 視]され打ちひしがれる。 생존이 절망시되어 의욕을 잃다. せいぞん し う	絶望視	
03 わが身をじっと [(カエリ) みた]。 자기 자신을 가만히 돌이켜보다. み	省みた	
04 論点の[矛盾を (シテキ)] された。 논점의 모순을 지적받았다. ろんてん むじゅん	矛盾を指摘	
05 女性の登用は [(ゼンダイミモン)] の出来事。 여성의 등용은 전대미문*의 사건. じょせい とうよう できごと	前代未聞	
06 不安要素を[取り (ノゾ) いた]。 불안 요소를 제거했다. ふあんようそ と	取り除いた	
07 [(ゼンアクセイジャ)] の判断を誤った政治家。 선악정사*의 판단을 그르친 정치가. はんだん あやま せいじか	善悪正邪	
08 この問題は[子供の (シテン)] で考える。 이 문제는 아이의 시점에서 생각한다. もんだい こども かんが	子供の視点	
09 保守的な [(タイシツ) が抜けない]お役所。 보수적인 체질을 벗어나지 못하는 관공서. ほしゅてき ぬ やくしょ	体質が抜けない	
10 我々の[認識が (アマ) かった]。 우리들의 인식이 물렀다. われわれ にんしき	認識が甘かった	
11 旧来*の [(アクヘイ) を取り除く]。 종래의 나쁜 풍습을 없애다. きゅうらい と のぞ	悪弊を取り除く	
12 患者に [(マスイ) を注射]する。 환자에게 마취 주사를 놓다. かんじゃ ちゅうしゃ	麻酔を注射	
13 [(ヒッシュウ) 科目]と選択科目。 필수 과목과 선택 과목. かもく せんたくかもく	必修科目	
14 この施設は [(カクダン) に]優れている。 이 시설은 현격히 우수하다. しせつ すぐ	格段に	
15 [(オ) しい人]が居なくなったものだ。 아까운 사람이 없어진 것이다. ひと い	惜しい人	
16 [不法な (トウキ)] が後を絶たない。 불법 투기가 끊이지 않는다. ふほう あと た	不法な投棄	
17 [(トウメン)] は予算が足りている。 당면은 예산이 충분하다. よさん た	当面	
18 [資源の (ジュンカン)] を考えた施設。 자원의 순환을 생각한 시설. しげん かんが しせつ	資源の循環	
19 リサイクル[可能な (ヨウキ)] にする。 리사이클 가능한 용기로 하다. かのう	可能な容器	
20 [(ホウソウ) する紙]を準備する。 포장할 종이를 준비하다. かみ じゅんび	包装する紙	

◆ 전대미문(前代未聞) : 이제까지 들어본 적이 없음   ♣ 정사(正邪) : 옳고 그름. 선악

※ 구래(旧来) : 예전부터 내려옴. 이전부터. 종래

[   ](대괄호) 안의 일본어를 한자로 적어보고, 읽는 법을 히라가나로 쓰세요.

본문 내용	대괄호 한자로 쓰기	읽는 법 쓰기
01 今日の新聞に私の[投書が (ケイサイ)] された。 오늘 신문에 내 투서가 きょう しんぶん わたし とうしょ　　　　　　　　　　　게재되었다.	投書が掲載	
02 これを [(ケイキ) に]一層頑張ります。 이것을 계기로 더욱 분발하겠습니다. 　　　　　　　　いっそうがんば	契機に	
03 チームは好調で[上げ (シオ)] だ。 팀은 호조로 상승세이다. 　　　　こうちょう　あ	上げ潮	
04 真夜中に首相が [(ダンワ)] を発表した。 한밤중에 수상이 담화를 발표했다. まよなか しゅしょう　　　　　　はっぴょう	談話	
05 冷えるので [(ウワギ)] を羽織った。 쌀쌀해져 겉옷을 걸쳤다. ひ　　　　　　　　　　　は お	上着	
06 [食糧の (ハイキュウ)] に列を作った。 식량 배급에 열을 지었다. しょくりょう　　　　　　れつ つく	食糧の配給	
07 [チョークの (コナ)] が飛んできた。 분필 가루가 날아왔다. 　　　　　　　　　と	チョークの粉	
08 数十年前の法律は [(アラタ) められる]べきだ。 수십 년 전의 법률은 すうじゅうねんまえ ほうりつ　　　　　　　　　　　　　개정되어야 한다.	改められる	
09 創刊号の[記事を (サイロク)] した。 창간호의 기사를 다시 수록했다. そうかんごう きじ	記事を再録	
10 有名な[俳優の (シキョ)] が伝えられた。 유명한 배우의 사망이 전해졌다. ゆうめい はいゆう　　　　　つた	俳優の死去	
11 交通[事故が (ヒンパツ)] する場所。 교통사고가 빈발한 장소. こうつう じこ　　　　　　　ばしょ	事故が頻発	
12 合意を [(ジッコウ)] あるものにする。 합의를 실효*가 있는 것으로 하다. ごうい	実効	
13 [(ベット) 記載]する内容に従う。 별도 기재할 내용에 따르다. 　　　きさい　　　ないよう したが	別途記載	
14 [欧州を (レキホウ)] する首相。 유럽주를 역방*할 수상. おうしゅう　　　　　　しゅしょう	欧州を歴訪	
15 通訳を [(リッパ) に務めた]。 통역을 훌륭하게 수행했다. つうやく　　　　　　つと	立派に務めた	
16 感情の [(キフク) が激しい]。 감정의 기복이 심하다. かんじょう　　　　　はげ	起伏が激しい	
17 [(バクゼン) として]具体的ではない。 막연해서 구체적이지 않다. 　　　　　　　　ぐ たいてき	漠然として	
18 型破りの [(イタン) 児]と呼ばれる。 파격적인 이단아라고 불리다. かたやぶ　　　　　じ よ	異端児	
19 [選挙に (ザンパイ)] して辞任する。 선거에 참패하여 사임하다. せんきょ　　　　　　じにん	選挙に惨敗	
20 不公平な[提案を (キョゼツ)] する。 불공평한 제안을 거절하다. ふこうへい ていあん	提案を拒絶	

◆ 실효(実効) : 실제로 나타나는 효력(효과)　　　　　　　♣ 역방(歴訪) : 차례로 방문함

[   ](대괄호)안의 일본어를 한자로 적어보고, 읽는 법을 히라가나로 쓰세요.

본문 내용	대괄호 한자로 쓰기	읽는 법 쓰기
01 幾つかの [(キョクセツ) があった]と語った。 몇 가지 곡절이 있었다고 말했다. いく かた	曲折があった	
02 [疑いの (マナザ) し]が向けられた。 의심의 시선이 보내졌다. うたが む	疑いの眼差し	
03 昔は [(バンコウ)] が多く見られた。 옛날에는 만행(야만스러운 행위)을 많이 볼 수 있었다. むかし おお み	蛮行	
04 [(イッシュン) の油断]に注意する。 순간의 방심에 주의하다. ゆ だん ちゅうい	一瞬の油断	
05 [(コウカイ)] しても始まらない。 후회해도 소용없다. はじ	後悔	
06 これは条文からの [(バッスイ)] です。 이것은 조문에서 발췌*한 것입니다. じょうぶん	抜粋	
07 [(コジイン)] で生まれたが出世した。 고아원에서 태어났지만 출세했다. う しゅっせ	孤児院	
08 その[町を (ヘ) て]目的地に向かった。 그 마을을 거쳐 목적지로 향했다. まち もくてきち む	町を経て	
09 拍手で [(ムカ) えられた]。 박수로 환영받다. はくしゅ	迎えられた	
10 彼は [(ムザン) な姿]で現れた。 그는 무참한 모습으로 나타났다. かれ すがた あらわ	無残な姿	
11 [政党の (ジュウチン)] らしい意見を述べた。 야당의 중진다운 의견을 말했다. せいとう いけん の	政党の重鎮	
12 [(セ) り]で手に入れた絵画。 경매로 손에 넣은 회화. て い かいが	競り	
13 [楽な (シセイ)] で本を読む。 편안한 자세로 책을 읽다. らく ほん よ	楽な姿勢	
14 自分の言葉で [(ジバク) 状態]だ。 자신이 한 말로 자신을 옭아맨 상태이다. じぶん ことば じょうたい	自縛*状態	
15 木の芽が [(フク) らんで]きた。 나무 싹이 부풀어 올랐다. き め	膨らんで	
16 [(エンコ) 者]を探す。 연고자를 찾다. しゃ さが	縁故者	
17 外国[企業を (ユウチ)] する。 외국기업을 유치하다. がいこく きぎょう	企業を誘致	
18 [(ムボウ) にも]ヒマラヤ登頂を目指した。 무모하게도 히말라야 등정을 목표로 했다. とうちょう めざ	無謀にも	
19 [(シケツ) 薬]が必要だ。 지혈약이 필요하다. やく ひつよう	止血薬	
20 毎月 [(ゲンシュウ)] で困ったものだ。 매월 수입이 줄어 어려움을 겪고 있다. まいつき こま	減収*	

◆ 발췌(抜粋) : 책, 글 따위에서 필요하거나 중요한 부분을 가려 뽑아냄
♣ 자박(自縛) : 1.스스로 자신을 옭아 묶음 2.자기가 주장한 의견에 구속되어 자유를 잃음
※ 감수(減収) : 수입이나 수확이 줄

[   ](대괄호) 안의 일본어를 한자로 적어보고, 읽는 법을 히라가나로 쓰세요.

본문 내용	대괄호 한자로 쓰기	읽는 법 쓰기
01 大臣が工事[現場を (シサツ)] した。 대신이 공사 현장을 시찰했다. だいじん こうじ げんば	現場を視察	
02 [学校の (エンカク)] を本にまとめる。 학교의 발자취를 책으로 정리하다. がっこう ほん	学校の沿革*	
03 景気の [(ゲンキョウ) と見通し]を考察する。 경기의 현황과 전망을 고찰하다. けいき みとお こうさつ	現況と見通し	
04 人々が [(タイキョ)] して押し寄せる。 사람들이 대거로 밀려들다. ひとびと お よ	大挙	
05 [ツアーの (イッコウ)] が旅館に到着した。 투어의 일행이 여관에 도착했다. りょかん とうちゃく	ツアーの一行	
06 郵政事業の [(ミンエイカ) を進める]。 우정 사업의 민영화를 추진하다. ゆうせいじぎょう すす	民営化を進める	
07 後輩たちの [(テホン) となる]振る舞い。 후배들의 본보기가 되는 행동. こうはい ふ ま	手本* となる	
08 自分に課された役目を [(リッパ) に果たす]。 자신에게 부과된 임무를 じぶん か やくめ は 훌륭히 다하다.	立派に果たす	
09 自衛隊の [(カンブ) 候補生]試験に合格した。 자위대의 간부 후보생 시험에 じえいたい こうほせい しけん ごうかく 합격했다.	幹部候補生	
10 住みよい[社会を (ケイセイ)] する。 살기 좋은 사회를 형성하다. す しゃかい	社会を形成	
11 長々と書いたが [(シフク) も尽きた]。 장황하게 썼지만 지면이 다 되었다. ながなが か つ	紙幅も尽きた	
12 枯木の中は [(クウドウ)] になっていた。 고목 안은 속이 비어 있었다. こぼく なか	空洞	
13 不況からの [(ダッキャク) を図る]。 불황으로부터의 탈각* 을 도모하다. ふきょう はか	脱却を図る	
14 薬品の[成分を (ブンセキ)] する。 약품의 성분을 분석하다. やくひん せいぶん	成分を分析	
15 [(ジジョ) 努力]がないと進歩しない。 자조* 노력이 없으면 진보하지 않는다. どりょく しんぽ	自助努力	
16 [医薬品の (ホキュウ)] をしてもらう。 의약품의 보급을 받는다. いやくひん	医薬品の補給	
17 [(コロモガ) え* の季節]は風邪をひきやすい。 옷을 갈아입는 계절 きせつ かぜ 감기에 걸리기 쉽다.	衣替えの季節	
18 注文に [(ジンソク) に対応]する店。 주문에 신속히 대응하는 가게. ちゅうもん たいおう みせ	迅速に対応	
19 無遠慮なものの[言い方を (ツツ) しむ]。 함부로 지껄이는 말투를 삼가다. ぶえんりょ い かた	言い方を慎しむ	
20 男は顔で笑って[腹で (ナ) け]。 남자는 얼굴로 웃고 마음으로 울어라. おとこ かお わら はら	腹で泣け	

◆ 연혁(沿革) : 변천하여 온 과정. '내력', '발자취'로 순화　　　　♣ 手本(てほん) : 1.글씨본, 그림본 2.모범, 본보기
⁂ 탈각(脱却) : (좋지 않은 상태에서) 벗어남, 빠져 나옴, 버림　　　♭ 자조(自助) : 자기의 발전을 위하여 스스로 애씀
* 衣替(ころもが)え : 1.(옷을) 갈아입음, 특히 철 따라 갈아입음 2.(비유적으로 점포 등의) 장식·겉모양 등을 바꿈, 새로 단장함

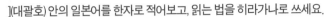

[   ](대괄호) 안의 일본어를 한자로 적어보고, 읽는 법을 히라가나로 쓰세요.

	본문 내용	대괄호 한자로 쓰기	읽는 법 쓰기
01	今日の [(ハイボク)] を明日の糧にする。 오늘의 패배를 내일의 양식으로 삼다.	敗北	
02	[前回の (クツジョク)] をようやく晴らした。 지난번의 굴욕을 간신히 풀었다.	前回の屈辱	
03	カリフォルニアの [(シュウト) を答える]。 캘리포니아의 주도*를 대답하다.	州都を答える	
04	[(コウミン)] は政治に参加する権利を持つ。 공민은 정치에 참가할 권리를 가진다.	公民	
05	彼の父親は[教会の (ボクシ)] をしている。 그의 아버지는 교회 목사를 하고 있다.	教会の牧師	
06	新人と [(ゲンショク) の知事]が争う。 신인과 현직 지사가 다투다.	現職の知事	
07	なんとも [(ハラン) に満ちた]人生だ。 정말로 파란만장한 인생이다.	波乱に満ちた	
08	[大 (ジシン) が都心を襲った。 대지진이 도심을 습격했다.	大地震	
09	地方と都心では一票の [(カクサ) が大きい]。 지방과 도심 사이에서는 한 표의 격차가 크다.	格差が大きい	
10	彼女は[真面目な (セイカク)] だ。 그녀는 성실한 성격이다.	真面目な性格	
11	[(カワ) 製]の手袋を買った。 가죽 제품의 장갑을 샀다.	革製	
12	容疑者の [(テジョウ) をはずす]。 용의자의 수갑을 벗기다.	手錠をはずす	
13	[骨格を (キョウセイ)] してもらう。 골격을 교정받다.	骨格を矯正	
14	犯行[現場から (トウソウ)] する。 범행 현장에서 도주하다.	現場から逃走	
15	野球の[試合を (ロクガ)] した。 야구 시합을 녹화했다.	試合を録画	
16	被告人を [(コウチショ) に収容]する。 피고인을 구치소에 수용하다.	拘置所に収容	
17	建物を [(カイソウ) ごとに]調べる。 건물을 각 층마다 조사하다.	階層* ごとに	
18	古い樹木に [(ツ) ぎ木をする]。 오래된 수목에 접목*을 하다.	接ぎ木をする	
19	[蛇の (ダッピ)] を観察する。 뱀의 탈피를 관찰하다.	蛇の脱皮	
20	いつも人に [(オントウ) に]対応する。 늘 남에게 온당하게 대응하다.	穏当に	

◆ 주도(州都) : 주를 행정 단위로 하는 국가에서 주의 정치, 문화 따위의 중심 도시
♣ 계층(階層) : 1.건물의 층계 2.사회를 구성하는 여러 층. 계층
▣ 접목(接ぎ木) : 1.나무를 접붙임 2.둘 이상의 다른 현상 따위를 알맞게 조화하게 함

[　　](대괄호) 안의 일본어를 한자로 적어보고, 읽는 법을 히라가나로 쓰세요.

본문 내용	대괄호 한자로 쓰기	읽는 법 쓰기
01 好き嫌いが [(コクフク) 出来た喜び。 좋아함과 싫어함을 극복할 수 있었던 기쁨.	克服	
02 その題名は少々 [(オオギョウ) すぎる]。 그 제목은 다소 과장되다.	大仰すぎる	
03 手術で[腫瘍を (セツジョ)] した。 수술로 종양을 절제*했다.	腫瘍を切除	
04 国外への退去 [(カンコク) をうける]。 국외로의 퇴거 권고를 받다.	勧告をうける	
05 あまりの [(ゲキム) に体調を崩した。 심한 격무로 몸 상태가 나빠졌다.	激務	
06 日本代表[メンバーに (フッキ)] した。 일본 대표 멤버로 복귀했다.	メンバーに復帰	
07 我々は企画の[実現に (ツト) めた]。 우리들은 기획의 실현에 힘썼다.	実現に努めた	
08 癌が[再び (ハツビョウ)] してしまった。 암이 다시 발병하고 말았다.	再び発病	
09 開業のための [(グンシキン) にあてた]。 개업을 위한 군자금*에 충당했다.	軍資金にあてた	
10 苦しいのは [(カクゴ) の上で]挑戦する。 고된 것은 각오하고 도전하다.	覚悟の上で	
11 災害補償の [(キュウフ) 金を配る]。 재해 보상의 급부금*을 배부하다.	給付金を配る	
12 [(メンドウ) な事]に巻き込まれる。 성가신 일에 휘말리다.	面倒な事	
13 慣れるまで [(クンレン)] を繰り返す。 익숙해질 때까지 훈련을 반복하다.	訓練	
14 本業に関連した [(フタイ) 事業]。 본업에 관련된 부대사업*.	付帯事業	
15 競技を[怪我で (キケン)] する。 경기를 부상으로 기권하다.	怪我で棄権	
16 提案を[喜んで (ジュダク)] した。 제안을 기꺼이 수락했다.	喜んで受諾	
17 [面白い (モヨウ)] の洋服を見た。 재미있는 모양의 양복을 보았다.	面白い模様	
18 仕事を [(エンカツ) に]進める。 일을 원활하게 추진하다.	円滑に	
19 [(ワセン) 両様]で交渉を行う。 화친과 전쟁의 두 가지 방식으로 교섭을 하다.	和戦*両様	
20 他国への [(セイサイ) を検討]する。 타국에 대한 제재를 검토하다.	制裁を検討	

◆ 절제(切除) : (병에 걸린 나쁜 부분을) 잘라 냄
♣ 군자금(軍資金) : 1.군사상 필요한 모든 자금 2.어떤 일을 하는 데 필요한 자금
▦ 급부금(給付金) : 주로 국가나 공공 단체에서 내어 주는 돈
♠ 부대사업(付帯事業) : 주가 되는 사업에 덧붙여서 하는 사업
＊ 화전(和戦) : 1.화친과 전쟁 2.전쟁을 중지하고 화해함

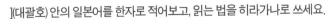

[　　](대괄호) 안의 일본어를 한자로 적어보고, 읽는 법을 히라가나로 쓰세요.

본문 내용	대괄호 한자로 쓰기	읽는 법 쓰기
01 ロダンの [(チョウコク) を鑑賞]する。 로댕의 조각을 감상하다.	彫刻を鑑賞	
02 大選手になる [(ソザイ)] を持っている。 대선수가 될 소재를 가지고 있다.	素材	
03 女優の[見事な (シタイ)]。 여배우의 아름다운 자태.*	見事な姿態	
04 [(フシギ) な出来事]はよくあるものだ。 불가사의한 사건은 자주 있는 법이다.	不思議な出来事	
05 峠を越えて [(フモト) に至る]。 고개를 넘어 산기슭에 도달하다.	麓に至る	
06 暴漢に [(オソ) われる]。 폭한*에게 습격당하다.	襲われる	
07 [周辺は (キュウリョウ)] に囲まれている。 주변은 구릉에 둘러싸여 있다.	周辺は丘陵	
08 しばらく [(ゲンカク) 状態]が続いた。 잠시 환각* 상태가 이어졌다.	幻覚状態	
09 あの事故が [(ノウリ)] から離れない。 저 사고가 뇌리에서 떠나지 않는다.	脳裏	
10 すぐ[一週 (キ)] になってしまった。 금방 1주기가 되고 말았다.	一週忌	
11 相手方の [(カシツ) を主張]した。 상대방의 과실을 주장했다.	過失を主張	
12 ニューヨークに[3ヶ月 (タイリュウ)] した。 뉴욕에 3개월 체류했다.	3ヶ月滞留	
13 簡単にものごとを [(ウ) け負う]な。 간단히 일을 맡지 마라.	請け負う	
14 最近のお役所は [(タイマン) だ]。 최근의 관공서는 태만하다.	怠慢だ	
15 企ては常に [(メンミツ) に]たてるべきだ。 계획은 항상 면밀히 세워야 한다.	綿密に	
16 相手の[事情も (コウリョ)] しなさい。 상대의 사정도 고려하세요.	事情も考慮	
17 [(キンチョウ)] して震えていた。 긴장하여 떨고 있었다.	緊張	
18 [心を (キョ) にして]耳を傾ける。 마음을 텅비우고 귀를 기울이다.	心を虚にして	
19 同じような[事件が (グウハツ)] した。 동일한 사건이 우연히 발생했다.	事件が偶発	
20 [危険物を (ハイジョ)] する作業。 위험물을 배제하는 작업.	危険物を排除	

◆ 자태(姿態) : 어떤 모습이나 모양. 주로 여성의 고운 맵시나 태도에 대하여 이르며 식물, 건축물, 강, 산 따위를 사람에 비유하여 이르기도 함
♣ 폭한(暴漢) : 난폭한 행동을 하는 사나이
※ 환각(幻覺) : 감각 기관을 자극하는 외부 자극이 없는데도 마치 어떤 사물이 있는 것처럼 지각함

[   ](대괄호) 안의 일본어를 한자로 적어보고, 읽는 법을 히라가나로 쓰세요.

	본문 내용	대괄호 한자로 쓰기	읽는 법 쓰기
01	機器の [(ホシュ) 管理]を欠かさない。 기기의 보수 관리를 거르지 않는다.	保守管理	
02	[(コドク) 感]にさいなまれた日々。 고독감에 떨었던 나날.	孤独感	
03	道路の幅がどんどん [(セバ) まって]きた。 도로의 폭이 점점 좁혀졌다.	狭まって	
04	盛大な [(モヨオ) し]が行われている。 성대한 행사가 실시되고 있다.	催し	
05	広場は[デモ (タイ)] でいっぱいだ。 광장은 데모대로 가득하다.	デモ隊	
06	政治的[運動を (ヨクアツ)] する時代を経験した。 정치적 운동을 억압하는 시대를 경험했다.	運動を抑圧	
07	この寺では [(ジャクシャ) を救済]している。 이 절에서는 약자를 구제하고 있다.	弱者を救済	
08	田舎は [(ホシュテキ) な]ところが多い。 시골은 보수적인 곳이 많다.	保守的な	
09	その案は [(ゼンカイイッチ)] で可決された。 그 안은 만장일치로 가결되었다.	全会一致	
10	敵国への [(リンセンタイセイ)] を整える。 적국에 대한 임전* 태세를 갖추다.	臨戦態勢	
11	水深二十メートルまで [(モグ) る]。 수심 20미터까지 잠수하다.	潜る	
12	赤ん坊が [(ウブゴエ) をあげる]。 아기가 첫 울음소리를 터뜨리다.	産声をあげる	
13	[団体 (コウニン)] のマスコットを作る。 단체 공인의 마스코트를 만들다.	団体公認	
14	今回の問題は[誠に (イカン)] だ。 이번 문제는 정말로 유감이다.	誠に遺憾	
15	なんとか表面を[取り (ツクロ) う]。 어떻게든 표면을 얼버무려 넘기다.	取り繕う	
16	針[治療を (ホドコ) して]治す。 침 치료를 하여 고치다. (침을 놓아 고치다.)	治療を施して	
17	次の任務まで [(タイキ)] する。 다음 임무까지 대기하다.	待機	
18	新しい[用語を (テイギ)] した。 새로운 용어를 정의했다.	用語を定義	
19	[事件の (リンカク)] がはっきりしてきた。 사건의 윤곽이 명확해졌다.	事件の輪郭	
20	意味の無い[単語の (ラレツ)] だ。 의미가 없는 단어의 나열이다.	単語の羅列	

◆ 임전(臨戦) : 전쟁에 나아감

[   ](대괄호)안의 일본어를 한자로 적어보고, 읽는 법을 히라가나로 쓰세요.

본문 내용	대괄호 한자로 쓰기	읽는 법 쓰기
01 こどもの [(カワイ) らしい]歌声。 아이들의 귀여운 노랫소리.	可愛らしい	
02 普通はありえない [(キカイ) な事件]。 보통은 있을 수 없는 기괴*한 사건.	奇怪な事件	
03 そんな話は [(ゲンソウ)] にすぎない。 그런 이야기는 환상에 지나지 않는다.	幻想	
04 その時の出来事はよく [(キオク)] している。 그때의 사건은 잘 기억하고 있다.	記憶	
05 大一番を前に [(ムシャ) 震い]する。 중요한 대진을 앞에 두고 긴장하여 몸을 떨다.	武者震い	
06 [(マヨナカ)] に目が覚めたら眠れなくなった。 한밤중에 잠을 깼더니 잠을 이루지 못했다.	真夜中	
07 それは [(イッケン)] 普通に見える風景だ。 그것은 일견 보통으로 보이는 풍경이다.	一見	
08 [(カンランシャ)] からの眺めは最高だ。 관람차에서 바라본 경치는 최고이다.	観覧車	
09 休日に [(ラクゴ)] を聞きに寄席に行った。 휴일에 만담을 들으러 요세*에 갔다.	落語	
10 足跡はここで [(トギ) れて]いる。 발자국은 여기에서 끊겨 있다.	途切れて	
11 [父の (エイキョウ)] を強く受ける。 아버지의 영향을 강하게 받다.	父の影響	
12 電車が[立ち (オウジョウ)] する。 전차가 꼼짝 못하다.	立ち往生	
13 [(シンロウ) が重なり]床に伏す。 정신적인 피로가 겹쳐 병상에 드러눕다.	心労が重なり	
14 [相手を (チョウハツ)] する発言。 상대를 도발하는 발언.	相手を挑発	
15 [信念と (タンリョク)] のある人。 신념과 담력이 있는 사람.	信念と胆力	
16 [法案の (サクテイ)] に心血を注ぐ。 법안의 책정에 심혈을 쏟다.	法案の策定	
17 [彼らと (ケツベツ)] する意思を固める。 그들과 결별할 의사를 굳히다.	彼らと決別	
18 [製品の (トクシツ)] を宣伝する。 제품의 특성을 선전하다.	製品の特質	
19 わが社のサービスは [(ヒョウバン) が良い]。 우리 회사의 서비스는 평판이 좋다.	評判が良い	
20 文化的に [(キチョウ) な資料]を見る。 문화적으로 귀중한 자료를 보다.	貴重な資料	

◆ 기괴(奇怪) : 외관이나 분위기가 괴상하고 기이함   ◆ 요세(寄席) : 만담·야담·요술·노래 등의 대중 연예를 흥행하는 연예장

[   ](대괄호) 안의 일본어를 한자로 적어보고, 읽는 법을 히라가나로 쓰세요.

본문 내용	대괄호 한자로 쓰기	읽는 법 쓰기
01 船に [(タイリョウ) 祈願]の旗を立てる。 배에 풍어 기원의 기를 달다. ふね　　　　　　き がん　　はた　た	大漁祈願	
02 親友の美しい[花 (ヨメ) 姿]に見とれた。 친구의 아름다운 신부 모습에 넋을 잃었다. しんゆう　うつく　はな　　　すがた　み	花嫁姿	
03 特効薬として [(チンチョウ)] されている植物。 특효약으로서 とっこうやく　　　　　　　　　　　　しょくぶつ　귀하게 여겨지는 식물.	珍重	
04 大量のまぐろが[陸 (ア) げ]された。 대량의 다랑어가 양륙*되었다. たいりょう　　　　　りく	陸揚げ	
05 [一定の (シュウキ)] で発光を繰り返す星。 일정한 주기로 발광을 되풀이하는 별. いってい　　　　　　　　はっこう　く　かえ　ほし	一定の周期	
06 [(ハイク)] には季語*を入れること。 하이쿠에는 기고(季語)를 넣을 것. 　　　　　　　き ご　い	俳句	
07 秋刀魚の [(ギョカク) 量]が落ちこんだ。 꽁치의 어획량이 떨어졌다. さんま　　　　　　　りょう　お	漁獲量	
08 地殻に [(イヘン) が起きて]いるようだ。 지각에 이변이 일어나고 있는 것 같다. ちかく　　　　　　　お	異変が起きて	
09 乗客数は季節によって [(ゾウゲン)] する。 승객수는 계절에 따라 증감한다. じょうきゃくすう　き せつ	増減	
10 彼が会社に復帰するのを [(ノゾ) む]。 그가 회사에 복귀하는 것을 바라다. かれ　かいしゃ　ふっき	望む	
11 不摂生は[病気の (ゲンキョウ)] だ。 불섭생*은 병의 원흉이다. ふ せっせい　びょうき	病気の元凶	
12 会計で [(ジョウヨ) 金が出る]。 회계에서 잉여금이 나오다. かいけい　　　　　　きん　で	剰余金が出る	
13 中央省庁に勤務する [(カンリョウ)]。 중앙 성청에 근무하는 관료. ちゅうおうしょうちょう　きん む	官僚	
14 [リストラを (ダンコウ)] する必要がある。 정리 해고를 단행할 필요가 있다. ひつよう	リストラを断行	
15 関連[業界と (ユチャク)] する議員。 관련 업계와 유착하는 의원. かんれん ぎょうかい　　　　　　ぎいん	業界と癒着	
16 株価の動きは [(ケンチョウ) に]推移している。 주가의 동향은 시세가 서서히 か ぶか　うご　　　　　　　　　すい い　오르는 경향으로 추이하고 있다.	堅調*に	
17 [(ガイジュ)] だけを目当てには出来ない。 외수만을 목적으로는 할 수 없다. 　　　　　　め あ　　　　　で き	外需	
18 足を滑らせ [(テンラク)] しそうになる。 다리가 미끄러져 굴러 떨어질 뻔하다. あし　すべ	転落*	
19 [(コクイッコク)] と移り変わる季節を感じる。 시시각각 변하는 계절을 느끼다. うつ　か　き せつ　かん	刻一刻	
20 休む [(ヨユウ)] があまり無い。 쉴 여유가 별로 없다. やす　　　　　　　　な	余裕	

◆ 양륙(陸揚げ) : 뱃짐을 품

● 불섭생(不摂生) : 몸을 소중히 하지 않고 건강을 해치는 짓을 함

＊ 전락(転落) : 1.아래로 굴러 떨어짐 2.나쁜 상태나 타락한 상태에 빠짐

♣ 季語(きご) : 연가·하이쿠 등에서 계절감을 나타내기 위해 넣도록 정해진 말

♠ 견조(堅調) : (거래에서) 시세가 서서히 오르는 경향에 있음

[   ](대괄호) 안의 일본어를 한자로 적어보고, 읽는 법을 히라가나로 쓰세요.

본문 내용	대괄호 한자로 쓰기	읽는 법 쓰기
01 [(ジュダク) 後]に調印した。 수락 후에 조인했다.	受諾後	
02 作家同士の [(ショカン) 集]が本になった。 작가끼리의 서간집이 책이 되었다.	書簡集	
03 現在犯人を [(ツイセキ) 中]です。 현재 범인을 추적중입니다.	追跡中	
04 彼はいつも [(ロコツ) な表現]をする。 그는 언제나 노골적인 표현을 한다.	露骨な表現	
05 あの人に [(チュウカイ)] してもらった。 저 사람에게 중개를 받았다.	仲介	
06 大統領は [(アンサツ) を免れた]。 대통령은 암살을 면했다.	暗殺を免れた	
07 味方の[陣地が (バクゲキ)] された。 아군의 진지가 폭격당했다.	陣地が爆撃	
08 小鳥に [(ショウテン) を合わせた]。 작은 새에 초첨을 맞췄다.	焦点を合わせた	
09 新しい[集団の (トウリョウ)] になった。 새로운 집단의 우두머리가 되었다.	集団の頭領	
10 政治家として [(ナノ) りをあげた]。 정치가로서 입후보했다.	名乗りをあげた	
11 [(テイサツ) 飛行機]を準備する。 정찰 비행기를 준비하다.	偵察飛行機	
12 [(イントク) 物]を押収する。 감춘 물건을 압수하다.	隠匿*物	
13 次回まで[決定を (リュウホ)] する。 다음번까지 결정을 보류하다.	決定を留保*	
14 ふもとの人々にとっては [(シンセイ) な山]だ。 산기슭 사람들에게 있어서는 신성한 산이다.	神聖な山	
15 [(ダンジキ)] による健康法もある。 단식에 의한 건강법도 있다.	断食	
16 [(ダンアツ) に屈せず]抵抗した。 탄압에 굴하지 않고 저항했다.	弾圧に屈せず	
17 彼は [(インシツ) な性格]だ。 그는 음습*한 성격이다.	陰湿な性格	
18 [心の (コウハイ)] が心配だ。 마음의 황폐가 걱정이다.	心の荒廃	
19 哲学の[体系を (コウチク)] した。 철학의 체계를 구축했다.	体系を構築	
20 [規定が (カイテイ)] された。 규정이 개정되었다.	規定が改訂	

◆ 은닉(隠匿) : 남의 물건이나 범죄인을 감춤 　　　♣ 유보(留保) : 어떤 일을 당장 처리하지 아니하고 나중으로 미루어 둠. 보류

※ 음습(陰湿) : 그늘지고 축축함

[   ](대괄호) 안의 일본어를 한자로 적어보고, 읽는 법을 히라가나로 쓰세요.

본문 내용	대괄호 한자로 쓰기	읽는 법 쓰기
01 国が彼らの[安全を (ホショウ)] した。 국가가 그들의 안전을 보장했다.	安全を保障	
02 今年の[経済 (シヒョウ)] が発表になった。 올해의 경제 지표가 발표되었다.	経済指標	
03 彼は周りに [(ケム) たがられて]いる。 그는 주변사람들이 어려워하고 있다.	煙たがられて	
04 その行動は [(キョウ) 範囲外]だ。 그 행동은 허용 범위 밖이다.	許容範囲外	
05 [私の (ソコク)] は日本です。 나의 조국은 일본입니다.	私の祖国	
06 [(ゲキドウ)] の幼少時代をすごした。 격동의 유년 시절을 보냈다.	激動	
07 他国の衰退を [(ハンメンキョウシ)] とした。 타국의 쇠퇴를 나쁜 본보기로 삼았다.	反面教師	
08 [夫婦 (エンマン)] の秘訣を伝授する。 부부 원만의 비결을 전수하다.	夫婦円満	
09 ようやく [(ヘイオン) な生活]を手に入れた。 겨우 평온한 생활을 손에 넣었다.	平穏な生活	
10 各地域で資格[試験が (ジッシ)] された。 각 지역에서 자격시험이 실시되었다.	試験が実施	
11 首脳陣が[全員 (シッキャク)] した。 수뇌진이 전원 실각*했다.	全員失脚	
12 [(ゲキドウ) の時代]を生き抜く。 격동의 시대를 꿋꿋이 살아가다.	激動の時代	
13 仕上げに [(サイシン) の注意]を払う。 완성에 세심한 주의를 기울이다.	細心の注意	
14 [(オクソク)] で物を言わないほうが良い。 억측으로 말을 하지 않는 편이 좋다.	憶測	
15 対立はますます [(シンカ)] してきた。 대립은 더욱 더 심화되었다.	深化	
16 潮の流れの複雑な [(カイキョウ)]。 조류의 흐름이 복잡한 해협.	海峡	
17 大統領の [(ソッキン) を務める]。 대통령의 측근을 맡다.	側近を務める	
18 難しい[仕事に (フントウ)] する毎日だ。 어려운 일에 분투하는 매일이다.	仕事に奮闘	
19 支援団体に[資金を (キョウヨ)] する。 지원 단체에 자금을 공여*하다.	資金を供与	
20 兄弟と[意思の (ソツウ)] が取れない。 형제와 의사소통이 되지 않는다.	意思の疎通	

♦ 실각(失脚) : 1.발을 헛디딤 2.일에 실패하여 있던 지위에서 물러남   ♣ 공여(供与) : 제공. 어떤 물건이나 이익 따위를 상대편에게 돌아가도록 함

[　　　](대괄호) 안의 일본어를 한자로 적어보고, 읽는 법을 히라가나로 쓰세요.

본문 내용	대괄호 한자로 쓰기	읽는 법 쓰기
01　この問題は [(ヒカクテキ) 簡単な]ほうだ。 이 문제는 비교적 간단한 편이다.	比較的簡単な	
02　相手に [(ウム)] を言わせない行動力。 상대에게 유무를 말하게 하지 않는 행동력.	有無	
03　彼は弁護士として[大 (カツヤク)] している。 그는 변호사로서 대활약하고 있다.	大活躍	
04　編集長に [(ゴヤク) を訂正]された。 편집장이 오역을 정정해 주었다.	誤訳を訂正	
05　民法の [(ジョウブン) に記載]がある。 민법의 조문에 기재가 있다.	条文に記載	
06　非核三原則は既に [(ジメイ) な]ことだ。 비핵 3원칙은 이미 자명한 사실이다.	自明な	
07　このドラマの結末は [(イガイセイ)] があった。 이 드라마의 결말은 의외성이 있었다.	意外性	
08　その店は私には [(シキイ) が高い]。 그 가게는 나에게는 문턱이 높다.	敷居が高い	
09　新システムは作業時間を [(タンシュク)] できる。 신 시스템은 작업 시간을 단축할 수 있다.	短縮	
10　企業は [(ジンソク) な対応]を求められた。 기업은 신속한 대응이 요구되었다.	迅速な対応	
11　自身の[業績を (サイテン)] する。 자신의 업적을 채점하다.	業績を採点	
12　[契約は (メイブンカ)] する必要がある。 계약은 명문화* 할 필요가 있다.	契約は明文化	
13　支店の[開設を (ジュンビ)] する。 지점의 개설을 준비하다.	開設を準備	
14　[部族の (シュチョウ)] に敬意をはらう。 부족의 수장에게 경의를 표하다.	部族の首長	
15　[河川の (ゲンセン)] を見つける。 하천의 원천을 발견하다.	河川の源泉	
16　環境[団体に (キフ)] をする。 환경 단체에 기부를 하다.	団体に寄付	
17　[業務を (イタク)] した会社。 업무를 위탁한 회사.	業務を委託	
18　税の [(コウジョ) を申告]する。 세금 공제*를 신고하다.	控除を申告	
19　[(リクツ) をこねて]逃げる。 당치않은 억지말로 이기죽거리며 도망치다.	理屈をこねて	
20　[(ダツゼイ)] して捕まった。 탈세하여 체포되었다.	脱税	

◆ 명문화(明文化) : 1.문서로써 명백히 함 2.법률의 조문에 명시함　　◆ 공제(控除) : 받을 몫에서 일정한 금액이나 수량을 뺌

[   ](대괄호) 안의 일본어를 한자로 적어보고, 읽는 법을 히라가나로 쓰세요.

본문 내용	대괄호 한자로 쓰기	읽는 법 쓰기
01 あの時の失敗が今だに [(ク) やまれる]。 그때의 실패가 여태껏 후회된다. とき　しっぱい　いま	悔やまれる	
02 [(ジセキ) の念]に駆られる。 자책하는 마음에 사로잡히다. ねん　か	自責の念	
03 ついに家宝の [(フウイン) を解いた]。 마침내 가보의 봉인을 풀었다. か ほう　と	封印を解いた	
04 金持ちの友人から [(シャクザイ)] する。 부자인 친구로 부터 빚지다. かね も　ゆうじん	借財	
05 その話を聞いて [(ムゴン)] で涙を流した。 그 이야기를 듣고 말없이 눈물을 흘렸다. はなし　き　なみだ なが	無言	
06 この荷物は [(ヨクジツ)] にお届けする予定です。 이 짐은 다음날에 に もつ　とど　よ てい　전할 예정입니다.	翌日	
07 私は父の [(セナカ)] を見て育った。 나는 아버지의 등을 보고 자랐다. わたし ちち　み そだ	背中	
08 いわれのない [(ザイアクカン)] に襲われた。 까닭 없는 죄악감에 휩싸였다. おそ	罪悪感	
09 [(ナカマ) と苦労]を分かち合った。 동료와 고생을 서로 나누었다. く ろう　わ あ	仲間と苦労	
10 世間の[偏見と (タタカ) う]。 세상의 편견과 싸우다. せ けん　へんけん	偏見と闘う	
11 使者に[信書を (タク) す]。 사자에게 신서*를 맡기다. し しゃ　しんしょ	信書を託す	
12 通貨の [(シンニン) が高まる]。 통화의 신용이 높아지다. つう か　たか	信認が高まる	
13 橋の改修事業に [(チャッコウ)] した。 다리의 개수(수리) 사업에 착공했다. はし　かいしゅう じ ぎょう	着工	
14 無責任な (カラテガタ) を出す]。 무책임한 공어음*을 발행하다. む せきにん　だ	空手形を出す	
15 [(キショウ) 生物]を絶滅* から守る。 희소 생물을 멸종에서 지키다. せいぶつ　ぜつめつ　まも	希少生物	
16 古い[条約を (テッパイ)] する。 오래된 조약을 철폐하다. ふる　じょうやく	条約を撤廃	
17 酒を飲みすぎて [(デイスイ)] した。 술을 너무 마셔 만취했다. さけ　の	泥酔	
18 彼女は店の [(カンバン) 娘]だ。 그녀는 가게의 손님을 끌어들이는 매력적인 아가씨이다. かのじょ　みせ　むすめ	看板娘	
19 [(インショク) 費]を計上する。 음식비를 계상*하다. ひ　けいじょう	飲食費	
20 彼との不仲は [(シュウチ) の事実]だ。 그녀와의 불화는 주지의 사실이다. かれ　ふ なか　じ じつ	周知の事実	

◆ 신서(信書) : (개인 사이의) 편지
♣ 공어음(空手形) : 융통 어음. 실제의 상거래가 없이 순수하게 자금을 조달하려고 발행한 어음
◉ 절멸(絶滅) : 아주 없어짐. 멸종. 근절　　　　　　　　　　♠ 계상(計上) : 계산하여 올림

[   ](대괄호) 안의 일본어를 한자로 적어보고, 읽는 법을 히라가나로 쓰세요.

본문 내용	대괄호 한자로 쓰기	읽는 법 쓰기
01 まずは[自己 (ショウカイ)] をしてください。 우선은 자기소개를 해 주세요.	自己紹介	
02 仕事の[合間を (ヌ) って]外出する。 일 도중에 짬을 내어 외출하다.	合間を縫って	
03 小説に詩の一節を [(インヨウ)] した。 소설에 시의 한 구절을 인용했다.	引用	
04 父を事故で亡くした[交通 (イジ)] です。 아버지를 사고로 잃은 교통 유아입니다.	交通遺児	
05 体験を[一冊の (シュキ)] にまとめた。 체험을 한권의 수기에 정리했다.	一冊の手記	
06 情報を[社内で (キョウユウ)] している。 정보를 사내에서 공유하고 있다.	社内で共有	
07 [(ユクエ) 不明者]の捜索活動をする。 행방불명자의 수색 활동을 하다.	行方不明者	
08 [国家 (シュセキ)] が式典に出席した。 국가 주석이 식전에 참석했다.	国家主席	
09 [軍の (アッセイ)] に苦しんだ。 군의 압제 정치에 고통스러워했다.	軍の圧制	
10 [将来を (サユウ)] する一大事だ。 장래를 좌우하는 중대사이다.	将来を左右	
11 [証拠 (カイジ)] を請求する。 증거 개시를 청구하다.	証拠開示	
12 雑誌の[原稿を (キソウ)] する。 잡지의 원고를 기초*하다.	原稿を起草	
13 不法に [(コウキン)] された人を救う。 불법으로 구금된 사람을 구하다.	拘禁	
14 音楽での [(イアン) を行う]。 음악으로 위로를 삼다.	慰安を行う	
15 禁煙[条例が (セイテイ)] された。 금연 조례가 제정되었다.	条例が制定	
16 悪徳商法は [(サギ) の一種]だ。 악덕 상법은 사기의 일종이다.	詐欺の一種	
17 [犯罪の (ヨウギ)] がかけられた。 범죄 용의*가 씌어졌다.	犯罪の容疑	
18 長く [(ゼツエン) 状態]にある親類。 오랫동안 절연* 상태에 있는 친척.	絶縁状態	
19 栄養の取りすぎで [(コ) え太る]。 영양을 과다 섭취해 비만이 되다.	肥え太る	
20 [国連 (ケンショウ)] を読み返す。 국제 연합 헌장을 다시 읽다.	国連憲章	

◆ 기초(起草) : 글의 초안을 잡음　　　　　　　　　　　◆ 용의(容疑) : 범죄의 혐의
◉ 절연(絶縁) : 인연·관계를 끊음

본문 내용	대괄호 한자로 쓰기	읽는 법 쓰기
01 彼の権威はついに [(シッツイ)] した。그의 권위는 마침내 실추*했다. かれ けんい	失墜	
02 洋書の [(ホウヤク) 版]が出版された。양서의 일본 번역판이 출판되었다. ようしょ ばん しゅっぱん	邦訳版	
03 [社長と (ジカダンパン)] して話をつける。사장과 직접 담판하여 결말을 짓다. しゃちょう はなし	社長と直談判	
04 これまでの [(ケイイ) を振り返る]。지금까지의 경위를 뒤돌아보다. ふ かえ	経緯を振り返る	
05 [(イセイ) のいい]生徒が多い学級。위세가 좋은 학생이 많은 학급. せいと おお がっきゅう	威勢のいい	
06 [批判の (ヤオモテ)] に立たされる。비판을 정면으로 받는 처지에 서게 되다. ひはん た	批判の矢面	
07 彼は事件以来固く[心を (ト) ざした]。그는 사건이후 굳게 마음을 닫았다. かれ じけんいらいかた こころ	心を閉ざした	
08 その主張はあまりにも [(キョウコウ) 過ぎた]。그의 주장은 너무나도 강경했다. しゅちょう す	強硬過ぎた	
09 抵抗勢力に [(センセンフコク)] した。저항 세력에 선전 포고했다. ていこうせいりょく	宣戦布告	
10 盛大な[拍手 (カッサイ)] をうけた。성대한 박수갈채를 받았다. せいだい はくしゅ	拍手喝采	
11 周囲の圧力には [(クッ) しない]。주위의 압력에는 굴하지 않는다. しゅうい あつりょく	屈しない	
12 仕事と育児の [(リョウリツ)] は大変だ。일과 육아의 양립은 힘이 든다. しごと いくじ たいへん	両立	
13 [契約を (コウシン)] する。계약을 갱신하다. けいやく	契約を更新	
14 身も[心も (チヂ) む]思いだ。몸도 마음도 오그라드는 심정이다. み こころ おも	心も縮む	
15 患者は [(ヨダン) を許さない]状態だ。환자는 예측을 불허하는 상태이다. かんじゃ ゆる じょうたい	予断を許さない	
16 ワインを [(ニツ) めて]作る。와인을 바짝 졸여서 만들다. つく	煮詰めて	
17 [(カンテイ) 主導]の政治改革。관저*주도의 정치 개혁. しゅどう せいじかいかく	官邸主導	
18 [責任の (イッタン)] は私にある。책임의 일부는 나에게 있다. せきにん わたし	責任の一端	
19 [海軍の (カンテイ)] が入港する。해군의 함정이 입항하다. かいぐん にゅうこう	海軍の艦艇	
20 適用期間を定めた [(ジゲンリッポウ)]。적용 기간을 정한 시한 입법(한시법). てきようきかん さだ	時限立法	

◆ 실추(失墜) : 명예나 위신 따위를 떨어뜨리거나 잃음　　　　　　♣ 관저(官邸) : 정부에서 장관급 이상의 고관들이 살도록 마련한 집

[   ](대괄호) 안의 일본어를 한자로 적어보고, 읽는 법을 히라가나로 쓰세요.

본문 내용	대괄호 한자로 쓰기	읽는 법 쓰기
01 これは [(アンカ)] で手頃な商品だ。 이것은 싸고 적당한 상품이다.	安価	
02 全国の[名所を (メグ) る]旅になった。 전국 명소를 순회하는 여행이 되었다.	名所を巡る	
03 展覧会用にきちんと [(チンレツ)] された陶器。 전람회용으로 깔끔히 진열된 도기.	陳列	
04 [(シコウサクゴ)] の末にようやく成功した。 시행착오 끝에 겨우 성공했다.	試行錯誤	
05 これはとても [(スバラ) しい]発見だ。 이것은 매우 훌륭한 발견이다.	素晴しい	
06 これはまだ [(シサクヒン) の段階]です。 이것은 아직 시험 제작품의 단계입니다.	試作品の段階	
07 パンに[ジャムを (ヌ) る]。 빵에 잼을 바르다.	ジャムを塗る	
08 [(ネダン) に見合った]出来栄えだ。 가격에 걸 맞는 솜씨다.	値段に見合った	
09 環境に優しい [(ネンリョウ) の研究]をする。 친환경 연료 연구를 하다.	燃料の研究	
10 目にも留まらぬ [(ハヤワザ)] だった。 눈에도 띄지 않는 재빠른 솜씨였다.	早業	
11 [海洋 (オセン)] が深刻になった。 해양 오염이 심각해졌다.	海洋汚染	
12 [麻薬を (ショジ)] していた犯人。 마약을 소지하고 있던 범인.	麻薬を所持	
13 [密輸品を (オウシュウ)] する。 밀수품을 압수* 하다.	密輸品を押収	
14 君に [(ケッサイ) を下す]権利はない。 자네에게 결재를 할 권리는 없다.	決裁を下す	
15 悪事は [(ミズギワ) で防ぐ]。 나쁜 일은 미연에 방지하다.	水際で防ぐ	
16 [(セイド) の高い]温度計。 정밀도가 높은 온도계.	精度の高い	
17 荷物が重くて [(ナンギ) をする]。 짐이 무거워서 고생을 하다.	難儀*をする	
18 [(シ) きつめられた]赤いじゅうたん。 빈틈없이 깔려진 붉은 양탄자.	敷きつめられた	
19 青[信号が (テントウ)] している。 파란 신호가 점등하고 있다.	信号が点灯	
20 僅かな [(ダンサ)] で転ぶ。 약간의 높낮이의 차로 구르다.	段差	

◆ 압수(押収) : 물건 따위를 강제로 빼앗음

✦ 難儀(なんぎ) : 1.고생, 고통 2.귀찮음, 폐 3.어려움, 힘듦

[ ](대괄호) 안의 일본어를 한자로 적어보고, 읽는 법을 히라가나로 쓰세요.

본문 내용	대괄호 한자로 쓰기	읽는 법 쓰기
01 若者を [(タイショウ)] とした調査を行った。 젊은이를 대상으로 한 わかもの　　　　　　　　　　　ちょうさ おこな　조사를 실시했다.	対象	
02 敵軍の[総 (コウゲキ) の的]になってしまった。 적군의 총공격 대상이 되고 てきぐん そう　　　　　　　　まと　말았다.	総攻撃の的	
03 円は[日本の (ツウカ)] だ。 엔은 일본의 통화이다. えん にほん	日本の通貨	
04 このカードはとても [(ウス) い]。 이 카드는 매우 얇다.	薄い	
05 [(メダ) った]増減は見られない。 두드러진 증감은 볼 수 없다. ぞうげん み	目立った	
06 [(フンソウ)] の当事者になる。 분쟁의 당사자가 되다. とうじしゃ	紛争	
07 前半戦は首位で [(シュイ)] で終わった。 전반전은 수위*로 끝났다. ぜんはんせん しゅい　　　　　お	首位	
08 努力が[結果に (ハンエイ)] される。 노력이 결과로 반영되다. どりょく けっか	結果に反映	
09 [(ゴトウ)] が多かった問題。 오답이 많았던 문제. おお もんだい	誤答	
10 スポーツの [(キョウカイ)] を新たに発足させた。 스포츠 협회를 あら ほっそく　새롭게 발족시켰다.	協会	
11 [馬の (タヅナ)] を引く。 말의 고삐를 끌다. うま ひ	馬の手綱	
12 [組織の (キリツ)] を守る。 조직의 규율을 지키다. そしき まも	組織の規律	
13 [(ロウキュウカ)] した建物を修復する。 노후화된 건물을 수복*하다. たてもの しゅうふく	老朽化	
14 早寝早起きを [(ショウレイ)] する。 일찍 자고 일찍 일어나기를 장려하다. はやねはやお	奨励	
15 経費を [(ヨブン) に]もらう。 경비를 여분으로 받다. けいひ	余分に	
16 高速[道路の (カクチョウ)] を求めた。 고속 도로의 확장을 요구했다. こうそく どうろ もと	道路の拡張	
17 [(ダイタン)] で新しい発想だ。 대담하고 새로운 발상이다. あたら はっそう	大胆	
18 出発の [(キョカ) を得る]。 출발 허가를 받다. しゅっぱつ え	許可を得る	
19 ロケットは大きな [(スイシン) 力]が必要だ。 로켓은 커다란 추진력이 필요하다. おお りょく ひつよう	推進力	
20 [既得 (ケンエキ)] にとらわれている。 기득*권익*에 사로잡혀 있다. きとく	既得権益	

◆ 수위(首位) : 첫째가는 자리나 우두머리가 되는 자리　　　　　♣ 수복(修復) : 고쳐서 본모습과 같게 함
✲ 기득(既得) : 이미 얻어서 차지함　　　　　　　　　　　　　♠ 권익(權益) : 권리와 그에 따르는 이익

[   ](대괄호) 안의 일본어를 한자로 적어보고, 읽는 법을 히라가나로 쓰세요.

본문 내용	대괄호 한자로 쓰기	읽는 법 쓰기
01 美しい [(サイク)] の塗り物だ。 아름다운 칠기 세공이다. うつく　　　　　　　　　　　　ぬ　もの	細工	
02 防水加工を [(ホドコ) した]製品。 방수 가공을 한 제품. ぼうすい か こう　　　　　　　　せいひん	施した	
03 巾着の先に [(ネツケ) をつける]。 주머니 끝에 조그마한 세공품을 달다. きんちゃく さき	根付をつける	
04 発車寸前の電車に間一髪 [(スベ) りこんだ]。 발차 직전의 전차를 はっしゃすんぜん でんしゃ かんいっぱつ　　　　　　아슬아슬하게 탔다.	滑りこんだ	
05 長年使用して [(アイチャク) がある]万年筆。 오랫동안 사용하여 ながねん し よう　　　　　　　　　　　　まんねんひつ　애착이 가는 만년필.	愛着がある	
06 その問いに対しての [(ゲンキュウ) を避けた]。 그 물음에 대한 언급을 피했다. と　　たい　　　　　　　　　　　 さ	言及を避けた	
07 我が家は笑い声が [(タ) えない]。 우리 집은 웃는 소리가 끊이지 않는다. わ　や　　わら ごえ	絶えない	
08 学歴よりも [(ヒトガラ) を重視]する企業。 학력보다도 인품을 중시하는 기업. がくれき　　　　　　　　　じゅうし　　 き ぎょう	人柄を重視	
09 彼の姿勢は後世への [(ハン) を示した]。 그의 자세는 후세에 대한 모범을 보였다. かれ し せい こうせい　　　　　　　 しめ	範を示した	
10 [(リョウヨク) を広げて]飛ぶ鳥。 양 날개를 펴서 나는 새. ひろ　 と　 とり	両翼を広げて	
11 [被災者を (アイトウ)] する集会。 이재민을 애도하는 집회. ひ さいしゃ　　　　　　　　しゅうかい	被災者を哀悼	
12 慈善団体に [(セキ) を置く]。 자선 단체에 적(籍)＊을 두다. じ ぜんだんたい　　　　　 お	籍を置く	
13 [(ヒトガラ) が良い]ので人気がある。 인품이 좋기에 인기가 있다. よ　　　　　 にんき	人柄が良い	
14 彼とは [(キュウチ) の間柄]だ。 그와는 오랫동안 알고 지내는 사이이다. かれ　　　　　　　　 あいだがら	旧知の間柄	
15 喜んで[新天地に (オモム) く]。 기꺼이 신천지로 향하다. よろこ　 しんてん ち	新天地に赴く	
16 外国に [(シンゼン) 大使]として行く。 외국에 친선대사로서 가다. がいこく　　　　　　 たい し　　　　 い	親善大使	
17 友を亡くした [(ソウシツ) 感]に苦しむ。 친구를 잃은 상실감에 괴로워하다. とも な　　　　　　　　　 かん くる	喪失感	
18 緊急時に [(ソクオウ)] する為の制度。 긴급시에 즉시 응하기 위한 제도. きんきゅう じ　　　　　　　　　　 ため せい ど	即応＊	
19 トップのまま [(ドクソウ) を続ける]。 톱인 채 독주를 계속하다. つづ	独走を続ける	
20 法律で [(チツジョ) を守る]。 법률로 질서를 지키다. ほうりつ　　　　　　　 まも	秩序を守る	

◆ 적(籍) : 1.호적 2.신분·자격　　　　　　　　　　◆ 즉응(即応) : 그때그때의 상황마다 곧바로 응함

[   ](대괄호) 안의 일본어를 한자로 적어보고, 읽는 법을 히라가나로 쓰세요.

본문 내용	대괄호 한자로 쓰기	읽는 법 쓰기
01 一本道を[車で (シック)] する。 외길을 차로 질주하다.	車で疾駆＊	
02 運動会の楽しみはやはり [(キバ) 戦]だ。 운동회의 즐거움은 역시 기마전이다.	騎馬戦	
03 彼の [(ユウシ)] を目に焼き付ける。 그의 용감하고 씩씩한 모습을 눈에 깊이 새기다.	雄姿＊	
04 夏に [(トウオウ) へ旅行]した。 여름에 동유럽으로 여행했다.	東欧へ旅行	
05 達人に [(ヒッテキ)] するような技術だ。 달인에 필적하는 기술이다.	匹敵	
06 消防車が[五台 (シュツドウ)] した。 소방차가 5대 출동했다.	五台出動	
07 大統領は反対勢力を [(ダンアツ)] した。 대통령은 반대세력을 탄압했다.	弾圧	
08 被災地に全国から [(キュウエン) 物資]が届いた。 이재 지역에 전국으로부터 구호물자가 도착했다.	救援物資	
09 彼は [(メイモク) 上]の社長だ。 그는 명목상의 사장이다.	名目上	
10 お供え物を[神社に (ホウ) 納]する。 공양물을 신사에 봉납＊하다.	神社に奉納	
11 [(ジュウライ) 型]の選挙体勢では駄目だ。 종래형의 선거 태세로는 안 된다.	従来型	
12 古代の [(チカク) 変動]を調査する。 고대의 지각 변동을 조사하다.	地殻変動	
13 [(ゲンショク) 知事]の汚職が発覚した。 현직 지사의 오직이 발각되었다.	現職知事	
14 国民の [(コンラン) を鎮める]。 국민의 혼란을 진정시키다.	混乱を鎮める	
15 初めの[意志を (ツラヌ) く]。 처음의 의지를 관철하다.	意志を貫く	
16 荒地の [(コウサク)] を始める。 황무지의 경작을 시작하다.	耕作	
17 [(ユウキュウ) 地]をたくさん持っている。 쓰지 않고 놀리는 땅을 많이 가지고 있다.	遊休＊地	
18 建物の [(チンシャク) 契約]をする。 건물의 임대차 계약을 하다.	賃借契約	
19 戦争によって [(ムホウチタイ)] になった。 전쟁으로 무법지대가 되었다.	無法地帯	
20 新しい[雇用を (ソウシュツ)] する。 새로운 고용을 창출하다.	雇用を創出	

◆ 질구(疾駆) : 차나 말을 빨리 몲   ♣ 웅자(雄姿) : 용감하고 씩씩한 모습
■ 봉납(奉納) : 물품 따위를 바침   ♣ 遊休(ゆうきゅう) : 쓰지 아니하고 놀림

[   ](대괄호) 안의 일본어를 한자로 적어보고, 읽는 법을 히라가나로 쓰세요.

본문 내용	대괄호 한자로 쓰기	읽는 법 쓰기
01 最新型の[気象 (エイセイ)] を打ち上げる。 최신형의 기상 위성을 쏘아 올리다.	気象衛星	
02 交差点での [(ショウトツ) 事故]を目撃した。 교차로에서의 충돌사고를 목격했다.	衝突事故	
03 日本人の[平均 (ジュミョウ)] が伸びている。 일본인의 평균 수명이 늘고 있다.	平均寿命	
04 いつまでも[昔話は (ツ) きない]。 언제까지나 옛날이야기는 끝이 없다.	昔話は尽きない	
05 地球は [(ギンガ) 系]の中にある。 지구는 은하계 안에 있다.	銀河系	
06 巨万の富で [(オク) 万長者]になった。 거만*의 부로 억만장자가 되었다.	億万長者	
07 セーターが [(チヂ) んで]しまった。 스웨터가 오그라들고 말았다.	縮んで	
08 瓦礫の下から[間一髪 (ダッシュツ)] した。 와력(瓦礫)*밑에서 아슬아슬하게 탈출했다.	間一髪脱出	
09 [宇宙の (シュウマツ)] を予想する。 우주의 종말을 예상하다.	宇宙の終末	
10 彼は [(トクイ) な体質]の人間だ。 그는 특이한 체질의 인간이다.	特異な体質	
11 テレビは[世界中に (フキュウ)] した。 TV는 전 세계에 보급되었다.	世界中に普及	
12 製造する [(カテイ) で故障した。 제조하는 과정에서 고장이 났다.	過程	
13 [職務 (タイマン)] のそしりを受ける。 직무 태만의 비난을 받다.	職務怠慢	
14 新しい [(イブキ)] が感じられる。 새로운 숨결이 느껴진다.	息吹	
15 犯罪[被害者に (ホショウ)] する。 범죄 피해자에게 보상하다.	被害者に補償	
16 [(キッスイ)] の江戸っ子の心意気。 순수한 도쿄 토박이의 기상.	生粋	
17 社会福祉の [(イチヨク)] を担う。 사회복지의 일익을 담당하다.	一翼を担う	
18 [(メンミツ) な]打ち合わせをする。 면밀한 협의를 하다.	綿密な	
19 最悪の事態を [(ソウテイ)] して計画する。 최악의 사태를 상정하여 계획하다.	想定	
20 他とは[違う (フンイキ)] のホテル。 다른 곳과는 다른 분위기의 호텔	違う雰囲気	

◆ 거만(巨万) : 막대한 수량이나 금액   ♣ 와력(瓦礫) : 기와와 자갈

[   ](대괄호) 안의 일본어를 한자로 적어보고, 읽는 법을 히라가나로 쓰세요.

본문 내용	대괄호 한자로 쓰기	읽는 법 쓰기
01 首相の発言は [(ブツギ) をかもした]。 총리의 발언은 물의를 빚었다. しゅしょう はつげん	物議をかもした	
02 容疑者を[厳しく (ツイキュウ)] した。 용의자를 엄하게 추궁했다. ようぎしゃ きび	厳しく追及	
03 国家の [(キミツ) 資料]が盗まれる一大事。 국가 기밀 자료를 도둑맞은 중대사이다. こっか しりょう ぬす いちだいじ	機密資料	
04 購読者の[投稿 (ラン)] に意見が載せられた。 구독자의 투고란에 의견이 실렸다. こうどくしゃ とうこう いけん の	投稿欄	
05 なんとも [(ヒニク) な結果]に終わった。 정말로 짓궂은 결과로 끝났다. けっか お	皮肉な結果	
06 [人権 (ヨウゴ)] 団体の活動を調査する。 인권 옹호 단체의 활동을 조사하다. じんけん だんたい かつどう ちょうさ	人権擁護	
07 会議中は [(シゴ) 厳禁]だ。 회의 중에는 사담 엄금이다. かいぎちゅう げんきん	私語厳禁	
08 生活に [(フヨウ) な品物]が多い。 생활에 불필요한 물건이 많다. せいかつ しなもの おお	不要な品物	
09 前の人の [(コウトウブ)] が見える。 앞 사람의 후두부가 보이다. まえ ひと み	後頭部	
10 勝利は [(ショクン)] の肩にかかっている。 승리는 제군의 어깨에 달려 있다. しょうり かた	諸君	
11 将来の[増税を (シサ)] する。 장래의 증세를 시사하다. しょうらい ぞうぜい	増税を示唆	
12 部活では [(ジョウイカタツ)] がモットー*だ。 동아리에서는 상의하달*이 모토다. ぶかつ	上意下達	
13 [職業の (ショウカイ)] をしてもらう。 직업을 소개받다. しょくぎょう	職業の紹介	
14 障害者の為の[施設も (ヘイセツ)] した。 장애인을 위한 시설도 병설했다. しょうがいしゃ ため しせつ	施設も併設	
15 石炭は国の [(キカン) 産業]だった。 석탄은 나라의 기간산업이었다. せきたん くに さんぎょう	基幹産業	
16 [宅地を (ゾウセイ)] する。 택지를 조성하다. たくち	宅地を造成	
17 空港の [(カッソウ) 路]。 공항의 활주로. くうこう ろ	滑走路	
18 [前言を (テッカイ)] してはならない。 앞서 한 말을 철회해서는 안 된다. ぜんげん	前言を撤回	
19 近所の駅の [(リベンセイ)] が良くない。 근처 역의 편리성이 좋지 않다. きんじょ えき よ	利便性	
20 [(キョヒ) を投じて]制作された映画。 막대한 비용을 투자하여 제작된 영화. とう せいさく えいが	巨費を投じて	

◆ 상의하달(上意下達) : 윗사람의 뜻이나 명령을 아랫사람에게 전함
◆ モットー : 살아 나가거나 일을 하는 데 있어서 표어나 신조 따위로 삼는 말. 모토

[   ](대괄호) 안의 일본어를 한자로 적어보고, 읽는 법을 히라가나로 쓰세요.

본문 내용	대괄호 한자로 쓰기	읽는 법 쓰기
01 有力[政治家が (シッキャク)] する。 유력 정치가가 실각*하다. ゆうりょく せい じ か	政治家が失脚	
02 なるべく[質素 (ケンヤク)] に努めるべきだ。 가능한 한 검소, 검약에 힘써야 한다. しっそ つと	質素倹約	
03 国の [(サイシュツ) を削減]する。 나라의 세출을 삭감하다. くに さくげん	歳出を削減	
04 [(センケン) 性]に富んだ経営者が揃った。 선견성이 뛰어난 경영자가 한데 모였다. せい と けいえいしゃ そろ	先見性	
05 [気が (ユル) んだ]途端に急に眠くなった。 마음이 느슨해진 순간 갑자기 き とたん きゅう ねむ 졸리기 시작했다.	気が緩んだ	
06 雨の翌日は川の[水が (ニゴ) って]いる。 비가 내린 다음 날은 강물이 탁하다. あめ よくじつ かわ みず	水が濁って	
07 彼は遂に[欲望の (ゴンゲ)] と化した。 그는 마침내 욕망의 화신으로 둔갑했다. かれ つい よくぼう か	欲望の権化	
08 彼の[将来性に (チャクモク)] している。 그의 장래성에 주목하고 있다. かれ しょうらいせい	将来性に着目*	
09 昼休みを [(ハサ) んで]仕事を再開した。 점심시간을 끼고 일을 재개했다. ひるやす しごと さいかい	挟んで	
10 [(セヒョウ) の基準]は時代で違う。 세상 평가 기준은 시대에 따라 다르다. きじゅん じだい ちが	世評の基準	
11 [(ヤッキ)] になってうわさを否定する。 기를 쓰고 소문을 부인하다. ひてい	躍起	
12 [(キョショク) に満ちた]生活。 허식*에 찬 생활. み せいかつ	虚飾に満ちた	
13 少々の[危険は (カクゴ)] している。 다소의 위험은 각오하고 있다. しょうしょう きけん	危険は覚悟	
14 予想より [(バイキャク) 益]が少ない。 예상보다 매각액(처분액)이 적다. よそう えき すく	売却益	
15 次の議長は [(ジュントウ) にいけば]彼だ。 차기 의장은 순조롭게 가면 그 사람이다. つぎ ぎちょう かれ	順当にいけば	
16 将来 [(ユウボウ) な若者]を育てる。 장래 유망한 젊은이를 키우다. しょうらい わかもの そだ	有望な若者	
17 [産業 (ハイキ) 物]の処理場。 산업 폐기물 처리장. さんぎょう ぶつ しょりじょう	産業廃棄物	
18 政治改革に [(シュワン) を発揮]する。 정치 개혁에 수완을 발휘하다. せいじ かいかく はっき	手腕を発揮	
19 タレントが[実業家に (テンシン)] した。 탤런트가 실업가로 전신*했다. じつぎょうか	実業家に転身	
20 [契約を (カイショウ)] する予定だ。 계약을 취소할 예정이다. けいやく よてい	契約を解消	

◆ 실각(失脚) : 일에 실패하여 있던 지위에서 물러남

◆ 착목(着目) : 어떤 일을 주의하여 봄. 착안. 주목

✱ 허식(虚飾) : 실속이 없이 겉만 꾸밈. 겉치레

♠ 전신(転身) : 다른 곳으로 몸을 옮김

[   ](대괄호) 안의 일본어를 한자로 적어보고, 읽는 법을 히라가나로 쓰세요.

본문 내용	대괄호 한자로 쓰기	읽는 법 쓰기
01 妙な[うわさが (ルフ)] している。 묘한 소문이 떠돌고 있다. みょう	うわさが 流布	
02 [(ブタイ) の上で]見事な演技を披露した。 무대 위에서 훌륭한 연기를 피로했다. うえ みごと えんぎ ひろう	舞台の上で	
03 みんなの[都合を (コウリョ)] する。 모두의 형편을 고려하다. つごう	都合を考慮	
04 公式から答えを [(ミチビ) き出す]。 공식에서 해답을 이끌어내다. こうしき こた だ	導き出す	
05 私達は同じような [(キョウグウ) を経て]きた。 우리들은 동일한 처지를 거쳐 왔다. わたしたち おな へ	境遇を経て	
06 その道の [(センダツ)] による指導。 그 길의 지도자에 의한 지도. みち しどう	先達*	
07 英文をわかりやすく [(イヤク)] する。 영문을 알기 쉽게 의역하다. えいぶん	意訳	
08 この場面を [(ダカイ)] する知恵を出そう。 이 장면을 타개할 지혜를 내자. ばめん ちえ だ	打開	
09 大戦で[家族と (リベツ)] してしまった。 큰 전쟁에서 가족과 이별하고 말았다. たいせん かぞく	家族と離別	
10 財政が [(テヅ) まり状態]だ。 재정이 벽에 부딪친 상태이다. ざいせい じょうたい	手詰まり状態	
11 有力候補同士の [(イッキ) 打ち]。 유력 후보끼리의 일대일 승부. ゆうりょくこうほどうし う	一騎打ち	
12 健闘むなしく [(セキハイ)] する。 건투도 보람 없이 석패*하다. けんとう	惜敗	
13 [果実が (セイジュク)] する。 과실이 무르익다. かじつ	果実が成熟	
14 彼女は高級な [(ケショウ) 品]を好む。 그녀는 고급스런 화장품을 즐긴다. かのじょ こうきゅう ひん この	化粧品	
15 帝国に [(クンリン)] した暴君。 제국에 군림한 폭군. ていこく ぼうくん	君臨	
16 [(イロド) り]の鮮やかな器。 채색이 선명한 그릇. あざ うつわ	彩り	
17 肉を[鍋で (ニ) て]食べる。 고기를 냄비에 삶아 먹다. にく なべ た	鍋で煮て	
18 その程度の誤差は [(キョヨウ) 範囲]だ。 그 정도의 오차는 허용 범위이다. ていど ごさ はんい	許容範囲	
19 日々の [(カテ) を得る]。 나날의 양식을 얻다. ひび え	糧を得る	
20 補給路を [(タ) たれて]困る。 보급로가 차단되어 곤란하다. ほきゅうろ こま	断たれて	

◆ 先達(せんだつ) : 1.(그 방면의) 선배, 지도자 2.안내인, 선도자　　　　◆ 석패(惜敗) : 경기나 경쟁에서 약간의 점수 차이로 아깝게 짐

[   ](대괄호) 안의 일본어를 한자로 적어보고, 읽는 법을 히라가나로 쓰세요.

본문 내용	대괄호 한자로 쓰기	읽는 법 쓰기
01 上層部は [(タイメン) を保とう]と必死だ。 상층부는 체면을 유지하려고 필사적이다.	体面を保とう	
02 引き出しの中に [(ジョウビ) 薬]がある。 서랍 속에 상비약이 있다.	常備薬	
03 パソコンに[データを (チクセキ)] する。 컴퓨터에 데이터를 축적하다.	データを蓄積	
04 先生の話を [(シンケン) に]聞く生徒たち。 선생님의 이야기를 진지하게 듣는 학생들.	真剣に	
05 遠足で生徒たちを [(インソツ)] した。 소풍에서 학생들을 인솔했다.	引率	
06 [焼却 (ロ)] でごみを燃やす。 소각로에서 쓰레기를 태우다.	焼却炉	
07 株価が[急 (ハンテン)] した。 주가가 급반전했다.	急反転	
08 日本への [(テイジュウ) を希望]している。 일본에 대한 정주를 희망하고 있다.	定住を希望	
09 苦手な人に[無理 (ジ) い]は出来ない。 서투른 사람에게 억지로 하게 할 수 없다.	無理強い	
10 君が [(オ) い目を感じる]ことはない。 자네가 부담을 느낄 필요는 없다.	負い目を感じる	
11 老いてますます [(イキケンコウ)] だ。 늙어 점점 의기가 드높다.	意気軒高	
12 ひとり [(シバイ) を演じる]。 혼자 연극을 하다.	芝居を演じる	
13 その年齢では [(ヒョウジュン) 的な]収入。 그 연령에는 표준적인 수입.	標準的な	
14 自分の主張を [(ガン) として]譲らない。 자신의 주장을 완강하게 양보하지 않는다.	頑として	
15 サーカスの [(サル)] を見て楽しむ。 서커스의 원숭이를 보고 즐기다.	猿	
16 すぐに意見を変え [(セッソウ) がない]。 곧 의견을 바꿔 지조가 없다.	節操がない	
17 新たな取引[条件を (ダシン)] する。 새로운 거래 조건을 타진하다.	条件を打診	
18 [(コワ) い話]を聞くのは苦手だ。 무서운 이야기를 듣는 것은 서툴다.	怖い話	
19 税金は国民に [(カンゲン)] すべきだ。 세금은 국민에게 환원해야 한다.	還元	
20 自身の [(テイケン) を述べる]。 자신의 일정한 견식을 말하다.	定見*を述べる	

◆ 정견(定見): 일정한 견식

[   ](대괄호) 안의 일본어를 한자로 적어보고, 읽는 법을 히라가나로 쓰세요.

본문 내용	대괄호 한자로 쓰기	읽는 법 쓰기
01 今日は [[ジゴク]] のような暑さだ。 오늘은 지옥과 같은 더위이다.	地獄	
02 私の[投稿 (キジ)] が新聞に掲載された。 내 투고 기사가 신문에 게재되었다.	投稿記事	
03 首相の [(ホウシン) 演説]を聞いた。 수상의 방침 연설을 들었다.	方針演説	
04 今月は家計が [(ウルオ) いそうだ]。 이번 달은 가계가 넉넉해질 것 같다.	潤いそうだ	
05 貿易立国の [(センペイ) となった]。 무역 입국의 선봉장이 되었다.	先兵*となった	
06 訪米の [(ジキ) を検討]する。 방미 시기를 검토하다.	時期を検討	
07 政府は密かに[情報を (エ) て]いた。 정부는 몰래 정보를 얻고 있었다.	情報を得て	
08 彼女に熱い[視線を (ソソ) いだ]。 그녀에게 뜨거운 시선을 쏟았다.	視線を注いだ	
09 トラブルを [(マネ) いた原因]を調べる。 트러블을 초래한 원인을 조사하다.	招いた原因	
10 朝晩の寒さが [(イチダン) と]厳しくなった。 아침저녁의 추위가 한층 엄해졌다.	一段と	
11 [(カンイッパツ)] で危険を切り抜ける。 아슬아슬하게 위험을 모면하다.	間一髪	
12 [新型の (リョカクキ)] は巨大だ。 신형 여객기는 거대하다.	新型の旅客機	
13 [危険を (サッチ)] して回避する。 위험을 알아차리고 회피하다.	危険を察知	
14 [(ドジョウ) の汚染]を嘆く。 토양의 오염을 한탄하다.	土壌の汚染	
15 その行動に [(タイギ) は無い]。 그 행동에 대의는 없다.	大義は無い	
16 貧富の[格差を (ゼセイ)] する。 빈부의 격차를 시정하다.	格差を是正	
17 事業の終了まで [(ユウヨ) を残す]。 사업의 종료까지 유예*를 남기다.	猶予を残す	
18 [被害の (サンジョウ)] に目を覆う。 피해의 참상에 눈을 가리다.	被害の惨状	
19 企業の [(チュウカク) をなす]部署。 기업의 중심을 이루는 부서.	中核をなす	
20 [(ジョウチュウ) の警備員]を雇う。 상주*경비원을 고용하다.	常駐の警備員	

◆ 첨병(先兵) : 행군의 맨 앞에서 경계·수색하는 임무를 맡은 병사, '선봉장'으로 순화
♣ 유예(猶予) : 1.망설여 일을 결행하지 아니함 2.일을 결행하는 데 날짜나 시간을 미룸 3.소송 행위를 하거나 소송 행위의 효력을 발생시키기 위하여 일정한 기간을 둠
※ 상주(常駐) : 군대 따위가 언제나 머물러 있음

さどう[茶道]

다도는 중국에서 들어와 무로마치(1336-1573)시대에 무라다 슈코(村田珠光)에 의해 형성되어,
그의 제자인 센노리큐(千利休)에 의해 완성되었다. 다도는 좁은 공간 속에서 전통적인 양식에 따라
손님에게 가루차를 대접하고, 선(禪)의 사상을 통해 인생의 깊이를 되짚어보는 시간을 갖게 된다.
이 다도를 통해 접하게 되는 일기일회(一期一会:일생에 단 한 번의 만남)라는 말은
손님과 맞이하는 사람의 소중한 만남을 느끼게 해 준다.

PART
12

[   ](대괄호)안의 일본어를 한자로 적어보고, 읽는 법을 히라가나로 쓰세요.

본문 내용	대괄호 한자로 쓰기	읽는 법 쓰기
01 まるで [(キヌ)] のような肌触りのシャツ。 마치 비단과 같은 감촉이 좋은 셔츠.	絹	
02 山の途中の [(キュウケイ) 所]で一息ついた。 산의 중간의 휴게소에서 한숨 돌렸다.	休憩所	
03 [名残 (オ) しい]が出発する時間だ。 헤어지기 섭섭하지만 출발할 시간이다.	名残惜しい	
04 悪いものを食べて [(ハ) き気]がする。 나쁜 것을 먹고 구토가 나다.	吐き気	
05 仕掛けの [(ハグルマ)] が突然外れた。 장치를 한 톱니바퀴가 갑자기 빠졌다.	歯車	
06 伝統的な [(オ) り物産業]の街。 전통적인 직물 산업 거리.	織り物産業	
07 [(トンヤ)] を通さずに販売する。 도매상을 통하지 않고 판매하다.	問屋	
08 通信教育を [(ジュコウ)] して資格を取得する。 통신 교육을 수강하여 자격을 취득하다.	受講	
09 この仕事に [(ネンレイ)] は関係無い。 이 일에 연령은 관계없다.	年齢	
10 昔ながらの [(フウア) い]が表現されている。 옛날 그대로의 촉감이 표현되어 있다.	風合い	
11 農業には不向きな [(ジバン)] の土地。 농업에는 적합하지 않은 지반의 토지.	地盤	
12 [(トウトツ) な]ことを言われて驚く。 당돌한 말을 들어 놀라다.	唐突な	
13 会社の倒産は [(マヌカ) れた]。 회사의 도산은 모면했다.	免れた	
14 果てしない [(リサンシュウゴウ)] を繰り返す。 끝없는 이산집합* 을 되풀이하다.	離散集合	
15 答えは全て[そこに (キケツ)] する。 대답은 모두 거기에 귀결* 한다.	そこに帰結	
16 [時代の (チョウリュウ)] を読む。 시대의 조류를 읽다.	時代の潮流	
17 未来の [(テンボウ) を語る]。 미래의 전망을 이야기하다.	展望を語る	
18 [人生の (キロ)] に立たされる。 인생의 기로에 놓이다.	人生の岐路	
19 [緊急 (ドウギ)] を採択する。 긴급동의를 채택하다.	緊急動議	
20 [ゴールを (シシュ)] する選手。 골을 사수하는 선수.	ゴールを死守	

◆ 이산집합(離散集合) : 임의의 두 원소 사이가 연속된 형태가 아닌 집합   ◆ 귀결(帰結) : 어떤 결말이나 결과에 이름

[   ](대괄호) 안의 일본어를 한자로 적어보고, 읽는 법을 히라가나로 쓰세요.

본문 내용	대괄호 한자로 쓰기	읽는 법 쓰기
01 [(ボウキョウ の思い)]が日増しに強くなる。 망향* 의 심정이 날이 갈수록 강해지다.	望郷の思い	
02 彼は[第一 (インショウ)] がとてもよかった。 그는 첫인상이 매우 좋았다.	第一印象	
03 なにしろ [(トツゼン)] のことで驚いている。 여하튼 갑작스런 일로 놀라고 있다.	突然	
04 朝の [(シンセン) な空気]を吸い込んだ。 아침의 신선한 공기를 마셨다.	新鮮な空気	
05 [視力が (オトロ) えて]きた。 시력이 나빠졌다.	視力が衰えて	
06 [(ボジョウ) を誘う]演奏を耳にした。 모정을 자아내는 연주를 들었다.	慕情を誘う	
07 すごい [(イキオ) い]で流れている川。 굉장한 기세로 흐르고 있는 강.	勢い	
08 今年の[流行の (ケイコウ)] をいち早く掴む。 올해 유행 경향을 (남보다) 빨리 파악하다.	流行の傾向	
09 [帰宅 (トチュウ)] でお土産を買う。 귀가 도중에 선물을 사다.	帰宅途中	
10 [(ゲンジョウ) を打破]する努力が必要だ。 현상을 타파하는 노력이 필요하다.	現状を打破	
11 お祭りに [(シュウギ) 袋]を持参する。 축제에 축의금 봉투를 지참하다.	祝儀袋	
12 [会議の (ボウトウ)] にあいさつする。 회의 첫머리에 인사하다.	会議の冒頭	
13 村に公共[施設を (ユウチ)] する。 촌에 공공시설을 유치하다.	施設を誘致	
14 福祉政策の [(カクジュウ) を求める]。 복지 정책의 확충을 요구하다.	拡充を求める	
15 裁判所で[意見を (チンジュツ)] する。 재판소에서 의견을 진술하다.	意見を陳述	
16 [(シュウワイ) 容疑]で逮捕状が出る。 수회* 혐의로 체포장이 발부되다.	収賄容疑	
17 [(トクシュ) な事情]があるらしい。 특수한 사정이 있는 것 같다.	特殊な事情	
18 怒り過ぎると[子供は (イシュク)] する。 너무 화내면 아이는 위축된다.	子供は委縮	
19 自国での[食料 (カクホ)] が必要だ。 자국에서의 식료 확보가 필요하다.	食料確保	
20 [(オオゼイ)] に見守られて演技する。 여러 사람이 지켜보는 가운데 연기하다.	大勢	

◆ 망향(望郷) : 고향을 그리워하며 생각함   ♣ 수회(収賄) : 뇌물을 받음. 수뢰

[   ](대괄호) 안의 일본어를 한자로 적어보고, 읽는 법을 히라가나로 쓰세요.

본문 내용	대괄호 한자로 쓰기	읽는 법 쓰기
01 お金の無駄遣いを [(イマシ) める]。 돈 낭비를 금하다. _{かね} _{む だ づか}	戒める	
02 息子の活躍は[私の (ホコ) り]だ。 아들의 활약은 나의 긍지이다. _{むす こ} _{かつやく} _{わたし}	私の誇り	
03 [(アヤ) うく]事故に遭うところだった。 위태롭게 사고를 당할 뻔했다. _{じ こ} _あ	危うく	
04 大量 [(ギャクサツ) 事件]の現場。 대량학살 사건의 현장. _{たいりょう} _{じ けん} _{げん ば}	虐殺事件	
05 遠く [(ソセン)] から受け継いだ文化。 옛날 조상으로부터 계승한 문화. _{とお} _{う つ} _{ぶん か}	祖先	
06 他人の問題に [(カイニュウ)] したがる。 남의 문제에 개입하고 싶어하다. _{た にん} _{もんだい}	介入	
07 反対意見が [(タイセイ) を占める]。 반대 의견이 대세를 차지하다. _{はんたい い けん} _し	大勢を占める	
08 部外者には [(ハイタテキ) な]地域。 부외*(재외부인)에게는 배타적인 지역. _{ぶ がいしゃ} _{ち いき}	排他的な	
09 納税は国民の[三大 (ギム)] の一つだ。 납세는 국민의 3대 의무의 하나이다. _{のうぜい} _{こくみん} _{さんだい} _{ひと}	三大義務	
10 その件の[問題 (テイキ)] を考えている。 그 건의 문제 제기를 고려하고 있다. _{けん} _{もんだい} _{かんが}	問題提起	
11 中海は海水と淡水の混じった [(キスイ) 湖]だ。 중해는 바닷물과 민물이 섞인 _{なかうみ} _{かいすい} _{たんすい} _ま 기수호이다.	汽水湖	
12 洪水に備え [(テイボウ) を築く]。 홍수에 대비해 제방을 쌓다. _{こうずい} _{そな} _{きず}	堤防を築く	
13 [(シュウチ) を結集]して難局を乗り越える。 중지*를 결집해서 난국을 극복하다. _{けっしゅう} _{なんきょく} _{の こ}	衆知を結集	
14 問題が次々と [(レンサ) 的に]起こる。 문제가 연이어 연쇄적으로 일어나다. _{もんだい} _{つぎつぎ} _{てき} _お	連鎖的に	
15 戦争で[国力が (ヒヘイ)] した。 전쟁으로 국력이 피폐*했다. _{せんそう} _{こくりょく}	国力が疲弊	
16 病原[菌を (ボクメツ)] する。 병원균을 박멸하다. _{びょうげん} _{きん}	菌を撲滅	
17 信頼関係の [(ジョウセイ)] に努める。 신뢰 관계의 조성에 힘쓰다. _{しんらいかんけい} _{つと}	醸成	
18 [紛争の (チョウテイ)] を頼まれる。 분쟁의 조정을 부탁받다. _{ふんそう} _{たの}	紛争の調停	
19 [困難を (コクフク)] した先に未来がある。 곤란을 극복한 앞날에 미래가 있다. _{こんなん} _{さき みらい}	困難を克服	
20 [事態は (シュウソク)] へと向かった。 사태는 수습으로 향했다. _{じ たい} _む	事態は収束	

◆ 부외(部外): 기관이나 조직에서 부 단위로 구분되는 업무 부서의 밖　　◆ 중지(衆知): 1.많은 사람이 알고 있음 2.많은 사람이 가지고 있는 지혜

❋ 피폐(疲弊): 지치고 쇠약하여짐. '황폐'로 순화

[   ](대괄호) 안의 일본어를 한자로 적어보고, 읽는 법을 히라가나로 쓰세요.

본문 내용	대괄호 한자로 쓰기	읽는 법 쓰기
01 花の[名前の (ユライ)] を雑誌で読む。 꽃 이름의 유래를 잡지에서 읽다. はな　なまえ　　　　　ざっし　よ	名前の由来	
02 狭い[道路を (カクチョウ)] する工事。 좁은 도로를 확장하는 공사. せま　どうろ　　　　　　　こうじ	道路を拡張	
03 [森林 (バッサイ)] で環境が悪化した。 삼림 벌채로 환경이 나빠졌다. しんりん　　　　　　かんきょう あっか	森林伐採	
04 自分で自分の[首を (シ) める]行為だ。 스스로 자신의 목을 조르는 행위이다. じぶん　じぶん　くび　　　　　こうい	首を絞める	
05 [(ゲキ) 薬]は注意して取り扱う必要がある。 극약은 주의하여 취급할 필요가 있다. やく　ちゅうい　と　あつか　ひつよう	劇薬	
06 [(カ) れ木]も山のにぎわいだ。 설령 보잘 것 없는 것이라도 없는 것보다는 낫다. き　やま	枯れ木	
07 [部下の (シンゲン)] を聞き入れる。 부하의 진언을 받아들이다. ぶか　　　　　　　　き　い	部下の進言	
08 陰から [(テッポウ) 隊]で待ち伏せをした。 뒤에서 소총대로 매복을 했다. かげ　　　　　　たい　ま　ぶ	鉄砲隊	
09 [秋の (ラクヨウ)] する光景。 가을이 낙엽지는 광경. あき　　　　　　こうけい	秋の落葉	
10 [(ハダカ) になって]体重を測る。 알몸으로 체중을 재다. たいじゅう はか	裸になって	
11 紛争発生の[事態を (ユウリョ)] する。 분쟁 발생의 사태를 우려하다. ふんそうはっせい　じたい	事態を憂慮	
12 点検の為に[機械を (テイシ)] する。 점검을 위해 기계를 정지하다. てんけん　ため　きかい	機械を停止	
13 実験の [(ケイカ) 報告]を行う。 실험의 경과보고를 실시하다. じっけん　　　　　ほうこく　おこな	経過報告	
14 [事態の (シュウシュウ)] を任される。 사태의 수습을 맡게 되다. じたい　　　　　　　　まか	事態の収拾	
15 映画の良い出来に [(ハクシュ) が起こった]。 영화의 좋은 성과에 박수가 일었다. えいが　よ　でき　　　　　　　　お	拍手が起こった	
16 忘れ物に気づいて[家に (モド) る]。 잊어버린 물건이 생각나서 집에 돌아가다. わす　もの　き　　　　いえ	家に戻る	
17 [(キミョウ) な光景]を目にする。 기묘한 광경을 목격하다. こうけい　め	奇妙な光景	
18 奉納の [(スモウ) 大会]を開催する。 봉납*스모대회를 개최하다. ほうのう　　　　　たいかい　かいさい	相撲大会	
19 [(トウソツ) の取れた]動きを見せる。 통솔된 움직임을 보이다. と　うご　み	統率の取れた	
20 行方不明者の [(シュツジ) を調べる]。 행방불명자의 출신을 조사하다. ゆくえ ふめいしゃ　　　　　　　しら	出自*を調べる	

◆ 봉납(奉納) : 물품 따위를 바치거나 거두어들임　　　　　◆ 出自(しゅつじ) : 출신, 태생

[   ](대괄호) 안의 일본어를 한자로 적어보고, 읽는 법을 히라가나로 쓰세요.

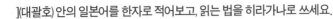

본문 내용	대괄호 한자로 쓰기	읽는 법 쓰기
01 運動会の [(ツナ) 引き]は人気がある。 운동회의 줄다리기는 인기가 있다. うんどうかい　ひ　にんき	綱引き	
02 事態の成り行きを [(セイカン)] する。 사태의 추이를 조용히 바라보다. じたい　な　ゆ	静観*	
03 作品展の入選を[心から (シュクフク)] した。 작품전의 입선을 진심으로 축복했다. さくひんてん　にゅうせん　こころ	心から祝福	
04 彼女の発想には [(ダツボウ)] する。 그녀의 발상에는 경의를 표한다. かのじょ　はっそう	脱帽	
05 [議長の (サイテイ)] に我々は不満をもっている。 의장의 재정*에 우리들은 ぎちょう　われわれ　ふまん　불만을 가지고 있다.	議長の裁定	
06 不利な[軍に (カセイ)] する。 불리한 군에 가세하다. ふり　ぐん	軍に加勢	
07 隊員は [(レキセン)] の勇士だ。 대원은 역전의 용사이다. たいいん　ゆうし	歴戦	
08 現状打開のための思い切った [(ケツダン)]。 현상 타개를 위한 과감한 결단. げんじょうだかい　おも　き	決断	
09 [(シュノウ) 同士]の会談は長時間に及んだ。 수뇌끼리의 회담은 장시간에 이르렀다. どうし　かいだん　ちょうじかん　およ	首脳同士	
10 絶えて [(ヒサ) しい]話題。 사라진지 오래된 이야깃거리. た　わだい	久しい	
11 救助隊の[出動を (ヨウセイ)] する。 구조대의 출동을 요청하다. きゅうじょたい　しゅつどう	出動を要請	
12 自分の力を[他人に (コジ)] する。 자신의 힘을 남에게 과시하다. じぶん　ちから　たにん	他人に誇示	
13 夏場には [(コクショ)] になる地域。 여름철에는 무더위가 되는 지역. なつば　ちいき	酷暑*	
14 一気に[情勢は (キンパク)] した。 단숨에 정세는 긴박했다. いっき　じょうせい	情勢は緊迫	
15 [攻撃を (ヨウニン)] する方針だ。 공격을 용인*할 방침이다. こうげき　ほうしん	攻撃を容認	
16 [既に (カクリツ)] された方法を用いる。 이미 확립된 방법을 이용하다. すで　ほうほう　もち	既に確立	
17 [国際 (フンソウ)] の調停に乗り出す。 국제 분쟁의 조정에 착수하다. こくさい　ちょうてい　の　だ	国際紛争	
18 容疑者の[身柄を (コウソク)] した。 용의자의 신병을 구속했다. ようぎしゃ　みがら	身柄を拘束	
19 [職権 (ランヨウ)] は嫌われる。 직권 남용은 미움을 산다. しょっけん　きら	職権濫用	
20 自分を犠牲にして [(ホウコウ)] する。 자신을 희생하여 봉사하다. じぶん　ぎせい	奉公*	

◆ 정관(静観) : 실천적 관여의 입장을 떠나 현실적 관심을 버리고 순 객관적으로 바라보는 것
♣ 재정(裁定) : 옳고 그름을 판단하여 결정함　　　　　　※ 혹서(酷暑) : 몹시 심한 더위
♠ 용인(容認) : 용납하여 인정함　　　　　　　　　　　* 봉공(奉公) : 1.나라·조정을 위하여 일함 2.고용살이

370

[   ](대괄호) 안의 일본어를 한자로 적어보고, 읽는 법을 히라가나로 쓰세요.

본문 내용	대괄호 한자로 쓰기	읽는 법 쓰기
01 裁判官に [(タイホ) 状]を請求する。 재판관에게 체포장을 청구하다. さいばんかん じょう せいきゅう	逮捕状	
02 [才能を (カシン)] すると失敗を招く。 재능을 과신하면 실패를 초래한다. さいのう しっぱい まね	才能を過信	
03 救急救命士の [(ショチ) 範囲]。 구급대원의 처치 범위. きゅうきゅうきゅうめいし はんい	処置範囲	
04 晩年は [(フグウ) な日々]を過ごす。 만년은 불우한 나날을 보내다. ばんねん ひび す	不遇な日々	
05 基本的[人権の (ソンチョウ)] は憲法が保障する。 기본적 인권의 존중은 きほんてき じんけん けんぽう ほしょう 헌법이 보장한다.	人権の尊重	
06 [東洋 (テツガク)] の理論を研究する。 동양 철학의 이론을 연구하다. とうよう りろん けんきゅう	東洋哲学	
07 [銅像の (ソバ)] で待ち合わせをした。 동상의 옆에서 만나기로 하고 기다렸다. どうぞう ま あ	銅像の側	
08 土地の [(センユウ) 面積]を測る。 토지의 점유 면적을 측정하다. とち めんせき はか	占有面積	
09 自分にかけられた [(ヨウギ) を晴らした]。 자신에게 씌워진 혐의를 풀었다. じぶん は	容疑を晴らした	
10 この道は都心から郊外へ [(イタ) る]。 이 길은 도심에서 교외로 이른다. みち としん こうがい	至る	
11 費用を[二人で (セッパン)] する。 비용을 둘이서 절반씩 나누다. ひよう ふたり	二人で折半	
12 制度を [(バッポン) 的に]見直す。 제도를 발본*적으로 재점검하다. せいど てき みなお	抜本的に	
13 英語を [(キソ)] から学びなおす。 영어를 기초부터 다시 배우다. えいご まな	基礎	
14 減税した分の [(ザイゲン) を確保]する。 감세 부분의 재원을 확보하다. げんぜい ぶん かくほ	財源を確保	
15 彼も [(ダンカイ) の世代]だ。 그도 단카이세대* 이다. かれ せだい	団塊の世代	
16 身の[潔白を (リッショウ)] する。 자신의 결백을 입증하다. み けっぱく	潔白を立証	
17 [(ジュクリョ) を重ねて]決断した。 숙고한 끝에 결단했다. かさ けつだん	熟慮を重ねて	
18 世のため人のために [(ツ) くす]。 세상을 위해 남을 위해 진력하다. よ ひと	尽くす	
19 情報はすべて [(ハアク)] している。 정보는 모두 파악하고 있다. じょうほう	把握	
20 [(チンセイザイ)] は少量に抑える。 진정제는 소량으로 억제하다. しょうりょう おさ	鎮静剤	

◆ 발본(抜本) : 좋지 않은 일의 근본 원인이 되는 요소를 완전히 없애 버림
◆ 단카이세대(団塊世代) : 1947년에서 1949년 사이에 태어난 일본의 베이비 붐 세대

[   ](대괄호) 안의 일본어를 한자로 적어보고, 읽는 법을 히라가나로 쓰세요.

본문 내용	대괄호 한자로 쓰기	읽는 법 쓰기
01 病院の [(カンイ) ベッド]で仮眠する。 병원의 간이침대에서 선잠자다. びょういん かみん	簡易ベッド	
02 ツアーの[添乗員°を (テハイ)] する。 여행 가이드를 수배하다. てんじょういん	添乗員を手配	
03 無人の機械を[電波で (ユウドウ)] する。 무인 기계를 전파로 유도하다. むじん きかい でんぱ	電波で誘導	
04 建物の [(シュウヘン) を警備]する。 건물 주변을 경비하다. たてもの けいび	周辺を警備	
05 厚生年金の [(ジュキュウ) 資格]。 후생 연금의 수급 자격. こうせいねんきん しかく	受給資格	
06 生活様式は [(イチジル) しく]変化した。 생활양식은 현저하게 변화했다. せいかつようしき へんか	著しく	
07 [公共の (フクシ)] について考える。 공공복지에 대해 생각하다. こうきょう かんが	公共の福祉	
08 困った時は [(ケイケン)] がものを言う。 곤란했을 때는 경험이 말을 해 준다. こま とき い	経験	
09 彼女の[励ましに (ハップン)] する。 그녀의 격려에 분발하다. かのじょ はげ	励ましに発奮	
10 軽やかに [(シッソウ)] する名馬。 경쾌하게 질주하는 명마. かろ めいば	疾走	
11 [(ドタンバ)] で力を発揮する。 막판에 힘을 발휘하다. ちから はっき	土壇場	
12 別の方式も [(ヘイキ)] しておく。 다른 방식도 병기°해 두다. べつ ほうしき	併記	
13 毎年同じ [(ホウフ) を言う]。 매년 같은 포부를 말하다. まいとしおな い	抱負を言う	
14 [混乱の (ウズ)] に巻き込まれる。 혼란의 소용돌이에 휘말리다. こんらん ま こ	混乱の渦	
15 ひとつの [(コトガラ)] に集中する。 하나의 사항에 집중하다. しゅうちゅう	事柄	
16 その候補者は [(ジョガイ)] された。 그 후보자는 제외되었다. こうほしゃ	除外	
17 彼の [(チョジュツ) に矛盾]を見つける。 그의 저술에 모순을 발견하다. かれ むじゅん み	著述に矛盾	
18 あまりに [(ゲンカク) な掟]を嫌う。 너무 엄격한 규칙을 싫어하다. おきて きら	厳格な掟	
19 試合の [(キテイ) を変更]する。 시합의 규정을 변경하다. しあい へんこう	規定を変更	
20 値段の関係で [(チョクセツ) 取引]する。 가격 관계로 직접 거래하다. ねだん かんけい とりひき	直接取引	

◆ 添乗員(てんじょういん) : 단체 여행에 수행・안내하는 여행사 직원　　　✦ 발분(発奮) : 분발

⊛ 병기(併記) : 함께 나란히 적음

[　　](대괄호) 안의 일본어를 한자로 적어보고, 읽는 법을 히라가나로 쓰세요.

본문 내용	대괄호 한자로 쓰기	읽는 법 쓰기
01 思わぬ [(クキョウ)] に立たされる。 생각지도 않은 곤경에 처하게 되다.	苦境	
02 彼はさまざまな [(ケイレキ) の持ち主]だ。 그는 다양한 경력의 소유자다.	経歴の持ち主	
03 二人の性格は全く [(タイショウ) 的だ]。 두 사람의 성격은 전혀 대조적이다.	対照的だ	
04 木に[仏像を (ホ) る]職人がいる。 나무에 불상을 파는 장인이 있다.	仏像を彫る	
05 事後の同意を一般的に [(ツイニン)] という。 사후의 동의를 일반적으로 추인*이라고 한다.	追認	
06 法案はいまだ委員会で [(シンギ) 中]だ。 법안은 아직도 위원회에서 심의중이다.	審議中	
07 万事が [(ジュンチョウ) に]進んでいる。 만사가 순조롭게 진행되고 있다.	順調に	
08 [(キテイ) のルール]を改める。 기정 룰을 고치다.	既定のルール	
09 [工事の (リケン)] を得ようとする議員。 공사의 이권을 얻으려고 하는 의원.	工事の利権	
10 値札の金額は[税金を (フク) んで]いない。 가격표의 금액은 세금을 포함하고 있지 않다.	税金を含んで	
11 国民は[大統領を (スウハイ)] していた。 국민은 대통령을 숭배했다.	大統領を崇拝	
12 反応が [(ケンチョ) に]あらわれた。 반응이 현저히 나타났다.	顕著に	
13 試合に破れ [(ジボウジキ)] になる。 시합에 패해 자포자기하다.	自暴自棄	
14 [現状 (イジ) に努める。 현상 유지에 힘쓰다.	現状維持	
15 それは単なる [(ダキョウ)] だと言われた。 그것은 단순한 타협이라는 말을 들었다.	妥協	
16 彼はとても [(レイテツ) な]男だ。 그는 매우 냉철한 사내이다.	冷徹な	
17 [過去を (セイサン)] するのは難しい。 과거를 청산하는 것은 어렵다.	過去を清算	
18 敵国の[進撃を (ハバ) んだ]。 적국의 진격을 저지했다.	進撃を阻んだ	
19 いやな [(チョウコウ) が現れた]。 싫은 징후가 나타났다.	兆候が現れた	
20 [変化の (キザ) し]を見つける。 변화의 조짐을 발견하다.	変化の兆し	

◆ 추인(追認) : 지나간 사실을 소급하여 추후에 인정함

[   ](대괄호) 안의 일본어를 한자로 적어보고, 읽는 법을 히라가나로 쓰세요.

본문 내용	대괄호 한자로 쓰기	읽는 법 쓰기
01 毎日都心まで [(ツウキン)] している。 매일 도심까지 통근하고 있다. まいにち としん	通勤	
02 [(センリョウ)] されていた地域を奪還した。 점령된 지역을 탈환했다. ちいき だっかん	占領	
03 街の [(チツジョ) が回復]した。 거리의 질서가 회복되었다. まち かいふく	秩序が回復	
04 強く手を [(ニギ) られた]。 (상대방이)손을 강하게 쥐었다. つよ て	握られた	
05 [鉄 (ボウ)] が得意だった。 철봉을 잘했었다. てつ とくい	鉄棒	
06 毎朝 [(コンザツ)] する駅。 매일 아침 혼잡한 역. まいあさ えき	混雑	
07 父親と似た [(キシツ) を持つ]。 아버지와 닮은 기질을 가지다. ちちおや に も	気質を持つ	
08 [(ジシュ) 自立]の地方政治を目指す。 자주 자립의 지방 정치를 지향하다. じりつ ちほうせいじ めざ	自主自立	
09 さっと[肩に (フ) れた]。 살짝 어깨에 닿았다. かた	肩に触れた	
10 [(ケッコウ)] ですと断られた。 '됐어요' 라고 거절당했다. ことわ	結構	
11 [(ドヒョウ)] に塩はつきものだ。 씨름판에 소금은 으레 따르게 마련이다. しお	土俵	
12 酒を飲んで [(キエン) を吐いた]。 술을 마시고 기염을 토했다. さけ の は	気炎を吐いた	
13 使用人を [(クシ)] する主人。 고용인(하인)을 능숙하게 다루는 주인. しようにん しゅじん	駆使	
14 彼が[軍隊の (シレイトウ)] だ。 그가 군대의 사령탑이다. かれ ぐんたい	軍隊の司令塔	
15 ペナントレースも [(シュウバン)] だ。 페넌트레이스*도 종반이다.	終盤	
16 あと一歩のところで [(ダンネン)] した。 나머지 한걸음이라는 곳에서 단념했다. いっぽ	断念	
17 人命に [(ケイジュウ)] はない。 인명에 경중은 없다. じんめい	軽重	
18 彼は [(ミジ) めな暮らし]をしていた。 그는 비참한 생활을 하고 있었다. かれ く	惨めな暮ら	
19 法律の [(バッポン) 的な改正]が必要だ。 법률의 발본적인 개정이 필요하다. ほうりつ てき かいせい ひつよう	抜本的な改正	
20 [(リッショウ) 責任]は検察官にある。 입증 책임은 검찰관에 있다. せきにん けんさつかん	立証責任	

◆ 페넌트 레이스(ペナントレース) : (주로, 프로 야구에서) 그 해의 패권을 겨루는 리그전
♣ 발본(抜本) : 좋지 않은 일의 근본 원인이 되는 요소를 완전히 없애 버림

[   ](대괄호) 안의 일본어를 한자로 적어보고, 읽는 법을 히라가나로 쓰세요.

본문 내용	대괄호 한자로 쓰기	읽는 법 쓰기
01 [(シュウトウ) な計画]を練った犯罪者。 (용의) 주도한 계획을 짠 범죄자. 　　けいかく　ね　　はんざいしゃ	周到な計画	
02 [(マギ) らわしい]表現は避けて欲しい。 헷갈리는 표현은 피했으면 좋겠다. 　　ひょうげん　さ　ほ	紛らわしい	
03 私は福祉の[仕事に (タズサ) わって]いる。 나는 복지 일에 종사하고 있다. 　わたし　ふくし　　しごと	仕事に携わって	
04 もっと [(クワ) しい資料]がほしい。 좀 더 자세한 자료를 갖고 싶다. 　　　　　しりょう	詳しい資料	
05 対立し[組織から (リハン)] する。 대립하여 조직에서 이반* 하다. 　たいりつ　そしき	組織から離反	
06 [体調を (クズ) し静養*]している。 몸의 상태가 좋지 않아 요양하고 있다. 　たいちょう　　　せいよう	体調を崩し	
07 空襲で[街を (ハカイ)] された。 공습으로 마을이 파괴되었다. 　くうしゅう　まち	街を破壊	
08 本社の [(ショザイ) 地]を知らせる。 본사의 소재지를 알리다. 　ほんしゃ　　　　ち　し	所在地	
09 [(セイゾウ) 物]責任法にのっとった表記。 제조물 책임법에 따른 표기. 　　　　ぶつ せきにんほう　　　　ひょうき	製造物	
10 サンプルの [(テイキョウ) 期限]を延長する。 샘플 제공 기한을 연장하다. 　　　　　　きげん　えんちょう	提供期限	
11 新しい[理論を (トナ) える]。 새로운 이론을 주창하다. 　あたら　りろん	理論を唱える	
12 [(エン) 石]をひっくり返す。 블록을 뒤집다. 　　　せき　　　　かえ	縁石	
13 他国の[侵略を (ソシ)] する。 타국의 침략을 저지하다. 　たこく　しんりゃく	侵略を阻止	
14 災害時の[緊急 (ヒナン)] 場所。 재해시의 긴급 피난 장소. 　さいがいじ　きんきゅう　　ばしょ	緊急避難	
15 みんなの[意見を (シュウヤク)] する。 모두의 의견을 집약* 하다. 　　　　いけん	意見を集約	
16 [(ヨウシャ) のない]厳しい指導。 가차 없는 엄격한 지도. 　　　　　きび　しどう	容赦のない	
17 [産業の (スイタイ)] が懸念される。 산업의 쇠퇴가 걱정되다. 　さんぎょう　　　　けねん	産業の衰退	
18 違法駐車が[通行を (サマタ) げる]。 위법주차가 통행을 방해하다. 　いほうちゅうしゃ　つうこう	通行を妨げる	
19 大きな[荷物が (トド) いた]。 큰 짐이 도착했다. 　おお　にもつ	荷物が届いた	
20 [(カトキ) に入った]とも言える。 과도기에 들어갔다고도 할 수 있다. 　　　　　はい　　　い	過渡期に入った	

◆ 이반(離反) : 인심이 떠나서 배반함　　　　　　　　♣ 정양(静養) : 몸과 마음을 안정하여 휴양함
❋ 집약(集約) : 한데 모아서 요약함

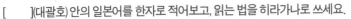

[   ](대괄호) 안의 일본어를 한자로 적어보고, 읽는 법을 히라가나로 쓰세요.

본문 내용	대괄호 한자로 쓰기	읽는 법 쓰기
01 年間の気温変動が [(ハゲ) しい]。 연간의 기온 변동이 심하다.	激しい	
02 金額を日本[円に (カンサン)] する。 금액을 일본 엔으로 환산하다.	円に換算	
03 [肩 (コ) り]と腰痛に悩まされている。 어깨 결림과 요통에 시달리고 있다.	肩凝り	
04 自動券売機で [(キップ)] を買う。 자동 발매기로 표를 사다.	切符	
05 企業同士の [(テイケイ) が進む]。 기업끼리의 제휴가 진행되다.	提携が進む	
06 試験の準備に [(ヨネン) がない]。 시험 준비에 여념이 없다.	余念がない	
07 彼の意外な [(チャクソウ) に驚いた]。 그의 뜻밖의 착상에 놀랐다.	着想に驚いた	
08 思わぬ [(ヨトク) に喜んだ]。 생각지도 않은 부수입에 기뻐했다.	余得に喜んだ	
09 [会社の (ギョウセキ)] を上方修正する。 회사의 업적을 상향 수정하다.	会社の業績	
10 役所への届け出の [(コウセイ) 手続き]。 관공서에 대한 신고 경정*수속.	更正手続き	
11 [県内 (ズイイチ)] の観光名所。 현내 제일의 관광 명소.	県内随一	
12 最強の [(フジン) を敷いた]チーム。 최강의 포진을 깐 팀.	布陣を敷いた	
13 要望には [(ジュウナン) に対処]する。 요망에는 유연히 대처하다.	柔軟に対処	
14 互いの[意見が (ショウトツ)] する。 서로의 의견이 충돌하다.	意見が衝突	
15 彼の [(マンシン) ぶり]は目に余る。 그의 교만스런 태도는 눈꼴사납다.	慢心ぶり	
16 応援の[手紙に (フンキ)] して励む。 응원 편지에 분발하여 노력하다.	手紙に奮起	
17 売り上げの[伸びが (ドンカ)] した。 매상의 신장이 둔화되었다.	伸びが鈍化	
18 とても [(ミリョク) 的な]人物だ。 매우 매력적인 인물이다.	魅力的な	
19 [(ゼント) 洋々]とした若者たち。 전도양양한 젊은이들.	前途洋々	
20 彼には [(オウブン) の謝礼]が必要だ。 그에게는 응분*의 사례가 필요하다.	応分の謝礼	

◆ 경정(更正) : 고쳐서 바로잡음　　　　　　　♣ 포진(布陣) : 전쟁이나 경기 따위를 치르기 위하여 진을 침

◉ 응분(応分) : 어떠한 분수나 정도에 알맞음

[   ](대괄호) 안의 일본어를 한자로 적어보고, 읽는 법을 히라가나로 쓰세요.

본문 내용	대괄호 한자로 쓰기	읽는 법 쓰기
01 背中に鋭い [(ショウゲキ) を受けた]。 등에 예리한 충격을 입었다. せ なか すると　　　　　　　　う	衝撃を受けた	
02 逮捕された容疑者には [(モクヒ) 権]がある。 체포된 용의자에게는 묵비권이 있다. たい ほ　　よう ぎ しゃ　　　　　けん	黙秘権	
03 この書類が事件の動かぬ [(ショウコ)] だ。 이 서류가 사건의 확실한 증거이다. しょ るい　じ けん　うご	証拠	
04 彼らの主張は [(シリゾ) けられた]。 그들의 주장은 철회되었다. かれ　　しゅ ちょう	退けられた	
05 新しい [計画の (ゼンヨウ)] が見えた。 새로운 계획의 전모가 보였다. あたら　　けい かく　　　　　　み	計画の全容*	
06 会場内は [(イヨウ) な雰囲気]に包まれた。 회장 내는 이상한 분위기에 휩싸였다. かい じょう ない　　　　ふん い き　つつ	異様な雰囲気	
07 犯人は [(インサン) な表情]をしている。 범인은 참담한 표정을 하고 있다. はん にん　　　　　　ひょう じょう	陰惨な表情	
08 [犯行の (ドウキ)] がいまだにわからない。 범행의 동기를 지금까지 모른다. はん こう	犯行の動機	
09 [(ケンサツ) 庁]に知り合いがいる。 검찰청에 아는 사람이 있다. ちょう　し あ	検察庁	
10 [(イゾク)] への保障制度を確立させた。 유족에 대한 보장 제도를 확립시켰다. ほ しょう せい ど　かく りつ	遺族	
11 大きな [目標を (カカ) げる]。 커다란 목표를 내걸다. おお　　もく ひょう	目標を掲げる	
12 寒い朝は [(ハ) く息]が白くなる。 추운 아침에는 내뱉는 입김이 하얗게 된다. さむ あさ　　　　いき　しろ	吐く息	
13 地震で [道路が (スンダン)] された。 지진으로 도로가 토막이 나듯이 끊겼다. じ しん　　どう ろ	道路が寸断*	
14 [事態を (セイカン)] している場合ではない。 사태를 조용히 바라보고 있을 때가 아니다. じ たい　　　　　　　　　　　ば あい	事態を静観	
15 [(テイネイ) な]手つきで作業する。 신중한 손놀림으로 작업하다. て　　さ ぎょう	丁寧な	
16 [契約を (ゼンテイ) に]話を進める。 계약을 전제로 이야기를 진행시키다. けい やく　　　　　　はなし すす	契約を前提に	
17 [(ショウマッセツ)] の議論に終始する。 지엽말절*의 논의로 시종(일관)하다. ぎ ろん　しゅう し	枝葉末節	
18 それは [(ミヒツ) の故意]とも言える。 그것은 미필적 고의라고도 할 수 있다. こ い　　　　い	未必の故意	
19 [再 (シンリ)] の要求を願い出る。 재심리 요구를 신청하다. さい　　　　よう きゅう ねが で	再審理	
20 彼女の [(コウソ) は棄却]された。 그녀의 공소는 기각되었다. かの じょ　　　　　　き きゃく	控訴は棄却	

◆ 전용(全容) : 전체의 모습, 전모　　　　　　　　♣ 촌단(寸斷) : 짤막짤막하게 여러 토막으로 끊어짐
✳ 지엽말절(枝葉末節) : 1.중요하지 않은 사항 2.하찮고 자질구레한 부분

[   ](대괄호) 안의 일본어를 한자로 적어보고, 읽는 법을 히라가나로 쓰세요.

본문 내용	대괄호 한자로 쓰기	읽는 법 쓰기
01 人生は [(ヒキ)] こもごもだ。 인생은 희비가 엇갈린다. _{じんせい}	悲喜	
02 夢と現実が [(コウサク)] した。 꿈과 현실이 뒤얽혔다. _{ゆめ げんじつ}	交錯*	
03 慰安旅行の[参加者を (ボシュウ)] する。 위로 여행 참가자를 모집하다. _{い あんりょこう さん かしゃ}	参加者を募集	
04 [新春 (コウレイ)] の出初式*を見に行った。 신춘 항례 신년 소방 의식을 보러 갔다. _{しんしゅん でぞめしき み い}	新春恒例	
05 二年間待ちに待った [(ロウホウ) が届いた]。 2년간 기다리고 기다렸던 _{に ねんかんま ま とど} 낭보가 도착했다.	朗報が届いた	
06 ルール違反の [(オウコウ)] は許せない。 제멋대로 규칙 위반 하는 것은 _{い はん ゆる} 용서할 수 없다.	横行*	
07 新しい[研究の (コウソウ)] を練り続けた。 새로운 연구의 구상을 계속 다듬었다. _{あたら けんきゅう ね つづ}	研究の構想	
08 昔から [(ギシン) 暗鬼]を生ずという。 옛날부터 "한번 의심하게 되면 공연한 것을 _{むかし あんき しょう} 상상하여 더욱 의심이 들고 두려워진다"고 한다.	疑心暗鬼	
09 [(ケンイ)] にすがっては駄目だ。 권위에 기대서는 안 된다. _{だ め}	権威	
10 [食品 (テンカ) 物]の危険性。 식품 첨가물의 위험성. _{しょくひん ぶつ きけんせい}	食品添加物	
11 一年中 [(カドウ) し続ける]機械。 1년 내내 계속 가동하는 기계. _{いちねんじゅう つづ きかい}	稼働し続ける	
12 [言葉に (セイイ)] が感じられない。 말에 성의가 느껴지지 않는다. _{ことば かん}	言葉に誠意	
13 反対[意見を (マッサツ)] する。 반대 의견을 말살하다. _{はんたい い けん}	意見を抹殺	
14 この [(テイ) たらく*]は実に情けない。 이 몰골은 실로 한심하다. _{じつ なさ}	体たらく	
15 [資金を (キョウヨ)] している団体。 자금을 공여하고 있는 단체. _{し きん だんたい}	資金を供与	
16 [(キト)] している事を秘密にする。 기도하고 있는 것을 비밀로 하다. _{こと ひみつ}	企図	
17 誤解に対して [(シャクメイ)] する。 오해에 대해 해명하다. _{ごかい たい}	釈明	
18 [(ボウチョウ) 席]から会議を見守る。 방청석에서 회의를 지켜보다. _{せき かいぎ みまも}	傍聴席	
19 [大軍を (ヒキ) いて]遠征する。 대군을 이끌고 원정가다. _{たいぐん えんせい}	大軍を率いて	
20 ここが一番の [(ショウネンバ)] だ。 여기가 가장 중대한 고비이다. _{いちばん}	正念場*	

◆ 교착(交錯) : 뒤얽힘
♣ 出初式(でぞめしき) : (소방서에서) 신년에 하는 소방 의식 〈참고〉 보통 1월 6일 아침에 함
◉ 횡행(横行) : 1.멋대로 다님, 제멋대로 행동함 2.(악이) 멋대로 설침, 활개침   ♠ 体(てい)たらく : 모양새, 꼬락서니, 몰골
❋ 正念場(しょうねんば) : 진가를 발휘하여 할 가장 중요한 장면

[   ](대괄호) 안의 일본어를 한자로 적어보고, 읽는 법을 히라가나로 쓰세요.

본문 내용	대괄호 한자로 쓰기	읽는 법 쓰기
01 始めは [(ハヤク)] からのスタートだった俳優。 시작은 단역에서 출발했던 배우.	端役	
02 彼は[観客を (ミリョウ)] する歌声を持っている。 그는 관객을 매료하는 노랫소리를 지니고 있다.	観客を魅了	
03 彼は見かけほど [(ヘイボン)] ではない。 그는 겉모습만큼 평범하지 않다.	平凡	
04 昔はこの辺りに [(サンゾク) が出没]した。 옛날에는 이 부근에 산적이 출몰*했다.	山賊が出没	
05 犯人の[人相 (フウテイ)] を詳しく話す。 범인의 인상 차림을 자세하게 이야기하다.	人相風体	
06 強い [(ロウニン) が活躍]する時代劇。 강한 무사가 활약하는 시대극.	浪人*が活躍	
07 [演技に (ハクリョク)] を求められた。 연기에 박력이 요구되었다.	演技に迫力	
08 [(ヒョウバン) 以上]の出来に感服する。 평판 이상의 솜씨에 감탄하다.	評判以上	
09 一人では [(ビョウマ)] と戦えない。 혼자서는 병마와 싸울 수 없다.	病魔	
10 これは [(キキ) 迫る]表情の写真だ。 이것은 소름끼치는 표정의 사진이다.	鬼気迫る	
11 [(ハイグウ) 者]を大切にする。 배우자를 소중히 하다.	配偶者	
12 改正した [(シュウロウ) 規定]を公表する。 개정한 취업 규정을 공표하다.	就労規定	
13 目的地の [(ショウサイ) な]地図を得る。 목적지의 상세한 지도를 얻다.	詳細な	
14 彼は妻と子を [(フヨウ)] している。 그는 아내와 아이를 부양하고 있다.	扶養	
15 [麺を (ノ) ばして]作る。 면을 늘려 만들다.	麺を延ばして	
16 つい [(ヒカン) 的に]なりがちだ。 그만 비관적이 되기 쉽다.	悲観的に	
17 投稿した俳句が[新聞に (ノ) った]。 투고한 하이쿠가 신문에 실렸다.	新聞に載った	
18 作品に [(ドクソウ) 性]を求める。 작품에 독창성을 바라다.	独創性	
19 [人口の (ブンプ)] を定期的に調べる。 인구의 분포를 정기적으로 조사하다.	人口の分布	
20 言動が [(ホンマツテントウ)] では困る。 언동이 본말전도*이어서는 곤란하다.	本末転倒	

♣ 출몰(出没) : 어떤 현상이나 대상이 나타났다 사라졌다 함
♣ 낭인(浪人) : 1.무가시대에, 봉록을 잃고 섬길 주인이 없는 사람 또는 무사 2.진학이나 취직을 못하고 있는 사람
♣ 본말전도(本末転倒) : 1.일이 처음과 나중이 뒤바뀜 2.일의 근본 줄기는 잊고 사소한 부분에만 사로잡힘

	본문 내용	대괄호 한자로 쓰기	읽는 법 쓰기
01	人は [(シンコウ)] を捨てては生きられない。 사람은 신앙을 버려서는 살아갈 수 없다.	信仰	
02	[(ゲンセイリン)] を大気汚染から守る。 원생림을 대기 오염에서 지키다.	原生林	
03	傷口を [(サ) いた布] で押さえる。 상처 부위를 찢은 천으로 누르다.	裂いた布	
04	地下鉄工事で [(ガンバン) を削る]。 지하철 공사로 인해 암반을 깎다.	岩盤を削る	
05	桜の花が [(チ) り始めた]。 벚꽃이 지기 시작했다.	散り始めた	
06	いまだ[推測の (イキ)] を出ない段階だ。 아직 추측에 지나지 않는 단계이다.	推測の域	
07	熱帯雨林の [(ショクセイ) を調査]する。 열대 우림의 식생*을 조사하다.	植生を調査	
08	障害者の為の [(ボキン) 活動]をする。 장애자를 위한 모금 활동을 하다.	募金活動	
09	[平均 (コウスイリョウ)] が近年減っている。 평균 강수량이 최근 몇 년 감소하고 있다.	平均降水量	
10	[神社の (グウジ)] が儀式をとりおこなった。 신사의 신관이 의식을 행했다.	神社の宮司	
11	議事進行は [(エンカツ) に]進んだ。 의사 진행은 원활히 진행되었다.	円滑に	
12	国境で [(ブンダン)] された民族。 국경에서 분단된 민족.	分断	
13	こうなったら [(ゼヒ)] もない。 이렇게 된 이상 별 수 없다.	是非	
14	その結論には [(コンキョ) が無い]。 그 결론에는 근거가 없다.	根拠が無い	
15	数多い証拠から [(タゲン) 的に]分析する。 수많은 증거에서 다원적으로 분석하다.	多元的に	
16	新型の[装置を (トウサイ)] した機械。 신형 장치를 탑재한 기계.	装置を搭載	
17	星の[周回 (キドウ)] を観察する。 별의 원궤도를 관찰하다.	周回軌道	
18	[仕事の (ハッチュウ)] が多くなった。 일의 발주가 많아졌다.	仕事の発注	
19	その事件が [(テンキ) になった]。 그 사건이 전기가 되었다.	転機になった	
20	[新規の (コキャク)] を開拓する。 신규 고객을 개척하다.	新規の顧客	

◆ 식생(植生) : 일정 지역에 많이 모여 자라는 식물의 집단   ♣ 주회(周回) : 1.둘레, 주위 2.둘레를 돎

[ ](대괄호) 안의 일본어를 한자로 적어보고, 읽는 법을 히라가나로 쓰세요.

본문 내용	대괄호 한자로 쓰기	읽는 법 쓰기
01 [(キョウイ) 的な]進歩を遂げた技術。 경이적인 진보를 이룬 기술. 　　てき　しんぼ　と　　ぎじゅつ	驚異的な	
02 [(カゲ)] ながら活躍を祈っている。 뒤에서 활약을 기원하고 있다. 　　　　　　かつやく　いの	陰	
03 気まずい雰囲気に [(クショウ)] する。 서먹한 분위기에 쓴 웃음 짓다. き　　　ふんいき	苦笑	
04 介護保険について [(キソ)] から学んだ。 개호(노인장기)요양보험에 대해 かいごほけん　　　　　　　　まな 기초부터 배웠다.	基礎	
05 [(コワ) れた]電化製品を自分で修理した。 부서진 전기제품을 스스로 수리했다. 　　　　でんかせいひん　じぶん　しゅうり	壊れた	
06 収支に誤りが無いか [(チョウアイ) をとる]。 수지에 잘못이 없는지 장부에 しゅうし　あやま　な 기입하여 손익을 계산하다.	帳合*をとる	
07 ホームに [(フツウ) 電車]が到着した。 홈에 보통 전차가 도착했다. 　　　　　　でんしゃ　とうちゃく	普通電車	
08 [(ジツガク) を重視]したカリキュラムを組んだ。 실학을 중시한 　　　　じゅうし　　　　　　　　　く 커리큘럼을 편성했다.	実学を重視	
09 昔より [(ミブン) の差]は縮まった。 옛날보다 신분의 차이는 줄어들었다. むかし　　　　さ　ちぢ	身分の差	
10 物価は下降し[デフレ (ケイコウ)]にある。 물가는 내려가 디플레 경향에 있다. ぶっか　かこう	デフレ傾向	
11 昭和初頭の[世界 (キョウコウ)]。 쇼와 초기의 세계공황. しょうわしょとう　せかい	世界恐慌	
12 [(イサギヨ) い]身の処し方だった。 미련없는 처신이었다. 　　　　　み　しょ　かた	潔い	
13 鮮やかな [(シキサイ)] の絵画。 선명한 색채의 회화. あざ　　　　　　かいが	色彩	
14 [(センイ) 製品]の輸入が目立つ。 섬유 제품의 수입이 눈에 띈다. 　　せいひん　ゆにゅう　めだ	繊維製品	
15 既に [(シャヨウ) 産業]となった業種。 이미 사양 산업이 된 업종. すで　　　　さんぎょう　ぎょうしゅ	斜陽産業	
16 [業界で (チュウケン)] とされている企業。 업계에서 중견으로 되어 있는 기업. ぎょうかい　　　　　　　　　きぎょう	業界で中堅	
17 大量仕入れで [(ハクリタバイ)]。 대량 구입으로 박리다매. たいりょうしい	薄利多売	
18 新役員の [(ジンヨウ) が固まった]。 새 임원의 진용*이 굳어졌다. しんやくいん　　　　　かた	陣容が固まった	
19 [(メイロウ) 快活な]性格の人。 명랑 쾌활한 성격의 사람. 　　かいかつ　せいかく　ひと	明朗快活な	
20 今度の計画の [(ガイヨウ) を発表]する。 이번 계획의 개요를 발표하다. こんど　けいかく　　　　　　はっぴょう	概要を発表	

◆ 帳合(ちょうあい) : 장부 기입, 손익 계산
♣ 진용(陣容) : 1.한 단체가 집단을 이루고 있는 구성원의 짜임새 2.진영의 형편 또는 상태

[   ](대괄호) 안의 일본어를 한자로 적어보고, 읽는 법을 히라가나로 쓰세요.

본문 내용	대괄호 한자로 쓰기	읽는 법 쓰기
01 荒廃した町の [(フッコウ) に尽力] した。 황폐한 마을의 부흥에 진력했다. こうはい　まち　　　　　　　　じんりょく	復興に尽力	
02 [国際 (ジョウセイ)] が一気に緊迫した。 국제 정세가 단숨에 긴박해졌다. こくさい　　　　　　いっき　きんぱく	国際情勢	
03 軍事攻撃への [(カタン)] に断固反対する。 군사 공격에 대한 가담에 ぐんじこうげき　　　　　　　だんこはんたい　　　 단호히 반대하다.	加担	
04 [都心部の (ワンガン)] に道路を建設する。 도심부의 연안에 도로를 건설하다. としんぶ　　　　　　　　どうろ　けんせつ	都心部の湾岸	
05 民主的な [(ケンポウ) が制定]された。 민주적인 헌법이 제정되었다. みんしゅてき　　　　　　　　せいてい	憲法が制定	
06 [異 (キョウト)] の巡礼を取材する。 이교도의 순례를 취재하다. い　　　　　　　じゅんれい　しゅざい	異教徒	
07 [津波の (ヒサイチ)] に救助を送る。 쓰나미의 재해지에 구조를 보내다. つなみ　　　　　　　　きゅうじょ　おく	津波の被災地	
08 年代を超えた [(ロンギ) の場]を設けている。 연대를 초월한 논의의 장을 ねんだい　こ　　　　　　　ば　もう　　　　 마련하고 있다.	論議の場	
09 対抗チームの [(ダトウ) を誓う]。 대항 팀의 타도를 맹세하다. たいこう　　　　　　　ちか	打倒を誓う	
10 雪祭りに [(ジエイタイ) が協力]する。 눈 축제에 자위대가 협력하다. ゆきまつ　　　　　　　　　きょうりょく	自衛隊が協力	
11 自信に満ちて [(イセイ) が良い]。 자신에 차서 위세가 좋다. じしん　み　　　　　　　よ	威勢が良い	
12 言葉と行動が [(ウラハラ)] だ。 말과 행동이 정반대이다. ことば　こうどう	裏腹	
13 ここ一番で[本領* を (ハッキ)] する。 여기다 하는 곳에서 본래의 특색을 발휘하다. いちばん　ほんりょう	本領を発揮	
14 自分の仕事を[自画 (ジサン)] する。 자신의 일을 자화자찬하다. じぶん　しごと　じが	自画自賛	
15 患者は [(エンメイ) を望んだ]。 환자는 연명* 을 희망했다. かんじゃ　　　　　　　のぞ	延命を望んだ	
16 [(トウテイ)] 理解しがたい話だ。 도저히 이해하기 힘든 이야기다. りかい　　　　　はなし	到底	
17 費用は寄付金で [(マカナ) われる]。 비용은 기부금으로 충당된다. ひよう　きふきん	賄われる	
18 栄養を [(カド) に]与える。 영양을 과도하게 공급하다. えいよう　　　　　　あた	過度に	
19 [入場 (ケン)] を事前に購入する。 입장권을 사전에 구입하다. にゅうじょう　　　　じぜん　こうにゅう	入場券	
20 子供の[成人を (キ) に]隠居する。 아이들이 성인이 된 것을 계기로 은거* 하다. こども　せいじん　　　　　いんきょ	成人を機に	

◆ 본령(本領) : 본래의 특색　　　　　　　　　　　　　　♣ 연명(延命) : 수명을 연장함
❋ 은거(隠居) : 한가하게 삶. 정년퇴직후의 노인.

[   ](대괄호) 안의 일본어를 한자로 적어보고, 읽는 법을 히라가나로 쓰세요.

본문 내용	대괄호 한자로 쓰기	읽는 법 쓰기
01 新たな[事実が (フジョウ)] した。 새로운 사실이 부상했다. あら　　　　　じじつ	事実が浮上	
02 討論会に備えて[理論 (ブソウ)] する。 토론회에 대비하여 이론 무장하다. とうろんかい　そな　　　りろん	理論武装	
03 [(ゲキレツ) な競争]が展開される。 격렬한 경쟁이 전개되다. きょうそう　てんかい	激烈な競争	
04 普段は [(メガネ) をかけて]いる。 보통은 안경을 쓰고 있다. ふだん	眼鏡をかけて	
05 強引＊な手法に [(ヒナン) が集まる]。 강제적인 수법에 비난이 모이다. ごういん　しゅほう　　　　あつ	非難が集まる	
06 火災現場の [(キンパク) した映像]。 화재 현장의 긴박한 영상. かじげんば　　　　　　　　えいぞう	緊迫した映像	
07 知らずに [(ジギャク) 的な行為]を繰り返す。 모른 채 자학적인 행위를 되풀이하다. し　　　　　　　てき こうい　く　かえ	自虐的な行為	
08 その事件は [(スデ) に解決]している。 그 사건은 이미 해결했다. じけん　　　　かいけつ	既に解決	
09 男女の [(シキジョウ)] を描いた小説。 남녀의 색정을 그린 소설. だんじょ　　　　　　　えが　しょうせつ	色情	
10 宗教団体の [(ソウホンザン)] がある場所。 종교 단체의 총본산이 있는 장소. しゅうきょうだんたい　　　　　　　　ばしょ	総本山	
11 病院の [(シンリョウ) 時間]。 병원의 진료 시간. びょういん　　　　　　じかん	診療時間	
12 お年寄りの [(チョウジュ) を祝う]。 노인의 장수를 축하하다. としよ　　　　　　　　いわ	長寿を祝う	
13 温度上昇で[気体が (ボウチョウ)] する。 온도 상승으로 기체가 팽창하다. おんどじょうしょう きたい	気体が膨張	
14 患者の [(トウヤク) 量]を調節する。 환자의 투약량(복용량)을 조절하다. かんじゃ　　　　　りょう ちょうせつ	投薬量	
15 今日の[株の (デキダカ)] を調べる。 오늘의 주식 거래 총액을 조사하다. きょう かぶ　　　　　　　しら	株の出来高	
16 [法律に (テイショク)] する恐れがある。 법률에 저촉될 우려가 있다. ほうりつ　　　　　　おそ	法律に抵触	
17 長年 [(ツチカ) った]経験を生かす。 오랫동안 쌓은 경험을 살리다. ながねん　　　　　けいけん い	培った	
18 あらゆる[方法を (クシ)] する。 모든 방법을 구사하다. ほうほう	方法を駆使	
19 [死後 (コウチョク)] が始まった遺体。 사후 경직이 시작된 유해(시체). しご　　　　　　　はじ　　いたい	死後硬直	
20 [状況を (チュウシ)] して判断する。 상황을 주시하여 판단하다. じょうきょう　　　　　はんだん	状況を注視	

◆ 強引(ごういん) : 반대나 장애를 무릅쓰고 억지로 함

[　　　](대괄호) 안의 일본어를 한자로 적어보고, 읽는 법을 히라가나로 쓰세요.

본문 내용	대괄호 한자로 쓰기	읽는 법 쓰기
01　地形の [(キフク) が大きい]山間部。 지형의 기복이 큰 산간부. ち けい　　　　　　　　おお　　さんかん ぶ	起伏が大きい	
02　時代とともに [(ヘンヨウ)] する社会。 시대와 함께 변모하는 사회. じ だい　　　　　　　　　　　しゃかい	変容	
03　経済成長で[国が (ハッテン)] する。 경제 성장으로 국가가 발전하다. けいざいせいちょう　くに	国が発展	
04　ハトは[平和の (ショウチョウ)]。 비둘기는 평화의 상징. へい わ	平和の象徴	
05　暴飲暴食を続けると[健康を (ソコ) ねる]。 폭음과 폭식을 계속하면 건강을 해친다. ぼういんぼうしょく　つづ　　　　けんこう	健康を損ねる	
06　使い捨ての [(フウチョウ) を戒める]。 한 번 쓰고 버리는 풍조를 경계하다. つか　す　　　　　　　　　　　いまし	風潮を戒める	
07　芸術の[才能に (ト) んで]いる。 예술의 재능이 풍부하다. げいじゅつ　さいのう	才能に富んで	
08　この店は [(カイドウ) 沿い]にある。 이 가게는 간선 도로가에 있다. みせ　　　　　　　　　そ	街道沿い	
09　東京郊外に[別荘を (ケンチク)] した。 도쿄 교외에 별장을 건축했다. とうきょうこうがい　　べっそう	別荘を建築	
10　[結果の (ヨソク)] を報告した。 결과의 예측을 보고했다. けっ か　　　　　　　ほうこく	結果の予測	
11　これまでの[因習を (ダハ)] する。 지금까지의 인습을 타파하다. いんしゅう	因習を打破	
12　国際会議に[代表団を (ハケン)] する。 국제회의에 대표단을 파견하다. こくさいかい ぎ　だいひょうだん	代表団を派遣	
13　薬でかぜの[症状が (カンワ)] された。 약으로 감기 증상이 완화되었다. くすり　　　　しょうじょう	症状が緩和	
14　新しい[会議の (ザチョウ)] に選ばれる。 새로운 회의의 진행자로 선출되다. あたら　　かい ぎ　　　　　　えら	会議の座長	
15　[(ハイソウ) する敵]を追いかける。 패주*하는 적을 쫓아가다. てき　お	敗走する敵	
16　大きな [(ギセイ) を払って]成功した。 커다란 희생을 치르고 성공했다. おお　　　　　　はら　　せいこう	犠牲を払って	
17　[首都圏の (キンコウ)] に住居を持つ。 수도권의 근교에 주거지를 가지다. しゅ と けん　　　　　じゅうきょ　も	首都圏の近郊	
18　近所に [(ビカン) を損ねる]建物がある。 근처에 미관을 해치는 건물이 있다. きんじょ　　　　　そこ　　たてもの	美観を損ねる	
19　[採択を (キョウコウ)] して批判される。 채택을 강행하여 비판받다. さいたく　　　　　　　　ひ はん	採択を強行	
20　古い [(ヨウシキ)] で造られた家屋。 낡은 양식으로 만들어진 가옥. ふる　　　　　　　　つく　　か おく	様式	

◆ 패주(敗走) : 싸움에 져서 달아남

384

[   ](대괄호)안의 일본어를 한자로 적어보고, 읽는 법을 히라가나로 쓰세요.

본문 내용	대괄호 한자로 쓰기	읽는 법 쓰기
01 ここからは上司に[判断を (ユダ) ねる]。여기부터는 상사에게 판단을 맡긴다.	判断を委ねる	
02 [(エイリ) な刃物]で切った形跡だ。예리한 칼로 자른 흔적이다.	鋭利な刃物	
03 彼の[魂の (サケ) び]が伝わる作品。그의 영혼의 외침이 전해지는 작품.	魂の叫び	
04 [事件の (シンソウ)]はいまだに闇の中だ。사건의 진상은 아직도 어둠속이다.	事件の真相	
05 [緊急 (ジタイ)]にも迅速に対応する。긴급 사태에도 신속히 대응하다.	緊急事態	
06 才能の[有無を見 (キワ) める]。재능의 유무를 확인하다.	有無を見極める	
07 [親類を (タヨ) って]外国へ避難する。친척을 의지해 외국으로 피난하다.	親類を頼って	
08 国会で予算の[改正を (ケントウ)] している。국회에서 예산 개정을 검토하고 있다.	改正を検討	
09 [彼の (イコウ)]ははっきりしている。그의 의향은 분명하다.	彼の意向	
10 会議で [(ソッチョク) な]発言をする。회의에서 솔직한 발언을 하다.	率直な	
11 ここが [(シュワン)] の見せどころだ。여기가 수완을 보일 장면이다.	手腕	
12 先代から[財産を (ケイショウ)] した。전대로부터 재산을 계승했다.	財産を継承	
13 夜間警備で[犯罪を (ヨクシ)] する。야간 경비로 범죄를 억제하다.	犯罪を抑止	
14 会社の[人事を (サッシン)] する。회사의 인사를 쇄신*하다.	人事を刷新	
15 [一陣*の (トップウ)] が吹いた。한바탕 돌풍이 불었다.	一陣の突風	
16 教会で [(ケッコン) 式]を挙げる。교회에서 결혼식을 올리다.	結婚式	
17 どうも [(シャクゼン)] としない話だ。아무래도 석연치 않은 이야기다.	釈然	
18 [(レンラク) が取れない]友人。연락이 되지 않는 친구.	連絡が取れない	
19 初めて見る [(マゴ) の]顔。처음 보는 손자 얼굴.	孫の顔	
20 契約締結の [(タチアイニン)] をした。계약 체결의 입회인을 했다.	立会人	

◆ 쇄신(刷新) : 나쁜 폐단이나 묵은 것을 버리고 새롭게 함   ◆ 일진(一陣) : 한바탕 몰아치거나 몰려오는 구름이나 바람 따위

[   ](대괄호) 안의 일본어를 한자로 적어보고, 읽는 법을 히라가나로 쓰세요.

본문 내용	대괄호 한자로 쓰기	읽는 법 쓰기
01 暴動鎮圧用の [(サイルイ) ガス]。 폭동 진압용 최루가스. ぼうどうちんあつよう	催涙ガス	
02 外国人の[不法 (タイザイ)] を取り締まる。 외국인의 불법 체재를 단속하다. がいこくじん　ふ ほう　　　　　と	不法滞在	
03 以前から見た事のある [(フウケイ)] だ。 이전부터 본 적이 있는 풍경이다. い ぜん　み　こと	風景	
04 [(オ) さば引け]という例えがある。 밀면 당겨라는 예가 있다. ひ　　　　　たと	押さば引け	
05 磁気の影響で[時計が (クル) った]。 자기의 영향으로 시계가 고장났다. じ き　えいきょう　と けい	時計が狂った	
06 彼の[考えを (ダイベン)] する意見。 그의 생각을 대변하는 의견. かれ　かんが　　　　　　　　い けん	考えを代弁	
07 [(コウハン) な分野]に興味を持つ。 광범위한 분야에 흥미를 가지다. ぶん や　きょうみ　も	広範な分野	
08 子供は外で [(カッパツ) に]遊んでいる。 아이는 밖에서 활발하게 놀고 있다. こ ども　そと　　　　　　　あそ	活発に	
09 優勝校の地元は [(ヨロコ) び]にわき返った。 우승교의 고향은 기쁨에 들끓었다. ゆうしょうこう　じ もと　　　　　　　　かえ	喜び	
10 薬で [(ショウキ)] を取り戻した。 약으로 제정신이 들었다. くすり　　　　　　　と　もど	正気	
11 [予算の (シト)] を公開する。 예산의 사용처를 공개하다. よ さん　　　　こうかい	予算の使途	
12 見えない [(シカ) け]を施す。 보이지 않는 장치를 하다. み　　　　　　　　ほどこ	仕掛けを施す	
13 [(ハキョク) を予感] する物語。 파국을 예감하는 이야기. よ かん　　　ものがたり	破局を予感	
14 [(カガミ)] の向こうの世界。 거울 맞은편의 세계. む　　　せ かい	鏡	
15 工場[全体を (トウギョ)] する装置。 공장 전체를 제어하는 장치. こうじょうぜんたい　　　　　　　　そう ち	全体を統御*	
16 会議を[一時 (チュウダン)] する。 회의를 일시 중단하다. かい ぎ　いち じ	一時中断	
17 [独特の (キジュツ)] をしたレポート。 독특한 기술을 한 리포트. とくとく	独特の記述	
18 [(シュウシ) 一貫]した発言を繰り返す。 시종일관된 발언을 반복하다. いっかん　はつげん　く　かえ	終始一貫	
19 見えない[危険が (キュウハク)] している。 보이지 않는 위험이 급박하다. み　　　　きけん	危険が急迫	
20 改善案を [(サイサン) 要求]する。 개선안을 재삼 요구하다. かいぜんあん　　　　　　ようきゅう	再三要求	

◆ 統御(とうぎょ) : 거느려서 제어함　　　　　　　　♣ 급박(急迫) : 사태가 조금도 여유가 없이 매우 급함

[   ](대괄호)안의 일본어를 한자로 적어보고, 읽는 법을 히라가나로 쓰세요.

본문 내용	대괄호 한자로 쓰기	읽는 법 쓰기
01 その解読には [(ショセツ) の見解]がある。 그 해설에는 여러 설의 견해가 있다. かいどく けんかい	諸説の見解	
02 土の中で [(ゲントウ) を忍ぶ]生き物。 땅 속에서 혹독한 겨울을 견디는 생물. つち なか しの い もの	厳冬を忍ぶ	
03 [自然の (ヨウコウ)] を取り入れた設計。 자연의 햇살을 도입한 설계. しぜん と い せっけい	自然の陽光	
04 [(カイシャク) の違い]を互いに話し合った。 해석의 차이를 서로 말했다. ちが たがい はな あ	解釈の違い	
05 実験[結果を コウサツ] してみる。 실험 결과를 고찰해 보다. じっけん けっか	結果を考察	
06 この地方は [(キュウレキ) の正月]を祝う。 이지방은 음력 정월을 축하하다. ち ほう しょうがつ いわ	旧暦の正月	
07 [文学を (アイコウ)] する人々が集っている。 문학을 애호하는 사람들이 모여 있다. ぶんがく ひとびと つど	文学を愛好	
08 以前は [(イモ) がおやつ]だった。 이전에는 감자가 간식이었다. い ぜん	芋がおやつ	
09 舞台に[突然 (シュツゲン)] した悪役。 무대에 갑자기 출현한 악역. ぶ たい とつぜん あくやく	突然出現	
10 いつも [(ミカタ)] とは限らない。 언제나 자기편이라고는 할 수 없다. かぎ	味方	
11 時が経って [(コウリョク) が薄れて]いる。 시간이 흘러 효력이 약해지고 있다. とき た うす	効力が薄れて	
12 その制度は [(テンカン) 期]を迎えている。 그 제도는 전환기를 맞이하고 있다. せい ど き むか	転換期	
13 仕事で [(タイザイ) 期間]を延長する。 업무로 체재 기간을 연장하다. し ごと き かん えんちょう	滞在期間	
14 身体に [(フタン) をかけて]働く。 몸에 부담을 주며 일하다. しんたい はたら	負担をかけて	
15 友好[条約に (チョウイン)] する為の会議。 우호 조약에 조인하기 위한 회의. ゆうこうじょうやく ため かいぎ	条約に調印	
16 忘れていた[憎しみが (サイネン)] する。 잊고 있던 증오가 다시 일다. わす にく	憎しみが再燃	
17 運河を [(コウエキ) 船]が通る。 운하를 교역선이 다니다. うん が せん とお	交易船	
18 株主に[利益を (カンゲン)] する。 주주에게 이익을 환원하다. かぶぬし り えき	利益を還元	
19 自由の為の [(トウソウ) を続ける]。 자유를 위한 투쟁을 계속하다. じゆう ため つづ	闘争を続ける	
20 この地ではかつて [(ギャクサツ)] が行われた。 이 지역에서는 옛날에 학살이 이루어졌다. ち おこな	虐殺	

[   ](대괄호) 안의 일본어를 한자로 적어보고, 읽는 법을 히라가나로 쓰세요.

본문 내용	대괄호 한자로 쓰기	읽는 법 쓰기
01 昔の自分の考え方は [(オサナ) かった]。 옛날 자신의 사고방식은 유치했다.	幼かった	
02 お土産に特産品の[お (カシ)] を持参した。 선물로 특산품 과자를 지참했다.	お菓子	
03 たまには [(コウシュウ) 電話]を使う。 가끔 공중전화를 사용한다.	公衆電話	
04 あの旅館には[大 (ヨクジョウ)] がある。 저 여관에는 큰 욕실이 있다.	大浴場	
05 主人は [(タサイ) な趣味]の持ち主だ。 남편은 다채로운 취미의 소유자이다.	多彩な趣味	
06 [(コウタク) のある]生地を使った衣装。 광택이 있는 천을 사용한 의상.	光沢のある	
07 [環境に (ジュンノウ)] する能力に欠けている。 환경에 순응할 능력이 결여되어 있다.	環境に順応	
08 相手によっては [(ジュウジュン) に]もなる。 상대에 따라서는 고분고분해지기도 한다.	従順に	
09 彼からの心の温まる [(オク) り物]だ。 그로부터의 마음이 훈훈해지는 선물이다.	贈り物	
10 公式の場では [(スワ) り方]にも気をつける。 공식 석상에서는 앉는 법에도 조심한다.	座り方	
11 [核 (ダントウ)] の設計図は極秘になっている。 핵탄두 설계도는 극비로 되어 있다.	核弾頭	
12 [(ジュンコウ) 速度]を守って飛行する。 순항 속도를 지켜 비행하다.	巡航速度	
13 [仲間を (キュウゴウ)] して運動をする。 동료를 규합＊하여 운동을 하다.	仲間を糾合	
14 [女性の (ユウワク)] にはかなわない。 여성의 유혹에는 당할 수 없다.	女性の誘惑	
15 デフレ解消に [(ジッコウ) 性が乏しい]。 디플레 해소에 실효성이 부족하다.	実効性が乏しい	
16 核実験は[人類の (キョウイ)] だ。 핵실험은 인류의 위협이다.	人類の脅威	
17 比較するための [(シスウ) を調べる]。 비교하기 위한 지수를 조사하다.	指数を調べる	
18 努力して [(ゲンジョウ) を打破]する。 노력하여 현상을 타파하다.	現状を打破	
19 誰にもそんな [(ケンゲン) は無い]。 누구에게도 그런 권한은 없다.	権限は無い	
20 [目標の (タッセイ)] に全力を注ぐ。 목표 달성에 전력을 기울이다.	目標の達成	

◆ 규합(糾合) : 어떤 일을 꾸미려고 세력이나 사람을 모음　　　◆ 현상(現状) : 나타나 보이는 현재의 상태

[   ](대괄호) 안의 일본어를 한자로 적어보고, 읽는 법을 히라가나로 쓰세요.

본문 내용	대괄호 한자로 쓰기	읽는 법 쓰기
01 戦地の情勢は混迷の [(ヨウソウ) を呈して]きた。 전쟁터의 정세는 혼미의 양상을 나타냈다. せんち じょうせい こんめい てい	様相を呈して	
02 [(カンケツ) な]言い回しに込められた真意。 간결한 표현에 담겨진 진의. い まわ こ しんい	簡潔な	
03 新しい[研究 (リョウイキ)] に踏み出した。 새로운 연구 영역에 발을 내디뎠다. あたら けんきゅう ふ だ	研究領域	
04 地位も [(メイヨ)] も欲しいままにしている人物。 지위도 명예도 마음대로 하는 인물. ち い ほ じんぶつ	名誉	
05 二十歳の [(タンジョウ) 日]を皆で祝う。 20살의 생일을 모두가 축하했다. はたち び みな いわ	誕生日	
06 [(ミリョク) 的な]ファッションの女性だ。 매력적인 패션의 여성이다. てき じょせい	魅力的な	
07 若年層の [(ショウヒ) の傾向]を探る。 젊은 층의 소비 경향을 살피다. じゃくねんそう けいこう さぐ	消費の傾向	
08 交通安全の [(ヒョウゴ) を募集]する。 교통안전 표어를 모집하다. こうつうあんぜん ぼ しゅう	標語を募集	
09 非常に [(カタ) い材質]で出来た器。 매우 딱딱한 재질로 만들어진 그릇. ひ じょう ざいしつ で き うつわ	硬い材質 ざいしつ	
10 改革を [(モクゼン) にして]国会を解散する。 개혁을 목전에 앞두고 국회를 해산하다. かいかく こっかい かいさん	目前にして	
11 全国の[仏閣を (ジュンレイ)] する旅。 전국 불각*을 순례하는 여행. ぜんこく ぶっかく たび	仏閣を巡礼	
12 地域紛争が [(ドロヌマ) 化]した。 지역 분쟁이 곤경에 빠졌다. ち いきふんそう か	泥沼化	
13 つい [(カジョウ) に]反応してしまう。 그만 과잉되게 반응해 버리다. はんのう	過剰に	
14 小さな[違反も (モクニン)] できない。 작은 위반도 묵인할 수 없다. ちい い はん	違反も黙認	
15 他の[団体と (コオウ)] して行う。 다른 단체와 호응하여 행동하다. ほか だんたい おこな	団体と呼応	
16 温暖な[地域に (ニュウショク)] した。 온난한 지역에 입식*했다. おんだん ち いき	地域に入植	
17 世界の人々と[手を (タズサ) える]。 세계 사람들과 손을 잡다. せ かい ひとびと て	手を携える	
18 一方の立場に [(カタヨ) りすぎだ]。 한쪽 입장에 지나치게 치우치다. いっぽう たちば	偏りすぎだ	
19 [君と (イッショ) に]いた女性は誰だい。 자네와 함께 있던 여성은 누구지? きみ じょせい だれ	君と一緒に	
20 米国式の [(ケイエイ) 方式]を取り入れる。 미국식 경영 방식을 도입하다. べいこくしき ほうしき と い	経営方式	

◆ 불각(仏閣) : 절의 건물. 사원   ♣ 입식(入植) : 개간하기 위해 식민지나 개간지에 이주함

[   ](대괄호) 안의 일본어를 한자로 적어보고, 읽는 법을 히라가나로 쓰세요.

본문 내용	대괄호 한자로 쓰기	읽는 법 쓰기
01 忙しくて休む [(ヒマ) がない]。 바빠서 쉴 틈이 없다.	暇がない	
02 退職後は生まれ育った [(コキョウ) で過ごす]。 퇴직 후에는 태어나 자란 고향에서 지내다.	故郷で過ごす	
03 何度も同じことを [(ク) り返す]だけだ。 몇 번이나 같은 일을 반복할 뿐이다.	繰り返す	
04 電線を地中に [(ウ) め込んだ]。 전선을 땅속에 매설했다.	埋め込んだ	
05 犯罪に [(ア) わない]よう注意する。 범죄를 당하지 않도록 주의하다.	遭わない	
06 法律についての[知識が (トボ) しい]。 법률에 대한 지식이 부족하다.	知識が乏しい	
07 会議には [(ダイリ) 人]を行かせる。 회의에는 대리인을 보내다.	代理人	
08 [関西風の (ゾウニ)] を堪能した。 관서풍의 떡국을 만끽했다.	関西風の雑煮*	
09 天気は [(シダイ) に回復]した。 날씨는 점점 회복되었다.	次第に回復	
10 ついに政局改変の [(キウン) が熟した]。 마침내 정국 개변의 기운이 무르익었다.	機運が熟した	
11 世界の[平和を (キネン)] する。 세계의 평화를 기념하다.	平和を祈念	
12 十分 [(ナットク) のいく]サービス。 충분히 납득이 가는 서비스.	納得のいく	
13 [(ショウヘイ) の志気]が上がる。 장병의 사기가 오르다.	将兵の志気	
14 過去の [(クウシュウ) の傷跡]を取材する。 과거의 공습 상처를 취재하다.	空襲の傷跡	
15 今までの [(コウショク) 選挙法]を改正する。 지금까지의 공직 선거법을 개정하다.	公職選挙法	
16 国際関係[悪化への (ケネン)]。 국제 관계 악화에 대한 우려.	悪化への懸念	
17 難しい試験[問題に (イド) む]。 어려운 시험 문제에 도전하다.	問題に挑む	
18 彼の活躍が [(キワ) 立って]光る。 그의 활약이 눈에 띄게 빛나다.	際立って	
19 予算案を締切りまでに [(テイシュツ)] する。 예산안을 마감까지 제출하다.	提出	
20 [機械の (ズノウ)] と呼ばれる箇所。 기계의 두뇌라고 불리는 곳.	機械の頭脳	

◆ 雑煮(ぞうに) : 신년 축하 요리의 하나. 나물 · 무 · 토란 등과 닭고기 · 생선묵 등을 넣고 된장이나 간장으로 간을 맞춰 끓인 떡국

[   ](대괄호) 안의 일본어를 한자로 적어보고, 읽는 법을 히라가나로 쓰세요.

본문 내용	대괄호 한자로 쓰기	읽는 법 쓰기
01 [絵画の (テンランカイ)] に足を運ぶ。 회화 전람회에 발걸음을 옮기다. <small>かい が</small> <small>あし はこ</small>	絵画の展覧会	
02 雑誌の [(レンサイ) 記事]を読む。 잡지의 연재 기사를 읽다. <small>ざっ し</small> <small>き じ よ</small>	連載記事	
03 通りがかりの人に[道を (タズ) ねた]。 지나가는 사람에게 길을 물었다. <small>とお</small> <small>ひと</small> <small>みち</small>	道を尋ねた	
04 彼は記念の [(ウデ) 時計]をはめていた。 그는 기념 손목시계를 차고 있었다. <small>かれ きねん</small> <small>ど けい</small>	腕時計	
05 新しく [(ソウサク)] された物語の人気があがる。 새롭게 창작된 이야기의 <small>あたら</small> <small>ものがたり にん き</small>　인기가 올라가다.	創作	
06 [社会を (フウシ)] した漫画を描く。 사회를 풍자한 만화를 그리다. <small>しゃかい</small> <small>まん が えが</small>	社会を風刺	
07 文学[作品を (ヒョウカ)] している団体。 문학 작품을 평가하고 있는 단체. <small>ぶんがく さくひん</small> <small>だんたい</small>	作品を評価	
08 自分の実力を [(ミト) めたくない]。 자신의 실력을 인정하고 싶지 않다. <small>じ ぶん じつりょく</small>	認めたくない	
09 [(ハンガ) の手法]を真似た独自のスタイル。 판화 수법을 모방한 독자적인 스타일. <small>しゅほう まね どく じ</small>	版画の手法	
10 病気の [(ホッサ) を抑える]薬が発明された。 병의 발작을 억제하는 약이 <small>びょう き</small> <small>おさ</small> <small>くすり はつめい</small>　발명되었다.	発作を抑える	
11 あらゆる[手立てを (コウ) じる]。 모든 방책을 강구하다. <small>て だ</small>	手立てを講じる	
12 会社で [(コウレイ) の行事]がある。 회사에서 항례*행사가 있다. <small>かいしゃ</small> <small>ぎょう じ</small>	恒例の行事	
13 [無理な (サンダン)] で失敗した。 무리한 변통수로 실패했다. <small>む り</small> <small>しっぱい</small>	無理な算段*	
14 [原点 (カイキ)] を求める。 원점 회귀*를 요구하다. <small>げんてん</small> <small>もと</small>	原点回帰	
15 彼の [(コウニン) の人事]を決める。 그의 후임 인사를 결정하다. <small>かれ</small> <small>じん じ き</small>	後任の人事	
16 [仕事に (シュウジュク)] している。 일에 익숙해져 있다. <small>し ごと</small>	仕事に習熟	
17 [(ゾウキ) の売買]が行われている。 장기 매매가 이루어지고 있다. <small>ばいばい おこな</small>	臓器の売買	
18 生物の [(サイボウ) 分裂]を観察する。 생물의 세포 분열을 관찰하다. <small>せいぶつ</small> <small>ぶんれつ かんさつ</small>	細胞分裂	
19 約束の[時間に (オク) れて]しまった。 약속 시간에 늦어 버렸다. <small>やくそく じ かん</small>	時間に遅れて	
20 なかなか [(コンチ) しにくい]病気だ。 좀처럼 완치하기 어려운 병이다. <small>びょう き</small>	根治しにくい	

◆ 항례(恒例) : 상례. 보통 있는 일
♣ 算段(さんだん) : (돈·물건을) 마련할 대책을 세움. 수단·방법을 궁리함. 변통수
◆ 회귀(回帰) : 일주하여 제자리로 돌아옴

[   ](대괄호) 안의 일본어를 한자로 적어보고, 읽는 법을 히라가나로 쓰세요.

본문 내용	대괄호 한자로 쓰기	읽는 법 쓰기
01 現代の[若者の (シシン)] となる書籍。 현대 젊은이의 지침이 될 서적. げんだい　わかもの　　　　　　　　　しょせき	若者の指針	
02 私には [(イギ) 深い]体験だった。 나에게는 뜻 깊은 체험이었다. わたし　　　　　ぶか　　たいけん	意義深い	
03 [領土の (キゾク)] を巡る争い。 영토의 귀속을 둘러싼 다툼. りょうど　　　　　　　　　　めぐ　あらそ	領土の帰属	
04 彼の決意は何があっても [(ユ) るがない]。 그의 결의는 무슨 일이 있어도 かれ　けつい　なに　　　　　　　　　　　　　　　흔들리지 않는다.	揺るがない	
05 [(ナヤ) み事]を友人に相談する。 고민거리를 친구에게 의논하다. 　　　　ごと　ゆうじん　そうだん	悩み事	
06 [専門的な (チシキ)] を身につける。 전문적인 지식을 몸에 익히다. せんもんてき　　　　　　　　み	専門的な知識	
07 彼には現代の若者[特有の (キシツ)] がある。 그에게는 현대 젊은이 특유의 かれ　げんだい　わかもの　とくゆう　　　　　　　　　기질이 있다.	特有の気質	
08 [農作物を (センベツ)] して出荷する。 농작물을 선별하여 출하하다. のうさくもつ　　　　　　　　　　しゅっか	農作物を選別	
09 病状が悪化して [(マッキ) 症状]が現れた。 병의 증세가 악화하여 びょうじょう　あっか　　　　　　　しょうじょう　あらわ　　말기 증상이 나타났다.	末期症状	
10 工場に新しい[機械を (ドウニュウ)] する。 공장에 새로운 기계를 도입하다. こうじょう　あたら　　　きかい	機械を導入	
11 商品の [(コウニュウ) 手続き]。 상품의 구입 절차. しょうひん　　　　　　　　てつづ	購入手続き	
12 [多額の (ホウシュウ)] を得る。 고액의 보수를 얻다. たがく	多額の報酬	
13 [(メッシホウコウ)] が私の信条だ。 멸사봉공*이 나의 신조이다. 　　　　　　　　　　わたし　しんじょう	滅私奉公	
14 [(セツド) を守った]行為。 절도를 지킨 행위. 　　　　　　まも　　こうい	節度を守った	
15 [(コクモツ) の輸入]が増加する。 곡물 수입이 증가하다. 　　　　　　ゆにゅう　ぞうか	穀物の輸入	
16 体に[疲労が (チクセキ)] している。 몸에 피로가 쌓이고 있다. からだ　ひろう	疲労が蓄積	
17 全会一致で[平和 (センゲン)] を採択する。 만장일치로 평화 선언을 채택하다. ぜんかいいっち　へいわ　　　　　　さいたく	平和宣言	
18 [一定の (ハイレツ)] をした組織。 일정한 배열을 한 조직. いってい　　　　　　　　そしき	一定の配列	
19 難しい[仕事を (ブンタン)] して行う。 어려운 일을 분담하여 실시하다. むずか　しごと　　　　　　　おこな	仕事を分担	
20 [(ショクリョウ) 不足]が問題の国。 식량 부족이 문제인 나라. 　　　　　　　　ぶそく　もんだい　くに	食糧不足	

◆ 멸사봉공(滅私奉公) : 사욕을 버리고 공익을 위하여 힘씀

392

[   ](대괄호) 안의 일본어를 한자로 적어보고, 읽는 법을 히라가나로 쓰세요.

본문 내용	대괄호 한자로 쓰기	읽는 법 쓰기
01 テーブルの 上に[花を (カザ) る]。 테이블 위에 꽃을 장식하다. うえ はな	花を飾る	
02 相手の [(イヒョウ) をつく]行動。 상대의 의표를 찌르는 행동. あい て こうどう	意表をつく	
03 [(フシン) な男]が辺りをうろついている。 수상한 남자가 주위를 어슬렁거리고 있다. おとこ あた	不審な男	
04 彼は事件の[鍵を (ニギ) る]人物だ。 그는 사건의 열쇠를 쥔 인물이다. かれ じけん かぎ じんぶつ	鍵を握る	
05 父は企業の [(カンブ) に 昇進]した。 아버지는 기업 간부로 승진했다. ちち き ぎょう しょうしん	幹部に昇進	
06 [(キャッコウ) を 浴びて]登場した。 각광을 받고 등장했다. あ とうじょう	脚光を浴びて	
07 彼は [(テキセツ) な対応]をした。 그는 적절한 대응을 했다. かれ たいおう	適切な対応	
08 そういう言い方には [(テイコウ)] がある。 그런 말투에는 저항이 있다. い かた	抵抗	
09 親戚は地方の [(センギョウ) 農家]だ。 친척은 지방의 전업농가이다. しんせき ち ほう のう か	専業農家	
10 内部抗争によって大[帝国は (ジカイ)] した。 내부 항쟁*에 의해 대제국은 ない ぶ こうそう だい ていこく 스스로 무너졌다.	帝国は自壊*	
11 途上国の[財政を (エンジョ)] する。 도상국의 재정을 원조하다. と じょうこく ざいせい	財政を援助	
12 たばこは [(キツエン) 所]でどうぞ。 담배는 흡연실에서 부탁합니다. じょ	喫煙所	
13 社会人としての [(キハン) を守る]。 사회인으로서의 규범을 지키다. しゃかいじん まも	規範を守る	
14 [歯並びを (キョウセイ)] する。 치열을 교정하다. は なら	歯並びを矯正	
15 知人の [(サソ) い]に応じる。 지인의 권유에 응하다. ち じん おう	誘い	
16 部屋の中が [(ザツゼン)] としている。 방 안이 어수선하다. へ や なか	雑然*	
17 [道路 (ヒョウシキ)] を設置した道。 도로 표지를 설치한 도로. どう ろ せっち みち	道路標識	
18 良い立地の [(テンポ) を 借りる]。 입지*가 좋은 점포를 빌리다. よ りっち か	店舗を借りる	
19 伝統的な [(ソウショク) を 施した]衣装。 전통적인 장식을 한 의상. でんとうてき ほどこ い しょう	装飾を施した	
20 [(ケンキョ) 率]の向上を目指す。 검거율 향상을 목표로 하다. りつ こうじょう め ざ	検挙率	

◆ 항쟁(抗争) : 맞서 싸움. '다툼'으로 순화
◉ 잡연(雜然) : 어수선한 모양
✦ 자괴(自壊) : 스스로 붕괴됨
♠ 입지(立地) : 인간이 경제 활동을 하기 위하여 선택하는 장소

[　　　](대괄호) 안의 일본어를 한자로 적어보고, 읽는 법을 히라가나로 쓰세요.

본문 내용	대괄호 한자로 쓰기	읽는 법 쓰기
01　鉄道 [(コウカ) 橋]の下を歩く。 철도 고가 다리 밑을 걷다. てつどう　　　きょう　した　ある	高架橋	
02　最近彼の [(スガタ)] を見かけない。 최근 그의 모습을 보지 못하다. さいきんかれ　　　　　　　み	姿	
03　今朝は [(ズイブン)] 冷え込んだ。 오늘 아침은 제법 날씨가 추웠다. けさ　　　　　　　ひ　こ	随分	
04　[(センパク) な知識]をふりまわす。 천박한 지식을 과시하다. 　　　　ちしき	浅薄な知識	
05　ドイツには職人を育てる [(カンキョウ)] がある。 독일에는 장인을 키우는 しょくにん　そだ 환경이 있다.	環境	
06　[(キンチョウ) の連続]でさすがに疲れた。 긴장의 연속으로 역시 지쳤다. れんぞく　　　　　つか	緊張の連続	
07　[会社の (ケイエイ)] は全て君に任せた。 회사 경영은 모두 자네에게 맡겼다. かいしゃ　　　　　すべ　きみ　まか	会社の経営	
08　薬だけでは [(エイヨウ) の補給]は出来ない。 약만으로는 영양 보급은 할 수 없다. くすり　　　　　　ほきゅう　でき	栄養の補給	
09　村人は[戦う (スベ)] を持たない。 마을 사람들은 싸울 방법을 가지고 있지 않다. むらびと　たたか　　　　も	戦う術	
10　[(リャク) 語]を多用した文章は読みづらい。 약어*를 다용한 문장은 읽기 힘들다. ご　たよう　ぶんしょう　よ	略語	
11　本に[しおりを (ハサ) む]。 책에 책갈피를 끼우다. ほん	しおりを挟む	
12　長年 [(シンショク)] を共にした仲間。 오랜 세월 침식을 함께 한 동료. ながねん　　　　　とも　　なかま	寝食	
13　常識を [(コンテイ)] からくつがえす。 상식을 근본부터 뒤엎다. じょうしき	根底	
14　[(リフジン) な]仕打ちに怒る。 불합리한 처사에 화를 내다. しう　おこ	理不尽な	
15　[(カガヤ) かしい]記録を残した選手。 눈부신 기록을 남긴 선수. きろく　のこ　せんしゅ	輝かしい	
16　[(イクタ) の辛苦]を乗り越える。 숱한 고생을 극복하다. しんく　の　こ	幾多の辛苦	
17　[(コクウ) を見る]ような眼差し。 허공을 보는 듯한 눈빛. み　　　まなざ	虚空を見る	
18　人に [(フイ) に]呼ばれて驚く。 사람이 갑자기 불러 놀라다. ひと　　　よ　　おどろ	不意に	
19　[(アイセキ) の表情]を浮かべる。 애석한 표정을 짓다. ひょうじょう　う	愛惜の表情	
20　[(バンカン) の思い]がこみ上げてくる。 만감*의 심정이 복받쳐 오르다. おも　あ	万感の思い	

◆ 약어(略語) : 준말. 단어의 일부분이 줄어든 것　　　　　◆ 다용(多用) : 많이 씀
◉ 만감(万感) : 솟아오르는 온갖 느낌

[   ](대괄호) 안의 일본어를 한자로 적어보고, 읽는 법을 히라가나로 쓰세요.

본문 내용	대괄호 한자로 쓰기	읽는 법 쓰기
01 [(マドギワ)] に鉢植えを並べた。 창가에 화분을 늘어놓았다.	窓際	
02 カメラの [(ヒシャタイ) を決めた]。 카메라의 피사체를 결정했다.	被写体を決めた	
03 遺伝子は[進化の (カテイ)] を記憶している。 유전자는 진화의 과정을 기억하고 있다.	進化の過程	
04 相手国に[経済 (セイサイ)] を行う。 상대국에 경제 제재를 실시하다.	経済制裁	
05 故人の名前を [(ボヒョウ) に刻む]。 고인의 이름을 묘비에 새기다.	墓標に刻む	
06 居間に [(ホウモン) 客]を待たせてある。 거실에 방문객을 기다리게 하고 있다.	訪問客	
07 [(ショウニ) 医療]の技術を研究する。 소아 의료 기술을 연구하다.	小児医療	
08 [(ホウシャ) 状]に描いた曲線。 방사상에 그린 곡선.	放射状	
09 丈夫な [(ソウコウ)] をした車両。 튼튼한 장갑*차량.	装甲	
10 事故現場に [(シュザイ) 班]が向かった。 사고 현장에 취재반이 향했다.	取材班	
11 首相への [(テイゲン) をまとめる]。 수상에 대한 제언*을 정리하다.	提言をまとめる	
12 国の[支出を (ヨクセイ)] する。 국가의 지출을 억제하다.	支出を抑制	
13 工事の[資材を (チョウタツ)] する。 공사 자재를 조달하다.	資材を調達	
14 [(コワ) れた部品]を交換する。 부서진 부품을 교환하다.	壊れた部品	
15 旅先の料理の[味は (カクベツ)] だ。 여행지의 요리 맛은 각별하다.	味は格別だ	
16 人々の [(クノウ) を表現]する小説。 사람들의 고뇌를 표현하는 소설.	苦悩を表現	
17 素敵な[女性と (コンヤク)] した。 멋진 여성과 약혼했다.	女性と婚約	
18 資料を[検討して (スイケイ)] する。 자료를 검토하여 추계*하다.	検討して推計	
19 [(キワ) 立った]才能の持ち主。 특출한 재능의 소유자.	際立った	
20 彼の[外見は (イッペン)] した。 그의 외모는 일변*했다.	外見は一変	

◆ 장갑(装甲) : 두꺼운 강철판을 입힘
◆ 추계(推計) : 추산. 일부를 가지고 전체를 미루어 계산함
◆ 제언(提言) : 생각이나 의견을 냄
◆ 일변(一変) : 완전히 바뀜

[   ](대괄호) 안의 일본어를 한자로 적어보고, 읽는 법을 히라가나로 쓰세요.

본문 내용	대괄호 한자로 쓰기	읽는 법 쓰기
01 彼女は [(ジュンスイ) な]心の持ち主だ。 그녀는 순수한 마음의 소유자다.	純粋な	
02 現実から空想の[世界へ (トウヒ)] する。 현실에서 공상 세계로 도피하다.	世界へ逃避	
03 その説明には明らかな [(ムジュン) 点がある]。 그의 설명에는 명백한 모순점이 있다.	矛盾点がある	
04 場合によっては[訴訟も (ジ) さない]。 경우에 따라서는 소송도 불사한다.	訴訟も辞さない	
05 彼の仮説が正しかったことを [(カクシン)] した。 그의 가설이 맞았다는 것을 확신했다.	確信	
06 なかなか [(ヨウイ) には]解きづらい難問だ。 좀처럼 쉽게 풀기 어려운 문제이다.	容易には	
07 日光を良く [(ア) びせて]栽培した農作物。 햇빛을 잘 받게 하여 재배한 농작물.	浴びせて	
08 穏健派の [(ダイトウリョウ)] が就任した。 온건파 대통령이 취임했다.	大統領	
09 [(ヒサン) な体験]を語って聞かせる。 비참한 체험을 이야기해서 들려주다.	悲惨な体験	
10 骨折で [(セイケイ) 外科]に通う。 골절로 정형외과에 다니다.	整形外科	
11 [一生 (ケンメイ)] 頑張ります。 열심히 노력하겠습니다.	一生懸命	
12 [(キョウアク) 事件]が増加している。 흉악한 사건이 증가하고 있다.	凶悪事件	
13 会員の[資格を (ソウシツ)] した。 회원의 자격을 상실했다.	資格を喪失	
14 温泉に入って[疲れを (イヤ) す]。 온천에 들어가 피로를 풀다.	疲れを癒す	
15 [雑誌の (ケンショウ)] に応募する。 잡지의 현상(모집)에 응모하다.	雑誌の懸賞	
16 [言い伝えを (フウカ)] させたくない。 전설을 흐릿하게 만들고 싶지 않다.	言い伝えを風化	
17 市役所で[書類を (トウシャ)] する。 시청에서 서류를 등사◆하다.	書類を謄写	
18 新しい [(シュトウ) の臨床検査]を行う。 새로운 종두◆의 임상 검사를 실시하다.	種痘の臨床検査	
19 あの団体とは [(テキタイ) する関係]だ。 저 단체와는 적대 관계이다.	敵対する関係	
20 [(チシ) 量]を超えた有害物質。 치사량을 넘은 유해 물질.	致死量	

◆ 등사(謄写) : 등초. 원본에서 베껴 옮김

◆ 종두(種痘) : 천연두를 예방하기 위하여 백신을 인체의 피부에 접종하는 일

초등 학습 한자 시리즈 & 한자 시험 필독서

부수를 알면 한자가 쉽다!

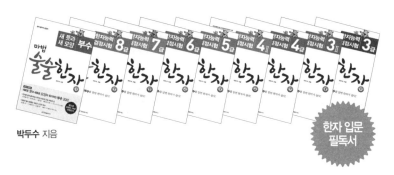

박두수 지음

한자 입문
필독서

· 마법 술술한자 1 (새 뜻과 새 모양 부수)
· 마법 술술한자 2 (한자능력검정시험 8급)
· 마법 술술한자 3 (한자능력검정시험 7급)
· 마법 술술한자 4 (한자능력검정시험 6급)
· 마법 술술한자 5 (한자능력검정시험 5급)

· 마법 술술한자 6 (한자능력검정시험 4II)
· 마법 술술한자 7 (한자능력검정시험 4급)
· 마법 술술한자 8 (한자능력검정시험 3II)
· 마법 술술한자 9 (한자능력검정시험 3급)

초등학교 방과 후 수업교재

박두수 지음

▼ 세트(전6권) 판매중

1권 초등 한자의 길잡이 부수
2권 초등 저학년 한자
3권 초등 방과 후 한자

4권 초등 교과서 한자
5권 초등 고학년 한자
6권 미리 만나는 중등 한자

한자 & 학습 도감 & 청소년 권장도서

한자 부수
제대로 알면 공부가 쉽다
김종혁 지음

한자 교육 및 한국어문회, 한자
교육진흥회 시험 필독서!

술술한자 부수 200
박두수 지음

부수를 그림을 곁들여 풀이한 포
켓용 한자책!

현직 선생님이 들려주는
한자를 알면 세계가 좁다
김미화 글 · 그림 | 올컬러

각종 시험, 수능(논술) 대비 올컬
러 한자 학습서!

술술 외워지는 한자 1800
김미화 글 · 그림 | 올컬러

교육용 한자 1800자를 그림과 함
께 쉽게 배운다!

| 한자 공부 필독서

중학교 900자 漢번에 끝내字
김미화 글 · 그림 | 올컬러

고등학교 한자 900 漢번에 끝내字
김미화 글 · 그림 | 올컬러

중학교용 900자와 고등학교용 900자를 주제별로 분류하고, 각 한자의 자원
(字源)을 3단계로 나누어 그림으로 쉽게 풀이했다.

인체 구조 학습 도감
[다음 백과사전 선정도서]
주부의 벗사 지음 | 가키우치 요시유
키 · 박선무 감수 | 고선윤 옮김 | 올컬러

궁금한 인체 구조를 알기 쉽게
설명한 인체 대백과사전!

인체의 신비
안도 유키오 감수 | 안창식 편역

인체의 다양한 궁금증을 그림을
곁들여 쉽게 알려준다!

인간 유전 상식사전 100
[한국간행물윤리위원회 청소년
권장도서]
사마키 에미코 외 지음
홍영남 감수 | 박주영 옮김

학생은 물론 일반인도 꼭 알아
야 할 인간 유전 기초 상식!

노벨상을 꿈꾸는
과학자들의 비밀노트
[최신 개정판]
한국연구재단 엮음

세계적인 과학자를 꿈꾸는 청소
년들에게 주는 희망의 메시지!

사업자등록번호 : 206-93-43138

품격일본어 교습소

교육상담 010-5180-9150

품격일본어 교습소

□ 모집대상
초/중/고(소수 정예수업)

□ 수업편성
초급/중급/고급 회화반
시험대비반(新JLPT, JPT)

□ 개인수준맞춤지도

私も日本語のプロになって日本語で大学に行ける。
나도 일본어 짱이 되어 일본어로 대학에 갈 수 있다.

일본 유학 약 6년 6개월/N1 180만점/원장 직강

품 격
일
본
어
교습소

교습비 게시표

(교육청신고금액)

교습 과정	교습 과목	정원 (반당)	월 교습시간(분)	월교습비 (원)	교습기간 (월)	기타경비 구분	금액(원)
보습	일본어 초등	2	105분 주2회, 총 840분	142,000원	월 4주	초중 고 공통 / 기타 경비 없음	0
보습	일본어 초등	2	105분 주3회, 총 1260분	214,000원	월 4주		0
보습	일본어 중등	2	105분 주2회, 총 840분	155,000원	월 4주		0
보습	일본어 중등	2	105분 주3회, 총 1260분	233,000원	월 4주		0
보습	일본어 중등	2	105분 주4회, 총 1680분	310,000원	월 4주		0
보습	일본어 고등	2	105분 주2회, 총 840분	167,000원	월 4주		0
보습	일본어 고등	2	105분 주3회, 총 1260분	250,000원	월 4주		0
보습	일본어 고등	2	105분 주4회, 총 1680분	334,000원	월 4주		0
보습	일본어 고등	2	105분 주5회, 총 2100분	417,000원	월 4주		0

중앙에듀북스 Joongang Edubooks Publishing Co.
중앙경제평론사 | 중앙생활사 Joongang Economy Publishing Co./Joongang Life Publishing Co.

중앙에듀북스는 폭넓은 지식교양을 함양하고 미래를 선도한다는 신념 아래 설립된 교육 · 학습서 전문 출판사로서
우리나라와 세계를 이끌고 갈 청소년들에게 꿈과 희망을 주는 책을 발간하고 있습니다.

한 권으로 끝내는 일본어 필수한자 1800

초판 1쇄 인쇄 | 2020년 4월 15일
초판 1쇄 발행 | 2020년 4월 20일

지은이 | JC교육연구소(JC Educational Institute, Inc.)
옮긴이 | 강봉수(BongSoo Kang)
펴낸이 | 최점옥(JeomOg Choi)
펴낸곳 | 중앙에듀북스(Joongang Edubooks Publishing Co.)

대　　표 | 김용주
책임편집 | 강봉수
본문디자인 | 박근영

출력 | 한영문화사　종이 | 한솔PNS　인쇄 · 제본 | 한영문화사

잘못된 책은 구입한 서점에서 교환해드립니다.
가격은 표지 뒷면에 있습니다.

ISBN 978-89-94465-44-9(03730)

원서명 | 今日の漢字

등록 | 2008년 10월 2일 제2-4993호
주소 | ㉾ 04590 서울시 중구 다산로20길 5(신당4동 340-128) 중앙빌딩
전화 | (02)2253-4463(代)　팩스 | (02)2253-7988
홈페이지 | www.japub.co.kr　블로그 | http://blog.naver.com/japub
페이스북 | https://www.facebook.com/japub.co.kr　이메일 | japub@naver.com
♣ 중앙에듀북스는 중앙경제평론사 · 중앙생활사와 자매회사입니다.

※ 이 도서의 국립중앙도서관 출판시도서목록(CIP)은 서지정보유통지원시스템 홈페이지(http://seoji.nl.go.kr)와
국가자료공동목록시스템(http://www.nl.go.kr/kolisnet)에서 이용하실 수 있습니다.(CIP제어번호 : CIP2020012757)

중앙에듀북스에서는 여러분의 소중한 원고를 기다리고 있습니다. 원고 투고는 이메일을 이용해주세요.
최선을 다해 독자들에게 사랑받는 양서로 만들어드리겠습니다. **이메일** | japub@naver.com